Jakob Baumgartner

Geschichte des schweizerischen Freistaates und Kantons St. Gallen

Jakob Baumgartner

Geschichte des schweizerischen Freistaates und Kantons St. Gallen

ISBN/EAN: 9783742893123

Hergestellt in Europa, USA, Kanada, Australien, Japan

Cover: Foto ©ninafisch / pixelio.de

Manufactured and distributed by brebook publishing software
(www.brebook.com)

Jakob Baumgartner

Geschichte des schweizerischen Freistaates und Kantons St. Gallen

Geschichte

des schweizerischen Freistaates und Kantons St. Gallen,

mit besonderer Beziehung
auf Entstehung, Wirksamkeit und Untergang
des fürstlichen Stiftes St. Gallen.

Von

Gallus Jakob Baumgartner.

Erster Band.

Zürich und Stuttgart.
1868.
Leo Woerl'sche Verlagshandlung.

Vorwort.

Als ich die neueste Geschichte der Schweiz, von den Julitagen 1830 bis zur Abtretung Neuenburgs an dieselbe durch Preußen im Jahre 1857, [1]) geschrieben hatte, war ich ohne Beschäftigung. Die im Allgemeinen günstige Aufnahme, welche dieses Geschichtwerk gefunden, ermunterte mich zu einer neuen ähnlichen Unternehmung. Ich richtete meine Blicke auf die engere Heimath, den Kanton St. Gallen, und nach gewonnener Ueberzeugung, daß hier Stoff und Gelegenheit mir geboten sein dürfte, dem St. Gallischen Volk noch ein besonderes Andenken von meiner Seite zu bieten und zurückzulassen, entschloß ich mich zur Ausführung. Alsbald beschäftigte ich mich mit dem Studium des schon gedruckt vorliegenden, sowie des bis dahin noch unbenutzt gebliebenen Materials. In letzterer Beziehung wurde mir eine reiche Ausbeute, besonders in Privatarchiven, die mir bereitwillig geöffnet wurden. Ich benutzte sie mit bestem

---

[1]) Das Werk ist betitelt: „Die Schweiz in ihren Kämpfen und Umgestaltungen von 1830 bis 1850" (fortgesetzt bis 1857). Zürich, vier Bände. Dasselbe behandelt nicht nur die rein politischen Ereignisse jener Zeit, sondern auch die mit denselben vielfach verschlungenen kirchlichen Angelegenheiten.

Eifer und sah mich dadurch in den Stand gesetzt, diesem zweiten Geschichtwerk, dessen Bearbeitung ich mir vorgenommen, die wünschbare Vollständigkeit zu geben. Das Titelblatt schon sagt, daß ich dabei wesentlich auch auf das berühmte Stift St. Gallen Rücksicht genommen habe. Das war ich schuldig seinem zwölfhundertjährigen Bestand, der hohen Stellung, die es, im Reich und in der schweizerischen Eidgenossenschaft, in seiner souveränen und kirchlichen Eigenschaft, wie auch in der Welt der Wissenschaften, eingenommen hat. Der Uebergang in die Geschichte des neuen Staates St. Gallen, der mit dem Jahr 1803 seinen Anfang genommen, findet sich im letzten Jahrzehnt des achtzehnten und im Beginn des neunzehnten Jahrhunderts, in den Einflüssen der französischen Revolution auf die Schweiz und auf deren eigene Umwälzung insbesondere, dann im Laufe dieser selbst. Mit der übersichtlichen Darstellung der älteren Geschicke der verschiedenen Landschaften, aus welchen der Kanton St. Gallen zusammengesetzt worden ist, füllt die Erzählung der Ereignisse, die zur Gründung des genannten schweizerischen Freistaates geführt haben, den ersten Band an. Ich bin weit entfernt, die Ausführlichkeit der Darstellung entschuldigen zu wollen. Eine Landesgeschichte hat nur dann vollen Werth, wenn sie den Ursprung, den Verlauf und den Ausgang der Ereignisse mit allen erheblichen Einzelnheiten und so erzählt, daß der Leser die Ueberzeugung gewinnen mag, hier sei der Stoff erschöpft und nichts mehr Wissenswerthes nachzuholen. Im gegebenen Falle hätte ich mir sogar Vorwürfe machen müssen, das bisher unbekannt gewesene Geschichtmaterial nicht vollständig benutzt zu haben. Es war aber auch noch eine Pflicht der Gerechtigkeit zu erfüllen. Der alte Stift St. Gallische Staat hörte auf; wir sehen im Gefolge dieser Staatsveränderung auch den Untergang des Stiftes St. Gallen. Was bis dahin über diese große Katastrophe geschrieben worden, wurde es wesentlich von dem Standpunkt aus, in den sich die handelnden Personen versetzt fanden, oder den sie freiwillig eingenommen hatten. Daher überwog bis zur Stunde die Ansicht: der Untergang des Stiftes sei wesentlich die Folge eigener Verschuldung, insbesondere der Politik seines letzten Vorstandes. Das vorliegende Buch, mit Inbegriff seiner Fortsetzung im zweiten Band, wirft neues Licht auf diese Frage; das Ringen des Stiftes und des letzten Fürstabtes um dessen Fortbestand, wenigstens in der Eigenschaft als religiöser Korporation, ist hier in neuer Darstellung zu lesen, daher auch neuer Würdigung zugänglich gemacht; ich habe keine Mühe gescheut, dieser Darstellung mit der erforderlichen Ausführlichkeit auch die erreichbare Klarheit zu geben. Der Leser möge nun selbst urtheilen. Der zweite Band ist der Geschichte des aus den Revolutionskämpfen hervorgegangenen Kantons und Freistaates St. Gallen von seiner wirklichen Gründung an gewidmet bis zur demokratischen Umbildung desselben, welche im Jahr 1830 ihren Anfang nahm, inbegriffen die letzten, doch fruchtlosen Verwendungen der Mitglieder und Freunde des Stiftes St. Gallen für dessen Erhaltung, beziehungsweise Herstellung. Er zerfällt in zwei wesentlich verschiedene Abtheilungen, von denen die erste die Geschichte des Kantons unter dem überwiegenden Einflusse französischer Herrschaft bis zur Leipziger Schlacht, die andere seine Geschicke nach den Siegen der Alliirten über die Napoleonische Kriegs- und Eroberungslust erzählt; als Uebergang von der einen in die andere dieser Abtheilungen finden wir die Kämpfe des Volkes verschiedener Gebietstheile für Geltendmachung seiner demokratischen Ansprüche, Kämpfe, die den Kanton mit seiner

Auflösung bedrohten und die in Folge daheriger Verwickelungen durch die Macht eidgenössischer Bayonnette für einige Zeit zum Schweigen gebracht wurden, bis in den Jahren 1830 und 1831 das Volk sich endlich die ihm durch eine modernisirte Aristokratie während drei Jahrzehnten beharrlich verweigerte unmittelbare Betheiligung bei der Regierung des Landes errang.

Schon in das höhere Alter vorgerückt, weiß ich nicht, ob mir noch vergönnt sein wird, auch die Geschichte des Kantons von 1830 bis in die neuere Zeit herab zu schreiben. Es liegt in meinen Wünschen und in meiner Absicht; im Fall ihrer Ausführung würde ein dritter und letzter Band folgen.

St. Gallen, am Feste des heiligen Gallus,
(16. Oktober) 1867.

Der Verfasser.

Inhaltsverzeichniß.

Erstes Buch.

Zweites Buch.

Drittes Buch.

Erstes Buch.

Die St. Gallischen Lande von den ältesten Zeiten bis zur französischen Revolution.

Erster Abschnitt.

Die ältere Geschichte bis zur Verbündung von Stift und Stadt St. Gallen mit den eidgenössischen Ständen (1451 und 1454).

Der Kanton St. Gallen ist eine Schöpfung der Neuzeit. Er ging hervor aus dem Umsturz der alten staatlichen Ordnung in Frankreich und aus deren Rückwirkungen auf die übrigen Staaten Europa's, auf die nächsten Nachbarn zumal. Dieses Geschichtbuch wird daher mit Ausführlichkeit nur diejenigen Ereignisse erzählen, welche der Gründung dieses neuen Staates zunächst vorangingen und als deren Einleitung anzusehen sind, dann die Bildung und Entwicklung desselben bis in unsere Tage, dagegen die dem Uebergang in die neue Ordnung vorangehenden Schicksale gesammter Landschaften, aus denen er zusammengesetzt worden, nur übersichtlich darstellen. Diese Landschaften waren: die alte Landschaft des Stiftes St. Gallen, die Stadt St. Gallen, Toggenburg, Rheinthal, die Herrschaft Sar, Werdenberg und Gams, Sarganserland mit dem Gebiete des Stiftes Pfäfers, Gaster, Utznach, Rapperschwyl.

Die bekannte Geschichte dieser östlichen Gebiete der jetzigen Schweiz reicht bis in die Zeiten der Römerherrschaft hinauf. Zwei mächtige Bergreihen, der Alpstein mit dem Sentis, dann der Gonzen mit den Churfirsten bis zum Speer, trennen deren nördliche, südliche und östliche Theile von einander. Sie waren auch von ganz verschiedenen Völkerschaften bewohnt, im Süden von den Rhätiern, ihnen gegenüber von den Helvetiern. Von den Rhätiern war es der Stamm der Saruneten, welcher das jetzige Sarganserland, am Flüßchen Saar, bewohnte; die Wohnsitze der Rhätier reichten am linken Ufer des Rheins bis Montlingen, rechts desselben bis an das Bodenseebecken, dann, über den Wallensee hinab, bis an die March am linken Ufer der Linth, auf dem rechten Ufer bis an die Marche Rhätiens jenseits Kaltbrunnen. Von den Helvetiern bewohnte ein besonderer Stamm, Tiguriner genannt, das Land zwischen dem Bodensee und dem Zürichersee. Die Ufer des Bodensees waren damals mit dichtem Wald umgeben; die Ebene des Rheinthals war ein Sumpf bis nach Ragatz hinauf. Die Tiguriner und ihre helvetischen Stammgenossen wollten, um sich im sonnigen Italien anzusiedeln, ihr Land verlassen; Julius Cäsar warf sie mit seinen römischen Legionen zurück und eroberte das ihrige; solches geschah im letzten Jahrhundert vor der christlichen Zeitrechnung. Den Rhätiern, dann den Völkern jenseits des Bodensees bis weit hinab längs dem Rhein, widerfuhr das Gleiche seitens anderer römischer Heerführer, die als glückliche Eroberer eine Reihe von festen Plätzen erbauten, sie mit Kriegsvolk besetzten, auch Heerstraßen durch das Land nach Italien anlegten, deren eine von Pfin durch das Gaster nach Chur, die andere über Bregenz, Klus (clunia[1]) und Maienfeld eben dahin führte.[2] Für vermehrte Kriegsschaaren legten sie Lager an, das eine oberhalb, das andere unter dem Wallensee; Prümsch (prima), Gunz (Seguns, secunda) Terzen, Quarten, Quinten sind Namen der Vorwachen dieser Lager. Das Lager unter dem Wallensee gab dem dortigen Lande den Namen Gaster (castrum). Auch in Arbon und weiter seeabwärts lagen die römischen Legionen oft; daher der Name Römerhorn, Romanshorn. Vier

---

[1] War eine Römerstation bei Feldkirch.

[2] Statt der ersten dieser beiden Linien wird von einzelnen Autoren auch ein Straßenzug von Pfin hinweg durch das Rheinthal, längs dem linken Ufer des Rheines, in der Richtung nach Sargans und Ragatz genannt.

Jahrhunderte lang behaupteten die römischen Kaiser ihre Herrschaft über Helvetien; ihr machten die Germanen oder Deutschen
ein Ende, als sie über den Rhein nach Gallien und Helvetien
einbrachen. Im Jahr 406 mußten die Römer Helvetien aufgeben. Das letztere bewohnte von dann an derjenige Zweig
der Deutschen, der sich Alemannen hieß. Nun andere Sprache,
andere Religion, andere Lebens- und Regierungsweise. Die Ueber-
wundenen wurden durch die Alemannen zu Leibeigenen gemacht;
die Sieger blieben die Freien, die für sich durch jene das Land
bebauen ließen. Christliche Kultur, welche bereits durch die
Römer gegründet worden, die in den letzten Zeiten schon meist
Christen gewesen, ging bis auf kaum mehr lebenskräftige Reste
zu Grund. Besser erhielt sich die christliche Religion in Rhätien, weil die Alemannen kaum über dessen Grenzen vordran-
gen und die Römer ihre dortige Herrschaft noch ein Jahrhundert lang behaupteten. Die Herrschaft der Alemannen in Helvetien war nicht von Dauer. Derjenige Stamm der Deutschen,
der sich in Gallien niedergelassen hatte, die Franken, überzog sie
mit Krieg, schlug sie in der Schlacht bei Zülpich, unweit Köln
(im Jahr 496); nun wurden die Alemannen die Leibeigenen der
Franken, diese die Herrscher. Alemannien, das Land am Ober-
rhein, linken und rechten Ufers, und an der Donau, wurde ein
Herzogthum des großen fränkischen Reiches. Der Monstein schied
dieses mit Alemannien von Rhätien.

Während in diesen Landen das germanische Heidenthum
die frühere christlich-römische Kultur überwuchert hatte, wurde Irland für das Christenthum gewonnen, zunächst durch Palladius,
welchen, als ersten Bischof, der römische Papst dorthin entsendete, sodann durch den heil. Patricius, der, ebenfalls in Rom
für seine Sendung vorbereitet, durch den Papst mit solcher betraut worden war, und, gesegneter in seinem Wirken als sein
Vorgänger, durch nachhaltige Erfolge der Apostel des irischen
Volkes wurde, als solcher von ihm noch anerkannt und verehrt
wird. Im Laufe der Zeit entstanden in Irland ausgedehnte
und stark bevölkerte Anstalten, rühmlicher Pflege der Religion, der

1*

Wissenschaften und Künste, zugleich auch den landwirthschaftlichen
Arbeiten gewidmet, im Allgemeinen Klöster genannt. Ein solches, vom heil. Comgall gegründet und von ihm als Abt geleitet und verwaltet, war das Kloster Bangor.[1] In dasselbe
trat Gallus, aus vornehmem Geschlecht um das Jahr 545 entsprossen; er erwarb sich daselbst jenes hohe Maß von Bildung,
das ihn zu apostolischer Wirksamkeit führte und den Ruhm ihm
bereitete, der die Jahrtausende überlebt. Sein Lehrer (und Mit-
schüler zugleich) war Kolumban. Dieser zog mit zwölf Jüngern, unter ihnen Gallus, von heiligem Eifer belebt, die christliche Lehre auch anderen Völkern zu verkünden, zuerst nach
Britannien, wo sie eben herber Verfolgung erlegen war, dann
nach Gallien hinüber, gründete mehrere Klöster, deren eines,
Luruell in den Vogesen, sich weit verbreiteten Ruf erwarb.
Zwanzig Jahre lang lebte hier Kolumban mit seinen Ordens-
brüdern dem gemeinsamen heiligen Beruf. Durch die Königin
Brunhilde aus solcher Wirksamkeit vertrieben, zog er, nach längeren mühevollen Wanderungen, von Metz und Mainz rheinauf-
wärts nach Zürich und an die Linth nach Tuggen, Gallus mit
ihm. In ihrem Bekehrungswerke durch den Widerstand der heidnischen Bevölkerung daselbst gestört, suchten und fanden sie Unter-
kommen bei dem Pfarrer Willimar in Arbon; zu Fortsetzung ihres
evangelischen Werkes siedelten sie bei Bregenz sich an. Hier predigten sie dem in Götzendienst versunkenen Volke während drei
Jahren das Christenthum und urbarisirten das Land. Von
königlicher Seite abermals vertrieben, ging Kolumban (im Jahr
612—13) über die Alpen, gründete dort in einer Felsenschlucht
der Appenninen das Kloster Bobbio, starb in hohem Alter im Rufe
gründlicher Gelehrsamkeit, von der katholischen Kirche als einer
ihrer Heiligen verehrt. Gallus blieb wegen Krankheit zurück. In

[1] Bangor hatte 3000 Mönche und lag im nordöstlichen Irland.
Jetzt ist hier ein bloßes Dorf am Rande der Bucht von Belfast, von dem
berühmten Kloster Bangor keine Spur mehr. S. „Die Mönche des
Abendlandes“; von Montalembert. Deutsche Ausgabe von Dr. P. Karl
Brandes, Benediktiner in Einsiedeln. Dritter Band. Regensburg, 1866.

Arbon wieder genesen, spähte er nach einsamem Ort, zog hinauf durch den Urwald in das Hochthal an der Steinach, erbaute sich hier eine Kapelle und Zelle, gründete den Gottesdienst, reutete auch die weite Waldfläche aus und legte durch seine Ansiedlung den Grund zum nachmaligen Kloster St. Gallen. Seine Jünger Mang (Magnoald, Maginald, Magnus) und Theodor, waren ihm bei diesem Werke behülflich. Das ihm angebotene Bisthum Konstanz lehnte er ab; um so eifriger übte er sein Predigt- und Bekehrungswerk an dem Volke dies- und jenseits des Bodensees, 27 Jahre lang.

So wurde Gallus der Apostel dieser Länder, der Apostel Alemanniens, in dessen Gebieten er das Christenthum begründete, oder neu bekräftigte und verbreitete, der Stifter der Kirche, die seinen gefeierten Namen trägt, gleich der irischen Kirche und mit ihr eine Tochter der römischen Kirche. Aus seinen Jüngern hatte er eine Pflanzschule von Glaubenspredigern und Volkslehrern herangebildet, die, seiner Anordnung gemäß, nach der klösterlichen Regel des heil. Kolumbans lebten. Gallus starb nach vollbrachtem Lebenswerk im hohen Alter von 95 Jahren zu Arbon im Ruf der Heiligkeit, den er sich durch bewährte, wunderwirkende Kraft erworben. Sein Leichnam wurde nach seiner Zelle gebracht, wohin von dann an das Volk von Nah und Fern seine Pilgerschaft richtete. Ihn hat die Kirche als einen Glaubensboten erster Größe der Zahl der Heiligen Gottes beigezählt; das St. Gallische Volk aber seit zwölf Jahrhunderten und bis zur Stunde als seinen Landesvater verehrt. [1] Seinem Namen und Andenken sind manche Kirchen und Ka-

---

[1] Geschichten des Kantons St. Gallen, durch Ildefons von Arr. Bd. I.; St. Gallen, 1810.

Der heilige Gallus, der Apostel Alemanniens (von Bischof Dr. Greith). St. Gallen, 1864.

Die Heiligen Kolumban und Gallus, von Zimmermann. St. Gallen, 1865.

Geschichte der altirischen Kirche u. s. w., als Einleitung in die Geschichte des Stiftes St. Gallen. Von Bischof Dr. Greith. Freiburg i. B., 1867.

pellen in verschiedenen Ländern geweiht. Nach Gallus Tode
(im Jahr 640) setzten seine Jünger dessen Wirksamkeit und Lebens=
weise fort; Maug war ihr Vorsteher. Der Ruf der Zelle
des heil. Gallus war bereits ein weit verbreiteter. Es floßen
ihr die Gaben der Gläubigen zu. Im Jahr 720 ernannte,
auf Vorschlag des Zentgrafen Waltram, der königliche Major=
domus Karl Martell den alemannischen Priester Othmar (Aude=
mar), der bis dahin der Kirche des heil. Florin in Rhätien
vorstand, zum Abte von St. Gallen. Derselbe brachte nun
dieses Kloster in noch größere Aufnahme. Es erfolgten reiche
Vergabungen aus Elsaß, Breisgau, Schwaben, Thurgau,
dem jetzigen Zürichgebiet und Uznach. Die bisherige Kapelle
erweiterte er zu einer stattlichen Kirche. Othmar erlag arg=
listiger Verfolgung und Mißhandlung, 68 Jahre alt im Jahr
759 zu Stein, nachdem er nahe an 40 Jahre lang der Abtei
vorgestanden. Zehn Jahre später wurde sein Leichnam von Stein
nach St. Gallen gebracht; und wieder ein Jahrhundert nachher
hat der Papst den Abt Othmar heilig gesprochen.

Im früheren Zeiten deuteten die Namen der Ortschaften
auf die Wohnsitze der Römer und Rhätier. Im achten und
neunten Jahrhundert nennen uns die Urkunden eine Menge von
Höfen in der alten Landschaft, im Toggenburg und im Uz=
nacherland unter Bezeichnungen alemannischen Ursprungs, aus
denen die jetzigen Namen derselben entstanden sind. In Werdenberg,
Sargens kommen auch schon zahlreiche Ortsbezeichnungen vor,
doch vorherrschend rhätischen Ursprungs. In Wallenstatt war im
Jahr 826 bereits eine kaiserliche Zollstätte. Im Rheinthal hatte
sich der Rhein ein Bett gegraben; die Ebene war mit Wal=
dungen bedeckt. An der schönen Hügelreihe siedelten sich Ein=
wanderer von jenseits des Rheines heran; einer der ersten im
Rheinthal angebauten Orte war Altstätten, daher der Name
dieser Ortschaft.

Bevor diese Erzählung in das neunte Jahrhundert und
weiter vorrücken kann, ist nothwendig, sich um die Landesver=

faffung umzufehen, ohne deren Kenntniß die Geschichte nicht verständlich wäre.

Die fränkischen Könige hatten das Land der Germanen (Deutschland) in vier Herzogthümer eingetheilt: Alemannien (Schwaben), Baiern, Franken und Sachsen, die Herzogthümer in Grafschaften, diese in Zenten. Alemannien, in dem ein Theil der St. Gallischen Landschaften gelegen, war das mächtigste jener Herzogthümer, und gab später dem ganzen Deutschland seinen Namen. Auch Rhätien führte den Titel eines Herzogthums; gewöhnlich aber hieß dieses Land der Churwaller Gau, Churrhätien, oder die rhätische Grafschaft. Von den alemannischen Grafschaften ist Thurgau zu nennen; unter diesem Namen war damals alles Land verstanden, welches zwischen dem Rhein und der Reuß, dann von der Aar bis an Rhätien sich ausbreitete. Das Stift St. Gallen mit Umgebungen lag sonach in Alemannien, im Thurgau, im Arbonerzent oder Gau. Jede Gaugrafschaft hatte ihren Gaugrafen; er saß alle vierzehn Tage, öffentlich unter freiem Himmel, zu Gericht. Stifte und Klöster übten die Gerichtsbarkeit selbst aus, und zwar vermöge des Eigenthumsrechtes und der herrischen Gewalt über die Leibeigenen. Die weltliche Gerichtsbarkeit, welche die Klöster in den jetzigen St. Gallischen Landen inne hatten, fängt mit ihrem ersten Besitz von liegenden Gütern und Leibeigenen an. Eben so alt ist das Amt ihrer Schutz- und Schirmvögte, denen es oblag, mit dem Abte jene Gerichtsbarkeit zu verwalten, Lehen zu verleihen, die Leute des Klosters auf ersten Befehl in den Krieg zu führen und dessen Rechte zu vertheidigen. Jedes Kloster hatte mehrere Schirmvögte, nämlich für jeden Gau, in dem es Besitzungen hatte, einen eigenen. Das Recht wurde nach alemannischen Gesetzen gesprochen. Die Verträge wurden vor zahlreichen Zeugen geschlossen und in lateinischer Sprache, auf Pergament, gefertigt. Gewöhnlich waren es die Geistlichen, welche sie schrieben.

Nach dem Gesagten bestand das ganze Volk im Thurgau, dem alemannischen Gesetze zufolge, aus Freien, das ist Abkömm-

lingen der Sieger, und aus Leibeigenen, das ist den Abkömm-
lingen der Besiegten. Den Kriegsdienst verrichteten die Freien
allein. Von den Freien machten sich Viele selbst zu Zinsleuten
der geistlichen Korporationen, indem sie einem Kloster oder Stift
ihre Güter vergabten, sich solche dann als Zins- oder Lehengüter zurückgeben ließen, mit der Verpflichtung, dem Kloster
für deren Benutzung den vertragsweise festgesetzten Zins zu entrichten. Diese Zinspflicht, verbunden mit der für die Lehen-
leute solcher Güter nothwendig gewordenen Feldarbeit, machte
sie, annähernd und thatsächlich, abgesehen von der Rechtsstellung,
den Leibeigenen gleich. Die wirklichen Leibeigenen mußten den
Herren der Ländereien, welche nicht an freie Zins- oder Lehen-
leute übergeben waren, die Höfe bebauen, oder in wilden
Gegenden deren neue anlegen. Gewöhnlich hatte jeder von solchen Hofinhabern eine ganze Hube, von der er einen Zins
entrichten mußte. Dieser, durch das Gesetz bestimmt, bestand in
verschiedenen Naturalien nebst Leistung einer bestimmten Anzahl
von Tagfrohnen. Diese Leistungen zusammen machten den
Zins von dem Kapital aus, welches durch die Hube repräsentirt war; den Bruttoertrag der Liegenschaft, abzüglich
obiger Leistungen, bezog und verwerthete der Bauer (Leibeigene) für sich und seine Familie. Mit dem allfälligen Verkauf der Hube fand sich der Inhaber nebst Familie mit veräußert; gegen den neuen Eigenthümer der Liegenschaft stand
er im gleichen Verhältniß wie zu dessen Vorgänger. Die Annahme, daß die (in erwähnter Weise) leibeigenen Bauern gewissermaßen die Sklaven der Zinsherren gewesen, wäre irrthüm-
lich. Viele Leibeigene erwarben sich auf ihren Huben eigenes
Vermögen; doch überging der größere Theil der Vermögensstücke,
zumal Vieh und Kleider, im Todesfall erbsweise an den Guts-
herrn. Von daher der „Fall" und die „Erbschaft". Abgaben,
im heutigen Sinne des Wortes, bestanden nicht. Was an die
Hoheit des Königs zu leisten war, bestritt der Grund- und
Lehensherr, namentlich die schwere Kriegspflicht. Das Kloster
St. Gallen hatte seine Leibeigenen und Hörigen weitum in

vielen Landen, wie seine Besitzungen, die es durch Vergabungen, Kauf oder Tausch erworben hatte, namentlich in ganz Alemannien zerstreut, inner- und außerhalb der jetzigen Schweiz, dies- und jenseits des Rheins und des Bodensee's bis hinab in das Breisgau und Elsaß, selbst in Italien. In diesen verschiedenen Landschaften traf man St. Gallische Zinsleute und Leibeigene, Höfe und Huben an, die unter Aufsicht eines Klostergeistlichen und Vogtes standen; Höfe hieß man die größeren Besitzungen; die jetzigen Flecken und Dörfer waren um jene Zeit erst noch solche Höfe. Eine volle Hube enthielt vierzig Juchart.

Im Kloster St. Gallen wechselten schon in diesen frühen Zeiten trübe und heitere Geschicke. Mit dem Tode des heil. Othmar und in Folge desselben hatte der Bischof Sidonius von Konstanz die Abtei St. Gallen an sich gezogen und deren Güter der bischöflichen Kammer einverleibt; er setzte dem Kloster nach eigenem Gutdünken einen Abt. Von Kaiser Ludwig dem Deutschen wieder in alle seine Rechte eingesetzt, gedieh es zu neuem Flor. Abt Gozbert, aus einem reichen Geschlecht im obern Thurgau abstammend, regierte von 816 bis 836; in diesen Zeitraum fällt der Neubau des Klosters und der Kirche, die nun zu doppeltem Umfang erweitert, mit großer Feierlichkeit und in Anwesenheit vieler hoher Herren aus Alemannien, geistlichen und weltlichen Standes, eingeweiht wurde (839); Abt Gozbert legte gleichfalls den Grund zu der schon unter ihm bedeutend gewordenen Bibliothek; er ist der Stifter dieser wissenschaftlichen Anstalt. Eine Lebensbeschreibung des heil. Gallus durch Walafrid Strabo, Abt von Reichenau, verfaßt, zog vermehrte Pilgerzahl zu dessen Grabe herbei. Die Mönche von St. Gallen leisteten Vorzügliches in der Baukunst, wetteiferten überhaupt erfolgreich in Wissenschaften und Künsten mit den Bewohnern anderer Abteien; in beiden Beziehungen eröffnete sich eben jetzt, mit Abt Grimald (841), einem der ersten Gelehrten des Reiches unter den Karolingern, die ruhmvollste Epoche des Stiftes, die sich bis in die Mitte des eilften Jahr-

hunderts erstreckte.[1] Durch solche Verdienste und durch genaue
Beobachtung klösterlicher Ordnung, sowie durch erbaulichen Lebenswandel erwarb sich die Abtei allgemeine Achtung und weit
verbreiteten Ruf. Ein St. Galler Mönch war es, der das
Leben Karls des Großen schrieb (J. 880). Als Gelehrtester
seiner Zeit galt Notker aus Elgg, von adeligen Eltern stam-
mend, gestorben im Jahr 912. Der Nachruhm der Heiligkeit
blieb ihm nicht aus; doch wurden erst drei Jahrhunderte später
seine Gebeine der öffentlichen Verehrung ausgesetzt. Rapert,
auch ein Gelehrter dieser Zeit, schrieb die Geschichte des Klosters
St. Gallen bis auf dieselbe Zeit.

Gegen Ende des neunten Jahrhunderts war die Abtswürde mit derjenigen eines Bischofs von Constanz vereinigt,
Bischof Salomon III. bekleidete dieselbe. Auf dem Irenhügel
stiftete das Kloster die Propstei zu St. Mang; eine Kirche hatte
Salomon dort schon früher erbauen lassen. Diese neue Stiftung, ansehnlich botirt, erhielt die kaiserliche Bestätigung im Jahr
898. Jener Bischof-Abt starb im Jahre 920, ein Mann von
ausgezeichneten Eigenschaften, Gelehrter und Prediger zugleich.
Ihm verdankte die damalige Abtei St. Gallen einen Theil ihres
Ruhmes und ihres Wohlstandes.

St. Gallen war in dieser Zeit weit umher der volkreichste
Ort. Es wohnten da 105 Klostergeistliche, 200 Angehörige
des Klosters (Arbeiter und Gewerbsleute aller Art), viele Studenten und Bepfründete. Es bestanden eigene Mühlen, ein Gasthaus, Werkstätten und wirthschaftliche Gebäude für jeglichen
Bedarf. Der Bezirk des Klosters füllte das ganze Thal von
einem Berge zum anderen hinüber, so daß nicht nur die Häuser
dortiger Ansiedler im Gebietsumfange des Klosters standen,
sondern selbst die St. Mangenkirche. In Rorschach besaß St.
Gallen schon von früheren Zeiten her Güter und Waldungen,
zu Steinach eine Kapelle, Liegenschaften und Schifflände; Ur-

---

[1] Weidmann, Geschichte der Bibliothek von St. Gallen. St. Gallen, 1841.

sprung des dortigen Hafens. Ueberall in allen nördlichen Theilen des jetzigen Kantons St. Gallen befanden sich Höfe mit jetzigen Namen, zum Theil von Zinsleuten des Stiftes bewohnt. Im Thurthal war Wattwyl ein St. Gallischer Meierhof mit einer Kirche (904). Ußnach war damals erst ein Hof, und hatte eine dem heil. Gallus gewidmete Kirche. Der Wallensee war von Reisenden stark besucht; vier kaiserliche Schiffe, ein bischöflich Churisches Schiff, neben vielen anderen Fahrzeugen, vermittelten den Verkehr auf demselben.

Die Abtei St. Gallen besaß in dieser Zeit, theils an eigenen, theils an Zinsgütern 4000 Huben, oder 160,000 Jucharten, ein Besitzesumfang, der als Reichthum galt, obwohl das Erträgniß nach damaligem Kulturzustand nur ein mäßiges sein konnte. Immerhin war dies der Grundstock, aus welchem hernach diese Abtei, während einem Jahrtausend hindurch, die vielen Ausgaben und Opfer aus Krieg und anderen Unfällen bestritten hat und sich wiederholt von tiefem Zerfall hat erholen können. Die Schenkungen an liegendem Eigenthum dauerten fort. Erhielt der Vergabende, nach seinem eigenen Wunsch, die Liegenschaft als ein Lehen- oder Zinsgut zurück, entweder für sich allein, oder auch zu Gunsten seiner Leibeserben, so behielt er sich gewöhnlich vor, den Zins mit Geld abzulösen. Da solches jedoch selten geschah, so fielen viele Güter nach dem Absterben der Betreffenden an das Kloster zurück; solche Güter gab dann das Kloster abermals zu Lehen aus. Der Zins wurde theils in Baar, theils auch in Naturalien entrichtet, welche zu diesem Zweck tarirt waren. Die neben dem Zinse bedungenen Frohndienste leisteten die Zins- oder Lehnleute durch verschiedene Arbeiten auf den übrigen Gütern des Klosters, wie sie die Landwirthschaft erheischt. Das Kloster konnte seine Rechte auf solche Zinsgüter verkaufen und die Zinspflichtigen für die Leistung des Zinses an die Käufer weisen. Die Verhältnisse der Leibeigenen oder Hörigen blieben dieselben; sie waren nichts weniger als hart, denn auch das Anwachsen der Familie konnte keine Nahrungssorgen hervorrufen, da eine solche Familie selten weniger als eine Hube zu ihrem Auskommen hatte. Vergleiche man damit die Armuth, ja das Elend des Proletariats im neunzehnten Jahrhundert! Uebrigens war die Bevölkerung noch schwach, das Verkehrsleben wenig ausgebildet. Da noch kein Polizei= staat mit seinen Hülfsmitteln, Tugenden und Untugenden bestand, war auch für die öffentliche Sicherheit noch nicht gesorgt. Bischöfe, Aebte und andere Geistliche mußten sich auf ihren Reisen durch Bewaffnete begleiten lassen. Die Freien waren die Kriegsleute dieser Zeit.

Die Pfarrkirchen stifteten die Grundeigenthümer auf den Höfen. Der Priester bezog ab denselben den Gehalt in Natura= lien oder in liegenden Gütern.

Die Leute, welche in der Nähe eines Hofes wohnten, der eine Kirche und einen Geistlichen hatte, besuchten dort den Got= tesdienst, brachten zum Ersatz ihre Opfer und entrichteten all= mälig regelmäßig den Zehnten; Ursprung der Zehntpflicht. Die Eigenthümer der Höfe, beziehungsweise der Kirchen, vertauschten, vergaben und erbten den Zehnten mit der Kirche. Mit der Vermeh= rung des Liegenschaftsbesitzes gelangte das Kloster St. Gallen bald auch in den Besitz einer großen Anzahl Pfarreien. Die Klöster sah damals die deutsche Nation (und mit Recht) als ihre Er= ziehungshäuser, ihre Studienanstalten, als den Sammelplatz der Gelehrten, als die Stätten der feierlichen Anbetung Gottes an; eben so als Muster der Landwirthschaft. In allen diesen Bezie= hungen leistete St. Gallen Vorzügliches. Othmar hatte dort die Regel des heil. Benedikt eingeführt. Neben den Freien wurden auch Leibeigene als Klostergeistliche aufgenommen. Das Kloster St. Gallen zeichnete sich auch im weiteren Verlauf der Jahre durch genaue Beobachtung der klösterlichen Ordnung aus wie durch tugendhaften Lebenswandel seiner Glieder. Nicht weniger wuchs sein Ruhm als eine Pflegestätte der Wissen= schaften. In jener Zeit, da selbst die hochgestellten Laien noch des Schreibens unkundig waren, las und schrieb man im Kloster St. Gallen die deutsche, die lateinische und die griechische Sprache; man übte sich in der Dicht= und Redekunst, lernte

Musik und Sternkunde, übte die Arzneiwissenschaft, verfertigte Zeichnungen, Malereien und künstliches Schnitzwerk. Mit besonderer Beflissenheit widmeten sich die St. Gallischen Mönche dem Bücherschreiben; Alles ging durch ihre Hand: die Schriften der heil. Väter, die Kirchengeschichtschreiber, die römischen und die griechischen Klassiker; um die Erhaltung und Vervielfältigung dieser Hauptwerke kirchlicher und profaner Gelehrsamkeit haben sie sich unvergängliche Verdienste erworben. Ihre Gelehrsamkeit verschaffte ihnen häufig den Ruf auf Lehrstühle in anderen Ländern. Sie vermehrten die Bibliothek des Stiftes, von der schon in der zweiten Hälfte des neunten Jahrhunderts ein Katalog verfaßt wurde, und die noch heut zu Tage eine beliebte Fundgrube der Gelehrten ist. Liuthard wird als ihr erster Bibliothekar genannt.

Zeitgenossen des Klosters St. Gallen sind das Stift Schänis und die Abtei Pfäfers. Im Gaster bestand ursprünglich ein Kloster auf dem Benkenerberge (Benken, Bainchova), schon im Jahr 745. Es verschwand bald und wurde durch Schänis ersetzt. Der Urgeschichte dieses Stiftes zufolge verdankt es seine Entstehung dem Grafen Hunfried von Churwalchen. Dieser Herr baute, einem dem Kaiser Karl dem Großen gegebenen Versprechen gemäß, zu Schänis ein dem heil. Sebastian gewidmetes Frauenkloster St. Augustinerordens (im Jahr 809.[1]) Unter Kaiser Heinrich III. erhielt es die freie Wahl seiner Abtissin, überhaupt alle Vorrechte, deren sich die königlichen Klöster zu erfreuen hatten (1045). Im Jahr 1178 bestätigte Papst Alexander III. all sein Gut mit Ertheilung vieler Privilegien. Zahlreich waren seine Besitzungen, theilweise entfernt gelegen: nebst den Pfarrkirchen zu Schänis und Benken, manche andere Kirchen, Güter und Waldungen im Gaster- und Sarganserland, auch in anderen Theilen der jetzigen Schweiz und außerhalb derselben. Die hohe Gerichtsbarkeit des Stiftes

---

[1] Aus dem Urkundenbuch des Stiftes Schänis, welches nach dessen großem Brand im Jahr 1610 neu geschrieben worden. Dort und in den älteren Geschichtwerken variirt übrigens die Zeit der Gründung um einige Jahre.

übten für dasselbe die Kast- oder Schirmvögte, die niedere seine eigenen Vögte oder Meier; diese Gerichtsbarkeit umfaßte das ganze Gaster und überschritt selbst dessen Grenzen. [1] Erwähnte päpstliche Urkunde verleiht dem Stift die Befugniß zur Aufnahme jeder freien Person von erwiesener adelicher Herkunft und verbietet Jedermann, sich irgendwie am Gute dieses Stiftes zu vergreifen. Von den Grafen von Churwalchen überging die Kastvogtei des Stiftes an die Grafen von Lenzburg, von denen einige auch Grafen von Schänis hießen; von den Grafen von Lenzburg an die Grafen von Kiburg (1190). Die jeweilige Abtissin hatte vermöge kaiserlichen Privilegiums Rang und Titel einer Reichsfürstin.

Das Kloster Pfäfers (Fabaria) ist eine Schöpfung des heil. Pirminius, Bischof von Meaux; dieser berief im Jahr 731 zwölf Jünger aus dem Kloster Reichenau in das Gebirge nach dem Sarganserland, welche alsbald die finstere Waldung lichteten und das göttliche Wort im alten Rhukantien verkündeten. Auch in diesem Kloster wurde die Regel des heil. Benedikt eingeführt. Es förderte während beinahe zwei Jahrhunderten die Kultur des Landes, nahm zu durch fromme Vergabungen des Volkes und die Zahl der eintretenden Brüder, sowie durch der fränkischen Könige Gunst. Es war dieß die Periode seines Wachsthums. Aber schon früh hatte das Kloster Pfäfers mit Ungemach zu kämpfen. Durch Kaiser Ludwig II. dem St. Gallischen Abt-Bischof Salomon III. übergeben, büßte es seine Unabhängigkeit ein (905), wurde zu einer Propstei von St. Gallen und erhielt seine Selbstständigkeit erst wieder, als Kaiser Otto I. dem Abt Kralo durch einen Rechtsspruch die Abtei Pfäfers wieder abnehmen ließ und ihren Gliedern die eigene freie Abtwahl zuerkannte (958), ein Recht, das nachhin kaiserliche Bestätigung erhielt, welcher endlich das Verbot des Kaisers Heinrich III. folgte, das Kloster Pfäfers irgend wem als Lehen oder Eigenthum zu übergeben. Die Abtei Pfäfers

---

[1] Ildefons von Arx, Geschichten u. s. w. Bd. I. S. 245 und 246.

übte in weiter Umgebung die Gerichtsbarkeit aus, hatte das erste und beste Recht an die Mineralwasser, an die Silber- und Goldminen, welche in seiner Nähe vorhanden; sie war reich an Alpen und Waldungen daselbst; ihre Grenzmarchen umfaßten den ganzen Gebirgsstock von Vättis und den Quellen der Tamina herab bis an die Saar, und von deren Mündung in den Rhein längs diesem hinauf bis zum Galanda.[1]) Wie St. Gallen reich begütert, so war es auch Pfäfers an Lehen, Gütern und eigenen Leuten im Sarganserlande, dann im oberen Rhätien bis jenseits der Berge am Septimer und am Splügen, ferner unten im Vorarlberg, am Zürichsee und weiter, im Thurgau und bis Rottweil in Schwaben; es pflegte die Wissenschaften und Künste; auch in der Bibliothek von Pfäfers füllten die klassischen Schriftsteller der Römer eine Hauptrubrik aus. Neben dem Kloster stand für Reisende ein wohlthätiges Hospiz, denn der Zug der Reisenden soll wegen schwierigen Passes über den Rhein den Weg nach Bünden über Pfäfers und Vättis eingeschlagen haben. Abt Rudolf von Montfort wurde 1196 in den Reichsfürstenstand erhoben. In den Landschaften der Linth waren die Klöster St. Gallen, Schänis, Pfäfers und Einsiedeln vielfach neben einander begütert.

Als die kriegerischen Hunnen Deutschland überzogen, kam auch das Stift St. Gallen in große Noth. Abt Engelbert traf Maßnahmen zur Gegenwehr und Sicherung, baute zu diesem Zwecke zwei Schlösser, das eine in Wasserburg, das andere an der Sitter, setzte Wachen in Bereitschaft, flüchtete die wissenschaftlichen Schätze auf die Insel Reichenau, zog selbst den Harnisch an und warf sich mit den muthigsten seiner Geistlichen in das nähere jener Schlösser, das an der Sitter. Am 1. Mai 925 rückten die fremden Gäste in St. Gallen ein, verließen jedoch, sich nicht sicher glaubend, die Gegend und zogen nach Konstanz und weiter rheinabwärts nach dem Elsaß. Von den Hunnen erlitt die fromme Klausnerin Wiborada den Tod; ein Jahrhundert

---

[1]) Laut Bestätigungsurkunde von Kaiser Heinrich III., von 1050.

später wurde sie heilig gesprochen. In Folge Brandstiftung durch einen boshaften Studenten mußte das Kloster im Jahr 940 zum drittenmal aufgebaut werden. Von Kaiser Otto I. erhielt sein Abt Kralo die Bewilligung zur Anlegung eines Marktes in Rorschach wie zur Ausübung des Zoll- und Münzrechtes, alles zu Förderung des Personen- und Waarenverkehrs aus Deutschland nach Italien, insbesondere nach Rom (947). Sein Nachfolger, Abt Anno, faßte den Plan, das Kloster mit Umgebung durch Graben und Ringmauer mit fünfzehn Thürmen zu befestigen, ein Vorhaben, das er selbst noch theilweise ausführte. Dieses Unternehmen ist der Ursprung der nachherigen Stadt St. Gallen; der Umfang, den Anno seiner Stadt gab, war auf vermehrte Bevölkerung berechnet und schloß mehr Wiesen und Gärten als Häuser ein (954); Abt Notker vollendete die Mauer bis 974 und gründete dadurch die Altstadt, die vom Kloster hinab in der jetzigen Breite bis zum Bohl reichte. Zu solchen Städtebauten hatte ein vorangegangenes Reichsgesetz in Folge des Hunneneinfalls Veranlassung gegeben. Auch von den Sarazenen, die aus Burgund sich in die Gebirge von Graubünden, Sargans, Toggenburg und Appenzell geworfen, hatten die Stifte Pfäfers und St. Gallen, ihre zahlreichen Besitzungen und Leute, viel in Folge von Räubereien zu dulden. Doch war auch diese Noth, wie jene, welche die Hunnen herbeigeführt, nur vorübergehend.

Aber auch im Gebirge, nicht bloß in der Nähe der Abtei, nahmen die Ansiedelungen zu, so im Bergthale an der Sitter. Darum baute Abt Nortbert daselbst eine Kirche und stattete den für dieselbe bestimmten Pfarrer mit den erforderlichen Einkünften aus (1061); so entstand der Ort Appenzell, der später einem ganzen Kanton den Namen lieh. Im engen Thale des Neckerflusses wurde St. Peterszell gegründet, die spätere Propstei in nicht genau ausgemittelter Zeit. Einer der Edeln von Toggenburg baute auf der höchsten Spitze der Bergreihe diesseits der Murg die Veste, die seinen Namen Toggenburg erhielt; die gleichen Edeln bauten das Schloß Lütisburg und bei Utznach

die Veſte Uznaberg. Sie ſind auch die muthmaßlichen Erbauer
der Städte Wyl, Lichtenſteig und Uznach. Dieſe verſchiedenen
Gründungen gehören dem eilften Jahrhundert an.

Die Kultur machte Fortſchritte auch in dieſen Zeiten. Im
Kloſter St. Gallen wurde nichts geſpart, was zur Veredelung
und Verherrlichung des Gottesdienſtes dienen mochte. Während
die Wiſſenſchaften in Frankreich und Deutſchland ſchon wieder
zu ſinken anfingen, behaupteten ſie an der Schule von St. Gallen
ihren alten Glanz. Im ganzen Reiche ſchrieb man nirgends
ein ſo gutes Latein als hier; in dieſer Schule wurden alle alten
Klaſſiker geleſen. Lehrer und Schüler pflegten ſelbſt die höheren
mathematiſchen Wiſſenſchaften, betrieben Aſtronomie, bedienten
ſich des Tubus und des Aſtrolabiums, waren befähigt einen
Himmelsglobus zu verfertigen, vielleicht den erſten in Deutſchland. Sie trugen auch weſentlich bei zur Ausbildung der deutſchen Mutterſprache. Unter den vielen Gelehrten St. Gallens
ragte Notker (Labeo, der Großlefzige) hervor, der zu ſeiner Zeit
für den größten Gelehrten des Reiches gehalten wurde.

Gegen Ende des eilften Jahrhunderts trafen die Folgen
des langen Inveſtiturſtreites zwiſchen Kaiſer Heinrich IV. und
dem Papſt Gregor VII. auch die St. Galliſchen Lande. Von
den zwei kriegführenden Parteien wurden zwei Aebte eingeſetzt,
deren Jeder unter den Großen des Reiches ſeine Gönner und
Vertheidiger hatte. Der Krieg wüthete weltum im jetzigen
ſchweizeriſchen Oſten und in den benachbarten deutſchen Landen;
die beiden Aebte ſtritten um den Beſitz der Abtei; für den einen
ließ ſein Bruder, der Abt von Reichenau, das Wohnhaus des
St. Galliſchen Abtes (die Pfalz) niederreißen, in der Stadt
plündern, auf der Berneck ein feſtes Schloß mit doppeltem Graben aufführen, in das er Beſatzung legte. Sein Gegner nahm
es mit Sturm ein und ließ es bis auf den Grund niederreißen;
Kriegszüge aus gleichen Urſachen verheerten auch die Landſchaft
bis an den Alpſtein hinein. Der Friede von 1095, durch welchen der Sieg des Papſtes anerkannt war, brachte die Ruhe in
die St. Galliſchen Lande zurück. Abt Ulrich III., der inzwiſchen

auch Patriarch von Aquileja geworden, blieb im langen Kampfe
Sieger und wurde der Gründer von St. Fiden, indem er nächst
St. Gallen und östlich von demselben, zur Ehre der heil. Fides,
eine Kirche baute. Einer seiner Nachfolger errichtete auf der
westlichen Seite der Stadt die Kirche des heil. Leonhard mit
Propstei (päpstlich bestätiget im Jahr 1152).

Wie St. Gallen, so litt in diesem Kriege auch das Kloster
Pfäfers. Durch kaiserliche Verfügungen war dasselbe an den
Bischof Burkard von Basel veräußert worden. Abt Gerold
wollte sich dieß nicht gefallen lassen, machte Einsprache bei Hof
und suchte, als diese fruchtlos verlief, Hülfe bei dem Papst, der
dem Bischof von Basel die Besitznahme der Abtei untersagte.
Das wollte jener Bischof aber nicht; er zog mit seinen Kriegs=
leuten nach Pfäfers, beabsichtigte da durch Zwang und Ueber=
redung die Abtei in seinen Besitz zu bringen. Allein Gerold
wendete sich erneuert an den Papst Paschalis II., wies ihm
eilf kaiserliche Diplome zu Gunsten der Selbstständigkeit seiner
Abtei vor, und blieb dann gegen den Bischof Sieger. Im
Jahre 1116 bestätigte der Papst die Unabhängigkeit und die Be=
sitzungen des Klosters Pfäfers.

Das obere Toggenburg hatte in dieser Zeit schon seine
Herren und Bewohner. Wildhaus mit der Wildenburg besaßen
die Edeln von Sar; den finstern Wald im Thale zwischen den
Quellen der Thur und der Breitenau (Stein) hatten sich die
Grafen von Montfort mit Breitenau und Neßlau zugeeignet.
In Krumenau hatte die Abtei St. Gallen die frühesten Rechte;
Kappel war von Sirnach her, einem bischöflich konstanzischen
Hofe, bevölkert; wegen vermehrter Einwohnerzahl wurden in
Neßlau und Kappel Kirchen errichtet; die rhätische Sprache
wurde an den Rhein hinüber verdrängt: doch blieben noch
manche Reste derselben in rhätischen Benennungen von Alpen
und Bergen zurück. Zwei Einsiedler, Milo und Thüring, grün=
deten in der ersten Hälfte des zwölften Jahrhunderts das Klo=
ster St. Johann. Ein Edler von Ganterschwyl vergabte ihm die
ganze Gegend, in deren Mitte es sich erhob. Der Landgraf,

der Herzog, der Kaiser sprachen der Reihe nach die Billigung
des frommen Unternehmens aus. Es erfolgten weitere Vergabungen seitens anderer Edeln in verschiedenen Theilen des
jetzigen Kantons St. Gallen. Die Mönche im Kloster St. Johann bekannten sich zum Benediktinerorden; die Päpste jener
Zeit verliehen ihm die üblichen Privilegien, namentlich jenes der
freien Wahl des Abtes und des Schirmvogtes und sicherten ihm
Schutz zu (1152 und 1178). Die Besitzungen des um eben
diese Zeit gegründeten Klosters Fischingen standen zum Theil
unter der Vogtei der Grafen von Toggenburg.

Am linken Ufer des Zürichsee's bewohnten am Fuße des
Etzels mächtige Herren eine Burg, Rapperschwyl genannt. Einer
von ihnen, Namens Rudolf, Schirmvogt von Einsiedeln, erachtete,
daß ein Sitz auf einer erhöhten Landzunge gegenüber von Hurden (sie hieß Enstlingen, auch Endingen) in allen Rücksichten
wohnlicher wäre, als das alte schattenseits gelegene Schloß.
Jenen Hügel nun hatte er theilweise vom Kloster Einsiedeln,
zum anderen Theil vom Kloster St. Gallen zu Lehen. Er erbat
sich und erhielt die Bewilligung zum Bau eines zweiten Schlosses
an dieser von der Natur reich begünstigten Stelle, welches er
ungefähr um das Jahr 1200 erbaute [1]) und Neu-Rapperschwyl
nannte. Rudolf war der Gemahl der Mathilde von Vatz, führte
in den ersten Jahren des dreizehnten Jahrhunderts noch den Namen eines Vogtes, vom Jahre 1233 an den eines Grafen. Zunächst dem Schloß entstand aus wenigen Fischerhütten, an der
Stelle wo das Fahr nach Hurden gewesen, Endigerfahr genannt, die Stadt Rapperschwyl, von dann an der Sitz der
Grafen dieses Namens. Kempraten (Centum prata), in der
Nähe gelegen, zur alten Römerzeit Hauptposten einer Heeres-
abtheilung, war in diesem spätern Jahrhundert Stapelort für
Kaufmannsgüter, auch zahlreich besuchter Wallfahrtsort. Neben
dem Schloß blühte rasch die Stadt Rapperschwyl auf, denn

---

[1]) Xaver Rickenmann: Geschichte der Stadt Rapperschwyl. St. Gallen, 1855.

innert die Mauern zogen die freien Leute, wo sie gegen damalige Ungebundenheit Schutz für Person und Vermögen fanden; sehr bald nach der Gründung hatte sie ihre Obrigkeit, deren Haupt den Titel Schultheiß führte. Die Grafen ihrerseits besaßen auch das Schloß Wandelburg zu Benken und hatten andere zahlreiche Besitzungen an der Linth und im südöstlichen Theil des jetzigen Kantons Zürich; sie machten im rühmlichen Sinne damaliger Zeit Vergabungen zu frommen Zwecken, gründeten die Klöster Bolligen und Mariazell oder Mariaberg (jetzt Kloster Wurmsbach genannt), zu gleicher Zeit (1249) das Kloster Wiben zu Wesen (Vesenium), Rüti und Fahr. Einzelne Glieder der hohen Familie traten selbst als Ordensmänner in die damals berühmtesten Stifte. Nebst Kempraten bestanden in der Nähe von Rapperschwyl Jona und Bußkirch, an welch letzterem Orte die für den Untersee bestimmten Waaren seichten Wassers wegen umgeladen werden mußten. Bußkirch wird als eine der ältesten christlichen Kirchen bezeichnet, die laut Ueberlieferung schon in der ersten Hälfte des siebenten Jahrhunderts bestanden hat. Zu Gunsten der vielen Pilger nach Einsiedeln ließ Rudolf I. am Gestade des See's ein Spital errichten, dem im Jahr 1276 eine eigene Kapelle angebaut wurde. Aus der Schloßkapelle in Rapperschwyl wurde die spätere Pfarrkirche, zuerst der Mutterkirche Bußkirch angehörend, dann, von ihr getrennt, im Jahr 1253 zur eigenen Pfarrkirche erhoben.

In diesen Zeiten änderten sich bereits die Verhältnisse der Leibeigenen sehr zu ihren Gunsten. Die Stifte und die Edeln gestatteten, daß die Kinder das bewegliche Gut ihrer Eltern erben, an einigen Orten auch ihre Lehengüter; sie erlaubten ihnen die Höfe zu verlassen, wenn sie anderswo ihr Glück machen zu können glaubten; erließen ihnen die Frohndienste. Statt des jährlichen Zweipfennigzinses, den die freien Zinsleute und die Leibeigenen zu bezahlen hatten, wurde ein Huhn angenommen: Ursprung des Fastnachtshuhns, von der Zeit seiner Entrichtung so genannt. Vom ererbten beweglichen Gut mußten die Kinder das beste Stück Vieh (Fall, Todtenfall genannt) und die sonn-

täglichen Kleider des Vaters und der Mutter dem Herrn über-
laffen, wenn jener ohne Söhne, diese ohne Töchter zu hinter-
laffen starben (Gelâs- und Gewand-Fall); die Seitenverwandten
erbten nicht, sondern der Grundherr, falls weder Kinder noch
Gattin vorhanden; solches Recht des Grundherrn hieß „Erbrecht".
Die Güter wurden allmälig Erblehen, indem sie von den Eltern
auf die Kinder übergingen; dagegen zahlten diese (die Nachkommen) den „Ehrschatz", den dritten Pfennig, nach dem ungefähren
Werth des Gutes berechnet. Das war der Lehen- (oder Pacht-)
Zins; er wurde gewöhnlich in Naturalien entrichtet, je nach den
Erzeugniffen der Güter; ab Kornland zinsete man Getreide, ab
Höfen am See Fische, ab den Alpen Käse, Zieger. Die pflichtigen Frohndienste (drei Tage in der Woche) wurden erlassen,
ebenso diejenigen, welche die Zinsleute freiwillig auf sich genommen hatten; doch fand Umwandlung in Geld oder Früchte
statt. Das Stift St. Gallen, damals unter die reichsten des
Landes gezählt, legte den Grund zu dem später blühenden Landbau, indem es seine großen Höfe zu theilen anfing.

Die Freien schieden sich aus: das Glück machte die Einen zu
hohen Herren im Lande, so die Grafen von Montfort, von Toggenburg, von Rapperschwyl, die Freiherren von Sax, von denen theilweise schon die Rede gewesen; andere traten als Kriegsleute oder
Beamtete in die Dienste der Stifte und der weltlichen Großen;
aus ihnen entstand der niedere Adel. Die meisten der Freien
aber blieben, in bescheidenen Verhältniffen, als freie Zinsleute
im Bauernstande; sie verloren sich indeffen allmälig unter der
Menge der Nichtfreien, da sie außer „Fall" und „Erbschaft"
die gleichen Zinsen entrichteten, wie diese. Nur wenige Freie
blieben übrig in der alten Landschaft und in Toggenburg; auch
im Sarganserland (die freien Walser). Wie der hohe Adel, so
bauten sich auch die niedern Edeln (Edelknechte genannt) auf
Anhöhen und anderen wenig zugänglichen Stellen Schlösser zum
Wohnsitz; so entstanden die zahlreichen Burgen durch alle Theile
des Landes, von denen die meisten verschwunden, nur noch wenige in Wirklichkeit und meist in moderner Gestalt übrig, ein-

zelne nur noch in Ruinen sichtbar sind. Von den Burgen her
benannten sich die Besitzer. Die Aebte von St. Gallen bauten
die Schlösser Rheineck und Appenzell (Klanr). Angesehene Edle
verrichteten bei denselben die Erbämter. Nahm in dieser Zeit
das wissenschaftliche Leben in den Klöstern, so in St. Gallen,
in Folge der Kriege wieder ab, so war hinwieder für das kirchliche mit Eifer gesorgt; so bestanden für die Angehörigen der
Pfarrei St. Gallen in der Stadt nebst dem Münster vier andere Kirchen, sieben Kapellen, außer derselben vier Kirchen oder
Kapellen.

Wie die bisherigen, so sind auch die nächstfolgenden Zeiten
(im dreizehnten Jahrhundert) ein seltsames Gemisch von Bauen und
Zerstören, von Macht und von Zerfall. Im Thale des Rheins
sind neben den Grafen von Montfort die Edeln von Sax die
mächtigsten Herren. Abt Ulrich VI., ein gebildeter und staats-
kluger Herr, im Jahre 1204 zur Abtwürde erhoben, wurde vom
König Philipp zum Fürsten befördert; er ist der erste der St.
Gallischen Reichsfürsten. Graf Diethelm II. von Toggenburg
schenkte dem Kloster St. Gallen die Stadt Wyl und das Schloß
Toggenburg (1227); bald nachher fiel demselben auch die Burg
Uznaberg zu. Um diese Zeit (von 1226 an) herrschte Abt
Konrad von Bußnang, ein mächtiger, unternehmender Herr, groß
in Krieg und Frieden, wehrhaft als Regent, wie thätig in seinem
äbtischen Amte, Rathgeber des Königs Heinrich VII., der ihm
im Jahre 1229 den ausgedehnten Hof Krieseren mit vielen
Alpen, Ebenen und eigenen Leuten vergabte, Freund und Vertheidiger der nachmals heilig gesprochenen Wittwe Elisabeth,
Landgräfin von Thüringen, berühmt in Deutschland und in Italien, christlich großmüthig, indem er auf seinen Todesfall hin die
Hälfte der zur Zeit desselben vorhandenen Baarschaft (diese
Hälfte bestand in tausend Mark Silber) zu frommen Stiftungen
vergabte (1239), nachdem er dem Kapitel schon vorher die andere Hälfte übergeben. Ein Streit wegen der Burg Uznaberg,
den er mit dem Grafen Diethelm III. von Toggenburg siegreich
vor dem Kaiser ausgefochten, veranlaßte seinen Gegner und dessen

Söhne zum Bau des Schlosses Neu-Toggenburg zwischen Thur und Necker; die ursprüngliche Toggenburg oberhalb Fischingen wurde seither die alte genannt. Ein späterer Abt war Berchtold von Falkenstein (erwählt 1244); Anhänger des Papstes Innocenz IV. gegen den Kaiser, erhielt er von jenem viele geistliche Berechtigungen für das Stift; seine Besitzungen reichten vom Zürichersee bis nach Memmingen und an die Donau, fast allenthalben zusammenhängend.

Auf Grund und Boden des Klosters St. Gallen und zum Theil aus dessen Lehengütern stifteten angesehene Familien die Frauenklöster St. Katharina in St. Gallen (1228) und Magdenau (Augia Virginum) bei Flawyl (1244), in welches zahlreiche Frauen aus den edelsten Geschlechtern des Landes sich aufnehmen ließen. Abt Konrad von Pfäfers baute die Burg Wartenstein im Jahre 1206; Schloß Freudenberg bei Ragatz besaß Heinrich von Wildenberg, Dienstmann, dann Schirmvogt desselben Klosters. Zur Sicherheit gegen den Grafen von Montfort läßt Abt Berchtold von St. Gallen das Schloß Blatten, dann bei Monstein das Schloß Heldsberg bauen.

Eine streitige Abtswahl in St. Gallen brachte dem unternehmenden Grafen Rudolf von Habsburg die Schirmvogtei von St. Gallen ein; Rudolf bemächtigte sich hierauf aller Gewalt über die Stiftslande, verwickelte selbe in seine Händel und Kriege, baute (inzwischen zum Kaiser erhoben) mitten in die St. Gallischen Besitzungen das Schloß und Städtchen Schwarzenbach hinein. Es folgte eine kriegerische Fehde zwischen dem Abt Wilhelm von Montfort und dem Kaiser Rudolf; jener ließ durch sein Kriegsvolk Schwarzenbach bestürmen und verbrennen, worauf dann die Gegner Gleiches, doch ohne Erfolg, gegen Wyl vornahmen, wohin die Bürger von Schwarzenbach versetzt worden. Dieser Krieg mit Rudolf und seinen unmittelbaren Nachfolgern dauerte zwanzig Jahre lang; im Laufe desselben wurde das Schloß Klanx zerstört, die alte Toggenburg von den Habsburgern erobert, dann verbrannt; gleiches Schicksal erlitt Wyl von den eigenen Dienstmännern des Abtes. Es erfolgte endlich

zwischen Kaiser Albert und dem Abt Wilhelm ein Vergleich
(1301): das Haus Oesterreich versprach Schwarzenbach, welches
die nach dorten abgezogenen Bürger von Wyl wieder erbaut
hatten, abbrechen zu lassen, dort nie wieder eine Feste zu bauen,
dann dem Wiederaufbau von Wyl und dem dortigen Markt kein
Hinderniß zu legen; Abt und Kapitel dagegen verzichteten auf
den Ersatz des vielen Schadens, den sie an beweglichem und
unbeweglichem Gut erlitten hatten. Die Bewohner von Schwarzenbach wanderten wieder, gezwungen, nach Wyl hinüber, bauten
dort 227 Häuser nebst den Ringmauern auf der alten Stätte
wieder auf; zahlreich war die Bürgerschaft, die sich noch durch
manche Edle vermehrte, welche sich in derselben ankauften. Während diesem Krieg erlosch das Haus der Grafen von Rapperschwyl.

Im dreizehnten Jahrhundert verwandelte sich die Schirmvogtei über die Klöster in die Reichsvogtei, da die Kaiser jene
an sich und an das Reich gezogen hatten. Die Reichsvögte
übten Namens des Kaisers die oberste Strafgerichtsbarkeit aus,
bezogen nebenbei die Gefälle eines Schirmvogtes, auch jährliche
Vogtsteuern. Alle übrige hohe und niedere Gerichtsbarkeit blieb
den Aebten. Sie ließen sich huldigen, errichteten Zölle, übten
das Münz-, Jagd- und Fischereiregal aus, verliehen Ehehaften
und Tavernrechte, wachten über Gewicht und Maß; sie ergänzten, wo nöthig, die strafrechtlichen Vorschriften, ordneten die
bürgerlichen Gerichte und waren die Appellationsinstanz. Die
Stiftslande waren in mehrere Aemter getheilt, alle zusammen
nannte man das Gebiet, Land oder Fürstenthum St. Gallen,
über welches jeder neuerwählte Abt von dem Kaiser das „Für-
stenamt" oder die Regalien begehrte. In St. Gallen galt der
von Bischof Heinrich II. von Konstanz aufgestellte Münzfuß, nach
welchem die Mark Silber zu zwei Pfunden oder zu 42 Schil-
lingen auszuprägen war. Das Silbergeld bestand lange in
einem Blech, so dünn wie ein Laub, nur auf einer Seite geprägt;
das Gepräge stellte ein christliches Symbol vor: Lamm mit
dem Kreuz. Neben der weltlichen war auch die kirchliche Macht

ter Aebte von St. Gallen eine sehr ausgedehnte. Ihnen stand
die Besetzung von mehr denn 60 Pfarrpfründen zu, von denen
19 im jetzigen Kanton St. Gallen, mehrere in anderen jetzt
schweizerischen Gebietstheilen, die übrigen jenseits des Bodensees
und Rheins. Die Pfrundgüter galten als Lehngüter der Abtei;
daher ihre Verwaltungsrechte und der Leheneid, den die Pfarrherren den Aebten bei Antretung der Pfründen zu leisten hatten.
Das Kloster Pfäfers besaß die Pfarrpfründen im Sarganserland
und außer den Grenzen desselben noch mehrere andere.

Eine selbstständige Stadt St. Gallen bestand in dieser Periode noch nicht, doch war sie im Werden. Grund und Boden
gehörten noch dem Stift. Die Bewohner waren daher meist
Gotteshausleute, Angehörige des Stiftes, ein Theil derselben
Freie oder auch Angehörige der kaiserlichen Kammer. Sie leisteten je nach diesen Eigenschaften, entrichteten Fall, Fastnachts-
hühner, Geläß und Erbschaft, von ihren Häusern und Liegenschaften, die alle Lehen der Abtei waren, die gewöhnlichen Gebühren. Viele Bürger, Abstämmlinge von Freien, traten in den
Hof- und Kriegsdienst der Aebte, andere widmeten sich dem
Kunstfleiß, vorzüglich der Verfertigung feiner Leinwand, die in
Italien sehr gesucht war. Die Obrigkeit, Ammann und Räthe,
wählte ursprünglich der Abt. Im Jahre 1117 erhielt St. Gallen
die Privilegien eines Marktortes; Reichsstadt wurde der Ort
durch kaiserliche Gunst im Jahre 1212; von dann an erhielt
sie eigene Grenzen gegen das Stift. Im Wesentlichen aber blieb
sie doch unter der Oberherrlichkeit der Aebte, die ihr manche
Gunst zuwendeten. So räumte Abt Wilhelm von Montfort,
den Stadtbewohnern besonders zu Dank verpflichtet, weil sie ihm
während des Krieges gegen die Habsburger zur Wiederbesitznahme der Abtei treue Hülfe geleistet, verschiedene Berechtigungen
ein, die ihre bürgerliche Stellung wesentlich verbesserten, so den
freien Verkauf oder die Verpfändung ihrer Häuser und Güter,
gegen mäßige Lehengebühr, das Erbrecht für Seitenverwandte
und Anderes mehr (1291). Der Adel verschmähte nicht, Bürger
der Stadt zu werden. In diese Zeit fällt auch die Stiftung

des Spitals zum heiligen Geist in einem Haus an der Markt-
gasse, zunächst von Bürgern gestiftet, dann vorzüglich durch Abt
Konrad von Bußnang und seine Kapitularen dermaßen geäufnet
(1228), daß dieses Spital wesentlich aus den Gütern der Abtei
erwuchs; für den Gottesdienst wurde eine eigene Spitalkapelle
gegründet. Kurz vorher war das Siechenhaus am Linsenbühl
gegründet worden. Auch eine Schule hatte die Stadt St.
Gallen bereits.

Wie die ganze bürgerliche Ordnung, so war auch das
Kriegswesen jener Zeit wesentlich verschieden von dem heutigen;
es war wie jene ein Ausfluß der altdeutschen Verfassung. Da
Adel und Prälaten pflichtig waren, Kriegsvolk zu halten und
solches dem Kaiser in eigener Person zuzuführen, stete Kriegsbereitschaft auch sonst zur Vertheidigung des Eigenen jedem
Großen nothwendig war, so lag die Veranlassung für diese
zu gegenseitiger Befehdung sehr nahe. Von daher im dreizehnten Jahrhundert die vielfachen Kriege unter den Aebten von
St. Gallen, dann den Grafen von Toggenburg, Montfort,
Werdenberg, Rapperschwyl, Kiburg und Habsburg. Den kriegerischen Aebten von St. Gallen, Konrad von Bußnang und
Berchtold von Falkenstein, ist es zu verdanken, daß die Abtei
nicht ihren Nachbarn zum Raube geworden. Glücklicher Weise
konnten die Aebte in diesen Fehden mit der stärksten Macht
aufziehen, was doch nie mehr als mit 300 Mann geschah:
Diese berittenen und beharnischten Edelleute waren aber kostbare Krieger; daher auch Söldner als Fußvolk angeworben und
aus eigenen Leuten leichte Truppen aufgeboten wurden, als
Bogenschützen, Steinschleuderer und als Besatzungsvolk in die
Schlösser; besondere Freikorps wurden als Verbrenner aufgestellt.
Mit Massen im freien Felde wurde nicht gefochten; es mußten
die Ringmauern der Städte und die Schlösser erstiegen oder
durch andere Mittel zerstört werden. Das Stift St. Gallen
besaß in eigener Hand nur wenige Schlösser, unter ihnen
Toggenburg und Iberg, hatte aber deren viele, wenigstens
vierzig, unter ihnen eine große Zahl in den Gebieten des jetzi-

gen Kantons St. Gallen, als Burgsäße oder Lehen an seine
Edelleute übergeben. Je mehr Edelknechte die Aebte zur Besetzung der Schlösser und Städte hatten, desto mehr Stiftsgüter
übergingen auf den Adel. Dieser bewohnte im Rheinthal
siebenzehn, dann im Gebiete zwischen Bodensee und der Sitter
zehn, von der Sitter bis an die Glatt und die Thur achtzehn,
von der Glattmündung an dem linken Ufer der Thur hinauf
bis an den Gonzenbach siebenzehn, am rechten Ufer der Thur
von der Glatt bis an den Necker neun, im Thurthal acht, im
Werdenbergischen und im Sarganserland, nebst Gaster und dem
Utznachergebiet bis Rapperschwyl hinab neunundzwanzig Schlösser,
so daß im Ganzen auf dem Gebiete des nachmaligen Kantons
St. Gallen mehr denn hundert solcher kriegerischer Edelsitze
gewesen, ungerechnet diejenigen, welche der Geschichte, aus
Mangel irgend welcher urkundlicher Aufzeichnungen oder Nach-
weise, entgangen sind.

Der Zustand, den die Lehenverfassung herbeigeführt, konnte
nur von beschränkter Dauer sein; ganz auf das Eigenthum gegründet, ohne daß durch politische Rechte die Sicherheit eines
Jeden gewahrt worden wäre, hatte er zum Rechte des Stärkern,
zum Faustrecht geführt, dessen Folgen in Kürze angegeben worden. Diese führten das Bedürfniß von Verbündungen herbei;
die Milderung, ja thatsächliche Aufhebung der Leibeigenschaft
gründete den Mittelstand; aus seinem Emporblühen ging allmälig eine neue Staaten-Organisation, und mit ihr eine neue
Völker-Existenz hervor. Bis zu solcher sind jedoch noch eine
Menge von Ereignissen zu erzählen, die der Kunde werth sind.

Kloster und Stadt St. Gallen brannten beinahe ganz ab
(23. Oktober 1314); ohne königliche Hülfe schien die Wiederherstellung der letzteren unmöglich, weßhalb Friedrich von Oesterreich behufs Wiederaufbaus den Bürgern auf fünf Jahre die
Reichssteuern erließ; für einstweilige dürftige Wiederherstellung
des Klosters sorgte der Abt Heinrich von Ramstein. Mehreres
konnte er nicht leisten, da gleichzeitig zwischen zwei Bewerbern
um die deutsche Krone Krieg ausgebrochen war, an dem er sich

wie die anderen Herren im Thurgau, Aargau und in Rhätien
zu Gunsten des österreichischen Bewerbers betheiligen mußte.
Das Kloster kam in Abgang und ging, von Freunden und
Feinden beraubt, einem Zustande der Verarmung entgegen. Vom
Papst wurde dann besondere Pflegschaft über dasselbe verordnet
und bestellt. Ein nachfolgender Abt schloß ein Burgrecht mit
der Stadt Winterthur zu gegenseitigem Beistand, dessen der Abt
für seine Besitzungen in dortigen Gegenden bedurfte. Zwischen
der Abtei einer- dann den Bergleuten von Appenzell und der
Stadt St. Gallen andererseits traten Mißhelligkeiten über den
Umfang der stiftischen Gerechtsame ein; von vermeintlich unbefugt Gefordertem oder überhaupt Lästigem sich zu befreien,
schlossen die Bergleute mit der Stadt, dem Vorgange des vor
längerer Zeit schon unter den Orten der Urschweiz errichteten
Schutzbundes folgend, ebenfalls ein Bündniß (1401), dem sich
die Gotteshausleute in vielen Gegenden der alten Landschaft
und mehrerer jetzt appenzellischer Gemeinden anschlossen. Aber
Schiedsrichter aus dem Bunde der Reichsstädte am Bodensee,
denen der Streit vom Abt und dem verbündeten Landvolke zum
Entscheide übergeben worden, hielten im Wesentlichen den früheren
Rechtsstand fest und bestätigten zu Lasten der Bündischen ihre
bisherigen Verpflichtungen gegenüber dem Stift (Spruch zu
Ravensburg, Juni 1401). Dem wollten die Landleute sich
nicht unterziehen, verlangten Gegentheils bei ihrem Bündniß zu
bleiben. Der Widerstand war einmal in Fluß gekommen. Die
Stadt kündigte dem Abt den Krieg an. Die Appenzeller nahmen das Schloß Klanx ein; die St. Galler waren ihnen dabei
behülflich und verbrannten es. Nun neuer Tag zu Ravensburg und neuer schiedsrichterlicher Spruch unter einem Obmann,
dem Bürgermeister von Ulm, nachdem beide Theile eidlich gelobt, dem Spruch der Schiedsrichter nachzukommen, lautend:
Die Gotteshausleute seien nicht befugt, wider Willen des Abtes
unter sich oder mit Anderen Bündnisse abzuschließen; das schon
abgeschlossene sei ungültig (1402, 2. November). Die Stadt
St. Gallen und ein Theil der Landleute unterzogen sich; die

Bergleute von Appenzell nicht. Gegentheils schlossen diese nun Bündniß mit Schwyz, kündeten dem Abt allen Gehorsam auf, machten Herisau zu ihrem Waffenplatz, plünderten und verwüsteten in den übrigen St. Gallischen Landen (Anfang des Appenzeller Krieges). Darauf zerstörte das Heer des Städtebundes Herisau, hoffte ähnlichen Erfolg auf der Seite gegen Speicher, holte sich bei Vögeliseck eine empfindliche Niederlage, da allein sechszig Krieger auf Seite des Abtes, unter ihnen die beiden Bürgermeister der Stadt St. Gallen, im Treffen ihr Leben verloren (15. Mai 1403). Von dann an machten die Appenzeller und Schwyzer vereint manche Kriegs- und Raubzüge in die Stiftslande, in das Thurgau und Rheinthal. Städtische und adeliche Kriegsleute vergalten Gleiches mit Gleichem, bis endlich die Schwyzer gerathen fanden, über Wattwyl nach Hause zu ziehen, die Appenzeller aber, in ihre Berge zurückzukehren. Vier Schiedsrichter in Winterthur vermittelten im folgenden Jahr zwischen den eilf Städten (unter ihnen St. Gallen) und den Appenzellern und Schwyzern den Frieden, dessen wichtigste Vorschrift: daß bei weiteren Zwisten kein Theil zu den Waffen greifen, sondern seine Ansprüche wieder vor die vier Schiedsrichter bringen solle. Es war ein fauler Friede, weil der Abt, mit den verschiedenen Friedensbedingungen nicht einverstanden, dieselben von sich gewiesen hatte und deßhalb von dem Frieden ausgeschlossen blieb. Den Krieg gegen die Appenzeller, den die verbündeten Städte nun aufgegeben hatten, nahm Herzog Friedrich von Oesterreich wieder auf, der sich durch den Bund der Appenzeller wie durch jenen der Waldstädte gefährdet sah. Abt Kuno begab sich in seinen Schutz. Die Appenzeller warben Freunde und schlossen Bündnisse für den neuen Kampf ab, ein solches mit der Stadt St. Gallen, die nun, nachdem ihre Anstände mit den Appenzellern durch erwähnte Schiedsrichter nachträglich beigelegt worden, auf Seite der Bergleute rat   Zu den Appenzellern gesellte sich auch Graf Rudolf von Werdenberg, dem der Herzog die Herrschaft Werdenberg mit Gewalt abgenommen hatte. Die Schwyzer und ihre Eidgenos-

fen fanbten zahlreiche Hülfsvölfer. Herzog Friedrich zog gegen
die Appenzeller in zwei Richtungen zu Feld, durch das Rheinthal hinauf, dann gegen St. Gallen, wo er sich auf dem Haupt-
lisberg aufstellte. Er unterlag im Hauptangriff am Stoß
(17. Juni 1405), verließ das Land und gab solches sammt
seinen Leuten den Appenzellern preis. Von nun an lange
Kriegszüge der siegreichen Appenzeller; sie bestürmten Altstätten,
eroberten dem Grafen Rudolf Schloß und Herrschaft Werben-
berg wieder, bemächtigten sich nach kurzer Belagerung des
Schlosses Hohensar bei Gams, zwangen die Unterthanen zu
Sar zur Huldigung, nahmen die österreichische Pfandherrschaft
Sargans ein und verbrannten das dortige Städtchen. Einen
zweiten Zug in das Thurgau gaben sie in Folge Widerstandes
von Konstanz und Bischofszell auf. Mit 400 Mann dann
zogen sie durch das Toggenburg in die österreichische Mittel-
march am Zürichsee, nahmen sie ein und übergaben das Land
an Schwyz, welches dasselbe behielt. Im folgenden Jahr (1406)
überschritten sie den Rhein, nahmen den Bregenzerwald ein,
auch Montafun und Bludenz, zerstörten Montfort und Tosters,
drangen über den Arlberg in das Tirol ein, bezwangen Landeck
und streiften bis nach Imst. Im August 1407 nahmen sie,
unterstützt durch Stadt St. Galler und Schwyzer, dem an Finanz-
mitteln ganz erschöpften Abt Kuno die Stadt Wyl ab. Er
mußte sich in den Schutz seiner Gegner begeben, was er jedoch
nur unter urkundlichem Vorbehalt der Rechte des Stiftes that.
Nach weiteren Kriegszügen und Eroberungen stellte sich den
Appenzellern und ihren Verbündeten die Ritterschaft des St.
Georgenbundes entgegen; die Appenzeller hoben den Handschuh
auf, nahmen durch verbündete St. Gallische Gotteshausleute
die konstanzische Stadt Bischofszell ein, zogen abermals über
den Rhein, belagerten Bregenz mehr denn neun Wochen lang,
wurden aber endlich vom St. Georgenbund auf das Haupt
geschlagen und über den Rhein zurückgetrieben (13. Januar 1408).
Nun fielen alle von ihnen eroberten Städte, Schlösser (deren
sie 64 eingenommen hatten) und Landschaften von ihnen ab,

was sie widerstandslos geschehen ließen. Nur das Rheinthal und die Herrschaft Frischenberg behielten sie noch, doch geneigt zum Frieden, dessen Vermittlung sie dem Kaiser Ruprecht anheimstellten. Dieser gab in Konstanz folgenden Urtheilsspruch: Das Bündniß der Appenzeller mit denen von St. Gallen und Schwyz sei als reichs- und landesverderblich aufgehoben und dürfe nie wieder erneuert werden; alles abgenommene Gut soll zurückgegeben werden; es sollen die Leute, welche den Appenzellern gehuldigt oder mit ihnen Landrecht geschlossen, daheriger Verpflichtungen enthoben sein; die Gefangenen sollen losgelassen, die noch ausstehenden Brandschatzungen nicht mehr bezahlt werden; für behauptete Ueberforderung seitens des Abtes hätten die Appenzeller urkundlichen Beweis · einzulegen; Alles mit Mehrerem. Beide Theile mußten die Erfüllung der Friedensvorschriften eidlich geloben.

Die Appenzeller ließen sich den Frieden gefallen, aber die ihnen lästigen Artikel wollten sie nicht erfüllen; sie verweigerten, neben Anderem, die fernere Entrichtung der Gefälle an das Stift St. Gallen überhaupt und lehnten die verlangte Beweisführung ab, daß Abt Kuno sie mit neuen Beschwerden belastet habe (1408). Dreimal lud der Kaiser sie zu neuem Rechtstag nach Heidelberg vor; sie erschienen nicht; der Abt dagegen hatte seine urkundlichen Beweistitel vorgelegt; dann sprach der Kaiser zu Recht: Dem Stifte St. Gallen gehöre die Reichsvogtei in Appenzell, Hundwyl, Teufen, Urnäschen; die Bewohner dieser Gegenden sollen dem Abt Kuno unterworfen sein, wie früher dem Abt Herrmann von Bonnstetten, auch der Abtei, wie ehedem, Zinse, Zehnten und Gefälle entrichten (6. August 1409). Die Appenzeller unterzogen sich abermal nicht und bedrohten Jeden mit Krieg, der sie zur Unterwerfung unter den Spruch hätte zwingen wollen. Der Tod kam ihnen zu Hülfe; Kaiser Rupert und Abt Kuno starben, und für einmal war niemand mehr da, der die Vollstreckung erwähnter Urtheilssprüche verlangte. Wohl aber nahm Herzog Friedrich im Jahr 1410 den Appenzellern das Rheinthal wieder ab, da sie vor den 7000 Mann, welche Graf von Sulz gegen Rheineck führte, ohne Gegenwehr hinter ihre Letzinen sich zurückzogen; Rheineck zündeten die Appenzeller selbst noch vor ihrem Rückzug an; Altstätten ließ der Herzog verbrennen. Weiter in die Berge verfolgte dieser die Appenzeller nicht; sie selbst hielten sich ruhig und schlossen mit den sieben Orten ein Bündniß, welches ihnen unter Anderem die Verpflichtung auferlegte, ohne Gutheißen jener Eidgenossen sich in keinen Krieg mehr einzulassen.

Ganz anders als die Appenzeller verhielt sich, in Folge der Sprüche des Kaisers Rupert, die Stadt St. Gallen; sie trat in die alten Verhältnisse zum Stift zurück und verließ diesem ihren Schutz. Nach Abt Kuno's Tode war die Abtei als religiöse Korporation in gänzlichen Abgang gekommen; für die Wahl eines Nachfolgers legte sich der Rath von St. Gallen in das Mittel durch Schreiben an den Papst vom 6. Mai 1412, bittere Klage über die Appenzeller führend, daß sie sich frevelhaft gegen die gesetzliche Ordnung aufgelehnt, der Abtei unnennbaren Schaden zugefügt und sie in höchsten ökonomischen Zerfall versetzt hätten, wobei sie selbst der Kirchen nicht geschont. Heinrich III. von Gundolfingen zog als neuer Abt in St. Gallen ein und empfing die Huldigung der Bürgerschaft (1413), wogegen diese vom Abt mehrere wichtige neue Befugnisse erhielt. Im Jahr 1418 zerstörte ein Brand abermals die Stadt; sie ging aus dem schweren Unglück verjüngt und vergrößert hervor, indem der St. Mangenhügel mit Mauern und Graben umgeben und der alten Stadt angefügt wurde. Bald folgte ein neuer Abt; alle Gotteshausleute huldigten, so auch die Stadt St. Gallen, die ihn feierlich empfing (1419). Die Appenzeller dagegen verweigerten Huldigung und Gefälle. Der Abt, Heinrich IV., rief nun die Vermittlung der Eidgenossen an und nach mehrseitigen Mahnungen stellten auch die Appenzeller, wenn auch ungern, den nöthigen „Anlaßbrief" auf sie aus. Der Abt plädirte weitläufig, wie die Appenzeller die Anerkennung aller hoheitlichen oder lehenschaftlichen Rechte des Stiftes verweigert, die Leistung schuldiger Gebühren abgelehnt, andere Gotteshausleute zu Gleichem verleitet haben, mit einem Wort in vollste Unbotmäßigkeit

gegenüber dem Stift getreten seien, den Urtheilssprüchen der
Reichsstädte und des Kaisers zuwider, welche zu erfüllen sie
zuvor eidlich gelobt hätten. Die Appenzeller gaben die trockene
Antwort: sie seien dem Kloster nichts schuldig, hätten sich von
selbem mit dem Schwerte freigeschlagen, und zwar gezwungen
durch die Aebte selbst. Alle Vorstellungen der schiedsrichterlichen
Stände, selbst an der Hundwyler Landsgemeinde, waren vergeblich; nachhin aufgefordert, Abgeordnete mit Vollmacht nach
Luzern zu senden, entsprachen sie nicht, sondern erklärten nun
vielmehr: sie begehrten keinen Spruch. Gleichwohl erließen die
Eidgenossen ihr Urtheil; dieses verpflichtete die Appenzeller, zwar
die Gefälle zu bezahlen, machte diese aber loskäuflich, erklärte
im Uebrigen die Appenzeller, unter Gutheißung ihrer Bündnisse,
für frei, hob alle ihre Lehensverbindlichkeiten auf und ließ sie
im Besitz der Landesherrlichkeit (1421). Der Spruch mißfiel
beiden Theilen. Der Abt nahm ihn, wenn auch klagend, an,
nicht aber die Appenzeller, die sich auch ferner beliebige Aus-
schreitungen erlaubten und dadurch den hohen Unwillen einzelner
eidgenössischer Stände sich zuzogen. So galt auch diesmal
Recht nicht als Recht, und der Spruch blieb unvollzogen wie
die früheren. Abt Heinrich IV. führte nun Beschwerde bei dem
Papst über die Appenzeller, als unrechtmäßige Besitzer der geistlichen Güter; es erfolgte deßhalb ihre Ausschließung aus der
kirchlichen Gemeinschaft (1426), eine Verfügung, die sie mit
schwerem Unfug und mit Verfolgung der Geistlichkeit erwiderten.
Der St. Georgenbund klagte sie bei den in Frankfurt versammelten Fürsten des Reiches an, daß sie weder geistlich noch weltlich Gesetz hielten.

Inzwischen hatte Graf Friedrich VI. von Toggenburg durch
Lösung einer Pfandschaft die Herrschaft über das Rheinthal erworben (1424), hielt sich in dortigen Rechten von den Appenzellern verletzt. Deßhalb überzog er sie mit Krieg, erlangte
einige Vortheile gegen sie, die er jedoch nicht beharrlich verfolgte,
so daß die Eidgenossen wieder Zeit und Anlaß zu Vermittlungs-
anträgen gewannen. Sie erließen sodann, nach längeren Ein-

leitungen, zwischen dem Grafen von Toggenburg und den Appen=
zellern einen Rechtsspruch, welcher die letzteren verpflichtete, ver=
schiedene, von jenen gemachte Ansprüche zu erfüllen, so z. B.
schuldige Zinse abzustatten, ihre Güter gegen Rheineck, Marbach
und Altstätten ausmarken zu lassen, hinwieder gewisse Höfe ob
Thal den Appenzellern zuerkannte und dem Grafen die Los=
lassung der gefangenen Appenzeller gegen Bezahlung des Kost=
geldes auferlegte (Spruch zu Baden den 31. Mai 1429). In
Konstanz folgte kurz nachher das allgemeine Friedenswerk zwi=
schen dem Bischof von Konstanz, dem Abt von St. Gallen und
der Ritterschaft einer=, dann den Appenzellern andererseits, des
Inhalts: Die Appenzeller sollen alle unbefugt in ihr Landrecht
aufgenommenen Angehörigen Anderer dessen entlassen und in
Zukunft keine solche mehr in dasselbe aufnehmen, dem Spruche
vom Jahr 1421 zwischen ihnen und dem Abt Genüge thun,
die seit diesem Jahr verfallenen Zinse dem Kloster nachzahlen
und dafür Bürgen stellen; dem Abt hinwider liege die Verpflich=
tung ob, zu bewirken, daß die Appenzeller von Acht und Bann
befreit werden; der Bischof von Konstanz solle sie des Inter=
difts entheben, die Kirchen, in denen drei Jahre lang kein Got=
tesdienst mehr gehalten worden, neu einweihen, endlich, vereint
mit dem Abt von St. Gallen und dem Bischof von Augsburg, den
Appenzellern einige Priester als Beichtväter senden (Juli 1429).
Durch diesen Friedensschluß war die Unabhängigkeit der Appen=
zeller vom Stift St. Gallen anerkannt, ihr Land von dem der
übrigen Gotteshausleute getrennt; sie bestellten von nun an
ihre Obrigkeit aus eigener Mitte in freier Wahl, mit Ausnahme
eines obersten Vorstandes (des Landeshauptmanns), der aus
einem der eidgenössischen Orte gewählt wurde. Die Abtei St.
Gallen verlor die Hälfte ihrer bisherigen Gefälle im Lande
Appenzell.

Graf Friedrich VI. von Toggenburg, der ein Herr von
großen Eigenschaften und glücklicher Regent gewesen, starb am
30. April 1436; mit ihm erlosch dieses Herrscherhaus, welchem
Toggenburg, Gaster, Utznach, Sargans und Rheinthal angehört

hatten. Von nun an große Jagd auf die reiche Hinterlassenschaft, bei der sich besonders Schwyz und Zürich bethätigten.
Auf Betreiben dieser Stadt ging das ganze Sarganserland an
offener Landsgemeinde ein ewiges Bürgerrecht mit Zürich ein;
Schwyz beredete, in seinem Interesse, das Toggenburg zu
Gleichem: Ursprung der Freiheiten der Toggenburger und der
nachherigen vielen Stürme über ihre Rechtsverhältnisse. Bürgermeister Stüssi von Zürich und Landammann Reding von Schwyz
sprachen bei diesen Anlässen in Kraftworten den Willen aus,
die Herrschaft über jene Landschaften sich zu erwerben. Schwyz
ging noch weiter, zog Utznach und Gaster auch in sein und
Derer von Glarus Landrecht und nahm beinahe alles unter dem
Wallensee gelegene Land des Grafen von Toggenburg ein. Schwyz
ging auch mit dem Grafen Heinrich von Werdenberg ein ewiges
Landrecht wegen Sargans ein, und setzte sich dadurch wetteifernd neben Zürich. Viel Stoff zu Hader war gegeben; durch
Spruch von 1437 bestätigten die Eidgenossen den Stand Schwyz
in seinem Landrecht mit Toggenburg, Utznach und Gaster.
Zwischen den Erben des Grafen von Toggenburg folgte nachhin
die Theilung der Verlassenschaft: Toggenburg und das dazu
gehörige Utznacherland erhielten zu neuen Herren die Freiherren
von Raron, von diesen manche Freiheiten, die urkundlich verbrieft
wurden (1439 und 1440). Schwyz und Glarus erneuerten
hierauf mit den genannten Herren ein schon vor der Theilung
mit den Gesammterben eingegangenes Landrecht, wollten solches
auch mit den Landleuten selbst erneuern, was jedoch nur vom
Niederamt angenommen, vom obern Theil der Grafschaft beharrlich abgelehnt wurde (1440).[1]

Mittlerweile war der Eifer zwischen Zürich und Schwyz
wegen des Sarganserlandes im Wachsen. Die Zürcher, um
ihr mit den Sargansern errichtetes Bürgerrecht zu behaupten,
zogen 5000 Mann stark über den Wallensee hinauf, verbrannten
Nitberg, belagerten Freudenberg, das sich später ergab und eben-

---

[1] Karl Wegelin, Geschichte der Landschaft Toggenburg. St. Gallen,
1830. Bd. I. Seite 249 und 250.

falls zerstört wurde; die Schwyzer hatten inzwischen mit ihren
Bannern Zürich an seinen eigenen Grenzen bedroht. Ein neuer
Stoff des Zwistes kam hinzu: Schwyz und Glarus erwarben
pfandschaftlich um 3000 Gl. von Herzog Friedrich von Oesterreich dessen Rechte in der Landschaft Gaster. Es erhob sich ein
Streit über die Grenze bei Oberholz. Die Zürcher zogen im
Jahr 1439 wieder in's Feld; ihnen entgegen Schwyz und
Glarus nebst ihren Verbündeten, den Toggenburgern, Wylern,
Utznachern und Gasterern, im Ganzen 800 Mann stark, mit
denen sie in das Sarganserland zogen und kraft früheren Bünd-
nisses mit seinem Herrn, dem Grafen von Werdenberg-Sargans,
diesen wieder in seine Rechte einsetzten. Die Sarganser mußten
nun ihrem Herrn wieder huldigen, ihr Landrecht mit Zürich
aufgeben, dasjenige des Grafen mit Schwyz und Glarus beschwören, ihrem Herrn allen zugefügten Schaden ersetzen und
vorenthaltene Gefälle nachzahlen. Siegreich im Sarganserland,
rückten die beiden verbündeten Orte nun unmittelbar vom Etzel
her gegen Zürich in's Feld; aus ihren Landschaften die Toggenburger mit dem Wyleramt unter Petermann von Raron gegen
die Grafschaft Kiburg, die Sarganser, Gasterer, Utznacher unter
Graf Heinrich wider das Grüningeramt; siegreich zwangen
Schwyz und Glarus die Stadt Zürich zum Frieden, errangen
sich günstige Bedingungen, behielten das Sarganserland in ihrem
Landrecht und verdrängten Zürich ganz aus demselben (1440).
Zürich war schwer gedemüthigt, darum auch noch keineswegs
versöhnt. Es schloß zu Aachen mit dem Haupt des Hauses
Oesterreich, dem Kaiser Friedrich III., ewigen Bund. Dieser
Fürst kam alsbald nach Zürich, wurde hoch gefeiert, und nahm
auf dem Rückweg in seine Lande, der Stadt St. Gallen, wo er
von Kanstanz her mit 800 Pferden angekommen, die Huldigung ab (1442). Der Krieg entbrannte nun von Neuem;
Zürich einerseits, Schwyz und Glarus andererseits brachen mit
ihren Bannern auf; Schwyz kündete der Stadt Zürich den Krieg
an (20. Mai 1443); er wüthete vor Rapperschwyl, das sich
ein Jahr zuvor Oesterreich freiwillig unterworfen hatte; Bela-

gerung dieser Statt, das zweitemal während 31 Wochen im
Jahr 1444, dann im folgenden Jahr zum drittenmal, bis endlich durch den Befehlshaber der Zürcher und Oesterreicher Ende
1445 der Entsatz erfolgte. Es wurde Wyl und Umgegend
durch Streifzüge der Zürcher, die von Wylern und Toggenburgern erwidert wurden, in den Krieg hineingezogen; jene
Statt von den österreichischen Unterthanen selbst mit Sturm
heimgesucht. Mit verflochten in den Krieg wurde auch das
Sarganserland. Es entbrannte der Kampf um dessen Besitz
zwischen den Eidgenossen und dem mit Zürich verbündeten Oesterreich und währte zwei lange Jahre; Grund oder Vorwand war,
daß Schwyz dem Herrn von Brandis die Herrschaften Freudenberg und Nidberg widerrechtlich abgenommen. Die Oesterreicher
besetzten und verließen das Land wiederholt; ihnen gegenüber
standen die Glarner, nicht erfolglos, da sie der erstern Zug bis
nach Gaster hinab verhinderten (1444). Im folgenden Jahr
großer Streifzug von Bern, Schwyz und Glarus mit den Appenzellern und Toggenburgern über den Rhein nach Vorarlberg,
wo dieses Kriegsvolk die meisten Dörfer plünderte und verbrannte, dann in gleicher Weise das dem Grafen von Brandis
gehörende Schloß Gutenberg zerstörte, weiter das Städtchen
Sargans mit Sturm einnahm, Mels und Flums brandschatzte.
Entschieden war damit nichts, denn die Mannschaft zog, beute-
beladen, über Murg und Wesen wieder ab. Nachhin neuer
Zug der Eidgenossen in's Sarganserland, wohin Glarus sie zur
Eroberung gemahnt. Ihnen rückte Hanns von Rechberg mit
Uebermacht entgegen, erlitt schweren Verlust und wurde gänzlich geschlagen (Schlacht bei Ragatz am 6. März 1446). Das
ganze Land, ausgenommen das Schloß Sargans und Wallen-
stadt, war von den Eidgenossen wieder erobert. Aber bald
räumten sie es wieder und überließen es seinem bittern Elend.
Müde und erschöpft, ersehnten die kriegführenden Theile den
Frieden. Obmannssprüche verpflichteten Zürich, dem früheren
Bund mit den Eidgenossen Genüge zu thun und bestätigten die
durch den Friedensschluß von 1440 festgesetzten Rechtsverhältnisse.

Damit blieben die Dinge wesentlich im Alten; aber zum Wohl Aller hatte doch der verheerende Krieg aufgehört, denn die Feindseligkeiten erloschen auch gegenüber von Oesterreich, obwohl eine Verständigung mit ihm nicht zu Stande kam.

Mit großem Jubel vernahm man in St. Gallen, allüberall in den stiftischen Landen, im Toggenburg und im Rheinthal, die erfreuliche Friedensbotschaft. In der Abtei St. Gallen fand man die Zeiten gleichwohl schwierig; es galt, sich Freunde zu erwerben auf alle Fälle des Bedarfs und namentlich waltete zunächst die Absicht, die Bürgerschaft der Stadt in alter Abhängigkeit vom Stift zu erhalten. Abt Kaspar von Breitenlandenberg (ein gelehrter Herr, früher Mönch in Reichenau) schloß deßhalb mit den Ständen Zürich, Luzern, Schwyz und Glarus ein ewiges Burg- und Landrecht für alle seine Besitzungen zwischen dem Boden= und dem Zürichersee; durch dieses öffnete er den vier Orten für ihre Kriege alle seine Schlösser und Städte; er verpflichtete sich Recht anzunehmen vor den vier Ständen in Streitigkeiten mit wem immer, erhielt hinwieder Anspruch, von ihnen in allen seinen Rechten geschützt zu werden; von daher Stellung und Benennung der vier Schirmorte; dieses Bündniß war vom Kapitel und von den Gotteshausleuten zu beschwören, ebenso von jedem späteren Abt; allen schwurleistenden Gotteshausleuten wurde bei diesem Anlaß der Gewandfall, Geläß und Erbschaft für immer nachgelassen (1451). Die Stadt St. Gallen aber war unterdessen erstarkt, hatte bereits dem Abt von St. Gallen trotz kaiserlicher Mahnung, dem neuen Abt Alles zu leisten, was seinen unmittelbaren Vorgängern, die Huldigung versagt, wußte sich, bei Anlaß oben erwähnten Besuches des Kaisers Friedrich III. in St. Gallen (1442) durch festliche Beehrung und dargebrachte reichliche Geschenke dessen Gunst und eine Urkunde zu erwerben, welche die Stadt in des Reiches unmittelbaren Schirm aufnahm und in gleiche Rechte stellte wie die Städte Ravensburg und Ueberlingen (1443); erlangte (1454) ein Bündniß mit den sechs Orten Zürich, Bern, Luzern, Schwyz, Zug und Glarus, und erwarb endlich, gegenüber dem Stift

durch Spruch der Stadt Bern, volles Hoheitsrecht gegen eine
Auslösungssumme von 7000 rheinischen Gulden als Ausgleichung der noch im Streit gelegenen Rechtsame (5. Februar
1457). [1] Von nun an sehen wir Stift und Stadt St.
Gallen, jeden Theil vom anderen unabhängig, doch Theile des Reiches,
als zugewandte Orte im Bunde der Eidgenossen. Schwere Anstände zwischen dem Abt Kaspar und seinem Kapitel, namentlich
über sein Verhalten in Angelegenheiten der Stadt, übergab der
Abt zum Entscheide dem Kardinal Aeneas Sylvius Piccolomini,
laut dessen Spruch der Abt seiner Abtei zu entsagen, Ulrich Rösch
als Stiftspfleger einzutreten hatte, ein Spruch, welchen Papst
Calixtus III. bestätigte, die Bischöfe von Konstanz und Eichstädt
zu vollziehen hatten.

Die wechselnden Schicksale des Rheinthals sind schon vor-
stehend gemeldet. Aus dem Besitze des Grafen von Toggenburg
überging es an andere Edle, während des alten Züricher Krieges thatsächlich in die Gewalt der Appenzeller, die es endlich
(1460) um den Betrag von 6000 Gulden käuflich erwarben,
vorbehalten das dem Kaiser zustehende Recht der Einlösung,
die Rechte des Stiftes St. Gallen und die Freiheiten der Gemeinden.

Die Herrschaft Sar gehörte den Reichsfreiherren von
Hohensar, Besitzer mehrerer Burgen in der Ebene, dann auch
auf den Höhen des Thurthales (Wildenberg), dann der Dörfer
Wildhaus, Gams, Sar, Salez, Frümsen, Haag, Lienz, später
auch Sennwald; so blieb es Jahrhunderte lang, unter Theilungen
des Ganzen an die einzelnen Familienglieder oder auch Ver-

---

[1] Von den 7000 Gulden bezahlte die Stadt baar nur 1000; die übrigen 6000 verzinste sie. Bei der späteren Aufhebung des Stiftes im Jahr
1529 erlegten die St. Galler die rückständigen 6000 Gulden den Zürichern,
welche jedoch im Jahr 1533 von einer Tagsatzung zu Baden gezwungen
wurden, sie dem Gotteshause zurückzustellen. Die Zürcher gaben aber dem
Stift doch nicht mehr zurück, als 4000 Gulden mit zweijährigem Zins.
(Aus einer Handschrift vom Jahr 1789 in der Stiftsbibliothek, verfaßt von
P. Joseph Bloch aus Solothurn.)

käufen von Abtheilungen der Herrschaft an andere Edle, und zeitweiser Oberherrlichkeit der Appenzeller während der erzählten Kriege; Streitigkeiten zwischen letzteren und dem Edeln von Bonstetten, damaligem Besitzer von Hohensar, schlichteten die Eidgenossen im Jahr 1459.

Werdenberg, kleine Herrschaft zwischen dem Rhein und der Bergkette des Gonzen, bildete einen Theil der im Laufe der Jahrhunderte dem Rhein abgerungenen Thalfläche im unteren Rhätien, südlich der Herrschaft Sar. Sie gehörte dem weithin begüterten Grafenhause Montfort an, das sich von der gleichnamigen zwischen Werdenberg und Grabs gelegenen Burg benannte, dann seine Herrschaften dieß- und jenseits des Rheines unter seine Familienzweige vertheilte. Ein Stamm führte vorzugsweise den Namen Werdenberg, von einem andern Schloß dieses Namens bei Buchs; [1]) er war auch Besitzer der Burg Starkenstein im Thurthal. Neben diesen Herren gab es noch andere Edle in dieser Gegend, so jene von Grabs, von Fontenas (auf Schloß Wartau). Die Grafen von Werdenberg nennt die Geschichte später als alleinige Herren des Landes. Aus der Hand des Urenkels Desjenigen, der mit den Appenzellern am Stoß gefochten, überging es der Reihe nach, bald kaufs- bald pfandweise, an mehrere andere Besitzer.

Die Landschaft Sargans war seit der Theilung des Besitzthums der Grafen von Montfort Eigenthum der Grafen von Werdenberg-Sargans, eines Zweiges jener edeln Familie; die Burg Sargans war ihre Residenz. Erschöpfung ökonomischer Kräfte in Folge längerer kriegerischer Fehden zwangen den Grafen Hans von Werdenberg im Jahr 1396 zu Aufnahme eines Geldanleihens bei Herzog Leopold von Oesterreich gegen Verpfändung an diesen von Veste, Stadt und Grafschaft Sargans mit aller Herrschaft, Land, Leuten und Rechtsamen. Leopold nahm das Land in Besitz. Im Jahr 1406 traten die Herzoge von Oesterreich ihrerseits die gleiche Herrschaft pfandweise an

---

[1]) Ild. von Arx, Geschichten u. s. w. I. S. 539.

den Grafen Friedrich von Toggenburg ab, der einen scharf regierenden Vogt einsetzte, was bei dem Volk den Wunsch nach
künftigen besseren Geschicken hervorrief. Nach des Grafen Tod
löste Herzog Friedrich von Oesterreich die Herrschaft wieder
ein, ertheilte der Stadt und Landschaft erweiterte Freiheiten,
übertrug aber seine Rechte auf den Grafen Heinrich von Sargans,
Herrn zu Sonnenberg und Ortenstein, mit einzigem Vorbehalt
der Schlösser Freudenberg, Nidberg und der Stadt Wallenstadt,
die er für sich behielt. In Folge innerer Wirren erfolgten dann
die schon erzählten Bündnisse und Landrechte, von der einen
Seite mit Zürich, von der anderen mit Schwyz und Glarus,
und die daherigen Kriegszüge, endlich, durch Schwyz und Glarus, die Unterwerfung jener Partei, welche unter dem Schutze von
Zürich ein eigenes Regiment eingeführt hatte, unter die Herrschaft
des Grafen und die Huldigung zu Gunsten desselben. Die folgenden Jahre füllten die bereits berichteten Ereignisse des Züri-
cherkrieges, in wie weit sie im Sarganserland stattfanden, aus, —
nach deren Beendigung, ungeachtet der ruhmreichen Schlacht von
Ragatz, der alte Besitzstand wieder eintrat, d. h. Graf Heinrich
von Werdenberg das Land regierte, mit Ausnahme von Wallenstadt, Freudenberg und Nidberg, die unter einem Vogte des
Herzogs von Oesterreich standen. Die Söhne jenes Grafen erneuerten im Jahr 1458 das von ihrem Vater früher geschlossene
Landrecht mit Schwyz und Glarus. Viele Urkunden aus dem
elften bis fünfzehnten Jahrhundert thun dar, daß die Eisen-
werke zu Plons, Mels und Flums in jenen Zeiten schon im
Betrieb gewesen.

Gaster, dessen Geschicke enge mit jenen des Stiftes Schänis
verwoben, hatte der Reihe nach die churrhätischen Grafen, dann
jene von Kiburg und Lenzburg zu Herren, wurde im Jahr 1269
Eigenthum des Grafen Rudolf von Habsburg, dessen Vögte,
wie jene seiner Nachfolger, der Herzoge von Oesterreich, auf
Schloß Windeck saßen, trug die Mißgeschicke solcher Herrschaft
in Folge der Schlachten von Sempach und Näfels (nach der
letztern wurde Wesen von den siegenden Glarnern gänzlich zer-

stört), wurde im Frieden der Eidgenossen mit Oesterreich (1389)
dem Haus Oesterreich wieder überlassen, gelangte für einige
Zeit pfandweise an den Grafen Friedrich VI. von Toggenburg,
dann wieder an die Herzoge von Oesterreich (1436), endlich
von diesen pfandweise und gegen Entrichtung von 3000 Gulden
an die Stände Schwyz und Glarus (1438), welche, da eine
Rücklösung nicht stattfand, in dem Besitz dieser Herrschaft blieben, Jahre lang einen Vogt auf Windeck setzten, endlich unter
sich übereinkamen, ihre Vögte über Gaster und Utznach nicht
mehr in diesen Landvogteien selbst, sondern in ihren Kantonen
wohnen zu lassen. Untervögte besorgten dann die minder wichtigen Geschäfte. Gaster hatte ein eigenes Landgericht und einen
eigenen Landrath und bestellte solche von zwei zu zwei Jahren
an der Landsgemeinde zu Schänis.

Aehnliche, doch weniger wechselvolle Schicksale hatte die
Landschaft Utznach. Sie kam 1190 von den Grafen von Alt-
Rapperschwyl durch Heirath an jene von Toggenburg, in deren
Besitz sie bis zum Erlöschen dieses gräflichen Hauses blieb. Ein
Verdienst der Grafen von Toggenburg ist die Stiftung des
St. Antonspitals zur Verpflegung von Schwerkranken (1373).
Nach dem Tode des Grafen Friedrich VI. warf Zürich ein Auge
auf Utznach; wirklich entsprach die Gräfin Wittwe durch Ab-
tretung jener Landschaft, die jedoch die Huldigung verweigerte.
Als dann Zürich, um seine damaligen Pläne in Bezug auf
Sargans, Gaster und Utznach geltend zu machen, an die Grenzen zog, besetzte seinerseits Schwyz die Landschaft Utznach (1436).
Ein schiedsrichterlicher Spruch hob die seitens der Gräfin geschehene Ueberlassung des Landes an Zürich als unbefugt geschehen auf und es überging die Landschaft Utznach an die Gesammterben des Grafen, welche hierauf das Utznacherland Denen
von Schwyz und Glarus um 1000 Gulden verpfändeten. Der
spätere Eigenthümer der Landschaft wurde einer der Erben,
Petermann von Raron, allein, der dieselbe durch feierliches Kauf-
instrument an die Stände Schwyz und Glarus um die Summe
von 3550 Gl. überließ, die inzwischen in verschiedenen Raten

vorgeschoffen worden war (1469). [1]) Wie über Gaster, setzten jene beiden Stände von dann an wechselweise den Landvogt.

Mit dem jugendlichen Rudolf II. erlosch das Geschlecht der Grafen von Rapperschwyl. Durch Ehebündnisse übergingen Schloß und Stadt Neu-Rapperschwyl an das Haus der Grafen von Habsburg-Laufenburg. Die feindliche Stellung, welche Graf Johann gegen den Bürgermeister Brun von Zürich und die von ihm durchgeführte dortige Staatsveränderung eingenommen, führte diesen Gegner zu rachsüchtiger Befehdung Rapperschwyls und zu Zerstörung von Schloß und Stadt, wenige Tage vor Weihnacht 1350, nachdem seine Züricher kurz zuvor schon die Stammburg Alt-Rapperschwyl zerstört und ausgebrannt hatten. Neu-Rapperschwyl wurde nachhin mit allen Rechten und Zugehörden käuflich durch Herzog Albrecht von Oesterreich übernommen (1354). Unter solch mächtigem Herrn erstanden Stadt und Veste Rapperschwyl zu neuem Leben durch eine Reihe von Begünstigungen und Verordnungen: Steuerbefreiung auf längere Jahre, Befugniß zu freier Bürgeraufnahme, Wiederherstellung des abgebrannten Spitals und der Kirche, Bau der Riesenbrücke über den See an das jenseitige Ufer hinüber (1358 bis 1359) [2]) mit Bewilligung eines Brückengeldes; dazu kamen eigene Anstrengungen und Opfer der Bürger selbst. Herzog Leopold verlieh der Stadt im Ferneren einen einträglichen Land- und See-zoll, der Bürgerschaft das Recht eigener Wahl ihres Hauptes, des Schultheißen. Da Herzog Friedrich von Oesterreich in Folge seiner Mißschritte während des Konzils von Konstanz Land und Leute verlor, wurde Rapperschwyl durch Befehl des Königs Sigmund reichsunmittelbar und gelangte zur Herrschaft über mehrere benachbarte Höfe, das nachherige Landgebiet und Unter-

---

[1]) Denkschrift des Standes Schwyz vom Jahr 1814 an die Tagsatzung, mit Benutzung der bezüglichen Dokumente geschrieben.

[2]) In der „Topographie der Eydgenoßschaft, von David Herrliberger; Zürich, 1754", ist dieser Bau durch nachstehendes Distichon verherrlichet:

„Pontis ego instravi Tigurino vincula Ponto;
Hoc Duce commodius carpe viator iter".

thanenland des kleinen Staates (1415); später wurde der Stadt auch das Marktrecht verliehen. Mit der Reichsunmittelbarkeit war es übrigens bald zu Ende. König Friedrich forderte, im Jahr 1442 persönlich zu Rapperschwyl anwesend, die Huldigung wieder zu Handen des Hauses Oesterreich. Geblendet vom fürstlichen Glanze leisteten die Rapperschwyler solche wie sie verlangt wurde. Von dann an kämpfte und litt Rapperschwyl im Verein mit Zürich und unter den Befehlen des Hauses Oesterreich gegen den Bund der Eidgenossen im Zürcherkrieg, wie bereits erzählt worden. Die traurigen Folgen des Krieges lenkten die Blicke Rapperschwyls zu Denen hinüber, die es bis dahin bekriegt hatten, zu den Urkantonen.

Zweiter Abschnitt.

Von dem Eintritte des Stiftes und der Stadt St. Gallen in eidgenössische Bünde bis zur französischen Revolution (1454 bis 1789).

Ulrich Rösch, von bürgerlicher Abkunft, aus Wangen im Allgäu, war vom armen Jungen zu hoher wissenschaftlicher Bildung gestiegen, voll geistiger Kraft und festen Willens. Als Pfleger des Stifts brachte er noch verschiedene Anstände mit der Stadt und der Landschaft in's Reine und wurde nachhin, nach dem Tode des Abtes Kaspar, durch Papst Pius II. (den früheren Kardinal Aeneas Sylvius Piccolomini) zum Abte bestimmt (1463), eine Würde, die ihm schon vorhin, als Kaspar noch lebte und abgedankt hatte, zugedacht war. Schon vorher hatte er, als Vorstand der Abtei treuer Verbündeter der Eidgenossen, deren Krieg gegen den Herzog von Oesterreich mitgemacht, der diesen wieder mehrere seiner Besitzungen im jetzigen Umfang der Schweiz kostete (1460). Dem Abt Ulrich VIII. war die Erwerbung des Rheinthales durch die Appenzeller nicht genehm. Das Geschehene rückgängig zu machen, erwarb er sich von Kaiser Friedrich III. durch Freiheitsbrief das Recht der Wiedereinlösung desselben und einen Befehl an die Appenzeller, solche Wiedereinlösung zu gestatten. Der Abt gelangte nicht zum Ziele, belangte dann die Appenzeller vor den Eidgenossen wegen vielfacher Verletzung des Friedens von 1421. Der Spruch erging von denselben im Jahr 1465 zu Luzern: die Appenzeller seien verpflichtet, laufende und früher schon verfallene Gebühren verschiedener Art an die Abtei zu entrichten, sollen sich auch enthalten, ferner Gotteshausleute zu Landleuten anzunehmen; sie wurden angewiesen, dem Abt in ihrem Lande die Besetzung der Pfründen, der Brüder- und Schwesterhäuser, ungehindert zu gestatten; Anderes mehr. Das Urtheil gefiel den Appenzellern nicht; deßhalb wollten sie demselben, nach ihrer einmal angenommenen Gewohnheit, nicht nachkommen, obwohl sie sich, gleich dem Abt, zuvor zu dessen Anerkennung eidlich verpflichtet hatten. Ihr Widerstand kam ihnen zu statten, denn die Eidgenossen hatten sich zwar vorgenommen, die Appenzeller mit Gewalt dazu zu zwingen, wurden jedoch durch politische Zwischenfälle daran gehindert. Der Abt konnte schließlich sein Vorhaben, gegen gute Bezahlung und Auslösung das Rheinthal an sich zu bringen, nicht durchsetzen. Mißliche Verhältnisse der Toggenburgischen Erben brachten ihm dagegen das Toggenburg zu. Dieses war mit Uznach in das Eigenthum Petermann's von Raron übergegangen, dem es wegen des sehr geringen Ertägnisses und wegen des Landrechtes mit Schwyz keine genehme Besitzung war, und der auch vorsah, daß kaum einer seiner Erben die Grafschaft später übernehmen würde. Gelegen war dagegen der Abtei St. Gallen, die ohnehin an Gerichten, Lehen, Gütern und Gefällen mehr als die Hälfte im Toggenburg inne hatte, auch noch die Hoheit in demselben zu erwerben. Petermann trug sie an und die Herren wurden Handels einig um die Summe von 14,500 Gulden, unter denen 7900 Gulden als Leibding für den Verkäufer (1468). So erwarb das Stift St. Gallen die Hoheit im Toggenburg, mit Schlössern und übrigen Gerechtsamen. Alsbald trat der neue Oberherr (Abt und Konvent), wie es auch schon seine Vorgänger gethan, für sich und gesammte Toggenburgische Unterthanen in einen Burg- und Landrechtsvertrag mit Schwyz und

Glarus ein, welcher beide Theile zu gegenseitigem Zuzug in Kriegsläufen, genannte Stände überhin verpflichtete, die Toggenburger nach Billigkeit und Recht zum Gehorsam gegen den Abt anzuhalten. Eines eigenen Landrechtes der Toggenburger mit Schwyz und Glarus ist in jenem Bündnißbrief (vom 19. April 1469) nicht erwähnt. Vier Tage nachher erfolgte mit Bewilligung des Abtes die Beschwörung des allgemeinen Landeides unter den Toggenburgern selbst an offener Landsgemeinde; endlich die Huldigung (2. Juli gleichen Jahres). Weit entfernt, die geistliche Herrschaft zu fürchten, huldigte an diesem Tage das ganze Toggenburger Volk, vom vierzehnjährigen Jüngling bis zum Greise hinauf, an abermaliger Landsgemeinde zu Wattwyl, mit Bereitwilligkeit und Vertrauen dem persönlich anwesenden Fürsten. Auch fügte sich endlich das obere Land zum früher versagten und ungeachtet eines schiedsgerichtlichen Spruches von Bern (vom Jahre 1463)[1]) bis dahin verschobenen Eintritt in das Landrecht mit Schwyz und Glarus, in Folge dessen dieses Landrecht nun ebenfalls für die ganze Landschaft urkundlich verschrieben wurde (2. Juli).[2]) So hatten die Toggenburger drei Eide übernommen und geschworen: einen ihrem Landesherrn, den andern unter sich, den dritten den Ständen Schwyz und Glarus; der erste dieser Eide ging dem Landrechtseide vor. Zürich und Luzern, die anderen beiden Schirmorte, verzichteten bezüglich Toggenburg auf die aus dem Bündnißbrief vom Jahr 1451 für sie hervorgehenden Rechte, da Schwyz und Glarus das Landrechtsverhältniß ausschließlich für sich haben wollten; im gegentheiligen Falle wäre für die Toggenburger noch ein vierter Eid, zu Gunsten der vier Schirmorte gemeinsam, zu jenen dreien hinzugekommen. Aber auch ohne diesen vierten Eid blieb noch reichlicher Stoff zu künftigen Verwickelungen. Noch im Herbst 1469 erhielt das Stift die kaiserliche Bestätigung des Kaufes der Grafschaft Toggenburg und diese zu Lehen. Den

---

[1]) Jb. von Arx, Bd. II., S. 339 und 341.
[2]) Wegelin: Geschichte von Toggenburg. I. S. 277.

Schultheißen Albrecht Miles von Lichtensteig setzte Abt Ulrich zum ersten Landvogt im Toggenburg ein.

Abt Ulrich mit seinen Landen erfüllte treu die gegen die Eidgenossen übernommenen Pflichten. Nach mehreren Kriegen gegen Oesterreich, zu denen er schuldige Hülfe geleistet, machten St. Galler und Toggenburger, auf sein Geheiß, auch die Kriegszüge gegen den Herzog von Burgund mit, zuerst 1474, dann wieder im Jahre 1476. Das Kriegsvolk des Abtes und der Stadt St. Gallen, der Toggenburger und der Rheinthaler schlug mit in der Schlacht bei Granson, mit besonderer Tapferkeit die Bürger jener Stadt; dann wieder am großen Tage vor Murten, wohin neben der Mannschaft der schon genannten Gebiete auch jene von Sargans, Gaster, Utznach, Rapperschwyl aufgeboten worden; endlich in Lothringen, vor Nancy, wo Karl der Kühne seinen Tod fand (1477); aus der alten Landschaft allein hatte der Abt 334 Mann, alles geharnischte oder doch mit Sturmhauben versehene Mannschaft, einen Theil derselben zu Pferd, zu dem letzten dieser Kriegszüge abgehen lassen. Aber auch zum Reichsheer waren Kontingente der Stadt St. Gallen und des Abtes, von jener das stärkere, auch Sarganser, unter Graf Georg von Werdenberg, gegen den Herzog von Burgund nach Köln abgegangen (1475). Auf Begehren von Uri, dann der übrigen eidgenössischen Stände, zog Abt Ulrich in einem Streit wegen Livinen gegen den Herzog von Mailand mit 416 Mann nach Bellenz (1478). Der Eifer des Volkes überbot da und dort die Befehle der Obrigkeiten: es war die Zeit des Reißlaufens.

Dem Kriege folgten auch Tage des Friedens und dessen herrliche Früchte. Unter Abt Ulrich nahm Alles wieder einen höheren Schwung; Künste und Wissenschaften, durch ein neu errichtetes Gymnasium wieder ins Leben gerufen, erblühten von Neuem. Das Stift St. Gallen betheiligte sich bei den in diesen Zeiten allgemein neu erwachten wissenschaftlichen Bestrebungen. Ulrich bereicherte die Bibliothek, war der erste Abt, der sie mit ansehnlicher Dotation versah. So erhielt das Stift St. Gallen

feine eigenen Geſchichtſchreiber, Redner und Schriftſteller wieder.
Aber Abt Ulrich war auch Regent, nicht bloß Mönch und Abt.
Er brachte Ordnung in ſein Land, löste die von den Kaiſern
ſtückweiſe verpfändete Reichsvogtei in verſchiedenen Theilen des-
ſelben zurück an das Stift, inſoweit ſolches nicht bereits von
ſeinen Vorgängern geſchehen. Ebenſo zog er die von den früheren
Aebten theils verpfändeten, theils zu Lehen ertheilten niederen
Vogteien, das iſt Gericht, Twing und Bänne, wieder an ſich.
Durch ſolche und ähnliche Maßnahmen machte er die Stiftslande
zu einem politiſchen Ganzen. Dabei achtete er die Rechtſamen
und Freiheiten des Volkes; für jede Gemeinde ließ er dieſelben,
inbegriffen die Rechts-, Executions- und Polizeiordnung, in den
„Oeffnungen“ zu Papier faſſen und ihr urkundlich zuſtellen; er
verglich ſich mit Wyl über die Befugſame des Hofammanns
und des Reichsvogtes. Da dieſe Stadt, in Folge veränderten
Kriegsſyſtems, ihre Bedeutung als feſter Platz verloren, ermunterte der Abt ſie zur Einführung des Leinwandhandels, mit Hin-
weiſung auf das glückliche Beiſpiel der Stadt St. Gallen, und
übernahm die Hälfte der Koſten, die für Bleichen und Gebäude
erforderlich würden; die Bürger übernahmen die andere Hälfte,
indem ſie dem Abt ihren Antheil an dem Stadtzoll überließen.
Man ſchritt zur Ausführung, kaufte, baute, und errichtete Jahr-
märkte. Aber die Bürger hatten für ſolches Gewerbsleben keinen
Sinn oder kein Geſchick, ließen das Unternehmen liegen und ſuch-
ten den Flor ihrer Stadt durch Verminderung der Bürgerzahl
zu fördern. Die adeligen Bürger zogen, wegen der veränderten
Zeitläufe, ohnehin aus.

Aehnliche Sorge, wie für die alten Stiftslande, entfaltete
der Abt für Toggenburg. Er verſetzte jene Bewohner dieſer
Landſchaft (im Amt Iberg, in der freien Vogtei Oberuzwyl und
an anderen Orten), die mit den Toggenburgern nichts gemein
hatten, als den Blutrichter, im Uebrigen St. Galliſche Unterthanen waren, in die Rechtsverhältniſſe der übrigen Toggenburger, namentlich in der Toggenburger Landrecht mit Schwyz
und Glarus, verlieh ihnen, durch Freiheitsbrief, alle jene Frei-

heiten und Vorrechte, welche die übrigen Toggenburger bereits
inne hatten, und verminderte ihre Steuer (1469). Ein Spruch
der Stände Schwyz und Glarus entschied aus Anlaß eines Anstandes, daß der Huldigungseid immer dem Landeid vorgehe,
d. h., daß die Toggenburger zuerst die Pflichten gegen den Fürsten zu erfüllen, erst nachher sich auf andere Pflichtverhältnisse
berufen könnten (1475). In dieser Zeit begann die Fehde wegen
des Mannschaftsrechtes. Der Abt, gleich anderen Reichsständen,
vom Kaiser zu einem Kriegszuge gegen die Niederländer aufgeboten, wollte die geforderte Mannschaft stellen und sprach zu
diesem Zwecke auch den Landrath von Toggenburg an; die alte
Landschaft stellte ihre Leute, die Toggenburger verweigerten sie,
an die Politik von Schwyz und Glarus sich anschließend, welche
vorzogen, vermöge Landrechts die Toggenburger allein und selbst
aufzubieten. Ein Rechtstag wurde zu Hebung dieses Streites
angesetzt; es folgte aber kein Entscheid. Dagegen fand Land-
scheidung (Abmarchung) statt, oben zu Wildhaus, gegen Gams
und Grabs hinüber (1488), ebenso gegen das von Toggenburg
abgetrennte Utznacherland (1471). Das Kloster St. Johann
sorgte für Abgrenzung mit Denen von Amden wegen der
Alpen.

Schwierig waren die Verhältnisse zum Rheinthal; wenn
auch nicht Oberherr daselbst, war der Abt doch reich an Rechtsamen in dieser Landschaft; aber nicht alle Gemeinden gewährten
die verlangte Huldigung, namentlich verweigerten sie Altstätten
und Marbach. Diesen gegenüber behauptete der Abt, daß sie,
mit Ausnahme der hohen Vogtei, in allem Uebrigen, es möge
hohe oder niedere Gerichte betreffen, dem Stift St. Gallen angehören. Schiedsrichter sprachen zu Gunsten des Abtes: daß
die Altstätter dem Stift St. Gallen angehören, alle ihre Häuser
dessen Lehen seien, darum von selben der Ehrschatz bezahlt werden müsse; daß ihr Gericht im Namen des Abtes gehalten werden müsse, daher der Abt den Gerichtsammann und Stadtammann ernennen, Jeder von ihrem Gericht an den Abt appel-
liren dürfe; ebenso ergingen Sprüche wegen Marbach und

Berneck. In Gemäßheit dieser Sprüche wurden die Oeffnungen verfaßt; dann erfolgte ohne weitere Widerrede die Huldigung (1487).

Drei Urtheilssprüche regelten, bezüglich des Rheinthales, Streitiges zwischen den Appenzellern und dem Abt: einer berichtigte wichtige Grenzstreitigkeiten längs dem Rheinthal (1465); der zweite die Rechtsverhältnisse, indem die sieben Orte bewilligten, daß von den niederen Gerichten an den Abt appellirt werden möge, daß Bote und Verbote nur von dem Abt und den Appenzellern gemeinsam erlassen werden können, daß von den Strafgeldern den Appenzellern nur ein Drittheil, die anderen zwei Drittheile dem Abte zugehören; daß beide Theile im Rheinthal das Mannschaftsrecht haben, jenes der Vögte aber dem des Abtes vorgehe; Anderes mehr; durch einen dritten Spruch, vom Stadtrath von St. Gallen erlassen, wurde den Appenzellern verboten, die Streithändel des Rheinthals nach Appenzell zu ziehen, Gefangene aus dem Rheinthal nach Appenzell abzuführen, die Amtleute des Stiftes in der Rechtsprechung zu stören und den Abt in der Ausübung seiner Rechtsame und im Bezug seiner Gefälle zu hindern; diesem aber wurde befohlen, auf seine Ansprüche zu Wiedereinlösung des Rheinthals Verzicht zu thun. Aus solchen Urtheilen ersieht man, wie verwickelt die gegenseitigen Beziehungen, Ansprüche und Streitigkeiten waren.

Wie nach Außen und in Staatsverhältnissen entscheidend und regelnd, so wirkte der kräftige Abt in inneren Sachen: er war ausgezeichneter Wirthschafter, stellte die Oekonomie des Stiftes wieder her, errichtete nöthige Gebäude, so in St. Gallen und Lichtensteig, hier das Kornhaus. Er war auch Wiederhersteller und Reformator des Klosters, leistete Vieles zu Hebung des Gottesdienstes. Darüberhin stand Abt Ulrich in hohem Ansehen bei Kaiser und Papst, die ihn häufig mit wichtigen diplomatischen Aufträgen beehrten; dieser belohnte ihn hinwieder unter Anderm mit Einverleibung mancher Pfarrpfründen im St. Gallischen, im Rheinthal und im jetzigen Thurgau. Die vom Papst Sirtus IV. dargebotene Kardinalswürde lehnte Ulrich ab. Hohe

Edle freuten sich, als Räthe des Fürsten zu dessen Geschäften berufen zu werden.

Dieser Abt verstand es auch, mit der Stadt in gutem Vernehmen zu leben; verschiedenen Anständen war indessen doch nicht auszuweichen; sie wurden beigelegt seitens der acht alten Orte durch den „großen Spruch" vom Jahre 1480; Ulrich wollte nämlich ein eigenes Thor durch die Ringmauer ausbrechen, für das zum Theil aus Stiftsmitteln gegründete Spital den Kauf einer Herrschaft nicht bestätigen, da das Spital, wie er sagte, zur Hülfeleistung an die Armen, nicht zum Erwerb von Herrschaften gegründet und beschenkt worden. Der Abt unterlag in beiden Fragen; dagegen wurde die Stadt an verschiedene Lehens- und andere Pflichten gegenüber dem Abt und der Abtei gemahnt, so unter Anderm verpflichtet, das Rathhaus und das Kaufhaus, das öffentliche Schlachthaus als Lehen anzuerkennen und in Empfang zu nehmen, bei Austheilung von Armenspenden die Gotteshausleute gleich den Bürgern zu halten, von den Gotteshausleuten nur mäßigen Leinwandzoll zu erheben, und Anderes mehr. Die Stadt, nicht zufrieden mit dem Spruch, suchte dessen Folgen abzuwenden; da sich die Eidgenossen aber gegen sie aussprachen, mußte sie sich endlich fügen. In diesen Zeiten wurden ebenfalls die streitig gewordenen Grenzen der Gerichtsbarkeit zwischen Stift und Stadt schiedsrichterlich festgestellt; es sind die gleichen, welche bis in die Gegenwart herab als Umfassungslinie des Stiftseinfanges verfassungsmäßige Anerkennung erhalten haben; von daher die Stiftsenclave, umgeben vom Weichbilde der Stadt. Im Jahre 1487 erhielt die Stadt von Kaiser Friedrich erweiterte Marktfreiheit.

In der guten Absicht, sich des Schutzes der vier Schirmorte auf das Wirksamste zu versichern, schloß Ulrich mit denselben einen Vertrag ab, durch welchen sich jene verpflichteten, einen Bevollmächtigten in den Stiftslanden aufzustellen, der eidlich zu verpflichten sei, das Stift bei allen seinen Rechten zu schützen; fruchtlos hatten vertraute Freunde aus der Zahl der Staatsmänner in der Eidgenossenschaft ihm das Eingehen in

4 *

solchen Vertrag abgerathen. So wurde die Stelle des Vier-
orten-Hauptmanns geschaffen; der erste dieser Bevollmächtigten
war Konrad Schwendi, von Zürich; sie nahmen und behielten
ihren Sitz in Wyl.

Das großartigste, zugleich bestens begründete Unternehmen
des Abtes Ulrich war, da ein Neubau des Klosters St. Gallen
und eine Erweiterung desselben jedenfalls unerläßlich geworden,
dessen Verlegung nach Rorschach. Im Jahr 1483 legte er dem
Kapitel den Plan und dessen Gründe vor: ungenügender Raum
für das sich vermehrende Personal der Korporation; Mangel an
Ruhe wegen Nähe der Stadt; selbst gewaltthätige Störungen
seitens dortiger Bürger; dazu Streitigkeiten über allerlei Wichtiges und Unwichtiges. Er zeigte darüber hin, wie der Abt,
als Landesfürst, von seinem Land und seinen Leuten durch das
Stadtgebiet ganz abgeschnitten, im Fall eines Krieges der Stadt
mit einem Dritten schwer nur die Neutralität behaupten könnte,
einer großen Zahl anderer Uebelstände nicht zu gedenken. [1]) Das
neue Gebäude, so sprach der Abt weiter, wolle er durch Thürme,
Mauern und Gräben gehörig befestigen; die Schlösser Wartensee, Rorschach und Sulzberg würden ebenfalls zu dessen Sicherheit beitragen. Dabei vergaß der Abt keineswegs seine Pflicht,
die Grabstätte des heil. Gallus auch ferner zu ehren; deshalb
gedenke er, das bisherige Kloster nicht etwa aufzuheben, sondern
in eine Propstei mit mehreren Kapitularen umzuwandeln. Das
Kapitel stimmte bei. Nach erhaltener Genehmigung seitens des
Papstes, dann auch des Kaisers, welcher von dem Vorhaben
des Abtes große Förderung der Handelschaft am Bodensee erwartete, schritt der thatkräftige Fürst zur Ausführung. Die
Gemeinden der alten Landschaft, des Toggenburgs und des
Rheinthals, von dessen Willen in Kenntniß gesetzt, waren hoch
erfreut und übernahmen den Bau gegen bestimmte Geldleistun-
gen seitens des Abtes zu Handen dreier Baumeister. Am 21.

---

[1]) Das Nähere und Vollständige in Ildefons von Arx Geschichten.
Bd. II., S. 399. Auch in Joh. v. Müller's Geschichte der Schweiz, fünftes
Buch, drittes Kapitel.

März 1487 wurde feierlich der Grundstein gelegt, nachdem der Abt zuvor schon mit bedeutendem Aufwand in Rorschach einen Hafen und ein Lagerhaus (Greb), zwei Wirthshäuser und ein Badhaus hatte anlegen laffen. Bald ergriff schreckenhafte Besorgniß über die Folgen dieses Unternehmens die Bürger von St. Gallen; bereits sahen sie im Geiste Rorschach zu einer rivalisirenden Stadt sich erheben, die Handelschaft von St. Gallen hinab an den Bodensee gezogen, ihren eigenen Stapelplatz mit Lagerhaus in Steinach gefährdet, ihre Stadt öde, arm und verlassen, da auch die Gebeine der heil. Aebte Gallus und Othmar nach ihrer Meinung nach Rorschach verlegt würden. Eine andere Furcht hatten die Appenzeller; sie hielten von dem in die Nähe des Rheinthals sich ansiedelnden Abte ihre dortigen Rechte bedroht. In St. Gallen war Ulrich Farnbüler Bürgermeister, mit allem Eifer eines städtischen Vorstandes, der seine Bürgerschaft vor vermeintem oder wirklichem Ruin zu retten bemüht ist, vom Rath hiezu mit den allgemeinsten Vollmachten ausgestattet, forderte er, als die Kirche schon ganz, das Kloster zur Hälfte gebaut war, den Abt auf, von seinem Unternehmen abzustehen, auch Schifflände und Grebhaus wieder aufzugeben und zu zerstören; wenn nicht, werden die Stadt und Appenzell dem Kloster die schuldigen Gefälle zurückhalten, zumal seiner Zeit die Vergabungen aus der Stadt nicht für ein Kloster zu Rorschach, sondern einem Stift des heil. Gallus gemacht worden. [1]) Der Abt antwortete ablehnend unter Hinweisung auf die päpstlichen und kaiserlichen Erlaubnißurkunden und stellte auf einen Rechtsspruch der Eidgenossen oder des Kaisers ab, oder auf einen solchen von Wem immer, bei dem die Kläger etwa den Fall anhängig machen wollten. Aber ein solches Verfahren lag nicht im Willen der Beschwerdeführer. Mit „weiter Unbeliebigem" war seitens der Stadt schon gedroht worden. In Folge einer Versammlung zu Urnäsch rotteten sich 1200 Appenzeller und 350 Bürger der Stadt nicht ohne Zu-

---

[1]) S. August Naef, Chronik der Stadt und Landschaft St. Gallen.

thun der Obrigkeit [1]) in Grub zusammen, zogen durch den Wald
hinab vor die bereits geweihte Kirche oberhalb dem Flecken
Rorschach, brannten sie ab, zerstörten das Mauerwerk des neuen
Klosters und plünderten die zwei neuen Wirthshäuser im Flecken,
dies Alles unter Mithülfe von Rheinthalern und zahlreichen
Leuten aus der alten Landschaft (22. Juli 1489).

Die Toggenburger und Wyler, treu dem Abt und diesem
zu Hülfe zu kommen ausgerückt, mahnte der Abt zur Rückkehr.
Denn nicht durch Thätlichkeiten wollte er Hülfe suchen gegen
die an seinem guten Recht und Eigenthum verübte Frevelthat.
Er rief vielmehr gegen die St. Galler und Appenzeller das
eidgenössische Recht an und ersuchte die vier Schirmorte um
ihren Schutz. Aber die sechs übrigen Orte Bern, Uri, Unterwalden, Zug, Freiburg und Solothurn gaben weder dem Kläger
noch den Schirmorten Gehör, sondern wendeten den Streit vielmehr so, daß der Abt Denen von St. Gallen und Appenzell
vor den sechs Orten im Recht hätte antworten sollen. Die
Schirmstände ihrerseits gaben nicht zu, daß das Recht also ver-
kehrt werde. Zu dieser Verwirrung gesellte sich der förmliche
Aufstand eines Theils der Gotteshausleute, die, geködert mittelst
allerlei Versprechungen, an einer zu Waldkirch abgehaltenen
Landsgemeinde ein Bündniß mit der Stadt schlossen. Unter-
dessen hatten Kaiser und Papst ihre Strafurtheile gegen die
Zerstörer des neuen Klosters Rorschach gefällt und ihnen die
Wiederherstellung desselben befohlen, der Papst sie auch mit dem
Interdikt belegt. Der Krieg schien unvermeidlich. Nach jener
Landsgemeinde verstärkten die Schirmorte die Besatzung des
Schlosses Rorschach; die St. Galler und Appenzeller rückten
ebenfalls aus, besetzten das Schloß Romanshorn und schlossen

---

[1]) Müller v. Friedberg bekämpft in seinem Brief an Joh. v. Müller
(den schweizerischen Geschichtschreiber), vom 8. Februar 1788, als ungründ-
lich die Behauptung des Dr. Wetter, daß die Verschwörung gegen den
Klosterbau zu Rorschach nur durch Mißvergnügte ohne Zuthun der Obrigkeit erregt worden. S. „Briefe an Johann v. Müller", herausgegeben von
Maurer-Constant. Fünfter Band. Schaffhausen, 1840.

jenes von Rorschach ein. Nun waren die ernstesten Maßnahmen
zum Schutze des Abtes erforderlich geworden. Wirklich beschlossen die vier Schirmorte, ihn mit bewaffneter Hand in seine
vollen Herrschaftsrechte wieder einzusetzen, und mahnten zu solchem Zweck die sechs übrigen Orte, kraft der Bünde, zum
Zuzug auf. Diese entsprachen, theilweise nur mit Widerwillen.
Aber die Schirmorte ließen sich von Erfüllung ihrer Pflicht nicht
abwendig machen; sie rückten über Toggenburg in die Stiftslande ein, mit ihnen die Utznacher, Gasterer und Toggenburger,
Anfangs Februar 1490; auch die Banner mehrerer der übrigen
Orte. [1]) Die Herrschaftsleute von Sar, Werdenberg und Sargans bedrohten von der andern Seite das Rheinthal und Appenzell. Nach dem Einmarsch der Eidgenossen traten die der Ver-
führung erlegenen aufständischen Gotteshausleute vom Aufstand
zurück, flehend um Schonung; die Appenzeller ließen die Stadt
St. Gallen im Stich, zeigten zum erstenmal seit langen Jahren
sich nachgiebig und nahmen schwere Friedensbedingungen an:
Abtretung der Vogtei über das Rheintal und die Herrschaft
Hohensar, Rücktritt vom Bunde mit der Stadt und der Landschaft St. Gallen, Versprechen einem spätern Spruch der Schirmorte sich zu fügen. Die Stadt St. Gallen allein rüstete sich
zu ernstem Widerstand; aber verzweifelnd an dessen Erfolg und
um sein Leben besorgt, ergriff Bürgermeister Farnbüler die Flucht
über den Bodensee. Vermittelnde Männer aus dem Lager der
Eidgenossen stimmten nun auch die Stadt zur Nachgiebigkeit;
sie erhielt den Frieden auf leidliche Bedingungen: daß sie nämlich ihr Bündniß mit den Appenzellern und den Gotteshausleuten aufgebe, und dem Abt vor den vier Schirmorten, deren
Gesandte für diesen Fall ihres Landrechtsgeldes entlassen wurden,
nebst den Grafen Georg von Sargans und Gaudenz von Mätsch,
zu Recht stehe, wogegen der Abzug des eidgenössischen Belage-
rungsheeres zugesagt war. Dieser erfolgte den 16. Februar

---

[1]) Jld. von Arr gibt 8000 Mann an, ohne die Mannschaft der sechs
sogenannten neutralen Orte; Johann v. Müller setzt das Heer aller zehn
Stände zu 16,000 Mann an; die letzte hohe Zahl ist nirgends ausgewiesen.

1490. Bald dann ergingen die richterlichen Urtheile: Der Abt sei befugt, in seinem Lande zu bauen, was er und wo er wolle, auch ein Kloster, doch ohne die Heiligthümer von St. Gallen hinwegzuziehen; die Stadt habe ihm 4000 Gulden Schadenersatz zu leisten, alle Ausbürger abzuschaffen, die Lehen vom Abt auch ferner zu empfangen. Ferner wurde die Stadt verurtheilt, den vier Schirmorten das Schloß Oberberg und das Grebhaus zu Steinach, sammt Zoll, Fahr und allen Rechtsamen daselbst, unentgeltlich zu überlassen, auch 10,000 Gulden Schadenersatz zu bezahlen. Die schuldigen Gotteshausleute verfällte das gleiche Gericht zu 3000 Gulden Schadenersatz an den Abt, mit Verpflichtung, das Stift ferner in seinem Bauvorhaben auf dessen eigenem Boden nicht zu stören, weder Lands- noch Gerichtsgemeinden zu halten, auch auf ein Neues zu huldigen. Endlich wurde Strafgericht auch über die Appenzeller gehalten, diese verurtheilt, dem Abte 4500 Gulden, den vier Orten 4000 Gulden an die Kriegskosten zu bezahlen, auch einer Reihe anderer Verpflichtungen nachzukommen; diese wurden von den Appenzellern willig erfüllt, worauf später gnädiger Nachlaß der Kriegskosten ausgesprochen wurde. Endlich folgte noch ein Urtheil des kaiserlichen Fiskals, das die Stadt wegen Ungehorsam gegen die kaiserliche Baubewilligung zu 600 Gulden Strafe verfällte. Der Papst bestätigte alle von den Eidgenossen erlassenen Strafurtheile, sandte denselben ein Belobungsschreiben, hob endlich das Interdikt wieder auf. Nach diesen so lehrreichen Ereignissen tobte in der Stadt der Aufruhr gegen den Rath, in dessen Mitte ein Theil der Verschwörer selbst saß, und dem die Bürger alles erlittene Ungemach zuschrieben; die Behörde aber schritt ein und stellte, durch Enthauptung von sechs Urhebern des Aufruhrs und durch Landesverweisung anderer Schuldigen, die Ruhe wieder her (1491).

Abt Ulrich starb bald nach seinen schwer errungenen Siegen, in hohen Ehren, und gepriesen als der zweite Stifter des Klosters, nachdem er zuvor den Schirmorten Oberberg und Steinach abgekauft und vom neuen Kaiser Maximilian die Bestätigung

der Regalien des Stiftes und der fürstlichen Würde erhalten
hatte. Sein Nachfolger war Gotthard Giel von Glattburg
1491 bis 1504). Er vollendete den von seinem Vorfahrer
wieder angefangenen Neubau in Rorschach, doch nur zu Schul-
zwecken (Entstehung von Mariaberg) und setzte auch dessen Vorhaben in's Werk, Schifffahrt und Handel von Steinach bleibend
nach Rorschach zu ziehen; im Jahr 1497 wurde hier der seit
langem abgegangene Korn- und Wochenmarkt wieder eröffnet.
Farnbüler starb, ein Jahr nach dem Abt Ulrich, in der Verbannung (1495).

Bald brach der „Schwabenkrieg" aus. Kaiser Maximilian
bedurfte Geld gegen die Türken und die Franzosen; das Reich
hatte Ordnung nöthig gegenüber der noch immer nicht gebän-
digten faustrechtlichen Selbsthülfe. Es wurde zu diesem Zwecke
ein allgemein verbindliches Sicherheitsgesetz, Landfrieden genannt, erlassen, das Reichskammergericht zu Vollziehung desselben
aufgestellt und eine Kriegssteuer gegen Türken und Franzosen
ausgeschrieben. Auch die Eidgenossen wurden angegangen, sich
diesen Reichsvorschriften zu fügen. Sie lehnten solches am
Reichstag zu Lindau 1496 ab und luden dadurch den Unwillen
des Kaisers Maximilian auf sich. Ihre Abneigung gegen jegliche Herrschaft und französischer Einfluß zusammen trieben sie
zu solchem Verhalten. Wie die Eidgenossen in dieser Sache, so
benahmen sich Stadt St. Gallen und Land Appenzell in Bezug
auf ihre Angelegenheiten; sie bestritten die Kompetenz des Reichs-
kammergerichts in Forderungssachen der Familie Farnbüler und
des Appenzeller Landammanns Schwendiner, vom Kriege wegen
des Rorschacher „Klosterbruches" herrührend. Kaiser Maximilian drohte mit Exekution. Der Schutz, den die Eidgenossen
dem in die Reichsacht gefallenen Grafen Georg von Sargans
zu Theil werden ließen, erhöhte seinen Unwillen; als Graf
Georg dann einen kaiserlichen Rath im Bade Pfäfers aufheben
wollte, entbrannte der Krieg, da von Tirol her das bündnerische
Münsterthal besetzt wurde. Die Eidgenossen zogen in's Feld
(Februar 1499) und von dann an wüthete der Krieg zwischen

den Eidgenossen und ihren Verbündeten einerseits, dem Kaiser
und dem schwäbischen Bund andererseits Monate lang den ganzen Rhein entlang, von Graubünden hinweg bis nach Basel
hinab. Die St. Gallischen Lande waren während der ganzen
Dauer dieses Krieges, kämpfend oder leidend, bei demselben betheiligt. Die Mannschaft des Abtes hielt Grenzwache von Rorschach bis Romanshorn, die Stadt lieferte das grobe Geschütz
und übernahm die Wache zu St. Margarethen; die Eidgenossen
deckten die Grenze von Staad bis Monstein, die Appenzeller
jene von dort bis Blatten, in der Herrschaft Sax der Freiherr
daselbst; zu Werdenberg deckten die Grenze die Glarner, im
Sarganserland die Herrschaftleute unter Graf Georg von Werdenberg. In manchen der vielen Gefechte waren die St. Galler
verschiedener Landestheile unter den Kämpfenden, so bei Hard
und bei Frastenz (hier 400 St. Gallische Gotteshausleute und
1000 Toggenburger), auch im Schwaderloch. Mehrere Landschaften waren während des Krieges arger Verwüstung ausgesetzt, so die Herrschaft Sax in Folge jenes feindlichen Einfalls,
der durch den Sieg der Eidgenossen bei Frastenz gerächt wurde;
auch die Gegend am Bodensee von Staad aufwärts bis Thal.
Erschöpft schlossen, nachdem der Krieg während langen acht Monaten gräuelhaft gewüthet hatte, die beiden Parteien zu Basel
Frieden (22. September 1499). Durch diesen Frieden leistete
der Kaiser Verzicht auf alle den Eidgenossen zugemutheten
Reichsbeschwerden; der Blutbann im Thurgau, das Landgericht
daselbst, bis dahin im Besitze der Stadt Konstanz, übergingen
an die Eidgenossen. Sieg und Erfolg war auf ihrer Seite.
Nachherige Anstände zwischen den Eidgenossen und dem Abte
über beiderseitige Hoheit führten eine Grenzausscheidung zwischen
dem Thurgau und dem St. Gallischen Lande herbei, welche
noch jetzt als gegenseitige Landesgrenze zwischen den Kantonen
St. Gallen und Thurgau rechtskräftig ist.

Das Rheinthal, welches die Appenzeller als Strafe für
den „Klosterbruch" an die vier Schirmorte hatten abtreten müssen,
wurde von diesen alsbald in Besitz genommen; den Ständen

Uri, Unterwalden und Zug, welche an dem Kriegszug gegen die Stadt und Appenzell wesentlich Theil genommen hatten, räumten die Schirmorte deßhalb gleiche Rechte ein; die Herrschaft Rheineck (aus dem Städtchen dieses Namens und dem Dorfe Thal bestehend) und die Vogtei Rheinthal wurden zu einer eidgenössischen Landvogtei vereinigt, zunächst unter der Herrschaft der sieben regierenden Stände, welche von dann an je zu zwei Jahren unter sich abwechselnd den Landvogt setzten, dessen Sitz in Rheineck war (1490). Bern, Freiburg und Solothurn wurden in die Zahl der das Rheinthal regierenden Orte deßwegen nicht aufgenommen, weil sie das St. Gallische Land nie betreten hatten, sondern auf die Meldung, daß ihre Hülfe entbehrlich geworden, zurückgekehrt waren; dagegen Appenzell im Jahre 1500 zum Dank für seine Leistungen während dem Schwabenkrieg. Gegen alle Einrede des Abtes wurde Appenzell darüberhin als dreizehnter Kanton in die Eidgenossenschaft aufgenommen.

Abt Gotthard starb im Jahr 1504. Mit seiner Verwaltung war das Kapitel weniger zufrieden als mit derjenigen seines Vorgängers. Es machte daher strenge Satzungen für die Folge, durch welche der Abt für die wichtigeren Verwaltungsanordnungen, Aufnahme von Geldern, Verkauf oder Verpfändung von Liegenschaften, Ausführung von Bauten und Anderes, zum Einholen der vorgängigen Genehmigung des Kapitels verpflichtet wurde; Aehnliches für Besetzung der Pfründen mit der Vorschrift, daß aus den Einkünften derselben jeweilen ein oder zwei Klostergeistliche zum Studium auf Universitäten zu schicken seien. Papst Julius II. bestätigte diese heilsamen Satzungen. Franz von Gaisberg aus Konstanz wurde hierauf zum Abte gewählt. Auch während seiner Regierung war nicht immer Friede zwischen dem Stift und der Stadt. Es wurden die pfarrlichen Verhältnisse streitig, endlich nach Langem entschieden, daß der zwischen der Münsterkirche und der St. Laurenzenkirche liegende Kirchhof sammt allen auf demselben stehenden Kapellen dem Kloster gehören, die (innert dem Stadtgebiet liegende) St. Laurenzenkirche die Pfarrkirche, das Münster dagegen die Haupt-

Kirche sei, in welcher die kirchlichen Hauptfeierlichkeiten (Wei-
hungen, Prozessionen, Gottesdienst an den hohen Festtagen)
gehalten werden sollen; auch wurde die vor vielen Jahren geschehene Inkorporation der St. Laurenzenkirche bestätigt. Ein
anderer Streit über die weltliche Gerichtsbarkeit im Klosterbezirk,
welche die Stadt ansprach, wurde durch den Ausspruch der Eidgenossen beseitigt, daß dieselbe ganz dem Abt gehöre, den Blutbann ausgenommen, welcher der Stadt vermöge der Reichsvogtei
zukomme (1515).

Eifrig betheiligten sich die Völkerschaften der St. Gallischen
Lande bei den mailändischen Feldzügen; so jene aus der Stadt,
der Landschaft St. Gallen, aus dem Toggenburg, Rheinthal
und dem Sarganserland, der Herrschaft Sax und von Rapperschwyl dreimal für den König von Frankreich, dann wieder im
Dienste des Papstes Julius II. gegen die Franzosen; auch nach
Burgund gegen die Stadt Dijon (1512 und 1513); später nach
Bellenz. An „Kronen" und Pensionen verlangten und erhielten
sie ihren Antheil, wie die Eidgenossen. Vom Papst empfingen
sie, nebst Geldgeschenken, auch Ehrenfahnen. Die Kriegslust der
Schweizer wurde erst durch ihre Niederlage bei Marignano
(1513) gebändigt, in welcher auch die St. Galler viel Mannschaft verloren.

In Zwisten zwischen dem Toggenburg und ihrem Landesherrn wurden von Schwyz und Glarus als Richter diejenigen
Familien, welche die Bezahlung des Falles verweigerten, zu
dessen Leistung angehalten, der Abt hinwieder verpflichtet, an
die Landeskosten von seinen Besitzungen Steuer zu bezahlen;
wegen des bei Anlaß solcher Streitigkeiten stattgefundenen Auf-
laufes wurden die Toggenburger in 500 Gulden Buße verurtheilt.

In Rapperschwyl erhielt die Unzufriedenheit mit der österreichischen Herrschaft Nahrung seitens des Herzogs wie von
seinem Vogte, welch' letzterer selbst in die Freiheiten der Stadt
eingriff. In Folge von Parteiung blieb der Ausgang lange in
der Schwebe. Endlich wurden die Gegner des Herzogs die

Stärkeren, suchten ein Bündniß mit Zürich, das jedoch abgelehnt wurde. Dagegen fanden sie Erhörung bei den drei Urkantonen Uri, Schwyz und Unterwalden, ihren früheren Feinden; die Stadt fiel von Oesterreich ab und erklärte sich unabhängig (1458). Gegner dieses Entschlusses wanderten im Unmuth aus; die Geschicke der Stadt blieben um so gewisser in der Macht der Gebliebenen. Sie trat endlich zu den drei Ländern und Glarus in ein Schirmbündniß, zu Erhaltung ihrer Rechte und Freiheiten, mit der Verpflichtung hinwieder, diesen in Kriegs- nöthen auf Verlangen zuzuziehen (1464). Es war dasselbe Bundesverhältniß, wie dasjenige des Abtes von St. Gallen zu seinen oft genannten vier Schirmorten. Rapperschwyl war frei. Seine Verfassung war nach dem Muster anderer freier schwei- zerischer Städte gestaltet. Das Recht der Gesetzgebung stand der gesammten Bürgerschaft zu; doch mußten Vorschläge zuerst in den Großen Rath gebracht und vom Kleinen Rathe ange- nommen sein. Die übrigen Gewalten standen dem Großen Rath und dem Kleinen Rath zu; ein Schultheiß war beider Räthe Haupt; beide Räthe besetzten gemeinsam sämmtliche Stadtämter und hielten Blutgericht unter Vorsitz des Schultheißen als Reichs- vogt. Der Kleine Rath ergänzte sich selbst, und besetzte den Großen Rath aus der Bürgerschaft. Eine Stadt, ohne aristo- kratische Form, war damals nicht denkbar. Selbst der „Geheime Rath" durfte nicht fehlen, so wenig als im großen Bern; er be- stand aus dem Schultheißen, dem Venner, einem Kleinraths- mitglied und dem Stadtschreiber, leitete die ganze Oekonomie der Stadt, bewahrte Archiv und Schatz und saß zu Rath in wichtigeren und dringenderen Angelegenheiten; selbst der Groß- weibel war eine hohe Person, denn er gab, bei Behinderung des Stadtschreibers, bei dem Einstehen der Stimmen in beiden Räthen die Scheidstimme ab. Also geordnet, bezahlte die Stadt alte Kriegsschulden, baute ein Rathhaus im Jahr 1471. Dem Beispiel folgend baute in den unterthänigen Höfen Jona eine neue Kirche (1490). Aber auch die Rapperschwyler Rosen waren nicht ohne Dornen; der Magistrat wurde von unruhiger

Bürgerschaft hart angegriffen; Stadtschreiber Hettlinger, untreuer Verwaltung angeklagt, wude das blutige Opfer des Aufstandes, dem der Rath endlich durch den befohlenen Zuzug der Hofleute ein Ende machte. Neue Stadtsatzungen sollten für die Zukunft Sitte und Ordnung handhaben (1491). Auf dieselben hatten Schultheiß und Rath, Bürger und Hofleute den Eid zu leisten. Auch in Bezug auf äußere Verhältnisse verdüsterte sich der politische Himmel für Rapperschwyl seit seinem Abfalle von Oesterreich. Die Schirmorte waren eher geneigt, die Stadt zu beherrschen als sie zu schützen; sie verlangten das Recht der letzten Instanz, eine Ansprache, welcher Rapperschwyl beharrlichen Widerstand entgegensetzte; alle alten Herrschaften, die früher zu Rapperschwyl gehört, waren, seitdem sie für Oesterreich verloren gegangen, solches ebenfalls für die Stadt. Zürich machte Einsprache gegen den Waarenzoll; er wurde durch Rechtsspruch beschränkt; eine ähnliche Weigerung des Sarganserlandes wurde zu dessen Gunsten entschieden; der Waarentransit von Basel her nach Italien verließ die Straße über Rapperschwyl; auch der Kornmarkt litt; Glarus, Schwyz und Gaster besuchten nun jenen zu Zürich; die adeligen Familien erloschen oder wanderten aus. Den Verfall abzuwenden nahm die Bürgerschaft im Laufe von bloß 28 Jahren (von 1484 bis 1512) 84 neue Bürger an.

In dieser Zeit erwarb Glarus, durch Kauf von zwei Brüdern von Hewen und aus fremden Pensionsgeldern, die Herrschaft Werdenberg nebst Wartau um 21,500 Gulden (1517). Die Edeln von Bonstetten wollten das von der Herrschaft Sax abgerissene Gams um 4920 Gl. an einen andern Edeln verkaufen; die Gamser aber standen nun selbst in den Kauf, überließen dann aber die Hoheitsrechte mit Gefällen, Kirchensatz und Antheil an der niederen Gerichtsbarkeit den Ständen Schwyz und Glarus, wurden für den Kaufsbetrag deren Schuldner und Zinser, und anerkannten dieselben als ihre Schirmherren (1497); in diesen Verhältnissen blieben sie von dann an Jahrhunderte, regiert durch den Landvogt vom Gaster.

Unter den Gelehrten waltete Gährung wegen Mißbräuchen

auf dem kirchlichen Gebiete; das schweizerische Volk war in
Folge langer Kriege verwildert, nach der schweren Niederlage zu
Marignano erbittert über die Obrigkeiten. In Deutschland griff
Luther zuerst die Mißbräuche an, dann viele Lehrsätze der Kirche,
Rechte und Ansehen des Papstes. Sein Eifer rief die kirchliche
Revolution hervor, die überall, wo sie nicht bloß zeitweise schalten
konnte, sondern auch festen Fuß gewann, zu einer Glaubens-
trennung führte, deren Folgen die christliche Welt während Jahr-
hunderten zu tragen hatte und noch trägt. Solches Geschick ereilte
auch die St. Gallischen Lande. Joachim von Watt, ein junger
St. Galler, von der Hochschule Wien in seine Heimath zurück-
kommend, verbreitete in dieser die Lehren Luthers. Ulrich Zwingli,
von Wildhaus, that dasselbe als Prediger am Fraumünster in
Zürich. In St. Gallen predigte bald Jeder im Geiste der
Reform oder des Abfalls. Abt Franz widersetzte sich den neuen
Lehren, bestritt gegenüber ihren Freunden, daß sie allein sich des
Evangeliums berühmen mögen; denn ihm sei dieses von jeher
bekannt und werther gewesen als ihnen. Den Sinn des Evangeliums aber wollte er sich lieber von der Kirche, als von Luther
erklären lassen. Er erließ Strafgesetze gegen die neuen Lehren
und bekämpfte dieselben durch eifrige und gelehrte Prediger (so
durch Dr. Wendelin Oswald) auch von der Kanzel herab. Solche
Mittel verfingen nicht mehr. Schon fingen die Gewaltthätigkeiten
gegen die Klausnerinnen zu St. Leonhard an, wurde die Fron-
leichnamsprozession der Gegenstand öffentlicher Beschimpfungen,
ließ der Stadtrath zu nächtlicher Zeit aus der St. Laurenzenkirche einzelne Bilder hinwegnehmen, die den Neuerern ein Gegenstand des Anstoßes waren (1519 bis 1524). Im folgenden
Jahr stellte der Rath der Stadt die katholischen Kirchengebräuche
ab, verbot unter Drohung die Feier des heil. Meßopfers in der
St. Laurenzenkirche und schaffte Altäre, Bilder und Beichtstühle
aus der Kirche hinweg; — solches that die Behörde der gleichen
Stadt, welche einige Jahrzehnte früher die „Heiligthümer" des
St. Galler Klosters schlechterdings in St. Gallen hatte zurück-
behalten wollen und besorgter Verlegung derselben nach Rorschach

durch Gewaltthat sich widersetzt hatte. Jeder der zahlreichen
Neuerer bestritt dem Papst jegliche Autorität, überhaupt das
berechtigte Dasein, und doch warf jeder Einzelne sich selbst zum
Papst auf, statt die eigene Gelehrsamkeit und geistige Kraft
innert dem Bereiche der Kirche für Abstellung der Mißbräuche
und positive Verbesserungen zu verwenden. Selbstständig, und
sich übermüthig über die unerläßliche Gemeinschaft mit den Kirchen-
obern hinwegsetzend, verordneten sie selbst eine neue Form der
Gottesverehrung, bestehend in Predigt nebst täglicher Lesung aus
dem neuen Testament und einer wöchentlichen Almosensammlung
für die Hausarmen. Die Frage des heil. Abendmahls behielten
sie für einmal noch auf der Tagesordnung, da sie unter sich
selbst über das Wesen desselben noch nicht einverstanden waren.
Dem Beispiel der Stadt folgten viele Pfarrherren auf dem
Lande, die meisten wohl in guten Treuen und in tadelloser Absicht, Einzelne im Zustande sittlicher und religiöser Verkommenheit.
Auch im Toggenburg war der größere Theil der Geistlichkeit so
wie des Landrathes bereits für die Neuerung gewonnen. Dieser
gebot, nichts Anderes als „das reine Wort Gottes" zu lehren;
gegen die alten Religionsansichten wurden freche Lästerungen
ausgestoßen. In den eidgenössischen Landvogteien suchten die
regierenden Stände dem Strom Einhalt zu thun, doch mit wenig
Erfolg. Abt Jakob Russinger von Pfäfers und die Abtissin von
Schänis ließen sich in theologischen Briefwechsel mit Zwingli
in Zürich ein. Das Volk fing selbstverständlich auch über die
Bibeltexte zu disputiren an und fand Dinge nach seiner Lust
heraus; daher Weigerung, den Zehnten und andere Gefälle zu
entrichten, und Anstalten zur Ausplünderung der Klöster. Scharfes
Einschreiten der Obrigkeit reichte nicht überall aus, um arge
Gräuel gegen das Eigenthum zu verhüten; denn schon waren
die Bande der gesetzlichen Ordnung gelöset. In der alten Landschaft namentlich hörte alle Botmäßigkeit auf; die Gotteshausleute aus dortigen Gerichten, inbegriffen mehrere St. Gallische
Gerichte im jetzigen Thurgau, hielten in Lömenschwyl Landsgemeinde (1. Mai 1525), verlangten vom Abt Abschaffung aller

ihnen obliegenden Geld- und anderen Leistungen, da sie im Evangelium nicht begründet seien, daneben wohl auch mehreres Ver-
ständige und Berechtigte. Ehrlich übrigens stellten sie auf den
Rechtsspruch der Schirmorte ab. Dieser lautete mehr abweisend
als gewährend: daß der Abt ohne Bewilligung der vier Orte
dem Lande keine neuen Beschwerden mehr auflegen, das Aus-
schenken von eigenem Gewächs freigeben, die Ehehaften nicht
mit Abgaben beschweren, die ihm streitig gemachten Gefälle nicht
ohne vorhergegangene gerichtliche Erkenntniß eintreiben solle.
Abt Franz suchte von dann an durch verschiedene Landmandate
die gesetzliche Ordnung herzustellen. Neben politischer Auflösung
ging religiöse Schwärmerei mit grellem Unfug einher. Es entstand die Sekte der Wiedertäufer, welche die Kindertaufe für
ungültig erklärten, weil die Kinder noch keinen Glauben haben
könnten. Konrad Grebel aus Zürich, der mit Joachim von Watt
in die Schweiz zurückgekommen war, führte die Sekte in die
St. Gallischen Lande ein. Schaarenweise zogen die Sektirer aus
an die Bäche, selbst an die Sitter hinab und ließen sich zum
zweitenmal taufen. Berechtiget zu ihrer Auslegung der heil.
Schriften waren sie nicht weniger als Zwingli, Luther und
Andere, welche die Autorität der Kirche verworfen, an ihrer
Stelle den Eigenwillen des Individuums zum befugten Ausleger
und Richter jeder beliebigen Stelle in der Bibel erhoben hatten.
Aus eigener Verschuldung glitten den Leitern der Bewegung die
Zügel aus der Hand; die Massen herrschten. Bald waren die
Köpfe auch zu Schwärmereien erhitzt; diese führten zum Wahnsinn,
zu rohen Ausschweifungen und schweren Verbrechen. Zu Stadt
und Land schritt man endlich mit Geld- und Leibesstrafen, selbst
mit zahlreichen Hinrichtungen gegen die Unglücklichen ein. Erst
nach vielem und mehrjährigem Unheil kehrte nüchterne Gesinnung in das bethörte Volk zurück.

Verhängnißvoller noch als solche trüben Erscheinungen im
Volke wurde die Zwietracht unter den Behörden. Jene in
Zürich hatten sich bereits als Schutzherren der neuen Lehre auf-
geworfen; die übrigen Eidgenossen aber wollten bei der alten

verharren, baten wiederholt und dringend den Stand Zürich zu
solcher zurückzukehren. Abgewiesen befahlen sie für ihr eigenes
Gebiet und die gemeinsamen Landvogteien den Geistlichen die Ein-
haltung der bisherigen kirchlichen Lehrsätze und Kultusgebräuche,
sowie des Priesterzölibats, indem sie gleichzeitig reformatorisch
einschritten: die Immunität der Geistlichen bei peinlichen Verbrechen aufhoben, den gleichzeitigen Besitz mehrerer Pfründen
untersagten. Sie veranlaßten die kirchlichen Disputationen, zuerst jene von Baden im Jahr 1526. Auch die Stadt St. Gallen,
wie Zürich, mahnten sie von der neuen Lehre ab; vergeblich.
Was noch an Bildern und Reliquien der Heiligen übrig, wurde
aus den Kirchen der Stadt entfernt (1527). Wer nicht freiwillig den alten Glauben verlassen wollte, wurde zur Theilnahme
an den Neuerungen mittelbar oder unmittelbar gezwungen, so
die Klosterfrauen zu St. Katharina. Es wurden die Feiertage
abgestellt, die Geistlichen zur Verehelichung eingeladen, eine Ermunterung, die in der Stadt von Vielen benutzt wurde. Die
altgläubigen Rathsherren wurden aus der Obrigkeit verdrängt.

Inzwischen hatte die Glaubensneuerung bei den eidgenössischen Ständen je mehr und mehr Eingang gefunden. Außerhalb
der St. Gallischen Lande standen nur noch Luzern, Uri, Schwyz,
Unterwalden und Zug unentwegt für den alten Glauben ein;
die übrigen Orte hatten sich bereits von der Kirche getrennt
oder waren wankend geworden. Unter solchen lockenden Umständen warf sich auch die alte Landschaft in die Strömung der
kirchlichen Revolution, verjagte die bisherigen Pfarrer, verschrieb
sich von Zürich her gefällige Prediger, verbrannte Altäre, Bilder
und Kirchengeräthe (1528). Gleiches geschah im Rheinthal unter
Einfluß von Abgeordneten der Städte Zürich und St. Gallen,
mit Einsetzung eigener weltlicher Obrigkeit und unter Ausübung
mancherlei Gewalt; die Pfarrei Montlingen allein hielt fest an
der allgemeinen Kirche. Die Toggenburger und die Gasterer
folgten der Bewegung; Utznach war zwischen Linth und Rhein
der einzige Landestheil, der den Beitritt zur Neuerung ablehnte.

Inmitten des weltlichen und kirchlichen Umschwungs stand

das Kloster St. Gallen noch aufrecht; seine Geistlichkeit war
fest entschlossen, bei der katholischen Einheit zu verharren, leistete
auch, was sie in der schweren Zeit vermochte, zur Erhaltung
gleicher Gesinnung bei einem Theile des Landvolkes. Allein dem
Kloster war seitens der Stadt der Untergang geschworen. Bürgermeister von Watt mit Anderen des Raths zog hinauf nach der
Münsterkirche, verlangte befehlshaberisch die Abschaffung der
Messe und die Entfernung der Altäre und Bilder; als der
Dekan im Namen des Kapitels (der Abt hatte sich bereits in
das Schloß Rorschach geflüchtet) solches ablehnte, schritten die
hergelaufenen Bürger selbst ein, leerten die Kirche, verwandelten
dieselbe, selbst der Kunstschätze nicht achtend, in kahles Mauerwerk, überlieferten die Kapellen profanem Gebrauch und ließen
die aus Kirche und Kapellen ausgehobenen Bilder auf dem
Brühl (Platz vor der Stadt) in Flammen aufgehen (24. Februar 1529). Vierzig Jahre vorher hatte die Stadt mit Gewalt
das Kloster in St. Gallen selbst aufrecht halten wollen; wieder
mit Anwendung von Gewalt zerstörte es nun solches, Gebiet,
Eigenthum und Recht des Stiftes so wenig achtend als früher.
Das Stift klagte bei den Schirmorten; ihre Abgeordneten (doch
ohne solche von Zürich) langten an; aber der Stadtmagistrat
schritt vor und ein von ihm eigenmächtig bestellter Prediger
verkündete am 7. März 1529 in der Stiftskirche vor 4000
Zuhörern die neue Lehre. Abt Franz, ein frommer, makelloser
Priester und Abt, würdiger Fürst und weiser Verwalter, starb
wenige Tage nachher in Rorschach. Die flüchtigen Kapitularen
wählten in außerordentlicher Versammlung zu Rapperschwyl,
wohin sie aus ihrem zeitweiligen Asyl Einsiedeln gegangen, den
bisherigen Dekan Kilian Germann als seinen Nachfolger. Der
neue Abt wollte sich alsbald in den Stiftslanden mit Inbegriff
von Toggenburg huldigen lassen. Die Züricher aber suchten
solches zu hindern, von einem neuen Abte Gefahr für das „Wort
Gottes" fürchtend. Das Volk war getheilter Gesinnung und
der Abt erreichte seinen Zweck nur zum geringsten Theile; mit
der neuen Religion war der alte Gehorsam gebrochen. Auch

5*

Brief und Siegel und Eide galten nicht mehr. Die einen der Schirmorte, Luzern und Schwyz, wollten halten und erfüllen, was sie dem Abt und dem Stift durch den Bundesbrief verheißen; die anderen beiden, Zürich und Glarus (dieses nach längerem Schwanken zwischen Pflicht und Konvenienz), lehnten die Anerkennung und Einsetzung des Abtes ab, weil dieser in Sachen der Religion sich nicht von Zürich wollte beherrschen lassen. Zürich, durch seine Ansichten in Kirchensachen hingerissen, erwog dabei nicht, daß Abt und Stift mindestens so gutes Recht hatten, bei ihrer Religion zu verharren, als Zürich, sich einem neuen Bekenntniß zuzuwenden, und daß der Bundesbrief keinem der Schirmkantone erlaubte, um kirchlicher Sachen willen den unbedingt und eidlich verheißenen Bundesschutz abzuschlagen.

Stift und Land St. Gallen wurden bald das Opfer der durch die ganze Schweiz verbreiteten religiösen Zerwürfnisse zwischen den katholischen und den protestantischen Ständen, da Glaubenshitze auf beiden Seiten über Recht und Menschlichkeit die Oberhand gewonnen hatte. Der Krieg brach zwischen beiden Theilen aus. Zürich besetzte die alte Landschaft und die gemeinsamen Vogteien und ließ ihnen die Huldigung abnehmen. Der Magistrat der Stadt St. Gallen bemächtigte sich des Stiftes, verübte schwere Gewaltthat gegen die dortigen Kapitularen, vernichtete, soweit er es äußerlich thun konnte, ihren Ordensverband und zwang sie zur Huldigung. Dem ersten Religionskrieg folgte bald der Landfrieden; er brachte Religionsfreiheit zu Gunsten des neuen, nicht aber des alten Glaubens (1529).

Nach dem Kriege und auf den Grund des Friedensvertrages verlangte Abt Kilian Wiedereinsetzung in seine Abtei und Lande. Aber Zürich und Glarus waren der Ansicht: es sei der Ordensstand wider das „Wort Gottes“, somit dürfe der Abt auch nicht Landesherr sein; jenes hatte die Landsgemeinde von Glarus mit der schwachen Mehrheit von 22 Händen gefunden. Ein Beschluß der Schirmorte im Sinne des Abtes war also nicht erhältlich. Das Volk in der alten Landschaft und im Rheinthal regierte sich unterdessen, so gut es gehen mochte, selbst, und zog die Einkünfte der Abtei an sich. Der Abt forderte nun die Schirmorte Zürich und Glarus vor das Recht; diese aber nahmen ein Rechtsbot vom Abte nicht an, denn sein Mönchs- stand sei wider „das göttliche Wort", und diesem müsse Alles weichen, gaben der alten Landschaft eine neue Verfassung, laut welcher dem Vierortenhauptmann und dem Landrath die höchste Gewalt* zukommen sollte, und bemächtigten sich des Kirchen- schatzes im Kloster. Den klagenden Abt wollten seine Gegner an einer folgenden Tagsatzung zu Baden nicht einmal anhören; sie liefen aus der Versammlung hinweg, als er auf die von ihnen geführten Klagen zu antworten begann. Diese Antwort war eben so geistreich als gründlich gegenüber den Spitzfindig- keiten von Zürich: werde behauptet, daß nach dem Inhalte der heil. Schrift ein Geistlicher nicht Regent sein dürfe, so sei hin- wider diese Stellung durch vielhundertjähriges Herkommen gerecht- fertiget, von Kaisern und Päpsten bestätiget; eine Erfindung von ihm, dem Abt, sei sie nicht. Gesetzt aber auch, es wäre solches nicht statthaft, woher nehme denn Zürich das Recht, außerhalb des Züricher Gebietes, in einem andern unabhängigen Lande, Mißbräuche abzustellen? und wie wolle Zürich aus dem „Wort Gottes" beweisen, daß es erlaube, Siegel und Brief zu brechen und fremdes Eigenthum an sich zu reißen! Alles mit viel Anderem mehr, besonders mit der Erklärung, daß das Vorgeben eine Un- wahrheit sei, als gedenke er (der Abt), die Leute mit Gewalt von ihrem (neuen) Glauben abzubringen, indem er vielmehr ge- sonnen sei, jeder Gemeinde nach eigenem Belieben zu gestatten, Messe und Bilder entweder beizubehalten oder abzuschaffen;[1] — eine Glaubens- und Religionsfreiheit, für deren Gewährung im eigenen Lande Zürich in seiner damaligen Stimmung ganz und gar unfähig gewesen wäre. Der Abt hatte Eindruck gemacht; die Tagsatzung verordnete neuen Rechtstag, und die waltende Stimmung schien ihm günstig. Aber Zürich und Glarus brachten

[1] Man lese die sehr gehaltvolle Rede, die den Vernichtungskrieg gegen das Stift in seiner vollen nackten Ungerechtigkeit darstellt, in Ild. von Arx Geschichten von St. Gallen, Band II. S. 568 bis 571.

Bern auf ihre Seite und eröffneten dann, also verstärkt, daß sie
diesem Abt weder im Recht noch in Minne antworten werden.
Vielmehr führte Zürich, nicht ohne Sträuben der Gotteshaus=
leute, die neue Verfassung ein, worin unter Anderem zu lesen,
daß alle Landräthe und Richter sich zum „Evangelium" bekennen
müssen, und regierte durch seinen Hauptmann,[1] da der Landrath
nur ein Schatten von Obrigkeit neben ihm sein konnte. Dem in
der Verbannung weilenden Abt ging endlich die Geduld aus und
er beschritt noch den letzten Ausweg, indem er den Kaiser
Karl V. um Hülfe anrief. Mehr als eine allgemeine Ver-
tröstung war aber vom Reich nicht zu erhalten. Ein jäher
Tod in Folge eines Unfalls entledigte den schwer verfolgten Abt
seiner Sorgen. In einer Versammlung zu Mehrerau setzte ihm
das Kapitel den frühern Statthalter zu Rorschach, Diethelm
Blarer von Wartensee, zu seinem Nachfolger (19. September
1530).

Die Toggenburger waren bedächtig in ihren Entschlüssen,
fielen vom Abt Kilian erst ab, als sie dessen Bestrebungen um
Wiedereinsetzung als völlig fruchtlos ansehen mochten. Ohne
auf die Abmahnung von Schwyz zu achten, hatten sie an einer
Landsgemeinde zu Wattwyl (20. Juni 1530) mit Stimmenmehrheit ihre Selbstständigkeit beschlossen und den Schwyzern
sagen lassen, daß sie von ihrem Landrecht nichts mehr wissen
wollen. Wirklich setzten sie Landammann und Landrath ein,
erklärten alle im Toggenburg gelegenen Besitzungen und Gefälle
des Stiftes als dem Lande verfallen, und erhielten schließlich
durch die Vermittlung Zwingli's, damals in Zürich Papst und
Kaiser zugleich, gegenüber eingetretenem Widerspruch, seitens der
Kantone Zürich und Glarus die Befugniß, mittelst 15,000 Gl.
ihre Güter und Grafschaft von allen Eigenthums- und Hoheits-
rechten der Aebte auszulösen. Abt und Kapitel protestirten
vergebens.

Aehnlich verfügten Zürich und Glarus, jetzt in Wirklichkeit

---

[1] Durch den im Lande weilenden Vierortenhauptmann.

nicht Schirmorte, sondern die Zerstörer des Stiftes, über das Kloster St. Gallen. Nach dem Einrücken der Züricher in das St. Gallische Gebiet im Jahre 1529 hatte die Stadt St. Gallen die Klostergebäude bereits in Besitz genommen. Sie wollte aber Eigenthümer auch in Form Rechtes werden. Zürich und Glarus verkauften ihr sodann das ganze Kloster, den Brühl, mehrere Pfründen und alle Renten und Lehen in der Stadt um 14,000 Gulden (25. August 1530). Selbst abtrünnige (ehemalige) Mönche mußten nun das Kloster verlassen. Die Bürgerschaft aber lief zum letztenmal hinauf und plünderte noch den Rest dortiger Habseligkeiten, die kostbaren alten Urkunden inbegriffen. Nicht übereinstimmend mit Joachim von Watt fällte der andere Bürgermeister, Heinrich Kuminer, das tadelnde Urtheil über Zürich, daß es in Religionssachen mit Gewalt herrschen wolle, was nicht angehe. Das Gleiche galt aber auch hinsichtlich der Stadt St. Gallen, wenn jener zweite Bürgermeister es auch nicht ausdrücklich sagte. Im Rheinthal wurde der rechtmäßige Landvogt aus Unterwalden gefangen gesetzt, dann nur gegen Urfehde entlassen. Zürich sandte an dessen Stelle einen Landvogtei-Verwalter; in Wirklichkeit regierte der Ammann Vogler von Altstätten, ein dem neuen Kirchenwesen ganz ergebener Mann.

In der Landschaft Sargans war in Folge des Landfriedens von 1529 von Gemeinde zu Gemeinde mit Stimmenmehrheit festgesetzt worden, weß Glaubens man sein wolle; die Minderheit in jeder Gemeinde hatte sich der Mehrheit zu unterziehen. Nie hat die Demokratie höhere Rechte geübt, als in jenen Zeiten. Das Ergebniß war zu Gunsten der Neuerung. Beide Bekenntnisse aber hatten und behielten ihre Beschützer: die regierenden Stände ihres Glaubens. Zürich und Glarus auf der einen, die fünf katholischen Orte auf der andern Seite, befehdeten sich auch im Sarganserland wie anderwärts; um so mehr war allseitiger Haber in den Gemeinden. Mit Geduld und Rechtlichkeit regierte hier als Landvogt Aegidius Tschudi von Glarus, einer der ersten Staatsmänner jener Zeit, von hoher klassischer

Bildung. Er hatte 1530 sein Amt angetreten; dem wissenschaftlichen Humanismus seiner Zeit angehörend, war er gleichwohl der katholischen Kirche treu geblieben und mißbilligte die frevelhafte Weise, mit der an reformirten Orten die Heiligenbilder vernichtet wurden; hohen patriotischen Sinnes war er auch schon deßwegen der Reformation abgeneigt, weil er die unheilbare Spaltung in der Eidgenossenschaft, die sie hervorrufen mußte, voraussah. Ein solcher Mann war Tschudi; begreiflich, daß er den parteiischen Einflüssen Zürichs auch in die Angelegenheiten des Sarganserlandes mit Achtung gebietender Selbstständigkeit entgegentrat. [1]) Allein der religiöse Zustand der Sarganser Gemeinden war gleichwohl ein kläglicher. Weniger ängstlich, als ein Theil der Bürger in den Gemeinden, war der Abt Jakob Russinger von Pfäfers, ein naher Verwandter des Aegidius Tschudi. Er schaffte das Meßopfer ab, verbrannte öffentlich die Bilder und trat in das Bürgerrecht von Zürich ein (1531). Sofort gab Zürich seinem Landvogt in Grüningen den Auftrag, das Schloß zu Pfäfers (Wartenstein) mit Mannschaft zu besetzen und dem Abt seinen Schutz angedeihen zu lassen. Allein Tschudi kam dem zuvor, legte eine kleine Besatzung in das Schloß und versicherte sich auch des Klosters im Namen der sieben Orte. Bemerkenswerth ist, wie Zürich, obwohl es nur e i n e r der regierenden Orte war, im Sarganserland gleichsam die Alleinherrschaft auszuüben sich vermaß. Aber an Tschudi hatte es einen Mann gefunden, der auch in jenem besondern Fall seine nachherigen Zumuthungen zurückwies. Am 11. September gleichen Jahres folgte die Stadt Rapperschwyl, nach längerem Gezänke, dem Beispiele des Abtes, ihres Mitbürgers, beseitigte den katholischen Gottesdienst und verbrannte die mißfälligen Bilder auf dem öffentlichen Platz.

Tschudi hatte Recht: die Fehden zwischen den katholischen und den protestantischen Orten oder Kantonen wollten kein Ende

---

[1]) S. die Schrift: Egidius Tschudi als Staatsmann und Geschichtschreiber. Von Jakob Vogel; Zürich, 1865.

nehmen und die Spannung war eine höchst verderbliche. Waren in früheren Zeiten die Streitkräfte des Landes als Heerbann zum Dienst der Kaiser aufgestanden, hatten sie sich nachher in den Fehden des edlen Ritterthums hervorgethan, dann manche Freiheitskriege glücklich bestanden, endlich, zu großem Ruhm im Ausland, aber wenig Vortheil im Innern, um Sold fremde Händel ausgefochten, so traf sie jetzt das größte aller Mißgeschicke: sie sollten sich gegenseitig im Bürger- und Religionskriege vertilgen!

Mit dem Landfrieden vom Jahre 1529 waren Formeln aufgestellt, aber der Friede doch nicht gesichert. Die katholischen Stände hatten schwere Opfer gebracht: den Anhängern der Reformation in den gemeinsamen Vogteien die gleichen Rechte zugestanden, die Kirchen zum gemeinschaftlichen Gebrauche geöffnet, die Einkünfte der Pfründen mit ihnen getheilt. Das half aber nicht; kirchliche wie staatliche Revolutionen beuten ihre ganze Kraft aus, ehe sie in ihrem zerstörenden Lauf einhalten. Erklärlich darum, daß Zürich die Mehrheit in den gemeinsamen Vogteien, wo sie ihm ungünstig, nicht gern gelten ließ; daß es seine Umtriebe für unbedingte Herrschaft fortsetzte; daß in Folge dessen Reibungen allüberall entstanden, die katholischen Kantone dann Klage führten, Rechtsbote von Seite der Gegner nicht geachtet werden wollten; erklärlich selbst, daß Zürich an die katholischen Kantone die anmaßliche Forderung stellte, dem neuen Glauben in dortigen Gebieten freie Verbreitung zu gewähren, während es auf eigenem Gebiet keinen katholischen Athemzug geduldet hätte. Als dann vollends gegen die fünf katholischen Orte von Seite Zürichs und Berns eine allgemeine Lebensmittelsperre angeordnet wurde, [1] Alt- und Neugläubige sich gegenseitig in rohen Schmähungen ausließen, da war der zweite Religionskrieg unvermeidlich geworden. Die größere Schuld haftete dießfalls auf Zürich und

---

[1] Zürich schrieb damals an Glarus: es solle „dem Worte Gottes" zu Ehren den fünf Orten kein Salz mehr zugehen lassen. Jb. von Arx, Geschichten u. s. w.

seinen Glaubensgenossen. [1]) Beide Theile zogen nun in's Feld, einander im Grimm überbietend, mit den Zürichern Stadt und Landschaft St. Gallen (diese letztere 1500 Mann stark), Toggenburg und Gaster. Die Rheinthaler, die Sarer und Sarganser hatten die Rheingrenze gegen allfällige Hülfe von Seite Oesterreichs zu Gunsten des Abtes von St. Gallen und der katholischen Kantone zu decken. Die Gefechte bei Kappel und am Gubel, am 11. und 23. Oktober 1531 (im ersten bezahlte Zwingli seinen Kampfeseifer mit dem Tode), fielen zum Nachtheil von Zürich aus, es nahm den Frieden an (16. November) und Bern trat ihm bei. Das war der zweite Landfrieden. Zürichs Herrschaft in den verschiedenen St. Gallischen Landschaften war dadurch gebrochen, dem Einfluß der katholischen Stände daselbst wieder freie Wirksamkeit geöffnet. Gebeugt kehrten die St. Gallischen, Toggenburger und andere Zuzüger zurück; Stadt und Landschaft St. Gallen nebst Toggenburg hatten nämlich am Gubel, bei tapferer Gegenwehr, starke Verlürste, auch an Offizieren, erlitten. Der Abzug der St. Gallischen Gotteshausleute, der Toggenburger und der Gasterer aus den Zürcher Lagern war noch vor dem Frieden geschehen, was nachtheilig auf die Stellung Zürichs zurückwirkte; nur die Schaar der Stadt St. Gallen hatte treu ausgehalten.

Während dem Kriege war Abt Diethelm mit den übrigen Ausgewanderten im Kloster Mehrerau geblieben; in Uebereinstimmung mit seinem Kapitel hatte er, dem Rathe des Abtes Kilian folgend, nie an der Wiederherstellung des Stiftes St. Gallen verzweifelt. Seine Zuversicht wurde durch den erfreulichsten Erfolg gekrönt. Dem Landfrieden zufolge hatte die neue Zürcherische Verfassung für die St. Gallische Landschaft ein Ende und war die frühere Obrigkeit wiederherzustellen. Der Zürcher Hauptmann hatte abzuziehen; sein Nachfolger, aus den katholi-

---

[1]) „Das Uebergewicht, welches die Reformirten durch den letzten Frieden erhalten hatten, ihre einseitige und verderbliche Politik waren die allgemeinen Ursachen, welche den zweiten Kappeler Krieg herbeiführten." So spricht Vogel in der angeführten Schrift: „Egidius Tschudi u. s. w."

schen Kantonen, leitete die Unterwerfung ein, die gutwillig erfolgte. Abt Diethelm, von Einsiedeln kommend, begab sich nach Wyl, bestellte dort, nach Beseitigung des reformirten Rathes, einen neuen Schultheißen und nahm am 15. und 16. Dezember in Goßau und Löwenschwyl die Huldigung des versammelten Volkes ein. Pflichtgemäß wollte er auch das Kloster St. Gallen herstellen und verlangte Ersatz für den dort erlittenen großen Schaden seitens der Stadt. Auf Zureden der vier Schirmorte und der Stände Bern und Appenzell willigte sie in die Rückgabe des Klosters mit Zugehör ein und erlegte einen Schadenersatz von 10,000 Gulden, mit Verzichtleistung auf die am Kaufschilling bereits erlegten 11,000 Gulden. Ende Februar 1532 zog Abt Diethelm mit zahlreichem Gefolge wieder in sein Stift ein. Hier traf er große Zerstörung an, das Bibliothekgebäude in einem Zustand von Wust und Unreinigkeit; die Entfremdungen aus der Bibliothek wurden von der Stadt nicht vollständig gut gemacht. Am 6. Juli 1551 legte er mit großer Feierlichkeit den Grundstein zu einem neuen großartigen Bibliothekgebäude. [1]) Wie Abt Diethelm große Männer ehrte, zeigt seine Wahl des Aegidius Tschudi zum Obervogt von Rorschach.

In das Rheinthal verfügten sich die Gesandten der acht regierenden Orte zur Vollstreckung der Friedensartikel; sie entließen alle von Zürich angestellten Amtleute, setzten den früher mißhandelten Landvogt Kretz aus Unterwalden in sein Amt wieder ein, bestellten in allen Gemeinden neue Ammänner und ordneten für Rechtsfälle die Appellation an das Stift St. Gallen an; beinahe die Hälfte der Landesbewohner kehrte zur katholischen Kirche zurück. Durch verschiedene Beschlüsse regelten sie alsdann die Verhältnisse zwischen beiderseitigen Religionsgenossen in Bezug auf Kirchen und Pfründen und bezügliche Güter; bewilligten zwar freien Anschluß an das eine oder das andere der im Streite liegenden Glaubensbekenntnisse, nicht aber, daß Einer

---

[1]) S. Geschichte der Bibliothek von St. Gallen. Von Weidmann. S. 57 bis 61.

neutral bleiben dürfe. Ammann Vogler, von Altstätten, das Haupt der Reformirten, der um des Hasses willen, den er auf sich geladen, das Land verlassen mußte, erhielt das Bürgerrecht der Stadt Zürich und entsprechende Wirksamkeit im Ausland durch deren Verwendung.

Die Sarganser kehrten insgesammt, mit einziger Ausnahme Derer in der Herrschaft Wartau, zum katholischen Glaubensbekenntniß zurück, nachdem sie die Gesandten der katholischen Orte schon zuvor in Muri ihrer Ergebenheit versichert hatten. Den Abt Russinger von Pfäfers zog Landvogt Aegidius Tschudi wegen schlechten Haushaltes, Beschimpfung der fünf Orte und wegen Widerstandes gegen die von ihm verordnete Besetzung des Schlosses Wartenstein zur Verantwortung. Der Abt aber stellte sich nicht sogleich, floh nach Chur und verlangte vor Allem sicher Geleit, änderte dann seine ganze Stellung durch den Entschluß, zum katholischen Glauben und in den Ordensstand zurückzutreten. Wirklich kehrte er in das Kloster zurück, löste sein Verhältniß zu Zürich, übergab die Schirmvogtei den sieben Orten, die sodann in ihrem ersten Schirmbrief (1532) alle des Gotteshauses Rechte bestätigten; den Gesandten der fünf Orte hatte er mehrjährige Rechnung zu stellen; im Jahr 1533 erhielt er vom Weihbischof von Chur in der Klosterkirche zu Pfäfers die kirchliche Lossprechung. Zur Restauration des Klosters gebrach es ihm an der nöthigen moralischen Kraft; es blieb in Bezug auf Disziplin und Oekonomie in unbefriedigendem Zustande.

Auch in Gams sorgten die katholischen Stände für ausschließliche Sicherung ihres Bekenntnisses.

Hart mußte Gaster seinen Abfall von der alten Obrigkeit und dem alten Glauben büßen. Nach kniefälliger Abbitte seitens seiner Abgeordneten vor dem Kriegsrath im Lager der Schwyzer erhielten die Gasterer zwar Gnade und Schonung für ihr Leben, wurden aber für ehrlos erklärt. Im Weiteren befahl Schwyz die Rückkehr zum katholischen Glauben, nahm ertheilte Befreiungen vom Leibfall zurück, ließ sich alle Freiheitsbriefe ausliefern, verordnete eine allgemeine Entwaffnung, hob den Rath der Gasterer auf und entzog ihnen das Gesetzgebungsrecht (1532, 15. Januar); Glarus, der mitregierende Stand, willigte in all dieses ein. Rapperschwyl, welches im Vertrauen auf den ihm zugesicherten Schutz von Zürich in den Krieg gegen seine eigenen Verbünde= ten gezogen, war bei dem Friedensabschluß durch Zürich dem Schicksal preisgegeben worden. So wurde es abhängig von der Gnade der Sieger, seine Lage mehr als bedenklich; denn es hatte nicht nur die im Jahr 1464 eingegangenen Bundes= pflichten hintangesetzt, sondern selbst zum Aeußersten gegen die katholischen Orte, zur Lebensmittelsperre, mitgeholfen. Die Katholiken, sich wieder aufraffend, sandten nach Muri in das Lager der fünf Orte, um Gnade zu bitten; die Reformirten, Gefahr ahnend, setzten sich in Vertheidigungsstand und gegen die von den fünf Orten befohlene Gefangennehmung ihres Pre= digers zur Wehre. Nun besetzte Schwyz die Stadt, die Alt= gläubigen wurden wieder Herr derselben, stellten den katholischen Gottesdienst her und verkündeten durch Kanonendonner, daß sie die von ihren Vätern ererbte freie Gottesverehrung wieder er= rungen (18. November 1531). Bald kamen auch die Gesandten der drei Orte Uri, Schwyz und Unterwalden, setzten den ver= triebenen Schultheißen und die übrigen Rathsglieder wieder ein, ließen Strafgericht halten, nahmen den Bürgern und den Hof= bewohnern den Eid und das schriftliche Versprechen ab, den katholischen Glauben wieder anzunehmen, und legten endlich der Stadt verbesserte oder verschärfte Bundesartikel auf, die den Schirmorten mehr Sicherheit geben sollten, als die früheren; so ließen sie sich neben Anderem das Recht verschreiben, ihnen mißfällige Schultheißen und Rathsherren nach Ermessen durch Andere zu ersetzen. Die Stadt war und blieb von nun an katholisch. An Selbstständigkeit, Ansehen und Macht hatte sie durch eigene Schuld verloren.

Die alte Landschaft war für den Fürstabt wieder gewonnen; noch waren die Verhältnisse des Landes Toggenburg zu regeln. Die Erbitterung von Schwyz gegen dasselbe war nicht geringer als gegen Gaster; doch verzichtete es auf militärische Besetzung, nicht aber auf das Vorhaben, den Katholiken im Toggenburg freie Religionsübung zu sichern und das Land in seine alten Verhältnisse gegenüber dem Stift St. Gallen zurückzuführen. Die Toggenburger dagegen verlangten Anerkennung des von ihnen geschehenen Kaufes. Durch Dazwischenkunft der sieben anderen älteren Orte wurde dann folgendes Provisorium aufgestellt: Regierung des Landes während den nächsten vier Jahren durch einen vom Fürsten gesetzten Landvogt mit acht zur Hälfte von den Gemeinden erwählten Landräthen; Theilung der Strafgelder zwischen dem Fürsten und dem Lande; Wahl der Ammänner auf Vorschlag des Fürsten durch die Gemeinden; Hinterlegung des Kaufbriefes bei dem Land Appenzell; freie Religionsübung für die Anhänger beider Bekenntnisse; freier Wiedereintritt des Abtes von St. Johann in seine Abtei und Einkünfte (1532). Die Toggenburger nahmen an der Landsgemeinde diese Vermittlungsanträge an. Während der vier Jahre folgten unaufhörliche Anstände über Mancherlei; dann Verlängerung des Provisoriums auf weitere zwei Jahre bis 1538. Nach vielen Umzügen, Mahnungen und Rechtsboten wegen Aufhebung des Kaufes gab endlich Zürich, welches den Widerstand genährt hatte, nach und es wurden folgende Friedensartikel vereinbart: der Kauf um die Grafschaft Toggenburg ist aufgehoben; jeder Toggenburger kann sich nach Belieben für das eine oder das andere Glaubensbekenntniß erklären; das Einkommen der Pfarrpfründen wird getheilt; der Betrag jedes Leibfalles wird in Zukunft von zwei Schätzern, deren einen die Erben, den andern die Obrigkeit ernennt, bestimmt werden; die Toggenburger sind von nun an im allgemeinen Frieden einbegriffen; sie huldigen dem Fürsten und legen ihre Mitregierung nieder (1. April 1538). Nach langem Sträuben ließen sich die Toggenburger diese Vereinbarung gefallen; das Toggenburg war wieder für das Stift gewonnen. Aber doch folgten noch vieljährige Zwiste, die wiederholtes schiedsrichterliches Einschreiten erforderten; endlich fügte sich das Volk und war der Autorität des Fürsten wieder Anerkennung verschafft. Nach vierzehnjäh-

riger Unterbrechung konnten die Katholiken in dem unteren Theile
des Landes ungehindert wieder ihren Gottesdienst feiern; im
oberen Amt, von Wattwyl bis Wildhaus hinauf, dauerte die
Unterbrechung, St. Johann ausgenommen, volle vierzig Jahre.

Abweichend vom Rheinthal und Toggenburg, wo nach den
Friedensverträgen freie Religionsübung gewährt war, gestalteten
sich die kirchlichen Beziehungen im unmittelbaren Gebiete des
Stiftes und in der Stadt St. Gallen, dann zwischen diesen beiden gegenseitig. Was für die protestantischen Vororte Zürich
und Bern ein Recht, war solches auch für den Fürsten. Jene
aber machten das reformirte Bekenntniß zur Landesreligion, dul-
deten keine Katholiken in ihren Gebieten. Nachdem Abt Diethelm in seine Lande wieder eingesetzt worden, schritt er zu Gleichem im entgegengesetzten Sinn, besonders auch veranlaßt durch
das ausschließliche Verhalten der Stadt St. Gallen gegen die
Katholiken. Theilweise entsprachen ihm die Gotteshausleute
freiwillig, stellten die Altäre und den früheren Gottesdienst wieder her; Manche, die bei dem neuen Glauben verharren wollten, zogen in die Stadt St. Gallen. Aber mehrere Gemeinden
waren entschlossen, den einmal angenommenen Lehrsätzen der Reformation treu zu bleiben. Der Abt, von der Ueberzeugung
ausgehend, daß er an den Neugläubigen nie treue Unterthanen
haben würde, erließ eine allgemeine Mahnung an sein Volk zur
Rückkehr; räumte die Pfarrkirchen und das Pfrundeinkommen
ausschließlich den katholischen Geistlichen ein; ließ protestantische
Prediger, welche sich herabwürdigend über die katholische Kirche
aussprachen, streng bestrafen; wies zürcher'sche Einmischung für
dieselben und für ihre Glaubensgenossen überhaupt zurück; dul-
dete anständige Prediger auch nur vorübergehend und bis sie
durch katholische Prediger ersetzt werden konnten; verbot später
auch den Besuch reformirter Kirchen außer Landes. Endlich
schritt Abt Othmar II. (Kunz) zum Befehl an die ganze alte
Landschaft: es habe Jeder nach katholischer Vorschrift die Beichte
abzulegen und das Abendmahl zu empfangen, widrigenfalls das

Land zu räumen (1572). Fünf der beharrlichsten protestantischen Hausväter zogen das Letztere vor.

Aehnlich verfügte die Stadtobrigkeit in ihrem Gebiet, verbot jede Betheiligung am katholischen Kultus und den Besuch der Klosterkirche, und läugnete die Anwendbarkeit des vom Abte dagegen angerufenen Vertrages auf den Fall. Reibungen über mehreres Andere folgten. Ein Vertrag zwischen Stift und Stadt, vermittelt durch die Stände Zürich, Bern, Glarus einerseits, Luzern, Schwyz und Zug anderseits, ordnete endlich das neue gegenseitige Verhältniß: Die Stadt wurde in allen ihren Verboten gegen die Katholiken geschützt und jeder Pflicht enthoben, irgendwelche katholische Kultusübungen (Emporhalten von Kreuz und Fahnen bei Bittgängen oder das öffentliche Tragen des „Hochwürdigsten" zu den Kranken) innert ihrem Gebiete zu gestatten (1549); anläßlich wurden auch Gewerbs- und Verkehrsbeziehungen geordnet. Die beharrlich gebliebenen Klosterfrauen von St. Katharina mußten, gegen Aussteuer, die Stadt verlassen, empfingen nachhin auf Klage des Abtes für Kloster und Zugehörte seitens der Stadt noch einen Schadenersatz von 24,000 Gulden und gründeten endlich ein neues Kloster zu Wyl (1606). Ebenso verließen die Nonnen von St. Leonhard die Stadt; mehrere angesehene katholische Familien thaten ein Gleiches und übersiedelten auf das Land; andere übergingen zum reformirten Bekenntniß. So war die vollständige Ausscheidung geschehen: die St. Gallische alte Landschaft ausschließlich von Katholiken, die Stadt allein von Reformirten bewohnt; im Rheinthal trat dagegen eine höchst bunte Mischung ein, die alle bürgerlichen und gesellschaftlichen Beziehungen trübte, im Toggenburg Aehnliches, hier aber die Katholiken in sehr untergeordneter Stellung an Zahl und Einfluß; Sargans, Gaster mit Gams, Utznach und Rapperschwyl waren ganz katholisch; Werdenberg mit Sax für den Protestantismus gewonnen. Der in letztgenannter Herrschaft regierende Ulrich Philipp von Hohensax (zuerst großer Krieger im Ausland, dann in seine Heimath zurückgekehrt) hatte sich nämlich um die Mitte des sechszehnten Jahrhunderts mit

Zürich befreundet, kann in Sennwald und Sax die Reformation eingeführt; Haag mußte zu gleichem Zweck, unter dem Einfluß von Zürich, einen langjährigen Umwandlungsprozeß durchmachen. [1] Die Grafschaft Werdenberg war schon bis 1528 gänzlich übergetreten. Die gründliche Kenntniß der Schicksale dieser gesammten Gebiete während und in Folge der Reformation macht allein das Verständniß der Geschichte des später entstandenen Kantons St. Gallen möglich. Die Bewunderer der Reformation schreiben die ganze geistige und materielle Entwickelung von jener Zeit an auf Rechnung dieses Ereignisses. Wir erachten abweichend: die Reform in kirchlichen Sachen war nothwendig; sie ist darum auch gerechtfertigt; aber ihre nachhaltigen und zugleich annehmbaren Ergebnisse sind das Werk beider Glaubensparteien; namentlich wird die Reform innerhalb der katholischen Kirche, die ein Verdienst des gleichen Zeitalters ist, segenbringend in allen Zeiten und für Alle wirken. Die Glaubenstrennung dagegen ist zu beklagen. Nur die aufrichtigste Duldung in That und Wort, die noch im neunzehnten Jahrhundert ein Postulat der Zeit ist, vermag ihre Nachtheile zu mildern, nie ganz zu heben. Des Wortes „Reformation“ bedienen wir uns nur in obigem Sinne.

Diese Reformation war nicht bloß eine Zeit der Läuterung, sondern auch eine Zeit der Restauration. Unter den langen Zerwürfnissen und Parteiungen war alle Botmäßigkeit in weltlichen Dingen gewichen. Die Obrigkeiten hatten daher allüberall viel damit zu thun, die öffentliche Ordnung wiederherzustellen, Gehorsam unter Gesetz und Recht zurückzuführen. In dieser Richtung war vornemlich der Fürstabt von St. Gallen thätig, dem das weiteste Gebiet, daher auch die größte Ver-

---

[1] S. Dr. A. Henne: Ueber Katholizismus und Protestantismus; St. Gallen, 1829; wörtlich die Stelle: „1563 bis 1636 der 73jährige Kampf der armen Leute in Haag gegen Züricher'schen Geistesdruck, gegen Geld- und Kerkerstrafen, weil sie nicht abfallen wollten.“

Im Schriftlein: „Beschreibung der Frey-Herrschaft Sax“, herausgegeben von Nikl. Senn, St. Gallen, 1863, ist eine anmuthige Erzählung dieses Bekehrungsprozesses zu lesen.

antwortlichkeit zugeschoben war. Erst in Folge eines Rapperschwyler Urtheils der vier Schirmorte (1559) und dessen Vollstreckung durch Gefängnisse und Geldstrafen konnten die widerspänstigen Rorschacher zur Entrichtung vorenthaltener Gebühren zurückgebracht werden. Auch die Wiederherstellung der Klöster, so jener von Magdenau und St. Johann, ging nicht ohne Schwierigkeit vorüber, da der Landrath von Toggenburg sich ablehnend auf geschehene Aussteurung berief; höhere Befehle der acht Orte drangen endlich durch. St. Johann konnte sich jedoch nicht mehr erholen; innere Zerrüttung vollendete, was der Reformationsstreit nicht zerstört hatte. Auf Vorstellung des Abtes von St. Gallen, unterstützt durch die acht katholischen Kantone, sprach der Papst die Inkorporation desselben in das Stift St. Gallen aus (1555). Es weilte von dann an ein Statthalter mit wenigen St. Galler Stiftsherren darin. Nachdem das Kloster in späteren Zeiten zweimal abgebrannt war, versetzte es Abt Bernhard von der früheren Stelle an die jetzige, bei Sidwald, und ließ hier um eine hohe Summe ein stattliches neues Kloster aufbauen (1626); von daher die seitherigen Ortsbezeichnungen Alt- und Neu-St. Johann; im Jahr 1633 wurde in Neu-St. Johann eine Buchdruckerei angelegt. Das Kloster Pfäfers, auch sehr reformbedürftig, wurde durch die Dazwischenkunft des päpstlichen Nuntius Buonhuomo und den von ihm eingesetzten Administrator Johann Heider (von Wyl), aus dem Kloster Einsiedeln, in befriedigenden Zustand hergestellt; nach Verdienen wurde Heider dann zur Abtswürde befördert (1586). Dem Abt Jodokus Hößlin gebührt das Verdienst, die berühmte, bereits im Jahr 1038 entdeckte und nachhin innerhalb der Schlucht der Tamina benützte, Heilquelle von Pfäfers an freie Stelle geleitet und auf derselben ein großes bequemes Badhaus erbaut zu haben (1630); es ist dies die nemliche Stelle, wo wir ein solches, in sehr erweitertem Umfang, jetzt noch sehen.

In diese Zeit fallen die schweren Mißgeschicke der Freiherren von Hohensar. Aus zahlreicher Familie ragte durch wissenschaftliche Bildung und hohe gesellschaftliche Stellung Johann

Philipp, eifriger Protestant und mit den gelehrtesten unter seinen Glaubensgenossen befreundet, der Eigenthümer des Schlosses und der Herrschaft Forsteck, hervor, der im Ausland wichtige bürgerliche und militärische Stellen bekleidet hatte. Zurückgekehrt in seine Heimath, ward er das Opfer eines bitteren Familienzwistes und starb, unter den Schwerthieben seines Brudersohns Ulrich Georg, am 12. Mai 1596.[1] Friedrich Ludwig, der älteste Sohn des Erschlagenen, herabgekommen, verkaufte später die Gesammtherrschaft Sax und Forsteck um 115,000 Gulden an die Stadt Zürich, welche solche von dann an als Landvogtei verwalten ließ und die durch die Herren von Sax begonnene Einführung der Reformation in dortigen Gemeinden, wie schon gemeldet worden, vollendete.

In glücklichen Zuständen genoß die Stadt St. Gallen die Zeit des Friedens; ihr Leinwandhandel hob sich je mehr und mehr; die ökonomischen Kräfte der Bürger nahmen zu; die Stadt legte eine öffentliche Bibliothek an, errichtete ein Gymnasium (1598), erbaute das Rathhaus, ein Schul- und ein Kaufhaus, erweiterte die St. Laurenzenkirche, erneuerte die Stadtmauern mit Errichtung zwei neuer Thore. Aber gute Nachbarschaft zwischen ihr und dem Stift gab es doch nicht; meist aus der trüben Quelle der Religionsverschiedenheit, daheriger abweichender Interessen und Politik, stoßen Zwiste und Neckereien seitens der Stadt.[2] Die vier Schirmorte hatten daher wieder vollauf zu thun, um nöthige Ausgleichung herzustellen. Durch ihre Dazwischenkunft erhielt das Stift die Berechtigung zur Anbringung eines eigenen Thores durch die Stadtmauer (Ursprung des Karlsthors); Folge davon war, nach dem Verlangen der Stadt, der Bau einer großen Scheidemauer zwischen Stadt und Stift, da jene über alle Zugänge in ihr Gebiet allein Herr sein wollte. So war die Stadt durch Mauern und Graben nach Außen von ihrem eigenen übrigen Gebiet getrennt, nach

[1] S. Biographische Skizze des Freiherrn Hans Philipp v. Hohensar. Von E. Schneider. Altstätten, 1860.
[2] Ild. von Arx, Band III., S. 98.

6*

Innen gegen das Stift ebenfalls durch die neue Mauer; das
Stift hatte für sich einen Ein- und Ausgang (Thor), die
Stadt alle übrigen Thore ebenfalls als eigene zu gleichem Bedarf, und die Bürger waren des ihnen nicht immer genehmen
Durchpasses der stiftischen Prälaten mit ihrem Gefolge, durch
die Stadtgassen, enthoben. Gleichzeitig wurden alle Berechtigungen verschiedenster Art, welche von früher her die Stadt noch
im Stiftseinfang, der Abt innerhalb der Stadt besaß und übte,
gegenseitig abgetreten, dann, in Geld angeschlagen, ebenfalls
gegenseitig ausgelöset, in Folge dessen die Stadt einen Mehr-
werth von 5063 Gl. zu bezahlen hatte (Verträge vom Jahre
1566; Bau des St. Karlsthors im Jahr 1568). Diese Verträge waren glücklich zu nennen, denn die beiderseitigen Rechtsame griffen früher dermaßen in einander hinein, daß auch die
friedlichsten Leute sich in die Länge nicht damit zurecht finden
konnten. Welch außerordentliche Anstände und Mühen, alle in
Folge der eigennützigen und unbefugten Einsprache gegen den
von Abt Ulrich VIII. weise projektirten Klosterbau zu Rorschach
und dessen frevelhafter Zerstörung!

Aehnliche Verständigung wie mit der Stadt, wenn auch
schwieriger, trat ein mit den Appenzellern über die Entrichtung
schuldiger Gefälle; namentlich lösten sie den Leibfall durch Vertrag vom Jahre 1566 aus; ohne große Nachgiebigkeit und
Opfer seitens des Stiftes liefen jedoch solche Vereinbarungen
nicht ab. Die anfänglich ernstlich gestellte Rückforderung der
Kollaturrechte in den reformirten appenzellischen Gemeinden ließ
der Abt endlich auf sich beruhen.

Am Konzil zu Trient bethätigten sich die Aebte von St.
Gallen erst während dessen zwei letzten Jahren, 1562 und 1563,
doch nicht persönlich, sondern durch den Fürstabt Joachim von
Einsiedeln, den Bevollmächtigten aller schweizerischen Aebte; der
Pfarrer von Goßau, Florin Fleuch, ging als Notar mit. Um
so thätiger wirkten die Aebte für alles Erhabene und Nützliche
im eigenen Land, das geistige und bürgerliche Wohl des Volkes
in's Auge fassend. In dankbarem Andenken standen noch immer

der heil. Gallus und Abt Ulrich VIII. Abt Diethelm erwarb
sich und verdiente den Namen eines dritten Stifters des Klosters. Sein Nachfolger Othmar II. (1564 bis 1577) zeichnete
sich aus durch gute Verwaltung und stiftete den allgemeinen
Armenfond, in den er zweimal so viel einlegte, als die Gemeinden, äufnete auch die Bibliothek. Der nachfolgende Abt Joachim
(Opfer), wie Othmar ein Bürger von Wyl, in achtjährigem
Aufenthalt zu Paris an der dortigen Schule der gelehrtesten
Jesuiten gebildet, ein Mann von den ausgezeichnetsten Eigenschaften, glühte für Wissenschaft, Frömmigkeit und gute Sitten;
wie er lebte so starb er, als christlicher Held, nachdem er in
eigener Person im Jahr 1594 die Pestkranken besorgt, von der
Seuche in Ausübung des Predigtamtes auf der Kanzel ergriffen. Gleichen Sinnes war Abt Bernhard II. (Müller), aus
Schwaben, der Theologie Doktor, in Dillingen wissenschaftlich
gebildet. Diese Aebte insgesammt stellten die Wissenschaftlichkeit
und strenge sittliche Ordnung im Stifte wieder her; erhielten
deßhalb auch großen Ruf im In- und Ausland, so daß manche
St. Galler Mönche zu Reformatoren vieler anderer Klöster berufen wurden. Die Aebte von St. Gallen wurden die Vorsteher der schweizerischen Benediktiner-Kongregation, welche ebenfalls zu reformatorischen Zwecken gegründet worden. Sie stellten die gute Verwaltung im Stifte her. Abt Bernhard gewann
für das Stift die Herrschaft Neu-Ravensburg wieder und erbaute das dortige Schloß neu aus dem Schutte; ebenso erwarb
er Staringen, Ebringen und Norsingen, zum Theil mit großen
Summen; väterlich sorgte er auch für den Wohlstand seines
Volkes, indem er dem Monopol der Stadt gegenüber die Lein-
wandhandlung in Rorschach gründete, um dem Landvolk höhere
Arbeitslöhne zu sichern.

Nicht so glücklich als im Stifte selbst und in der alten
Landschaft konnte die Wirksamkeit der Aebte in der Grafschaft
Toggenburg sein. Die Glaubensverschiedenheit war eine unver-
siegliche Quelle des Haders und des Mißtrauens. In ihrer
Stellung als katholische Häupter räumten sie den Reformirten

knapp nur dasjenige ein, was das formale Recht fordern mochte, begünstigten das Wiederaufkommen der Katholiken und ihrer Pfarreien. Mit Mißtrauen sahen Jene, daß in den obern Gemeinden die Katholiken wieder Altäre aufrichteten, daß sie Pfarrherren erhielten und die Ausübung des katholischen Kultus hergestellt wurde. Es erfolgten Thätlichkeiten gegen solche Restauration; dann Rechtssprüche seitens der angerufenen Stände Schwyz und Glarus, die soviel möglich beiderseitiges konfessionelles Recht schützten, aber auch die begangenen Frevel bestraften; so der Spruch zu Wyl 1596, dann jener zu Rapperschwyl 1601 mit Mahnung an den Abt, den inzwischen seitens seiner Unterthanen begangenen Ungehorsam nachsichtig zu verzeihen. Diesem Spruch gemäß wurde zur Theilung der Pfarreinkünfte nach der Volkszahl geschritten, was für die Katholiken im obern Toggenburg die Nothwendigkeit herbeiführte, ihre Pfarrpfründen neu zu dotiren, wozu der Abt selbst große Summen beitrug. Später kehrte Unbotmäßigkeit ein; nach jedem Spruch erfolgten neue Klagen, zum Theil über rein bürgerliche Fragen, wie jene über die pflichtige Stellung zur Waffenschau. Hatte der Abt oder der Landvogt befohlen, so fand er keine Nachachtung. Dann rief er abermals die Stände Schwyz und Glarus an, laut Landrecht ihm Gehorsam seitens der Toggenburger zu verschaffen; in solcher Weise Jahrzehnte lang. Mit einem schweren Verbrechen, der Ermordung des Hofammanns Ledergerw (1621) und der Hinrichtung seiner erst acht Jahre später entdeckten Mörder, endeten für einmal diese langwierigen Fehden. Eigentlicher Friede konnte deßhalb im Toggenburg noch nicht sein, weil gegen die Protestanten unbilliger Druck ausgeübt wurde, für welchen keine andere Entschuldigung angeführt werden konnte, als daß sie in Gegenden, wo sie die Regierung in der Hand hatten, gegenüber den Katholiken noch strenger seien.

Gaster und Wesen wurden von ihren Herren, nach langen Jahren, wieder zu Gnaden aufgenommen und unter Zurückstellung der alten Freiheitsbriefe in alle früheren Rechte wieder eingesetzt unter dem alleinigen Vorbehalt, daß sie der katholischen Religion treu bleiben. Streitigkeiten zwischen Glarus und Schwyz über die Konfession ihrer Landvögte führten zu der verständigen Anordnung, daß für Gaster und Utznach von beiden Theilen stets katholische, von Glarus für Werdenberg nur reformirte Landvögte zu bestellen seien.

Viel konfessioneller Streit waltete auch im Rheinthal, wo durch Mehrheitsbeschlüsse der katholischen Orte die Reformirten für Ehedispensen an die katholische Matrimonialbehörde gewiesen, die bestrittenen Kollaturansprüche des Abtes auf die reformirten Pfarrpfründen in Schutz genommen wurden. Um diese Zeit hatte eben das Heranrücken der Schweden den Muth der protestantischen Stände gehoben; [1]) Zürich stellte auf das eidgenössische Recht ab. Die Dazwischenkunft der unparteiischen Kantone Bern, Basel, Freiburg und Solothurn machte solchem Span ein Ende, indem sie durch Spruch vom Jahre 1632 Zürich als das Forum der Reformirten in Matrimonialangelegenheiten erklärten, dabei in Religionssachen die Gültigkeit der Stimmenmehrheit aufhoben und vielmehr verordneten, daß in Zukunft alle in den gemeinschaftlichen Vogteien entstehenden Religionszwiste durch gleiche Sätze, d. h. durch Schiedsgerichte beizulegen seien, in welche jeder Religionstheil eine gleiche Anzahl Schiedsrichter ernenne, wie der andere. So war wenigstens ein Mittel gefunden, das tiefliegende Mißtrauen und den Mißbrauch einer mehrheitlichen Stellung gegen die andere Konfession zu heben. Der Kollaturen halber wurde das Wahlrecht des Abtes auf mehrfachen Vorschlag anerkannt durch Vergleich vom Jahre 1637, bei welchem Anlaß auch in Bezug auf Ehesachen oben erwähnte Bestimmung theilweise mit Rücksicht auf die äbtische Gerichtsbarkeit gemildert wurde. Im folgenden Jahre entstand katholischerseits große Furcht vor den Schweden, als diese bereits an den schweizerischen Grenzen angekommen. Abt Pius hielt seine Lande in Gefahr und flüchtete die Kostbarkeiten. Die vier katholischen Orte Uri, Schwyz, Unterwalden und Zug besorgten

---

[1]) S. Geschichte des Rheinthals; St. Gallen, 1805. S. 138.

ein geheimes Einverständniß zwischen Zürich und den Schweden und rückten deßhalb vorläufig mit 3000 Mann bis Wyl vor, in der Absicht, im Ganzen mit einer Macht von 10,000 Mann aus den eigenen Gebieten und den Vogteien die thurgauischen und St. gallischen Lande zu sichern. Zum Glück für die Eidgenossen verließen die Schweden die Grenzen und es kehrten auch jene Schweizer in die Heimath zurück. Dreizehn Jahre später kamen die Schweden wieder, bis Bregenz, Höchst und Gaißau; die Schweizer waren dießmal einig; an einer zu Wyl versammelten Tagsatzung aller Kantone verordneten sie die Grenzbesetzung durch Mannschaft der östlichen Gebietstheile (20. Januar 1647). Mit dem westphälischen Frieden erlosch die alte Verbindung der Stadt St. Gallen mit dem Reich, nebst dem daherigen Pflichtverhältniß (1648); im Jahre 1664 ward sie zum erstenmale zu einer eidgenössischen Tagsatzung geladen.

Als der dreißigjährige Krieg im Ausland geendet, fingen die hundertjährigen Religionszwiste unter den Schweizern wieder an. Zürich klagte erneuert über Bedrückung der Protestanten in den gemeinschaftlichen Vogteien, über mannigfache Verkümmerung der Religionsfreiheit und Zurücksetzung der Protestanten in Vergebung der Lehen und Aemter, über Verhinderung der Ehen mit Katholiken. Der Abt war nicht verlegen mit der Antwort, verwies auf den Druck, den umgekehrt die Züricher dort übten, wo sie die Meister seien; auf den Nachtheil der gemischten Ehen; auf die Stimmung der Protestanten, die, wenn sie ebenfalls Lehen oder Aemter zu vergeben hätten, gewiß keinen einzigen Katholiken dazu gelangen ließen. Schon war der Krieg zwischen den katholischen Orten und dem Abt einerseits, Zürich anderseits, wieder dem Ausbruch nahe; da trat der große Bauernkrieg dazwischen (1653) und legte den Habernden wichtigere Sorgen auf. Fürstabt und Stadt St. Gallen wurden um Zuzug zu Gunsten der bedrohten Kantone angegangen und entsprachen bundesgemäß durch Truppensendungen nach Luzern und Solothurn. Ende 1654 trat Abt Gallus II. (Alt), ein großer Freund der Wissenschaften und Förderer der orientalischen

Sprachen, die Regierung seiner Lande an und wählte sich, vier Jahre später, den Hofammann Fidel von Thurn, einen der ersten damaligen Staatsmänner und Diplomaten der Schweiz, zum Landeshofmeister.

In diese Zeit fällt der dritte Religionskrieg zwischen Zürich (mit Bern) und den katholischen Kantonen; Stadt und Stift St. Gallen nahmen keinen unmittelbaren Antheil an demselben, fanden sich aber doch zu kostbaren Rüstungen bemüssigt. Dagegen hatte Rapperschwyl wieder alle Drangsale des Krieges, seitens der Zürcher Belagerung und Sturm auszuhalten, der jedoch abgeschlagen wurde; es erlitt einen materiellen Verlust von 160,000 Gulden. Der Feldzug fiel ungünstig für die Protestanten aus und die Villmerger Schlacht (23. Juni 1656) brachte Waffenstillstand und Frieden. Durch diesen wurde der alte Landfrieden vom Jahre 1531 bestätigt, der Entscheid obschwebender Mißhelligkeiten Schiedsrichtern aus den Kantonen Basel, Freiburg, Solothurn und Appenzell übergeben, inbegriffen streitige Anwendung der früher vorgeschriebenen gleichen Sätze, d. h. der Entscheid über die Frage, ob ein Streit als Religions- oder politische Angelegenheit zu behandeln sei, beziehungsweise, ob mit Mehrheit oder nur zu gleichen Sätzen verfügt werden dürfe. In der Hauptsache standen die Dinge, nach großen Anstrengungen und obwohl 61,000 Mann einander im Felde gegenüber gestanden, wie früher; gegentheils wurde die Erbitterung nach dem Kriege noch größer, als sie vor demselben gewesen, und neue Streitigkeiten konnten von jenem Schiedsgerichte nicht zur Austragung gebracht werden, da gewöhnlich die Parteien nach Konfessionen gespalten, die katholischen Schiedsrichter für die katholische, die reformirten für die reformirte Partei sich erklärten, am Ende alle ohne Spruchfällung auseinander gehen mußten. Der Streit drehte sich immer um die Rechtsverhältnisse in den gemeinschaftlichen Vogteien und im Toggenburg. Die zwei sich gegenüber stehenden Hauptmächte waren Zürich, das in der Schweiz, wie man im Stift St. Gallen sagte, päpstliche Gewalt für den Protestantismus üben wollte, und dieses Stift, welches man in

Zürich das St. Gallische Rom nannte. Friedlichere Verhältnisse
im Rheinthal zu erzielen, faßte Fidel von Thurn den staats-
männischen Plan, die hoheitlichen oder politischen Rechte, welche
die regierenden Orte einerseits, das Stift St. Gallen andererseits
dort besaßen, in eine Masse zu werfen und durch ein gemeinschaftlich zu besetzendes Oberamt auszuüben. Man nannte diese
Einrichtung das Kommunell; der Plan, von den Landsgemeinden
der katholischen Kantone genehmigt, scheiterte an dem Wider-
stande Zürichs.

Zu den St. Gallischen Berühmtheiten hat die Geschichte
auch den Abt Cölestin I. (Graf Sfondrati) aus Mailand zu
zählen, einen Doktoren beider Rechte, der als Professor an der
Hochschule Salzburg eine Schrift gegen die berühmten vier Gal-
likaner Artikel herausgegeben, dadurch sich die hohe Gunst des
Papstes erworben hatte und im Jahr 1687 zum Fürstabt gewählt
wurde, nachdem ihm ein Jahr zuvor das Bisthum Novara
zuerkannt worden war. Cölestin, als der gelehrteste Schweizer
Benediktiner seiner Zeit bezeichnet, war Regent wie Gelehrter;
doch führte das große Wort für ihn der mehrgenannte Minister
Fidel von Thurn, der in der Diplomatie so hoch stand, daß er
gegenüber dem sonst allmächtigen französischen Gesandten in der
Schweiz in offene Opposition zu treten sich stark genug fühlte.
In Allianzen mit dem Ausland und zur Theilnahme an Militär-
kapitulationen hineingezogen, wie andere Glieder der eidgenössischen Bünde, lieferte der Abt unter Anderm Truppen für die
Republik Venedig, welche, unter Anführung eines Toggenbur-
gers, Negropont gegen die Türken vertheidigen halfen. Während
der entsetzlichen Hungersnoth von 1693, die durch ausländische
Fruchtsperre vermehrt wurde, sorgte Cölestin väterlich für sein
Volk. Gegen die drohende Feindschaft Frankreichs suchte er ein
Bündniß mit Bern, welches, bereits in Richtigkeit gebracht, sich
doch wieder zerschlug. Zum Kardinal gewählt, dankte er nach
einigen Jahren ab, legirte der St. Gallischen Stiftsbibliothek
seine eigene reiche Büchersammlung, starb bald nachher in Rom

und erhielt den Dekan Leodegar Bürgisser von Luzern zu seinem Nachfolger (1696).

Mit der Stadt waren inzwischen neue Fehden auszufechten. Nachdem ältere Zwiste zwischen beiden Nachbarn (unter den Streitgegenständen war auch der, ob die Rorschacher Handelsleute ihre Leinwandstücke mit dem Buchstaben G bezeichnen dürfen, was die Stadt nicht hatte dulden wollen, daneben viel anderes Wichtige und Unwichtige) unter eidgenössischer Vermittlung durch Vergleich abgethan worden (1670), brach der „Kreuzkrieg" aus, nemlich der Streit, auf welche Weise bei Kreuzfahrten durch die Stadt nach dem Münster das ab der Stange abgenommene Kruzifir gehalten werden müsse. Es entstand ein Auflauf der Bürger; die Stadt waffnete, warb selbst bei den jenseits des Bodensee's in englischem Solde stehenden protestantischen Truppen um Hülfe und stellte sich in vollständige Kriegsbereitschaft; nach ihr der Fürst deßgleichen, indem er eine Besatzung in das Kloster legte und mit 2500 Mann die äußere Grenze des Stadtgebiets besetzte. Die Gesandten der vier Orte machten dem Kriegszustand durch den Spruch ein Ende, wie die abgenommenen Kreuze fürter durch die Stadt getragen werden sollen (wesentlich nach der Meinung des Stifts) und verurtheilten überhin die Stadt zu einem Schadenersatz von 3500 Gulden an das Stift (1698).

Die Pflege der öffentlichen Zustände wurde auch im siebenzehnten Jahrhundert fortgesetzt. Die Aebte wirkten in den ihnen untergebenen Gebieten für allgemeine Sittenverbesserung, förderten den Religionsunterricht, das Predigtamt, trugen überhaupt zur Veredlung des Gottesdienstes bei. Für Wiederbelebung der Wissenschaften leisteten sie Großes; sie schickten die fähigsten ihrer jungen Geistlichen auf die ausgezeichneten Hochschulen zu Paris, Rom, Ingolstadt, Dillingen, Freiburg, Salzburg, Dôle; gaben große Summen für diese Studien aus; es wurde die im Jahr 1551 erbaute Stiftsbibliothek mit neuen Büchern bereichert, die Buchdruckerei von Neu-St. Johann in das Stift St. Gallen verlegt (1641), wo sie sich in solcher Weise hob, daß sie den erſten Rang unter den ähnlichen Anſtalten der Schweizerklöſter einnahm. So konnte das Stift St. Gallen in allen Wiſſenſchaften mit der übrigen gelehrten Welt Schritt halten. Die ſchon im Jahr 1551 von geſammten katholiſchen Kantonen empfohlene, doch damals wegen verſchiedener Bedenken unterlaſſene Errichtung einer hohen Schule in Rorſchach wurde nun ernſtlich betrieben. Das Stift St. Gallen lud alle Klöſter in der Schweiz und im benachbarten Deutſchland zu gemeinſamer Gründung einer Zentralſchule in Rorſchach ein. Von ihnen im Stiche gelaſſen, ging es ſelbſtthätig vor und gründete an genanntem Ort eine anfänglich ſtark beſuchte Schulanſtalt. Die Konkurrenz der Jeſuiten und andere innere Gründe vermochten dann freilich den Abt Leodegar, dieſelbe nach vieljähriger Wirkſamkeit wieder eingehen zu laſſen; an ihre Stelle ſetzte er ein Untergymnaſium in NeuSt. Johann ein. Aus dem Stift St. Gallen gingen wie früher zahlreiche Schriftſteller hervor. Im Stift St. Gallen ſelbſt beſtand eine Pflanzſchule für junge Geiſtliche. Dieſe Schulen, PfarrViſitationen und Synoden bildeten eine ausgezeichnete Geiſtlichkeit heran, dieſe hinwieder ein religiös geſinntes, fleißiges, genügſames, zufriedenes und darum glückliches Volk. In edlem Wetteifer wirkte die Stadt St. Gallen. Sie hatte ein Gymnaſium errichtet. Der gelehrte Eifer ihres Bürgermeiſters Joachim von Watt, der durch Vergabung ſeines reichen Büchervorrathes den Grund zu der Bibliothek der Stadt St. Gallen legte, weckte manchen andern ihrer Bürger zu wiſſenſchaftlicher Thätigkeit.

Im Toggenburg ſchritt Abt Leodegar im Jahr 1698 zur endlichen Ausführung eines ſchon lange beſprochenen Unternehmens: zur Herſtellung einer Verbindungsſtraße zwiſchen dem Bodenſee und dem Becken des Vierwaldſtätterſee's, ſoweit Toggenburg dabei mitzuwirken hatte; für alle Betheiligten ein wohlthätiger Plan, wenn auch mißfällig dem Stande Zürich, der bis dahin den Verkehr nach den inneren Kantonen, namentlich mit Korn und Salz, beherrſcht hatte. Wattwyl, zur Anhandnahme des Baues eingeladen, den das Utznacherland bereits bis

an die Grenzen von Toggenburg ausgeführt hatte, widersetzte
sich, aufgehetzt durch den Landweibel Joseph Germann, der sich
mit dem Gedanken trug, das Toggenburg der Herrschaft des
Fürsten zu entwinden und in einen freien Staat umzugestalten.
Das obrigkeitliche Einschreiten gegen die Vorgesetzten der Gemeinde und ihren Rathgeber, gegen diesen letztern als pflicht-
widrigen Beamten, war die ursprüngliche, wenn auch entfernte,
doch keineswegs alleinige Ursache des sogenannten Toggenburger
Krieges. Manche Beschwerden des Landes über Verwaltung
und Rechtspflege, denen der Fürst und seine Minister nur theilweise steuerten, waren überhin die Vorboten ernster Zerwürfnisse; Klagen der Reformirten über Hinderung in freier Religionsübung gossen vollends Oel in das Feuer. Zürich war,
aus dem konfessionellen Standpunkt, bald als Leiter und Gönner
der Toggenburger bei der Hand. Schwyz und Glarus nahmen
aus politischen Gründen Partei gegen das Stift St. Gallen
und erneuerten zu diesem Behuf im Jahr 1703 mit einer Landsgemeinde zu Wattwyl das sogenannte alte Landrecht vom Jahr
1440, uneingedenk ihrer Verpflichtungen zum Abt, welcher vermöge der Verhandlungen von 1469 nur die aus den Urkunden
von letzterm Jahr hervorgegangenen Landrechtsverhältnisse als
zu Recht bestehend anerkannte. Der Abt schlug deßhalb gegen
beide Kantone das Recht vor; aber, wie gewohnt, folgte statt
Entscheides nur eine langjährige Verwickelung. Mit Zürich und
in seinem Sinn stellte sich auch Bern auf die Seite des Toggenburgs. Unterhandlungen zwischen ihnen und dem Abt blieben
erfolglos. Nachdem dann beide Kantone eine Toggenburger
Abordnung feierlich vernommen, verhießen sie dem Land ihren
Schutz, erklärten dem Abt, daß sie solches bei den als begründet
erkannten Forderungen mit aller Macht unterstützen werden und
wiesen die Einreden des Abtes als nichtig zurück (1707). Der
Abt aber stellte nochmals und wieder vergeblich auf das Recht
ab. Die Toggenburger ihrerseits benutzten die ihnen so günstige
Lage, hielten eine neue Landsgemeinde in einer Zahl von 8000
Landleuten, verabschiedeten die fürstlichen Beamten, welche nicht

Landleute waren, wählten einen Landrath, eine Regierungskommission und die oberen Gerichte; die Protestanten, in geson-
derter Verfügung, zogen auch die Kollaturrechte an sich. Deßgleichen sprachen die protestantischen Mitglieder des Landrathes
für ihre Glaubensgenossen die volle Religionsfreiheit aus, die
Katholiken mit dem unwahren Vorgeben beschwichtigend, daß
solche der Fürst selbst den Ständen Zürich und Bern bereits
zugesagt habe. Nun Klagen der Katholiken, daß jene Religionsfreiheit die ihrige unmöglich mache oder doch gefährde, Streit
und Gewaltthätigkeiten der Protestanten gegen jene. Zürich legte
Kriegsvolk in das nahe Turbenthal und mahnte die Stadt
St. Gallen und Appenzell zum Aufsehen.

Den katholischen Kantonen waren inzwischen die Augen
aufgegangen, daß es seitens der beiden protestantischen Vororte
wesentlich darum zu thun sei, Toggenburg für ihre Zwecke zu
gewinnen, um desto gewisser bei ausbrechendem Krieg gegen die
katholischen Kantone, der auch aus anderen Ursachen bereits im
Anzuge war, jene von aller Zufuhr vom Bodensee her und von
aller Unterstützung seitens der Katholiken in der Ostschweiz ab-
zuschneiden. Schwyz nahm deßhalb alle bis dahin zu Gunsten
des Toggenburgs gefaßten Beschlüsse zurück, versprach dem
dortigen katholischen Landrath Hülfe und traf auch seinerseits
Kriegsanstalten. Gleichwohl verzweifelnd am wirksamen Schutz
von dieser Seite, überhaupt seitens der katholischen Orte, rief
der Abt, auf den Grund seiner reichsfürstlichen Stellung und
als Graf von Toggenburg, des Kaisers Hülfe an, die zwar
zugesagt, aber nur unwirksam geleistet wurde. Um so weniger
hielten Zürich und Bern, die übrigens im Ausland ebenfalls
befreundete Mächte zur Seite hatten, mit Ausführung ihrer
Plane zurück. Mit Wissen von Zürich und unter seinem Schutz
schritten die Toggenburger neuerdings thatsächlich ein, nahmen
die fürstlichen Schlösser Iberg und Schwarzenbach. Werkthätige
Hülfe seitens des Reiches blieb auch jetzt, nach dieser Gewaltthat, aus, da der Kaiser Joseph I. starb. Die beiden reformirten Stände hatten nun vollends freie Hand, ebenso die toggen-

burgischen Gegner des Fürsten. Dortige Regierungskommission
bemächtigte sich aller dem Stifte zustehenden Zinse, Zehnten und
anderweitiger Einkünfte und stellte sie zu Handen ihres Präsidenten, des ehemaligen Landweibels Joseph Germann, der nach
langer Haft schon früher vom Fürsten freigelassen, dann im
Toggenburg durch den Landrath mit jener hohen Stelle betraut worden war. Jener neue Eingriff in wohl verbrieftes
Eigenthum und Recht reizte namentlich die katholischen Toggenburger zum Widerstand gegen erwähnte neue Obrigkeit; die
untern Gemeinden stellten sich auf Seite des Fürsten. Dadurch
in ihrer Stellung gefährdet, ließ die Regierungskommission vier
katholische Pfarrer verhaften, legte Besatzung in die Schlösser
und sprach Zürich für den Nothfall um Kriegshülfe an. Die
untern Gemeinden aber verbündeten sich nun zu gemeinsamer
Gegenwehr, unter Leitung einer inzwischen in Wyl aufgestellten
fürstlichen Kommission. Dies die wichtigsten Ereignisse im Toggenburg, wo der Kriegsausbruch stündlich bevorstand.

Inzwischen war die Spannung zwischen den katholischen
und den reformirten Kantonen auf das Aeußerste gestiegen, von
Tag zu Tag die allgemeine Lage ernster geworden. In Zürich
hatte schon längst die Geistlichkeit, an ihrer Spitze der Antistes,
zu kräftigem Handeln angespornt; jetzt durfte man nicht mehr
von Frieden reden, und wer es gleichwohl that, wurde selbst
von den Kanzeln herab angegriffen, die ersten Magistrate nicht
ausgenommen. Laut rief auch der jüngere Theil des Rathes
dem Krieg. In Bern lieh ihm Schultheiß Willading sein ein-
flußreiches Wort. Zürich und Bern waren ohnehin mit Geld
und Kriegszeug wohl versehen; sie trugen darüberhin noch schwer
an den Niederlagen von 1531 und 1656; schon groß und
mächtig, waren diese Städte es für ihre Herrschsucht doch noch
nicht genug; sie wollten namentlich herrschen in den gemeinsamen
Vogteien, Toggenburg auch ohne alle urkundliche Berechtigung
nach ihrem Sinn regiert sehen, die Macht der Katholiken allüberall brechen. Der Zeitpunkt war günstig, vom Kaiser und
von Frankreich her keine ernstliche Einmischung zu besorgen.

Zürich und Bern versprachen sich darum einen baldigen und sichern Sieg. Sie erließen ein Kriegsmanifest, voll friedlicher Worte, gegen den Abt (13. April 1712); Zürich rückte mit 3000 Mann gegen das Toggenburg vor; Bern setzte 4000 Mann zum Nachrücken in Bereitschaft. In Toggenburg wirkte schon lange der Rathsredner Ulrich Nabholz als Beauftragter von Zürich; im Einverständniß mit der Regierungskommission ließ er durch reformirte Toggenburger die Klöster Magdenau und Neu-St. Johann besetzen (ebenfalls am 13. April), wo sie arge Frevel verübten; mit einem dritten Haufen zog er selbst gegen die verbündeten untern Gemeinden, besetzte die Thurbrücken und überwand jene treuen Gemeinden, nach tapferer Gegenwehr, bei Bütschwyl. Die Zürcher'sche Hauptmacht unter Bodmer rückte auf stiftisches Gebiet und bis Rickenbach vor; ihr stellte sich entgegen der Oberst Felber, Befehlshaber der fürstlichen Mannschaft, 2000 Mann stark in Wyl, worauf sich die Zürcher für einmal nach Eschlikon zurückzogen. Nun rückten auch die katholischen Kantone aus, wo ähnliche Einflüsse wie in Zürich walteten. Der Fürst von St. Gallen aber mit seinen unzulänglichen Kriegsanstalten war bald überwunden. Nach einigem Zaudern wurden die Kriegsoperationen durch die Zürcher, verstärkt durch die Berner, frischerdings aufgenommen, und sie nahmen einen solchen Gang, daß Felber, da jede wirksame Unterstützung seitens der katholischen Kantone bis dahin ausgeblieben, sich zur Uebergabe von Wyl, doch unter ehrenvollen Bedingungen, gezwungen sah (22. Mai 1712). Wegen dieses Mißgeschickes von seinen eigenen Leuten als Verräther angesehen, wurde er von diesen ermordet. Abt Leodegar flüchtete eilig nach Neu-Ravensburg; ihm folgten an verschiedene Orte jenseits des Rheins und des Bodensees die Klostergeistlichen von St. Gallen und die fürstlichen Beamteten. Leicht war das Goßauer und das Rorschacher Amt unterworfen. Am 26. Mai wurde das Hauptquartier der Zürcher und der Berner in das Stift St. Gallen verlegt, bald dann auch Rorschach besetzt. Das Kloster St. Gallen wurde rein ausgefegt; die Sieger bemächtigten sich des großen Lebensmittelvorrathes, aller Mobilien, der Bibliothek [1]) und der Archive, auch der Buchdruckerei mit Pressen und mehreren Centnern Vorrath an Lettern, vertrieben unter Todesandrohung die zur Besorgung des Gottesdienstes zurück-gebliebenen Weltgeistlichen und schlossen die Münsterkirche. [2]) Zwei Landvögte regierten und verwalteten von dann an das Land, der Züricher im Stiftsgebäude zu St. Gallen, der Berner in Wyl, nach den Umständen tadellos. Selbstverständlich mußte nun das Unrecht auf Seite des überwundenen und vertriebenen Abtes sein, und Alles, was er gethan, wurde von Freund und Feind auf das Bitterste ausgelegt und getadelt. Nach der St. Gallischen Landschaft unterwarfen die Züricher und Berner, doch ohne Besetzung, das Rheinthal (3. Juni), nahmen dem Volk die Huldigung ab und bemächtigten sich aller Berechtigungen des Abtes von St. Gallen. Im Toggenburg herrschte Nabholz; von Goßau nach der Besetzung der alten Landschaft zurückgekehrt, hob er eine Schaar reformirter Toggenburger aus und lieferte sie in das Heer der reformirten Stände nach Zürich ab, von wo sie an die Grenze gegen Rapperschwyl und Utznach verlegt wurden. Die Regierungskommission aber schmeichelte sich, das Toggenburg, mit Utznach, Gaster, Goßau und Gams vereint, als vierzehnten Kanton anerkannt zu sehen, ein Ansinnen, über welches ihre Abordnung in Zürich mit kaltem Hofbescheid, durch den Schultheißen von Bern mit Hohngelächter, abgefertigt

---

[1]) Von der jedoch Abt Leodegar den vorzüglicheren und größeren Theil vor dem Anrücken der Feinde anderswohin in Sicherheit gebracht hatte. Die gesammte Bibliothek zählte vor ihrer Beraubung 10,000 gedruckte Bände, 1007 Handschriften; mehrere Nebensammlungen in Neu-St. Johann, im Hof Wyl, in der Statthalterei Rorschach, dann Erd- und Him-melsgloben, mathematische Instrumente und ähnliche Gegenstände von Werth nicht gerechnet. S. Geschichte der Bibliothek von St. Gallen; von Weld-mann.

[2]) Auf die Klage des Dekans bei dem Kommandanten in Neu-St. Johann über die Mißhandlungen der Stiftspersonen überhaupt, erwiderte dieser: „sie sollen zufrieden sein, daß man ihnen das Leben nicht nehme". S. Geschichte der Bibliothek von St. Gallen; von Weldmann; S. 75.

wurde; denn es sei nicht üblich, daß man die Bauern zu Herren mache.

Unterdessen war der Krieg auch an der Reuß entbrannt, hatten Zürich und Bern die freien Aemter und Baden erobert. Es wurden zwischen den kriegführenden katholischen und protestantischen Kantonen Unterhandlungen eingeleitet, bei denen der Abt aus verschiedenen Gründen sich nicht betheiligte; einer von diesen war der Entschluß des Kaisers Karls VI., dem Stift allen Schutz angedeihen zu lassen, den Treue und Standhaftigkeit verdienen, verbunden mit gleichzeitiger Aufforderung an Zürich und Bern, das in Besitz genommene Land dem Abte zurückzustellen (21. Juni 1712). In der inneren Schweiz wurde das Ergebniß jener Unterhandlungen mit Widerwillen aufgenommen; aber in einer zweiten Schlacht zu Villmergen unterlagen die katholischen Kantone (25. Juli); das Utznacherland nahmen die Züricher, das Gaster die Toggenburger mit Kapitulation; von diesen wurde auch Gams besetzt; Rapperschwyl forderten die aus der alten Landschaft und aus Toggenburg heimkehrenden Züricher und Berner zur Uebergabe auf; es kapitulirte in der Hoffnung, sich unter neuen Schirmherren besser zu betten (1. August). Der Friede von Aarau, abgeschlossen am 11. August, machte diesem Bürger- und Religionskrieg, während welchem 150,000 Schweizer in Waffen sich gegenüberstanden, ein Ende. Durch den Aarauer Frieden wurden Rheinthal und Thurgau ihren früheren Herren zurückgegeben; wurde das Recht der Mehrheit bei Regierung der gemeinsamen Herrschaften in politischen und Religionsangelegenheiten ganz abgeschafft, Alles gleichen Sätzen beider Religionstheile zum Entscheide übergeben, Religionssachen, sobald auch nur der eine Theil einen waltenden Streit als solche erklärte; die reformirten Kirchen-, Schul- und Ehesachen wurden der Regierung von Zürich unterstellt; beiden Religionstheilen freie Religionsübung, freie Kirchen- und Schulverwaltung gewährt; hängende kirchliche Streitfragen wurden sämmtlich zu Gunsten der Reformirten entschieden; Ehrenstellen und Aemter sollen jederzeit gleich getheilt werden, Waisen

Vormünder ihrer Religion erhalten; alles Schmähen zwischen beiden Religionsgenossen in und außer der Kirche wird verboten; in amtlichem Verhältniß soll der eine Theil Katholiken, der andere Evangelische (anders nicht) genannt werden. Die Urkantone mußten, unter Vorbehalt der Rechte von Glarus, ihre Schirmrechte über Rapperschwyl an Zürich und Bern abtreten; deßgleichen wurde Bern in die Mitregierung im Thurgau, Rheinthal, Sargans und im oberen Bezirk der freien Aemter aufgenommen. Der Landfrieden vom Jahre 1531 wurde aufgehoben.

Im Verlaufe des Krieges betrieb Kaiser Karl VI., gegebenem Worte gemäß, am Reichstage die Wiedereinsetzung des Abtes; es erging ein kaiserliches Gutachten an die Reichsstände, welches die von Zürich und Bern im Toggenburg verübten Eingriffe als Friedensbruch gegenüber dem Reich darstellte, weil Toggenburg Reichslehen sei. Solches bestritten Zürich und Bern. Aber in Regensburg stand es ungefähr wie in der Schweiz: Protestanten gegen Katholiken und umgekehrt. Erstere benutzten die Itio in partes (die Ausscheidung nach der Konfession in Sonderkollegien), verweigerten die Mitwirkung zu einem reichsrechtlichen Beschluß und willigten bloß in vermittelndes Einschreiten zu Gunsten des Abtes, durch eine vom Kaiser zu bestellende Reichskommission. Diese begann ihr Werk, legte aber, nach vielen diplomatischen Umzügen und nachdem Zürich und Bern ihre Vermittlung abgelehnt, das empfangene Mandat zu Handen des Reiches zurück (1714). Desto eifriger wurden in der Schweiz selbst die Friedensunterhandlungen gepflogen; doch gelangten sie erst nach des Abtes Leodegar Hinschiede zum Abschluß (Badener Friedensvertrag vom 15. Juni 1718). Durch diesen Frieden erhielt das Stift St. Gallen das Verlorene zurück, die Herrschaft in der alten Landstadt und im Toggenburg, seine Rechtsame im Rheinthal und im Thurgau; dem Toggenburg wurden erweiterte Freiheiten und Rechte gewährt, um die es seit anderthalb Jahrhunderten gerungen: ein eigener, durch die Gemeinden gewählter Landrath; die Wahl der Hälfte des

7*

Appellationsgerichts für Civilsachen (über Kriminalfälle urtheilte
das allein vom Fürsten bestellte Landgericht); die Besetzung dieser
Gerichte mit Landleuten, wogegen dem Fürsten unbenommen
blieb, den Landvogt aus den Toggenburgischen Landleuten, oder
auch außer ihrem Bereich, zu wählen; die Unabsetzbarkeit der
Richter; freier Salzhandel;˙ Schutz gegen Zoll= und Weggelds=
belästigung seitens des Fürsten; freie Religionsübung für die
Reformirten wie für die Katholiken; für erstere ein eigenes Ehe=
gericht, auch das Recht freier Pfarrwahl unter Vorbehalt fürst=
licher Bestätigung (in der Regel aus den Bürgern der refor=
mirten Kantone und der reformirten zugewandten Orte — Zürich
und Bern sorgten hierin auch für ihre Angehörigen — [1]);
Entscheidung von Streitigkeiten zwischen Fürst und Volk über
die Anwendung dieses Friedensvertrages durch ein zu gleichen
Sätzen und „in Gleichheit der Religion" bestelltes Schiedsgericht.
Die wichtige Frage, wem das Mannschaftsrecht gehöre, ließ der
Friedensvertrag unentschieden. Von den Toggenburgern waren
die Protestanten zufriedener mit demselben als die Katholiken,
da erstere gegenüber den früheren Verhältnissen in Vortheil
kamen. Das Land hatte eine vom Landrath ausgegangene
Schuld von 60,000 Gl. zu bezahlen. Der inzwischen zu Neu=
Ravensburg gewählte Nachfolger Leodegar's, Joseph von Rudolfi,
hatte den Friedensschluß gefördert, und unterzeichnete am 5. August.
Ende des gleichen Monats entbanden Zürich und Bern die alte
Landschaft ihres Eides, übergaben sie den Kommissarien des
Fürsten, lösten die Toggenburger Regierungskommission und den
alten Landrath auf und leiteten die Huldigung ein; der Fürst
empfing diese in eigener Person seitens des zahlreich versammel=
ten Volkes in Wattwyl (13. September), nahm in den folgenden
Tagen den gleichen Akt auch in der alten Landschaft vor und
hielt, unter freundlichen Ehrenbezeugungen seitens der Stadt
St. Gallen, seinen Einzug in das Stift (11. Oktober); dieses

---

[1] Bis auf einen Viertheil der evangelischen Pfarrpfründen durfte mit
toggenburgischen Landleuten besetzt werden.

hatte große Verlürste gemacht, doch erhielt es von Bern und Zürich die Bibliothek ¹) und Archivgegenstände meist zurück. Den Mördern des Obersten Felber verlieh der gütige Fürst Amnestie. Die Stadt St. Gallen hatte während des traurigen Krieges kluge Neutralität eingehalten; in ihr Gebiet geflüchtetes Klostergut gab sie redlich zurück. Der Friede war eine große Wohlthat für das ganze Land. Aber Schwyz und Glarus verschmerzten ihn nicht leicht, da sie durch denselben an Rechten und Einfluß viel verloren. Der Aarauer- und der Badener-Friede waren und blieben von dann an die Grundlage für die Rechtsverhältnisse zwischen beiden Konfessionen in den St. Gallischen Landschaften. Utznach, Gaster mit Wesen, auch Gams, durch die Kriegsereignisse betroffen, traten nach dem Frieden in die alten Botmäßigkeitsverhältnisse zurück.

Ewiger Friede war doch nicht. Da und dort ergab sich neuer Haber, in Werdenberg ein ernster Aufstand. In verschiedenen Jahren hatten die Glarner, Oberherren dieses Ländchens, urkundlich Manches zugesagt und verordnet, was die Mißbräuche der Landvögte aufhob, das Land gegen unbequeme Niederlassung von Glarnern und deren Ansprüche auf Gemeindenutzung und Aemter sicherstellte, überhaupt die freie Benutzung der Gemeindegüter dem Werdenberger Volk ohne Einmischung des Landvogts gewährleistete, Schutz gegen Erhöhung verschiedener Gefälle und Gebühren verlieh. Die Glarner Landsgemeinde von 1705 behauptend, daß der Landrath Solcherlei unbefugt gethan, hob die Rechtskraft eines wichtigen Freibriefes vom Jahre 1667 auf, nahm diesen nebst anderen obrigkeitlichen Ur-

---

¹) Bei einem ersten Friedensversuch zu Rorschach (1714) wurde die begehrte Zurückgabe der Bibliothek mit Unwillen verworfen; der Friedensvertrag von 1718 schwieg davon. Bern und Zürich willigten endlich doch in die Zurückgabe ein; wie weit dieselbe eine unvollständige geblieben, darüber gibt Weidmann, in seiner Geschichte der Bibliothek, einläßlichen Aufschluß. In Zürich wurde es zuletzt ein gefährliches Unterfangen, an die Restitution des Zurückbehaltenen zu erinnern. (S. Seite 108 und 109 der eben angeführten Schrift.)

kunden zu Handen und gab das also Erhobene nicht wieder
zurück. Die Werdenberger erbittert, verlangten die Zurückstellung
der Schriften, verweigerten den neuen Landvögten die Huldigung
und legten zahlreiche Beschwerden ein. Der Streit zog sich in
die Länge. Die Tagsatzung mahnte die Werdenberger zur Unterwürfigkeit. Ausschüsse, die das Landvolk alsdann, auf Begehren
der Obrigkeit, nach Glarus zur mündlichen Verhandlung schickte,
wurden wegen Unnachgiebigkeit · mißhandelt. Der Rath schritt
nun, mit Vollmacht der Landsgemeinde, zum gewaltsamen Mittel
starker militärischer Besetzung des Landes. Dieser folgten persönliche Verhandlungen in Werdenberg, dabei verschiedene Forderungen seitens der Obrigkeit, unter anderen jene der Herausgabe selbst der vorhandenen Abschriften der erwähnten Urkunden.
Die Werdenberger lehnten ab, verlangten die Freilassung der
zu Glarus in Haft behaltenen Ausschüsse und schritten auch zu
thätlichem Widerstand. Harte Geldstrafen folgten zu Lasten der
Gemeinden und der schuldigen Privaten; dazu Vermögenskonfis-
kationen und Ehrloserklärung. Durch solche Maßnahmen deckte
Glarus seine Exekutionskosten von 30,000 Gl. (1721). Die
Demokratie ist der unnachsichtigste Herrscher. Erst vier Jahre
später gab die erzürnte Obrigkeit von Glarus Antwort auf die
Beschwerden und gewährte einige Abhülfe. Im Volke von
Werdenberg blieb der Groll über Erlittenes zurück, bis spätere
Ereignisse ihm Luft machten.

Seit dem Aarauer Frieden stand die Stadt Rapperschwyl
im Schirmbunde mit Bern, Zürich und Glarus, mit welch' letzterem Stand sie das alte Schirmverhältniß aus dem Grunde
beibehielt, weil es von ihm doch einigen Schutz für ihr katholisches Bekenntniß glaubte erwarten zu können; [1]) freie Ausübung desselben war übrigens schon durch die Kapitulation vom
1. August 1712 gewährleistet. Innere Streitigkeiten zwischen
Räthen und Bürgern, vorzüglich über die Befugnisse des Großen
Raths gegenüber dem Kleinen Rath in Bezug auf Besetzung

---

[1]) Rickenmann, Geschichte von Rapperschwyl.

der Aemter (diese waren in Rapperschwyl ungewöhnlich zahlreich), führten die Schirmorte zu tieferer Einmischung, als den Rapperschwylern selbst willkommen. Ein Spruch der Schirmorte von 1742 regelte Alles bis zum Kleinsten. Für die Herren Gesandten und ihre Dienerschaft gingen zu Lasten Rapperschwyls 7000 Gl. auf, ein Beweis, daß auch in der „guten alten Zeit" nicht Alles wohlfeil gewesen. Aehnliche Einmischung später wieder, so daß Rapperschwyl thatsächlich aller Autonomie baar wurde und zur Vogtei der Schirmstände herabsank.

Zwischen dem Fürsten und dem Lande Toggenburg ergaben sich neue Streitigkeiten, weil früher über das Mannschaftsrecht nicht abgesprochen worden. Nach langen Wirren, inneren Unruhen, selbst Beamtenmord, vieljähriger Dazwischenkunft Frankreichs, kam endlich im Jahr 1755 ein Vergleich zu Stande, durch welchen wenigstens festgesetzt wurde, wie das Mannschaftsrecht auszuüben sei; dem Fürsten wurde nämlich das Recht zuerkannt, die Toggenburger zur Beschützung seiner Person, Lande und Rechte, zur Vertheidigung der Eidgenossenschaft und zur Bewachung der Grenzen aufzubieten, auch den mit ihm verbündeten Mächten die Werbung zu gestatten; die Militärverwaltung dagegen wurde ihm nur theilweise und gemeinschaftlich mit dem Land eingeräumt, indem nämlich zu deren Besorgung ein halb vom Landrath, halb vom Landvogt zu ernennender Kriegsrath unter dem Vorsitz des letzteren aufgestellt, auch festgesetzt wurde, daß gesammte Offiziere geborene Toggenburger sein müssen, die Hauptleute vom Landvogt aus einem dreifachen Vorschlage des Kriegsrathes zu ernennen seien, der Pannerherr von der Landsgemeinde gewählt werde. Landsgemeinden wurden nur für den Fall der Huldigung, für die Pannerherrenwahl und die Landrechtserneuerung mit Schwyz und Glarus bewilliget. Ein Beschluß des Landraths vom Jahre 1758 und eine nachträgliche Vermittlung im folgenden Jahr [1]) über eine große Zahl von Verwaltungs- und Vollziehungsfragen, dann schließ-

---

[1]) Frauenfelder Vergleichshandlung vom 30. März 1759.

liche Bestrafung mehrerer unruhiger Köpfe, machten diesem unseligen Toggenburger Zwist, nachdem er zweiundsechzig Jahre
lang die Geduld der Geduldigsten erschöpft hatte, für einmal
ein Ende. Der Leser wird sich fragen: war denn nicht mittelst
der Friedensverträge die Austragung gesammter Toggenburger
Streitigkeiten durch ein Schiedsgericht gesichert? Nach langen
Erörterungen war es wirklich in den Jahren 1737 und 1738
zur Aufstellung eines solchen gekommen, bestehend aus den Kantonen Luzern, Schwyz und Glarus von Seite des Fürsten, den
Ständen Zürich, Bern und Schaffhausen durch den Landrath
von Toggenburg erforen. Allein alle Bestrebungen des Fürsten
wie seines Sachwalters, den jener klugerweise aus der Reihe der
Züricher gewählt hatte, scheiterten an der Religions= und Staats-
raison von Zürich und Bern. Hier war es feststehende Maxime
geworden, — und Rabholz, jetzt in Zürich zum einflußreichen
Mann emporgestiegen, hatte nicht ermangelt, solche dem Sachwalter des Fürsten mit eindringlichen Worten zu verkünden —
dem Fürsten das Mannschaftsrecht nicht zukommen zu lassen.
Während diese Städteregierungen selbst, in bürgerlicher und militärischer Beziehung, eine despotische Gewalt über ihre eigenen
Angehörigen ausübten, sahen sie Gefahr für ihre Politik, dem
katholischen Regenten Toggenburgs die ungeschmälerte hoheitliche
Befugniß für Aushebung, Bildung, Entwickelung und Verwendung der Heereskräfte seines Landes einzuräumen. Auch die
beste und vollständigste Beweisführung des Fürsten für volles
Recht fand daher kein Gehör, die Prozeßverhandlungen wurden
abgebrochen, der Handel schleppte sich verderblich noch Jahre
lang fort, bis er endlich den gemeldeten Ausgang fand.

Fürstabt Joseph starb mitten im Laufe dieser Verhandlungen
(1740), ausgezeichneter Regent und Abt zugleich. Daher war
seine Regierung und Wirksamkeit eine wohlgeordnete in allen
Richtungen, und wäre es noch in viel höherem Maße gewesen,
hätten ihn nicht die Toggenburger Händel über Gebühr in Anspruch genommen. Ihm folgte Cölestin Gugger von Staudach
(aus Feldkirch), dem die Aufgabe zufiel, jene Zwiste zu Ende

zu führen. Fürstabt Cölestin II. war ein Mann von Kraft und Güte zugleich, umsichtig wie unternehmend, gelehrt und fromm. Ihm verdankt Rorschach und das ganze Land den Bau des Kornhauses, die Nachwelt den Bau der jetzigen majestätischen Kathedrale (mit einem Aufwande von 457,929 Gl. ausgeführt [1]), des Bibliothekflügels im weiten Klostergebäude und des mit der Kirche parallel laufenden Theils des letzteren (von 1756 bis 1766), [2] und inmitten solcher großartigen Unternehmungen sehen wir den thatkräftigen Regenten alte Stiftsschulden bezahlen, mehrere neue Besitzungen ankaufen, für milde Stiftungen allein die Summe von 40,000 Gl. verwenden. Mit Befriedigung konnte Cölestin am Schluß einer langen und gesegneten Regierung auf sein Lebenswerk zurückblicken. Beda Angehrn von Hagenwyl, dem St. Gallischen Volk entsprossen, wurde als sein Nachfolger mit der fürstlichen Würde und Bürde betraut (1767), ein Fürst von unerschöpflicher Herzensgüte, friedlicher Gesinnung bis zur Schwäche, makellos in Wesen und Sitten wie eine lange Reihe seiner Vorgänger, für das öffentliche Wohl unabläßig besorgt. Er verlieh den Bauten Cölestins die letzte Ausstattung und fügte den damaligen Kirchen-, Kloster- und Regierungsgebäuden die stattliche neue Pfalz mit einer Ausgabe von 173,313 Gl. bei, mit dem Vorsatz, ihr parallel mit der alten Pfalz noch einen neuen Flügel anzubauen. In gleicher Weise betrat er die Pfade seines Vorgängers für Hebung des Stapelplatzes und Marktes in Rorschach, wo er das Kaufhaus (Waag- und Salzhaus) erbaute. Er machte jenen Platz zum Ausgangspunkt einer Verkehrsstraße durch seine gesammten Lande, durch deren Bau er den beschwerlichen Hohl- und Karrengassen den Abschied gab. Er ließ sie herstellen von Staad bis Wyl, baute auf alleinige Kosten des Stiftes, bezahlte dabei mit schwerem Geld, oft über den Werth,

---

[1] Die Kosten für das Baumaterial und dessen Herbeischaffung nicht gerechnet.

[2] In der Stiftsbibliothek sieht man ein lithographirtes Bild des gesammten Klostergebäudes nebst Umgebungen, wie sie im Jahr 1742, vor dem Abbruch behufs obiger Neubauten, gewesen.

ten zum Bau erforderlichen Boden, erhielt gleichwohl von den Gemeinden nichts als die Beklesung und diese nur gegen zugesicherte Weggeldsbefreiung, die er urkundlich verschrieb. Die damalige üble Gewohnheit der Toggenburger, jeglichem Vorhaben des Regenten nur Schwierigkeiten entgegenzustellen, fiel bei diesem Unternehmen zu ihrem hohen Nachtheil aus; denn der Fürst baute nun in der kürzeren Richtung über Oberbüren, inbegriffen die für jene Zeit riesenhafte Brücke über die Thur daselbst. Es ist eine geschichtliche Merkwürdigkeit, daß es ein Mönch von St. Gallen gewesen, welcher, nächst der mächtigen und berühmten Republik Bern, das erste Stück zur spätern großen Schweizer Hauptstraße von Rorschach nach Genf gebaut hat. Sein Beispiel zog die Stadt St. Gallen nach sich, die nun auch das kurze Zwischenglied von St. Fiden her nach ihrem Gebiet errichtete; der ganze Bau rief hinwieder drei Zweigstraßen in das Leben, jene von der Sitter und von Goßau hinweg nach Herisau, und die nach Speicher, welche letztere der Fürst ebenfalls selbst ausführte (1789), doch gegen eine Auslösungssumme von tausend Dublonen seitens der als Anstößer zumeist baupflichtigen Stadt, die sich anfänglich aus Mißstimmung gegen Appenzell A. R. gegen alle und jede Leistung gesträubt hatte. [1] Noch war der Hummelwaldpaß unfahrbar. Die Reichsstadt Ueberlingen gab den Anstoß zum Straßenbau auch dort, indem sie Schwyz und Glarus auf die Vortheile eines unmittelbaren Getreidebezuges vom Bodensee durch das Toggenburg aufmerksam machte. Jene gelangten darum an den Fürsten, dieser wendete sich an die Gemeinden. Sie waren nun verständiger und fügsamer als im Jahr 1698; von rührigem Wetteifer belebt, bauten sie, mit Bewilligung des Fürsten und gegen Weggeldsbezug, die Straßen über den Hummelwald her bis Wyl, von Wattwyl thalaufwärts nach Wildhaus, von Lichtensteig über den

---

[1] „Aus Handlungsjalousie und altem Neid gegen Außerrhoden,“ sagt Müller v. Friedberg im Briefe vom 8. Februar 1788 an Johann v. Müller. S. erwähnte Sammlung.

Berg nach St. Peterszell, von Gonzenbach nach Oberglatt. Eines fehlte ihnen noch: eine Verbindung von Wyl durch ihr unteres Gebiet auf die Hauptstraße Goßau-St. Gallen-Rorschach. Der Fürst bewilligte wohlwollend und staatsklug zugleich auch diesen Bau, doch gegen wohlberechtigten Schadenersatz von 12,000 Gl. Im Ganzen gab er für Brücken- und Straßenbau mehr denn 200,000 Gl. aus. Die Jahre 1786 und 1787 waren dem Bau dieser Straßen gewidmet. In diese Zeit fällt auch die Theilung der Toggenburger Voralpen unter die obere, mittlere und untere Landesgegend nach den 22 Gemeinden (Kirchhören). Fürstabt Beda wirkte auch auf geistigem Gebiet, errichtete eine Normalschule zu Rorschach, förderte die Klosterschule in St. Gallen, die neben ihren Gymnasialklassen auch philosophische, juristische und theologische Kurse bot. Die Bibliothek vermehrte er in kurzem Zeitraum um 4319 Bände, verwendete im Ganzen für dieses Institut die hohe Summe von 12 bis 14,000 Gl. Er ließ die Kirche zum heil. Kreuz bei St. Gallen bauen.

Die Theurung und Hungersnoth von 1770 und 1771 setzte den Fürsten auf eine schwere Probe; er bestand sie mit Großmuth, machte mit Verwendung der hohen Summe von 200,000 Gl. reichliche Getreideeinkäufe in Italien, versah damit das Volk in der alten Landschaft, in Toggenburg und im Romanshorner Amt so gut möglich, durch Erlaß zum halben Preis, an die Armen unentgeltlich, mit Einbuße einer hohen Summe. Die Kalamität der Theurung und die in Folge deutscher Fruchtsperren gemachten Erfahrungen von Begünstigung des Stapelplatzes Arbon wirkten mit zum erzählten Baue der Straße von Rorschach landeinwärts, gleichfalls zur Theilung und Urbarmachung der großen rheinthalischen Rieter, des Baurietes und des Isenrietes, welches letztere allein 2089 Jucharte maß (1770 und 1771). Einige Jahre nachher folgte, auf Geheiß des Landvogtes, der Straßenbau durch das ganze Rheinthal bis oberhalb dem Hirschensprung.

Die kirchlichen Verhältnisse des Landes sind ein Seitenstück zu seiner weltlichen Geschichte; wie der südliche (rhätische) Theil desselben in keiner politischen Verbindung mit dem nördlichen (deutschen) Gebiete gestanden, so auch in kirchlicher Beziehung. Dem Bisthum Chur waren von ältesten Zeiten her die Landschaft Sargans nebst dem Pfäferser Gebiet und Gaster (dieses bis zur Steinenbrücke), dann unterhalb des Scholberg das Land bis herab an den Hirschensprung (also mit Inbegriff von Rüthi) einverleibt; alle übrigen jetzigen St. Gallischen Lande bildeten einen Theil des Bisthums Konstanz. Eine Aenderung ergab sich in Folge der Reformation insoweit, als die ausschließlich protestantisch gewordenen Bevölkerungen zu Stadt und Land außer allen Verband zu der katholischen kirchlichen Oberbehörde traten. Die Unterordnung der stiftischen Lande unter das Bisthum Konstanz war übrigens von jeher mehr eine nominelle als wirkliche. Schon in den ältesten Zeiten übte der Stiftspfarrer zu St. Gallen alle Synodalrechte gleich einem Bischof von Konstanz; solche einheimische Gerichtsbarkeit überlebte die Reformation, wurde vom päpstlichen Stuhl anerkannt und in ihren Rechtsamen erweitert. Anstände, die sich diesfalls zwischen dem Stift St. Gallen und den Bischöfen von Konstanz ergaben, wurden zunächst durch Vereinbarung vom Jahre 1613 beigelegt, welcher im folgenden Jahre die Errichtung eines eigenen St. Gallischen Offizialates folgte. Bleibende Regelung geschah durch das nachhin vom Papst bestätigte Konkordat zwischen dem Bischof von Konstanz und dem Abt von St. Gallen, vom Jahre 1748, welches zwar dem Bischof die jura pontificalia (das Recht, die höheren Weihen und die Firmung zu ertheilen) zusprach, die Geistlichkeit zur Leistung des Glaubenseides zu seinen Handen verpflichtete, auch, im Falle gröberer Vergehen, der Kurie von Konstanz unterstellte, alle übrige geistliche Gerichtsbarkeit dem Abte von St. Gallen zuerkannte, die geistliche Oberbehörde (nun auch noch rechtsförmlich) zu einem eigenen Ordinariat erhob, dem zu einem wirklichen und vollkommenen Episkopat nur die wenigen dem Bischof von Konstanz gebliebenen Berechtigungen fehlten; eine Einrichtung, die in religiöser Beziehung vom besten

Erfolge begleitet war. So bestanden drei Ordinariate: jenem von Chur waren die oben genannten, südlich gelegenen, jetzt Kanton St. Gallischen Gebiete unterstellt (doch überging auch hier, durch Konkordate zwischen den Bischöfen von Chur und den Aebten von Pfäfers ein Theil der geistlichen Gewalt auf letztere); dem Ordinariate von Konstanz waren nur das Uznacherland und Rapperschwyl untergeordnet; das St. Gallische Ordinariat umfaßte gesammte Stiftslande (alte Landschaft, Toggenburg, Rheinthal und die Thurgauischen Grenzgebiete); auf sie alle dehnte sich die geistliche Gerichtsbarkeit des Stiftes aus. Im Stifte St. Gallen vereinigte sich demnach von Alters her drei-sache Hoheit und Würde: die fürstliche Gewalt (Staatshoheit), die Abtei mit den klösterlichen Rechtsamen und das Ordinariat (die geistliche Gerichtsbarkeit).

Eine ansehnliche Zahl Klosterkorporationen überlebte in den St. Gallischen Landen die Zeiten der Glaubenstrennung oder wurden nach derselben gegründet. Es waren deren in den mei-sten Landestheilen, zusammen sechszehn: die Benediktiner-Stifte St. Gallen (mit Neu-St. Johann) und Pfäfers; die Klöster Kapuziner-Ordens zu Wyl, Mels und Rapperschwyl; die Frauenklöster St. Wiborada, Rotkerseck, St. Scholastika, Glatt-burg bei Oberbüren (seit 1781 von Abt Beda mit einer Aus-gabe von 22,548 Gl. eingerichtet) und St. Katharina in der alten Landschaft; Magdenau und St. Maria der Engel im Toggenburg; Mariahilf bei Altstetten im Rheinthal; Wesen im Gaster; Berg Sion im Uznacherland (gegründet im Jahre 1766); Wurmsbach im Gebiet von Rapperschwyl. In Alt-St. Johann und St. Peterszell im Toggenburg bestanden Propsteien.

Zweites Buch.

Von der französischen Revolution bis zum Sturz der alten Eidgenossenschaft. (1789 bis 1798.)

———

Erster Abschnitt.

Die Zustände in den St. Gallischen Landen; Regierung der alten Landschaft; Verfassung von Toggenburg. Die Stadt St. Gallen und die übrigen Länder, die jetzt im Kanton St. Gallen begriffen. Der Landhandel in der alten Landschaft; ihre Beschwerdepunkte; der gütliche Vertrag, genehmiget durch die Landsgemeinde. Die Bewegung im Toggenburg und dortige, wiederholte zahlreiche Beschwerden. Fürstabt Beda stirbt.
(1789 bis 1798.)

Die St. Gallischen Lande gingen, wie die übrigen Gebiete der Schweiz, ernsteren Zeiten entgegen. Bevor wir die Erzählung derselben antreten, ziemt es sich, ihre politischen Zustände übersichtlich darzustellen.

Der von der Abtei St. Gallen regierte Staat bildete eines der wichtigeren Glieder der alten Eidgenossenschaft. Er schied sich selbst wieder in zwei wesentlich verschiedene Theile, in die alte und die neue Landschaft (Toggenburg), von denen jede ihre eigene Regierung hatte. An der Spitze beider stand der Fürstabt, nach kirchlichen Satzungen von der Gesammtheit der Kapitularen gewählt. Von diesen selbst war ein ansehnlicher Theil dem Land entsprossen, und der Sohn des ärmsten Landmanns, in das Stift aufgenommen, zeichnete er sich durch geistige und körperliche Eigenschaften aus, konnte zur Würde des Fürsten erhoben werden, was wiederholt geschah.

In der alten Landschaft hatte die Regierung wesentlich das monarchische Gepräge; der Fürst aber war keineswegs unbeschränkter Herr und Gebieter, sondern an kirchlich genehmigte

Satzungen gebunden, welche dem Kapitel eine wichtige Theilnahme bei Ausübung der Regierungsgewalt, der Verwaltung
der Abtei und des Landes zuschieben. Die weltlichen Ehren-
ämter sehen wir häufig von Männern bekleidet, deren Familien
von lange her im Land einheimisch und begütert waren und sich
durch Verdienste um dasselbe ausgezeichnet hatten. Und waren
diese höheren Beamteten nicht alle oder jederzeit sogenannte
Landeskinder, so gehörten sie hinwieder häufig Geschlechtern von
gutem Klang aus anderen Theilen der Schweiz an. Höhere
Staatsbeamtete waren der Hofmarschall (Aufseher und Leiter
des fürstlichen Hofstaates), dann der Landshofmeister und'der
Hofkanzler; der Landshofmeister war zugleich Geheimer Rath,
Minister des Abtes, auch gewöhnlich sein Gesandter an den eidgenössischen Tagsatzungen; der Hofkanzler war das Haupt der
Kanzlei und der täglichen Geschäftsführung. Für die Verwaltung war das Land in mehrere Aemter eingetheilt: das Landshofmeisteramt, das Gebiet der Abtei und deren Umgebungen bis
nach Löwenschwyl und Bernhardszell hinab umfassend; das
Rorschacher Amt (das Gebiet östlich von St. Gallen bis an den
Bodensee); das Oberberger Amt (Goßau und Umgebung bis
nach Waldkirch hinab); das untere oder Wyler Amt (das Gebiet
westlich von Goßau). Dem Landshofmeisteramt stand der Landshofmeister selbst vor, mit Residenz auf der „Burg“. In Rorschach war ein Statthalter aus der Mitte des Konvents (Sitz
auf Mariaberg) nebst einem weltlichen Obervogt, der früher auf
dem Schloß Rorschach, später in der Ortschaft seinen Amtssitz
hatte. Der Obervogt von Oberberg wohnte in älterer Zeit auf
dem Schloß dieses Namens, nachher in Goßau. In Wyl regierte und verwaltete ein geistlicher Statthalter. Von diesen
Statthaltern wurden gesammte Oekonomie- und Finanzangelegen-
heiten der verschiedenen Gebietstheile geleitet und besorgt. Im
Hof (Pfalz) zu Wyl nahmen die Aebte häufig Wohnsitz; in
Wyl war auch der Reichsvogt für die Kriminalsachen. Orts-
gerichte übten die bürgerliche Rechtspflege, besorgten Polizei-
und andere Gemeinde-Angelegenheiten; die Vorstände dieser Be-

hörben (Ammänner oder Hauptleute) ernannte der Landesherr. Die Weiterziehung von Civilurtheilen führte zum Pfalzrath in St. Gallen, der aus fünf geistlichen und zehn weltlichen Mitgliedern bestehenden obergerichtlichen Behörde; das Haupt dieses Obergerichts war der Dekan des Kapitels; die weltlichen Beisitzer waren die Inhaber der obersten Regierungsstellen (Sitz des Gerichts in der neuen Pfalz). Für das untere Amt bestand ein eigener Pfalzrath in Wyl als Appellationsbehörde für dortiges Gebiet; dem Vierortenhauptmann stand das Recht des Beisitzes zu. Die Urtheile dieser Pfalzräthe waren endgültig, Revision vorbehalten, die bei dem Fürstabt angemeldet werden mochte. Für schwere Verbrechen bestand ein eigenes „Blutgericht", aus Mitgliedern des Pfalzrathes und der niedern Gerichte bestellt. Zwei Lehenkammern, zu St. Gallen und Wyl, besorgten die Lehengeschäfte und wachten über die daherigen Rechte und Gefälle der Abtei. Der fürstliche Hofstaat war einfach; die alten Erbämter, die zu diesem gehört hatten, ließ man thatsächlich eingehen, ihre Verrichtungen bei außerordentlichen Festen durch die ordentlichen Staatsbeamteten versehen. In geistlicher Beziehung übte der Dekan des Stiftskapitels die Disziplinaraufsicht über das Personal der Abtei; der Offizial mit einem Kollegium von geistlichen und weltlichen Beisitzern die geistliche Gerichtsbarkeit. Liegenschaftliches Eigenthum des Stiftes, das vor dem Rapperschwyler Vertrag von 1525 erworben worden, war bei Landes- oder Gemeinde-Anlagen steuerfrei.

Von hoher Wichtigkeit waren die Rechte der Abtei St. Gallen in einem großen Theil von Thurgau, der vollen Oberherrlichkeit nahe kommend; sie besaß in den sieben thurgauischen Gerichten Romanshorn, Keßwyl, Herrenhof, Sommeri, Sitterdorf, Rickenbach und im Berggericht (letzteres in weiter Umgegend von Wyl gelegen) das Mannschaftsrecht zu Handen der IV Schirmstände, das Recht, die Huldigung zu fordern, Polizei und Zivilgerichtsbarkeit mit Inbegriff der Appellationsinstanz, selbst einen Theil der Strafrechtspflege, verfügte über Ehehaften, Ab- und Einzug; die höhere Kriminaljustiz (Blutgericht) stand

ten X regierenden Ständen der Landgrafschaft Thurgau zu.
Umfangreiche Rechte besaß das Stift St. Gallen auch in den
thurgauischen Gerichten Hagenwyl, Roggwyl, Dozenwyl, Zuben,
Hefenhofen, Hauptwyl. Im Thurgau bestand das Stift St.
Gallische Romanshorner-Amt mit einem Obervogt für Ausübung
dortiger Gerechtsame in einigen der genannten Herrschaften oder
Gerichte; andere derselben waren theils dem Landshofmeisteramt,
theils dem Wyleramt zugetheilt. Appellationsbehörde für dortige
Gerichte war der Pfalzrath in St. Gallen.

Nach jeder neuen Abtswahl wurde gesammte Mannschaft
der alten Landschaft, inbegriffen jene aus den thurgauischen Gerichten, wo die Abtei das Mannschaftsrecht besaß, an die vier
Sammelplätze Löwenschwyl, Rorschach, Goßau und Wyl beschieden, um allda dem Abt den Eid der Treue zu leisten und das
Burger- und Landrecht mit den vier Schirmständen zu beschwören,
soweit die Landschaft selbst dabei betheiligt war.

Ganz verschieden von der Regierungsform in der alten Landschaft war jene in der neuen, in dem Toggenburg. Der Fürst
war zwar durch das Badener Friedensinstrument von 1718 „als
rechtmäßiger Ober- und Landesherr im Toggenburg" anerkannt
und bestellte seinen Landvogt, nach Belieben auch in Personen,
die nicht Landleute von Toggenburg waren; allein die fürstlichen
Rechte waren durch jene Urkunde und spätere Erläuterungen auf
ein Minimum beschränkt worden, so daß der Fürst mehr eine
Ehren- als eine wirkliche Souveränetät besaß und die ober-
herrliche Thätigkeit (in manchen Beziehungen wohl zum Nachtheil
des Landes selbst) größtentheils brach gelegt war. Ein Landrath von sechszig Mitgliedern, genau zur Hälfte aus jeder Konfession von den Gemeinden gewählt, war der Stellvertreter des
Volkes, befugter und verpflichteter Wächter seiner reichen Freiheiten und Rechte. Beschwerden über deren Verletzung konnte
er bei dem Landvogt oder dem Fürsten, und wenn dieser nicht
entsprach, vor einem eidgenössischen Schiedsgericht vorbringen.
Er selbst verlegte die Steuern und führte darüber Rechnung.
Der Landrath versammelte sich alljährlich, war aber auch zu

außerordentlichen Versammlungen berechtiget, doch unter Voranzeige an den Landvogt; der Obmann und sein Statthalter mußten in Parität stehen, d. h. je von der einen oder anderen Konfeſſion sein; untergeordnete Stellen mußten aus beiderseitigen Religionsgenoſſenſchaften in gleicher Zahl besetzt werden. Diese wahre Gleichheit, Parität, ist mit einer Genauigkeit und Gewiſſenhaftigkeit durchgeführt, die nach damaligen Begriffen nichts zu wünschen übrig ließ, aber auch Zeugniß gibt, wie nothwendig es gehalten wurde, konfeſſionelle Einseitigkeit und Ausschließlichkeit fern zu halten. Der Landvogt hatte seinen Sitz in Lichtensteig. Die Kriminalgerichtsbarkeit übte ein Landgericht von 24 Mitgliedern, zur Hälfte vom Landvogt, zur Hälfte von den Gemeinden gewählt, unter Vorsitz des erstern. Todesurtheile durften nicht vollzogen werden, ohne daß nicht den Verurtheilten Zeit gegeben worden wäre, die Gnade des Fürsten anzurufen. Das Landgericht, vom Fürsten entschädiget, war zugleich fürstlicher Landrath, so oft der Landesherr angemeſſen fand, deſſen Bethätigung in Regierungsſachen zu verlangen, erließ in dieſem Falle Mandate, Satzungen und Verordnungen. Gemeindegerichten war die Zivilrechtspflege übertragen; die Weiterziehung geschah an das Appellationsgericht, das zur Hälfte vom Fürsten, zur andern Hälfte vom Landrath gewählt wurde. Der Kriegsrath leitete das Militärwesen; es war für regelmäßige Uebungen und Hauptmusterungen gesorgt. Der Toggenburger Ehelustige mußte vor der Verkündung sich über volle militärische Bewaffnung und Ausrüstung ausweisen. Die Befugniſſe der Landsgemeinde sind oben schon angegeben; sie war eine der ansehnlichsten in der Eidgenoſſenſchaft, weil bei 10,000 Mann stark. Die Grafschaft war in das obere und untere Amt, in militärischer Beziehung in vier Quartiere eingetheilt. Die Oberlandesbehörden hatten ihren Sitz in Lichtensteig, der kleinen Hauptstadt des Landes, die von Schultheiß und Räthen, aus jedem Religionstheil zur Hälfte gewählt, regiert wurde. Obervögte in Iberg und Schwarzenbach besorgten den Einzug der obrigkeitlichen Gefälle.

Die Volkszahl ist nicht genau anzugeben. Alte Landschaft

und Toggenburg zusammen kann man um die Mitte des vorigen Jahrhunderts in runder Zahl zu 91,000 Einwohnern rechnen; in dieser Zahl sind jedoch 5000 Einwohner in den Thurgauer Gerichten inbegriffen, wo das Stift das Mannschaftsrecht besaß.[1]

Der Abt und Fürst von St. Gallen war in doppelter Stellung: er war eidgenössischer Stand und Reichsglied zugleich, ein Doppelverhältniß, welches in den älteren Zeiten vielfach vorkam, in den neueren sich noch lange erhalten hat. Der Fürst repräsentirte den ersten der „zugewandten Orte" der Schweiz; sein Gesandter nahm in Folge dessen den vierzehnten Platz im Kreise der Tagsatzungen ein. Treu erfüllte der Fürstabt von St. Gallen jederzeit seine eidgenössischen Pflichten. Als Reichs-glied war er zurückhaltend, unterließ, Sitz und Stimme am Reichstag geltend zu machen, blieb dagegen beharrlich im Em-pfangen der Lehen und Regalien und in Ablegung des Lehen-eides zu Handen des Kaisers. Diesen Verband zum Reich er-neuerte Fürstabt Beda, als Kaiser Leopold II. den Thron be-stiegen, durch den Akt feierlicher Huldigung in Wien am 27. November 1791, zu welchem er den damaligen Obervogt von Oberberg, Karl Müller v. Friedberg, als seinen Stellvertreter abgeordnet. Der Abt konnte dieses Rechts- und Pflichtverhältniß zum Reich nicht aufgeben, weil ihm dessen Schutz unentbehrlich; denn erfahrungsgemäß fand er bei den Eidgenossen allzuhäufig kein Recht, sondern nur endlose Verschleppung durch Vermittlungs-machenschaften.[2]

Der schwächste Theil der fürstlichen Regierung waren die Finanzen. Sie bezog keine Steuern im Sinne der heutigen Staatswirthschaft, sondern nur die Gefälle und Einkünfte aus lehen- und privatrechtlichem Titel. Aus den fünf Statthaltereien St. Gallen, Wyl, Rorschach, Neu-St. Johann, Ebringen und dem sogenannten Kelleramt bezog die fürstliche Regierung im

[1] S. Fäsi: Staats- und Erdbeschreibung der helvetischen Eidgenoß-schaft. Band III. Zürich, 1766. Man darf von dann bis zu den Neun-ziger-Jahren einige Vermehrung annehmen.

[2] Ild. von Arx, Geschichten, III. S. 293 und 294.

8*

Ganzen die runde Summe von 126,000 Gulden.[1] Aus diesem
kleinen Einkommen sollte die fürstliche Hofhaltung, sollten der
Konvent des Stiftes, die Klostergebäude, die Unternehmungen
für öffentliche Zwecke aller Art, mit einem Wort die Landesregierung bestritten werden. Nur ein eiserner Wille hätte vermocht, sich ohne Schulden oder doch mit geregelten Finanzen
durchzuschlagen; einen solchen besaß aber namentlich Fürstabt
Beda nicht. Er behalf sich daher meist mit Anleihen, die da
und dort, planlos und zufällig, ohne gleichzeitige Vorsorge für
gesicherte Tilgung, abgeschlossen wurden und die Stellung der
fürstlichen Regierung in allen Richtungen erschwerten. Dieser
Zustand der Dinge erregte Zwist im Kreise des Kapitels. Ein
Theil der Kapitularen, unter ihnen jüngere hervorragende Köpfe,
so Pancratius Vorster und Ildefons von Arr, machten konstitutionelle Opposition, auf Grund jener alten Satzungen, die
am 15. Juli 1504 die päpstliche Bestätigung erhalten hatten,
verlangten deßhalb Berufung des Kapitels zur Mitwirkung bei
allen wichtigen ökonomischen Fragen. Dessen aber hielt sich
Beda größern Theils enthoben, handelte auf eigene Faust, wenn
auch in bester Absicht für die Interessen des Landes. Die
Klagen wurden in Rom anhängig; der Fürstabt, mißmuthig,
sandte dem Papst die Resignation und bat um Enthebung von
seiner Würde, wurde jedoch von Pius VI. zur Ruhe, zur Aufrechthaltung seines Ansehens und zum pflichtgemäßen Ausharren
in der Regierung verwiesen.[2] Beda blieb, unterstützt durch
überwiegende Mehrheit des Kapitels; die Opponenten aber versetzte er für einige Zeit auf die Herrschaft Ebringen. Damit
war indessen nicht geholfen. Eintracht in diesen Zeiten war das
erste Erforderniß; aus ihr allein hätte die zuverläßliche Energie,

---

[1] Geschichte des Stiftes und der Landschaft St. Gallen unter den
zwei letzten Aebten. Von Franz Weidmann. St. Gallen, 1834.

[2] Päpstliches Breve vom 2. Juli 1788. Ein anderes Breve Pius VI.
vom 16. August gl. J., mahnte gesammte Kapitularen und das Kapitel
selbst: alle inneren Fehden zu meiden, dem Abt den schuldigen Gehorsam
zu leisten, über die bisherigen Zwiste Stillschweigen zu beachten.

verbunden mit der durch die Umstände gebotenen Umsicht, hervorgehen mögen. Einer kecken Zeit stand eine schwache und unbeholfene Regierung gegenüber.

Günstiger stand es im Volk als in den Regionen der Regierung. Es lebte (wir sprechen hier zunächst von der alten Landschaft) in Behäbigkeit und Wohlstand, betrieb mit Erfolg Landbau und Viehzucht, daneben die Leinwandfabrikation, welcher sich jedoch allmälig die Baumwollindustrie als Konkurrentin entgegenstellte. Das Volk wohnte gut, kleidete und nährte sich gut.[1]) Dafür zeugten die stattlichen Bauernhöfe, die solide und reiche Tracht beider Geschlechter, die wohlgenährten Gesichter des Landvolkes. Der Verfasser dieses Buchs hat Solches in seinen Jugendjahren noch mit angesehen. An modernisirter Bildung trug das Volk der alten Landschaft allerdings nicht schwer; dagegen war es arbeitsam und redlich, und wußte, was es je nach seinen Berufsgattungen nöthig hatte. Von Druck in Steuersachen war aus schon angeführtem Grund keine Rede. Was das Volk an verschiedenen Gefällen bezahlte, war geringfügig, jedenfalls gerechtfertigt. Widerwärtiger als die Sache und der Betrag waren die Namen und die Vielheit der Gefälle. Es bezahlte dieselben hauptsächlich für die Güter, die in älteren Zeiten theils auf lehenrechtlichem Weg, theils auf Grund des ursprünglichen Leibeigenschaftsverhältnisses in seine Hände übergegangen, ohne daß es einen Kaufschilling dafür zu erlegen gehabt; die Frohnen waren längst auch in Gefälle umgewandelt. Die Leibeigenschaft bestand nicht mehr, weder sächlich noch dem Namen nach; sie war höchstens noch formales Recht. Schon um die Mitte des sechszehnten Jahrhunderts war die Auslösung von Abwesenden um 3 Gulden gestattet. Auch die Einheimischen freuten sich des freien Zuges, mochten also frei über ihre Person und Familie verfügen und auswandern nach Belieben, falls sie

---

[1]) „Mit schönem weißem Brod", Fleisch mehrere Tage in der Woche, sagt ausdrücklich Ildefons von Arr. Zähle man die Völkerschaften, wo solcher Wohlstand am Ende des achtzehnten Jahrhunderts Regel war!

nur die unbedeutende Auslösung jener schon genannten Gefälle leisteten. In allem Uebrigen waren sie freie Leute. Es bestand keine andere Unterthanenschaft als diejenige, welche in jener Zeit auch in den Städtekantonen galt; gegentheils waren die Bewohner der alten Landschaft im Leben und Gewerb freier als beispielsweise jene der Landschaften von Zürich und Basel gegenüber der privilegirten Stadtbürgerschaft. ¹) Das Wesen der fürstlichen Regierung war darüberhin mild und nachsichtig; harte Exekution lag weder in ihrer Gesinnung noch in ihren Mitteln; wenn eine Gemeinde dem durch den Hofweibel in der Landesfarbe überbrachten Befehl nicht gehorchte, so regierte der Fürst nicht mehr, sondern er rekurrirte an die Schirmstände; gegentheils hatten die Unterthanen in den Städtekantonen und vollends die Angehörigen in den Landvogteien die schwere Hand und den Götterzorn ihrer aristofratischen oder demofratischen Herren häufig zu fühlen.

Viel vom Gesagten gilt auch vom Toggenburg. Es zog reichlichen Ertrag aus den Stoß- und Voralpen und dem Ausfuhrhandel mit den Produkten seiner Viehzucht. Im untern Amt gedieh der Getreidebau, die Hanf- und Flachskultur wie in der alten Landschaft; das Volk bewirthschaftete zugleich zahlreiche Lehenhöfe der großen Korporationen des Landes; in der späteren Zeit kam ausgedehnte Baumwollfabrikation dazu, welche die industrielle Regsamkeit der Toggenburger zu hohem Maß steigerte. Schriftsteller aus jener Periode jammern zwar über den dadurch beförderten Verfall der Sitten und die künstliche Zucht des Luxus. ²) Die seitherige Erfahrung eines vollen Jahrhunderts hat aber die Beruhigung gebracht, daß die In-

¹) S. „Briefe eines Deutschen über die politischen Bewegungen im Kanton Zürich". 1795. Die Stadtzürcher besaßen das Monopol für Handel und Handwerk und das noch wichtigere Monopol der Zulassung zu den höheren Studien, zu weltlichen Aemtern und zu Pfarrstellen. Derlei Ausschließlichkeit bestand in der St. Gallischen Landschaft nicht.

²) Fäsi, Staats- und Erdbeschreibung; Bd. III.

dustrie wie die Landwirthschaft ihre Vorzüge habe; das schlimmste
der sozialen Gebrechen wäre Trägheit und Müßiggang; beide
mieden die Toggenburger mit Auszeichnung. Ein anderer Gelehrter fällte herbe Urtheile über die Toggenburger, wollte in
ihnen nichts als ein Volk von Sklaven sehen, sprach ihnen jede
selbstständige Gesinnung ab, stellte die vom Volke gewählten
Vorsteher als feile Werkzeuge des Fürsten und des Landvogtes
dar und bezeichnete die Wahlen als Ergebnisse der Korruption
und Bestechung. [1]) Diese Auffassung ist in der Wesenheit grund-
falsch. Das Toggenburger Volk hat gegentheils während Jahrhunderten und bis in die Zeiten der großen Staatsumwälzung
die beharrlichsten Beweise von freiheitlichem Sinn, der hier und
da selbst bis zur Unbotmäßigkeit sich steigerte, kundgegeben und
rastlos an der Verbesserung seiner Zustände gearbeitet, in welchem letzteren Bestreben es der Landesherr und seine Stellvertreter nach Kräften und Möglichkeit unterstützten. Wirklich fehlen
auch alle Belege zu jenen schweren Anschuldigungen, während
die Beweise zahlreich sind, daß die Toggenburger ein weites
Maß bürgerlicher Freiheiten urkundlich und rechtlich besaßen, und
thatsächlich sich noch deren mehrere zulegten. Den Fürsten ge-
reicht zur Ehre, daß sie meist Männer hoher gesellschaftlicher
Stellung und solider Bildung als Landvögte bestellten. Als
der letzte derselben trat Ende 1792 Karl Müller v. Friedberg
ein, ein ungewöhnlich begabter Staatsmann. Dieser bezeugt
von Toggenburg das Gegentheil von dem, was Ebel diesem
Lande vorgeworfen, erzählt, daß sein Vorgänger wegen hoch-
fahrenden Wesens, welches die Toggenburger nicht ertrugen,
habe abtreten müssen, nennt sie darüberhin zwar ein heftiges,
allen Ueberschwänglichkeiten zugängliches Volk, ist aber weit ent-

---

[1]) So Ebel in seiner Schrift: Schilderungen der Gebirgsvölker der
Schweiz. Derselbe, ein Preuße, war ganz jung in die Schweiz gekommen,
reiste, sah sich um, schrieb und — verurtheilte. So verdienstlich Ebel in
anderer Beziehung gewirkt haben mag, war er in jener Schilderung doch zu
vorlaut.

fernt, ihnen gemeine und entehrende Leidenschaften vorzuwerfen, wie es Ebel gethan. [1])

Neben der stiftischen Regierung und in gutem Frieden mit ihr schaltete in bürgerlicher Einfachheit die republikanische Obrigkeit in St. Gallen. Bürgermeister, Kleiner und Großer Rath waren die Regenten der Stadt; jener Standeshäupter waren drei, von denen der dritte jeweilen Reichsvogt hieß, dazu neun Rathsherren und die zwölf Zunftmeister; diese 24 Männer machten den Kleinen Rath aus; 66 Zuzüger, von welchen jede der sechs Zünfte eilf wählte, bildeten mit dem Kleinen Rathe zusammen den Großen Rath. Neben den Räthen bestanden eigene Gerichte mit Appellation an den Kleinen Rath; der Große Rath urtheilte als Malefiz- oder Blutgericht unter Vorsitz des Reichsvogtes. Von drei Unterbürgermeistern war einer der Vorstand in Vormundschaftssachen. Die höheren Aemter der Republik wurden alljährlich erneuert; die Großrathsstellen aber waren lebenslänglich. Sämmtliche Bürgerschaft war je nach ihren Berufsgattungen in sechs Zünfte eingetheilt, welche die Grundlage der ganzen politischen Organisation waren. Neben diesen Zünften bestand die Gesellschaft zum Nothvestistein, welcher die adeligen Geschlechter und Kaufleute sich einverleibten. Sie waren wahlfähig in den Kleinen Rath wie die Genossen der sechs Zünfte. Stimmfähig in der allgemeinen Bürgerversammlung war der junge St. Galler schon vom sechszehnten Altersjahre an. Dieselbe kam ordentlicher Weise dreimal des Jahres zusammen. Ein Kirchenrath und ein Ehegericht behandelten die einschlagenden Geschäfte. Die Stadt St. Gallen hatte als zugewandter Ort den fünfzehnten Platz an den Tagsatzungen, und an das erste Bundeskontingent 200 Mann zu stellen. Die Milizen waren in drei Auszügerfahnen abgetheilt; in die erste waren alle „Hintersäßen" eingetheilt, denen die Pflicht oblag,

---

[1]) S. Briefe an Johann v. Müller, in oben erwähnter Sammlung. Müller v. Friedberg nennt im Schreiben vom 20. Juli 1793 die Toggenburger: „ce peuple impétueux, capable de toutes les espèces de transports".

zuerst in's Feld zu rücken; sodann die Mannschaft vom 18. bis 25. Jahre; die ältere Mannschaft bildete, je nach dem Alter, die zweite und dritte Fahne; jede Fahne hatte zwei Kanonen mit Artilleristen. Dazu eine Kompagnie Grenadiere zu Fuß, und eine solche zu Pferd.[1]) Des Handelsgeistes und des Handelsglückes der Stadt St. Gallen ist schon mehrfach gedacht worden. Ihre Kaufleute verführten in alle Welt, früher die auf der Landschaft verfertigte Leinwand, später die Baumwoll-gewebe und Stickereien aller Art mit allgemein verbreitetem Kredit. Eine Korporation von Kaufleuten stand den Handels-interessen vor, führte das Boten- und Postwesen ein und besorgte letzteres auf eigene Rechnung. Die Stadt hatte schöne Be-sitzungen nah und fern (in Thurgau die Herrschaft Bürglen) und wohlgeordneten Haushalt; sie zählte ungefähr 8000 Ein-wohner. Ihre ältere Gesetzgebung wurde im Jahr 1784 durch ein Wechselrecht vervollständigt. Sie übte gleich dem Fürstabt das Münzregal aus. Die Obrigkeit hielt auf genaue Sonntags-feier und bekämpfte den Luxus durch Kleidermandate, von denen die ersten unmittelbar nach der Reformation vorkommen. Die Schulen entsprachen vollkommen den Bedürfnissen und wurden mit bedeutsamen Opfern gepflegt. Als Schattenseite dieses ehrenhaften Gemeinwesens erscheint einzig die vorherrschende Antipathie gegen den Katholizismus, die selbst zu grellen In-toleranzhandlungen führte. So verweigerte die Stadt drei katho-lischen Malefikanten die verlangte Zulassung von Priestern ihrer Religion zur letzten Tröstung und ließ sie ohne diese hin-richten.[2])

Das Rheinthal war Unterthanenland von neun Ständen, die abwechselnd den Landvogt setzten; die vier reformirten Stände Zürich, Bern, Glarus und Appenzell a. R. gaben ihm den Landschreiber aus ihrer Konfession bei. Reich an Rechten da-

---

[1]) Historische Vorlesung von G. L. Steinlin. 1853. Handschrift.
[2]) Müller v. Friedberg an Joh. v. Müller, im Briefe aus Goßau vom 8. Februar 1788, S. 80 der angeführten Sammlung.

selbst war auch der Fürstabt von St. Gallen, daher seine Obervögte auf Schloß Blatten und zu Rosenberg. Aus den Gerichten Altstätten, Oberriet, Marbach, Berneck, Eichberg, Balgach
und St. Margarethen ging die Appellation an den fürstlichen
Pfalzrath in St. Gallen, von jenen zu Rheineck und Thal an
den Landvogt; aus Widnau und Haslach an den Grafen von
Hohenems; von Rüthi an den Abt von Pfäfers. Unglücklich
für das Land war, daß von diesen höheren Gerichtsstellen wieder an den Syndikat (die Versammlung der regierenden Stände)
appellirt werden konnte; die Prozesse verschleppten sich dadurch in's
Maßlose und verschlangen übermäßig Geld. Der Landvogt legte
den regierenden Ständen alljährlich Rechnung ab; ihre Einkünfte
waren gering; um so größer jene des Landvogtes, wie in den
übrigen gemeinsamen Herrschaften der eidgenössischen Stände.
Glarus beutete, des Widerspruchs der anderen Kantone nicht
achtend, für eigene Rechnung das Salzregal aus; im Uebrigen
war dem Lande die freie Besalzung gesichert gegen eine jährliche
Abgabe von 264 Gl. an jeden Landvogt nach Ablauf seiner
Amtsdauer. Die Beschaffenheit dieser Regierungsform übte wenig
fördernden Einfluß auf die öffentliche Wohlfahrt. Das Beste
that ein günstiges Klima, der fruchtbare Boden und ein gesegneter Weinbau, die Quelle ansehnlichen Wohlstandes. Die
Bevölkerung betrug im Jahr 1796 ungefähr 22,000 Seelen,
mit einer kleinen Mehrheit von Katholiken.

Den Landvogt in der Herrschaft Sax setzte Zürich jeweilen
für neun Jahre; er saß auf Schloß Forsteck. Der Wohlstand
des Landes beruhte vornämlich auf Hornvieh- und Pferdezucht.
Eben so in der Grafschaft Werdenberg. Der Landvogt wurde
hier von drei zu drei Jahren gewechselt; er verwaltete die
landesherrlichen Rechte und Güter; über Kriminalverbrechen
sprach der Rath zu Glarus ab; für bürgerliche Streitigkeiten
bestand ein eigenes Gericht mit Weiterszug an den Landvogt,
dann von diesem an die Regierung in Glarus. Die Landvogt-
stelle in der Grafschaft Sargans wurde alle zwei Jahre, der
Reihe nach von den acht regierenden Ständen, besetzt. Der

Landvogt mit einem Landammann, Landschreiber und Landweibel
bildete das Oberamt; den Landammann bestellte der Landvogt
aus einem dreifachen Vorschlag dreier hiezu berechtigten Gemeinden. Es bestanden mehrere bürgerliche Gerichte, mit Appellation an den Landvogt und von diesem an die regierenden Stände.
In dem Blutgerichte hatte der Landammann den Vorsitz. Für
allgemeine Landesangelegenheiten bestand ein aus allen Gemeinden gewählter Landrath. Die Sarganserländer waren überaus kriegstüchtig und gern gesehen in auswärtigem Dienst,
stiegen in demselben auch zu höheren Stellen. Das Land ist
reich an Alpen, hat ein vorzügliches Klima, ansehnlichen Wein-
und Obstwachs. Der Waarentransit gab ebenfalls Beschäftigung;
er wurde wie in Graubünden nach einer gewissen Rhodordnung
besorgt. Einwohnerzahl mit Inbegriff von Wartau 12,000.

Aehnliche Ordnung wie Sargans hatte Gaster, mit dem
Amt Wesen und Gams durch den gleichen Landvogt regiert;
sein Stellvertreter war der durch beide Stände auf Lebenszeit
eingesetzte Untervogt. Das Volk von Gaster huldigte an einer
Landsgemeinde zu Schänis, welche das Landgericht, den Landrath und die „Häupter" (alle mit demokratischen Amtstiteln)
wählte. Dem Landgericht stand die Civil- und Strafgerichtsbarkeit zu, dem Landrath die Besorgung der Landesangelegenheiten jeder Art. Malefizverbrechen beurtheilten die beiden regierenden Stände. Ein Landeshauptmann stand dem Milizwesen
vor. Wesen hatte seinen eigenen Untervogt. In Folge unge-
regelten Laufes der Linth litt diese Landschaft stark an Ver-
sumpfung und konnte deßhalb wirthschaftlich nicht gedeihen.

In der Landvogtei Utznach waren Landrath und Landgericht
ähnlich bestellt wie im Gaster, Vorstand des ersten ein Landammann. Kam ausnahmsweise der Landvogt, so hatte er seine
Residenz im St. Antonsspital; solches geschah namentlich alle
zwei Jahre bei der Huldigung seitens der Landsgemeinde, die
über allgemeine Landesangelegenheiten, Annahme neuer Landleute, Erlassung neuer Landessatzungen rathschlagte. Kriminaljustiz wie im Gaster. Utznach war blühender als die Nachbar-

landschaft Gaster, war reich an Waldungen und trieb reichlich
lohnenden Verkehr mittelst des Zürichsee's. Die Volkszahl im
Gaster und Utznach zusammen rechnete man zu 11 bis 12,000
Seelen.

In den drei Landschaften Sargans, Gaster und Utznach
war die Unterthanenschaft durch eine starke Zugabe demokratischer Berechtigungen, Einrichtungen und Gebräuche gemäßigt;
daher auch der selbstherrliche Geist, der sich von Alters her dort
bethätiget und auf die neueren Zeiten vererbt hat. Von sogenannter Leibeigenschaft kann um so weniger die Rede sein; es
bestanden nur noch die in allen Ländern als Ueberbleibsel der
altdeutschen Lehensverfassung in Uebung gewesenen Feudalgefälle
von geringem Belang. Als Betrag des sogenannten Fastnachthuhns bezahlte z. B. jede Haushaltung in Gams 2 Kreuzer
jährlich. Im Gaster übte Glarus, in Utznach Schwyz das
Salzregal für eigene Rechnung aus; die übrigen Einkünfte aus
diesen Vogteien reichten gewöhnlich nur zur Bestreitung der
Ausgaben hin.

Rapperschwyl mit den Höfen hatte 5000 Einwohner; die
sozialen Zustände waren wesentlich stationär; die Bürger waren
mehr gewohnt, aus dem gemeinen Wesen zu ziehen, als für
dasselbe Opfer zu bringen.

In solchen Verhältnissen lebten die kleinen Völkerschaften
rings um den Sentis, als in Frankreich der alten europäischen
Welt der Krieg erklärt, auf dem Schutte der gestürmten Bastille
der Grundstein zu einer neuen Staatenordnung gelegt, Thron
und Altar gestürzt, das Christenthum aberkannt, die Menschen-
rechte verkündet, Freiheit und Gleichheit als die höchsten Güter
der Völker und das Endziel ihrer Bestrebungen gepriesen und
empfohlen wurden. Lebten auch die Schweizer in sehr abgeschlossenen Gemeinwesen, so daß sie selbst unter sich jenes engeren
Verbandes entbehrten, der bei wesentlich geänderten Machtver-
hältnissen der auswärtigen Staaten unerläßlich geworden, so
waren sie hinwieder den Einflüssen von Außen zugänglich mehr
als gut. Ohnehin übt das Fremde auf die Gemüther allüberall

größeren Reiz als das zunächst Gelegene. Die Glut von Frankreich her zündete zunächst in dem sprachverwandten Westen der
Schweiz; es wurde aber auch warm in den Köpfen ihrer deutschen Bevölkerung. Ohnehin war im Laufe des achtzehnten
Jahrhunderts, seitdem der Aarauer Friede die alten Religions-
streitigkeiten zum Stillschweigen gebracht hatte, in manchen Kantonen und Gebieten der Eidgenossenschaft die Aufmerksamkeit der
Gebildeten und der Bauern, der Herrscher und der Unterthanen,
auf die inneren politischen Zustände gelenkt worden; und es
hatten Aufstände da und dort die Obrigkeiten gemahnt, daß das
Streben nach Neuem, vornämlich nach freier Stellung des Volkes
ihnen gegenüber, weitere Kreise gewonnen, ja Wurzel gefaßt
habe. Neben solchen Aufständen, die dem harten Arm des
Richters verfielen, regte sich ein geistiger Aufstand der Gelehrten
und Gebildeten aus den Städten selbst gegen die bestehende
politische und soziale Ordnung. Ihre Sprecher, an Hülfsmitteln
ohnehin reich, hatten solche noch durch das Band der Assoziation
vervielfacht und verstärkt und wirkten eingänglicher als Genossen
und Glieder der „helvetischen Gesellschaft". Wer dem Bestehenden im Wesen noch hold, doch der Einsicht nicht verschlossen
war, daß jede politische Ordnung, hat sie ihre besseren Lebens-
alter selbst mit schönen Erfolgen durchgemacht, der Auffrischung
und Erneuerung bedarf, mußte zum mindesten sich und Anderen
gestehen, daß der Kreis der Regierenden zu eng geschlossen, dadurch viele nützliche Kraft im Volk mundtodt gemacht war.
Nicht ohne Sorgen blickten daher die Häupter der schweizerischen
Aristokratien auf die Ereignisse und Erscheinungen im Ausland
und im Inland und schon im Jahr 1790 ließen die Gesandten
von Bern und Solothurn an der Tagsatzung zu Frauenfeld bei
dem Fürsten von St. Gallen anfragen, ob sie im Falle von
Bauernaufständen auf seinen Beistand zählen dürften.

Beda war glücklicher und traute seinem Volke so Schlim-
mes nicht zu, hatte er doch seine ganze väterliche Sorgfalt für
dessen Wohl schon durch ein Menschenalter lang walten lassen
und hielt er revolutionäre Aufwallungen schon bei dem religiösen

Sinn jenes Volkes nicht für möglich. Allein er täuschte sich. Es bedurfte nur der Anregung, um die Flamme der Unzufrieden= heit auch in der alt St. Gallischen Landschaft anzufachen. Wenn frühere Geschichtschreiber jener Zeit aus einigen unge= messenen Worten oder selbst unschicklichen und tadelnswerthen Handlungen damaliger Statthalter des Fürsten oder anderer Vorgesetzten eine wirksame Veranlassung der nachherigen Un= ruhen sehen wollten,[1] so waren dieselben mindestens sehr unter= geordneter Natur, denn solcherlei kommt zu allen Zeiten und unter allen Regierungsformen vor. Die Ursache des Aufstandes war das wellenförmige Herannahen der Grundsätze und An= sprüche der französischen Revolution bis in die fürstlichen Lande. Jede solche Zeit treibt Organe der Bewegung auf die Ober= fläche und bringt sie zum Handeln. In der St. Gallischen Landschaft war es ein einfacher, mit vielen natürlichen Gaben ausgestatteter Landmann, zunächst Fleischer seines Berufes, dann Brief= und Paketbote, der von Goßau nach Herisau und zu= rückwanderte, und dabei mehr vernahm, als er bei seinem ordent= lichen Gewerbe gehört und gelernt hätte. Im Laufe weniger Monate schwang er sich vom Rathgeber und Lenker zum Herrn und Ge= bieter des Volkes empor, weil er diesem die Freiheit geben wollte und verhieß. Es war Johannes Künzle, von Goßau.[2] In

---

[1] So Weidmann, der es vorzüglich liebt, allerlei Kleinigkeiten zum Skandal aufzublasen.

[2] Der Verfasser hat eben das Bild dieses Volksführers vor sich: ein scharf geschnittenes Gesicht, mit schlauen und feinen Zügen, das Haupt mit stattlichem Dreispitzhut bedeckt, der im St. Gallischen Land seither „Nebel= spalter" genannt wurde. Ueber Künzle konnte der Verfasser auch eine Hand= schrift benutzen: „Geschichte meiner Familie vornämlich während den sturm= vollen Jahren der St. Gallischen Revolution", 61 Folioseiten stark. Als Verfasserin derselben nennt sich Marie, Tochter Künzle's, später an den Tuchhändler Löw in Heidelberg verehelicht. Der Inhalt ist eine lobrednerische Huldigung zu Handen des Vaters, die jedoch an manchen Stellen in eine Schmähschrift gegen das Stift, namentlich gegen den Fürstabt Pancratius, anläuft. Die Tochter will das Heft im Alter von achtzehn Jahren ge= schrieben haben; einzelne Stellen dürften Beigabe von Manneshand sein.

Herisau hatte dieser Mann nicht nur alten appenzellischen De-
mokratengeist, sondern auch einen Anflug vom revolutionären
Sinn des modernen Franzosenthums in sich aufgenommen; das
letztere hatte dort seine enthusiastischen Verehrer und Freunde,
namentlich in der Familie Wetter gefunden, bei der Künzle geist-
liches und weltliches Regiment in St. Gallen zugleich verachten
lernte.[1])

Einen greifbaren Grund der Bewegung findet man nicht
auf, wohl aber einzelne Veranlassungen und den Anfang derselben. Die Goßauer waren verletzt, weil sie bei Offiziers-
wahlen für eine Contingentsstellung zur Grenzbesetzung in Basel
übergangen worden; Künzle und zwei seiner politischen Freunde,
weil der ihre Personen empfehlende Dreiervorschlag zu einer
Ammannswahl für Goßau von der Obrigkeit verworfen worden
war.[2]) Als zu Winterszeit übungsgemäß gewisse Gefälle bezogen werden sollten, las man am frühen Morgen des Drei-
königsfestes, durch unbekannte Hand an drei Goßauer Häuser
(jenen von Künzle und Contamin und am Pfarrhaus) längere
Schriftstücke angeschlagen, welche zur Auflehnung gegen die Entrichtung jener Gebühren aufforderten, deren wörtlicher Inhalt
jedoch nicht bekannt worden. Gleichzeitig waren an den übrigen
Häusern jenes Dorfes kleine Zettelchen angeheftet, des buchstäblichen Inhaltes: „Zall nünt, Du bist nünt scholdig!" Statt
zu bezahlen, antworteten die Leute: sie hätten die Quittung

Wesentliche geschichtliche Bedeutung hat die Schrift nicht; gleichwohl verhinderte die nachmalige Kantonsregierung den von einem Freund der Revolution, G. L. Hartmann von St. Gallen, beabsichtigten Druck der Schrift
und deren Veröffentlichung und Verbreitung, indem sie dieselbe „als konfis-
zirtes Manuskript über den Landhandel zu geheimer Aufbewahrung" der
Staatskanzlei übergab. Im Besitz einer Goßauer Familie befindet sich eine
Kopie der Schrift.

[1]) Weidmann, Geschichte. Auch Müller v. Friedberg in seinen Briefen an Johann v. Müller.

[2]) Aus einem (ungedruckten) biographisch-historischen Fragment über
K. H. Gschwend und seine Zeit, verfaßt, wie gesagt wird, von Dr. M. Johannes Neff, von Altstätten.

schon an der Hausthür.¹) Nach diesem Ereigniß legte Künzle
mit Befreundeten aus Goßau, Joseph Anton Contamin und
Anton Bossart, Hand an die Angelegenheiten des Landes,²)
griff zu diesem Ende auch außer die Gemeinde Goßau hinaus
und gewann die übrigen Gemeinden im Oberbergeramte, Niederwyl, Andwyl, Oberdorf und Oberarnig. Die Stiftsbehörden
aber, statt ernstlich gegen die Zahlungsweigernden einzuschreiten,
wollten das unter der Asche glimmende Feuer der Unzufriedenheit durch Wege der Sanftmuth und Nachsicht ersticken.³) Nach
längerem Zaudern und Bedenken ließen sich die Ammänner der
fünf Gemeinden bewegen, vereint mit drei Zuzügern (das waren
die drei schon genannten Führer) eine „ehrerbietige" Beschwerdeschrift an den Fürstabt einzugeben (10. Oktober 1793). Dieselbe schloß mit sechs Begehren: Ueberlassung der auswärtigen
Pensionsgelder an das Volk und Rechnungsstellung über dieselben; Aufhebung der in neuerer Zeit bezogenen Hofstattgelder
von neu erbauten Häusern; ebenfalls jener Gebühren, die auf
Ehehaften gelegt worden; Steuerbezahlung von den zu Handen
des Stifts seit dem Rapperschwyler Vertrag vom Jahr 1525
erworbenen Liegenschaften (diese drei Forderungen kraft dieses
eben genannten Vertrages); Aufhebung eines seit dem Straßenbau „im Bild" errichteten Weggeldes; Zurücknahme der neuen
Milizordnung, welche ein früherer Geschichtschreiber⁴) als großen
Fortschritt seitens der fürstlichen Regierung bezeichnet, und Rückkehr zu den älteren Militärgebräuchen.⁵) Der Fürstabt lehnte
nach längerer Frist und mündlich ab, mit dem Verdeuten, daß,

---

¹) Aus der Familiengeschichte von Künzle. Nicht ganz zuverlässig er-
hellt aus derselben, ob das Erzählte am 6. Januar 1792 oder gleichen
Tages 1793 geschehen. Die Schrift über Gschwend nennt das Jahr 1792.
„Scholdig" ist Appenzeller Dialekt.

²) Eine erste Versammlung wurde am 10. Januar 1793 gehalten.

³) So sagt die Schrift über Gschwend.

⁴) Weidmann, Geschichte.

⁵) In dieser Klage war inbegriffen, daß man die Goßauer bei Anlaß
des Auszuges nach Basel habe hindern wollen, vorerst die Hintersaßen zu
stellen (S. die Schrift über Gschwend).

falls die Beschwerdeführer Recht suchen wollten, solches jedenfalls nicht vor den Schirmorten, wie jene meinten, sondern vor
dem Pfalzrath zu geschehen hätte. Die fünf Ammänner wurden
stutzig und reuig, traten zurück und wollten nicht mehr vorwärts
mit den Zuzügern oder Ausschüssen. Diese aber und der stürmische Anhang, den sie bereits gewonnen, rathschlagten an neuer
Versammlung (7. Dezember 1794), an welcher die zurückgetre-
tenen Ammänner als Abtrünnige beschimpft wurden, ließen die
Zahl der Ausschüsse auf siebenzehn vermehren, gaben Vollmacht,
bei den Schirmorten (statt vor dem Pfalzrath) zu klagen,[1]
organisirten eventuell die Verweigerung jener Gefälle oder Steuern,
deren Gesetzlichkeit sie bestritten hatten, und verbündeten sich zu
Schutz und Trutz, entschlossen und sich versprechend, Gewalt mit
Gewalt abzutreiben, falls auf die Ausschüsse gegriffen werden
wollte. Die Führer, alsogleich vor Pfalzrath geladen, verweigerten die Stellung, wanderten dagegen mit einem vierten Aus-
schußmitglied an den Schirmort Glarus, hier Hülfe suchend und
hoffend,[2] wendeten sich ebenfalls an die übrigen Schirmstände,
von denen auch Schwyz ihnen nicht ungünstig schien. Nun ließ,
den Aufständischen gegenüber, der Fürst sein obrigkeitliches Wort
vernehmen,[3] gedachte seiner jeweilen, besonders zur Zeit der
Siebenziger Theuerung bewiesenen väterlichen Sorgfalt, beklagte
die Anschläge der „Uebelgesinnten“ im Oberbergeramt, hielt ihnen
ihren schnöden Undank vor, gab Versicherung, daß er nicht im
Geringsten die Rechte und Freiheiten seiner Unterthanen zu
schmälern gedenke, warnte vor Aufwieglung und Meuterei, ver-

---

[1] Der Rath hiezu wurde schriftlich eingebracht; von wem er kam,
„wußte Niemand“, sagt die Familiengeschichte.

[2] Es wurde ihnen wirklich persönlicher Vorstand vor dem Rathe
gewährt.

[3] Proklama vom 13. Dezember 1794. Nach der Schrift über Gschwend
wollte der Fürst nun die Kompetenz der Schirmorte, statt des einheimischen
Zivilrichters, anerkannen; aber im Proklama ist dieß nicht ausdrücklich
gesagt.

sprach williges Gehör für Anbringen von Beschwerden, falls solches durch das Mittel der gesetzlichen Vorsteher geschehe, verhieß für diesen Fall auch den Weg Rechtens zu öffnen und bedrohte schließlich widergesetzliche „Rottirungen" mit verdienter Ahndung. Fürstabt Beda hatte nicht bloß geistliche, sondern auch weltliche Rathgeber; als ein solcher gerufen, befand sich Monate lang und fast ununterbrochen in seiner Umgebung der Landvogt von Toggenburg, Karl Müller v. Friedberg, wie dieser selbst bezeugt. Er schrieb an seinen Freund Johann v. Müller in Wien: [1] „Fünf Gemeinden im Amt Oberberg sind in wirklicher Gährung. Es ist um Kleinigkeiten und den Mißbrauch mit einigen Gefällen zu thun, [2] über den ich mich laut erklärt habe und worüber ich der Abstellung entgegensehe. Aber nicht das, sondern die Weise, die Sache zu betreiben, roch nach Revolte. Etwelche Neudenker erregten Rottirungen, setzten sich an ihre Spitze, versagten Gehorsam in Mehrerem und nahmen auf alle Fälle geheime Maßregeln offener Gewalt, Bewaffnungen u. s. w. vor. Zum guten Glücke verhinderte ich starke Schritte der Regierung; denn da diese alt und abgenutzt, der Fürst und auch mein Vater [3] kränklich, rief man mich und ich bin seit zwei Monaten die Hälfte der Zeit in St. Gallen. Wir bestanden (darauf), daß wir nicht mit Meutmachern eintreten werden; diese sollen Reue zeigen, regelmäßige Gemeinden gehalten werden, und dann wolle man hören, remediren, oder den

[1] Brief vom 23. Februar 1795, a. a. Ort. Durch diesen Brief berichtiget sich erheblich, was Müller v. Friedberg vierzig Jahre später über die Veranlassung des Aufstandes sagte. S. dessen „Schweizerische Annalen; Bd. III. Zürich, 1835.

[2] J. J. Hottinger in seinen „Vorlesungen über die Geschichte des Untergangs der schweizerischen Eidgenossenschaft u. s. w. Zürich, 1844" erwähnt der Finanzzerrüttung des Stiftes und der zur Hebung derselben vorgenommenen Erhöhung der Auflagen. So zusammengestellt wird der Leser zur Meinung verleitet: es sei da große Bedrückung des Volkes eingetreten. Irrthum! Es waren eben „Kleinigkeiten", und die Bewegung hatte wesentlich nur politische Beweggründe.

[3] Dieser war Landeshofmeister.

Richter walten lassen. [1]) Glarus nahm die Ruhestörer in offenen Schutz, belobte sie in Rathserkanntnussen, theilte ihnen sogar die geheime Korrespondenz der Stände mit. [2]) „Schwyz war lau, [3]) Zürich und Luzern aber trefflich." [4]) So erzählt wörtlich Müller v. Friedberg. [5]) Derselbe Rathgeber des Fürsten führt bittere Beschwerde über die in Schwaben und Vorderösterreich verhängte Fruchtsperre gegen die östliche Schweiz und sagt, daß sie wesentlich zu der ohnehin gereizten Volksstimmung im St. Gallischen beigetragen habe und ausgebeutet worden sei, obwohl der Fürst auch in dieser Zeit nichts versäumte, den daherigen Nöthen des Volkes zu steuern. Von Glarus her gestärkt, wendeten sich die Ausschüsse abermals an den Fürsten, der ihnen im Sinne obiger Darstellung die Versammlung zu ihren Zwecken in regelmäßigen (gesetzlichen) Gemeinden gestattete (3. Februar 1795). Abweichend von dieser Gewährung versammelten sich die fünf Gerichte vereint in Gossau unter Künzle (24. Februar). Er leitete und sprach gleich einem längst eingeschulten Demokratenhaupt, in Formen, Worten und Wendungen, wie es die Appenzeller und die „Länder" zu thun pflegten, klagend, schmei-

---

[1]) In diesen Worten liegt die volle Aufklärung über Wesen und Ziel des fürstlichen Proklama's.

[2]) Und lud den Fürsten ein, sich alles strafgerichtlichen Einschreitens gegen die Häupter der Beschwerdeführer zu enthalten, den Gemeinden freie Versammlungen zu gestatten. S. Hottinger's „Vorlesungen u. s. w." Die Familiengeschichte des Künzle gibt dem ersten Rathsbeschluß das Datum vom 16. Dezember 1794, den Inhalt übereinstimmend; das Schreiben von Glarus an den Fürsten ist vom gleichen Tag: eine vorliegende Abschrift gibt den $\frac{5}{16}$ Dezember als Datum des Glarner Rathsbeschlusses an.

[3]) Für die Interessen des Stiftes.

[4]) In gleichem Sinne zu verstehen.

[5]) Spätere Korrespondenzen zeigen, daß der Glarner Landschreiber Michel den geheimen Verkehr mit Künzle in Gossau pflog; für solche Bemühungen verlangte er ausdrücklich Bezahlung (aus einem dem Verf. aus Gossau mitgetheilten Originalschreiben von Michel, ohne Datum, aber wahrscheinlich aus der Zeit unmittelbar vor der Landsgemeinde von 1795). Aehnliche Mittheilungen machte Michel zu letzterer Zeit an Gallus Schlumpf in Wattwyl, mit Empfehlung der Geheimhaltung.

chelnd, mahnend, anreizend, überbescheiden die vom Volk empfangenen Aufträge in dessen Hände zurücklegend,[1] dann (nach
geschehener definitiver Wahl zum Vorstand) herzlich bedauernd,
daß er zum Gemeindeführer gewählt worden, und seine unge-
nügende Beredtsamkeit entschuldigend. Alles ging ihm nach
Wunsch. Beschlossen wurde: neue Eingabe gutfindender Beschwerdepunkte an den Fürsten und Anrufung des Rechtes, falls
nicht gütliche Verständigung erfolge; Uebergabe des „Geschäfts"
an die Ausschüsse, die bereits auf die Zahl von 21 angewachsen,
und Vermehrung derselben bis auf 37; Enthaltung von unmittel-
barem Einwirken auf die anderen Gemeinden zum Zuzug, aber gemeinsames Handeln mit ihnen, falls sie freiwillig beiträten. In
dieser Zeit hatten sich die sechs Beschwerdepunkte schon auf fünfzehn
vermehrt; Aufgabe des Ausschusses war, auch übrige noch zu sam-
meln. Es war ein förmlicher Wettlauf zur Auffindung und Eingabe
von Volksbegehren eröffnet. In der Schlußrede rief Künzle
dem versammelten Volke ermuthigend zu: „Niemand wird uns
eines mindesten Mißtrittes beschuldigen können; wir waren bis
dahin nur Rechtsuchende, keine Rebellen, keine Rottirer, keine
Ruhe- und Friedensstörer; Alle haben nur den Wohlstand unseres
Landesherrn sowohl als des gesammten Volkes zu fördern gesucht;" es war dieß eine Erwiederung auf das Proklama des
Fürsten. Ganz anders als Künzle urtheilte Müller v. Friedberg; er schrieb:[2] „Die berüchtigte Versammlung der fünf Gemeinden ward gestern in Goßau unter dem Zulauf von vielen
Tausenden abgehalten, aber unter unrechtlichen, verbotenen Formen, von Demagogen geführt, mit Ausschluß der gesetzlichen
Vorgesetzten."[3] Rettung für das Stift wäre es gewesen,

---

[1] Der Verfasser hat den Text seiner Rede vor sich liegen, aus den
hinterlassenen Schriften des Regierungsrathes Falk.

[2] In einer Nachschrift zum schon angeführten Brief an Joh. v. Müller, vom 25. Februar 1795.

[3] So urtheilt auch Hottinger, a. a. Ort, da der Fürst zwar eventuell
auch eine Versammlung aller fünf Gemeinden zusammen, doch nur unter
Vorsitz der Ammänner gestattet hatte.

setzte Müller v. Friedberg in einem späteren Briefe bei, wenn Glarus mit den anderen Schirmkantonen einig gegangen wäre. [1] Einverstanden mit dem Stift war hinwieder die Stadtrepublik St. Gallen; dagegen schürten die Appenzeller die Gluth im Volke der Landschaft. [2] Nach der Volksversammlung vom 24. Februar, die dem Ansehen des Fürsten den letzten Stoß versetzte, und unter den erwähnten verschiedenen Einflüssen konstituirten sich Künzle und Freunde als die „Vorsteher und Ausschüsse der Landschaft Gossau", führten Amtskorrespondenz mit den Schirmorten, forschten nach den Urkunden, namentlich in dem landschaftlichen Archive zu Waldkirch, um Stoff zu neuen Ansprüchen und zur Unterstützung schon eingegebener Forderungen zu finden, und gewannen Anhänger auch in den übrigen Theilen des Landes. [3] Karl Häfeli, Ammann von Oberbüren, fachte die Bewegung im Wyleramt an, Joseph Anton Heer im Rorschacher-, Joseph Anton Müller von St. Georgen im Landshofmeisteramt. Das Netz des Aufstandes war bald über das ganze Land gespannt, dieses nun aber in zwei Parteien gespalten, von denen die Einen, die Gegner des Stiftes, sich selbst als die „Harten" belobten, die Anhänger des Stiftes mit dem Spottnamen der „Linden" [4] bezeichneten. Der Fürst aber, in seiner unerschöpflichen Güte und in der Absicht, die waltende Aufregung

[1] Brief vom 9. April 1795 an Joh. v. Müller.

[2] Brief von Müller v. Friedberg, vom 15. Mai 1795, an den Gleichen. „Quant à l'état de St. Gall, la ville est notre amie, il y va de son intérêt; mais les Appenzellois agitent et électrisent les sujets pour la liberté". Und in dem Briefe vom 23. Februar 1795 an den Gleichen: „In Appenzell Außer-Rhoden, sonderlich in Herisau, ist man Maratist, Robespierrist, Moderatist, so wie das nach einander vorkömmt, zur Schande der Vernunft und des Schweizersinnes. Der gemeine Mann von da wühlt sehr unter dem unserigen."

[3] Aus dieser Zeit datirt das Erscheinen des im Appenzellerlande gestochenen Bildnisses von Künzle. Weibspersonen trugen „Freiheitspfenninge", in welche ein Gürtler zu Gossau die Einsiedlerpfenninge, mit der Aufschrift „vivat libertas à Gossau", umgewandelt hatte. (Schrift über Gschwend.)

[4] D. h. der Weichen, Nachgiebigen, Unterwürfigen.

zu mäßigen, verhieß in neuer Proklamation Allen seine Huld
und Gnade, sagte dem Volke, wie sehr er nach vollendeten achtundzwanzig gesegneten Regierungsjahren das seiner Liebe und
Gerechtigkeit entgegengestellte Mißtrauen beklage; versicherte ge-
wissenhafte Würdigung der ihm bekannt gewordenen Beschwerden,
von seinen Angehörigen dann gewärtigend, daß sie die ange-
stammten Rechte des fürstlichen Stiftes ehren und gesetzlicher
Ruhe und Ordnung sich befleißen werden, und theilte mit, wie
er, weit entfernt, sein Volk in Bezug auf den Getreidebedarf
sich selbst zu überlassen, wie ihm durch „verführerische Gerüchte“
vorgeworfen werde, seit anderthalb Jahren unermüdet und mit
großem Aufwand von Kosten für dessen Bedürfnisse besorgt sei,
in Ulm zu diesem Zwecke selbst seinen eigenen Geschäftsträger
halte; Alles ausführlicher (19. März 1795 [1]). Je milder und
wohlwollender der Fürst, desto anmaßlicher waren die Unzufriedenen. Sicherheitshalber hatte die Regierung vorläufig die vier
Schirmorte ersucht, auf ein allfälliges Interventionsbegehren ihre
Abgeordneten in Bereitschaft zu halten; weiter wagte sie nicht
zu gehen, um nicht noch mehr zu verletzen, wollte verharren auf
dem Vergleichswege. [2] In diesem Sinne erließ der Fürst ein
weiteres Manifest, durch welches er im Einverständniß mit Dekan
und Convent erläuternd verkündete: er werde von den Vorgesetzten der Gemeinden und von ihren beliebigen Ausschüssen die
allgemeinen (Landes-) Beschwerden entgegen nehmen und ein Einverständniß mit denselben zu pflegen bemüht sein, in der Hoffnung übrigens, daß sie nichts, als was ihnen nach Sprüchen
und Verträgen, namentlich nach dem Rapperschwyler Vertrag
von 1525, zukomme, verlangen werden; ebenso werde er die
besonderen Gemeindebeschwerden anhören, prüfen und zu heben
besorgt sein, endlich Allen und Jeden über das Vergangene Am-

---

[1] Nach sorgfältiger Prüfung der Schreibart dieses ganzen Proklama's sieht sich der Verfasser dieses Buches zur Aeußerung berechtiget, daß
der Landvogt Müller v. Friedberg dessen Verfasser gewesen.

[2] Müller v. Friedberg an Joh. v. Müller, 9. April 1795: „On ne
fait voir que désir d'accommodement et vues légales“.

neste angedeihen lassen (16. April). Die Ausschüsse erliessen hierauf ein mit überschwänglichem Eingang beginnendes Dankschreiben an den Fürsten und fügten phrasenreich bei, was des Volkes eigentlicher Wille sei: „es verlangt nicht den Umsturz der Regierungsform; ja als ein Religion und Ehre liebendes Volk verabscheut es im Ganzen, was wider Gesetz und Ordnung ist; es klagt nur über Neuerungen und Beeinträchtigung seiner Rechte, beschwert sich nur über noch nicht vertragene Punkte, und über nach Willkür abänderliche Gesetze! dringt nur zu Herstellung ewiger Ruhe und Ordnung, auf feierliche Bestimmung seiner Pflichten und Rechte, und das Alles nach gesetzlicher Form, gütlich oder rechtlich." Die wirklichen Klag- und Bittpunkte übrigens werden die Ausschüsse erst noch ordnen, begründen und sodann dem Volke vorlegen (29. April). Unterzeichnet sind vierzehn „treugehorsamste" Ausschüsse, an deren Spitze Franz Roman Hertenstein, Ammann von Rorschach.[1] Sie schrieben auch an die Schirmstände zur Rechtfertigung, schoben alle Schuld auf die Regierung und deren Zaubern und bisherige thatsächliche Rechtsverweigerung, behaupteten, daß sie weder Aufwiegler noch Aufgewiegelte seien, was der Fürst ja nun selbst anerkenne. Die Führer des Volks waren bald mit ihrer Arbeit zu Ende. Sie fiel sehr umfangreich aus, enthielt einundsechzig Beschwerdepunkte, wurde am 26. Mai von der Versammlung der Ausschüsse aller Landestheile in St. Fiden genehmigt, von der Amtsgemeinde Gossau am 31. gl. M. durch vier weitere Punkte vermehrt, von denen der letzte das anmaßliche Begehren ausspricht, daß, der Vorlegung der Beschwerdeschrift an den Fürsten vorgängig, von diesem der Statthalter P. Beat Schumacher und der Landshofmeister Müller v. Friedberg ihres Amts entlassen werden, welche beide Amtspersonen dann sofort ihren Rücktritt nahmen. Künzle mit zehn anderen

---

[1] Dieses Dankschreiben ist wörtlich enthalten in einer Flugschrift: „Entsprechen die ehrerbietigen Vorstellungen u. f. w. dem landesväterlichen Zuruf und dem Danksagungsschreiben u. f. w. 1795".

Ausschüssen, voran der Ammann Jakob Anton Egger (von
Tablat), Joseph Anton Müller, von St. Georgen, und Karl
Häseli, von Oberbüren, unterzeichneten die Klagschrift am
3. Juni und beförderten sie an den Fürsten. Sie wirft alle
gedenkbaren Ansinnen, Klagen, Forderungen und Wünsche wirr
durcheinander, ist zudem in einer höchst unbehülflichen, an einzelnen Stellen fast unverständlichen Sprache abgefaßt, verräth
durch den zusammenhanglosen Inhalt auch die Leichtfertigkeit
ihres Entstehens, indem ohne alle nähere Prüfung eben aufgenommen wurde, was die Ausschüsse da und dort zusammenzu-
tragen beliebten. Die Klageschrift enthielt Beschwerden über
willkürlichen Bezug von Gefällen, die ihren Ursprung in der
alten Leibeigenschaft hatten (Fall und Fastnachtshuhn); bat um
Aufhebung der Leibeigenschaft selbst, Nachlaß oder mindestens
„leibliche Auslösung" daheriger Gefälle; um Abschaffung angeblichen Mißbrauchs bei Bezug der Gebühren von Lehengütern,
auch um allfällige Auslösung dieser; klagte über regelwidrigen
Bezug der Ehrschatzgefälle, lästige Ausdehnung der Zehntpflicht
und Erhebung einer Menge kleiner Gefälle und Gebühren unter
verschiedenen Namen, wiederholte die ursprünglichen sechs Begehren; verlangte ein Verbot, daß nicht ferner Grundstücke und
Häuser „in ewige Handen" erworben werden können, oder Eröffnung des Zugrechtes auf dieselben; eigene Leitung des Milizwesens (d. h. Einführung freier Militärverwaltung durch eigenen
Kriegsrath wie im Toggenburg), Wiedereinführung des freien
Salzhandels, Revision des Zoll- und Weggeldswesens, mit
einer großen Zahl von Einzelbeschwerden; Ernennung von
Landleuten zu der Ministerstelle, statt der geldsüchtigen Fremden;
auch Besetzung der Pfarrpfründen durch „Landeskinder oder min-
dest Eidgenossen", dieß mit schweren Klagen über Fremden-Be-
günstigung auch in allen Beziehungen des täglichen Verkehrs-
lebens (allzuhäufige Aufnahme von Fremden als Landleute,
Ueberfüllung des Landes mit stümpernden Handwerkern und
Krämern, „Schwaben"-Protektion); die Schrift begehrte ferner
eigene Wahl der Gemeindevorgesetzten durch das Volk, auch der

Schulmeister und Meßmer, wo letzteres bis jetzt nicht gestattet; Bestellung von Ausnahmsgerichten zu gleichen Sätzen in Civil- streitsachen von Gemeinden oder Partikularen mit dem Stift, statt des Pfalzrathes; Ueberlassung des Schulwesens in bürger- licher Beziehung an die weltlichen Vorsteher; Anweisung der Frauenklöster zur Haltung von Mädchenschulen und zu vorzugs- weiser Aufnahme von Landeskindern mit einer Marimal-Aus- steuer von 1000 Gl.; Anlegung eines Hülfsfondes zur Milde- rung des Unglückes in Brandfällen; unentgeltliche Bewilligung von Tavern- und Zapfenwirthschaften; vorzugsweise Ueberlassung der väterlichen Güter an die erbenden Söhne mit Auslösung der Töchter (Mannsvortheil); unentgeltliche Ertheilung gewisser Ehedispensen; Revision des Landmandates unter Genehmhaltung des Landes; endlich wiederholte schließlich die Beschwerdeschrift das Begehren, womit sie begonnen: Aufhebung „aller Namen und Gefälle von Leibeigenschaft, die nur Sklaven, nicht aber mit süßen Namen „„Landesangehörige"" betitelten Menschen zukommen" (3. Juni). Der Fürst beklagte den Uebermuth, mit dem man ihm die Entlassung treuer Staats- und Stiftsdiener abgetrotzt. Die Beschwerdeschrift wurde durch dreimalige Auf- lage bestens verbreitet;[1] sie weckte bittern Unmuth in den Kreisen der Regierung; die dem Fürsten und dem Stift ergebenen staats- und rechtskundigen Männer, und nicht nur sie, sondern auch Gegner beider,[2] sahen unter den einundsechzig Klagen und Begehren solche, welche das Wesen und den Fortbestand der Regierungsform selbst bedrohen,[3] die ganze Klagschrift im grell-

---

[1] „Ehrerbietige unterthänigste Vorstellung der Gemeinden der alten St. Gallischen Landschaft an ihren gnädigsten Fürsten und Landes-Herrn. Helvetien, 1795."

[2] S. „Kurze Darstellung der politischen Vorgänge in der St. Gal- lischen alten Landschaft; vom Jahre 1793 bis 1803." Handschriftlich von Peter Aloys Falk, Regierungsrath des Kantons St. Gallen.

[3] Müller v. Friedberg schrieb an Joh. v. Müller (22. Juni 1795): „Les soixante articles généraux, tous presque (beinahe alle) anticonsti- tutionnels et minant toute autorité ont donc été présentés au Prince." Ferner: Vom Fürsten sei vorgängig verlangt worden, daß er keine Fremden

ften Widerspruch zu dem Dankschreiben vom 29. April, behaupteten auch mit Zuversicht, daß die große Mehrheit des Volkes
mit dem Treiben der Bewegungsmänner keineswegs einig gehe.
P. Joh. Rep. Hauntinger, der entschiedenste Gegner der Ausschüsse,
vertheidigte das Stift in einer geistreich gehaltenen Schrift,[1]
erinnerte darin an die im Allgemeinen befriedigende Lage des
Landes, wie Willkür und Druck hier unbekannt seien; „hunderterlei
Abgaben, welche entferntere und nähere Menschen drücken, sind
auch dem Namen nach unseren glücklichen Bewohnern unbekannt,
und jene, welche seit undenklichen Zeiten durch unstreitige Rechts-
titel und uralten Besitz auf den Einwohnern haften, verlieren
das Gepräge der landesherrlichen Güte und Schonung nie.“
Dann verwies er auf die unlautern Quellen der Klagschrift,
veröffentlichte zur Beschämung der Gegner ihr eigenes Dankschreiben, dessen Inhalt sie der Kenntniß des Volkes vorenthalten
hatten und mit dem das nunmehrige maßlose Gebahren der
Unterzeichner in den grellsten Widerspruch getreten sei; reduzirte
die Klagen über Neuerungen und Willkür auf ihr richtiges Maß
oder zeigte vollends ihre Grundlosigkeit (fragte z. B. ob es
denn Härte sei, statt eines Huhns, das man berechtigt in natura
fordern könnte, bloß 12 Kr. zu beziehen?), deckte den Widerspruch der Begehren zu den alten Sprüchen, Verträgen und be-
schwornen Oeffnungen auf, während die Ausschüsse in der Dank-
adresse feierlich betheuert, daß das Volk keineswegs den Umsturz
der Regierungsform, überhaupt nichts verlange, was gegen Gesetz und Ordnung; hob aus der Reihenfolge jener Begehren
aus, daß Neuerungen nicht auf Seite des Stiftes vorliegen,
sondern vielmehr massenhaft in der Klagschrift verlangt werden,
namentlich auch in Hinsicht von Gegenständen, bezüglich welcher
das Stift schon vor Jahren neue verbesserte Einrichtungen ge-

in das Geschäft hineinziehe, nur mit dem Kapitel rathschlage; diejenigen
entferne, die ihm (dem Fürsten) hätten eine Stütze sein können. Dann weiter: „Les matadors n'ont pas demander mon éloignement“.
[1] Schon oben erwähnt: „Entsprechen die ehrerbietigen Vorstellungen u. s. w.“

troffen habe, dann aber an der Durchführung derselben vom
Land aus gehindert worden sei; erinnerte, wie schon seit Jahrhunderten das Stift an berechtigten Gebühren (Fall, Erbschaft)
jeweilen einen guten Theil aus freien Stücken den Pflichtigen
nachgelassen, dann aus den also geschmälerten Einkünften gleichwohl an die Dürftigen im Lande und für verschiedene nützliche
Anstalten und Unternehmungen mehr verwendet habe, als alle
herrschaftlichen Einkünfte des Stiftes zusammengenommen betragen (große Summen für Stiftung oder Aeufnung neuer
Pfründen, Opfer von Hunderttausenden für wohlfeilere Getreide-
Ueberlassung in den Zeiten der Theurung, Bestreitung vieler
Geschäfte für des Landes Wohl aus den eigenen Mitteln des
Stiftes, ohne irgendwie die Landesangehörigen dafür in Anspruch zu nehmen); verwies die Engherzigkeit, die das Land
gegen Auswärtige abschließen, „einer Schnecke oder Schildkröte"
gleich sich in ihrer Behausung oder Schaale ein- und absperren
wolle, während die Beschwerdeführer kopfhoch den Eintritt in
auswärtige höhere Dienste in ihren Entwürfen hegen und (angeblich) zu diesem Behuf die Entlassung aus der Leibeigenschaft
betreiben; er zeigte im Weitern, daß für wirklich Streitiges das
befugte Forum schon im Rapperschwyler Vertrag bezeichnet sei;
tadelte die Refusation des Pfalzrathes in gewöhnlichen bürgerlichen Streitigkeiten mit dem Stift; dann die fast krankhafte
Gier nach neuen Gesetzen und Verordnungen, da und dort mit
Hinweisung auf toggenburgische Einflüsse; schließlich wird der
unfreundlichen Gesinnung rügend gedacht, welche das Stift mit
einem Prozeß bedrohe, dessen Kosten und Folgen unabsehbar
wären. In ähnlichem Sinne schrieb auch P. Joseph Bloch, [1]
von dem man erfährt, es habe einer der Ausschüsse die maßlose
Reichhaltigkeit der Beschwerdeschrift mit dem Spruch entschuldigt:
man müsse in solchen Fällen den Bengel möglichst hoch nach
dem Baume werfen.

[1] „Patriotischer Zuruf eines alt St. Gallischen Landmannes an seine
Mitlandleute. 1795."

Während man bemüht war, in solcher Weise die öffentliche
Meinung zu Gunsten des Stiftes zu wenden, hatte Fürst Beda
die Klagepunkte zur Würdigung dem Kapitel übergeben. Aus
der Mitte desselben erhob sich eine geistig starke Opposition im
erhaltenden Sinne gegen die Ansprüche der Landschaft. Der
Fürst erachtete, auf die Grundansicht dieser Abtheilung des Kapitels nicht eingehen zu können. Von den Volksführern um
baldigen Bescheid bestürmt, ernannte er drei Kommissarien aus
der Mitte des Kapitels mit dem Auftrage, unter Zurathziehung
der weltlichen Oberbeamten des Stiftes mit den Landesausschüssen
gütliche Unterhandlung zu pflegen, das Ergebniß sodann der Genehmigung des Kapitels zu unterstellen. Konferenzmitglieder von
Seite des Stiftes waren der Dekan Cölestin Schleß, P. Magnus
Hungerbühler, Statthalter in Wyl, und der Professor P. Blasius
Müller; ab Seite der Landschaft Künzle, Müller von St. Georgen
und Heer von Rorschach. In diesen Konferenzen wurde der
Grund zum nachherigen gütlichen Vertrag gelegt, ohne daß es
jedoch zu einem Abschluß gekommen wäre. Die Ausschüsse
wurden jetzt dringender; Fürst Beda erhielt von verschiedenen
Seiten Mahnungen zur Nachgiebigkeit. Das Kapitel selbst sah
jetzt die Nothwendigkeit davon ein, in dem Sinne jedoch, daß
die Anträge des Stiftes in Form eines Ultimatums gegeben
würden. Solches erschien am 7. Oktober, enthielt in siebenzehn
Punkten verschiedene dem Lande sehr günstige Zusagen, unter
Anderm jene der Auslösung von Fall und Fastnachthuhn, Erlaß
verschiedener kleiner Zehnten, Beschränkungen im Bezuge des
Ehrschatzes; gewisse Wahlrechte für Bestellung der Offiziere der
Landmilizen, das Zugrecht gegenüber von neuen Gotteshausleuten, und Anderes; Alles mit dem Schluß: binnen acht Tagen
sei entweder die Annahme dieser Vorschläge oder dann aber die
Anrufung des verfassungsmäßigen Richters, von jeder Gemeinde
einzeln, zu erklären. Vergeblich. Obwohl das Ultimatum die
vollständigste Billigung der Staatskundigen verschiedener eidgenössischer Stände erhielt und als die äußerste Grenze möglicher
Nachgiebigkeit des Landesherrn bezeichnet wurde, gelangte es auf

ter Landschaft nicht einmal zu öffentlicher Verlesung.[1]) Die
Ausschüsse spannten den Bogen noch höher nd leiteten eine allgemeine Landsgemeinde ein. Darüber erschrak Beda, schrieb ein
langes Klageschreiben über die Gefahren einer Landsgemeinde
an Zürich und verlangte, daß die Schirmstände sich der Abhaltung einer solchen widersetzen; beste Abhilfe wäre, so erklärte
er: „Uns zu Handen des Volkes ein schreckend ernstliches Adhortatorium unverweilt zuzuschicken“, in welchem die Abhaltung
ter Landsgemeinde verboten würde.[2]) In der Sache selbst
ging Beda abermals einen Schritt rückwärts, legte selbst Hand
an, verhandelte, unter alleiniger Mitwirkung des Dekans und
des fürstlichen Geheimschreibers, P. Decola Custor (von Rapperschwyl), die Anstände unmittelbar mit den Ausschüssen, deren
sechs erschienen. Tumultuarische Auftritte ihrer Anhänger im
„Klosterhof“ beförderten den Abschluß, der nach zweitägiger Verhandlung am 28. Oktober zu Stande kam. Das Volk erhielt
durch denselben, was seine Führer gewollt; den Fürstabt lobten
die Einen als einen weisen Regenten, die Anderen als Verschleu-
derer der Staatshoheit und Selbstständigkeit des Stiftes. Der
Vertrag gewährt die Auslösung des Falls und des Fastnachthuhns um die mäßige Summe von 135,720 Gl., aus der sich
auf die Geringfügigkeit der jährlichen Leistung des Volkes schließen
läßt;[3]) ebenfalls die Auslösung der Handlehen; Erlaß verschiedener kleiner Zehnten; theilweise Ermäßigung des Ehrschatzes;
Aufhebung der Ehehaften und der neuen Hofstattgelder; Ueberlassung von auswärtigen Pensionen, falls solche je wieder bezahlt
würden, an die Landschaft; freien Abzug; Erlassung von zwei
Drittheilen des Einzugs- und des Hintersaßgeldes an die Gemeinden; Verbot weiterer Güterankäufe durch die Frauenklöster;
Verpflichtung derselben sowie der Weltgeistlichen, der herrschaft-

---

[1]) Schrift über Gschwend.

[2]) Schreiben vom 20. Oktober, im Staatsarchiv von Zürich.

[3]) Aber auch von jener Summe wurde „kaum die Hälfte bezahlt“.
S. „Kurze Darstellung der politischen Vorgänge im Toggenburg, von 1795
bis 1803.“ Von Regierungsrath Falk (ebenfalls Handschrift).

lichen Beamteten u. f. w. zu Bezahlung öffentlicher Steuern; Aufstellung einer vm Lande gewählten Kriegskommission und Leitung des Militärwesens durch dieselbe, doch unter dem Vorbehalt fürstlicher Ratification für die von ihr ausgehenden Verordnungen; Ueberlassung des Salzhandels au das Land; Einleitung zu Reformen im Weggeld- und Zollwesen; Beschränkung der Landrechtsertheilung auf Solche, die sich eines Gemeindebürgerrechtes versichert; eigene Wahl der Vorsteher durch die Gemeinden, doch in Teilsein einer obrigkeitlichen Person, die Eidesleistung zu Handen der Obrigkeit vorbehalten; Wahl des Schulmeisters durch die Hausväter, wenn er von der Gemeinde erhalten wird, derselbe muß aber zum „Glaubensbekenntnisse angehalten werden“; auch Wahl der Meßmer durch die Gemeinden, unter Vorbehalt der Genehmigung des Offizials und genugsamer Kautionsleistung; Gleiches bezüglich der Bestellung der Kirchen- und Pfründpfleger, mit Ausnahme der inkorporirten Benefizien; Bildung von Vorsteherschaften für die Leitung der Schulen, unter Vorsitz des Pfarrers, doch unter der Oberaufsicht des Offizialats; Bestätigung der alten verbrieften Rechte des Landes im Gegensatz zu besorgter Verjährung; Rücksichtnahme auf die Wünsche der Gemeinden gegen Errichtung neuer Wirthschaften, unter Fortdauer der Leistung bisheriger jährlicher Tavernen- und Zapfengelder; Bestätigung der Landmandate, bis der Landesherr eine Abänderung derselben selbst für nöthig erachtet. Wir übergehen Anderes. Der Vertrag wurde von den Freunden der Bewegung mit Jubel begrüßt, denn der „Bengel“ hatte für einmal seine Schuldigkeit gethan; man war aber von dieser Seite weit entfernt, auf weitere Forderungen zu verzichten. Das Kapitel sah mit Gram und Unwillen auf den Ausgang, aber seine Opposition vermochte nichts mehr; der Fürst hatte ein nach den Umständen unwiderrufliches Wort gesprochen. Auf Anrufung der Intervention der Schirmstände hatte er längst verzichtet, deßhalb auch seine Gesandten zur Tagsatzung in Frauenfeld ohne alle Instruktion über „die traurige Lage“ des Stiftes gelassen. [1]

¹) Brief von Müller v. Friedberg an Joh. v. Müller, vom 28. Juni

Es fehlte noch der Schlußstein: der förmliche Spezial-Pakt zwischen Fürst und Volk. Jener bewilligte zu diesem Behuf die Abhaltung der Landsgemeinde. Sie war ein imposanter Herrschaft des Volkes, der Fürst im Grunde nur dessen Ehrengast. Die Landsgemeinde, auf der „Mühlwiese" nächst dem Dorfe Goßau am 29. November 1795 gehalten, war von 20 bis 24,000 Menschen besucht, durch demokratischen Pomp ausgezeichnet. Der Fürst, begleitet von wenig zahlreichem geistlichen und weltlichen Hofstaat, wurde mit Begeisterung begrüßt. Künzle[1] leitete die Verhandlung mit bunten Redefloskeln ein; erinnerte an die erste Landsgemeinde vom Jahre 1525, empfahl die Annahme des Vertrags und warnte vor den „Schwindel-Köpfen, denen der Himmel am unrechten Orte steht, die Erde zu eng ist".[2] Folgsam genehmigte das Volk den verlesenen Vertrag, beauftragte die Ausschüsse mit dem Vollzug und beschloß die Einführung eines „Umgeldes auf den Wein zum Besten einer allgemeinen Landeskasse". Das „Fastnachthuhn" war ausgelöst; nun wurde die Glücksperiode der Steuern eröffnet, denn der Ausschuß hatte schon 12,000 Gl. verbraucht.[3] Namens des Fürsten sprach Hofkanzler Gschwend die Gutheißung des Vertrags vor dem Volke aus. Der Redner Künzle schloß die Landsgemeinde in gehobener Stimmung: „die Hand des Herrn

---

1795. „Nous n'aurons pas un mot d'instruction sur notre triste position, et serons quant à ce point essentiel personae mutae".

[1] Neben ihm auf der Bühne standen seine zwei Söhnlein in Uniform; acht Grenadiere hatte er hinter sich. (Aus der Relation eines Augenzeugen, im Stiftsarchiv von Einsiedeln.)

[2] „Vortrag und Schlußrede des H. Major Küenzle von Goßau an der Landsgemeinde u. s. w." 1795.

[3] In der über diese Kosten geführten Rechnung, welche sehr summarisch gehalten ist, befinden sich namentlich Ausgaben für zahlreiche Reisen nach Glarus, dann solche für Reisen ohne Angabe des Zieles in Summen von 325 bis 540 Gl.; ferner 333 Gl. „für geheime Korrespondenz in und außer Landes, die aber nie spezifizirt werden kann". Die Rechnung erzeugt den Eindruck, daß die Führer des Aufstandes und ihre Hauptgehülfen sich selbst nicht vergessen haben. Sie steht im „Historisch-politischen Hergang des Geschäftes der St. Gallischen Landschaft. Von Karl Justin Coutamin".

hat an uns Wunder gewirket; keiner von uns ist umgekommen;
wir wurden nicht eingekerkert; über unserm Haupte wurden keine
Schwerter geschwungen; [1] wir leben alle noch, leben froh."
Ein Tedeum in der Kirche zu Goßau [2] gab der Verhandlung
die religiöse Weihe. Den Fürsten ehrte die Stadt, bei dessen
Rückkehr, durch glänzende Beleuchtung. Der Vertrag wurde
unter dem Datum des Landsgemeindetages urkundlich gefertiget,
vom Fürstabt, dem Dekan Schieß Namens des Kapitels, und
von dreiunddreißig Landesausschüssen mit Unterschrift bestätiget.
In den 41 Vertragspunkten selbst ist der Leibeigenschaft nicht
gedacht; dagegen enthebt der Fürst durch besondern Ausspruch
„alle und jede Gotteshausleute der alten Landschaft von dem
unangenehmen Namen der Leibeigenschaft, sowie wir bereits die
Auslösung von den Gefällen derselben zugesagt, ganz unentgeltlich, aus landesherrlicher Großmuth", ihren schuldigen Gehorsam
gegen das „Stift als ihren wahren Landesherrn" vorbehalten,
und verkündet am Schluß des Dokuments wiederholt eine allgemeine Amnestie. Schärfer, als die mißbilligenden Urtheile
eines Theils des Kapitels über den Vertrag, lautete jenes des
Toggenburger Landvogtes. „Er (der Fürst) hat das Werk von
tausend Jahren, der Erneuerung dürftig, der Vervollkommnung
fähig, beinahe im Grunde zerstört. [3] In einem tumultuarischen
Augenblicke gab er dem Land eine unüberdachte Verfassung, ohne
Zusammenhang, Stoff zu ewigen Zwisten, nie zu des Volkes

---

[1] Neckende Anspielung, wie man anderswo in der Schweiz mit seines-
gleichen verfahren; über dem greisen Bodmer von Stäfa war nämlich kurz
zuvor auf der Richtstätte in Zürich das Henkerschwert geschwungen worden.

[2] Vom Dekan P. Cölestin Schieß angestimmt. „Fremde Musikanten"
haben das Tedeum „vollführt". Das Volk wohnte mit Andacht bei und
„solle sich außerordentlich gerührt gezeigt haben". Der Fürst wohnte dieser
Feierlichkeit nicht bei und hatte sich vom Landsgemeindeplatze hinweg in
die „Obervogtei" begeben. Die Landsgemeinde dauerte fünf Stunden
lang. (Oberwähnter Relation eines Augenzeugen enthoben.)

[3] Mit solcher Pietät sprach ein Staatsmann weltlichen Standes vom
Stifte St. Gallen; wie frivol dagegen der P. Franz Weidmann S. 329
seiner Geschichte u. s. w.!

Glück. Statt der Willkür ein Gegengewicht zu schaffen, ist der Samen zu demokratischen Disteln ausgestreut, die jede gute Frucht ersticken werden! Die militärische Gewalt ist ganz dem Volke zugeworfen, gerade die, die in einem sonst monarchischen Staat am mindesten in seiner Hand liegen darf. Die subalternen Civil- und Gerichtsstellen besetzt nicht mehr er, nicht das Volk, sie ergänzen sich fürohin selbst und jede Gemeinde bekommt eine populäre Oligarchie, die gegen den Landesherrn und auf das Volk drücken wird.[1] Das kann das Ende der Dinge nicht sein. Bald müssen wieder Forderungen entstehen und Gewühl ist nun als ein Weg des Heils erkannt. Stirbt er bald, so wird die Gährung groß; lebt er nur noch wenige Jahre und regiert, so werden kaum mehr Trümmer in den Hafen laufen. Er, der nie das Kleine nachgeben wollte, warf nun Alles weg, weil er auch die kräftigen, bundesmäßigen, noch immer friedlichen Mittel zu ergreifen sich nicht entschloß."[2] Mit der Urkunde des Vertrags, wie sie damals vorlag, waren die Ausschüsse doch noch nicht zufrieden: es fehlte ihr noch die Besieglung durch das Kapitel; sie drangen auf dieselbe; der Abt forderte sie unter Androhung seines Rücktrittes und das Kapitel bequemte sich endlich zu der Besieglung am 20. Januar 1796, nachdem es vergebens bei den Schirmorten Einwendung gegen den Vertrag erhoben hatte.[3] Die Stellung des Kapitels bei Abschluß dieser

---

[1] Vergl. Art. 24 des gütlichen Vertrags.

[2] Brief von Müller v. Friedberg an Joh. v. Müller, vom 10. Dezember 1795, aus Lichtensteig.

[3] Mit Schreiben vom 17. November 1795 meldete es der Regierung des Schirmvorortes Zürich, auch an Luzern, den Hergang der Dinge hinsichtlich der Sonder-Unterhandlung des Abtes mit den Ausschüssen, beklagte die Szission mit dem Abt, unter Rechtfertigung der Stellung des Kapitels, und bat um Rath, wie es sich in der verwickelten Lage zu verhalten habe. Die Antwort der Schirmstände war eine ernstliche Mahnung zur Wiederherstellung der Eintracht zwischen Abt und Kapitel, durch welche allein den unermeßlichen Folgen solcher Spaltung vorgebeugt werden könne. Mit neuem Schreiben vom 27. November versprach das Kapitel den Schirmständen sein Möglichstes im Sinne jener Mahnung zu thun, doch unter An-

Angelegenheit ist näher dargethan durch eine Urkunde desselben
vom 18. Januar, in welcher es erklärt, daß es dem Vertrage
nur gezwungen und unter verschiedenen Bedingungen und Vorbehalt zugestimmt habe, welche der Erklärung selbst beigefügt
sind; dieselbe ist von der Hand des P. Ildefons von Arx geschrieben. Und unmittelbar nach geschehener Behauptung des
Vertrags legte das Kapitel seine Rechtsansichten nieder in einer
Protestation „gegen diesen nicht aus seinem Willen und ohne
Beistimmung des Papstes und Kaisers eingegangenen Vertrag,
— mit Vorbehalt aller Rechte des Dritten, namentlich des
(nicht einberufen gewesenen) Generalkapitels, — worin im Weiteren bezeugt wird, daß an der Kapitelsversammlung, in welcher
der vorgenannte Vertrag ist gutgeheißen worden, der Dekan, der
in Abwesenheit des Fürsten Vorsteher gewesen, das Kapitel als
befugt erklärt habe, wegen größter Gefahr die Einwilligung zu
dem Vertrage nicht länger zu verschieben, „mit dem Hinzuthun,
daß wir oder unsere Nachfolger in diesem ehrwürdigen Kloster
bei guter Gelegenheit und bei veränderten Zeitumständen von den
einundvierzig aus Zwang besiegelten Artikeln mit voller Berechtigung (juste) abweichen und selbe als wirkungslos erklären
können; der nämliche Vorsteher hat auch erlaubt, daß diese geheime Protestation an einen sichern Ort niedergelegt und Alles
in das Protokoll eingeschrieben werde.“ Die Niederlegung fand
statt an dem Ort, wo das gewöhnliche Kapitelssiegel aufbewahrt
wurde. Als Beauftragte haben diese mit dem Konventssiegel
versehene Urkunde unterzeichnet: die P. P. J. N. Hauntinger,
Heinrich Müller v. Friedberg, Aemilian Haffner, Beda Gallus
und Konrad Scherer.[1] Die Ausschüsse hatten inzwischen Hand

zeige, daß es die Genehmigung des Vertrages noch nicht aussprechen könne,
so lange nicht bessere Garantien für sichere Wiederherstellung der Ruhe und
des Friedens im Lande gewährt sein werden. (Akten im Staatsarchiv von
Zürich.)

[1] Das Original der Protestation nebst legalisirter Uebersetzung liegt
im Stiftsarchiv, die Erklärung des Kapitels vom 18. Januar ebenfalls.
Diese beiden Urkunden sind also keineswegs entfremdet worden, wie Müller-
Friedberg irrigerweise in den „Annalen“, Bd. III., S. 85, behauptet.

angelegt zur Vollstreckung der Landsgemeindebeschlüsse und des
Vertragsinhaltes; sie schritten zu den Vorarbeiten für die Verlegung der „Landeskosten", für die Einführung des Umgeldes
(der Wirthsabgabe), für die Organisation der Salzverwaltung
und Aehnliches. Die Lärmer aber, welche durch Künzle und
Genossen großgezogen worden, ließen sich, besonders im Wyler
Amt, schimpfend und drohend vernehmen, legten die Vertragspunkte widersinnig aus, und neue Unruhen waren im Anzug.
Der Fürst wies die Unzufriedenen durch neues Mandat, unter
Androhung hochobrigkeitlicher Strafe und Ungnade, zur Ruhe
(18. Dezember 1795). Deßgleichen mußte er zur ferneren Zahlung des Zehnten an die Pfarrer und andere Zehntherren mahnen,
da nur die Leistung gewisser Zehnten an das Stift nachgesehen
worden (5. März 1796). Die Gemeinden wählten ihre Vorsteher, Ammänner und Richter. Goßau verlieh verdienten Volks-
männern unentgeltlich das Bürgerrecht; diese Bevorzugten waren
Heer und Gasparini von Rorschach, Müller von St. Georgen,
Egger von Tablat, Häseli von Oberbüren und der bisher noch
nicht genannte Gallus Schlumpf von Wattwyl. Künzle war
beflissen gewesen, die seiner Partei günstigen Druckschriften weit
umher in der Schweiz zu verbreiten. Die Regierung von Bern
entdeckte einen seiner Sendlinge, Jakob Gemperle, welchem Künzle
1500 Exemplare jener Schriften und „Bildnisse" mitgegeben
hatte, nahm ihm solche ab und ließ den Hausirer über die Grenze
der Republik führen, mit Ersuchen an den Fürsten Beda, die
Wiederholung solcher beunruhigender Schritte zu verhindern,
widrigenfalls ernster eingeschritten werden müßte. [1])

Toggenburg genoß, nach dem Frauenfelder Vergleich vom
30. März 1759, längere Jahre der für seine Wohlfahrt so
nöthigen Ruhe. Der nützliche Straßenbau führte jedoch zu heftiger Fehde wegen des Weggeldes, da das untere Toggenburg
dem Landrath die Festsetzung desselben nicht zugeben wollte, das

---

[1]) Schreiben von Bern an Zürich, vom 26. Januar 1796; im Staatsarchiv von Zürich.

Recht bot, und der Fürst die im Namen des Landraths von
dessen obertoggenburgischen Mitgliedern allein gestellten Be=
schwerdepunkte nicht annahm. Alte Wühlereien drohten wieder=
zukehren. Zürich und Bern wollten beilegen und beriefen zu
diesem Ende die drei Untertoggenburger Dubli aus Schwarzen=
bach, Walliser aus Mosnang und Grob (von Gonzenbach) nach
Frauenfeld. Die Regierung sah hierdurch ihr Ansehen beein=
trächtiget und schritt nun selbst ein. An die Stelle des Landvogts
Zweifel, den der Fürst zu seinem Obervogt in Rorschach ernannte,
setzte er den schon oben erwähnten Karl Müller v. Friedberg,
bis dahin Obervogt zu Oberberg (Goßau),[1]) der den Weit=
läufigkeiten durch einen Vergleich zu Frauenfeld, wo der Land=
vogt eben als fürstlicher Gesandter an der Tagsatzung weilte,
ein Ende machte (20. Juli 1792). In dieser Urkunde wird
zugleich der Unterhalt gesammter Straßen (mit Auslösung seitens
der früher pflichtigen Anstößer) geregelt und eine vollständige
Weggeldsordnung nebst Tarif („Juden zahlen durchaus doppelt")
aufgestellt. Vertreter des Landes bei dieser Unterhandlung waren
der katholische Landrathsobmann Martin Wirth und der prote=
stantische Obmann Kaspar Bolt. Schon Jahrelang früher hatte
sich das Land, und der Landrath für dasselbe, mit Sammlung
neuer „Beschwerden" gegen die fürstliche Regierung zu schaffen
gemacht. Es waren deren dreiundzwanzig, an ihrer Spitze
Klagen über Bewilligung neuer Wirthschaften, ohne daß Be=
dürfniß dazu vorhanden, zusammengetragen und dem Landvogt
eingegeben worden; den bießfälligen Konferenzen vom Februar
1786 folgten fürstliche Entscheide, zum Theil entsprechend. Wäh=
rend des Krieges vom Jahre 1792 zwischen Frankreich und

---

[1]) Brief von Müller v. Friedberg an Joh. v. Müller, vom 20. Juli
1793: „Mon prédécesseur était forcé de sortir, parce que les choses n'alloient plus; elles n'alloient pas, parce qu'il avait aliéné les esprits par
des façons altières, parce qu'il aimoit mieux commander que concilier".
Müller v. Friedberg nahm sich vor, des Volkes Liebe zu erwerben. Es ge=
lang ihm anfänglich; ob die gute Stimmung bleiben werde, bezweifelte er,
„car le peuple est peuple partout".

dem Deutschen Reich nahm der Fürst bundesmäßigen Antheil
an der Grenzbesetzung bei Basel mit Truppen aus dem Toggenburg wie aus der alten Landschaft. Im folgenden Jahr erschienen vollständige, alle Zweige des Milizwesens umfassende
„Kriegssatzungen für die Grafschaft Toggenburg" (19. April
1793), welche von patriotischem Eifer wie von Sachkunde
zeugen; Toggenburg stellte zum ersten Kontingent ein Bataillon
von 500 Mann. Aengstlich wurden die Offiziersstellen auf die
beiden Konfessionen vertheilt; auch die Disziplin war wohl bedacht; der Waffenpflichtige, der sich verehelichen wollte, mußte
sich zuvor über den Besitz von ordonnanzmäßigen Waffen und
Lederzeug ausweisen; der Uniform halber wurde an das Ehr-
gefühl der Toggenburger appellirt. Dieses wichtige Gesetz ward
aus Auftrag des Fürsten durch den dem Fache sich mit Vorliebe
widmenden Landvogt in Gemeinschaft mit dem Kriegsrath verfaßt und erlassen. Der jungen Mannschaft wurde am 14. Mai
1793 das letztemal, durch den Landrathsobmann und Pannerherrn Elias Stadler (Arzt), von Oberglatt, der Landeid abgenommen, bei welcher feierlichen Handlung in Erinnerung gebracht
wurde, daß solche zum erstenmal 357 volle Jahre früher ver-
richtet worden sei, und der Redner schuldigen Gehorsam gegen
den fürstlichen Landesherrn empfahl. Der gleiche Magistrat
gedachte noch in einer Rede an den evangelischen Landrath (vom
29. Oktober 1794) des hohen Glückes, dessen sich Toggenburg
erfreue; bei uns, so sprach der Redner, finden keine Machtsprüche, keine Bedrückungen noch schwere neue Auflagen statt,
keine Verdammung des Unschuldigen noch ungerechter Schutz der
Bösen, keine eigenmächtige Verachtung guter Ordnungen und
Landesgewohnheiten; der den Meisten verhaßte Geist der Aristokratie herrscht nicht unter uns; bekannte Friedensartikel begrenzen
die Berechtigungen des gnädigen Landeshauptes; darüberhin ist
der Fürst mit den wohlthätigsten Eigenschaften begabt, gütig,
sanftmüthig, liebreich und gerecht. Nicht weniger belobte der
Obmann gesammte Landeseinrichtungen, Civil- und Militärrechts-
pflege, die weise Vermittlung in allen Dingen zwischen den beiden

Religionsparteien, die zweckmäßige und doch einfache und unkost-
spielige Militärordnung, die unentgeltliche Besorgung der Aemter,
mit einem Wort die eines Jeden Freiheit und Rechte schützende
Staatsordnung. [1] Und dennoch wurde allmälig der Geist der
Unzufriedenheit wach. Starker Ankauf von Pferden, Zug- und
Mastvieh für den Kriegsbedarf des Auslandes zog eigenen
Mangel herbei und ließ überhin noch Klagen der kriegführenden
Mächte über neutralitätswidriges Verhalten gegenüber der einen
oder der anderen derselben besorgen. Der Fürst schritt durch
wohlgemeinte Mandate dagegen ein, bei gleichem Anlaß auch
gegen die Schuhlieferungen für die Armeen, [2] rief dadurch aber
den Klagen des Volkes über Beeinträchtigung des freien Handels und Verkehrs, Klagen, die der Landvogt sodann durch
gewisse Erleichterungen für den inneren Viehhandel und Fleisch-
bedarf zu beschwichtigen suchte. Den obrigkeitlichen Verboten
standen aber nicht bloß erklärliche Gewinnsucht, sondern auch die
in der alten Landschaft sowohl als im Toggenburg bereits wahr-
nehmbare Sympathie für französische Kriegsführung und deren
Erfolge entgegen. [3]

Pannerherr Stadler hatte vergeblich gerühmt und gelobt.
Die politischen Einflüsse von Frankreich her waren epidemisch.
Die nähere Bewegung in der alten Landschaft seit 1793 weckte
auch die reizbaren Toggenburger. Klagen über den Landrath
und die Regierung wurden laut, obwohl kein Grund dazu vorhanden. [4] Jener wurde von zusammengelaufenem Volk auf
dem Rathhaus in Lichtensteig tumultuarisch in seinen Verrichtungen gestört. Dieser Lärm war der Anfang zur Bildung der

---

[1] S. das Schriftlein: „Anrede an die junge Mannschaft im Toggenburg u. s. w. nebst einer Rede an den evangelischen Landrath, von Pannerherr Stadler". Bischofszell, 1794.

[2] Mandat vom 11. März 1794.

[3] S. Falk: Darstellung der politischen Vorgänge im Toggenburg.

[4] Brief von Müller v. Friedberg an Joh. v. Müller, vom 15. Mai
1795. „On est sans grief ici; mais la contagion y pourvoit et l'esprit
de révolution en tient lieu".

Lawine. Die hohen Fruchtpreise und wirklicher oder vermeinter Kornwucher waren Veranlassung oder doch Vorwand, die Unzufriedenheit bis zur Erbitterung zu steigern; sie machte sich Luft am Lichtensteiger Jahrmarkt durch einen argen Volksauflauf gegen die „Korngrämpler" (13. April 1795). [1]) Der Fürst betheuerte, daß er alles Mögliche zur Verhinderung des Uebels seit Anfang der schwäbischen Fruchtsperre gethan; [2]) traf weitere umfassende Maßnahmen zum gleichen Zweck; vergeblich, das Volk wurde je mehr und mehr gegen die Regierung aufgehetzt, ihr wohlgemeintes Einschreiten leidenschaftlich verdächtiget. Man wollte nun einmal auch im Toggenburg wieder mit „Beschwerden" auftreten. Voran gingen Oberglatt, Flawyl, Degersheim, Mogelsberg mit Vorversammlungen da und dort; anregende Männer waren Gerichtsschreiber Johann Steiger in Flawyl, Pfleger Kunz an der Egg, Schulmeister Edelmann von Degersheim. Bei größerer Versammlung (10. Mai) erschien der Pannerherr Stadler, klagte bitter und in höchster Verstimmung über den waltenden Geist der Unzufriedenheit: „der eine schmäht und lästert über die Nachläßigkeit des Landrathes, der andere über die Obrigkeit, der dritte über 100 andere Sachen, wovon er 99 kaum versteht; so daß bei allen die Hauptsache darauf hinausläuft: ein großes Mißvergnügen herrscht im Lande, wie gegenwärtige Gemeinde Oberglatt heut ein Exempel davon sei". Er empfahl dann Mäßigung und Verschiebung weiteren Vorgehens unter Mittheilung eines Geheimraths-Schreibens von Zürich, in welchem die Warnung enthalten war, nichts wider die Traktate vorzunehmen, und trat dann feierlich ab. Die abmahnenden Worte des Pannerherrn entkräftete sein Vetter, der reiche Kaufmann Johann Jakob Stadler im Feld; auf seinen Vorschlag wurde sofort zur Ernennung von Ausschüssen geschritten, die den

---

[1]) S. den soeben erwähnten Brief von Müller v. Friedberg an Joh. v. Müller, aus Lichtensteig: „La disette a été le prétexte d'une affreuse émeute ici; j'ai enlevé tous les prétextes, mais les meneurs secrets ont appris à s'en passer."

[2]) Fürstliches Mandat vom 22. April 1795.

Auftrag erhielten, waltende Beschwerden zu Papier zu fassen und dem Landrath einzugeben. [1]) Dieser selbst, gedrängt von allen Seiten, gab seine Einwilligung zu solcher Einsammlung von Beschwerden. Die Unzufriedenen ließen sich selbst durch das Schicksal der Züricher Seeleute, deren Wortführer eben damals gefänglich nach Zürich abgeführt worden, nicht abschrecken, blickten vielmehr mit Erbitterung auf solchen Regierungsernst; die Stillen im Lande und Zufriedenen aber zählen bei solchen Gährungen nicht. Mit Ungestüm wurde die Einhebung der Beschwerden betrieben. Bei Gastwirth Grob zum Löwen in Wattwyl, einem der entschlossensten Freunde der Neuerungen, wurde zu ihrer Verarbeitung geschritten. So entstand ein weitläufiges Klag-Memorial, das auf nichts Geringeres abzielte, als, ohne Umwälzung, dem Stift seine Einkünfte, dem Fürsten seine wenigen Herrscherrechte abzunehmen. Voran wird Aufhebung oder doch billige Auslösung aller von Leibeigenschafts- und Lehensverhältnissen herrührenden Gebühren, die in diesem Buche schon mehrmal genannt wurden, verlangt, mit dem aufrichtigen und bezeichnenden Beweggrund, daß der Gesammtertrag dieser Gebühren für die hochfürstliche Kasse doch von geringer Bedeutung sei, während der Bezug unverhältnißmäßige Kosten und Mühe veranlasse, die Entrichtung überhaupt etwas Lästiges für den Landmann sei; dann Aufhebung der Lebenslänglichkeit der Landrathsstellen und Neubesetzung derselben von zwei zu zwei Jahren, mit einziger Ausnahme der Obmanns-, Statthalter- und Säckelmeister-Aemter; denn das Vertrauen des Volkes hafte nicht immer gar so lang auf den gleichen Männern, dem Fürsten aber könne ein allfälliger Wechsel der Mitglieder gleichgültig sein; Wahl gesammter 24 Mitglieder des Landgerichts, statt durch den Fürsten, durch das Volk selbst in seinen Gemeinden (dem Fürsten könne auch diese Aenderung wieder gleichgültig sein); deßgleichen Wahl aller Mitglieder des Appellations-

---

[1]) S. „Beschreibung der den 10. Mai 1795 in Oberglatt gehaltenen Gemeinde“. Ohne Druckort. 1795.

gerichts (von dem der Fürst die Hälfte der Stellen besetzte)
durch den Landrath, ebenfalls von zwei zu zwei Jahren; Wahl
der niederen Gerichte ganz durch die Gemeinden, während
der Fürst bis dahin die Hälfte ihrer Mitglieder ernannt hatte;
Erweiterung der Volksbefugnisse in Bezug auf das Mannschaftsrecht und dessen ganze Uebergabe an das Land, durch
Ueberlassung der Wahl gesammter Kriegsrathsmitglieder an die
Quartiergemeinden, welchem Punkt noch das Befremden beigefügt wurde, daß das Land die Kosten des Grenzzuges nach
Basel ganz habe bezahlen müssen.[1] Folgten noch erneuerte
Klagen über traktatwidrige Vermehrung von Tavern- und Schenk-
wirthschaften und Minderwichtiges (7. Juli). Diese Beschwerdeschrift gelangte an den Landrath; dessen katholische Mitglieder
fanden sie dermaßen überspannt, daß sie sich, mit Ausnahme
eines Einzigen, bei der Vorlage aus der Sitzung entfernten,
zum Zeichen der Protestation gegen das Eintreten; manche von
den Reformirten blieben nur aus Furcht vor den Führern der
Bewegung; alle übrigen Mitglieder faßten den Entschluß, sich
an die „drei pacisirenden Stände" zu wenden. Flugschriften
goßen Oel in's Feuer. Pfarrer Duble zu Heiligkreuz in Amt-
zell[2] sah in der Thätigkeit der Versammlungen und Ausschüsse
nichts Anderes als Jakobinerthum, pries das Glück des Toggen-
burgers: „wenn er jährlich 8 bis 12 Kreuzer Fastnachthennen
entrichtet: so sind alle seine Abgaben an den Landesherrn bezahlt. Handlung, Gewerbe, Güterkauf, Professionen, Zug von
Ort zu Ort u. s. w., Alles frei. Für die Sicherheit der Personen, für Ruhe und Ordnung ist durch Gesätze gesorgt. Wenn
etwas noch mangelt, so sind es ein halb Dutzend überflüssige
Freiheiten, durch welche die beschränkte obrigkeitliche Gewalt gehindert wird, das Gute so viel zu befördern, wie man's zu

---

[1] Man vergleiche dieß mit dem eigenen Geständniß der Beschwer-
beschrift über den geringen Ertrag der fürstlichen Einkünfte aus Toggenburg.

[2] Im jetzigen Thurgauischen Bezirke Tobel.

Zeiten wünschen möchte".[1] Dem damals noch unbekannten Verfasser antwortete in gereiztem Ton Gallus Schlumpf:[2] die Fast-
nachthenne sei nicht die einzige Beschwerde, der freie Zug „nicht
allerdings frei"; er warf dem Gegner Verleumdung vor, ließ
sich aber in sächliche Vertheidigung der Bewegung und ihrer
Häupter nicht ein. Die Unzufriedenheit stieg nun auch im
obern Toggenburg; das Landvogtei-Amt trat mit dem Verbot
solcher Schriften dazwischen (28. August), richtete jedoch nichts
aus; aufrührerische Schriftchen wurden herumgeboten und an
die Straßen gelegt. Auch Pfarrer Duble setzte anonym, G.
Schlumpf mit Namensnennung, den Federkrieg fort, durch den
für keinen Theil etwas gewonnen ward. Den Ständen Zürich
und Bern konnte die Lage der Dinge im Toggenburg nicht genehm sein. Beide hatten schwere Sorge im eigenen Land und
mußten wünschen, daß der Osten zur Ruhe komme, damit die
Auflehnung gegen bestehende Herrschaft nicht noch gefährlicher
werde als sie es schon war; hiezu gesellte sich der schon erwähnte Ruf aus der Mitte des Toggenburgischen Landvolkes
selbst. Im Einverständniß und gemeinsam mit dem Abt erließen
Zürich und Bern ein ernstes Mahnschreiben an die Landschaft
Toggenburg, in welchem an schon gegebene gute Räthe erinnert
und die „Wohlgesinnten" aufgefordert wurden, nach Kräften zur
Erhaltung der öffentlichen Ruhe und der bisherigen Verfassung
mitzuwirken, denn letztere zeichne sich auf eine solch vortheilhafte
Weise aus und habe zu dem Wohlstande Toggenburgs so Vieles
beigetragen, daß sie jeden wohlgesinnten Toggenburger mit Dank
gegen die Vorsehung und mit Zutrauen gegen die Stände, welche
sie dem Lande seiner Zeit mit vielen Opfern verschafft haben,
erfüllen sollte. In solch verständlicher Weise des Undanks gegen
jene Stände beschuldiget, wurden die Toggenburger im Weitern
erinnert, daß das bisherige Vorgehen (Abhaltung außerordent-

---

[1] „Die verdeckte Brut eines Jakobiner-Komplotes im Toggenburg."
Ohne Druckort. 1795.
[2] S. „Der beleibigte Toggenburger. Wattwyl 1795".

licher Gemeinden, Wahl von Ausschüssen) verfassungswidrig sei;
daß dem Landrath allein alle Einleitung zustehe; daß sie (die
Stände) im Geschehenen gefährliche Schritte wahrnehmen, welche
dem Inhalte der Traktate zuwiderlaufen und die demnach von
ihnen nicht geduldet werden könnten und würden, weßhalb sie
verlangen, daß Jedermann innert den gesetzlichen Schranken
sich halte, der Landrath selbst alles Abweichende fernhalte.
Diesen Vorstellungen möge das Land um so williger Gehör
schenken, da der Fürst ohnehin schon sich nicht abgeneigt gezeigt
habe, Fall und andere Dienstbarkeiten auf billigem Fuß aus-
lösen zu lassen.[1] Dieser Mahnruf der obersten Schutzherren
Toggenburgs wurde von den Ruhiggesinnten mit Jubel aufgenommen; indessen nahm das Angefangene doch seinen Fortgang; jener Theil des Landrathes, der den Ausschüssen gegenüber gefügig war, reichte der Abmahnung ungeachtet dem Fürsten
die schon berührten, bereits im Jahre 1786 verhandelten Beschwerden sammt den neueren, inbegriffen jene um Auslösung
des Falls und Fastnachthuhns, zugleich ein. Anderseits vereinigten sich die angesehensten und einflußreichsten Katholiken zu
ebenmäßiger Vorberathung dessen, was das Wohl des Landes
erheische. Von der Ueberzeugung ausgehend, daß Landrath und
Landgericht das Zutrauen der Volksmehrheit verloren, schlugen
sie als Heilmittel waltender Unzufriedenheit vor: freiwilliges
Abtreten des gesammten Landrathes und der Vorstände desselben,
dann Neuwahl der Mitglieder durch die Gemeinden, jedoch so,
daß jede Religionspartei in jeder Gemeinde gesondert ihre Repräsentanten erwähle; Ersuchen an den Fürsten, daß der neue
Landrath das halbe Landgericht wählen möge, daß solche Wahl
aber wieder von jeder Konfession getrennt zu geschehen habe;
beförderliche Revision des Landmandats durch das neue Landgericht; nebst anderm. Diese Reformwünsche wurden zuerst der

---

[1] „Adhortatorium der drei compaciscirenden I. Stände Zürich, Bern
und Abt St. Gallen an die Landschaft Toggenburg." In gemeinschaftlichem Namen durch die Standeskanzlei Zürich ausgefertiget am 30. August 1795.

Landrathskommission, dann dem Fürsten selbst eingereicht. Die Regierung rathschlagte über die verschiedenen Eingaben; es erfolgten aber nur verzögernde Bescheide.

Den Fürstabt Beda erlöste der Hinschied von den Sorgen um seine aufgeregten Lande. Er starb allgemein betrauert am 19. Mai 1796 im einundsiebenzigsten Lebensjahr, von Kummer gebeugt. Sein politisches und finanzielles Erbe zu übernehmen, bedurfte es eines Helden.

Zweiter Abschnitt.

Fürstabt Pancratius Vorster; dessen erste Regierungshandlungen. Reaktion aus dem Volk gegen die Landesausschüsse; ihre Aufhebung. Des Fürsten Reise in das Hauptquartier des kaiserlichen Oberfeldherrn. Widersetzlichkeit der Goßauer und Streit über ein Landessiegel; dazu Anstände über den gütlichen Vertrag. Februaraufstand 1797. Frauenfelder Spruch zu Gunsten des Stiftes. Amnestie. Neue Unruhen und neuer Landesprozeß. Zweiter Spruch der Schirmstände. Der alten Landschaft ein Landrath bewilliget. Steigende Forderungen der Toggenburger. (Vom Frühjahr 1796 bis Ende 1797.)

Der Mann für die finanzielle Restauration des Stiftes, für die Herstellung seines äußern politischen Ansehens und Gewichts, für dessen geistige Hebung in religiöser und wissenschaftlicher Hinsicht war in Pancratius Vorster gefunden. Wenige Tage lang nach Beda's Hinschied verwaltete eine Kapitelskommission die Angelegenheiten des Stifts; sie traf auch die Einleitungen zur Wahl des fürstlichen Nachfolgers, aus haushälterischen Gründen in einfachster Weise. Die Wahl, unter Leitung des päpstlichen Nuntius Petrus Gravina, Erzbischofs von Nycea, am 1. Juni 1796 vorgenommen, fiel schon im ersten Skrutinium mit 55 von 68 Stimmen auf den P. Pancratius; die übrigen 13 Stimmen hatten sich auf verschiedene Kandidaten vertheilt. [1]

---

[1] Das Kapitel bestand Ende Mai 1796 aus 72 Mitgliedern, wovon nur 14 Ausländer, alle übrigen Schweizer, unter diesen 26 aus den St. Gallischen Gebieten. In diesen Zahlen liegt der Beweis, daß einheimische Kräfte Berücksichtigung fanden. (Aus den Beilagen zu Fall's: Kurze Darstellung u. s. w.)

Pancratius wurde unwidersprechbar wegen seiner hervorragenden Eigenschaften gewählt, denn er erhielt auch die Stimmen von solchen Kapitularen, die ihm persönlich weniger gewogen. In der ungewöhnlich starken Anzahl von Stimmen, die sich für Pancratius aussprachen, erkannte der Nuntius eine höhere Fügung. ¹) Der Gewählte war schwer ergriffen über das Wahlergebniß und unterzog sich erst nach ernster Einrede. ²) Diese Stimmung gibt sich auch in den ersten Zeilen seines Tagebuches kund, dessen Führung er mit dem Wahltage begann und eigenhändig bis nahe an sein Lebensende fortsetzte. Er erbat sich den Beistand des Himmels, damit er ihm die übernommene Bürde erträglich mache und konnte auch einige Beruhigung in der von seinen Mitbrüdern ausgesprochenen Bereitwilligkeit finden, ihn mit Rath und That bestens zu unterstützen, in ihrer Bereitwilligkeit insbesondre, „sich abziehen zu lassen (ökonomisch einzuschränken) und nach meinem Verlangen zu thun, zu arbeiten und zu leiden, insofern es zu Wiederherstellung der Finanzen und des Wohlstandes des Gotteshauses gereichen kann“. Der Wahl folgte alsbald die „Gratulation“ seitens des Hofes, der höheren Staatsbeamteten; der neue Fürst empfahl ihnen bestmöglichen Fleiß in Geschäften, auch, „das Volk mit Sanftmuth zu behandeln ³) und in allweg die Gerechtigkeitsliebe an den Tag zu legen“.

Pancratius Vorster war, bei dem Antritt der Regierung des Stiftes und der stiftischen Lande, in der Vollkraft seiner Jahre.

---

¹) Franz Weißmann aber, einer der jüngeren Kapitularen, spöttelt darüber und meint, es sei mit der Wahl „sehr natürlich“ hergegangen. Wenn Priester sich selbst in Geschichtwerken frivoler Witzelei hingeben, woher soll das katholische Volk den religiösen Ernst nehmen?!

²) Von nun an schreibt der Verfasser mit Benutzung des Tagebuches des Fürstabtes Pancratius und anderer von ihm hinterlassener Papiere.

³) Und doch wollen andere Geschichtschreiber in Pancratius einen Regenten sehen, der keinen Sinn für das Volk gehabt und dem das Heil des Stiftes Alles und Alles gewesen. So weit versteigt sich die Befangenheit, die die Größe eines Fürsten nur in der — Abdikation, in willenloser Rathund Thatlosigkeit gegenüber revolutionären Strebungen erkennen will!

Geboren in Neapel am 31. Juli 1753, Sohn eines Brigadiers im Schweizerregiment Jauch in k. neapolitanischen Diensten, des Joseph Zacharias Vorster und dessen Gattin, Gräfin Berni aus Ferrara, war er wie sein Vater Bürger der St. Gallischen Stadt Wyl, kam jung in diese seine Heimath zurück, wurde in seinem siebenzehnten Altersjahr von einem Oheim geistlichen Standes zur Erziehung der Stiftsschule von St. Gallen über- geben, wo er bald durch überlegene Geisteskräfte, Fleiß und Erfolge sich auszeichnete[1] und im Jahre 1771, obwohl ihn die Mutter zur Rückkehr nach Italien hatte bewegen wollen, durch Ablegung der Gelübde in den Benediktiner-Orden eintrat.[2] Er widmete sich hier nicht nur dem Studium der Philosophie, der Theologie und der Rechte, sondern auch, mit besonderer Vor- liebe, der Mathematik und der Physik, wurde selbst ein Meister in diesen letzten Fächern. Nach vollendeten Studien wurde er Professor der Philosophie, dann der Theologie (1780 und 1783). Er genoß der Gunst und Anerkennung des Fürstabtes Beda. Trat er später in Opposition zu demselben, so leiteten ihn dabei nur die besten Absichten für das Stift und hinreichend gerecht- fertigte Gründe. Das schien auch später Beda selbst anzuerkennen, denn er nahm ihn, als er im Frühjahr 1796 aus Ebringen, wo er seit 1789 Unterstatthalter gewesen, nach St. Gallen zurückkam, mit Güte und Wohlwollen auf. Pancratius war nicht nur ein Mann von umfassender Gelehrsamkeit, sondern auch von tief religiösem Sinn, den er als Priester, als Regent und als Abt durch seine ganze lange Laufbahn bethätigte, makel- los in seinem Leben, an dem selbst seine vielen und erbitterten Feinde nichts auszusetzen vermochten, ausschließlich seinen Amts- pflichten lebend und diesen alles Uebrige hintansetzend, daher dem Nepotismus feind, soliden und ernsten Charakters, der Gegensatz

---

[1] Als juvenis bonae spei et heroicae naturae"; Urtheil eines Schul- aufsehers über ihn.

[2] Und statt der Taufnamen: Franz Anton Ignaz Eduard Aloys, den Klosternamen Pancratius wählte, zu Ehren des Kirchenpatrons seiner Vaterstadt Wyl.

seiner lockern, ausgelassenen und bis zum Uebermuth neuerungs-
süchtigen Zeit, raschen Entschlusses im Entwerfen, festen Willens
in der Ausführung bis zur eisernen Beharrlichkeit, von einer
unermüdlichen Thätigkeit, bei allen diesen seltenen Eigenschaften
den Erfolg jener höhern Leitung anheimstellend, der er unbedingt
vertraute und gegen die er nie ein Wort des Unmuthes vernehmen ließ.[1]) Dem Innern entsprach das Aeußere des Fürsten;
dem noch vorhandenen Bildniß zufolge sprühte dasselbe von
Intelligenz und Willenskraft.

Schon am 31. Mai, also am Tage vor der Wahl, hatte
das Kapitel die Ernennung einer Kommission zur „Untersuchung
des „status Monasterii" (der Lage der Stiftsangelegenheiten)
beschlossen. Nach der Wahl schritt Pancratius zur Vollziehung
in dem ersten von ihm selbst abgehaltenen Kapitel (3. Juni);
nachdem das Kapitel die Wahl ihm selbst übertragen, bestellte
er diese Untersuchungs- und Reformkommission zum größern
Theil aus Zeit- und Altersgenossen: den P. P. Joh. Nepomuk
Hauntinger (von Straubenzell), Beda Gallus (von Zuzwyl),
Heinrich Müller v. Friedberg (aus Näfels), Aemilian Haffner
(Tiroler) und Konrad Scherer, von Kirchberg; der letzte war
der jüngste von Allen. Unverweilt traf er auch Anstalten für
Wiederbelebung der Disziplin; verordnete, daß ohne Wissen des
Abtes Niemand über Nacht außerhalb des Stifts bleiben dürfe
(gleiches auch für Neu-St. Johann); gebot Stillschweigen über
die Kapitelsverhandlungen; schritt auch zu einigen Veränderungen
in Besetzung verschiedener Stellen, welche Kapitularen inne hatten;

---

[1]) Der Verfasser spricht aus Eindrücken, die die Lesung der hinterlassenen Papiere dieses ausgezeichneten Mannes in ihm hervorrief, welche theils
ergänzten, theils bestätigten, was er über die Persönlichkeit des Fürsten
Pancratius in früherer und späterer Zeit den Archiven und Bibliotheken
hatte entnehmen können. Uebereinstimmend mit obiger Schilderung nennt
Maurer-Constant den Fürsten Pancratius einen „Charakter, der in anderen
Zeiten Großes gewirkt und, wenn es irgend möglich gewesen wäre, selbst in
jenen sturmbewegten Tagen durchgegriffen hätte", einen „ehrenfesten Mann,
ein Bild der mens conscia recti und des tenax propositi". Bd. V. der oft
zitirten Briefe-Sammlung, Einleitung, S. XVII.

es waren solcher „Mutationen" sechs;[1]) führte thatsächlich die
nöthige Sparsamkeit ein, indem er den Nuntius und sein Gefolge
ohne die sonst üblichen Honorare schalten ließ und einsweilen
auf die Zukunft vertröstete, was von den Betheiligten übrigens
keineswegs übel aufgenommen wurde. Gründe für solche
Handlungsweise des Fürsten waren die „ganz erschöpften Kassen"
und die „ungeheure Schuldenlast"; es fehlten ihm selbst die
nöthigen Mobiliargegenstände, um die sonst gewöhnlichen „Ver-
ehrungen" zu machen; zwei Kapitularen aus Einsiedeln, welche
als Zeugen dem Wahlakt beigewohnt, solche zukommen zu lassen,
mußte er das Erforderliche von einem Mitbruder („confrater")
borgen. Ebenfalls mit Rücksicht auf „die zerrütteten Umstände
des Gotteshauses", ersuchte er den heil. Stuhl, als er um dessen
Wahlbestätigung einlangte, um Nachsicht wegen der Taxen und
Annaten. Die ersten Regierungssorgen des Fürsten wurden durch
das Eintreffen zahlreicher Abordnungen unterbrochen, die dem
Neugewählten ihre Glückwünsche darbrachten; voran jene der
Stadt St. Gallen, deren glänzende und zahlreiche Abordnung[2])
der Fürst mit dankender Anerkennung des freundlichen Verhaltens
der Stadt „gegen das Gotteshaus" während der Fehde mit der
alten Landschaft empfing; ihr folgten die Wyler; dann die
Straubenzeller und Gaiserwalder, die bereits mit Begehren aus-
rückten, welche schon sein Vorfahrer abgelehnt hatte; die Deputation der fünf Aemter, Künzle, Häfeli, Müller von St. Georgen, Gasparini und Fahrer (von Romanshorn),[3]) „Treue und

---

[1]) Tagebuch, 4. Juni: „zuletzt mußte ich eine Mutation vornehmen".

[2]) An ihrer Spitze waren die drei Bürgermeister.

[3]) „Die berüchtigten Volksanführer"; Tagebuch, 8. Juni. Die „Familiengeschichte" von Künzle behauptet: er und Genossen seien „kalt" aufgenommen worden und rühmt dann, wie sie sich über das übliche Kostüm und
die üblichen Begrüßungsförmlichkeiten hinweggesetzt. Der Fürst sagt kein
Wort hierüber in seinem Tagebuch. Künzle, welcher Namens der Abordnung das Wort führte, hielt eine anstandsvolle Anrede an den Fürsten, die
mit der Versicherung begann, „daß das ganze Volk mit Freude und Trost
erfüllt wurde, da es die Vorsehung dahin geleitet, in der hohen Person
ihren Landesherrn zu erblicken", und im Weiteren das Versprechen ernster

Gehorsam versprechend"; eine zahlreiche Abordnung ebenfalls aus dem Rheinthal; viele andere Gratulanten mehr. Die Wyler kamen zahlreich zum zweitenmal und sprachen durch ihren Redner den Wunsch aus, es möchte der Fürst in Bezug auf die Militär- verwaltung den Status ab ante (wie er vor dem gütlichen Ver- trag gewesen) herstellen, d. h. die ganze Leitung des Militär- wesens wieder in eigene fürstliche Hand nehmen; am 24. Juni die beiden Landrathsobmänner von Toggenburg, Forrer und Bolt, die der Fürst mit besonderer Auszeichnung empfing, denn, weit entfernt, mit Gleichgültigkeit auf die Stimmung des Volkes und der Vorgesetzten herabzusehen, lag es vielmehr in des Fürsten Absicht, Alles zu thun, „um die Gemüther zu gewinnen". Diese vielen Beweise von Ergebenheit und Ehrfurcht waren wohl ver- dient; denn der Fürst regierte, und regierte für das allgemeine Wohl, das mit jenem des Stiftes enge verwoben war. Die erwähnte Reformkommission setzte sich unverweilt an Erfüllung ihrer Aufgabe, nahm bestmöglich den Status des Vermögens auf, was eine schwere Arbeit war, denn es mußte an genauen Büchern gefehlt haben; der Fürst wurde mit beurkundeten Schuld- forderungen zu 6 Proz. Zins begrüßt, von denen Niemand etwas gewußt hatte. Er nahm nun Gelder zu geringem Zins auf, was ihm zum Theil dadurch ermöglicht war, daß in Folge der Kriegsläufe teutsche Klöster ihre Baarschaften auf St. Gallisches Gebiet flüchteten. Schon am 19. Juli begann er die Schulden- tilgung; aber es waren zu derselben große Maßnahmen noth- wendig. In Basel fand er kein Geld zu niedrigem Zinsfuß. Er sprach daher bei den Mächten zu, namentlich bei dem be- freundeten Spanien, wendete sich an den Kriegsminister Alanza, um eine Million Piaster zu erhalten, wofür er 2 Prozent Zins oder die Lieferung von 200 Rekruten auf Stiftskosten nebst einem der spanischen Regierung günstigen Kapitulationsabschluß für das dortige St. Gallische Regiment anbot; Verwendungen,

Bemühung enthielt, auf daß das Zutrauen zwischen Stift und Volk auf das Neue befestiget werde." (Die Rede ist vollständig in der Schrift über Eschwend.)

die er später bei dem spanischen Gesandten Caamanno in Luzern fortsetzte; doch ohne Erfolg, so daß er sich Ende 1796 mit einer Schuldenlast von 1,100,000 Gulden und zugleich mit einem Verwaltungsdefizit von 40,000 Gl. beladen sah. [1])

War der Fürst gesonnen, mit fester Hand die Zügel des Stiftes und des Landes zu führen, so blieb er hinwieder frei von Willkür und launischem Einschreiten. Bald nach dem Regierungsantritt berief er seine sechs Geheimen Räthe: den Freiherrn Müller v. Friedberg, Hofmarschall, [2]) den Hofkanzler Gschwend, den Rorschacher Obervogt Zweifel, den Landvogt von Toggenburg, Baron Müller v. Friedberg (Sohn), den Altreichsvogt Grübler, von Wyl, und den Fiskal Zollikofer, verlieh ihnen auf das Neue die durch den Tod seines Vorgängers erloschenen Amtsstellen, von der Ueberzeugung und dem Vertrauen ausgebend, wie er sagte, daß sie solche bisher mit Treue gegen den Landesherrn und mit gerechtem Sinn verwaltet hätten. Den Vierortenhauptmann, Heidegger von Zürich, durch den Statthalter Hirzel von dorten abermals für jenes Amt präsentirt, empfing er zu Wyl. So feierlich Pancratius solche Amtshandlungen vornahm, so einfach und bescheiden war er im Uebrigen; er machte seine erste Ausfahrt erst vier Wochen nach dem Wahltage.

Mit dem besten Willen konnte es der Fürst der alten Landschaft nicht treffen. Zwar hatte er schon bei Beginn seiner Regierung in amtlichem und in vertraulichem Verkehr erklärt, daß er den von seinem Vorfahrer und dem Konvent mit der Landschaft abgeschlossenen gütlichen Vertrag unverbrüchlich zu halten entschlossen sei. Es waren aber der Leute zu viele, welche das Gegentheil glauben machen wollten. Schon im August kamen wiederholt Abgeordnete zum Fürsten, welche über Einbruch des Vertrages klagten; es war nämlich ein Mandat über Militär-

---

[1]) Tagebuch vom 31. Dezember.

[2]) Früherer Landshofmeister, den der Fürst Beda zwar aus schon angegebenen Gründen von jenem Amt entlassen, dann aber in der Stellung als Hofmarschall beibehalten hatte.

geschäfte verlesen worden, in welchem der Kriegskommission nicht
gedacht war; der Fürst erwiederte, daß deren Kompetenzen vollkommen beachtet, ihr Gutachten eingeholt und von ihm benutzt
worden, die Regierung somit ganz inner den Schranken des
Vertrages gehandelt habe, landesherrliche Rechte aber nicht
schmälern lassen könne. Da die Kriegskommission aber selbst
noch klagte, so versammelte der Fürst die „große Konferenz"
(gesammte Räthe) zur Untersuchung; dieselbe fand die neuesten
Forderungen unbegründet. [1]

Im Volk war man übrigens nichts weniger als einig;
es erhob sich eine Reaktion gegen die Ausschüsse, welche an der
großen Landsgemeinde ihren Triumphtag gefeiert. Künzle und
Genossen wurden als „Schelmen und Spitzbuben" beschimpft;
sie verzeigten die Schuldigen, 22 an der Zahl, verlangten ihre
Bestrafung und Genugthuung für sich. Nun wurde Bußengericht
in St. Gallen abgehalten (23. August); hier standen einige der
Beklagten ab; Andere beharrten und anerboten sich zum Beweise
der Wahrheit. Die Causa wurde deßhalb vertagt. Um diese
Zeit verfaßten Gegner der Ausschüsse im Wyler-Amt eine ausführliche Klagschrift gegen dieselben, in welcher zunächst erzählt
ist, wie Häseli von Oberbüren die Gemeinden in jenem Amt
verführt, aufgehetzt und den Goßauer Ausschüssen in die Arme
geliefert habe, dann die gemeinen demagogischen Praktiken dargestellt sind, welche dieselben zur Revolutionirung der ganzen
Landschaft in Anwendung gesetzt; namentlich erzählt wird, wie
an der großen Landsgemeinde auch zahlreiche Fremde mitge-
stimmt, dann die Ausschüsse sich selbst gerühmt haben, daß ihnen
weit mehr bewilligt worden, als sie mit gutem Gewissen hätten
fordern dürfen; wie sie das Volk durch unwahres Vorgeben
von schweren Geldsummen geködert, die ihm von den Pensionen
und dem Brugger Armenfond her gehören, vom Fürsten aber
hinterhalten worden seien; wie sie auch nach dem gütlichen

---

[1] Der Fürst bezeichnet sie als „frech" und erkannte sie als Probe,
daß die Absichten der Kriegskommission unlauter und auf unbefugte Erweiterung ihrer Stellung berechnet seien. Tagebuch, 13. August.

Vertrag gegen bestehende (nicht aufgehobene) Rechte, die sie eben in Folge desselben hätten anerkennen sollen, sich erhoben haben. Die weitläufige Schrift sprach dann die vier schweren Klagen aus: daß die Ausschüsse das Volk belogen und betrogen, gegen die Freiheiten und gegen den Willen des Volkes sträfliche Gewaltthätigkeiten ausgeübt, das Vaterland großen Gefahren bloßgestellt, dasselbe an Ehr, Gut, Ordnung, Ruhe und Sitten beschädigt haben. Nachdem diese Klagepunkte dann noch näher belegt und die Erwartung ausgesprochen worden, es werden jene strafbaren Handlungen gebührend geahndet werden, schloß die Denkschrift mit dem Begehren, daß dem traktatwidrigen Fortbestand der Ausschüsse hochobrigkeitlich ein Ende gemacht werde, eine Verfügung, durch welche die Wiederherstellung der Ruhe im Lande bedingt sei. In dieser Gestalt gelangte die Klagschrift vor den Pfalzrath (Bußengericht) in Wyl. Das Gericht erkannte: Mittheilung derselben an den Fürsten und Verschub einer Urtheilssprechung, dem Begehren der als Kläger gegen die Injurianten aufgetretenen Ausschüsse gemäß. Mit strengster Gerechtigkeitsliebe brachte der Fürst den Gegenstand an die Berathung zweimaliger Konferenzen (Versammlungen von Mitgliedern des Kapitels und Beamteten). Am 19. September war dann wiederholt Bußengericht in St. Gallen gegen dortige Beklagte; nebst den Geladenen erschienen bei 700 Männer, Goßauer, Andwyler und Andere. Einige der Beklagten wurden mit einem Verweis entlassen, andere bestraft; Einer nur, der den Künzle selbst vor dem Richter mit dem Tode bedroht hatte, mußte Genugthuung leisten. Im Uebrigen wurden die Gescholtenen von Obrigkeit wegen in ihren Ehren verwahrt. Dann triumphirender Zug, 300 Mann stark, nach St. Fiden, wo der ganze Landesausschuß beisammen; Künzle und Heer hielten Reden, bezeugten zwar ihre Zufriedenheit mit der St. Gallischen Obrigkeit, klagten aber um so lauter über Wyl und dortige Beklagte und machten den Injurienprozeß zu einer Sache des ganzen Ausschusses und des Landes; Künzle schloß mit der feurigen Versicherung: er wolle für das Land leben und sterben. Nun

Alle ihm nach: „wir wollen für das Land leben und sterben!"
Künzle wurde von zahlreichem Gefolge nach Goßau, Heer nach
Rorschach zurückgeleitet (ebenfalls am 19. September). Vier Tage
nachher beschloß die „Konferenz" einhellig, dem schon früher ge=
stellten Begehren der Ausschüsse um Aushändigung der Wyler
Schrift zu entsprechen; der Fürst händigte sie ihnen persönlich
ein, mahnte zur Mäßigung und zur Verständigung mit ihren
Gegnern; gerne wollte er vermitteln, die Wyler zur Zurücknahme
jener Schrift zu bewegen suchen. Dabei rügte der Fürst, daß
die Ausschüsse sich immer noch da und dort versammelten, Be=
schlüsse faßten, wie jenen vom 13. September, laut welchem die
Einzelbeschwerden der Gemeinden vorerst dem Landesausschuß
vorgetragen, sodann auf des Landes Kosten sollen betrieben
werden. Die Landesausschüsse, so erklärte der Fürst, haben
gegentheils ihr Amt niederzulegen; ihre Zusammenkünfte und Be=
schlußfassungen werde er nicht länger dulden. Künzle's vor Ge=
richt und in St. Firen gehaltene Reden bezeichnete er als der
verfassungsmäßigen Ordnung zuwiderlaufend (24. September). [1]
Troß der unparteilischen Handlungsweise des Fürsten und dem
gesetzlichen Verfahren der Gerichte hatten inzwischen die Goßauer
Landesausschüsse im Namen Aller [2] bei dem Stande Zürich zu
Handen der vier Schirmorte Beschwerde über Rechtsverweigerung
eingelegt, worüber der Fürst durch Mittheilung des ganzen Ge=
bahrens der Ausschüsse, seit seinem Regierungsantritt, die er=
forderliche Erbauung zukommen ließ (27. September). Bald
nachher brachten die Goßauer Ausschüsse dem Fürsten ein schrift=
liches Begehren, in dem sie unter Anderem verlangten, daß die
Wyler Schrift öffentlich durch den Henker verbrannt werde; der
Fürst verhieß baldige Antwort und gab wieder mehrere wohl=
gemeinte Räthe und Mahnungen. Acht Tage nachhin erfolgte
der mündliche Bescheid des Fürsten: ihr Begehren sei rechtlich

---

[1] Aus dem Tagebuch des Fürsten, wie manches Vorangehende ebenfalls.

[2] Unbefugt und anmaßlich, denn an einer späteren Audienz bei dem
Fürsten lehnten Egger (von Tablat) und Hertenstein (von Rorschach) jede
Mitwissenschaft ab.

unstatthaft, auch „zu dreist"; ihnen stehe es nicht zu, die ihnen zu gebende Satisfaktion selbst vorzuschreiben; ehrliche Leute dürfen nicht auf solche Weise „henkermäßig" gemacht; auch dürfe Niemand ohne Untersuchung verurtheilt werden. Uebrigens werde er selbst sich in das Mittel legen, die Wyler Schrift „unterdrücken", und sie, die Beschwerdeführer, „als Ehrenmänner erklären". Zu diesem Behuf wolle er sich noch nähere Aufklärung durch Einvernehmen aller dreiunddreißig Landesausschüsse verschaffen. Das Letztere geschah; am 14. November wurden in zahlreicher Konferenz die Ergebnisse berathen; erhoben war namentlich, daß fünf der Ausschüsse, ohne Wissen der Uebrigen, nach Zürich geschrieben und den Brief gegen das vom Fürsten Beda erlassene Verbot mit eigenem „Landsigill" versehen hatten. Beschlossen wurde: den ganzen Injurienhandel niederzuschlagen, die Landesausschüsse aufzuheben, und jene Mitglieder derselben, die sich der oben erzählten Handlungen schuldig gemacht, [1]) strafen zu lassen, doch zuvor an die Schirmstände zu berichten. Den ersten Beschluß brachte zu allgemeiner Kunde ein fürstliches Friedensedikt vom 21. November, mit der Eröffnung beginnend, wie er, der Fürst, seit Antritt der Regierung schon mehrmal privat und öffentlich erklärt habe, daß er den gütlichen Vertrag unverbrüchlich zu halten entschlossen sei, so auch seither Bedacht genommen habe, solchen in Ausführung zu bringen, Alles in der Absicht, vollkommene Ruhe und Zufriedenheit im Lande wieder herzustellen; um so mißfälliger sei ihm gewesen, zu vernehmen, was gegen Einzelne oder mehrere der Ausschüsse geschehen; allem weitern Unfug und Zerwürfniß nun abzuhelfen unterdrücke und vernichte er aus landesherrlicher Macht Alles, was gegen die Ausschüsse in Wort oder Schrift (inbegriffen das vor Pfalzrath zu Wyl abgelesene „Libell") bezüglich des bekannten Landesgeschäftes Mißbeliebiges oder Ehrverletzendes geäußert worden, mit beigefügter Erklärung, daß er alle Betroffene „bestens in Ehren und guten Läumden verwahre", dann

---

[1]) Die „Falsarios"; Tagebuch des Fürsten, vom 14. November.

mit Strafandrohung gegen Alle, die sich solche Scheltungen ferner beigehen ließen; endlich mit der väterlichen Schlußmahnung an Jedermann, dem Vaterland zu lieb, erlittene Unbilden zu vergessen und sich dem Mandate willig zu fügen; ein solches Opfer, dem allgemeinen Besten gebracht, stehe noch weit unter jenen Opfern, welche das Stift „zur Bezielung der allgemeinen Ruhe" sich habe gefallen lassen. [1] Die Ausschüsse rathschlagten, ob sie sich mit dieser Genugthuung zufrieden geben wollen (30. November); die Verleumdungen gegen die Redlichkeit der Absichten der Regierung wollten nicht enden. Der Regierung ihrerseits, nachdem sie hochherzig ihre größten Gegner vor dem wachgewordenen Unwillen eines großen Theils des Volkes in Schutz genommen, zum Frieden gerufen und zum Frieden gewirkt hatte, lag nun ob, auch die gesetzliche Ordnung wieder herzustellen, die anmaßliche Nebenregierung aufzuheben; zu diesem Zweck erließ der Fürst ein zweites Mandat, in welchem er wiederholt versichert, daß ihm und dem Stift der mehrgenannte Vertrag heilig und unverletzlich sein werde, gegentheilige Behauptungen nur das Werk der Lüge seien; dann aber fordert, daß auch das Volk sich ihm (dem Vertrag) unterziehe und mit dessen Inhalt begnüge, „Jeder," laut wörtlichem Ausspruch des Vertrages, „in ehevorige gesetzliche Ordnung eintreten solle;" zu diesem Behufe den Landesausschuß als aufgelöset und aufgehoben erklärt, schließlich die Gemeinden anweiset, allfällige Wünsche oder Zweifel bezüglich der Tragweite oder Auslegung des Vertrages durch die verfassungsmäßigen Amtleute und Vorgesetzten einzugeben und alle ferneren außergesetzlichen Versammlungen zu meiden, alles mit der Erinnerung, daß eine längere Fortdauer jenes kostspieligen Ausschusses dem eigenen ökonomischen Interesse des Landes zuwiderliefe (Verordnung vom 5. Dezember, am 11. in der ganzen alten Landschaft verlesen). Sie wurde mit vielem Beifall aufgenommen, weil man der Ausschüsse müde war; [2] die große Mehrheit derselben fügte sich, nur die Mit-

[1] Genau dem Mandat selbst enthoben.
[2] Tagebuch des Fürsten vom 11. Dezember.

glieder aus dem Oberbergeramte nicht; sie führten Beschwerde in Zürich.

Kaum hatte der Fürst den innern Zwisten, der Doppel-regierung und der Anarchie Stillstand geboten, wendete sich seine Sorgfalt für das öffentliche Wohl auch nach Außen. Noch herrschte die Getreidenoth im Lande; Erzherzog Karl, der kaiser-liche Feldherr in Süddeutschland, hatte eine für die östliche Schweiz empfindliche Getreidesperre angeordnet; es waltete Besorgniß, daß die Theurung noch mehr zunehme. Solches Unglück von seinem Volke abzuwenden, hielt der Fürstabt am 16. Dezember Rathssitzung (Konferenz); in Folge derselben entschloß sich Pancratius, in den wichtigsten Dingen selbst thätig, dann auch in der Ueberzeugung, daß die unmittelbarste Ver-wendung bei höchster Stelle die sicherste und erfolgreichste sein werde, zu einer persönlichen Reise in das kaiserliche Haupt-quartier für Sicherung eines ergiebigen Fruchtquantums; andere Geschäfte gedachte er anläßlich ebenfalls zu fördern. Ohne allen Aufenthalt in Zürich eilte der Fürstabt nach dem Kloster Muri, verabredete dort Nöthiges mit dem Abt wegen der „Benedik-tion", einer kirchlichen Feier, die der St. Gallische Klostervor-stand in Muri vornehmen zu lassen beabsichtigte; nahm in Lu-zern Rücksprache mit dem spanischen Gesandten wegen des schon berührten Anleihens und der damit in Verbindung gebrachten Kapitulationsfragen, ohne entsprechende Aussichten zu gewinnen; besuchte den päpstlichen Nuntius, dem er Kunde gab von seiner äußerst schwierigen Lage, mit dem Beisatz, wie glücklich er sich fühlen würde, seines drückenden Amtes enthoben zu werden (eine Anregung, die jedoch vom Nuntius mit Bestimmtheit zu-rückgewiesen wurde), schließlich aus bloßen Anstandsrücksichten auch den Schultheißen Krus; vollendete dann seine Reise über Basel nach Offenburg und fand wohlwollende Aufnahme bei dem Erzherzog, der seinem Anliegen in Bezug auf das ge-wünschte Getreidequantum bereitwillig entsprach, auch die besten Versicherungen für Beachtung der schweizerischen Neutralitätsstellung ertheilte (29. Dezember).[1] Am Schlußtage des Jahres war der Fürst in Freiburg, vertraute dem Tagebuch in einem Rückblick[2] auf die traurigen Umstände, unter denen er zur Amts=würde berufen worden, seine tiefen Bekümmernisse, schloß ihn mit Worten der Ergebenheit gegen den Willen des Aller=höchsten und mit dem Entschlusse fernerer treuen Pflichterfüllung, und traf am 11. Januar 1797 wieder in St. Gallen ein. Böswilligkeit und Undankbarkeit eines schwer mißleiteten Vol=kes unterschoben dieser Reise die Absicht des Fürsten, befreun=dete Schweizer=Regierungen gegen dasselbe anzurufen; der Arg=wohn war grundlos und unverdient.[3]

Während dieser Vorgänge reifte ein neuer Landhandel heran. Durch die Konferenzverhandlungen vom 14. November 1796 und durch Mittheilungen von Zürich war erhoben, daß Künzle ein sogenanntes „Landessiegel" in Händen habe und daß unbefugt Gebrauch davon gemacht worden. Der Fürst ließ es ihm abfordern. Künzle lehnte die Aushändigung ab und be=hauptete, es sei ihm das Landessiegel von den Landesausschüssen anvertraut worden.[4] Nach Aufhebung dieser Ausschüsse neuer=dings zur Herausgabe aufgefordert, lehnte er sie abermals ab: er dürfe das Siegel nur mit Bewilligung der Landesausschüsse oder jener der Amtleute der Gemeinden abgeben. Auf Befehl des Fürsten wurden dann im Laufe Februars 1797 die Aus=schüsse und Vorgesetzten der einzelnen Aemter über den Hergang

---

[1] Der Fürst rühmt des großen Feldherrn religiösen Sinn und Be=scheidenheit; Karl schrieb seine Siege nächst Gott der Bravour seiner Sol=daten zu, mit dem Beisatz: „er sei bloß auch dabei gewesen". Tagebuch vom 29. Dezember.

[2] Auch von dann an machte sich der Fürst am Schluß jedes Jahres einen Ueberblick über dessen Verlauf und Ergebniß.

[3] Unrichtig erzählt Weidmann, der Fürst habe auf der Reise auch Bern besucht.

Gänzlicher Einseitigkeit bei Erzählung dieser Reise macht sich auch Hot=tinger schuldig in seinen „Vorlesungen über die Geschichte des Unterganges der schweizerischen Eidgenossenschaft der dreizehn Orte u. s. w."

[4] „Ist falsch", sagt hierüber Pancratius im Tagebuch. 19. November.

einvernommen. Ihre Angaben lauteten mit den Behauptungen des Künzle keineswegs übereinstimmend und es lag nun erhoben vor, daß der Widerstand nur persönlich von Künzle, unterstützt von seinen Genossen des Oberbergeramtes, herrühre. Der Fürst wußte im Ferneren, daß Künzle mit zweien derselben Anfangs Januars wieder nach Glarus gegangen, um sich dortiger Unterstützung zu versichern. Es wurde nun Pfalzrath gehalten, Künzle vor denselben geladen und neuerdings zur Unterwerfung aufgefordert. Der kecke Mann aber trat, wie er es auch sonst zu thun gewohnt war, mit einer Art Leibgarde auf,[1] welche seinen Trotz tumultuarisch unterstützten; er erklärte, nur in Folge eines Mehrheitsausspruches der Ammänner würde er sich fügen und das Siegel herausgeben; auf die Eröffnung, daß bereits vier Aemter von den fünfen sich für die Herausgabe erklärt hätten, verlangte er Konfrontation mit den Vorstehern. „Aus Furcht eines Aufruhrs und Gewaltthätigkeiten ließ man[2] ihn gehen mit dem Bescheid",[3] daß man an den Fürsten berichten werde. Dieser hielt nun selbst Konferenz (Pfalzrath) und beschloß in Folge derselben die Erlassung eines neuen Befehls an Künzle, binnen drei Tagen das Siegel herauszugeben, widrigenfalls sein Betragen öffentlich durch Mandat geschildert, das Siegel null und nichtig erklärt, er (Künzle) aber aus der ganzen Schweiz verbannt würde.[4] Der Befehl wurde erlassen, doch vergeblich. Künzle und einige Genossen von Goßau wagten die Einberufung aller Amtleute und Landesausschüsse auf den 8. Februar. Der

---

[1] Es waren „bei 100 liederliche Kerls", sagt das Tagebuch des Fürsten vom 3. Februar.

[2] Der Pfalzrath.

[3] Tagebuch vom 3. Februar.

[4] Tagebuch vom 4. Februar. Es ergibt sich aus den Aufzeichnungen des Fürsten, daß solche Konferenzen oder Rathssitzungen sehr zahlreich waren; eine derselben (27. Januar) war von eilf Kapitularen und fünf Geheimräthen (weltlichen Beamteten) besucht. Durch dieses Verfahren des Fürsten Pancratius erklärt sich dessen frühere Opposition gegen die patriarchalische Alleinherrschaft Beda's; Pancratius regierte in Uebereinstimmung mit seinen Räthen.

Führer hatte sich eine Niederlage erholt, denn nur Wenige erschienen, und auch diese theilweise nur in Folge des waltenden
Terrorismus; sie legten das Siegel zum gütlichen Vertrag in
das Archiv und beabsichtigten eine neue allgemeine Versammlung
auf den 13. Februar. Die fürstliche Regierung aber kam ihnen
zuvor, erließ ein scharfes Mandat, in welchem dem Volke verkündet wurde: daß schon Fürst Beda die verlangte Bewilligung
eines besondern Landessiegels den Ausschüssen verweigert habe,
dessen Gebrauch bei Unterzeichnung des gütlichen Vertrages geradezu verboten worden sei; daß die Herausgabe dieses unbefugten Siegels fünfmal verlangt und ebenso oft abgeschlagen
worden; daß die Regierung nicht länger solche Widersetzlichkeit,
ebenso wenig die Wiederholung unstatthafter Versammlungen
dulden könne, deßhalb nun jede Gemeinde einzeln auffordere sich
zu erklären, ob sie das Siegel behaupten und zu diesem Zweck
den Rechtsweg betreten wolle, oder nicht; — ferner, ob sie bereit sei, dem gesetzlichen Landesherrn zu gehorsamen und ihn
nach Bedarf zu unterstützen, damit der Gang Rechtes nicht
mehr gestört, die öffentliche Ruhe und Sicherheit wieder hergestellt werden könne (12. Februar).[1] Die Abstimmung am
gleichen Tag lief ganz zur Befriedigung des Fürsten ab; die
meisten Gemeinden erklärten sich für die Regierung, wollten keine
Ansprache machen auf das Siegel, vielmehr die gesetzliche Obrigkeit gegen die Ruhestörer unterstützen. Goßau, Andwyl und
Gaiserwald beschlossen das Recht anzurufen und nur dann davon abzustehen, wenn die Mehrheit der Gemeinden sich dazu
entschlösse. Es lag nun am Tage, daß sich Künzle nur auf
eine aufrührerische Minderheit stütze. Diese nun wollte sich nicht
fügen; veranstaltete auf den folgenden Tag (13. Februar) eine
„Volksversammlung“, die jedoch in eine Rottirung „des niedrigsten strafbaren Pöbels“[2] zusammenschrumpfte. Franz Joseph
Boppart aus Straubenzell lästerte tobend die fürstliche Regie-

---

[1] Dieses Datum ist urkundlich; die Versendung des Mandats muß
aber früher geschehen sein.
[2] Tagebuch vom 13. Februar.

rung, und die Versammlung beschloß, durch eine Abordnung an
den Fürsten die Wiedereinberufung der Landesausschüsse zu verlangen. Die acht Abgeordneten, unter ihnen ein „Ausgepeitsch-
ter, Ehr= und Gewehrlos Erklärter",[1]) verlangten Gehör bei
dem Fürsten, wurden aber nicht vorgelassen. Boppart seinerseits
wurde vom Pfalzrath (es saßen allein dessen weltliche Mitglieder) mit Zuchthausstrafe belegt (17. Februar) und in das
Schloß Alt=Ravensburg[2]) abgeführt; ein Mitschuldiger wurde in
St. Fiden gefangen gesetzt, dann aber, nach geschehener Abbitte,
wieder entlassen. Kaum war in Goßau das gegen Boppart
gefällte Urtheil bekannt geworden, rotteten sich seine aufrührerischen Anhänger dort und in Straubenzell und Gaiserwald zusammen, zogen wuthentbrannt, doch unbewaffnet, vor die Stiftsgebäude in St. Gallen, die Freilassung des Gefangenen zu ertrotzen (18. Februar). Hier hatte der Fürst inzwischen vier
Kanonen aufführen und die Stadt um „eidgenössisches Aufsehen"
ersuchen lassen. Auch den Stand Zürich hatte der Fürst um
„bundschirmherrliche" Aufmerksamkeit angegangen. Der Magistrat
der Stadt St. Gallen erklärte sich neutral,[3]) ließ aber die meisten Thore schließen, die Landleute zur Ruhe und zum Wieder-
abzug mahnen.[4]) Die Aufrührer zogen unverrichteter Dinge von
bannen. Auf den folgenden Tag wurde eine Versammlung der
Vorgesetzten aus den fünf Gerichten nebst Waldkirch, Straubenzell und Gaiserwald einberufen. Sie beschlossen, das Recht
anzurufen und sich zu diesem Behuf an die Schirmorte zu wenden; Volk war auch wieder da, sammt Fremden etwa 1000
Köpfe, doch ruhig, ohne Führer; Künzle eröffnete ihnen jene

---

[1]) Tagebuch vom 15. Februar.

[2]) Aus der Species facti, welche einem Schreiben des Fürsten an die
Regierung von Zürich, vom 21. Februar, beigelegt ist.

[3]) „Ungenirter Weise", sagt der Fürst im Tagebuch; 18. Februar. Er
nannte diesen Tag einen „betrübten, gefährlichen und schreckenvollen Tag".
Die Neutralitätsverfügung der Stadt bestätiget Wegelin in der Schrift:
Lebensgeschichte Pankratius Vorster's, Fürstabtes zu St. Gallen. St. Gallen, 1830.

[4]) August Naef: Chronik von St. Gallen.

Schlußnahme, worauf das Volk sich ohne Gelärm entfernte. Am gleichen Tage hatten sich die Milizhäupter der Landschaft zum Fürsten verfügt, um seine Befehle einzuholen; der Fürst erklärte, daß er nicht Willens sei, Gewalt gegen seine Angehörigen zu brauchen, somit keine Truppen nöthig habe; er beschränke sich darauf, sicherheitshalber das Kloster mit genugsamer Mannschaft besetzen zu lassen, die dann folgenden Tages aus den treuen Gemeinden Steinach, Golrach, Mörschwyl, mit den Tablatern etwa 100 Mann stark, in dasselbe einrückten. Eine gleichzeitige, zu demselben Zwecke vom Fürsten angeordnete Bewaffnung in Wyl, wovon gerüchtweise Kunde nach Goßau kam (20. Februar) rief hier neue Aufregung hervor; es wurde dort und in St. Josephen Sturm geläutet. Nach wenigen Stunden waren unter Künzle's Anführung bei Tausenden zum Theil mit Gewehren, größtentheils aber mit Hellebarden, Bikeln, Sensen, Prügeln bewaffnet, versammelt. Nun großer Schrecken im Kloster. Der Fürst entsendete den Junker Meyer, ein Mitglied des Pfalz-rathes, nach Goßau, dem versammelten Landsturm die Ver-sicherung zu geben, daß er durchaus keine Erekution gegen das Volk beabsichtige, Jedermann wieder ruhig nach Hause gehen könne; die waltenden Anstände werde er den Schirm-orten zur Untersuchung und Entscheidung überlassen. [1]) Jener Pfalzrath eilte dann nach Oberbüren, wo der Wyler Auszug (60 Mann) sich befand, dankte der Mannschaft im Namen des Fürsten für treue und schleunige Befolgung seines Befehls und kehrte nach St. Gallen zurück, wo die Stadt- und Klosterthore noch acht Tage lang bewacht blieben. [2]) Der Tag verlief ohne wirklichen Unfall. Die Volksvorstände gaben ihr Memorial an

---

[1]) Heidegger ritt aus freien Stücken und im Einverständniß mit dem Fürsten ebenfalls nach Goßau und half mit dem besten Erfolg zur Beruhi-gung. Heidegger's Bericht an Zürich (vom 20. Februar) lautet, als ob er kommandirt habe. Ein um diese Zeit erschienenes Pasquill bezeichnet Heidegger'n als einen zweiten Geßler, der allein Schuld sei, „daß Boppart über See geführt und unmenschlich behandelt worden".

[2]) Falk: Kurze Darstellung der politischen Vorgänge in der alten Landschaft.

die Schirmorte ein; der Fürst sendete ihnen ebenfalls seine „species facti", mit der Anzeige, daß einige Gemeinden das Recht vorgeschlagen, was ihm ganz erwünscht, weil sonst keine Ruhe zu hoffen sei; auch verlangte er von den Schirmorten den Erlaß eines Mahnschreibens an die klagenden Gemeinden zur Handhabung der öffentlichen Ruhe,[1]) bestellte fünf Sachwalter für das Stift und entließ (28. Februar) die militärische Sicherheitswache. Mit dem Verhalten der Stadt versöhnte sich in diesen folgenden Tagen der Fürst auf das Beste; er ließ ihre Offiziere festlich bewirthen, der übrigen Mannschaft ein Geschenk von 66 Gl. verabreichen. Gesammte Ausgabe, die ihm in Folge dieses Aufruhrs erwuchs, betrug mehr denn 1000 Gulden. Die Schirmorte erließen die verlangte Mahnung an sämmtliche Gemeinden: von nun an ungesetzliche Volksversammlungen zu unterlassen, der Obrigkeit gehorsam zu sein, unter sich selbst aller Ungebühr und Drohungen sich zu enthalten, in Ruhe und Stille das schiedsrichterliche Einschreiten abzuwarten, mit Versicherung, daß der Fürst inzwischen mit allen landesherrlichen „Prozeduren" innehalten werde (8. März). Am 12. gl. M. trafen die Gesandten der Schirmstände in Frauenfeld, der Fürst, ihnen näher zu sein, in Wyl ein. In den folgenden Tagen wurden die Rechtsverhandlungen eröffnet. Zum Streite um das Landessiegel kamen noch andere Begehren. Die vier Aemter, alle mit Ausnahme dessen von Wyl, verlangten vom Fürsten die Erlaubniß, sich zu einer Vorberathung über die Auslegung verschiedener Punkte des gütlichen Vertrages und ihrer daherigen allfälligen Ansprüche zu versammeln; der Fürst ertheilte sie mit verschiedenen Vorschriften über die Form der Eingabe ihrer Wünsche oder Rechtsbegehren, durch Publikation vom 20. März. Da dann dieser keine Folge geleistet wurde, schritten die Gesandten der Schirmstände selbst ein und erließen, nachdem sie ersehen, „daß die Vorgesetzten den Gemeinden bishin die wahre Lage des Geschäftes nicht eröffnet haben", Befehl

---

[1]) Tagebuch vom 21. Februar. Schreiben des Fürsten an Zürich, vom gleichen Tage, in welchem namentlich das Einschreiten Heidegger's in Goßau sehr belobt wird.

an jene, unfehlbar am 30. März jede Gemeinde gesondert zu
versammeln und durch diese abschließen zu lassen, was sie begehren wollen, und dem Fürsten genaue schriftliche Mittheilung
davon zu machen (Verordnung vom 27. März). Nach diesen
Einleitungen stellten sich als zu entscheidende Rechtsfragen heraus:
Die Ansprache auf ein Landessiegel; ein Anstand der Gemeinde
Waldkirch mit ihrem Pfarrer über den Gerichtsstand in einer
Zehntstreitsache; die Forderung der Gemeinden des Oberberger-
amtes, Verwaltungssachen an gemeinschaftlicher Versammlung
behandeln zu dürfen; das Begehren von Rorschach und sieben
anderer Gemeinden um rechtliche Erläuterung des gütlichen Vertrages, betreffend die Kriegskommission. Die Frage des Landsiegels erhielt Priorität; daherige Verhandlungen wurden mit
Vorfragen und Vor-Urtheilen eröffnet; es waren nämlich acht
Gemeinden: Goßau, Waldkirch, Straubenzell, Andwyl, Lömenschwyl, Gaiserwald, Wittenbach und Sitterdorf vorgeladen, da
alle übrigen auf das Landsiegel verzichtet hatten; die Abgeordneten jener erklärten nun, daß sie vor der Hand ohne Vollmacht
seien; das Siegel gehe das Land an, mithin müsse dessen Behauptung „landschaftlich“ betrieben werden, weßhalb sie um
Abhaltung einer Landsgemeinde bäten. Die Erkenntnisse lauteten:
Des Siegels wegen habe der Fürst als Kläger aufzutreten, bis
Austrag der Sache sei dasselbe an das Gericht abzuliefern; die
Landsgemeinde werde nicht gestattet; die Abgeordneten der Gemeinden, welche das Recht vorgeschlagen, hätten ohne Weiteres
vor dem Richter zu erscheinen und Antwort zu geben. Die
Verhandlungen über Haupt- und Nebenfragen zogen sich in die
Länge, namentlich jene wegen der Prozeßkosten. Von Frauenfeld
kam General Bachmann zum Fürsten nach Wyl mit dem Begehren, dieselben ganz zu übernehmen; er „schlug es rund ab“;
dann neues Ansinnen an den Fürsten, die eigenen und wenigstens
einen Theil der anderen Kosten zu übernehmen, „widrigenfalls
er dazu kondemnirt werden könnte“,[1] was der Fürst „wieder

---

[1] Tagebuch des Fürsten vom 13. April.

rund abschlug"; endlich erfolgte die Abfindung, daß dieser (mit
Einwilligung des Kapitels[1]) die Hälfte gesammter Kosten, die
eigenen inbegriffen, zu übernehmen sich erklärte. Dem Andringen,
sich zur Begrüßung der Standesgesandten nach Frauenfeld zu
begeben, leistete der Fürst Widerstand;[2]) endlich bequemte er sich
zu diesem Schritt, wurde von den Gesandten „im Zürcherhaus",
in welchem sie sich zur Bequemlichkeit des Fürsten in Vollzahl
versammelt hatten,[3]) mit allen Ehren empfangen und erhielt dann
ihren Gegenbesuch in Wyl (17. April). Nach vollendetem Werk
verließen sie Frauenfeld zwei Tage nachher.   Hier die Ergebnisse ihrer Wirksamkeit: Ein Proklama der Schiedsrichter gibt
dem Lande Kenntniß, daß die gewalteten Anstände theils durch
ihre Sprüche, theils durch Erläuterungen des gütlichen Vertrags
seitens des Fürsten selbst beseitiget worden, der Fürst die Hälfte
der Kosten übernommen habe, wohl auch geneigt sein werde,
gegen „gehorsame ehrerbietige Abbitte" seitens der „Urheber
dieser leidigen Unruhen" ihnen und ihren Mitschuldigen gänzliche
Vergessenheit angedeihen zu lassen; — warnt dann die Gemeinden
vor Mißschritten, erklärt die früheren und allfällige seither auf=
gestellten Landesausschüsse als aufgelöset, verbietet alle unerlaubten
und vertragswidrigen Versammlungen, verpflichtet die Gemeinden
zur Abtragung ihres Kostenantheils an den Fürsten binnen zwei
Monaten unter Verwahrung der Rechte jener Einzelnen, welche
sich von Anfang her gegen die Einlassung in den Prozeß aus=
gesprochen (12. April).   Das Urtheil aber lautete: Da für die
Ansprache auf das Landessiegel weder Rechtsgründe noch Uebung

[1]) „Ich wollte mich nicht dazu anders verstehen"; Tagebuch vom
14. April.

[2]) Der Fürst war schon im Anfang des Prozesses über das Verfahren
der Gesandten nicht sehr erbaut: mit der Zudringlichkeit wegen der Kosten
wuchs seine Unzufriedenheit. „War auch mit dem Betragen der Hrn. Gesandten nicht wohl zufrieden, wollte also nicht darüberhin ein Kompliment
machen und dergleichen thun, als wenn ich weiß nicht was ihnen zu danken
hätte".

[3]) Zürich besaß ein eigenes Hotel für seine Gesandtschaften in
Frauenfeld.

vorwalten, dann die mehreren Gemeinden sich für die Abschaffung erklärt haben, könne solches auch den acht am Rechten erschienenen Gemeinden nicht eingeräumt werden, sondern sei daßelbe vielmehr dem Fürsten zu Handen zu stellen;[1]) in der Waldkircher Zehntstreitsache sei der fürstliche Pfalzrath kompetent; die Prätension der fünf Gerichte oder Gemeinden von Oberberg wurde, wegen ungesetzlicher Einleitung dieses Begehrens, „mit einem ernsten Mißfallen" gegen Künzle abgelehnt; der Kriegskommission halber wurden ihre Befugnisse erläutert und genauer bestimmt, der Fürst übrigens als Landesherr im Mannschaftsrecht mit allen daherigen Berechtigungen geschützt und die Kriegskommission angewiesen, sich auf die ihr durch den Vertrag und dessen nunmehrige Erläuterung angewiesenen Verrichtungen zu beschränken. Das Stift war demnach in allen Hauptsachen Sieger geblieben. Die Rechtskosten, inbegriffen die Kosten der fürstäbtischen Abordnung 16,281 Gl. 53 Kr., wurden im Grundsatze den Gemeinden und jenen „Partikularen" auferlegt, welche durch ihre Umtriebe zu deren Vermehrung beigetragen haben; und zwar wurden von der Gesammtsumme den zwölf betroffenen Gemeinden Goßau, Oberdorf, Andwyl, Niederwyl, Waldkirch, Sitterdorf, Straubenzell, Gaiserwald, Wittenbach, Löwenschwyl, Rorschach und Rorschacherberg 13,281 Gl. 53 Kr. auferlegt; den „Häuptern" Künzle und drei Genossen 1000 Gl., drei Anderen zusammen 2000 Gl. zu bezahlen überbunden. Ein Nachtrag zum Spruch regelt dann den vom Fürsten bewilligten Abzug zu Gunsten der Gemeinden, so daß diese nur noch 6640 Gl. 58 Kr. zu bezahlen hatten.[2])

---

[1]) Das Urtheil über diesen Gegenstand war schon am 28. März gefällt. S. die Schrift: „Das unglücklichste und dem Land schädlichste Landsigel". Die Anschaffung desselben rührte von drei oder vier Männern her, die ohne Vorwissen der übrigen Vorgesetzten gehandelt hatten.

[2]) Die wirklichen Zahlungen, welche die fürstlichen Bevollmächtigten in Frauenfeld zu leisten hatten, betrugen 18,336 Gl. 48 Kr.; sie selbst hatten am wenigsten davon gebraucht. Unter den Hauptposten kommen auch die damals üblichen „Douceurs" an die Standesgesandtschaften vor. Die „Familiengeschichte" von Künzle klagt: die „leeren Hände" der Gemeindeabgeordneten haben „nicht hinreichen" können. Der Spruch aber ist durch seine

Die Erläuterungen des gütlichen Vertrages, welche der Fürst von sich aus gab, sind durch eine neue gedruckte Ausfertigung desselben bekannt gemacht.[1] Richter oder Gesandte waren: von Zürich, Hans Caspar Landolt (Statthalter) und Salomon Hirzel (Säckelmeister); von Luzern, Ritter Joseph Rud. Val. Meyer[2] von Oberstade (Altlandvogt) und Franz Ludwig Balthasar (Altlandvogt); von Schwyz Meinrad Schueler (Landammann) und Baron Carl Dom. v. Reding v. Biberegg (Altlandammann); von Glarus Joh. Jakob Zweifel (Landammann) und Felix Ant. Müller (Landsstatthalter). Die fürstlichen Bevollmächtigten waren drei Kapitularen (Hauntinger, Bloch und Heinrich Müller v. Friedberg) und drei weltliche Beamtete (Franz Jos. Müller v. Friedberg, erster Minister und Hofmarschall, dann die Obervögte Ehrat und Zweifel). Die Reihe der Bevollmächtigten der Gemeinden eröffnet „Landshauptmann" Künzle; sie hatten den Prokurator „Lieutenant Gallus Schlumpf" zugezogen.[3] In Folge des erwähnten schiedsgerichtlichen Proklama's erschienen am Hof zu Wyl vor dem Fürsten, um welchen neun geistliche und weltliche Beamtete versammelt,[4] Heer von Rorschach, Künzle, und Ammann Jos. Anton Bossart (von Niederwyl),

---

Begründung gerechtfertigt, wenn er auch sehr theuer ausgefallen ist; zudem blieb die Hälfte der Kosten dem Stift zu Lasten und ist noch ungewiß, ob die 9640 Gl. 58 Kr., welche ihm von Gemeinden und Privaten an die Kosten hätten vergütet werden sollen, der Stiftskasse wirklich bezahlt worden seien.

[1] Frauenfelder Spruchbrief vom 18. April 1797 sammt dem theils rechtlich, theils gütlich erläuterten gütlichen Vertrag von 1795. Quart. 36 Seiten. — Das Original des Spruchbriefes ist auf Pergament geschrieben und mit acht Siegeln bekräftiget; es kam dem Fürsten am 8. Mai zu.

[2] Der „sogenannte göttliche Meyer". Tagebuch des Fürsten vom 17. April.

[3] Dessen Verhalten erschien den schirmörtlichen Schiedsrichtern so ungebührlich, anmaßend und selbst staatsgefährlich, daß sie dem Fürsten den Rath gaben, diesen Mann „aus den fürstlich St. Gallischen Landen zu entfernen" (Schreiben vom 12. April 1797, im Stiftsarchiv).

[4] Unter ihnen der Statthalter von Wyl, P. Magnus Hungerbühler, der Archivar P. Ildef. von Arx und Hofkanzler Gschwend.

leisteten reumüthige Abbitte und versprachen Besserung. Heer sprach bei dieser Handlung zuerst: er sei gekommen, sagte er, falls er seine hochfürstliche Gnaden beleidiget oder auch gegen fürstliche Behörden in Etwas sich möchte vergangen haben, demüthige Abbitte zu thun, „bitte unterthänigst um Verzeihung alles Vorgegangenen und verspreche, sich künftig als ein getreuer Angehöriger zu erzeigen". Künzle wiederholte Gesagtes, mit Beifügen, daß es nie in seinem Willen gelegen, in die Rechte des Landesherrn Eingriffe zu machen; er bitte also inständigst, der gnädigste Landesherr möchte alle seine Vergehungen in Gnaden ansehen; er werde sich bei Dergleichen nie mehr betreten lassen; Höchstdieselben möchten Ihre Huld ihm nicht entziehen, damit er sich künftig als ein getreuer Gotteshaus-Angehöriger erzeigen könne. Bossart bekannte, daß er gleichen Sinnes sei u. s. w. Im Namen des Fürsten antwortete der Reichsvogt Freiherr v. Wirz mit angemessenem Zuspruch und unter Versicherung, daß der Fürst nun alles Geschehene großmüthig vergessen wolle; hierauf wurden die drei Männer vom Landesherrn zum Hand-kusse zugelassen, „welchen sie mit aller möglichen Devotion ab-gelegt haben" (18. April). [1]) Contamin, von Goßau, durch Krankheit am Erscheinen verhindert, sandte schriftliche Abbitte ein und sie wurde auch in dieser Form angenommen. Das über diese Amtshandlungen aufgenommene Protokoll wurde sogleich an die Gesandten der IV Orte nach Frauenfeld abgesendet. Boppart saß inzwischen noch in Alt=Ravensburg gefangen; auf die Bitte der Vorgesetzten von Straubenzell sprach der Fürst dessen Be-gnadigung aus; [2]) er hatte bei diesem Akt aber auch auf die Empfehlung der Schirmstände Rücksicht genommen. [3])

Die Prozesse waren nun abgethan; der öffentliche Friede aber war nicht gesichert; die dem Stift feindliche Partei fand sich

---

[1]) Tagebuch des Fürsten. Fall: „Kurze Darstellung der politischen Vorgänge in der alten Landschaft", nebst dem derselben beigefügten Protokoll.

[2]) Tagebuch vom 26. April. „Vielleicht wird dadurch die Gemeinde Straubenzell gewonnen", meinte gutmüthig der Fürst.

[3]) Schreiben des Fürsten an Zürich, vom 24. Mai.

tief verletzt durch ihre Niederlage; der Parteigeist regte sich
neuerdings; häufiger wurde wieder von „Harten" und „Linden"
gesprochen.   In Folge eines gewöhnlichen Wirthshausstreites,
der in eine wilde Rauferei auslief, wurde zu Niederarnig einer
der „Harten" getödtet, zwei Andere gleicher Partei gefährlich
verwundet; nun Entwaffnung des Dorfes durch zahlreiche Mannschaft von Goßau her unter Künzle und mit Zulassung seitens
des Obervogtes, dann Verhaftung der Thäter, der Partei der
Linden angehörend.   Der Hofkanzler selbst begab sich nach
Goßau, nahm die bereits vom Obervogt begonnene Untersuchung
selbst zur Hand und verhieß aus fürstlichem Auftrag strenges
Recht, alles gegenüber vielem Gedränge und Lärmen seitens des
aufgeregten Volkes, das sich gegenüber dem Kanzler rohe Ungebühr zu Schulden kommen ließ.   Später folgten Rottirungen
von Straubenzell her; brüllende Haufen klagten über den Frauenfelder Spruch mit Begehren eines „unparteiischen" Richters und
Wiedereinsetzung der Landesausschüsse, klagten über die Obrigkeit,
daß sie den Vertrag nicht halte und Schuld sei am erwähnten
Todtschlag, drohten mit allgemeiner Entwaffnung der „Linden"
im ganzen Land, selbst mit Bestürmung des Klosters, wenn ihr
Wille nicht Erfüllung fände; die unbegründete Annahme, daß
ein allgemeines Komplott der Linden gegen die Harten ge-
schmiedet, war theilweise Ursache eines solchen Tobens; der
Kanzler und sein Gefolge waren mit schwerer körperlicher Mißhandlung bedroht.   Er ritt hinweg.   Die Harten aber strichen
umher, dahin und dorthin, und entwaffneten gewaltsam die
Gegner.   Das waren die Tage vom 22. bis 28. Mai.   Der
Fürst selbst, seit dem Schlusse des Frauenfelder Prozesses wieder
in St. Gallen weilend, sah seine eigene Sicherheit als bedroht an,
verließ schon am 24. das Stift, übersiedelte auf Umwegen (über
Konstanz) wieder in seine zweite Residenz nach Wyl, wo er einen
entschlossenen Kreis von Anhängern zählte, ließ in St. Gallen eine
Interimsregierung zurück und rief abermals die Hülfe der Schirm-
orte an.   Dabei machte er aufmerksam, daß nach der Lage der
Dinge kaum anders, als durch das Einschreiten der bewaffneten

Macht, die Ordnung wieder hergestellt werden könne; vielleicht
würde, so schrieb er weiter, schon durch das bloße Vorrücken der
schirmständischen Milizen an die Grenze der Zweck erreicht werden;
auf das Wyler Amt könne er unbedingt zählen; dasselbe würde
jedenfalls, wenn nöthig, sich sofort an die Truppen der Schirmstände anschließen. [1] Seines guten Rechtes sich bewußt, selbst
Mann des Rechtes, glaubte der Fürst noch immer an vertragsmäßigen Rechtsschutz und wollte von diesem die Rettung erwarten.
In St. Gallen aber waren die Regierungsorgane nicht glücklich:
der Hofkanzler berief die Kriegskommission; diese ordnete den
Landshauptmann Künzle in jene fünf Gemeinden ab, wo der
Terrorismus am Wildesten gehaust hatte oder theilweise noch
hauste. Es trat in Folge dessen eine scheinbare Beschwichtigung
ein, da die Gemeinden Rückgabe der unbefugt weggenommenen
Waffen erkannten, nicht aber wirkliche Beruhigung der Gemüther
und Sicherheit für die öffentliche Ordnung. Vielmehr litt durch
das erwähnte Einschreiten das moralische Ansehen der Regierung;
in der Verwendung Künzle's sah der Fürst wohl nicht mit Unrecht eine Taktlosigkeit; [2] die heilsamen Eindrücke des schiedsrichterlichen Spruches wurden dadurch verwischt; es wurden die
Freunde der Regierung entmuthiget und zur Besorgniß gebracht,
daß sie namentlich in Bezug auf die Kostenrepartition nicht
günstiger gehalten werden als die wirklich Verurtheilten. P.
Heinrich Müller v. Friedberg, vom Fürsten aus Wyl zur näheren
Erkundigung über die Lage der Dinge nach St. Gallen gesendet,
brachte den Bericht zurück, daß zwar den meisten Gliedern der
Kriegskommission, nicht aber dem Künzle zu trauen sei. Jene
trafen wirklich ernste Sicherheitsmaßnahmen für die öffentliche

---

[1] Schreiben des Fürsten an Zürich, vom 27. Mai und 2. Juni.

[2] Tagebuch des Fürsten, vom 29. Mai. Künzle sei ja das Triebrad
aller Unruhen, „ein verschmitzter Kopf und gefährlicher Mann". Auch Heldegger tadelte die Sendung Künzle's durch die Kriegskommission, und bezeichnete das Einschreiten Gschwend's als nachtheilig, da er die obrigkeitlichen
Anordnungen „kontrekarrirte". Heldegger nannte den Kanzler Gschwend einen
„guten, aber unbesonnenen und höchst unpolitischen Mann". (Schreiben
Heldegger's an die Regierung von Zürich, vom 2. Juni.)

Ordnung und verordneten die Bereithaltung des ersten Auszuges. ¹) Die „Insurgenten" aber trugen dreifarbige Kokarden
zur Schau. ²)

Eben so unbefriedigend als in einem Theile des Volkes,
sah es von Seiten der Schirmorte aus. Zürich war verlegen
und wankte; Glarus war mehr auf den Untergang des Stiftes
als auf die Erhaltung seiner Rechte und seines Bestandes bedacht, ließ sich von Zürich wiederholt zur Erfüllung seiner Pflicht
mahnen. Endlich rückten die Repräsentanten dreier Stände an,
ohne länger auf Glarus zu warten (13. Juni); von Zürich:
Säckelmeister Johann Konrad v. Escher; von Luzern: Rathsherr
Balthasar; ³) von Schwyz: der Landammann Reichsgraf Aloys
Weber. Zwei Tage später traf auch der Abgeordnete von Glarus,
Landesfähndrich Melchior Kubli, ⁴) ein. Sie nahmen Wohnung
in der Stadt St. Gallen. Der Fürst wendete den Gesandten
von Zürich und Luzern sein Vertrauen zu; sie schienen ihm
„Einsicht und den besten Willen" zu haben; abweichend urtheilte

---

¹) Tagebuch des Fürsten vom 31. Mai.

²) Falk: Kurze Darstellung der politischen Vorgänge in der alten
Landschaft.

³) Im Gefolge des Luzerner Gesandten war Bernhard Meyer v.
Schauensee als Sekretär.

⁴) Früher Landschreiber. Er besaß „Volksberedtsamkeit, Dreistigkeit und
die Gabe, sich beim Volke beliebt zu machen. Seine Kleidung und sein
Aeußeres waren diejenigen eines angesehenen Bauern." — „Er genoß das
größte Vertrauen des St. Gallischen Volkes." S. Zürcher Taschenbuch auf
das Jahr 1862, von Salomon Vögeli. Dritter Jahrgang, Zürich 1802.
Ein im Stiftsarchiv liegender, an den Landvogt Müller v. Friedberg ge-
schriebener Brief vom 19. Juni sagt von Kubli: „daß er ein offenbarer Feind
aller obrigkeitlichen Gewalt, die Unterwürfig- und Gesetzlichkeit bei Ihren
Untergebenen beizubehalten vermag, ist, — daß er endlich die rechtschaffensten
Handlungen seiner Miträthe, die auf solches abzielen, in den schwärzesten
Verdacht zu ziehen, sich zur Ehre macht". Der Brief trägt keine Unter-
schrift, ist aber ganz zuverläßig von der Hand des Ignaz Müller aus
Näfels, eines Verwandten und Freundes des genannten Landvogts. Der
gleiche Brief läßt durchblicken, daß von den früher erwähnten 12,000 Gl.
Goßauer Geschäftskosten auch Geld nach Glarus möge geflossen sein.

er von Weber, der schon lange die Zuflucht des Künzle, und von Kubli, der ein starker Demokrat und wider das Gotteshaus eingenommen sei. [1]) Bei solcher Spaltung der Ansichten konnte kein günstiger Ausgang für das Stift, für die gesetzliche Ordnung und für Handhabung des Rechtes erwartet werden. Kaum waren durch gütliche Verträge, deren Erläuterungen und feierliche Rechtssprüche alle gegenseitigen Rechte zwischen Fürst und Volk, mit reichlicher Bedachtnahme auf das letztere, festgesetzt worden, kam Alles wieder in Frage, was bisher nicht hatte ertrotzt werden können. Der Fürst ernannte seine Bevollmächtigten, unter diesen den Landvogt von Toggenburg, Müller v. Friedberg, obwohl der Konvent sein Mißtrauen gegen ihn ausgesprochen. [2]) Die Repräsentanten verhandelten nicht nur mit den Abgeordneten des Stiftes, sondern auch mit den Männern aus dem Volk, die mit dem Namen von Ausschüssen wieder auftauchten. Jenes verlangte ernst und beharrlich die Aufrechthaltung des Frauenfeldischen Spruchbriefes und verbreitete diesen durch den Druck, was den Unwillen und die Erbitterung auf dem Lande reizte, zumal man bereits anfing, die Kostbarkeiten, Silberzeug und Aehnliches, aus dem Kloster zu flüchten. Gegnerischerseits verlangte man Entkräftung jenes Urtheilsspruches und strebte nach Gewährung eines Landrathes, wie das Toggenburg bereits einen solchen besaß. Landammann Weber von Schwyz,

---

[1]) Tagebuch des Fürsten vom Juni 1797. — Schreiben von Müller v. Friedberg an Joh. v. Müller, vom 27. Juni 1797. „Le malheur veut, que dans la représentation actuelle assemblée ici les IV Cantons soient dans la plus complète désharmonie." Weber war klosterfeindlich.

[2]) Der Fürst wählte ihn dessen ungeachtet, da er „nichts Probehaltiges" wider ihn vernommen, derselbe alle nothwendigen Fähigkeiten besitze und dies nun ohnehin eine Gelegenheit sei, die Treue des Gewählten zu erproben. Tagebuch. — Man erfährt Genaueres von der Wirksamkeit jenes fürstlichen Abgeordneten nicht. Er belobt die „sagesse" des neuen Fürsten und tadelt doch in Einem Zug das Verhalten der Regierung; er war „frondeur" und wartete doch auf Ertheilung der Landeshofmeisterstelle. S. Brief aus Lichtensteig an Joh. v. Müller vom Jahre 1795 (ohne näheres Datum), S. 178 der Sammlung, und jenen andern vom 27. Juni 1797 aus St. Gallen.

mit Künzle auf bestem Fuß, trug solchen Landrath schon fertig
im Kopfe und hatte ihn bald nach seiner Ankunft dem Fürsten
beliebt machen wollen. Die Begehren der Volksvertreter wurden durch einen permanenten Aufstand ihrer hitzigsten Anhänger
unterstützt; tobende Rotten lagerten sich häufig im Klosterhof
oder bestürmten die Repräsentanten in ihrem Sitzungslokal. Je
kecker die Leute, desto mehr mochten sie auf Erfolg rechnen. Der
Repräsentant von Glarus sagte ihnen öffentlich, „daß sie recht
hätten". [1] Den auf dem öffentlichen Platze auf Entscheide
harrenden Haufen gaben von Zeit zu Zeit die sogenannten „Ausschüsse" Nachricht über den Gang der Verhandlungen; beschwichtigend trat auch, wenn nöthig, der Legationssekretär der Reprä-
sentantschaft, der junge Ludwig Meyer v. Knonau (aus Zürich),
vor sie hin und mahnte zur Ruhe. [2] Der Fürst vernahm bald
den Stand der Zeitenuhr. Die von ihm nach Rorschach zur
Tafel geladenen Repräsentanten rückten mit der Absicht aus,
den verlangten Landrath zu bewilligen. Befremdet erwiederte
ihnen der Fürst: er sei in der Erwartung gestanden, es würden
die unruhigen Unterthanen zurechtgewiesen, der Frauenfeld'sche
Spruch bestätiget, er, der Fürst, den durch Bündniß versprochenen
Schutz und Beistand erhalten. Jede Nachgiebigkeit werde nur
neue Forderungen hervorrufen. [3] Diesem inhaltschweren Wort

[1] Tagebuch des Fürsten vom 21. Juni.

[2] Meyer hatte selbst Drohworte gegen den Fürsten gehört, wie die:
man sollte ihn aufhängen, „be Pangrazi". S. Zürcher Taschenbuch, 1862,
S. 0. Der „Terrorismus" war allgemein (Tagebuch von P. Ild. von Arr).

[3] Tagebuch vom 25. Juni. Diese Unterredung zwischen den Repräsentanten und dem Fürsten dauerte beinahe zwei Stunden lang und fand
statt ohne Beisein eines einzigen Beamten des Fürsten. Dieser sprach dabei mit Rührung über das Bedauerliche seines Schicksals, erklärte sich bereit abzutreten, wenn „mit der Entfernung seiner Person der Sache geholfen
wäre", rechtfertigte die fürstliche Regierung gegen alle Vorwürfe von Bedrückung, zeigte die wachsende Begierlichkeit der Leiter der Aufregung, denen
es nicht so fast um Wiederherstellung der Ruhe als vielmehr um die Ausführung weiter gehender Plane zu thun sein dürfte. Dieses Wort traf
richtig. Die Repräsentanten von Schwyz und Glarus traten sofort mit der
Zusicherung auf, daß, wenn wider Erwarten die Ahnung des Fürsten sich

folgten neue Mahnungen der Repräsentanten zur Nachgiebigkeit
bei Anlaß eines späteren Gastmahles im neuen Saale der Pfalz,
unter Hinweisung auf die allseitige mißliche Lage der Schweiz. [1]
Der Fürst, obwohl auf seinem guten Rechte beharrend, war
gleichwohl nicht gesonnen, Alles auf die Spitze zu treiben und
hatte deßhalb inzwischen den Entwurf zur Aufstellung einer
Verwaltungskommission für die Landschaft, der jedoch keine politischen Befugnisse einzuräumen wären, [2] verfaßt und legte solchen
zur freien Prüfung dem Kapitel vor, welches die Genehmigung
aussprach. Die Aussicht auf Erfolg war gering. Zwar ging
Graf Weber als Schwyzer Gesandter zur Tagsatzung nach
Frauenfeld ab [3] und es trat für ihn der Altlandammann Lud-

verwirklichen sollte, „Er sich alsdann der festen Entschlossenheit sämmtlicher
Schirmstände, die Beförderer neuer Unordnungen zur Gebühr zu weisen, ge-
trösten könne.“ Der Fürst versprach hierauf schleunige Einberufung des Kapitels, denn Fürst und Kapitel, so sagte er, sollen nur gemeinsam vorgehen.
Aber, streng genommen, seien sie auch vereint nicht berechtigt, in Fragen einzutreten, die auf eine Constitutionsänderung zielen, „indem die Rechte der fürstlichen Stift der dermaligen Regierung nicht privatim gehören, sondern nur
als ein Pfand, das auf künftige Zeiten unversehrt aufzubehalten ist, in ihre
Hände sind gelegt worden“. — Diese Relation ist genau dem Schreiben
eines Ohren- und Augenzeugen, des Zürcherschen Rathssubstituten Landolt an
den Staatsschreiber von Zürich, vom 27. Juni, entnommen; sie bestätiget
ganz die feste Haltung des Fürsten, wie dieser sie selbst beschrieben.

[1] Tagebuch vom 29. Juni.

[2] Auch jenes zweite Gastmahl vom 29. Juni, wobei, wie der Fürst
sagt, „prächtig servirt“ worden, gab Anlaß zu einer Art Conferenz; der
erste Abgeordnete von Zürich drang auf den versprochenen Bescheid; der
Fürst erwiderte, ein Kapitel sei abgehalten worden, aber es habe dieses noch
auf die Berathung eines Generalkapitels abgestellt; dabei erklärte er: „in oeco-
nomicis wolle er die möglichste Nachgiebigkeit gegen die Forderungen des
Volkes bezeigen, aber weder über Civilia noch überhaupt zum Nachtheil seiner
Landesherrlichkeit könnte er sich zum geringsten Opfer verstehen“. Später
verwahrten sich die Repräsentanten bei der fürstlichen Abordnung gegen alle
Folgen allzulanger Zögerung. (Aus dem Brief des Legationssekretärs
L. Meyer v. Knonau an den Staatsschreiber von Zürich, vom 30. Juni.)

[3] „Dieser Mann hat entweder durch seine Ungeschicklichkeit oder Bosheit sehr Vieles geschadet“. Tagebuch des Fürsten vom 2. Juli.

wig Weber ein. [1]) Escher hörte wohlgemeinte Mittelvorschläge
des Fürsten mit Befriedigung an und die Repräsentanten von
Luzern und Schwyz wollten sich mit denselben ebenfalls beruhigen.
Aber Kubli führte das große Wort und ließ keine Rücksicht für
die Wünsche und Rechte des Stiftes aufkommen. [2]) Zu anderen
Hauptforderungen war jene des Landsiegels hinzugekommen. Die
stürmischen Auftritte im Klosterhof wurden erneuert, [3]) in der
Stadt die Verhandlungen mit den Repräsentanten fortgesetzt.
Am 19. und 20. Juli betheiligte sich der Fürst persönlich bei
denselben, indem er den Repräsentanten den Entwurf für Aufstellung einer Art Tribunates vorschlug, der von ihnen beifällig
verhandelt und theilweise berichtiget wurde. [4]) Vom Kapitel
wurden am folgenden Tage die Anträge des Fürsten genehmiget,
alles Abweichende verworfen. Neue Wühlereien vor der Residenz
bewogen den Fürsten, Sicherheit im Auslande und die Hülfe in
der Noth bei dem kaiserlichen Lehenherrn zu suchen, nachdem er
erfolglos die Repräsentanten seiner schweizerischen Verbündeten
um Schutz gebeten hatte. Er setzte im Stift eine Interimsregierung ein, der er jedoch nur geringe Vollmachten ertheilte,
ließ die von ihm und dem Kapitel abgeschlossenen und bewilligten
Punkte den Repräsentanten übermitteln und reiste am 23. Juli
früh über den Rhein in das Kloster Mehrerau ab, um nicht
länger dem Toben der aufrührerischen Rotten ausgesetzt zu sein. [5])

---

[1]) „Ein gutmüthiger, sehr bedächtlicher Mann." Zürcher Taschenbuch, 1862.

[2]) Die Repräsentanten seien „von dem Kubli terrorisirt", schrieb der
Fürst in sein Tagebuch (9. Juli).

[3]) Vielleicht um die Abreise des Fürsten zu verhindern, sagt Meser im
Tagebuch vom 17. und 18. Juli.

[4]) Diese, dem Tagebuch des Fürsten entnommene Angabe bestätiget und
erläutert Escher, der Repräsentant von Zürich, im Briefe vom 31. Juli an
seine Regierung, worin zu lesen: der Fürst selbst habe zugesagt, „dem Land
einen zur Verwahrung des Vertrages geordneten Landeskörper gestatten zu
wollen und zu diesem Zweck einen Plan selbst entworfen, der von dem, was
nun von seinen Deputirten abgeschlossen worden, nicht wesentlich abweiche."

[5]) „Dieser Bösewichter", wie er im Tagebuch vom 22. und 23. Juli sagt.

Diese Terroristen waren stärker als die Repräsentanten; wer
ruhig und friedlich sein wollte, durfte es nicht länger sein; die
Aufrührer verlangten drohend Gemeinschaft mit ihnen; „die
strafbaren, der öffentlichen Sicherheit zuwiderlaufenden Unfugen"
erstiegen einen solchen Grad, daß die Repräsentanten, nachdem
ein erster Mahnruf zur Ruhe ungehört verhallt war, sich gezwungen sahen, durch Proklama vom 23. Juli warnend zu verkünden, daß sie den Schirmständen bei Wiederholung solcher
Gewaltthätigkeiten Bericht erstatten würden, damit sie die nöthigen Maßnahmen dagegen ergreifen. Ohnmächtige Worte! Die
Aufläufe im Klosterhof erneuerten sich vom 24. bis 27. Juli,
zu Tausenden stark; die Harten verlangten stürmend die Landsgemeinde statt bloßer Amtsgemeinden für die Wahl des Landrathes und gaben erst nach, als die Repräsentanten durch den
Züricher Standesweibel „in der Farbe" mit augenblicklicher Abreise drohten. Unter „der aufgereizten gleichsam gedungenen
Wühlerrotte" hatte sich der begnadigte Boppart „als der Wildeste"
ausgezeichnet. [1]

Endlich wurde Ruhe. Die Repräsentanten waren zu Ab-
schlüssen gekommen und übermittelten solche dem Kapitel. Dieses
lehnte, weil unbefugt, die Unterzeichnung und Besiegelung ab, so
lange die höhere Zustimmung fehle; diese sprach der Fürst auf
dringende Vorstellungen der P. P. Hauntinger und Heinrich
Müller v. Friedberg am 4. August zu Neu-Ravensburg aus,
„mit Vorbehalt der lehensherrlichen Rechte. [2] Die Repräsentanten erklärten alsbald durch Schreiben ihre Zufriedenheit, des Vor-
behaltes ungeachtet, und ließen diesen unberührt. [3] Durch jene
Abschlüsse wurde der gütliche Vertrag zum zweitenmal erneuert,
d. h. abgeändert zu Gunsten des Volkes in 23 Punkten und
mit Schwächung namentlich des hoheitlichen Einflusses in Hinsicht

---

[1] Fall: Kurze Darstellung der politischen Vorgänge in der alten
Landschaft. Bitter klagt über das Betragen des Volkes überhaupt P.
Ildefons von Arr in seinem Tagebuch.

[2] Tagebuch des Fürsten vom 4. August.

[3] Tagebuch vom 8.

auf Leitung des Militärwesens und Verfügung über die Milizen.[1]) Der Landschaft wurde ein unmittelbar und mit Rücksicht
auf konfessionelle Parität durch die Amtsgemeinden zu wählender
selbstständiger Landrath von 51 Mitgliedern bewilliget, der da
wache und sorge „für die allgemeinen Rechte und Freiheiten des
Landes und der besonderen Gerechtsame der Gemeinden," nach
Vertrag vom Jahr 1795 und dessen Erläuterungen vom Jahr
1797; Alles laut „Landrathsordnung für die Alt-St. Gallische Landschaft",[2]) welche im Fernern einen Landrathsobmann,
einen Eilfer Ausschuß des Landrathes, Landseckelmeister, Land-
rathsschreiber und Landrathsweibel aufstellt und dem Landrath
ein eigenes Siegel einräumt. Diese Landrathsordnung bestimmt
sehr genau das Verfahren bei Klagen des Landes gegen den
Fürsten, ordnet aber nichts für den umgekehrten Fall, sondern
wahrt nur im Allgemeinen die landesherrlichen Rechte des
Fürsten und verpflichtet den Landrath zur Eidesleistung im
gleichen Sinn.[3]) So verfügten die Repräsentanten im Juli
das Gegentheil von dem, was ihre Vorgänger im April geordnet und gesprochen hatten. Bestand und Ansehen der Landesregierung waren gebrochen. Nach Erlaß einer Abschiedsprokla-
mation vom 16. August, in welcher gesagt ist, daß diese „Ver-
tragserläuterungen mit den Ausschüssen des Landes berichtiget
worden", und der wohlwollenden Gesinnungen des Fürsten und
des Kapitels für Befriedigung der Wünsche des Volkes gedacht
ist, verließen die Repräsentanten, laut bejubelt, und auf der Rück-

[1]) „Erläuterungen des gütlichen Vertrags von 1795, berichtiget im
Heumonat 1797."

[2]) In siebenzehn Paragraphen, mit der Fertigung: „Stift St. Gallen
den 27. Julii 1797".

[3]) Im Laufe der Verhandlungen der Repräsentanten mit den Ausschüssen verlangten diese für die Gerichte (Gemeinden) des Oberberger-Amtes
eigene Amtssiegel; diese wurden bewilligt. Bei diesem Anlaß meldet L.
Meyer v. Knonau (4. Juli) nach Zürich: „H. Künzle hat der Aufnahme
seines Privatwappens in das Goßauer Gerichtssiegel entsagt". Also war
er früher so anmaßlich gewesen, solche zu fordern.

reife befonders feftlich empfangen in Goßau, ¹) das vielbewegte
Land. ²) Ihr Beiftand koftete das Stift 10,000 Gl.

Unter viel Zügellofigkeit, Wort- und Faufthaber waren inzwifchen die Wahlen in den Landrath vorgenommen worden.
Er konftituirte fich in St. Fiden, leiftete dem Landesherrn den
vorgefchriebenen Eid, wählte Künzle zum Obmann (Präfidenten),
traf auch die übrigen Wahlen und fprach zu Handen der Re-
präfentanten den verdienten Dank aus. Später überging er zu
den ordentlichen Amtsgefchäften. Der Fürft aber hielt fich noch
fern. Seiner Anficht zufolge, Ergebniß empfangener Briefe, war
er durch die Flucht fchweren Mißhandlungen entgangen. Rückkehr in fein Stift fchien ihm noch nicht rathfam, obwohl das
Kapitel ihn um folche bat. ³) Er ging nach Ebringen. Auch
dort vom Kapitel mit fchriftlichen Mahnungen und Vorftellungen
gedrängt (daffelbe verlangte fchließliche Genehmigung alles deffen,
was der alten Landfchaft zugeftanden worden, in offizieller Form,
mit anderen Worten urkundliche Fertigung), und da längere Ab-
wefenheit des Fürften mit ernften Gefahren verbunden fchien, ⁴)
entfchloß er fich endlich zur Rückkehr, traf nach einer Abwefen-
heit von mehr denn zwei Monaten wieder in Wyl ein (7. Sep-

---

¹) Triumpfbögen mit den Wappen der Schirmftände waren aufgeftellt.
Blumenkörbchen und Lorbeerkränze, mit den Namen der Gefandten geziert,
prangten gefchmackvoll auf einem Geftelle und wurden den Gefeierten mit
dem Sinnfpruch überreicht:

Die Unfchuld weiht

Aus Dankbarkeit

Ein Denkmal der Gerechtigkeit.

Künzle's Tochter Maria war voran unter den jungen Geberinnen.

²) Das Gefandtfchaftsperfonale fchilderte der Legationsfekretär Meyer
v. Knonau wie folgt: „Balthafar ift der Liebenswürdigfte, Weber der Selt-
famfte, Kubli der Merkwürdigfte, Meyer v. Schauenfee der Tieffinnigfte“.
S. Zürcher Tafchenbuch, 1862, S. 17.

³) Tagebuch vom 9. Auguft.

⁴) Man fprach im Lande von Abfetzung des Fürften und Wahl eines
Andern, durch das Mittel großer Volksaufläufe. Aus diefen und anderen
Gründen rieth auch Landvogt Müller v. Friedberg zu fchleuniger Rückkehr.
Briefe deffelben an Joh. v. Müller vom 18. und 29. Auguft 1797.

tember), nahm rüftig die Zügel der Regierung wieder zur Hand, kehrte bald nach St. Gallen zurück und beschied dort, im Einverständniß mit seinen Mitbrüdern und in Benutzung ihres weisen Rathes, eine Abordnung des Landrathes (unter ihnen Künzle, Heer, Müller, Egger) vor sich, um derselben persönlich und in feierlicher Audienz das die neuen Landesinstitutionen („Erläuterungen" und „Landrathsordnung") enthaltende, gehörig besiegelte Instrument zu überreichen. Der Fürst sprach: es sei, solches zu thun, eine wirkliche Freude für ihn; habe er auch großes Bedenken getragen, alles Verlangte zu genehmigen, und habe er es sich zur Pflicht gerechnet, die Rechtsame des Gotteshauses und die alte Ordnung zu handhaben, so sei nun doch seine Meinung, daß das Zugestandene genau gehalten und in Erfüllung gebracht werden solle. „Und diese Erfüllung werde ich bewerkstelligen, nicht blos von Pflicht wegen, sondern auch aus Begierde und Hoffnung, meine Angehörigen dadurch zu beruhigen, Ruhe, Ordnung und gegenseitiges Zutrauen herzustellen und dauerhaft zu machen. Mein Wunsch ist und bleibt immer, das Beste des Landes und jedes einzelnen Angehörigen zu fördern; ich hoffe, daß Ihr eben so zum Besten des Stiftes und Landes alles Mögliche beitragen werdet. Viel Unangenehmes ist zwar geschehen; es soll in tiefe Vergessenheit gesetzt sein, in Hoffnung, daß von jetzt an Jeder seine Pflicht erfüllen werde; in dieser Hoffnung überreiche ich Euch das Instrument (nun Akt der Ueberreichung jener Urkunde), wünsche mir, dem Gotteshaus, dem Land und Euch Glück dazu u. s. w." (26. September). In dieser Handlungsweise und Rede spiegelt sich der ehrenfeste, ritterliche, großherzige und wohlwollende Fürst und Freund seines Volkes in seinem innersten Wesen ab. Die Landräthe antworteten mit reichen Dankesbezeugungen und wiederholtem Versprechen alles Guten. Standesgemäß wurden sie dann zur Tafel geladen. Vor dem Scheiden nahte sich Künzle dem Fürsten und versprach, in sichtlich ergriffener Stimmung, „in Zukunft mit besserem Willen gegen das Gotteshaus handeln zu wollen." [1]

---

[1] Tagebuch vom 26. September.

Geräusch- und prunklos wurde in den Klosterräumen das Fest
des heil. Gallus gefeiert. [1]

Auf Toggenburg richtete der Fürst Pancratius nicht weniger seine Regentensorge als auf die alte Landschaft, in gleicher
wohlwollender und gerechter Gesinnung. Er besuchte das Land
bald nach dem Regierungsantritt (Anfangs Juli 1796), nahm
genaue Inspektion im Kloster Neu-St. Johann ein, und trug
Bedacht auf heilsame Restauration in kirchlicher und ökonomischer
Beziehung; hier waren 51,000 Gl. Schulden zu decken; der Fürst
reformirte dortige Lateinschule und erweiterte sie durch Zugabe verschiedener Realfächer (10. November). In politischer Beziehung
waltete Spannung im Lande; alte und neue Beschwerden waren
bei der fürstlichen Regierung anhängig, aber noch unausgetragen,
als ihr neues Haupt die Zügel derselben ergriff. Im August
empfing der Fürst den Besuch vertrauter Männer, des Appel-
lationsrichters Brägger (von Hemberg) und des Rößlwirths
Bürgi aus Lichtensteig; ihre Mittheilungen ließen den baldigen
Ausbruch eines politischen Ungewitters besorgen; sie empfahlen
insbesondere einen Wechsel in der Person des Landvogtes. Die
Toggenburger Beamteten, die der Fürst zu Kommissionsverhand-
lungen wegen dortiger Landessachen einberufen, bestätigten das
Vorwalten der Mißstimmung und stellten „Mißliebigkeiten" bei
allfälliger Vornahme der Huldigung in Aussicht. Um so rüstiger schritt nun der Fürst ein; beseelt vom Verlangen, allen
Grund zu Klagen zu beseitigen, wollte er das Landmandat re-
vidiren, die „Gravamina" untersuchen lassen und heben, das
Auslösungsgeschäft beendigen; zu diesem Zweck bestellte er zwei
Kommissionen, die eine mit dem Auftrage, gesammten vorliegenden Stoff in Bearbeitung zu nehmen, ihre Entwürfe und Gutachten darüber zu Papier zu bringen; die andere zur Prüfung
und gutfindenden Kritik der Anträge der ersten Kommission.
„So soll alles wohl debattirt werden und sodann würde ich das
Rathsamste daraus nehmen." Nach diesen Sonderarbeiten ver-

---

[1] Noch war das im Juli geflüchtete Silberzeug nicht zurück. „Auch
zeigten sich keine Gäste". Tagebuch vom 16. Oktober 1797.

sammelte der Fürst beide Kommissionen zur Konferenz, ließ in persönlicher Anwesenheit die allgemeine Debatte vor sich gehen. Es wurden Entscheide gefaßt, das neue Landmandat festgestellt, anderer Sachen wegen noch zu warten beschlossen, da namentlich bezüglich der Gravamina neue Eingaben der Toggenburger in Aussicht standen. Dem Landrath wurde Näheres durch Rescript mitgetheilt. Es trat nun etwelcher Stillstand ein. Zeitweise beschäftigten andere Interessen. Das Vordringen des kaiserlichen Heeres an den Rhein gegen die Franzosen veranlaßte Neutralitätsmaßnahmen seitens der Eidgenossenschaft; auch die Toggenburger sollten sich dabei betheiligen. Das gefiel ihnen nicht. Der Kriegsrath kam mit Vorstellungen bei dem Fürsten ein, um den Auszug nach Basel zu vermeiden. Der Fürst wies ihn ab, warnte vor den schlimmen Folgen einer Weigerung, ließ durch kriegsräthliche Verordnung das ganze Kontingent ergänzen und stellte es auf Piket. [1]) Die Stimmung aber besserte sich doch nicht. Auf neuen Mahnruf von Basel meldete der Landvogt, daß ein Aufstand zu besorgen wäre, „sofern die Toggenburger ziehen müßten, ohne daß die übrigen Kantone mitzögen", was gewiß Niemand beabsichtigt hatte. Wegen pestartiger Viehseuche im Vorarlberg erließ der Fürst ein schützendes Mandat unter gleichzeitiger Veröffentlichung einer Schrift des Sanitätsrathes von Zürich über Behandlung und Abwehr der Krankheit (2. Dezember).

Bald ließ sich der Landrath durch neues Memorial über die oft besprochenen 23 Beschwerdepunkte wieder vernehmen und bezeichnete nachträglich, was er wünsche und wie er Abhülfe über nicht bereits Erledigtes gewärtige. Manche der Beschwerdepunkte hatten die Behauptung vorrechtlicher Stellung des Landmanns gegen Korporationen und Fremde zum Ziel; zu diesem Zwecke wurden begehrt: der freie Zug von Gütern, die an Klöster gelangen; das Verbot, irgend einem andern, als einem toggenburgischen Landmann ein Gut zu Lehen zu geben; das Verbot der

---

[1]) Tagebuch vom 19. und 20. Oktober. — Kriegsräthliche Verordnung vom 29. Oktober, in Folge landesherrlichen Befehls erlassen.

Erwerbung von Grundbesitz durch Ausländer; Schutz des Zugrechtes für die Toggenburger auch gegen „Hintersäßen", falls
diesen in irgend einer Weise Liegendes zufallen würde; Verbot
alles Hausirens durch fremde Krämer; Verbot der Ertheilung
von Landrechtsscheinen ohne Vorwissen und Zustimmung der
Landrathsobmänner. Beweis, daß zur Zeit die Bewegung noch
ganz andere Gründe hatte, als das tastweise Streben nach politischer Unabhängigkeit, namentlich Gründe von bloß materiali-
stischem Interesse. Begehren, welche wesentlich in den politischen
Bereich gehören, gab der Landrath übrigens auch wieder ein,
unter anderen das Verlangen um Ermäßigung der Auslösungssumme für die Feudalgefälle; um Erwirkung der Rechte des
Landes bei Besetzung des Landgerichts, sowie seiner Befugnisse
in Bezug auf das Milizwesen (Mannschaftsrecht). Wie maßlos
in letzterer Beziehung den schlechterdings unerläßlichen hoheitlichen
Kompetenzen des Landesherrn zugesetzt wurde, zeigt beispielsweise
das Begehren, daß hinfür das landesherrliche Aufgebot zum
eidgenössischen Zuzug nicht sofort durch den Kriegsrath vollzogen
werden dürfe, sondern daß es vielmehr zuvor den Landrathsobmännern zu Handen des Landraths mitgetheilt werden müsse,
„daß man auf allfälliges Nöthigbefinden zu rechter Zeit Vorstellungen dagegen machen", d. h. thun könne, was man wolle.
Es war dieß offenbar eine Reaktion gegen die neue Milizordnung vom vorangegangenen Herbst. Noch wurden einige weniger
wesentliche Gemeindebegehren hinzugefügt (Landrathsbeschlüsse vom
11. und 12. Januar 1797). Eine Deputation aus dem Toggenburg überbrachte die Begehren dem Fürsten; er gab ihr besten
Bescheid, denn er fühlte selbst den Trieb und das Verlangen,
unaufgefordert allen Beschwerden abzuhelfen; „denn das sei Re-
gentenpflicht." [1]) Das Unmögliche konnte der Fürst aber doch
nicht möglich machen; die bereits erzählten Anstände mit der
alten Landschaft traten störend dazwischen. Im August sodann
wurden in Schwarzenbach viertägige Konferenzen zwischen beid-

---

[1]) Tagebuch vom 9. Februar 1797.

seitigen Kommiſſarien gepflogen, die manche Zugeſtändniſſe herbeiführten. Das Generalkapitel genehmigte ſie und empfahl gleiche Gutheißung dem damals noch in Ebringen weilenden Fürſten. Der Landvogt meldete das ganze Ergebniß der Regierung von Zürich mit der Bitte um Einwirkung auf den Landrath, daß er daſſelbe „bald und dankbar annehme und den Verſuchen nie zu befriedigender Uebelgeſinnten den fernern kräftigen Widerſtand leiſte" (16. Auguſt); dem Landrath ſandte er dasſelbe mit der Erwartung, er werde „laute Zufriedenheit und freudige Anhänglichkeit an eine liebevolle Landesherrſchaft bezeugen", welche ſo „unzurückhaltend" dem Land entſprochen habe (23. Auguſt). [1] Unter den vielen dem Landrath gegebenen Beſcheiden ragt derjenige hervor, welcher die Auslöſungsſumme für Fall und Faſtnachthuhn von 55,000 auf 20,000 Gl. herabſetzt; dazu einiges Entſprechende in Militärſachen, wenn auch nicht alles Geforderte. Der zur Berathung der fürſtlichen Antworten verſammelte Landrath wurde durch Volksauflauf geſtört. Gallus Schlumpf führte heftig das Wort und verlangte Ueberweiſung des Gegenſtandes an die Gemeinden, damit vor Allem ſie ſich ausſprechen mögen. Der Landrath erſchrak und gehorchte (5. September). [2] Die meiſten Gemeinden erklärten, die Sache dem Ermeſſen des Landrathes überlaſſen zu wollen. [3] Aber in ſolchen Zeiten befiehlt die unzufriedene Minderheit. Schlumpf, der Löwenwirth Grob von Wattwyl und Andere waren mit ihrem Anhang bei der folgenden Verſammlung des Landrathes wieder zur Hand (20. September). Schlumpf [4] klagte

---

[1] „Remeduren und Concessa der Hochf. Herren Kommiſſarien an die Herren Deputirten des Landrathes zu Schwarzenbach." Briefe des Landvogtes Müller v. Friedberg vom 16. und 23. Auguſt. (Alle dieſe Akten im Staatsarchiv von Zürich.)

[2] „Les meneurs violentent le Landrath par les attroupements de leurs sattellites; nous avons eu cette scène mardi passé." Schreiben von Müller v. Friedberg an Joh. v. Müller, vom 8. September 1797.

[3] „On a donné des marques de contentement dans la majeure partie." Müller v. Friedberg an Joh. v. Müller, am 19. September.

[4] „Der Unglücksmann". Tagebuch des Fürſten vom 20. September.

über die ganze Landesordnung, bedauerte, daß nicht gesammte vorwürfige Angelegenheiten an eine Landsgemeinde gebracht werden könnten, und verlangte dann als Surrogat einen von gesammten Gemeinden zu wählenden **dreifachen** Landrath. Viermal antwortete der Landrath ablehnend, weil die Forderung „traktatwidrig" sei. Darüber ergrimmte der zusammengeraffte Volkshaufen, drang mit Ungestüm und unter gräßlichen Drohungen in den Landrath, der dann endlich, spät in der Nacht, aus Furcht vor den schwersten körperlichen Mißhandlungen (er war selbst mit dem Tode bedroht),[1] wenigstens die Wahl und Einberufung eines zweifachen Landrathes bewilligte. Schlumpf, der Volksmann, sagte bei diesem Anlaß: „Dieser alte Kalender (die Traktaten lagen auf dem Tisch) müsse nichts mehr gelten; mit Zürich und Bern seien sie schon fertig." Acht Jahrzehnte früher hatte man, auf angebliche urkundliche Rechte fußend, die

---

[1] „Aus Furcht nicht umgebracht zu werden". Tagebuch des Fürsten vom 20. September. „Um, so zu reden, noch mit dem Leben davon zu kommen", erzählt Fall in seiner „Darstellung der politischen Vorgänge im Toggenburg". Der Landvogt Müller v. Friedberg beschreibt diese Aufruhrszene wie folgt: „Les meneurs à la tête de 8 à 900 terroriseurs demandèrent avec toutes les atrocités du terrorisme l'assemblée triplée du Landrath. Celui-ci eut le courage de refuser par quatre fois cette demande anti-constitutionelle, tendant à établir une majorité de gens corrompus. A 10 heures de la nuit, le meurtre dicté par le vin et les . . . . étant imminent, il accorda une assemblée doublée en protestant contre violence . . . . Les discours étaient effrénés, la paix de Baden traitée de vieux lambeau". Brief vom 22. Sept. an Joh. v. Müller. Uebereinstimmend lautet der amtliche Bericht, welchen der Landvogt Müller v. Friedberg am 21. September der Regierung von Zürich erstattete: „Der vorredende Schlumpf hauptsächlich sprach von den Traktaten als alten Kalendern, die ihnen fremde Leute gemacht hatten und die sie doch wohl abändern könnten, stellte die niederträchtigsten Vergleichungen über dieselben an und führte überhaupt die ungebührlichste und drohendste Sprache". Der Landrath war bis halb zehn Uhr Nachts wie belagert. Folgt Weiteres über Schimpfen und Drohen; dann wörtlich: „Altlandrathsobmann Bolt entkam nur durch gute Escorte ab dem Rathhaus. Landrath Dubly wurde mit Streichen verfolgt; ein Begleiter desselben erhielt leichten Messerstich". Die Obrigkeit sei machtlos geworden. (Brief im Staatsarchiv von Zürich.)

halbe Schweiz in Flammen gejagt; jetzt spottete man der Ver=
träge und trat sie mit Füßen. Das Volk war indessen besser
als die Tongeber. Mit Ausnahme von vier Gemeinden (St.
Peterzell, Hemberg, Mogelsberg, Flawyl mit Oberglatt) verwarf
das ganze Toggenburg den dem Landrath abgezwungenen Be=
schluß), verweigerte die Wahl der Zuzüger, die zur Verdoppelung
des Landrathes bestimmt waren, beschloß, die Sache dem Land=
rath zu überlassen und darüberhin für die Freiheit seiner Be=
rathungen thätig einzustehen. In Wattwyl besonders kamen die
revolutionären Führer schlecht weg. [1]) Schlumpf wagte dort
nicht, der Gemeindeversammlung beizuwohnen, sondern schlich sich
nach seinem neuen Bürgerort Goßau, [2]) wo er mehr Anerken=
nung fand. Die ruhigen Gemeinden hielten Wort. Als der
Landrath sich wieder versammelte (16. November), erschienen
viele Männer aus den untern Gemeinden und aus der Gegend
von Neßlau zu dessen Schutz und Schirm, das „Landesgeschäft"
seinem eigenen Ermessen anheimstellend. Er empfing gleichzeitig
ein Schreiben der „compaciscirenden" Stände, welches der Land=
rath wegen des den Plänen der Uebelgesinnten geleisteten Wider=
standes belobte und beste Unterstützung verhieß. In folgenden
Wochen wurden die Antworten an den Fürsten über die mehr=
besprochenen Verhandlungsgegenstände (Auslösungssumme und
Aehnliches) besprochen und festgestellt, dann, mit inzwischen neu
eingelangten Beschwerden, dem Fürsten mitgetheilt. Unter diesen
war, neben dem sonderbaren Ansinnen, daß an den Tavernen
die fürstlichen Wappen abgeschafft werden, das Wichtigste, die
Forderung des vollen Mannschaftsrechtes. Niedergeworfen durch
die Volksmehrheit in den ersten Tagen des Oktobers, sannen
nämlich die Unzufriedenen auf neue Tücke, verbargen zwar sorg=
lich jeden wirklichen Revolutionsplan, suchten dagegen das Volk

---

[1]) Müller v. Friedberg, Brief vom 9. Oktober 1797. „Les meneurs
ont été surtout injuriés à la grande et importante commune de Wattwil";
so wird hier erzählt.

[2]) Falk. — Der Fürst schrieb: „Schlumpf wich dem Wetter aus und
ging nach Goßau". Tagebuch. 8. Oktober.

durch das Begehren einer endlichen und völligen Erledigung des alten Spans über das Mannschaftsrecht zu födern. [1]) Der Landrath, dießmal schwach und um seine Popularität zu behaupten, machte die Forderung zu der seinigen und brachte dadurch neuen Schwindel in die Köpfe. [2]) Fürst und Konvent lehnten ab, was sie als verfassungswidrig erachteten und stellten bezüglich des Mannschaftsrechtes auf die verbündeten Stände ab. [3]) Bei diesem Abschlag blieb es nicht; es wurden im Schlosse Schwarzenbach neue Konferenzen gehalten (18. bis 20. Januar 1798). Nebst dem Mannschaftsrecht gab das von den Abgeordneten des Landrathes neu geforderte Recht, Bündnisse und Verträge abzuschließen, den meisten Anstand. Der anwesende Landvogt zeichnete die kritische Lage der Schweiz, sprach von der hohen Gefahr, wenn nicht in den wichtigsten Punkten nachgegeben werde. [4]) Gegen mögliche Konzessionen seitens des Fürsten lag ein Schreiben der Stände Zürich und Bern vor, die Erklärung enthaltend, daß das Mannschaftsrecht gänzlich dem Fürsten zukomme, von dem Lande wider Recht gefordert werde. [5]) Die Konferenzen liefen fruchtlos ab und es schieden die Toggenburger mit dem festen Entschluß, ihre Forderungen gleichwohl ohne Abbruch durchzusetzen. Hiezu hatten sie bald nachher Aussicht; es berieth in St. Gallen das Kapitel neuerdings über die Begehren und gleichzeitig empfing es vom Fürsten Berichte aus Aarau über den allgemeinen Stand der eidgenössischen Angelegenheiten; dadurch in Furcht gesetzt, räumte das Kapitel Alles ein (26. Januar). Es handelte sich noch um die geordnete schriftliche Vereinbarung; fürstliche Kommissarien reisten zu diesem

---

[1]) Müller v. Friedberg. Brief vom November, ohne näheres Datum.

[2]) Müller v. Friedberg. Brief vom 28. November.

[3]) Das Kapitel hatte am 8. Januar 1798 mit Unwillen die neuen Toggenburger Begehren abgewiesen. Tagebuch des Fürsten.

[4]) Er „machte den Schreckensmann". Tagebuch des Fürsten, vom 17. Januar.

[5]) Diese Erklärung erfolgte, obwohl der Toggenburger Landrath sich um entsprechende Verfügung an genannte Stände gewendet hatte.

Behuf nach Lichtensteig; es fanden die letzten Unterhandlungen über die zu gewährenden Konzessionen (nicht über die Unabhängigkeit) statt, mittlerweile an verschiedenen Orten die Freiheitsbäume emporstiegen. Der Fürst erstattete unverweilt Bericht an den ersten Schirmstand nach Zürich.[1]) Zu einem förmlichen Vertragsabschluß, wie mit der alten Landschaft, kam es nicht. Aber von Tage zu Tage mehr lockerten sich die Bande zwischen Fürst und Volk, wie gleichzeitig jene unter den eidgenössischen Ständen.

Dritter Abschnitt.

Die Schweiz an Frankreich verrathen. Herannahen der Revolution. Der Landrath der alten Landschaft bemächtiget sich der Landesregierung. Toggenburg, vom Landvogt sich selbst überlassen, thut das Gleiche und stellt zwei Regierungen auf. Des Fürsten Rechtsverwahrung und Reise nach Wien. Rheinthal, Sar, Werdenberg, Sargans, Gaster und Uznach werden selbstständig. Die Franzosen in der Schweiz. Niederlage der alten Demokratien; Ende der neuen östlichen Demokratien (mit Inbegriff der Städte St. Gallen und Rapperschwyl) und ihre Unterwerfung unter die helvetische Einheitsverfassung. 1798.

In Frankreich saßen die Feinde schweizerischer Unabhängigkeit: Schweizer selbst und Franzosen. Frühere freundliche Gesinnung zwischen beiden Nationen wurde durch gegenseitige Klagen und gegenseitige Erbitterung geschwächt. Das Schicksal, die Mißhandlung und die Verabschiedung der Schweizerregimenter ließen tiefen Stachel in der Schweiz zurück; in Frankreich betrachtete die Revolution die Schweizerregierungen, weil und wiefern sie an der alten Ordnung festhalten wollten, als Feinde der neuen Republik. In Paris bildete sich ein Schweizerklub aus Flüchtlingen von Freiburg, Waadt, Genf und anderen Gebieten, Männer, die freiwillig oder gezwungen im Exil lebten; an ihrer Spitze war der Advokat Castella aus Freiburg, lange Jahre zuvor in Folge des Aufstandes von 1781 in contumaciam zum Tode verurtheilt. Revolutionirung der Schweiz war ihre

---

[1]) Tagebuch des Fürsten.

Absicht; sie scheuten sich nicht, sich für solche Zwecke in schriftlichen Verkehr mit der französischen Nationalversammlung einzulassen. Genf hatte schon im Jahre 1782 in Folge eines Volks-
aufstandes sich demokratischer gestaltet und dadurch den Grundsätzen der französischen Revolution zugänglicher gemacht. In
Unterwallis wurde 1790, unter Einwirkung des Schweizerklubs
in Paris, ein Aufstand hervorgerufen, der jenen Landestheil der
französischen Herrschaft hätte zuführen sollen. Dieselben Leute
suchten den Aufstand auch im Gebiet des Fürstbischofs von Basel
anzufachen. Kaiserliche Besatzung im reichsdeutschen Theile desselben mußte bald weichen. Nach Ausbruch des Krieges zwischen Frankreich und dem Kaiser im Jahre 1792 besetzten die
Franzosen jenes Gebiet, bis zum Felsenthor vorrückend; im folgenden Jahre vereinigten sie solches mit der großen Republik;
schon zuvor (19. November 1792) hatte diese ihr Propaganda-
Dekret an alle Völker erlassen, „die ihre Freiheit wieder erlangen
wollten". Dasselbe zerriß das Bündniß zwischen Zürich und
Bern und dem alten Genfer Freistaate. So wurden der Eidgenossenschaft in einem Jahre wichtige Vormauern im Norden
und Süden ihres Gebietes entrissen. Es galt nun noch der
Revolutionirung der Waadt. Von St. Petersburg aus hatte
sie der frühere Advokat Friedrich Cäsar de Laharpe schriftlich betrieben. Er wurde von dann an Gegenstand der Verfolgung seitens der Berner Regierung, die auch gegen andere
Waadtländer aus politischen Gründen schon früher gerichtlich
eingeschritten war. Ein unaussprechlicher Groll gegen die Berner
und ihre Herrschaft im Waadtland bemächtigte sich von dann
an jenes Mannes; er schwor dieser den Untergang und fand
Unterstützung bei Gleichgesinnten, Franzosen und Schweizern.
In diese Zeit fallen die erzählten Fehden der St. Gallischen
Lande gegen ihre Fürsten, dann die Anstrengungen der Zürcher
Seeleute, gegenüber dem Stadtmonopol sich nützliche und ehrende
Bethätigung in materiellen und geistigen Berufsgattungen zu
erringen, endlich die Bewältigung dieser Erhebung durch mili-
tärische Gewalt und Strafurtheile, deren 271 gefällt wurden.

Während und im Gefolge dieser Ereignisse hatte sich der Gedanke in die regsameren Köpfe des Volkes eingeschlichen: was sie nur theilweise oder gar nicht erringen mochten, solches bringe die französische Republik. An ihrer Einmischung war allerdings nicht mehr zu zweifeln; nur das ahnten die verblendeten Schweizer nicht, daß sie ihnen Sklaverei und Elend, statt Freiheit und Wohlstand bringen werde. Schon im Sommer 1795 stand in Paris die Absicht fest, die Schweiz zu revolutioniren. Durch einen Staatsstreich vom 4. September 1797 kam dort jene Partei vollends zur Macht, welche in diesen und anderen Dingen keine Rückhaltung mehr beachten wollte. Der Friedensabschluß zu Campoformio zwischen der französischen Republik und dem deutschen Kaiser (17. Oktober 1797), durch welchen Oesterreich große Besitzungen verlor, das deutsche Reich selbst sehr in die Klemme gerieth, gab der ersteren freie Hand für ihre weiteren Entwürfe. Sogleich nahm sie Veltlin mit Cleven und Worms, welche Landschaften die Republik der drei Bünde verscherzte, weil die große Volksmehrheit ihrer Einverleibung in Graubünden zu gleichen Rechten entschieden abgeneigt war. [1] Der Beknechtung der Eidgenossenschaft standen zwei große Männer Bern's entgegen: der Schultheiß Nikolaus Friedrich v. Steiger, [2] der die volle Gefahr der Schweiz erkannte, und Karl Ludwig v. Erlach. Sie und Gleichgesinnte waren übereinstimmend der Ansicht: Rettung sei nur möglich durch heldenmüthigen Kampf; dieser daher aufzunehmen. In Paris aber wühlte der Verrath; Laharpe trieb dortige Regierung nicht bloß zu diplomatischer, sondern selbst zu bewaffneter Einmischung in die Angelegenheiten der Schweiz, lud sie ein zur Einverleibung des Unterwallis und der bischöflich Basel'schen Lande in die französische Republik, dann zu einer Einmischung in die Waadtländer Verhältnisse,

---

[1] S. „Die letzten Wirren des Freistaates der drei Bünde. Von Vincenz v. Planta; herausgegeben durch P. C. Planta". Chur, 1857.

[2] Selbst Laharpe, der grimmigste Feind des Schultheißen v. Steiger, gibt diesem das Zeugniß, daß er mit Ernst die Unabhängigkeit der Schweiz gewollt hatte.

welche von der Protektion nothwendig zur Revolutionirung führen mußte; [1] gleichzeitig machte dieser Mann die französische Regierung aufmerksam auf den reichen Staatsschatz des alten Freistaats Bern, seine Magazine, Zeughäuser, Domänen. Richtig spekulirte er auf die Politik und die Geldgier der damaligen Machthaber Frankreichs zugleich. Der General Napoleon Bonaparte war ohnehin schon Freund der Waadtländer Erhebung und gab solches auf der Reise aus Italien an den Kongreß in Rastatt offen kund. Gleich Laharpe wirkte ein Rathsglied von Basel, Peter Ochs. Seine Regierung war von Frankreich, welches durch den vorerwähnten Frieden das Frickthal gewonnen hatte, mit der Ueberlaffung desselben an Basel geködert worden; das gab Anlaß zu seiner Sendung nach Paris. Seine Leidenschaft trieb ihn hier zum Aeußersten: zu einer Konspiration mit den Machthabern von Frankreich für Revolutionirung der Schweiz, welcher voraussichtlich die Vernichtung ihrer Selbstständigkeit auf dem Fuße folgen mußte; und als dann die Franzosen zur militärischen Besitznahme auch des schweizerischen Gebietstheils der damaligen bischöflich Basel'schen Lande (Münsterthal, Erguel, Neuenstadt u. s. w.) schritten, bezeugte er über diesen Länderraub, welcher die französische Macht bis in die Nähe der Thore Bern's vorrückte, seine hohe Freude in einem Brief an Bonaparte. [2] Am Schluß des Jahres 1797 warf sich das französ-

---

[1] Hottinger: Vorlesungen über die Geschichte des Untergangs der schweizerischen Eidgenossenschaft der XIII Orte. Zürich, 1844. — Die grenzenlose Leidenschaftlichkeit Laharpe's gibt sich in seinem Befehl vom Jänner 1798 an die Waadtländer kund, die Häuser der Anhänger Bern's zu verbrennen. S. Die Biographie des Kanzlers Markus Mousson, von Dr. A. v. Gonzenbach. Bern, 1864.

[2] Dr. A. v. Gonzenbach bezeichnet den Peter Ochs als „Verräther". S. Biographie des Kanzlers M. Mousson, S. 73.

Französische Offiziere in St. Gallen nannten später den Peter Ochs „le bourreau de la Suisse". Tagebuch von Daniel Girtanner, vom 6. März 1799. Wie die Feinde der Schweiz in Paris damals die Leidenschaften der Franzosen gegen die Schweiz aufstachelten, ist aus einem Artikel des Moniteur (Nr. 130), wahrscheinlich vom Februar 1798, zu entnehmen. Dort

fifche Direktorium durch formelle Schlußnahme zum Protektor der
waadtländifchen Emanzipationsbeftrebungen auf, was einer Kriegs-
erflärung gegen Bern und gegen die Schweiz gleichfam. [1] Bern
waffnete; Zürich, der Vorort, hatte fchon vorangehend eine Tagfatzung einberufen. Die eidgenöffifchen Stände und zugewandten
Orte verfammelten fich am 27. Dezember in Aarau, rathfchlagten
über die Mittel, „das gute Vernehmen mit den benachbarten
Staaten zu unterhalten", alfo auch mit dem Wolf, der bereits
fchweizerifche Bundeslande verfchlungen hatte und deffen Heere
auch von anderer Seite heranrückten; überboten fich in hoch-
klingenden Phrafen und in fchwachmüthigen Künfteleien, um
jeder ernften Situation auszuweichen; ließen fich durch tückifche
Korrefpondenzen der franzöfifchen Diplomatie zum Beften halten;
befchworen endlich, doch ohne Theilnahme von Bafel, das bereits von der Eidgenoffenfchaft treulos abgefallen war und eine
Sonderftellung nach franzöfifchem Gefchmack eingenommen hatte,
unter freiem Himmel und bei großer Volkstheilnahme die alten
Bünde (25. Januar 1798). Aber fchon fechs Tage nachher
und obgleich 15,000 Franzofen inzwifchen das Waadtland befetzt
hatten, gingen die Gefandten der Stände, ohne irgend einen
rettenden Entfchluß gefaßt zu haben, nach Haufe zurück, eben
am Tage (1. Februar), als der franzöfifche Gefandte einen urkundlichen Schutzbrief für alle Schweizer ausftellte, welche fich
weigern würden, zur Vertheidigung der fchweizerifchen Selbft-
ftändigkeit und Unabhängigkeit die Waffen gegen Frankreich zu

war zu lefen: „De tous les tyrans connus les plus vils fans doute et peut-
être les plus scélérats sont les Baillifs suisses . . . . Mais par quelle singu-
larité la suisse dont on nous vante la liberté, le courage, souffra-t-elle ces
abominations? Pourquoi? C'est qu'elle n'est plus cette pépinière de héros
que nous montre l'histoire. Le Suisse du 18me siècle est animal, il est
boeuf de nature et d'habitude. Il tend son col et ses cornes au joug, et
quand il se trouve à l'étable, pourvu qu'il boive, mange, rumine (j'aurais
presque dit fume) il est content". Aus dem gleichen Tagebuch, 12. Februar 1798.

[1] So fchrieb der nachmalige Kaifer Napoleon I. felbft in feinen Me-
moiren.

ergreifen. Diesem Akt folgte unverweilt die Aufstellung des Freiheitsbaumes in Aarau, der idolatrische Tanz um denselben und der Bruderkuß. Die alte Eidgenossenschaft hatte sich selbst aufgegeben.

Der Fürst von St. Gallen und die Stadt hatten ebenfalls an der Tagsatzung sich betheiligt, jener durch den Hofmarschall v. Müller und den jungen Baron v. Wirz-Rudenz, mit Uebergehung des Sohnes des ersten, welcher der Erwartung, selbst gewählt zu werden, nicht ganz fremd war und mit dem Komplimente des Fürsten sich begnügen mußte: daß er unentbehrlich im Toggenburg sei. [1]) Der alten Landschaft gegenüber wollte der Fürst sogleich nach Aufstellung des neuen Landrathes mit Erfüllung der neu eingegangenen Verpflichtungen beginnen; dem Lande war namentlich durch die zu Ende Juli getroffenen Vereinbarungen „ein von dem Landesherrn zu errichtendes und festgesetztes Landmandat" (allgemeines Polizeigesetz) zugesagt. Der Fürst ließ es durch eine Kommission ausarbeiten, beschäftigte sich wohl auch selbst damit; da es den Führern der Landschaft nicht behagte, sollte Müller v. Friedberg die endliche Ausarbeitung übernehmen. Aehnliche Sorge widmete der Fürst den Finanzen; je schwieriger die Zeitläufe, desto erfinderischer war er in Versuchen zur ökonomischen Sicherstellung des Stiftes. Da er bei Spanien nichts ausgerichtet, wendete er sich an den großen Minister Pitt nach London, bot eine Kapitulation für ein Regiment von 2000 Mann an auf 30 Jahre und erbat sich dafür ein bloß zu 2½ Prozent verzinsliches Anlehen von 200,000 Pf. St. „Helfe was helfen kann!" sagte der entschlossene Regent zu sich selbst. [2]) Es sind keine Ergebnisse bekannt. Aber der Fürst hatte es noch mit andern Gegnern zu thun als mit der Geldnoth. Während er sich an die Rechtsverbindlichkeit der Verträge

---

[1]) Briefe des Landvogts Müller v. Friedberg an Joh. v. Müller, vom 18. und 24. Dezember 1797.

[2]) Tagebuch vom 9. Januar 1798. „Die mißlichen Umstände des Gotteshauses zwangen mich, auf verschiedene, auch beinahe hoffnungslose Mittel zu denken".

halten wollte, waren sie für andere nur die Vorläufer zum gänzlichen Umsturz der bisherigen Staatsordnung. Die Führer hielten
mit dem Vorhaben nicht länger zurück. Bei versammeltem Kriegsrath in St. Gallen beantragte Künzle, angeblich zur Erhaltung
der Freiheit und zur Verhütung von Mord und Brand, ein
Milizkorps einzuberufen, Wachen im Kloster, in der „Burg" und
anderswo aufzustellen. Der Hofkanzler verlangte nun zu wissen:
wozu das Alles? Man solle mit der Wahrheit herausrücken.
Hierauf Künzle: es handle sich um nichts Geringeres, als um
Abtretung der Herrschaft seitens des Stiftes an das Land. Das
Unternehmen war eine unter den' angesehensten Landräthen verabredete Sache. Solches zu beurkunden, erschien am 31. Januar
eine Rotte von 400 Mann im Stift, die Unabhängigkeit zu
ertrotzen. Dem Hofkanzler Gschwend gelang es, sie zu friedlicher Heimkehr zu bewegen. Nun schritten die Landräthe selbst
ein; es versammelte sich in Gossau der Eilfer Ausschuß und beschloß, die Landesregierung an sich zu ziehen.[1] Folgenden
Tages bestürmten seine Mitglieder das Kapitel mit der Forderung
der Verzichtleistung, widrigenfalls Gewalt gebraucht würde.
Künzle, Egger, Müller und Häfeli begaben sich nach Wyl zum
Fürsten, mit der Erklärung: das Land zu retten, „Mord und
Brand"[2] und die Zerstörung des Klosters zu verhüten, sei
die Abtretung der Regierung das einzige noch übrige Mittel.
Darüber erhob sich lebhafte Erörterung; der Fürst erklärte: er
habe kein Recht zur Abdikation, er sei nicht Eigenthümer der
stiftischen Rechte, sondern nur ihr Verwalter; gegenüber den
gräßlichen Drohungen müsse er jedoch „gezwungener Weise zugeben, was in seiner Macht stehe und sein Gewissen zulasse".
Nun sagten die Landräthe Sicherung des stiftischen Eigenthums
zu, auch, daß die Konventglieder alle Rechte freier Bürger genießen sollten; der Fürst aber verlangte auch Unabhängigkeit des

---

[1] Tagebuch des Fürsten, vom 2. Februar.
[2] Diese Ausdrücke wurden auch bei diesem zweiten Anlaß gebraucht.

„Hofplatzes", d. h. wohl volle Souveränetät im Stiftsumfange, [1] auch die geistliche Jurisdiktion (im ganzen Land) ohne alle Einrede. Die Abgeordneten sicherten auch dieses zu. [2] Wie es der Fürst verstanden, erklären die Ereignisse des folgenden Tages. Er wollte nur der Gewalt weichen, zum Mindesten aber die Selbstständigkeit des Stiftes retten; das ist der natürliche Sinn seiner Worte. In St. Gallen aber handelte das Kapitel selbstständig; es beschloß von sich aus, unabhängig und ohne die Entschließung des Fürsten abzuwarten oder vorzubehalten, doch unter verschiedenen schützenden Bedingungen, die theilweise mit jenen des Fürsten einig gingen, Abtretung der Regierung an das Land [3] und bestellte zu dieser Handlung zwei Abgeordnete, den P. Heinrich Müller v. Friedberg und den Hofkanzler Gschwend. Hievon in Kenntniß gesetzt, gab der Fürst Befehl an das Kapitel nach St. Gallen, sich auf eine briefliche Erklärung an den Landrath zu beschränken, daß Fürst und Kapitel vereint „unter diesen Umständen" und nach Maßgabe der vom Fürsten gegebenen Erklärung die Regierung an das Land abtreten. Der Ueberbringer des Befehls, Subprior P. Bloch, kam zu spät. Jene Abgeordneten hatten inzwischen mit vieler Feierlichkeit dem versammelten Landrath [4] die Abtretung erklärt und selbst ein Instrument darüber auszustellen verheißen, wozu der Fürst weder Auftrag noch Vollmacht gegeben hatte. [5] Das Instrument wurde gleichwohl gegen dessen Willen ausgehändigt. In demselben sind das Bürgerrecht, die Eigenthumsrechte und die geistliche Gerichtsbarkeit des Stiftes vorbehalten. Ueber

---

[1] Wie er jetzt noch als Enclave innert dem Gebiete der Stadt St. Gallen besteht.

[2] Tagebuch des Fürsten vom 3. Februar.

[3] S. hierüber das im Stiftsarchiv liegende Protokoll: „Actum in Capitulo Domestico", 3. Februar.

[4] Es geschah im Gasthaus zum Rößli in der Langgaß außerhalb der Stadt St. Gallen.

[5] Tagebuch vom 4. Februar 1798. „Dieß war der traurigste Tag, den seit Jahrhunderten das Gotteshaus St. Gallen erlebt hat".

diesen Akt sprach der Fürst nachhin seinen bittern Tadel aus.[1]
Unaufgefordert fragen sich die Nachkommen: warum waren in
dieser Zeit, da das Stift von Feinden umringt war, Fürst und
Kapitel nicht beisammen? Jener gibt keinen Aufschluß darüber;
aber die Muthmaßung liegt nahe, daß der bedrängte Regent
dem Terrorismus auswich, der gewöhnlich im Stiftsumfange zu
St. Gallen geübt wurde, und zugleich freiere Bewegung für allfällige Entfernung sich vorbehalten wollte. Dem Beispiel der alten
Landschaft folgte die ein eigenes und privilegirtes Gemeinwesen
bildende Stadt Wyl. Verwalter Reutti[2] führte hier das Wort.
Die Bürgerschaft bestellte eine Interimsregierung und eine Abordnung zur Vereinbarung[3] mit der alten Landschaft, dann, nachdem
diese geschehen, ein Mitglied in den Landrath der alten Landschaft. Am 8. verlangte jene Abordnung, unter ihr Reutti, persönlich vom Fürsten die Abdikation; der Fürst lehnte ab: „er
müsse geschehen lassen, ohne die Bitte gewähren zu können.“
Goßau stellte am 5. Februar den unvermeidlichen Freiheitsbaum
auf; der Landrath brachte durch Kundmachung am 9. die geschehene Abtretung der Landesregierung zur Kenntniß des Volkes.
In feierlicher und zahlreicher Landsgemeinde wurde zunächst die
Stadt Wyl gegen 400 Louisd'or[4] und Aufgeben ihrer Sonder-
rechte in den neuen Staat aufgenommen, dieser dann durch An-

[1] Weidmann, Geschichte; S. 327.

[2] „Ein junger und undankbarer Mensch“, sagt der Fürst im Tagebuch,
vom 7. Februar.

[3] Für die Mitwirkung zu dieser Vereinigung überreichte die Stadt
Wyl dem Landammann Künzle ein „kostbares Präsent“ nebst der Bürger-
rechtsurkunde. Aus der „Familiengeschichte“.
Unter den Bedingungen der Vereinbarung, wie sie von Reutti entworfen worden, stehen: Selbstständigkeit in Bezug auf innere Organisation und
Wahlen, Vorbehalt der niederen Gerichtsbarkeit für die Stadt, Zugrecht für
verkaufte Häuser in der Stadt zu Gunsten der Bürger von Wyl, Vorunter-
suchungsrecht in Kriminalfällen gegen Bürger von Wyl, nebst Anderem;
freiwilliger Beitrag von 1000 Louisd'or an die alte Landschaft (Kantonsarchiv).

[4] S. Falk: Kurze Darstellung der politischen Vorgänge in der alten
Landschaft.

nahme der demokratischen Regierungsform, ähnlich jener der Urkantone, und durch Bestellung der Standesämter konstituirt. In
„hinter" und „vor der Sitter" wurden diese Aemter vertheilt,
gleichwie in Appenzell A. R. Die Häupter des Landrathes
finden sich der Reihe nach wieder in der neuen Regierung;
Künzle war „regierender Landammann"; Reutti erscheint als
einer der Landeshauptmänner; Gallus Schlumpf, eine Haupt-
triebfeder der Umwälzung in der alten und neuen Landschaft,
als Landschreiber. In dem vom Volke geleisteten Eide verpflichtete sich dieses einzustehen für die Sicherheit der Personen
und ihrer Religion und für das Eigenthum von Land „und
Stift" (14. Februar). Landammann und Rath der Alt-St.
Gallischen Landschaft traten nun ihr schweres Regierungs-
geschäft an.

Unmittelbar nach dem Aufrichten der Freiheitsbäume im
Toggenburg eilten dort die Ereignisse ebenfalls zum Abschluß.
Oberglatt, Mogelsberg, Degersheim, Hemberg und St. Peterzell, „mit einer großen Anzahl patriotischer Männer aus andern
Gemeinden", versammelten sich zu öffentlicher Erklärung an die
zwei Landrathsobmänner, daß sie freie, unabhängige Schweizer
sein und von dem Fürsten die Verzichtleistung auf die Regierung
im Toggenburg verlangen wollen, gegen Erlegung des Kaufschillings, und forderten alle übrigen Gemeinden zum Beitritt
auf. [1] Der Aufruf drang bei den andern Gemeinden nicht durch;
aber um so lauter schrieen die Männer der Bewegung. Der
Landvogt besorgte Störungen am bevorstehenden Jahrmarkt in
Lichtensteig. Das beschränkte Ziel der früheren Konferenzen nun
verlassend, drang er bei dem Fürsten auf Unterhandlungen über
die Unabhängigkeit Toggenburgs. [2] Der Fürst widerstand be-

---

[1] „Patriotischer Aufruf an alle biedern Toggenburger, vom 30. Januar 1798"; liegt gedruckt und geschrieben vor. Unrichtig erzählen frühere
Geschichtwerke, es sei vom Landrath eine Landsgemeinde angeordnet und eine
solche abgehalten worden.

[2] Der Fürst hätte dadurch, so meinte Müller v. Friedberg, das Stift
und sein Eigenthum retten, persönlich dann Bischof seiner bisherigen Unter-

harrlich und ließ am 31. Januar dem Landvogt Folgendes antworten: „Se. Hochfürstlichen Gnaden können und wollen nicht
traktiren. Höchstfelbe laffen es daher Ew. Wohlgeboren über,
nach Dero klugen Einfichten zu handeln, und im äußerften
Falle der Noth Ihre Verwaltung an den Landrath, doch nur
in Ihrem Namen und keineswegs vermöge eines Auftrags Sr.
Hochfürftlichen Gnaden abzugeben."[1]   Das war eine Vollmacht,
die Verrichtungen des Landvogtes „im äußerften Fall der Noth"
auf den Landrath zu übertragen; eine Verzichtung des Fürften
auf die Landesherrlichkeit war es nicht; eine Unabhängigkeitserklärung der Graffchaft Toggenburg war es ebenfalls nicht.[2]
Am 1. Februar fertigte der Landvogt eine Urkunde, in welcher

thanen werden können. S. feinen Brief an Joh. v. Müller, vom 29. Januar 1798.

[1] Brief von Müller v. Friedberg an Johann v. Müller, aus Näfels,
31. März 1798. Laut demfelben wäre die Erklärung des Fürften von einem
„Referendarius" gefchrieben, der aber nicht genannt wird. Falk fchreibt hierüber nichts in feiner „Darftellung", der Fürft nichts in feinem Tagebuch.
Das Stiftsarchiv gibt auch keinen Auffchluß. Als unzweifelhaft erfcheint,
daß der Fürft die Handlungsweife des Landvogtes mißbilliget hat; denn
Müller v. Friedberg fagt es felbft im oben erwähnten Briefe und fetzt bei:
der „Referendarius" habe aus Befehl des Fürften ihm die im Text enthal-
tene fchriftliche Erklärung zurückfordern laffen, er, Müller v. Friedberg aber,
diefelbe wohl verwahrt. Zur Stunde bleibt alfo noch unaufgeklärt, ob das,
was der „Referendarius" fchrieb, wirklich des Fürften Willen enthalten habe
oder nicht. Auffallend ift immerhin, daß fich M. v. F. fo ängftlich um
Vertheidigung gegenüber dem Fürften umfieht (S. den gleichen Brief auf
Seite 243 der Sammlung). Der Schultheiß v. Steiger, von Bern, fprach
in einer Unterredung zu Mehrerau die Meinung aus: Der Landvogt fei ein
fehr tauglicher Mann, aber feinen Poften habe er gar zu eilend verlaffen
(Diarium Sangallense, 23. Mai 1798).

[2] Unberechtigt erzählt deßhalb Müller v. Friedberg in feinen „fchweizerifchen Annalen", Band III. S. 90: „er habe die Vollmacht erhalten, auf
die Landeshoheit zu verzichten". An gleicher Stelle der Annalen ift von
Vorftellungen der Klöfter St. Johann und Magdenau die Rede, welche „den
ftarren Sinn des Abtes" gebrochen. Daß der Abt nun aber nicht in die
verlangte Unabhängigkeitserklärung eingewilliget, liegt erwiefen vor; im
Klofterarchiv von Magdenau findet fich keine Spur von einer fchriftlichen
Verwendung zu erwähntem Zwecke.

unter Anderem zu lesen, daß er die erforderliche Macht nicht
mehr in Handen habe, „weder die Rechtsame, die mir das
fürstliche Stift anvertraut hat, ferner zu behaupten, noch für
das Volk Polizei und Ruhe, Gesetz und Ordnung zu handhaben. Derohalben, nachdem ich mich ferner in den Stand
gesetzt habe, diesen Schritt verantworten zu können", — — —
„übergebe ich provisorisch die landeshoheitliche Verwaltung der
Grafschaft Toggenburg — — — dem löblichen Landrath, wie
derselbe durch den Landfrieden von Anno 1718 bestellt ist,
oder — — — wie die Gemeinden ihre Stellvertretung nun
einrichten werden, Sr. Hochfürstlichen Gnaden, und ihrem Stift,
dem Lande selbst u. s. w., und eigenem gütlichen Vergleichungs-
Vermögen unbeschadet und unvorgegriffen." Und weiter: „Unter
den Schutz des Landes übergebe ich alle Personen, Eigenthum,
Besitzungen und Rechte der fürstlichen Stift, ihrer Beamteten,
aller Gotteshäuser, Gemeinheiten und Privaten." Am gleichen
Tag trat Lichtensteig „dem patriotischen Aufruf" bei, beschenkte
den Landvogt für sich und Familie mit dem Stadtbürgerrecht;
„unter dem Schatten" des Freiheitsbaumes, in dessen Zauber-
kreis diese Handlung vorfiel, dankte Müller v. Friedberg in
rührender Anrede und trat dann in die Reihe der Lichtensteiger
Bürger ein. Am 3. Februar übergab der Landvogt die erwähnte
Urkunde den beiden Landrathsobmännern; alsbald verließ er,
von Volksausschüssen aus Lichtensteig und anderen Gemeinden
bis Bildhaus begleitet, das Land Toggenburg und zog sich nach
seiner Heimath Näfels zurück (4. Februar),[1] nachdem er, erfolglos, seit länger denn drei Jahren sich bemüht hatte, in den
Amtskreisen der kaiserlichen Regierung zu Wien oder in ihrem
diplomatischen Corps eine höhere und solidere Laufbahn zu gewinnen.[2] Von Näfels aus schrieb Müller v. Friedberg eine
längere Rechtfertigung, in welcher auch einige Worte zu Gunsten
der fürstlichen Regierung vorkommen: „Die allgemeine Volks-

[1] Fäß: Kurze Darstellung der polit. Vorgänge im Toggenburg.
[2] S. seinen Brief an Joh. v. Müller, vom 15. Mai 1795, und mehrere spätere Briefe an eben denselben.

stimme gesteht mit offenem Edelmuth, daß die Herrschaft der
Fürsten und Aebte zu St. Gallen eine sanfte gelinde Herrschaft
und die Verfassung Toggenburgs eine weise und wohlthätige
Verfassung gewesen sei, deren Gebrechen selbst nicht vermögend
waren, Industrie und Wohlstand des Landes zu hemmen." [1]
Dieses Schriftlein bildet zur Urkunde vom 1. Februar einen
Kommentar, durch welchen verkündet ist, daß dem Lande that=
sächlich seine Unabhängigkeit von bisheriger Herrschaft verliehen
worden sei. Eben dieses aber hatte der Fürst nicht gewollt;
darum konnte dieser auch nicht billigen, was der Landvogt
gethan.

Ueber die Stellung des Landvogts Müller v. Friedberg
zum Stift, zur alten Landschaft und zum Toggenburg waren
ernste Beschwerden im Umlauf. Im Kantonsarchiv liegt eine
Schrift, betitelt: „Klagepunkte gegen Landvogt". Müller v.
Friedberg wird in derselben beschuldiget: er habe dem Künzle
gleich anfangs den Plan zu der Revolution selbst verfaßt und
sei ihm in seinen Projekten mit Rath und That an die Hand
gegangen; er habe dem Künzle vertraute Mittheilungen über
die Verhandlungen der geheimen Konferenzen, über die Gesin=
nungen und Aeußerungen des Fürsten bezüglich des Landhandels
gemacht; mit ihm an verschiedenen Orten, und gerade zur Zeit,
als Künzle des Goßauer Geschäftes wegen in der größten Ver=
legenheit sich befand, geheime Zusammenkünfte gepflogen; er habe
mit Künzle ein Abfinden für Uebertragung des Landshofmeister=
amtes an ihn, Müller v. Friedberg, getroffen, wogegen dieser
dem Künzle versprochen, ihm in seinen politischen Unternehmun=
gen behülflich zu sein; deßgleichen habe er insgeheim die im
Toggenburg entstandenen Unruhen und deren Urheber, deren
viele seine innigsten Vertrauten gewesen, unterstützt. Die Schrift,
sehr ausführlich, ist von unbekannter Hand verfaßt; ein Theil
derselben trägt jedoch die Handschrift des P. Thomas Bründli;

---

[1] S. das Schriftchen: „Karl Müller v. Friedberg an das edle Volk
im Toggenburg. Sein letztes Vermächtniß an dasselbe".

sie führt die Beziehungen Müller v. Friedberg's zu Künzle auf den Zeitpunkt zurück, wo derselbe noch Obervogt von Oberberg gewesen[1]) und behauptet, es seien dieselben nachher von Toggenberg aus, durch Briefwechsel, fortgesetzt worden. Diese Schrift bestätiget jedenfalls, daß ein Theil des Konvents großes Mißtrauen gegen den Landvogt gehegt. Wir haben gesehen, wie der Fürst solches aufgefaßt und den Mißtrauensäußerungen gegenüber eine freie Stellung behauptet hat.[2]) Zweideutiges Verhalten Müller v. Friedberg's zu Künzle hat auch die mündliche Tradition behauptet. Wir haben aus den Quellen geschöpft, so gut wir konnten, ein Urtheil nicht zu fällen. Hätte der Landvogt gegenüber dem Fürsten sich in eingeklagter Weise verfehlt, so möchte es dem unglücklichen Umstande beizumessen sein, daß jener an der Sucht litt, in allen Richtungen sich Freunde mit Einfluß zu verschaffen; wird ein Staatsmann auf dieser Fährte angetroffen, so bleiben Verdacht und Verurtheilung selten aus.

Unmittelbar nach dem Abtreten des Landvogtes vollendete die Revolution im Toggenburg ihr Werk. Der gewesene Landschreiber, Johann Heinrich Steger, gab den übrigen fürstlichen Beamteten den schriftlichen Wink, „ihre Amtsverwaltung zu cessiren". Von einem Landrath war auch keine Rede mehr; hatte ja doch der Landvogt selbst, ganz im Widerspruch mit der fürstlichen Willensäußerung, in der Urkunde vom 1. Februar dessen Beseitigung eventuell angedeutet. Die Gemeinden wählten eine neue „Landesrepräsentation" als provisorische Regierung; diese hinwieder bezeichnete ihre beiden Präsidenten Bolt und Bürgi als vollziehende Gewalt und ernannte eine Gesandtschaft, um vom Fürsten die „Abtretung der landesherrlichen Rechte, der hohen und niedern Gerichte und was davon abhangt, zu verlangen".[3]) Diesen Auftrag erhielten Bolt, Bürgi, Stadler im

---

[1]) Gute Aufnahme Künzle's bei Müller v. Friedberg meldet auch ein Aarauer Brief im Pariser Moniteur vom 14. September 1797.

[2]) Vergleiche oben S. 183.

[3]) Proklama vom 8. Februar, am 11. zu verlesen.

Feld und Brägger aus Hemberg, mit der Ermächtigung, dem
Fürsten den seiner Zeit für Erwerbung des Toggenburgs bezahlten Kaufschilling, oder noch Mehreres, als Auslösung anzutragen, auch dem Stift die Sicherheit seines Eigenthums zuzu-
sagen.[1]   Der Fürst erwartete sie in Wyl am 9. Februar; aber
sie verfügten sich unmittelbar nach St. Gallen, in der Absicht,
falls der Fürst dort nicht anwesend wäre, das Begehren dem
Kapitel vorzubringen.   Mit Unmuth vernahm der Fürst solche
Nachricht, hörte zugleich Drohendes aus dem Volk: man wolle
die Güter des Stiftes zu Handen nehmen, demselben die Kollaturen entziehen, den Fürsten aber des Landes verweisen, wenn
er sich den Forderungen nicht füge; dazu Gerüchte, der Fürst
habe kaiserliche Truppen zum Beistand herbeigerufen und Aehnliches mehr.   Der Fürst sah sich hieburch in eine Lage versetzt,
in der ihm nur noch übrig geblieben wäre, „den Untergang des
Klosters unterschreiben zu müssen"; nicht einmal den Schutz der
verbündeten Kantone hätte er mehr anrufen dürfen, denn sofort
wären Kopien seiner Briefe in das Land gekommen.   So sich
schutzlos erachtend, auch in der Meinung, im Ausland mit mehr
Erfolg für das Beste des Stiftes wirken zu können, entschloß
sich der Fürst zu augenblicklicher Abreise (9. Februar Nachmit-
tags) durch das Toggenburg, weil die Reise durch das Thurgau
nicht sicher gewesen wäre, nach Einsiedeln[2] und weiter nach
Schwyz, in seinem Begleit P. Aemilian Haffner.   In Luzern
erstattete der Fürst dem Nuntius Bericht über die Lage des
Stiftes, bot, frei von Herrschsucht, seine Resignation an für den
Fall, daß der heil. Vater sie für das Gotteshaus nützlich erachten sollte, wurde jedoch mit solchem Vorhaben ab- und zur
Ruhe gewiesen und hatte den gegentheiligen Rath zu befolgen,
eine species facti nebst Protestation gegen die Vorgänge in
seinen Landen niederzuschreiben und dem Nuntius zu Handen zu

[1] Falk: Kurze Darstellung der politischen Vorgänge in Toggenburg.
[2] Alles aus dem Tagebuch vom 9. Februar. Weidmann, Geschichte,
S. 326.

stellen, was Alles geschehen.[1]) Hatte der Fürst die Magistraten
in Schwyz und Luzern in Rathlosigkeit angetroffen, so erhielt er
dagegen mehrere Befriedigung in Bern; er verkehrte hier mit
dem Bürgermeister v. Wyß von Zürich und dem Schultheißen
v. Mülinen von Bern, am Einläßlichsten mit dem Schultheißen
v. Steiger; bei diesem Staatsmanne fragte er an, ob es rathsam sei, an den Kaiser als Lehenherr zu rekurriren. Steiger
war damit ganz einverstanden und rieth, den Kaiser um ernsthafte Mahnung an gesammte Schweiz zu Gunsten des Stiftes
St. Gallen zu bitten. Zwischen diesem ersten Magistraten von
Bern und dem Fürsten trat volle Intimität ein. Ueber Basel
und Stockach verfügte sich der Fürst nach Salmansweiler.[2])

Der Toggenburger Abordnung gab das Kapitel, seiner
Stellung übrigens bewußt, daß es ohne Zustimmung des Fürsten
nichts Rechtsgültiges abschließen könne, schriftlichen Bescheid: es
trete die landesherrlichen Rechte unter nachstehenden Vorbehalten
ab: Anerkennung des Stiftes und seiner Glieder als Toggenburgische Bürger und Landleute; Anerkennung des stiftischen
Eigenthums jeder Art und Gewährung von Schutz und Schirm
für dasselbe; billiges Abkommen bezüglich der herrschaftlichen Gebäude, falls das Land deren bedürfen sollte; polizeiliche Selbstständigkeit für die Klostereinfänge von Neu- und Alt-St. Johann
und St. Peterzell, doch ohne alle Gerichtsbarkeit; Bezahlung
der bereits vereinbarten Auslösungssummen für die oft genannten Feudalgebühren; freie Religionsübung für die Katholiken;
spätere Ausfertigung und Auswechselung urkundlicher („solemner“)
Instrumente der Vertragspunkte (10. Februar). Der junge
Lehenvogt, Peter Aloys Falk, eine beiden Theilen genehme Persönlichkeit, brachte mittelst Eilrittes diese Entschließung den mittlerweile nach Lichtensteig zurückgekehrten Abgeordneten des Toggenburgs. Diese aber nahmen nicht an, verlangten Weglassung der
Artikel über die Auslösung und über die Religionsfreiheit, des

---

[1]) Tagebuch vom 14. Februar. — Weidmann, Geschichte, S. 327.
[2]) Tagebuch vom 24. Februar.

einen, weil sie nicht bezahlen wollten, des andern, weil sie bereits ein Auge auf die Kollaturen geworfen hatten und diese Frage nicht präjudizirt sehen wollten; sie gaben vielmehr die bedenkliche Antwort: sie werden die Verzichtsakte „besonders wegen der verlangten Schutz- und Schirmleistung prüfen", und ließen dann eine neue Abordnung nach St. Gallen abgehen; aber auch diese mündliche Unterhandlung führte nicht zu einer endlichen Verständigung und die ganze hochwichtige Angelegenheit blieb selbst zwischen dem Kapitel und der Landesrepräsentation (der mangelnden Zustimmung des Fürsten gar nicht zu gedenken) unausgetragen. Das Kapitel, durch die Drohung gedrängt, daß nur bei weiterer Nachgiebigkeit die von ihm vertretenen Interessen gegen die „Revolutionswuth" gewahrt werden könnten, entsprach auch dem erwähnten Ansinnen und fertigte neue Schrift aus mit Weglassung der angefochtenen Artikel. Allein der Landesrepräsentation, welcher der Gegenstand nun vorgelegt wurde, war auch dieser zweite Entwurf nicht genehm. Unterdessen rückte die Revolution vor und man durfte nicht mehr zweifeln, daß ihre Anhänger selbst die eigenen, dem Stifte günstigen, Beschlüsse nicht mehr achten werden. Von einer Auslösungssumme war keine Rede mehr; unter Fürst Beda war sie zuerst zu 86,000 Gl. bestimmt, später bis auf 55,000 Gl., unter Fürst Pancratius in den Unterhandlungen vom August 1797 auf 20,000 Gl. herabgesetzt worden; bezahlt wurde nichts; vom alten Kaufschilling war auch keine Rede mehr. Desto mehr ging die provisorische Regierung thatsächlich vor, verkündete dem Volk, es habe das Stift die Unabhängigkeit Toggenburgs anerkannt, die landesherrlichen Rechte an das Land abgetreten, gleichsam als ob ein rechtsgültiger Vertrag zu Stande gekommen wäre, — der Vorbehalte nur beiläufig und als Nebensache erwähnend; vollends wurde dann die unwahre Anzeige an die eidgenössischen Stände beschlossen, es habe das Stift bereits die Unabhängigkeit Toggenburgs anerkannt, weßhalb dieses nun „als ein freies Volk in den Bund der löblichen Eidgenossenschaft aufgenommen zu werden wünsche" (13. Februar), [1]) obwohl die Landesrepräsentation gerade an diesem Tage jenen zweiten Entwurf einer Verzichtleistungsurkunde abgelehnt hatte, von dem oben die Rede gewesen, und eine volle Verständigung über die Bedingungen der Unabhängigkeitserklärung gar nie zu Stande kam, eben so wenig, als früher über die Unterhandlungspunkte zu Gunsten erweiterter Freiheiten der Toggenburger mit Beibehaltung der fürstlichen Hoheit. Gaben sich die Interimsbehörden des Landes solcherlei Blößen, so blieb von solchen auch das Kapitel nicht frei, welches seine Erklärungen gegeben hatte, ohne die Genehmigung des Fürsten ausdrücklich vorzubehalten. Der Fürst hielt mit der verdienten Zurechtweisung gegenüber Allen, welche auf krummen Wegen wandelten, nicht zurück; obwohl um Rückkehr gebeten, lehnte er solche ungeachtet daheriger Seelenpein ab, um nicht durch Gewalt zu irgend einer Abtretung gezwungen zu werden, zu der er sich nicht befugt 'trachtete. An den Stand und Vorort Zürich und an die übrigen Schirmstände erließ er aus Neu-Ravensburg ein protestirendes Schreiben: die Regierung stehe bei dem Fürsten, und Toggenburg sei Reichslehen, somit könne das Benehmen der Kapitularen [2]) weder seine noch des Reichsoberhauptes Rechtsame benachtheiligen; gleiche Erklärung in Bezug auf die vom Kapitel geschehene Abtretung der landesherrlichen Rechte über die alte Landschaft, Alles mit Anzeige, daß er sich zu persönlicher Berichterstattung an den Kaiser nach Wien verfüge (Schreiben vom 3. März). [3]) Von Seite einer Kapitelskommission in Kenntniß gesetzt, daß die Landeshäupter der alten Landschaft dem Kapitel seine, des Fürstabtes, Amtsentsetzung zugemuthet hatten, und daß deßhalb, auf den äußersten Fall,

---

[1]) Proklama der Landeskanzlei.

[2]) Der Fürst hatte die Erklärungen der Kapitularen in der Toggenburger Angelegenheit als ein „Jawort" angesehen, obwohl sie zu keinem rechtsgültigen Akte geführt hatten.

[3]) In diesem Schreiben geschieht nicht die geringste Erwähnung von einer dem Landvogt v. Toggenburg gegebenen Vollmacht zu irgend welchen Konzessionen.

eine freie kanonische Resignation zur Sprache gekommen, erklärte der Abt dem P. Aemilian, daß er jener Kommission überhaupt keine Gewalt gebe, in seinem (des Fürsten) Namen mit dem Land „zu traktiren“, wohl aber zur Resignation bereit sei, sobald der Papst ihm Weisung hiezu gebe. Dem Subprior Beda Gallus meldete er zu Handen des Kapitels die vorhabende Abreise an das kaiserliche Hoflager; in gleicher Weise traf er Verfügungen für Handhabung der klösterlichen Ordnung und der Stiftsverwaltung und befahl insbesondere allen Religiosen, ihren Posten nicht zu verlassen, außer sie würden durch die Franzosen dazu gezwungen, bezeichnete für den letzteren Fall die Zufluchtsorte, in die sie sich zurückzuziehen hätten, und verfügte endlich für den Fall des Absterbens des Kapitelsdekans, P. Cölestin Schieß. Nach solcher Erfüllung seiner Regenten- und Abtspflichten trat er mit dem P. Innocenz Bernardt, seinem Mitbürger von Wyl, die Reise in die kaiserliche Hauptstadt an, wo er am 29. März eintraf.[1]

Die Revolution im Toggenburg war nicht das Werk der Gesammtheit des Volkes, sondern dasjenige der rührigen, zuletzt stürmischen Minderheit. Am wenigsten Antheil hatte die Großzahl der Katholiken an den traktatwidrigen Forderungen und an den gewaltsamen Auftritten genommen, wenn sie auch für Erweiterung der Volksrechte Hand in Hand mit den Reformirten gegangen. Als dann der schützende Einfluß des Fürsten zerstört war und selbstständige Konstituirung des Landes folgen sollte, gab sich die tiefe Kluft zwischen beiden Konfessionen kund; die Mehrheit war protestantisch; die Konfessionen standen in Bezug auf die Bevölkerung im Ganzen wie $3/5$ zu $2/5$, im Obertoggenburg zu $4/5$ gegen bloß $1/5$. Hatten die Katholiken das sanfte Joch des Stiftes nicht gerne getragen und waren sie nun dessen los, so glaubten sie hinwieder, sich gegen harte Ausschließlichkeit seitens der Protestanten vorsehen zu sollen. Die Landesrepräsentation suchte eine einheitliche Regierung zu erzielen und

[1] Tagebuch des Fürsten vom 4. bis 29. März.

beschloß zu diesem Ende die Abhaltung einer Landsgemeinde bin=
nen längstens drei Wochen (22. Februar). Dagegen aber lag
Protest vor seitens der katholischen Gemeinden des Unteramtes,
nebst Alt=St. Johann und Neßlau. Es folgten Ausgleichungs=
versuche; das Hauptquartier der reformirten Repräsentanten war
im Rathhaus zu Lichtensteig, jenes der Katholiken im Gasthaus
„zum Rößli" daselbst, bei Rathsherrn Bürgi. Letztere entschlos=
sen sich zur Nachgiebigkeit, wollten gemeinsame Wahl der so=
genannten sechszehn Staatsämter nach der Parität, zur Hälfte
aus dem Ober=, zur Hälfte aus dem Unteramt, durch künftige
Landsgemeinde zugeben; jedoch mit dem wichtigen Vorbehalt,
daß, wenn in der Folge der Zeit die gemeinsame Besetzung
jener Aemter „den reformirten Religionsgenossen, oder dem meh=
rern Theil der katholischen Religion nicht mehr gefällig wäre",
alsdann die Genossen jeder Religion jene Aemter nach der Pa=
rität allein sollen bestellen mögen; die Mitglieder des Großen
Rathes sollen schon jetzt von jedem Religionstheil gesöndert ge=
wählt werden; aus der Gesammtheit dieser Repräsentanten
wären dann das Kriminal= und das Appellationsgericht gemein=
sam zu ziehen. [1]   Der reformirte Repräsentationstheil lehnte
diesen Vorschlag ab und beharrte namentlich auf gemeinsamer
Bestellung der „Aemter", [2] dies so lange, als nicht der eine
oder der andere Religionstheil mit zwei Drittheilen seiner Stim=
men die Sönderung verlange, in welchem Falle solche nicht bloß
der Aemter halber, sondern im Ganzen vorzunehmen sein werde;
willige die katholische Repräsentation nicht in diesen Gegenvor=
schlag ein, so werde man „evangelischerseits" fürfahren und
„ohne Anstand" zur Abhaltung der Landsgemeinde schreiten. [3]

---

[1] Bekanntmachung der katholischen Landeskanzlei im Toggenburg, vom
28. Februar 1798.

[2] Ist etwas unklar; wahrscheinlich wollte gesagt werden: man beharre
auf gemeinsamer Bestellung nicht bloß der Aemter, sondern auch der Groß=
rathsstellen und gebe eine Theilung der ersteren nach Ober= und Unteramt
nicht zu.

[3] Bekanntmachung der evangelischen Landeskanzlei im Toggenburg,
vom 1. März.

Im Volke ging es nun hitzig her. Die Repräsentanten beider
Religionsgenossenschaften waren genöthiget, zur Ruhe und zum
Frieden, zur Enthaltung namentlich von allen Gewaltthätigkeiten
zu mahnen. Die Reformirten gingen weiter und schrieben auf
1. März eine Landsgemeinde, doch nur für das Volk ihrer
Konfession aus; gleichen Tages lehnten sie die vom Kapitel des
Stifts St. Gallen in letzter Linie ausgesprochenen Vorbehalte
bezüglich der Unabhängigkeitserklärung ab, was als neuer Beweis dient, daß die bedingt zugestandene Abtretung der landes-
hoheitlichen Rechte weder Rechtskraft erhalten hatte, noch unter
solchen Umständen dieselbe erhalten konnte. Zwischen beiden
Konfessionsgenossen folgten dann noch weitere Unterhandlungen
zur Vereinbarung. Da dieselben erfolglos blieben, schritten beide
Theile der Reihe nach zu ganz gesönderter Konstituirung, voran
die Reformirten an einer Landsgemeinde zu Wattwyl (14. März),
dann die Katholiken an einer solchen in Bütschwyl (29. März);
jede dieser Landsgemeinden ernannte eine vollständige demokratische Landesregierung, genau, wie die Appenzeller beider Rhoden und andere alte Demokratien der Schweiz sie schon lange
her besaßen, die alte St. Gallische Landschaft sie in neuesten
Tagen aufgestellt hatte. Beide Landsgemeinden verliefen ruhig;
die Reformirten wählten ihren Bolt, die Katholiken den Lichtensteiger Bürgi zum Landammann. Solche konfessionelle Trennung
steht nicht einzig da in der Eidgenossenschaft; im Kanton Appenzell war sie eine vollständige; aber dort griff man zugleich zum
Mittel der Landestheilung und schuf zwei Völkerschaften; im
Toggenburg, wo Katholiken und Protestanten in den meisten
Gemeinden mit und neben einander wohnten, glaubte man dieses extremen Auskunftmittels entbehren und sich mit zwei Regierungen für ein Volk durchschlagen zu können, und zwar sollten dies Sonderregierungen für alle Zweige der Verwaltung
sein, so daß jeder Theil einen eigenen Großen Rath, eigene
Gerichte, eigenen Kriegsrath, somit auch eigene Militärverwaltung, erhielt. Auf wem haftet die Schuld dieser abnormen Kombination? Auf dem Umstand, daß die Katholiken politische Unter-

jochung durch die gegnerische Mehrheit besorgten. Ob Grund zu solchem Mißtrauen vorhanden war, darüber waren sie die kompetentesten Richter. Ein besonderes Mißverhältniß kam noch dazu. Die gesuchte Verständigung mit dem Stift hatte durch ein Zerwürfniß geendet; das Kapitel hatte namentlich jene Sicherheit für die Klöster Neu-St. Johann, dann die Propsteien Alt-St. Johann und St. Peterzell nicht gefunden, welche es sich ausbedungen hatte; diese Institute sammt dem Kloster St. Maria bei Wattwyl der reformirten Mehrheit zu überantworten, dazu konnte sich die katholische Minderheit auch nicht entschließen. In Bezug auf die Frage der politischen Unabhängigkeit gegenüber dem Stift sahen die Katholiken dieselbe gleich der protestantischen Mehrheit als bereits entschiedene Frage an, und kümmerten sich um die Vorbehalte und Bedingungen des Kapitels ebenso wenig, als die reformirten Glaubensgenossen: sie waren gute Toggenburger wie diese, d. h. wollten lieber selbst regieren als einen Herrn über sich erkennen. Beide Theile hatten, den Landsgemeinden vorangehend, proklamirt: es habe das fürstliche Stift zu St. Gallen auf die landesherrlichen Rechte, hohe und niedere Gerichte Verzicht geleistet, solche an das Land abgetreten und die Unabhängigkeit und Freiheit des Toggenburgischen Volkes „unwiderruflich" anerkannt; demzufolge werde nun, auf dem schon bezeichneten Wege der Sönderung, zur Konstituirung und Bestellung der neuen Regierung geschritten (wie oben erzählt worden). [1]

Wollten die mit aller Milde regierten Bewohner der alten Landschaft und des Toggenburgs einen Oberherrn nicht mehr anerkennen, so ist es um so weniger befremdlich, daß die Landvogteien der regierenden Kantone ebenfalls den Gehorsam aufkündigten. Noch im Jahre 1796 hatte das Rheinthal auf eidgenössischen Ruf zu militärischer Bewachung der Rheingrenze alle

[1] Proklamation von „Präsident und Repräsentanten Evangelischer Religion im Toggenburg", vom 7. März.
Proklamation von „Präsident und Repräsentanten der katholischen Religion im Toggenburg", vom 16. März.

erforderlichen Anstalten getroffen, selbst den Landsturm organisirt. Anders war seine Stimmung, als die regierenden Stände Anfangs 1798, da Bern, Freiburg und Solothurn sich bereits von französischer Invasion bedroht sahen, zur Vertheidigung des Vaterlandes auch das Rheinthaler Kontingent von 200 Mann auf Piket riefen. In den regeren Geistern war der Entschluß schon gereift, bisherige Oberherrlichkeit nicht länger zu tragen. Sie versammelten sich in Balgach zu nöthigen Einleitungen; diesen folgte eine vierfache Landeskonferenz in Monstein, von welcher der Beschluß ausging, sich zur Vertheidigung des schweizerischen Vaterlandes unter der Bedingung bereit zu erklären, daß vollkommene Unabhängigkeit gewährt werde. Eine Abordnung nach St. Fiden erhielt den Auftrag, den noch dort wohnenden Hofkanzler Gschwend von dem wichtigen Beschluß in Kenntniß zu setzen und ihn um Rückkehr in die rheinthalische Heimath zu ersuchen. Der Landvogt Jost Anton Müller, aus Uri, vermochte das weitere Vorgehen nicht zu hindern. An einer ohne Rücksicht auf dessen Abmahnungen gehaltenen Landsgemeinde zu Berneck, an welcher auch Gschwend erschien und in kräftiger Rede die Genehmigung der Monsteiner Beschlüsse empfahl, sprach das versammelte Volk deren Genehmigung aus und erließ eine Adresse an die regierenden Stände (11. Februar). Diese Urkunde erinnert an die Theilnahme der Rheinthaler an den Gefechten bei Hard und Frastenz, an ihre Opfer für die allgemeine Sicherheit, die sie eben im Jahr zuvor gebracht hatten; nimmt gleiche Rücksicht für sich in Anspruch, welche bereits andern Landschaften der Schweiz gewährt worden, klagt vorübergehend über Willkür und Konvenienz „in unserer Verfassung"; gibt die Pflicht zum Zuzug in waltender Gefahr zu, „aber da, wo man Gut und Blut aufzuopfern hat, hat man auch das Recht, eine Stimme zu geben"; und erwartet schließlich den hohen Ausspruch: „Brüder, Ihr seid frei". [1] Nach

---

[1] Diese Adresse ist verfaßt von Joh. Ludwig Ambühl, aus Wattwyl, vieljährigem Bewohner des Rheinthals, auch Verfasser der „Geschichte des Rheinthals" (1805), zu der sein Gönner, Jakob Laurenz Custer, das ur-

Zürich und Luzern, den beiden Provisionalständen, gingen vier Abgeordnete ab, als ihr erster der M. Dr. Johannes Neff, von Altstätten, zur Ueberreichung und Empfehlung der Adresse; ebenso Abgeordnete nach beiden Appenzell. Jene bewirkten die Einberufung einer außerordentlichen Konferenz (Tagsatzung) nach Frauenfeld. Nun wurden der Hofkanzler Gschwend und Jakob Laurenz Custer, beide Bürger von Altstätten, an die Spitze jener Abordnung gestellt, welche in Zürich und Luzern gewesen; also vereint, traten die sechs Abgeordneten am 2. März vor die versammelten Gesandtschaften und regierenden Stände. Gschwend war ihr Redner; „mit Kraft und Wärme und recht nach Herzenslust" erneuerte er die mittelst der Denkschrift bereits eingereichte Bitte um Freierklärung. [1]) Thurgau war um Gleiches eingekommen. Am 3. März erging für beide Landschaften der Beschluß: sie seien für frei und unabhängig erklärt und als ein für sich selbst bestehendes Glied der Eidgenossenschaft anerkannt, mit dem einzigen Vorbehalt schließlicher Abfassung der nöthigen Bündnißartikel. Vom 4. März an einschließlich nahm das Rheinthal als unabhängiger eidgenössischer Stand Antheil an den Berathungen dieser Frauenfelder Tagsatzung. Mißtrauen in die bisherigen Landesausschüsse, veranlaßt durch übel angebrachte Geheimthuerei, dann unruhiger Sinn des Volkes überhaupt, veranlaßten rasche Organisation in demokratischer Weise ebenfalls nach dem nahegelegenen Muster von Appenzell und die Bestellung der üblichen Landesämter an der Landsgemeinde zu Altstätten (26. März), wo Gschwend zum „regierenden", Joh. Jakob Meßmer von Rheineck zum „stillstehenden" Landammann gewählt wurde. Auf Begehren einer besondern Abordnung hatte das Kapitel des Stifts St. Gallen bereits früher eine in freundlichster Form gehaltene Verzichtleistung auf dessen hoheitliche, zivil- und niedergerichtliche Rechte im Rheinthal, doch unter Vorbehalt des stiftischen Eigenthums, dann der geistlichen Gerichts-

kundliche Material gesammelt hatte. S. Ambühl's Biographie in der Schrift: „Gedichte von Ambühl, St. Gallen und Leipzig, 1803".

[1]) Aus der Schrift über Gschwend.

barkeit und der Kollaturrechte, ausgestellt (22. März).¹) Mit
Rücksicht auf die bedrängte Lage der Schweiz beschloß die Landsgemeinde, sich mit den durch die französische Invasion noch unangefochtenen Ständen für geeignete Abwehr in Verbindung zu
setzen. Der Landrath wurde aus siebenzehn katholischen und
eben so vielen protestantischen Mitgliedern zusammengesetzt; die
Volkszahl war zu 11,915 katholischen und 10,241 protestantischen
Bewohnern, zusammen 22,156, angeschlagen. Am 28. März
hielt der Landrath seine erste Sitzung.

Die Regierung von Zürich hatte den gegen sie ange-
brochenen Sturm durch Gewährung völliger Gleichberechtigung
zwischen Stadt und Land zu beschwichtigen gesucht (5. Februar).
Dieser Akt kam auch der Herrschaft Sar zu statten. Sie wählte
sich eine provisorische Regierung, welche unter dem Landammann
Göldi zwei Landsgemeinden hielt, Siegel und Standesfarbe sich
anschaffte, Abordnungen nach Aarau und Zürich wegen Annahme
der helvetischen Verfassung entsendete, die Grenze, so auch das
Schloß Forsteck und das dortige Kriegsmaterial militärisch be-
wachen ließ, für dieses und anderes 3657 Fr. 1 Bz. an Geld
verbrauchte und drei und einen halben Monat lang lebte (vom
5. Februar bis 24. Mai).²)

Die Werdenberger, die nur grollend die Herrschaft von
Glarus ertrugen, waren schon am 4. Februar bei dortiger Obrigkeit mit einer Supplik um Abänderung der Verhältnisse eingekommen. Angewiesen von Glarus, ihre Wünsche bestimmter
einzugeben, verlangten sie volle Freiheit und Unabhängigkeit
unter selbstgegebener Verfassung, dann daß der Werdenberger
Kaufbrief als ungültig erklärt werde, Glarus auf Alles ver-
zichte, was ihm der Kaufbrief zugeeignet habe. Dabei wurde
es an das erste aller religiösen Gesetze erinnert: „Was ihr
wollet, daß Euch die Leute thun sollen, das thut auch ihnen;
denn das ist das Gesetz und die Propheten". Die Obrigkeit,
immer noch bedächtig, erwiderte: Freiheit und Unabhängigkeit

¹) Ist eine vom Dekan unterzeichnete, auch besiegelte Urkunde.
²) Akten im Kantonsarchiv.

wolle sie gewähren, doch unter Vorbehalt von Unterhandlungen wegen der eigenthümlichen Güter und mäßigerer Bedingungen als die vorgeschlagenen. Solche Unterhandlungen lehnten die Werdenberger ab, verweigerten auch, Abgeordnete mit unbeschränkter Vollmacht zu senden, und wiederholten das Begehren „um Freiheit und Unabhängigkeit". [1]) Der Rath entsprach diesem Begehren, behielt sich aber das liegende Eigenthum und dessen fernere Besorgung durch eigenen Verwalter vor (28. Februar). Ein Landsgemeindebeschluß von Glarus vom 11. März bestätigte diese Erklärung. Die Aufrichtung von Freiheitsbäumen und andere Festlichkeiten gaben Zeugniß vom Jubel des Volkes. An der Spitze der Bewegung war der Arzt Markus Vetsch gestanden.

In der Landvogtei Sargans war im Allgemeinen Ruhe. Diese aber wurde durch die Absicht eines Theiles der Ragazer Bevölkerung getrübt, aller und jeder Leistungen an das Kloster Pfäfers an Zehnten, Lehengebühren und Grundzinsen nöthigenfalls mit Gewalt sich zu entledigen. Sie warben im halben Lande herum um Theilnahme an solchem Vorhaben. Auf Klage des Stifts schritt der Landvogt Letter von Zug ein, bot Mannschaft zum Schutze des Klosters auf, ließ einige der Unruhigen polizeilich aufgreifen, untersuchte den Fall und brachte heraus, daß jene Ragazer wirklich die Absicht gehabt, sobald sie 100 Mann stark wären, nach dem Kloster zu ziehen, [2]) den Erlaß der Gefälle nöthigenfalls mit Gewalt zu fordern. Der Handstreich hätte in der Nacht auf den 3. Dezember 1794 ausgeführt werden sollen. Der meist Gravirte war Peter Widrig, dem eine Geldstrafe von 50 Louisd'or auferlegt wurde. Schicklicher und erfolgreicher als die Ragazer handelten die Ausgeschossenen der Landschaft Sargans, indem sie die regierenden Stände um Befreiung von dem „Fall" und den „Fastnachthennen"

---

[1]) „Zwei Supplikationsadressen an den Hochlöbl. Kanton Glarus, von den drei Gemeinden in Werdenberg." 1798. (Vom 11. u. 16. Februar.)

[2]) „Das Kloster stürmen", sagt Müller v. Friedberg in seinem Brief an Joh. v. Müller, vom 23. Februar 1795.

erfuchten und folche dann wirklich um die Auslöfungsfumme von
16,035 Gulden erhielten (1796). Das Stift Pfäfers ficherte
ähnlichen Ausfauf zu. Anfangs 1798 gährte es hier wie anderwärts; ängftlich erkundigten fich die Regierenden nach der
Stimmung des Volkes und gedachten befchwichtigend einzu-
fchreiten. Bald war ·ihnen Gelegenheit zu Mehrerem geboten.
Auf Anordnung des Landrathes wurden von den Gemeinden
Landesausfchüffe erwählt, die mittelft einer durch den Landshauptmann Jofeph Franz Bernold aus Wallenftadt verfaßten
Eingabe an die acht alten Orte die Unabhängigkeit verlangten,
gleich den Rheinthalern an den Mitkampf in den alten Schweizer-
fchlachten erinnernd. Perfönlich erfchienen zur Unterftützung des
Begehrens fechs Abgeordnete, unter ihnen der Landammann Oberly
und der Pannerherr Kafp. Rud. Good, beide von Mels, vor der
Tagfatzung in Frauenfeld; es ward ihnen die gleiche günftige
und entfcheidende, vorbehaltlofe Antwort wie dem Rheinthal
(3. März), auf das Verfprechen der Sarganfer Abgeordneten
gefußt, daß die frei erklärte Landfchaft „vorderft den ungekränk-
ten Beftand der Landesreligion", fowie die Sicherheit der Perfonen und des geiftlichen und weltlichen Eigenthums nach Kräften
fchützen und zur Vertheidigung des Vaterlandes Gut und Blut
einfetzen werde. Die Urkunde erhielten fie erft am 10. gl. M.,
und um die Ortsftimme von Schwyz, die noch fehlte, mußten
fie fich noch befonders bewerben. Auf dem Rückwege machte die
Abordnung Bruderfchaft mit Künzle in Goßau; der letzte Landvogt, Johann Georg Haufer aus Glarus, erhielt durch feinen
Kanton die Entlaffung. Dem Beifpiel der weltlichen Regenten
folgend, verzichteten Fürftabt (Benedikt I.) und Kapitel von
Pfäfers, auf Vortrag einer Abordnung (Oberly, Broder, Franz
Hager und Peter Chiodera von Ragatz) auf die weltliche Jurisdiktion in den Gemeinden Ragatz, Pfäfers, Vättis und Valens,
mit Vorbehalt jedoch der Nutzungen, welche der hohen oder niederen Gerichtsbarkeit „anfleben", und in der Erwartung, daß
die Landfchaft Sargans es fich zur Pflicht mache, Perfonen und
Eigenthum des Stiftes beftens zu fchützen (21. März). Das

Stift Pfäfers war im mindesten nicht bedacht, sich der revolutionären Bewegung entgegen zu stellen, sicherte jedoch für einmal wenigstens seinen Besitzstand „fast gegen Willen". [1] An
fröhlicher Landsgemeinde in Heilig-Kreuz bei Mels konstituirte
sich nun das gesammte Sarganserland zum Freistaat, bestellte
das Triumvirat Bernold, Oberly und David Bertsch (von
Flums) als provisorische Regierung (25. März), und holte sich,
da man ohne Geld nicht regieren kann, 1600 Kronenthaler bei
dem Stift Pfäfers. [2]

Uznach, Gaster, Wesen und Gams baten in persönlichem
Vorstand einer Abordnung die Schwyzer Landsgemeinde um
Enthebung vom „Todtenfall", in Folge dessen der Landrath
Auftrag erhielt, mit jenen Landschaften unter Vorbehalt einer
Verständigung mit Glarus und der Ratifikation der Landsge-
meinde über eine Auslösungssumme in Unterhandlung zu treten
(30. April 1797). [3] Zu einem Abschluß kam es nicht. Po-
litische Sorgen veranlaßten die regierenden Stände im Februar
1798 in Uznach und Gaster sich des militärischen Zuzugs dieser
Landschaften zu versichern, wogegen sie sich anschickten, in die
Beschwerden einzugehen, die auch hier nicht fehlten. In diesem
Sinne erschienen Abgeordnete von Schwyz und Glarus vor einer
Landsgemeinde zu Schänis (13. Februar 1798), welche einstimmig beschloß, zwar Gewalt zu meiden, aber, gegen Einlösung
der alten Pfandschuld, Freilassung zu verlangen und dafür mit
den regierenden Ständen eine Unterhandlung zu eröffnen; im
Falle willfähriger Bescheides sei Gaster auf ersten Wink beider
Hoheiten zu militärischem Zuzug bereit. In Uznach waren die
beiden Abgeordneten von Schwyz schon am 12. Februar mit
ähnlicher Eröffnung erschienen; der Landrath ließ dann durch
alle Gemeinden Ausschüsse ernennen, die sich „Landeskommission"

---

[1] Sagt Dr. Kaiser in der Schrift: „Die Heilquelle zu Pfäfers und
Hof Ragaz". Dritte Auflage. St. Gallen, 1843.

[2] Quittung, Namens des Landrathes von Sargans zu Handen des
Stiftes Pfäfers ausgestellt, vom 4. April. Im Kantonsarchiv.

[3] Bericht von Landschreiber Vettiger, im Kantonsarchiv.

nannten. Diese benahm sich zurückhaltender als Gaster; sie erklärte an Glarus, daß sich die Utznacher von ihren Obern nicht
zu trennen beabsichtigten, im Uebrigen nur wünschen, daß ihnen
so viel Freiheit gegeben werde, als Andern (21. Februar); an
Schwyz, daß sie erst die Unterhandlung mit Gaster abwarten
wolle (25. Februar). Im Gedränge der Zeit folgten alsbald
die Freierklärungen seitens beider Stände, von Glarus für Utznach, dann Gaster und Wesen am 11. März (für Gaster gegen
Einlösung des alten Pfandbriefes von Schwyz und Glarus mit
3000 Gl.); von Schwyz für Gaster am 6. März, unter der
Bedingung, daß die Landschaft bei der alten Religion verbleibe,
das Eigenthum des Stiftes Schänis respektire und mit Niemanden sich verbinde; für Utznach am 21. März, mit dem Vorbehalt, daß Stadt und Land Utznach ihre alte Religion beibehalten, Privat- und Staatseigenthum respektiren, und mit der
Gestattung, die alte Kaufschuld einzulösen und den St. Antonsspital in eigene (Utznacher) Verwaltung zu nehmen. Tags darauf verzichtete das Stift Einsiedeln auf seine Rechte im Hof
Kaltbrunn (Hofgericht, Appellation, Fall), jedoch mit Vorbehalt
des Eigenthums der Kollaturen. Gaster und Utznach hielten
unverweilt ihre Landsgemeinden und organisirten sich nach be-
liebtem demokratischem Muster.

Die Mahnung der drei Schirmorte an Rapperschwyl zur
Bereithaltung seines Milizkontingentes rüttelte auch dortige Obrigkeit aus alter Behaglichkeit auf. Schon im Februar 1798
wählten Räthe und Bürgerschaft die unvermeidlichen „Ausschüsse"
zur Berathung dessen, was zu thun; den Hofleuten wurde Theilnahme an den Berathungen durch eigene Ausschüsse bewilligt;
es war dies eine thatsächliche Freierklärung bisheriger Unterthanen. Am 2. März legten beide Räthe ihre Stellen in die
Hände des Volkes nieder; die Regierung wurde provisorisch erklärt; die Ausschüsse, zur Hälfte aus Bürgern, zur Hälfte aus
Hofleuten bestehend, entwarfen eine demokratische Verfassung;
der kleinen Landschaft wurden gänzliche Freiheit und Gleichheit,
also gleiche politische und bürgerliche Rechte, zugestanden. Auch

Rapperschwyl war nun ein neuer Staat, mit Beseitigung aller
alten Rechtsverhältnisse und Formen.

Frei waren sie nun alle, die vielen Landschaften, mit welchen diese Geschichte sich befaßt, von der Stadt St. Gallen bis
hinauf an den Fuß des Galanda und an das Ufer des reizen-
den Zürichsees. Aber schon waren die Heersäulen der französischen Republik in schweizerische Gebiete eingerückt, hatten sie
die Waadt, Solothurn, Freiburg und Bern besetzt und rückten
vor gegen das Herz der alten Eidgenossenschaft und den schweizerischen Osten. Sie verkündeten Freiheit und Gleichheit, brachten
in Wirklichkeit aber nur Fesseln, Zerstörung, Elend und Jammer.
Dem Jubel der neuen demokratischen Regenten und ihrer Anhänger folgten schwere Sorgen, Noth und Rathlosigkeit.

Eine Ausnahme von der oben geschilderten Stimmung der
St. Gallischen Landschaften machte jene der Bürgerschaft der
Stadt St. Gallen. Diese befand sich theilweise in der gleichen
Lage wie die anderen Schweizerstädte; sie hatte nicht mehrere
Rechte zu suchen, wohl aber deren aufzugeben. Gleich den eidgenössischen Ständen verzichtete sie auf alle Jurisdiktion in den
thurgauischen Herrschaften, verwandelte die Obervogtei Bürglen
in eine Verwaltung ihrer dortigen Güter. Dabei war die Bürgerschaft gelassen, zeigte keine Aenderungslust; sie ließ bloß
einen Emanzipationswunsch vernehmen, den nemlich, daß die
Aufseher („Stöcke" genannt) abgeschafft werden, welche die
während der Predigt lustwandelnden Bürger zur Bestrafung zu
verzeigen hatten; die Obrigkeit willfahrte. Vorangehend hatte
die Stadt pflichtgetreu, auf den Hülferuf des Standes Bern,
ihr Kontingent auf den Kampfplatz ausmarschiren lassen; es
waren 200 Mann, die jedoch, nach dem Falle Berns, ohne
wirkliche Betheiligung bei dem Vertheidigungskrieg, [1] wieder in

---

[1] Dies ohne ihre Schuld; die zweite Kompagnie, die man erst am
Tage abmarschiren ließ, als die Nachricht von der Kapitulation Bern's eingetroffen war, kam nur bis Bassersdorf. (Aus dem historischen Vortrag
von G. L. Steinlin über das Militärwesen der Stadt St. Gallen, und aus
dem Tagebuch von Daniel Girtanner, spätern Präsidenten des Handels-
gerichtes.)

der Heimath eintrafen. Drei Emiffäre der „Nationalverfamm-
lung des Freiſtaats Baſel", beauftragt, der Staatsveränderung
auch in der öſtlichen Schweiz, namentlich in den ehemaligen
Unterthanenländern, Bahn zu brechen, erhielten kein amtliches
Gehör; das Volk aber, an welches ſie ſich in öffentlicher Rede
wendeten, antwortete ihnen mit Hohn: „Die habende Freiheit
ſei ihnen gut genug, man wolle keine, die am Markt feilgeboten
werde; ſie ſollen ihren Kram wieder einpacken." Sie mußten,
mit Schande beladen, unverrichteter Dinge wieder abziehen und
hatten durch die ebenfalls dieſer Sendung halber in Aufregung
gerathene alte Landſchaft ſicher Geleit nöthig (24. März). [1]
Während die Stadt ihre herkömmmliche Ordnung wahrte, ſuchte
die alte Landſchaft ſich in allen Richtungen zu organiſiren. Ihre
Bürger waren zuweilen rühriger als zuläſſig. Als ſich Einzelne
in die Zwiſtigkeiten von Appenzell A. R. einmiſchten, gelangte
von dortiger Regierung an jene der Landſchaft nöthige Abmahnung, „möglicher betrübter Folgen wegen", mit der heilſamen
und in allen Zeiten wahren Erinnerung: „So wie ſelbſt in
Euren klugen Geſinnungen liegt, daß alles, was wider Recht
und Ordnung läuft, von Anbeginn der Welt bittere Früchte erzeuget und nach der Natur der Dinge fernere unſelige Wirkungen hervorbringen muß". [2] Die Regierung der Landſchaft
hatte nicht geſäumt, an die Stände der Schweiz (auch an den
franzöſiſchen Geſandten) ihre Konſtituirung zu melden; beſonders
ermunternde Antwort wurde ihr von der Regierungskommiſſion
von Baſel. Der Große Rath organiſirte den Kriegsrath; dieſer

---

[1] S. „Hochobrigkeitlicher Aufſchluß über die letzten Samstag hier an-
weſende Geſandtſchaft des Kantons Baſel, u. ſ. w." (eine von der land-
ſchaftlichen Regierung ausgegangene Bekanntmachung, die aber dem Volke
nur halben Aufſchluß über das Weſen der Baſeler Sendung gab, die dortigen Abgeordneten möglichſt rein wuſch und den Verkehr Künzle's mit denſelben als ganz unſchuldig darſtellte). Die Baſeler Deputirten „würden in
Stücke zerriſſen worden ſein", hätten ſie nicht von Stadt und Land Bedeckung erhalten, ſagt Daniel Girtanner in ſeinem Tagebuch.

[2] Schreiben der Regierung von Appenzell A. R. an Landammann und
Rath der Alt-St. Galliſchen Landſchaft; vom 17. Februar 1798.

erließ in einer Reihe von Beschlüssen, die ein großes Heft füllen, die nöthige Militärorganisation. Für wichtige Schreiben und Proklama's, die von der Regierung in inneren Angelegenheiten auszugehen hatten, wurde die Feder des Landeshauptmanns Reutti in Anspruch genommen; für die Beziehungen und Inter- essen diplomatischen Belanges nach Außen war der gewesene Toggenburger Landvogt, Müller v. Friedberg, zur Mithülfe be- reit. Er entwarf die Schreiben, welche seitens der neuen Re- gierung für die Erhaltung des damals in einer gewissen Auf- lösung begriffenen St. Gallischen Regiments in spanischen Diensten an den König von Spanien, an den Friedensfürsten und an den Feldmarschall Freiherrn v. Reding, beide in Madrid, dann an den spanischen Gesandten in Luzern, erlassen wurden. Alle diese Briefe beginnen, zur Rechtfertigung der geschehenen Staatsver- änderung, mit einer Unwahrheit [1] und schließen mit dem An- trag auf eine Unterhandlung für neuen Vertragsabschluß; Oberst- lieutenant v. Sartori, Schwager Müller's v. Friedberg, erhielt zu Handen v. Reding's die zu diesem Behuf erforderlichen Voll- machten. Derselbe Staatsmann (Müller v. Friedberg) schrieb den Brief für die alte Landschaft an den König von Sardinien zu Gunsten der St. Galler im dortigen Regiment Bachmann, [2] in welchem jene die Hälfte ausmachten. [3] Mißlich war die

---

[1] „Le Prince et l'Abbaye de St. Gall ayant trouvé convenable aux circonstances du tems de se démettre de leurs souveraineté en faveur du peuple St. Gallois", u. s. w.

[2] Der Regimentsinhaber Bachmann war Oheim Müller's v. Friedberg.

[3] Durch Vermittlung Bachmann's, der in Novarra stand, am 22. März abgesendet. Derselbe beginnt: „Dans la grande révolution, qui vient d'en- velopper tous les états de la Suisse, nous jouissons de la consolation d'avoir été revêtu par la bonne volonté de l'Abbaye princière même, avec laquelle nous continuons de vivre dans une étroite harmonie, de l'indé- pendance et du pouvoir souverain", etc. Nach allen Richtungen Staub- wolken, mit denen man den Augen der katholischen Mächte den wirklichen Sachverhalt zu verhüllen bemüht war. Vom Fürsten und vom Stift wollte man nichts mehr wissen; gleichwohl auch ferner die Vortheile ziehen, welche ihr Ansehen geschaffen.

Müller v. Friedberg besorgte solche und ähnliche Arbeiten aus Näfels;

Stellung der Stiftskommission, welcher der Fürst die Leitung
der Geschäfte übertragen, zur Regierung. Die Korrespondenz
mit dieser überging bald in Bitterkeit. Die Regierung wollte
jene Kommission verantwortlich machen für die Abwesenheit des
Fürsten; die Kommission entgegnete: an Verwendungen für
dessen Rückkehr habe sie es nicht fehlen lassen; komme er nicht,
so geschehe es wegen der Ungewißheit, wie weit die französischen
Heere in der Schweiz vorrücken werden, und aus Besorgniß,
daß, wenn er nicht Alles und Jedes unterschreibe, was von ihm
gefordert würde, er aus Stift und Land vertrieben würde; die
Rückkehr sei nicht zu erwarten, „so lang wir nicht Sicherheit
Sr. Höchsten Person und gänzliche Freiheit bei allen und jeden
vorkommenden Unterhandlungen hinlänglich versichern und ver-
bürgen können" (6. März). Vor allem war die Regierung darüber erbittert, daß man vom Stift aus ununterbrochen für Rettung seiner Habe an Kostbarkeiten und Naturalien (Wein
u. s. w.) bedacht sei. Vom Großen Rath aus erging eine lebhafte Aufforderung an die Kommission, solches von nun an gänzlich zu unterlassen (19. März). Um dieselbe Zeit angeklagt,
Mitwisser und Mitschuldiger an der vom Fürsten an die Kantone erlassenen Protestation und an dessen beabsichtigtem In-
terventionsgesuche bei dem Kaiser zu sein, antwortete das Kapitel, tief gekränkt über den feindseligen Ton, mit dem diese
Angelegenheit im Kreise der Regierungsbehörde besprochen worden: es weise jede daherige Zulage zurück; über die Absichten
des Fürsten habe es von diesem keine Mittheilung erhalten,
noch sei es diesfalls um seine Meinung befragt worden; von
jenem Protest habe es nur durch Privatbriefe und verspätet

sie müssen noch eine größere Ausdehnung gehabt haben. Er selbst schrieb
an Joh. v. Müller (4. März): „Je fais dans ce moment de grands tra-
vaux pour ce nouvel état de St. Gall. Son gouvernement m'envoie coup
sur coup son chancelier, me requiert surtout de ses relations extérieures,
et je travaille des nuits entières pour établir ce pays." Dann folgen
einige derbe Aeußerungen über die neuen Regenten, diese „Hérostrates",
neben denen er ein wirkliches Amt gar nicht annähme, und „que l'élite des
Suisses déteste". Aus der oft zitirten Sammlung, S. 228.

Kenntniß erhalten, und Vorstellungen gegen das Geschehene
seien wirkungslos geblieben. Durch Entfernung der Klostereffekten habe das Kapitel nur ein Recht geübt, das jedem
Eigenthümer zustehe; Land und Stadt sorgten gleich thätig für
Wegschaffung ihres durch Eide geheiligten Eigenthums; durch
Wegschaffung wichtiger Archivalien glaube das Kapitel selbst ein
reelles Verdienst um das Gemeinwesen erworben zu haben
(24. März). Bei der Landesregierung wuchs nun die Erbitterung. Sie kombinirte die Schritte des Fürsten und des Kapitels, fand des letzteren Erklärungen „zweideutig", und fürchtete
bereits für die neue Ordnung; sie beschloß, in der Absicht eine
Gegenerklärung seitens des Kapitels zu erpressen, das Stiftsgebäude in St. Gallen mit einer halben Kompagnie der „feu-
rigsten Harten",[1] mit einer gleichen Zahl Mannschaft die
Statthaltereien in Wyl und Rorschach zu besetzen, verordnete
kommissionelle Untersuchung der „wahren Lage des Stiftes"
und ersuchte Zürich um Mittheilung des fürstlichen Schreibens
(26. März). Sie ordnete ihre Mitglieder, Müller und Egger,
an Dekan und Kapitel ab, und verlangte durch dieselben:
falls das Kapitel an den Restaurationsbestrebungen des Fürsten
unbetheiligt sei, habe es solche Nichttheilnahme öffentlich vor
aller Welt bekannt zu machen, und den Fürsten, gleichviel,
wo er sich aufhalten möge, peremtorisch zur Rückkehr in das
Stift binnen Monatsfrist aufzufordern; sie forderte in gleicher
Weise ferner Lieferung eines vollständigen Inventars über
Aktiven und Passiven, mit Inbegriff der geflüchteten Gegenstände,
Kautionsleistung zu Gunsten der Kreditoren des Stiftes im
Lande, welche eine solche verlangen würden; Behandlung der
nächst einrückenden Besatzung nach Maßgabe der ihrem Haupt-
mann ertheilten Instruktion. Das Kapitel erwiderte schriftlich:
Von Seite des Fürsten sei über sein Vorhaben nichts an das
Kapitel gelangt; übrigens würde es seine (des Kapitels) Ein-

---

[1] Falk: Kurze Darstellung der politischen Vorgänge in der alten
Landschaft.

willigung zur Zurückforderung der Regierung nicht geben; das
Ansinnen gegen den Fürsten in verlangter Weise einzuschreiten,
müsse, als mit Ehre und Gewissen der Kapitelsglieder unverträglich abgelehnt werden; Kaution zu geben, sei es bereit; des
Geflüchteten wegen behauptete es noch immer das freie Verfügungs-
recht über das Eigenthum des Stiftes; die militärische Besetzung
habe es keineswegs durch irgend welche schlechte Handlung verdient. Zum Schluße empfahl das Kapitel das von „unaus-
sprechlichem Unglück" betroffene Stift zu milder und billiger Behandlung (entworfen von einer Kommission des Kapitels am
29. und durch Abgeordnete an die Regierung abgegeben am
30. März). [1] In dieser bescheidenen Sprache schrieben die ehemaligen Herren an die nun übermüthigen ehemaligen Unterthanen. Im Volk wurde diese Behandlung des Stifts nicht
überall gut aufgenommen. Mit Unmuth sah es die Wachen
vor der Statthalterei in Wyl, und Reutti empfahl baldige Entfernung derselben, sobald das Inventar abgefaßt sei. [2] Auch
Zürich fand das Einschreiten allzu herb, sandte zwar der landschaftlichen Regierung Abschrift des fürstlichen Briefes, sprach
aber anläßlich die Hoffnung aus, „daß Ihr, Tit., um der von
dem Herrn Fürstabt geschehenen Schritte willen keine allzustarke
Maßnahmen gegen die Stift und ihre Zugehörden vorzunehmen
belieben werdet" (31. März). Der Anstände gab es indessen
noch mehrere. Wegen einer mißfälligen Predigt suspendirte die
Regierung den Pfarrer von Rorschach eigenmächtig, ohne zuvor
dessen Verantwortung einzuholen, und ohne vorheriges Einvernehmen mit der geistlichen Behörde; der also Abberufene war
ein Kapitular des Stiftes, P. Joh. Baptist Bossart von Zug.
Die Landesregierung bezog die Kornzölle in Rorschach, die Weg-
und Brückengelder allüberall zu obrigkeitlichen Handen; das
Kapitel hielt sie hiefür nicht berechtiget, da allen solchen Maß-

---

[1] Aus den Akten im Kantonsarchiv.

[2] Dessen Schreiben aus Wyl an Künzle, vom 30. März; im Kantonsarchiv.

nahmen die laut Abrede [1] vorbehaltene Abkürung voranzugehen habe, jene Gefälle aber in Wirklichkeit nichts Anderes seien, als die Rente aus jenen Kapitalien, welche das Stift für Anlegung von Straßen, Brücken, Landungsplätzen, Gebäuden u. s. w. zum Besten des Landes verwendet habe, — Kapitalien, die das Stift selbst durch Anleihen habe beischaffen müssen und zur Stunde noch zu verzinsen habe (13. April). Die Regierung begnügte sich nicht, dem Zeughause des Stifts die Kanonen zu entheben; ihre Mannschaft plünderte es rein aus, „als wäre der Ort mit Sturm vom Feinde eingenommen worden“, verschonte selbst die im Zeughaus aufbewahrten kriegerischen Alterthümer nicht (alte Spieße, Harnische und Aehnliches), betrug sich überhaupt dermaßen ausgelassen und unverschämt, daß die Stiftskommission sich solche „entehrende, willkürliche Behandlung durch Subalterne verbitten“ mußte. [2]

Während dieser inneren Zwiste reifte von Außen her die Krisis, die den Herrlichkeiten Aller ein Ende zu machen drohte. Als Bern noch kämpfend dem französischen Heere gegenüberstand und sein energischer Sinn längere Gegenwehr voraussetzen ließ, Zürich aber von der waltenden großen Gefahr des Vaterlandes Bericht gab, rief die Regierung der Landschaft ihr Volk zu Ergreifung der Waffen und zur vollen militärischen Bereitschaft gegen den äußeren Feind auf, mit der Mahnung, thatsächlich zu beweisen, „was ein biederes Volk, welches die Religion ehrt und die Freiheit liebt, die beide gleich gefährdet sind“, zu bewirken im Stande sei; [3] ein kleines Heer von 500 Mann wurde sofort in den Waffen geübt und zu diesem Behuf in den fünf Aemtern einquartiert. Das Volk mußte in großer Aufregung wegen des feindlichen Einfalls der Franzosen gewesen sein; denn mit dem Geschehenen war es kaum zufrieden, traute nicht, glaubte, daß die Regierung nicht mit dem schuldigen Ernst der vaterländischen Gefahr entgegentrete; verleumberische Ge-

---

[1] Es war dies eine Hinweisung auf die Verhandlungen vom 3. Febr.
[2] Schreiben der Stiftskommission an die Regierung, vom 16. April.
[3] Proklamation vom 5. März.

rüchte in diesem Sinn wurden gegen sie ausgestreut, so daß sie
sich gezwungen sah, die ihr gemachten Zulagen als ungegründet
und falsch zu erklären.[1] Mittlerweile waren, auf Anregung
der Alt-St. Gallischen Landschaft, nach dem Falle Berns, die
östlichen Stände und Landschaften, Appenzell Inner- und Außerrhoden, Landschaft und Stadt St. Gallen, Toggenburg und
Rheinthal im Hauptort Appenzell versammelt, beriethen die
öffentliche Lage, ordneten in Folge dessen drei Magistraten,
Landshauptmann Mittelholzer von Appenzell J. R., Landshauptmann Schmid von Appenzell A. R. und Zunftmeister
Halder aus der Stadt St. Gallen nach Zürich, Luzern, Uri,
Schwyz, Unterwalden, Zug und Glarus ab, um Bericht über
die Lage der Dinge zu empfangen und namentlich zu vernehmen,
was an den Grenzen von Zürich und Luzern vorgehe; gleichzeitig erließen sie Mahnungen an ihre Völkerschaften, sich unterdessen vor unüberlegter Hitze zu hüten, aber ruhig in den Waffen
zu üben, und gaben ihnen Kenntniß von der Einnahme der
drei westlichen Städte Freiburg, Solothurn und Bern.[2] Bald
langte ein Brief des französischen Obergenerals Brune bei
allen Regierungen an, durch welchen die Centralisation der
Schweiz eingeleitet wurde. Mit der militärischen wuchs nun
die politische Gefahr. Peter Ochs, Zunftmeister von Basel,
hatte im Verein mit dem Direktorium der französischen Republik
eine Einheitsverfassung für die Schweiz entworfen. Ihre bereits begonnene Einführung in der westlichen Schweiz unter-
brachen andere französische Projekte, durch welche die Schweiz,
wesentlich im Interesse Frankreichs,[3] in zwei verschiedene Republiken (helvetische und rhodanische), beide nach dem Muster
der französischen Mutterrepublik, getheilt werden sollte, die innere

---

[1] Zweite Bekanntmachung, vom 11. März.

[2] Proklama aus Appenzell, vom 13. März, verfaßt von Reutti; im
Kantonsarchiv; vollständig abgedruckt in den „schweizerischen Tagblättern",
S. 43 und 44.

[3] Dr. A. v. Gonzenbach, Biographie des Kanzlers Markus Mousson.
Bern, 1864.

Schweiz augenblickliche Hoffnung auf selbstständigen und getrennten Bestand (als „Telugau") erhielt, so daß die alte Eidgenossenschaft in drei Theile aufgelöset worden wäre. Diese Entwürfe mußten vor dem Willen derer zurücktreten, welche der Zersplitterung sich widersetzten. Der Obergeneral Brune verlangte nun schließlich die Einführung der helvetischen Republik, nach dem weiteren Maßstab, die Unitarisirung der Schweiz, die Verbindung aller ihrer Glieder zu einem Einheitsstaat, und nur wenige Tage nachher lud der französische Heereskommissär Lecarlier die nach Maßgabe der Einheitsverfassung zu wählenden Abgeordneten zur Konstituirung nach Aarau ein. Die Verlegenheit stieg in der östlichen Schweiz. Schon auf die Proklamation Brune's rathschlagte der Landrath der St. Gallischen alten Landschaft, was in so kritischer Zeit zu thun (26. März). Er setzte sich mit Appenzell J. R. in Verbindung, um eine Zusammenkunft aller betheiligten Landschaften in Lichtensteig zu veranlassen. Appenzell J. R. aber sah die Nothwendigkeit einer allgemeinen Konferenz der sämmtlichen „noch ohnangegriffenen und gesunden Theile der Eidgenossenschaft" ein, [1]) zu diesem Ende gemeinsames Wirken mit der inneren Schweiz. Zu gleicher Zeit wurde es aber auch den Männern in der Urschweiz warm um's Herz. Uri ermahnte die anderen Urkantone zum Festhalten an der von den Vätern ererbten Ordnung der Dinge. Ermuthigt von Schwyz schrieb es sofort eine Tagsatzung jener Kantone nebst Zug und Glarus aus. Appenzell J. R. vermittelte die Theilnahme der übrigen östlichen Landschaften und lud letztere zu gleichmäßiger Abordnung von Deputirten ein. Jene Tagsatzung der altdemokratischen Kantone (Obwalden ausgenommen, welches in willfähriger Annahme der helvetischen Verfassung sein Heil suchte) war in Schwyz vom 1. bis 5. April versammelt; neben ihnen die Abgeordneten von Stadt und Landschaft St. Gallen, Toggenburg beider Konfessionen und Rheinthal. Auch Sargans fand sich ein; Alle eines Sinnes, den französischen Drängern

---

[1]) Rekreditiv von Appenzell J. R. zu Handen der Abgeordneten der St. Gallischen Landschaft (im Kantonsarchiv).

und der neuen Freiheit gegenüber ihre Selbstständigkeit zu behaupten, aber uneins in Bezug auf die gegenseitige Stellung
unter sich. In Schwyz angekommen, fanden die Abgeordneten
der östlichen Landschaften einen ganz entmuthigenden Empfang.
Der Stand Schwyz wollte sich mit ihnen nicht in Verhandlung
einlassen, da bekannt geworden, daß dem Willen des französischen Obergenerals zufolge die äußeren Landschaften zur Einverleibung in die helvetische Republik bestimmt seien. Nun stellte
sich Appenzell J. R. an die Spitze der Oestlichen; gemeinsam
machten sie Vorstellungen bei dem Landammann Weber und erhielten nun den Schlüssel zum Verhalten von Schwyz: es füge
sich, sagte jenes Standeshaupt, bei der Lage und der altdemokratischen Verfassung der Urkantone, ihnen keineswegs, mit den
äußeren Landschaften gemeinschaftliche Sache zu machen, da die
inneren Kantone von der französischen Generalität besondere
Zusicherungen ihrer Unverletzbarkeit mündlich und schriftlich
empfangen haben; doch werde er suchen, ihnen Zutritt zu der
ersten gemeinsamen Sitzung zu verschaffen. Solches geschah.
Da dann aber sowohl der vorsitzende Gesandte von Uri, als
die Gesandten der übrigen Stände die schon vernommene Erklärung nicht ohne Bitterkeit wiederholten, allen Vorstellungen
und Rechtfertigungen der äußeren Landestheile das Gehör versagten, erklärten diese vereint: „wenn die inneren Kantone sich
nicht entschließen, mit ihnen in gemeinsame Verhandlung einzutreten, werden sie sich sogleich nach Hause begeben". Diese entschlossene Erklärung war den Gesandten der inneren Stände
weder erwartet noch genehm; aber sie wirkte; letztere lenkten
ein zum Vergleich, und beide Theile kamen nun überein, gleichzeitige Vorstellungen bei den französischen Machthabern in der
Schweiz und in Paris zu dem doppelten Zwecke zu machen,
vor französischer Besetzung und vor Zwang zur Annahme der
helvetischen Verfassung gesichert zu bleiben und solch Vorhaben
durch persönliche Abordnungen zu unterstützen. Beidseitige Denkschriften gründeten sich auf die Thatsache, daß die betheiligten
Länder die umfassendste Freiheit bereits genießen, gänzlicher de-

mokratischer Organisation sich erfreuen, auch zu arm wären, um
die Kosten der drohenden neuen Ordnung tragen zu können.[1]) Die
persönliche Abordnung bestellte der eine Theil aus drei Magistraten der Urkantone; als Abgeordnete der äußern Landschaften
wurden der Arzt Joseph Blum, von Rorschach, Landshauptmann der alten Landschaft, und Johann Jakob Meßmer, Pannerherr des Rheinthals, erforen. Würden mündliche und schriftliche Vorstellungen nicht fruchten, waren die Versammelten entschlossen, die gegenwärtigen Verfassungen ihrer Länder mit Gut
und Blut gegen die fremden Unterdrücker zu vertheidigen.[2])
Noch während den Konferenzen verwarf die Landsgemeinde von
Schwyz die helvetische Verfassung. Die Abgeordneten gelangten
bis Bern; dort wurde jenen der Urkantone die bitterste Ent-
täuschung über ihre trügerischen Hoffnungen der Beibehaltung
einer ausnahmsweisen und begünstigten Stellung. Ihnen wie
anderen Abgeordneten wurde der schnödeste Empfang und, statt
der gewünschten Reisepässe nach Paris, derbe Mahnung zur
Um- und Rückkehr nach Hause. Gegen Blum und Meßmer
erklärte der französische General Schauenburg, der inzwischen
an die Stelle Brune's getreten: er habe Vollmacht, alle Diejenigen zu bekriegen, welche die Annahme der Konstitution hindern würden; sie (die Abgeordneten) und Alle, die das Volk
davon abhalten würden, haben mit ihrem Kopf und mit Hab
und Gut für die Annahme zu haften. Auf das geäußerte Vorhaben, nach Paris zu reisen und dem Direktorium die Denkschriften zu übergeben, antwortete Schauenburg mit der Drohung,
sofort seine Truppen nach ihren Landschaften, die sie in drei

---

[1]) Falk: Kurze Darstellung der politischen Vorgänge im Toggenburg.
Denkschriften der Urkantone (ohne Obwalden) mit Zug und Glarus,
dann von Appenzell, St. Gallen, Toggenburg, Rheinthal und Sargans, an
das französische Direktorium, vom 5. April 1798.
Tillier, Geschichte der helvetischen Republik, Bd. I. S. 51. 52. u. S. 478.
Die bei den Falk'schen Akten liegende Kopie der Denkschrift von Appenzell und Konsorten erwähnt auch die March und Gaster als Betheiligte,
wahrscheinlich aber unrichtig.
[2]) Tillier, a. a. O.

Tagen erreichen könnten, abmarschiren zu lassen. Den Urkantonen, wie ihren älteren und neuen Schicksalsgenossen blieb nun nichts Anderes übrig, als vereinigter ehrenvoller Kampf oder freiwillige Unterwerfung. In der inneren und äußeren Schweiz war man, in diesen Tagen noch, meist für das Erste entschlossen. Die Landsgemeinde von Glarus sprach sich für Vertheidigung bis auf das Aeußerste aus (15. April). Schwyz wurde der Mittelpunkt des entschlossenen Widerstandes in Folge Beschlusses einer zweiten Landsgemeinde vom 16. April, die mit Erbitterung die verletzende Zurückweisung der erwähnten Abordnung vernommen hatte. Der Landshauptmann Aloys v. Reding, kriegsgewandt und muthig zugleich, wurde an die Spitze gestellt. Er entwarf den ebenso kühnen, als tiefdurchdachten Kriegsplan, sich Luzerns und Zürichs zu bemächtigen, in Aarau einzudringen, wo bereits die helvetische Regierung saß, diese zu stürzen und eine eidgenössische (föderale) Ordnung herzustellen. Aus den verbündeten Gebieten waren 10,000 Mann aufgeboten, den Landsturm ungerechnet. Die planmäßige Kampflinie zog sich vom oberen Zürichsee hinweg bis über den Brünig hinein; Reding war zur Führung des Zentrums und zu nächster Besetzung von Luzern bestimmt, welches bereits dem Einheitssystem verfallen war. Vom Kriegsrathe von Schwyz aus erhielten in diesen Tagen die östlichen Landschaften ihren Impuls. Schon vorangehend waren sie auf die Probe gestellt.

Bereits mit Proklama vom 5. April an beide Appenzell, beide St. Gallen und Toggenburg hatte Schauenburg drohend die Unterwerfung verlangt, mit scharfer Rüge wegen angeblicher Hinderung der für Annahme der helvetischen Verfassung im Thurgau angeordneten Urversammlungen. Die alte Landschaft suchte noch einmal Rath und Hülfe durch eine Zusammenkunft mit den Nachbarn; aber Störungen in ihrem eigenen Innern machten solche unmöglich; das Volk in seiner überwiegenden Mehrheit wollte nichts von den französischen Geschenken und der Einheitsverfassung; in seiner treuen vaterländischen Gesinnung war es zum äußersten Widerstand entschlossen; mit diesem Entschluß wuchs die Leiden-

schaft gegen wirkliche oder vermeinte Ueberläufer zur neuen Ord-
nung in der thurgauischen Nachbarschaft. Weil die Bürger von
Arbon, vorzüglich die Reformirten, der helvetischen Verfassung
günstig, zog eine Rotte von Männern aus den St. Gallischen
Bodensee-Gemeinden, auch von Grub und Eggersriet her, nach
Arbon, übte arge Gewaltthat gegen Sachen und Personen und
zwang die Bürger, die verhaßte Verfassung wieder abzuschwören.
Für diesen Frevel sollte sich der als Hauptanstifter angeklagte
Ammann F. Hedinger von Steinach vor dem in Bruggen versammelten Großen Rathe verantworten; allein er erschien mit
dem gleichen Trotz, wie früher Künzle vor den stiftischen Behörden, im Begleit von 3 bis 4000 Mann und eröffnete einen
demagogischen Wettkampf mit dem Haupte der neuen Regierung.[1] Landammann Künzle las dem Volk den Drohbrief
Schauenburgs vor, welcher die Annahme der Konstitution verlangte; Hedinger trug eine Art Gegen-Proklamation vor mit
schweren Klagen gegen die Regierung, daß sie die Landesvertei-
digung versäume und wehrte dann ab: das Volk war einhellig
für die Meinung Hedinger's. Es folgten Lärm und Schläge-
reien. Groß war besonders die Erbitterung des Volkes gegen
den Pannerherrn Heer, von Rorschach, welcher früher den dortigen Bauern gesagt hatte, man müsse den Fürsten wegen seines
Schreibens an Zürich „vogelfrei" erklären; es war ein Glück
für Heer, daß er nicht in Bruggen anwesend. Schließlich sah
sich der Große Rath, dem Volkszorne gegenüber, gezwungen,
den gegen Arbon verübten Frevel straflos durchgehen zu lassen
(10. April) und begab sich Sicherheit halber nach Goßau. Von
nun an handelte jede der neuen Regierungen der St. Gallischen
Lande vereinzelt und suchte sich so viel möglich gegenüber Schauenburg zu verantworten; die Regierung der alten Landschaft ver-
antwortete sich darüberhin gegenüber ihrem Volke.[2]

---

[1] Welches von Hedinger mit „Du" apostrophirt wurde. Weidmann.
[2] Proklama von „Landammann und Rath der freien Republik der
Landschaft St. Gallen", vom 10. April.

Aber der Armeekommiffär Lecarlier und der Obergeneral Schauenburg ließen sich mit neuen Aufforderungen an gesammte widerstrebende Kantone und Landschaften vernehmen und forderten gebieterisch die Annahme der Einheitsverfassung. Bisherige Weigerung sei nur das Werk der Priester und einiger anderen Ehrsüchtigen, welche unter dem Mantel der Religion und einer falschen Popularität die Bewohner dieses Landes irre führen, um sie ferner unter ihrem Joche zu erhalten; würden nicht bis zum 24. April die Urversammlungen einberufen und die Konstitution angenommen sein, „so sollen die Priester und Regierungen dieser Länder als Mitschuldige der schweizerischen Oligarchen angesehen und als solche behandelt werden".[1]   Die Regierung war nun in der äußersten Verlegenheit: nachgeben durfte sie nicht wegen der gereizten Stimmung des Volkes; zum Kriege rathen schien ihr ein verzweifeltes Vorgehen.   In der Noth schritt sie wieder zum Mittel der Oeffentlichkeit; sie gab dem Volke Kenntniß von den Verhandlungen in Schwyz und von der mißglückten Sendung; meldete, daß ihrer Gesandtschaft der Weg nach Paris von Schauenburg und Lecarlier mit der Drohung versperrt worden: thue sie einen Schritt gegen Paris, würden die französischen Truppen nach den widerspännigen Landschaften vorrücken; zeigte dann, welche Bewanktniß es mit dem Krieg auf der einen, mit der Unterwerfung auf der andern Seite habe; schilderte die Ueberlegenheit der gegnerischen, die Beschränktheit der eigenen militärischen Kräfte, das namenlose Elend, das in Folge von Krieg und Niederlage einherziehen würde; gestand dann freilich, daß auch die Annahme der helvetischen „Konstitution" von Uebeln begleitet wäre, doch von geringeren, als im umgekehrten Falle; der Religion halber habe das Hochwürdige Offizium selbst die Beruhigung ausgesprochen, daß die Verfassung in ihrem einfachen Wortlaut nichts derselben Widersprechendes enthalte.   Das Volk möge nun frei wählen, das größere oder das kleinere aus den zwei Uebeln.   Thatsächlich war dieses

---

[1] Proklamation Schauenburg's, vom 11. April.

Proklama eine Empfehlung zur Annahme.[1] Was hier vom
Offizium gesagt wurde, war mehr noch Voraussetzung, als wirkliche Erklärung. Dekan und Kapitel des Stiftes hatten zwar
beruhigende Einwirkung auf das Volk verheißen, dagegen die
persönliche Theilnahme (durch Abgeordnete) an den Berathungen
des Großen Rathes über die Frage der Konstitutionsannahme
abgelehnt.[2] Die Regierung wollte aber mehr; sie wollte eine
Erklärung des Offizialats, ob die neue Konstitution etwas gegen
den katholischen Glauben enthalte, anzunehmen oder zu verwerfen sei. Stift- und Weltgeistlichkeit rathschlagten gemeinsam, und
bevor noch eine Antwort gegeben war, schrieb die Landesregierung der Stiftskommission erläuternd: die zu beantwortende
Frage sei einzig, „ob durch die Annahme der Konstitution unsere
katholische Religion in ihrer Wesenheit nothleiden, und ob die
Annahme derselben, oder ein augenscheinlicher Krieg dieser Religion einen härteren Stoß geben könnte".[3] Das Offizialat ließ
sich auf positive Lösung dieser verfänglichen Frage nicht ein und
beschränkte sich auf die Erklärung an gesammte Geistlichkeit und
Volk: im buchstäblichen Sinn der Worte des Art. 6 der Konstitution liege nichts, was einem Glaubensartikel geradezu wider-
spreche, wohl aber könnte derselbe in Folge der Zeit verschiedene
mit der Lehre und der freien Ausübung der katholischen Religion
in Widerspruch tretende Auslegungen erhalten, für welchen „nicht
zu erwartenden" Fall Jedermann ermahnt werde, treu an der
Kirche zu halten; in die politische Seite der Frage wolle sich die
kirchliche Behörde nicht einmengen.[4] Das Offizialat war so

[1] Vorstellung der Regierung der freien Landschaft St. Gallen, an ge-
sammtes Landvolk, aus Goßau, 18. April.

[2] Schreiben von Dekan und Kapitel an die Regierung, vom 18. April,
von der Hand des P. Aemilian Haffner, der, mit dem besonderen Vertrauen
des Fürsten beehrt, das leitende Haupt der Stiftskommission war.

[3] Schreiben der Regierung an die Stiftskommission, vom 20. April.

[4] Kundmachung des Offizialates, vom 20. April, unterzeichnet von
P. Placidus Stadelmann, von Mörschwyl. — Der Art. 6 der Konstitution
lautete: „Die Gewissensfreiheit ist uneingeschränkt; jedoch soll die öffentliche
Aeußerung der Religionsmeinungen den Gesinnungen der Eintracht und des

weit gegangen als möglich, ohne in den Ton einer Empfehlung der Annahme überzugehen. Eine solche hatte schon früher die bischöfliche Kurie von Konstanz auf geschehene Anfragen in den schweizerischen Theil ihres Bisthums ergehen lassen; jene kirchliche Behörde war sehr beflissen, der Revolution in der Schweiz nicht ungefällig zu sein; sie bezeugte in einem Kreisschreiben, daß sie die neue bürgerliche Verfassung Helvetiens wiederholt gelesen, ihren Inhalt reiflich erwogen habe; dieselbe enthalte in ausdrücklichen Worten nichts, was die öffentliche Ausübung der christkatholischen Religion verböte; eine Verwerfung derselben aus religiösen Gründen könnte demnach die Kurie bei dermaligem Stande der Dinge weder rathsam, noch selbst mit den Grundsätzen unserer Religion übereinstimmend ansehen. [1]) In einem großen Theile des Landes sah das Volk weiter als die Kurie von Konstanz und urtheilte auch richtiger. Es beurtheilte den Baum nach seinen Früchten, nicht nach der Rinde oder nach der gefälligen Form seiner Blätter. Es wußte, daß die Franzosen im eigenen Lande dem Christenthum aufgekündet, die katholische Kirche zerstört, die Priester gemordet oder verjagt hatten. Daß die französische Regierung im Schweizerlande ein günstigeres Ziel verfolgen würde, war ihm nicht einleuchtend. Daher sein Eifer gegen das französische Geschenk, trotz aller Verheißungen von Freiheit und Wohlstand, und eine Aufregung, die nur der Ge-

---

Friedens untergeordnet sein. Alle Gottesdienste sind erlaubt, wenn sie die öffentliche Ordnung nicht stören, und keine Oberherrschaft noch Vorrang behaupten wollen. Die Polizei hat ein wachsames Auge auf selbe, und hat das Recht sich über ihre Lehrsätze und über die Pflichten, zu welchen sie anhalten, zu erkundigen. Die Verhältnisse einer Sekte mit einer fremden Obrigkeit sollen weder auf die Staatssachen, noch auf den Wohlstand und die Aufklärung des Volkes einen Einfluß haben." Sehr belehrend behandelt diesen Gegenstand die Schrift: „Der Ueberfall in Nidwalden im Jahr 1798; von Franz Joseph Gut." Stans, 1862.

[1]) „Eandem ergo ex causa Religionis repudiare praesenti rerum facie nec consultum, nec etiam principiis religionis nostrae consentaneum fore arbitramur." Aus der Erklärung des bischöflichen Offiziums von Konstanz, im Diarium Sangallense, 14. April.

walt der Waffen wich. Die Regierung der Landschaft übergab
den Entscheid der Landsgemeinde. [1]) Ihr vorangehend trat die
Stadt Wyl, nicht achtend der kurz vorher gesuchten und angenommenen Vereinigung mit der alten Landschaft, vereinzelt als
Urgemeinde in den Konstitutionsentwurf ein und nahm ihn an,
weil Schauenburg den Entscheid über denselben den Urversammlungen zugewiesen habe und die Landesregierung selbst den gleichen Weg eingeschlagen hätte, falls sie nicht in ihrer Berathung
gestört worden wäre. [2]) Sofort ging eine Wyler Deputation,
Grübler und Peter Aloys Falk, mit der Anzeige von der Annahme an Schauenburg ab. Gleichzeitig legte Reutti mit Berufung auf die hartnäckige Stimmung des Volkes und auf die
„gräulichen Drohungen" die Stelle als Landshauptmann nieder. [3]) Er, so wenig als Blum, getraute sich, an der Landsgemeinde zu erscheinen. Reutti war von nun an eifriger „Helvetier", wie er vorhin ein thätiger Förderer der Losreißung der
Landschaft von der stiftischen Regierung gewesen. Die Landsgemeinde zu Goßau verwarf einmüthig; man wolle „als wahre
Schweizer bei der demokratischen Verfassung bleiben und sich
gegen jeden Feind derselben mit Gut und Blut vertheidigen"
(24. April); der abwesende Landshauptmann Blum wurde ersetzt; gleiches kam wegen Reutti zur Sprache; doch wurde er
mit Mehrheit beibehalten, „sofern die Stadt Wyl weiters bei'm
Vaterland verbleibt". [4]) Dem Willen des Volkes entsprechend
faßte der Kriegsrath der Landschaft nöthige Beschlüsse zu männlicher Gegenwehr. Die dem Volke mißfällig gewordenen Füh-

---

[1]) Weidmann, in seiner Geschichte des ehemaligen Stiftes und der
Landschaft St. Gallen u. s. w. sieht in allen Volksäußerungen nichts als
blinden Fanatismus und zieht dieselben auch bei diesem Anlaß in's Lächerliche. Er verspottet die Bürger der Landschaft, wie sie mit dem Stock in
der einen, mit dem Rosenkranz in der andern Hand zur Landsgemeinde nach
Goßau zogen. Wo soll der Ernst der Laien wurzeln, wenn die Priester
spotten?!

[2]) Anspielung auf die tumultuarische Großrathssitzung vom 10. April.

[3]) Aus den Akten im Kantonsarchiv.

[4]) Beschluß der Landsgemeinde; im Kantonsarchiv.

rer, Heer, Blum, Gasparini, Müller und Reutti, hatten sich
unsichtbar gemacht. Endlich folgte neue Landrathssitzung mit
Zuzug sämmtlicher Kriegsräthe aus allen Gemeinden; dann
Konferenz mit Appenzell J. R. und Rheinthal; Besetzung der
Hochwachten und Mittheilung eines Ultimatums von Schauen-
burg an das Volk wurden beschlossen (2. Mai).[1] Dieses
„großmüthige" Ultimatum hatte der helvetische Regierungsstatt-
halter von Zürich, Pfenninger, dem Präsidenten des Großen
Rathes der Landschaft St. Gallen dringend empfohlen, mit dem
Beisatze: „da es um Menschenleben zu thun ist", so mahnt der
Obergeneral dringend, Abgeordnete an ihn abzusenden.[2] Der
Widerstand brach endlich, weil die alte Landschaft ganz vereinzelt war, ein Theil von Appenzell A. R. der Revolution entge-
genjubelte, Toggenburg und Stadt St. Gallen ebenfalls eigene
Stellung eingenommen hatten, eine direkte Verbindung mit den
Landschaften an der Linth und den Gebirgskantonen nicht mehr
bestand. Erwähnte Versendung des Schauenburg'schen Drohbe-
schlusses an die Gemeinden war eine mittelbare Einladung an
dieselben zu eigenem Entscheid; die Gemeinden versammelten sich
nun einzeln. „In Betracht, daß die alten Schweizerregierungen
meistens ihre Landleute unterdrückten; daß die fränkische Nation
allen Völkern der Erde Luft gemacht habe", und aus zwanzig
weiteren Konsideranden, nahm die Gemeinde Goßau die Konstitution an (3. Mai); Künzle und Wetter fraternisirten bei diesem
Anlaß. Die übrigen Gemeinden folgten. Die alte Landschaft
war in wenigen Tagen reif geworden, in die große „helvetische"
Familie einzutreten.

Vor und während den Bewegungen der St. Gallischen
Lande vom Jahr 1795 bis 1798 wurde eine bloße Privatan=
gelegenheit zur Steigerung der Unzufriedenheit über die fürstliche
Regierung ausgebeutet. In Neapel war im Jahr 1791 der
dortige k. sizilianische Brigadier, Oberst Joseph Müller, ein St.

---

[1] „Außerordentlicher, allerwichtigster Landrath, gehalten zu Goßau."
Dessen Protokoll in den „schweizerischen Tagblättern", vom 5. Mai.

[2] S. Schreiben Pfenninger's in obigen Blättern.

Gallischer Angehöriger, gestorben. Die Geldgier der Erben hatte ihm außerordentlichen Reichthum beigemessen; in Wirklichkeit aber war das hinterlassene Vermögen von keinem Belang. Müller hatte Vermächtnisse zu Gunsten seiner Dienerschaft, dann für fromme Zwecke gemacht. Fürst Beda aber hatte dieselben schon im Jahr 1792 als ungültig erklärt, da dessen Hinterlassenschaft, weil Müller außerehelich erzeugt war, nach St. Gallischen Gesetzen dem Landesherrn zufalle. Diese Verfügung wurde jedoch von der fürstlichen Regierung nicht festgehalten; es wurden vielmehr die Legate ausbezahlt, ebenso an drei Zweige Müller'scher Erben zusammen 3000 Gl. entrichtet, womit sie sich befriediget erklärten (1797). Letztere Zahlung geschah ohne urkundliche Verpflichtung, da nur die unbeglaubigte Kopie eines Testamentes vorlag, in welcher der Wunsch Müller's enthalten, daß den Erben jene Summe ausbezahlt werden möchte. Dieser Umstand und die Schwierigkeiten der Vermögensliquidation in Neapel mögen die stattgefundene Zögerung veranlaßt haben. In der aufgeregtesten Zeit von 1798 brachte dann der Anwalt Gallus Schlumpf, dem damals auch eine einflußreiche politische Stellung zu Gebote stand, eine nachträgliche Zins- und Kostenforderung auf die Bahn, dem Kloster mit dem aufgereizten Volke drohend, falls nicht entsprochen würde. Die damals in Funktion gestandene Stiftskommission stellte gegenüber dem tumultuarischen Treiben auf rechtlichen Entscheid ab. [1]) Da das Stiftsvermögen dann bald in die Hände der revolutionären Behörden überging, soll den Erben aus demselben wirklich eine ansehnliche Summe für Zinse und Kosten verabfolgt worden sein. [2])

Die Stadt St. Gallen war der alten Landschaft gleich Wyl vorangegangen. Gemeinsame Schicksale und Bestrebungen hatten hier die Gemüther zur Milde gestimmt. Die „Kreuzwoche" nahte heran; die Regierung der alten Landschaft ersuchte

---

[1]) Akten in der schriftlichen Hinterlassenschaft des Fürsten Pancratius. Diarium Sangallense vom 4. April 1798.

[2]) So erzählt die Künzle'sche Familiengeschichte. Die leidenschaftlichen Klagen in dieser Schrift über Unterschlagung und dergl. sind ganz grundlos.

um Bewilligung für die Kirchgemeinden, bei den Wallfahrten in die alte St. Gallische Mutterkirche durch die Stadt hindurch Kreuz' und Fahnen aufrechthalten zu dürfen. Mit großem Mehr und ohne alle Widerrede wurde solches von der reformirten Stadtbürgerschaft bewilliget (15. April). [1] So friedlich endigte der alte „Kreuzkrieg" und ward an die Stelle der alten und beschränkten schiedsrichterlichen Verwilligung ungeschmälerte Kultusübung in jener besondern Beziehung gewährt. Ganz gleichzeitig kam die wichtigste Frage der Selbstständigkeit zum Entscheid. Es lag die bekannte Aufforderung Lecarlier's und Schauenburg's vom 11. April vor. Der Stadtmagistrat glaubte den Fortbestand des freien Gemeinwesens zu retten mittelst persönlicher Abordnung an die französischen Gewalthaber in Bern und durch Bitte um Beibehaltung der bisherigen Stadtverfassung, die ja bereits demokratisch-repräsentativ sei; vergeblicher Schritt; der bekannten Drohung Schauenburg's vom 11. folgte ein Manifest desselben, welches eine allgemeine Sperre, Aufhebung des Personen- und Waarenverkehrs, zwischen den die Konstitution annehmenden schweizerischen Landschaften einer-, und den sie ablehnenden andererseits verhängte. Der Abordnung wurden von Lecarlier in Bern gute Worte gegeben und militärische Schonung verheißen, falls die Stadt nur annähme; den übrigen östlichen Landschaften wurde der Beitritt befohlen, solcher nöthigenfalls durch militärische Besetzung erzwungen. Wirklich trafen französische Truppen in Zürich ein, deren weitere Bestimmung kein Geheimniß war. In feierlicher Versammlung und mit beredtem Stillschweigen [2] nahm die Bürgerschaft, durch die Obrigkeit von

[1] Schweizerische Tag-Blätter, S. 97 und 98. — August Raef, Chronik, S. 386.

[2] Auch „unter vielen heimlichen Thränen". Tagebuch von Daniel Girtanner. Eine noch trübere Schilderung dieses Tages macht Antistes Stäheli in seiner Selbstbiographie, S. 143: „Die Bewegung war allgemein. Die Empfindung war, als ob wir Alle unsere rechtmäßigen Väter verloren hätten. Man sah überall häufig Thränen fließen, von Vornehmen und Gemeinen, von den Reichsten und von den Taglöhnern, und die ganze

der außerordentlichen Lage der Dinge in Kenntniß gesetzt, die Konstitution an; jene legte feierlich ihre Gewalt nieder (27. April). Eine provisorische Regierung verordnete das Tragen der helvetischen Kokarde, die Errichtung eines Freiheitsbaumes vor dem Rathhause bei erwartetem Einrücken der Franzosen und die Anzeige geschehener Unterwerfung an ihren Oberbefehlshaber in Zürich. Mit bitterm Unmuth hatte das Landvolk dem Einlenken der Stadt zugesehen; es sperrte allen Verkehr gegen die Stadt ab; stieß darüberhin unnachbarliche Drohungen aus; die Stadtbevölkerung hinwieder gerieth in maßlosen Schrecken vor demselben.[1] Der Spannung machten die französischen Truppen ein Ende; am 6. Mai rückten sie in die alte Landschaft ein, am 10. in die Stadt St. Gallen, befehligt von Generaladjutant Lauer, mehr denn 2000 Mann stark an verschiedenen Waffengattungen. Der General sammt dem Offizierkorps und einer Abtheilung Husaren bezog Quartier im Stiftsgebäude. Da die Franzosen nicht im besten Rufe der Keuschheit standen, hatte die Obrigkeit der Stadt vorangehend das Frauenvolk durch Proklama vor dem Betreten der Gasse, ja selbst vor neugierigem Schauen durch die Fenster gewarnt.[2] Nach zwei Tagen schon zog sich Lauer mit seinen Truppen, denen im Ganzen gute Mannszucht nachgerühmt wird, in der Richtung nach Winterthur zurück, nachdem er sich in der Stadt und im Stift nach damaliger Sitte der französischen Generale verschiedene „Geschenke" angeeignet. In St. Gallen hatte er sich geäußert: er sei nur auf dringendes Bitten der Volksführer über die Thur

Gemeinde ging, Wenige, Wenige ausgenommen, nicht anders auseinander, als ein Volk, das sein Glück verloren hat."

[1] In manchen Häusern der Stadt traute man sogar den „Milchmännern" nicht mehr und ließ sie erst selbst von der Milch trinken, um sicher zu gehen, daß sie nicht vergiftet sei. So erzählt G. L. Steinlin in seinem historischen Vortrag. Die Bleichetücher waren ab den Wiesen weggenommen und Sicherheit halber in die Stadt transportirt worden (Dan. Girtanner).

[2] G. L. Steinlin, historischer Vortrag.

und Sitter vorgerückt; [1]) dieß gibt den Maßstab über die Stimmung des Volkes auf dem Lande. Die provisorische Regierung
der Stadt sah sich bald genöthigt, durch Proklamation ihre
Mitbürger vor dem „irrigen Wahn“ zu warnen, „als wäre es
nun nicht mehr nöthig, die helvetische Kokarde noch ferner am
Hut aufgesteckt zu haben“; [2]) Jedermann solle sie ferner tragen,
Keiner sich unterstehen, sie einem Anderen gewaltthätigerweise
vom Hute abzureißen, am aufgestellten Freiheitsbaume sich den
geringsten Frevel zu erlauben. Alles Warnungen, von Straf-
androhungen begleitet (12. Mai); dies gibt den Maßstab über
die Stimmung in der Stadtbevölkerung. Im Stift waltete
mittlerweile schwere Bedrängniß und Rathlosigkeit; weltliche
Räthe und Beamtete hatte es nicht mehr, denn dieselben waren
vom Dekan P. Cölestin Schieß schon am Vorabend der Goßauer
Landsgemeinde vom 14. Februar entlassen worden. Die Kapitularen waren also ganz auf sich selbst angewiesen und handelten
nicht immer in erwünschter Eintracht und Entschlossenheit. Doch
zählte das Stift auch in diesen Unglückstagen stets eine Anzahl
treuer Wächter, die, im Einverständniß mit dem Fürstabt, seiner
Zerstörung nach Kräften entgegenwirkten.

Im Toggenburg hatte man kaum Zeit, sich in der neuen
Ordnung zurecht zu finden. Als die Gefahren von Westen heran-
nahten, waren noch von der allgemeinen Landesrepräsentation
militärische Anordnungen getroffen. Auf Mahnung von Zürich
und nach der konfessionellen Trennung, setzte die Regierung
von katholisch Toggenburg ihr doppeltes Kontingent (zusammen
400 Mann) in Bereitschaft. Die Hälfte davon sollte sogleich
in's Feld rücken, als, in Folge der Einnahme von Freiburg und
Solothurn durch die Franzosen, Gegenbefehl ertheilt wurde;
reformirt Toggenburg unterließ eine Anordnung zum verlangten

---

[1]) Dem Subprior P. Beda Gallus sagte er nämlich, „daß ihn unsere
Demagogen dringendst, inständig und wiederholt ersucht haben, in das Land
zu kommen; sonst wäre es ihm nie in den Sinn gekommen, das St. Gallische zu besetzen“. Diarium Sangallense, S. 59.

[2]) Wörtlich in den „schweizerischen Tag-Blättern“, S. 143.

Zuzug. Diese entgegengesetzte Handlungsweise ist charakteristisch. Von den nachfolgenden Konferenzen in Appenzell und Schwyz und von ihren Ergebnissen gaben die beiden Regierungen ihren Völkerschaften regelmäßig Kunde, Alles auf ganz demokratischem Fuße. Kaum waren die Abgeordneten aus Schwyz zurückgekehrt (7. April), hatten die beiden Regierungen mit den Mahn- und Drohbriefen Schauenburg's zu thun, die ihnen wie den anderen östlichen Landschaften galten. Sie sandten sofort eine Doppelabordnung an den fremden Feldherrn nach Aarau, Pannerherrn Grob aus Gonzenbach und Pankraz Germann aus Lichtensteig katholischerseits, den Rathsherrn Grob aus Lichtensteig und den Pfleger Mettler (aus Mogelsberg) reformirterseits, um angedrohte Schritte abzuwenden. Solche Pilgerschaften aus allen Theilen der Schweiz waren damals allgemein und eine Deputation folgte der anderen an die Schwelle der französischen Prokonsuln. Die Toggenburger fanden leidliche Aufnahme bei Schauenburg, Lecarlier und dem französischen Gesandten Mengaud, und wurden wenigstens mit Gelassenheit angehört. Die Antwort auf ihre Vorstellungen aber lautete: alle Widersetzlichkeit gegen Annahme der helvetischen Konstitution werde nichts fruchten, denn das Schicksal der Schweiz sei schon durch den Friedensschluß von Campoformio in die Hände Frankreichs gelegt worden; der Religion halber könne man beruhigt sein, indem es keineswegs Sache Frankreichs sei, einen Katholiken reformirt oder einen Reformirten katholisch zu machen; nur in dem äußersten Fall, daß Hartnäckigkeit zwingen würde, Toggenburg bewaffnet zu überziehen, müßten, selbst an den Geistlichen, mehr oder weniger abschreckende Beispiele statuirt werden. Erfolge gegentheils Annahme, so werden sie, die Franzosen, die ganze Schweiz räumen. [1] Abgeordnete von Schwyz und Zug verlangten von den Räthen Toggenburg's die Abordnung von Offizieren zu den Verhandlungen des Kriegsrathes in Schwyz. Beide Landestheile lehnten ab. Die Hiobsposten von überall

---

[1] Aus der Berichterstattung der katholischen Abgeordneten. In Fall's: Kurze Darstellung der polit. Vorgänge im Toggenburg.

her stimmten zur Nachgiebigkeit. Verhandlungen zwischen beiden
Landestheilen, ob eine allfällige Abstimmung über die Konstitution an Landsgemeinden oder in den Kirchhören vorzugehen
hätten, führten zu keinem Ergebniß. Die reformirte Regierung
verordnete die Abstimmung in den Gemeinden; alle, mit Ausnahme von Alt-St. Johann und Ennetbühl, nahmen an (20.
April). Mit gleicher Anordnung folgte der katholische Große
Rath nach, indem er die geforderte Abhaltung einer Landsgemeinde abschlug. Ueber religiöse Bedenken erhielten die Katholiken den gleichen Bescheid des St. Gallischen Offizialates,
wie die alte Landschaft. Der Abstimmung ließ der katholische
Große Rath die Abhaltung einer öffentlichen Andacht voran-
gehen. Darüberhin machten beinahe alle Gemeinden zu allgemeiner Erbauung Bittgänge nach Loretto bei Lichtensteig, um
den Schutz des Allerhöchsten gegen die drohenden Gefahren und
dessen weise Leitung in dem zu fassenden Entschluß zu erflehen.
Außer Wattwyl, Bütschwyl und Henau fügten sich sämmtliche
katholische Gemeinden zur Annahme (22. April); Grob und
Germann wanderten nun wieder, wie die reformirten Abgeordneten, nach Aarau zur Meldung der Volksbeschlüsse an die
französischen Machthaber. Das Alles geschah, während Briefe
von Appenzell J. R. und Appenzell A. R. vor der Sitter, wie
auch von Glarus, ihre Verwerfung der neuen Verfassung und
den Entschluß zur Vertheidigung „bis auf das Aeußerste" berichteten und zur Theilnahme an den Kriegsvorkehren einluden. Ein
Schutzgesuch von Wyl, das sich wegen seiner Annahme der Verfassung seitens der alten Landschaft bedroht glaubte, lehnten
beide Toggenburger Regierungen mit der Unmöglichkeit des Ent-
sprechens ab. In Folge dieser Ereignisse stand reformirt Toggenburg den Landschaften an der Linth feindlich gegenüber. Es
handhabte gegen dieselben mit Strenge die von Schauenburg
angeordnete Sperre, inbegriffen die Lebensmittelsperre; den Gasterern und Utznachern verbot die reformirte Regierung den gewünschten Getreideverkauf am Lichtensteiger Markt und sie wies
selbst die Empfehlung der katholischen Regierung zur Bewilligung

ab. Sie stellte in Ricken und selbst an den entlegensten Pässen Wachen zur Handhabung der Sperre auf. Als die Klosterfrauen von Wattwyl später ihre nach Schänis geflüchteten Kostbarkeiten zurückbringen ließen, nahm der Kommandant der Wache, Löwenwirth Grob in Wattwyl, die Schachtel mit Werthpapieren in Verwahr und gab sie erst nach längerer Weigerung an die eigene Regierung ab. Solchem Gebahren gegenüber drohte die alte Landschaft mit Sperre gegen Toggenburg; dortige reformirte Regierung blieb gleichwohl bei ihrem Entschluß. Angesichts der zu erwartenden Ein- und Durchzüge französischen Kriegsvolkes, zur Fürsorge für nöthige Einquartierung und zu Handhabung entsprechenden Verhaltens der Bevölkerung gegen dasselbe, ernannte der katholische Landestheil einen Kriegsrath von sechs Mitgliedern (30. April); die Reformirten ernannten einen solchen von acht Mitgliedern. Die Einfrage der Katholischen, ob nicht beide Kriegsräthe gemeinsam wirken könnten, erwiderte die reformirte Regierung mit dem Bescheid, ein paritätischer Kriegsrath sei wegen ungleicher Mitgliederzahl nicht möglich, doch werde sie gegenseitiges Einverständniß zu fördern trachten. Am 6. Mai erschienen die ersten Franzosen in Toggenburg (in Schwarzenbach); am 12. und 13. gl. Mts. nahm eine Schaar derselben von 9000 Mann über Wattwyl und Schmerikon ihren Rückmarsch nach Zürich. In dieser Zeit war das Stift Einsiedeln von seinen geistlichen Bewohnern verlassen, die Marienkapelle unter Zuthun verkommener Katholiken[1]) zerstört, die Klosterkirche geschlossen; die katholische Regierung von Toggenburg verschob deßwegen die jährliche allgemeine Landesprozession, welche gesammte Gemeinden auf den Pfingstmontag in jenem Kloster vereinigte, auf spätere Zeit; diese religiöse Huldigung aber unterblieb von dann an und wurde durch außerordentliche örtliche Andachtsübung ersetzt.

Der französische Obergeneral Brune hatte seine bekannte Aufforderung zur allgemeinen Annahme der helvetischen Einheits-

---

[1]) S. Weidmann: Geschichte u. s. w. S. 300.

verfaffung auch an die provisorische Regierung von Sargans er-
laffen, die er als Vorort der übrigen östlichen und südlichen
Landschaften betrachtete, aus denen ein Kanton Sargans errichtet werden sollte. Alsbald wurde der Landrath einberufen,
der den französischen Befehl an gesammte übrige Landschaften
mittheilte und eine Zusammenkunft von Abgeordneten derselben
veranstaltete. Davon gab die Sarganser Regierung rückantwortlich Anzeige an Brune mit dem Beisatz: noch habe sie jene Verfaffung und zugehörige Reglemente von keiner einzigen schweizerischen Behörde empfangen; darüberhin hoffe sie: die große
Nation werde sie nicht gleich Denjenigen züchtigen, deren Unterthanen sie bis jüngst gewesen, zumal sie nie die Waffen gegen
die große Nation getragen. [1]) Diese Antwort erhielt mehrseitige
Billigung. Einige jener Landschaften, so Uznach und Gaster, verwarfen unverschoben die ihnen zugedachte Konstitution. Bald
folgten dann Aufforderungen von Schauenburg, wie es an die
alte Landschaft und Umgebungen geschehen, auch an Sargans
und Betheiligte: durch allseitige Abgeordnete zunächst eine provisorische Regierung für den Kanton Sargans aufzustellen, die
Urversammlungen einzuberufen und durch diese zu Annahme der
Konstitution und zu Ernennung der Wahlmänner schreiten zu
laffen. Die Behörden dieser Landschaften ließen sich aber nicht
schrecken, folgten vielmehr dem Beispiel der Urkantone und waff-
neten. So das Rheinthal, welches zu dieser Gruppe von Landschaften gehörte; das Volk deffelben, am 17. April in außerordentlicher Landsgemeinde in Rheineck versammelt, vom Beschluß
der Glarner Landsgemeinde vom 15. in Kenntniß gesetzt und
schon von sich aus zum größern Theil der Revolution abgeneigt,
die seine neue, einfache, darum geliebte demokratische Verfaffung
zu vernichten drohte, verwarf in hoher Aufregung einen ver-
schiebenden Antrag seiner Regierung, dann die Konstitution selbst
und beschloß, wie Glarus, Gewalt mit Gewalt abzutreiben. Wer
Zweifel in die Zweckmäßigkeit solchen Entschluffes setzte, ward

[1]) Antwortschreiben vom 28. Februar, von Bernold in französischer
Sprache abgefaßt.

als Franzosenfreund verdächtig und zog sich aus den Geschäften
und dem Verkehr mit dem Volk zurück. So Ambühl und Jakob
Laurenz Custer, die sich auf einige Tage unsichtbar machen zu
müssen glaubten.[1]) Das Volk drang auf bewaffnete Gegenwehr.
Jakob Laurenz Meßmer (aus Rheineck), Bruder des früher genannten Pannerherrn, übernahm, wenn auch anderer politischer
Ansicht als das Volk, den Oberbefehl, organisirte die Mannschaft
und zog aus mit ihr an die Grenze der alten Landschaft. Hier
machte er den Zauberer, bis die weitern Berichte aus Glarus
und Schwyz die Fruchtlosigkeit jeglichen Widerstandes handgreif-
lich und die Mannschaft zur Rückkehr in die engere Heimath geneigt machten.[2]) Werdenberg hielt sich still und faßte keinen
Beschluß über die Frage der Annahme der Konstitution. Der
Kriegsrath von Sargans dagegen hatte ein Kontingent von
712 Mann organisirt, Pulver und Blei in Bereitschaft gesetzt
(18. April). Am gleichen Tage beschloß die Landsgemeinde von
Utznach wiederholt Verwerfung der Konstitution und Vermehrung
ihrer Mannschaft bis auf 800 Mann; sie gelobte auf den Fall
glücklichen Ausganges der „schweren Vaterlandsangelegenheit"
eine allgemeine Landesprozession nach Maria-Einsiedeln, „über
Land zu verrichten", sobald eine ruhigere Zeit solches erlauben
werde, ferner Prozessionen zu den hl. Blutzeugen nach Utznach,
Schmerikon, Eschenbach und St. Gallenkappel, und erkannte
schließlich: wer Schriften, wie die an den Landsgemeinden von
Schwyz und Glarus genannten[3]) herumtragen oder in dessen
Haus sie gefunden würden, der soll eine Dublone Buße dem
Lande bezahlen, er sei geistlichen oder weltlichen Standes. Da
gleicher Geist im Sarganserland waltete, beschloß dortiger Kriegs-

---

[1]) Einzelne Landesvorsteher flohen sogar außer Landes, nach St. Johann Höchst, und legten durch Schreiben vom 3. Mai an den Landammann
Gschwend ihre Aemter nieder. So erzählt die Schrift über Gschwend, aber
sie gibt keine Namen an.

[2]) Biographie von Joh. Ludwig Ambühl, in der Sammlung seiner
Gedichte. 1803.

[3]) Ohne Zweifel sind Exemplare der helvetischen Verfassung gemeint.

rath am 26. April den Abmarsch seiner zwei Bataillone auf
nächste Tage; aus Mangel an Geld zur gehörigen Besoldung
der Mannschaft befahl er, so viel möglich Lebensmittel mitzu-
nehmen. Die Truppen zogen hinab an die Linth. Gaster hatte
schon im März ein Aufgebot von 1000 Mann zur Landesvertheidigung gegen die Franzosen beschlossen und verharrte im
Entschluß der Verwerfung. Gemeinsam mit dem Kontingent von
Glarus reihten sich dann die Truppen von Sargans, Gaster
und Utznach in den durch Oberst Paravicini von Glarus kom-
mandirten östlichen Flügel des vom Kriegsrath von Schwyz ge-
leiteten Vertheidigungsheeres ein. Abweichend war die Gesinnung in Rapperschwyl; es überwog allmälig die Meinung, daß
aller Widerstand vergeblich sein werde. Solche vermeinte oder
wirkliche Franzosenfreundschaft empörte die Bürger der Land-
gemeinden, welche, eines Sinnes mit dem Volk von Utznach und
Gaster und der übrigen östlichen Demokratien, kurz vorher ge-
wonnene Selbstständigkeit behaupten wollten, dann viele Gewalt
gegen die Stadt übten, damit sie die vorhabende Annahme der
Konstitution nicht in vereinzelter Urgemeinde beschließen möge.
Am 24. April rückten 1500 Mann Landsturm von Utznach und
Gaster, jener durch Leopold Suter von St. Gallenkappel, dieser
durch Xaver Gmür aus Schänis befehliget, in die Stadt ein.
Eben dahin kam am 29. April der Oberst Paravicini mit 400
Glarnern. 1000 Mann aus den Landschaften der Linth lagerten
inzwischen auf der Allmend von Jona. Am 30. rückte der linke
Flügel der Franzosen, von Zürich her auf beiden Seeufern zu-
gleich, gegen Rapperschwyl und Wollerau vor. [1] Um Rapper-
schwyl, gegen Kempraten hin, bestanden die Glarner ein Gefecht
gegen sie und zogen sich dann zurück; mit ihnen der Landsturm.
Die Franzosen besetzten Rapperschwyl; dieses huldigte nun der

---

[1] Ursprünglicher Plan Schauenburg's war, Rapperschwyl zu beschießen,
„um durch den Brand die Schwyzer zu schrecken, während dann unmittelbar
hernach ihr Kanton vom Zürichsee, von Zug und Luzern her angegriffen
werde“. S. die Schrift: „Hans Conrad Escher von der Linth; Charakter-
bild eines Republikaners“. Von J. J. Hottinger. Zürich, 1852.

Konstitution; jene hinwieder nahmen später den ganzen Inhalt des dortigen Zeughauses zu Handen, den zuerst die Bauern ab= geführt, die Glarner dann in Besitz genommen hatten. Die Bürgerschaft pflanzte am 5. Mai den Freiheitsbaum auf. Bonifaz Rickenmann, der gewesene Schultheiß, bewillkommte bei diesem Anlaß den französischen Befehlshaber, dankte demselben für die milde Behandlung der Stadt, empfahl diese auch für die Folge dem Schutze „der großen Nation" und lud schließlich den Stell= vertreter derselben zu einem Festmahl auf dem Rathhaus ein. [1] Inzwischen hatten die schweizerischen Verbündeten den bereits in Besitz genommenen Theil des Berner Oberlandes wieder räumen und den Rückzug antreten; Luzern, das sie befestigt hatten, ob= wohl sie bis auf zwei Stunden in die Nähe von Aarau vor= gerückt waren, wieder preisgeben, Zug verlassen müssen und sahen sich endlich auf einen engern Kampfplatz im Kanton Schwyz zurückgedrängt. Bei Wollerau standen den Franzosen die Glarner mit Sarganfern und Märchlern gegenüber; die Mehreren dieser Mannschaft unter Oberst Zwicki, nachdem Paravicini den Kampf= platz verlaßen, hielten tapfer Stand, warfen anfänglich die Fran= zosen gegen Richterschwyl zurück, unterlagen aber endlich den verstärkt anrückenden Franzosen, an deren Seite Zürcher Scharf= schützen fochten (30. April), und mußten in Folge deßen nach Lachen weichen, von wo sie sich an die Glarner Grenze zurück= zogen. Von nun an stand Schwyz allein, mit einiger Mann= schaft von Zug und von Uri. Am 2. Mai stürmten die Fran= zosen die Päße am Etzel, an der Schindellegi und am St. Josten= berg. An der Schindellegi kommandirte Reding. Eben so glück= lich als tapfer schlug er die Franzosen zurück; aber er konnte den Sieg nicht benutzen, weil inzwischen die beiden andern ge= nannten Päße an die Franzosen verloren gingen. Zum Rückzug nach Rothenthurm genöthiget, vereinigte sich hier Reding mit der Mannschaft, die vom Jostenberg her zurückmarschirte. Muthvoll stürmend griff er die überlegene Macht der Franzosen an und

---

[1] Xaver Rickenmann: Geschichte der Stadt Rapperschwyl (S. 252).

warf sie zurück. Gleiches wiederfuhr den Franzosen, als sie von
den Höhen von Morgarten her das Dorf Sattel nehmen wollten.
Mit eben so glücklichem Erfolg kämpften die Schwyzer gegen die
anrückenden Franzosen bei Arth (3. Mai). Aber Kampf und
Sieg hatten ihre Widerstandskräfte erschöpft. Der Kommandant
v. Reding leitete deßhalb eine ehrenvolle Kapitulation ein, welche
die Landsgemeinde nicht ohne stürmische Einwendung endlich ge-
nehmigte (4. Mai). Die Glarner waren schon am 3. mit der
Kapitulation vorangegangen. So war das Blut der Berner bei
Neueneck, jenes der Schwyzer im Gebirge umsonst geflossen. Der
Verlust der Franzosen gegenüber von Schwyz überstieg das
Zehnfache desjenigen der Schwyzer, die 236 Todte und 195
Verwundete zählten. Die Franzosen beherrschten nun auch die
Urschweiz. Mit dem Schicksal von Schwyz und des näher gelegenen Kantons Glarus war auch dasjenige der zunächst und
rückwärts gelegenen verbündeten Landschaften entschieden; sie kapi-
tulirten ebenfalls. [1]) Der Landrath von Sargans hatte bereits
die Meinungen der Gemeinden darüber eingeholt, was weiter in
Bezug auf die Kriegsanstalten zu geschehen habe, und „ob man
den Kaiser um Hülfe anrufen wolle“. [2]) Am 3. Mai versammelt, hielt er mit einem bestimmten Abschluß zurück, um vorerst
noch den Entscheid von Glarus her abzuwarten; von Wartau
aber lag ausnahmsweise der schriftliche Bericht vor, es habe, dem
Drang der Umstände weichend, die Konstitution angenommen.

---

[1]) Die Kapitulation vom Gaster verfaßte Müller v. Friedberg; für
jene von Uznach und Sargans wirkte er mit. Er stand zu dieser Zeit in
nächster Verbindung mit Aloys v. Reding und erzählt, daß er Auftrag erhalten hatte, ein Kriegsmanifest für die fünf alt demokratischen Kantone
auszuarbeiten. S. Brief von Müller v. Friedberg an Joh. v. Müller, vom
9. Mai 1798.

Die Gasterer Bauern waren sehr erbittert über den unglücklichen Ausgang und schrieben ihn den jungen Herren (den „muscadins“) zu (aus obigem Brief). Nach Rickenmann's Geschichte von Rapperschwyl wäre das
Benehmen jener Herren ein berechnetes gewesen, weil sie die kriegerische
Volksstimmung nicht theilten.

[2]) Akten im Kantonsarchiv.

Am folgenden Tag rathschlagten die vier Dörfer, Ragatz mit Pfäfers, Valens und Vättis, an ihrem Hauptort an der Tamina, und sprachen in Betracht der inzwischen eingetroffenen Nachrichten von der Kapitulation von Glarus und der eigenen Armuth die Meinung oder den Entschluß aus, es sei vom Kriege abzulassen. Die am 4. Mai versammelte Landsgemeinde beschloß ebenfalls einzulenken und ordnete drei Vorsteher an den französischen Oberbefehlshaber mit einem Schreiben ab, des wesentlichen Inhalts: Zweck der Sendung sei, das Land beförderlichst dem traurigen Kriegszustand zu entwinden, in den es, irregeführt durch einige benachbarte Kantone[1]) hineingerathen sei; die Regierung bitte, daß jede Verletzung „unserer heiligen katholischen Religion" hintangehalten werde, die Besetzung des armen Landes durch französische Truppen unterbleibe, keine junge Mannschaft für fremden Kriegsdienst ausgehoben werde; fänden diese Bitten Erhörung, so sei man zur Annahme der helvetischen Konstitution bereit. Ueber die Zulässigkeit solcher Annahme in religiöser Beziehung war der Fürstbischof von Chur angefragt worden. Karl Rudolph erwiderte: die Regierung habe sich vorher entweder zu versichern, daß der Sinn der Konstitution der katholischen Religion in ihrem ganzen Umfang unnachtheilig sein solle, oder doch wenigstens die feierliche Erklärung abzugeben, daß die Konstitution nur und nicht anders als mit Beibehaltung der vollkommenen Integrität der katholischen Religion angenommen und befolgt werden könnte. Da inzwischen auch die Nachricht von dem Fall des Kantons Schwyz eingetroffen, eine Rettung nicht mehr möglich, nahmen die Sarganser Gemeinden die Konstitution an; Bernold und Oberly gingen in das französische Hauptquartier ab, solches zu melden, mit Vollmacht, „bestmöglich für unser Vaterland abzuschließen" (6. Mai).[2]) Am gleichen Tage hatte Gschwend, der Landammann des Rheinthals, mit Uebersendung

---

[1]) „Egaré par quelques cantons voisins."
[2]) Vollmacht, durch die Landeskanzlei Sargans ausgestellt.

eines französischen Mahnschreibens, an Sargans geschrieben: „Hoffentlich wird Ihr Volk von Ihrer Thorheit und Irrwahn zurückgekommen und überzeugt sein, daß Glarus Sie und uns in dieß Unglück gestürzt hat. Wollen Sie sich noch retten, so mögen Sie es thun; es ist die höchste Zeit. Haben die Stände nachgegeben, was sollen wir noch können. Brüder, rettet Euch, es ist der redlichste und einzige Rath, den Ihnen ein patriotischer, ehrlicher Mann noch geben kann. Schicket Euch in das allgemeine Schicksal und nehmet die Konstitution an." Den gleichen Rath mußten nun auch die Rheinthaler befolgen; am 7. Mai nahmen die Gemeinden im untern, am folgenden Tag jene des obern Rheinthals die helvetische Verfassung an; Gschwend aber, dem Volke seiner Gesinnung wegen verhaßt, wanderte am 8. Mai zeitweilig aus.[1]) Die „Patrioten", die das Vaterland jetzt frei wähnten, weil ihre Meinung durch fremdes Kriegsvolk gesiegt, traten nun auch in der östlichen Schweiz an das Staatsruder; die große Mehrzahl der Bürger aber, welche den schönen Traum schweizerischer Unabhängigkeit und deren Vertheidigung geträumt, wurden ihre Knechte.

---

[1]) Diarium Sangallense, S. 56.

Drittes Buch.

Von der Einführung der helvetischen Einheitsverfassung bis zur Rückkehr der föderalen Ordnung nach Inhalt der Mediationsakte. (1798 bis 1803.)

Erster Abschnitt.

Die Konstituirung der helvetischen Republik und ihrer Behörden. Die projektirten Kantone St. Gallen und Sargans beseitiget. Gründung der Kantone Sentis und Linth; Konstituirung ihrer Behörden. Die Aufhebung der schweizerischen Klöster eingeleitet; das Vermögen des Stiftes St. Gallen zu Staats Handen gezogen. Des Fürsten Pancratius Restaurationsbestrebungen und Protestation gegen helvetische Gewaltschritte. Bürgereid und Widerstand gegen dessen Leistung. Neues Dekret zur Vernichtung der Klöster. Die Vorboten des Krieges. Die Franzosen in St. Gallen. Der Krieg. Einmarsch der Oesterreicher in die Kantone Sentis und Linth. (Frühjahr 1798 bis Mai 1799.)

Während ein Theil der Urschweiz mit einigen Verbündeten aus den östlichen Gebieten einen ruhmvollen Kampf gegen angedrohte Unterjochung kämpfte, waren die Stellvertreter eines anderen Theiles der in Trümmer geschlagenen alten Eidgenossenschaft auf Geheiß der französischen Machthaber bereits in Aarau versammelt, von diesen je nach den Umständen oder nach ihren Launen Lob oder Tadel, Rathschläge oder selbst Befehle empfangend, meist auch letztere vollziehend. Noch waren sie aber in unvollständiger Zahl anwesend, bloß die Repräsentanten der zehn Kantone Aargau, Basel, Bern, Freiburg, Leman, Luzern, Oberland, Schaffhausen, Solothurn und Zürich (12. April). Es fehlten Wallis, Unterwalden, Uri, Bellinzona, Lugano, Rhätien, Sargans, Glarus, Appenzell, Thurgau, St. Gallen, Zug und Schwyz; denn auf dreiundzwanzig war die Zahl der Kantone festgesetzt. Solche Eintheilung war · aber nur für Ver-

17*

waltungszwecke berechnet und begründete keine (hoheitliche oder souveräne) Gebiets-Abgrenzung. Die helvetische Republik sollte nur einen unzertheilbaren Staat ausmachen, mit gleicher Zentralisation, wie sie in der französischen Mutterrepublik eingeführt war. An der Spitze der Regierung standen ein Senat und ein Großer Rath, jener aus vier, dieser vorläufig aus acht Abgeordneten aus jedem Kanton bestehend (nachfolgender Festsetzung der Anzahl der Großrathsmitglieder jedes Kantons je nach dem Verhältniß seiner Bevölkerung unvorgegriffen). Die Wahlen in beide gesetzgebenden Räthe gingen von Wahlkollegien der Kantone aus; die Wahlmänner hinwieder wurden von den Urversammlungen gewählt. Unmittelbare Wahlen in jene obersten Behörden gab es nicht. Die beiden Räthe, Senat und Großer Rath, hatten ein Direktorium von fünf Mitgliedern zu bestellen, dem die vollziehende Gewalt übertragen war; ihm waren zunächst vier Minister untergeordnet. Den Kantonen waren Statthalter und Verwaltungskammern vorgesetzt. Das Gerichtswesen erhielt ähnlich gegliederte Organisation. Die gesetzgebenden Räthe konstituirten sich, verkündeten dem Volke die „Unabhängigkeit der schweizerischen Nation und ihre Bildung in eine einzige, untheilbare demokratisch-repräsentative Republik“, mahnten das Volk zu Gesetzlichkeit, bestimmten die National-farben (grün, roth und strohgelb) und ernannten schließlich die Mitglieder des Direktoriums, alle aus der Mittel- oder West-schweiz, kein einziges aus den östlichen Landestheilen. Allmählig ergänzten sich die beiden Räthe. Ihr Personal ließ zu wünschen. Die Wahlen waren das Produkt der leidenschaftlichsten Aufregung gegen alles früher Bestandene. Vor Allem war es die Eifersucht der Landschaften gegen die Städte, welche Vergeltung übte gegen hundertjährige Ausschließung; zu diesem Grund-elemente der Repräsentation gesellten sich die Freunde durch-greifender Reformen, Stürmer, denen die Welt, mit ihr die Schweiz, als gänzlich veraltet und völliger Umkehrung bedürftig erschien; die Doktrinäre, welche die ganze Staatsverwaltung nach den beliebten Modetheorien des Tages einrichten wollten;

jene Anbeter der Aufklärung, welche in den positiven Religions-
bekenntnissen einen Hemmschuh ihrer rationalistischen Bestrebungen
sahen, Männer, die namentlich eine starke Dosis von Haß gegen
die katholische Kirche in die Versammlungen der Räthe brachten.
Bei einer Großzahl der Mitglieder war der Geist der Revolution
dermaßen in Fleisch und Blut übergegangen, daß sie sich nicht
schämten, zu deren gänzlicher Durchführung den französischen
Machthabern gegenüber eine Unterwürfigkeit zu üben und zur
Schau zu tragen, welche der Verachtung der Nachwelt nicht
entgehen kann. [1]

In diese Versammlungen hatten nun auch die östlichen
Landschaften ihre Mitglieder zu senden. Voran gingen die
„Hinterländer" von Appenzell A. R. (die Gemeinden hinter der
Sitter); sie hatten die „Konstitution" bereits am 19. April
angenommen; ihre Wahlversammlung in Herisau, wo die „Wiege
der Revolution" gewesen, [2] wählte dann die Häfte der Repräsentanten in beide Räthe für den Kanton Appenzell, der damals
noch auf dem Verzeichniß der Kantone stand. Bald wurde
dieser durch eine neue Kombination verdrängt. Der Große
Rath warf die Urkantone, inbegriffen die Gebiete von Engelberg
und Gersau, nebst Zug, zusammen in einen Verwaltungskreis,
den er Kanton „Waldstätten" nannte; strich den noch nicht in's
Leben getretenen Kanton Sargans, der aus ganz Rheinthal,
Sar, Werdenberg, Gams, Sargans, Gaster, Utznach, Rapperschwyl und March hätte bestehen sollen; schuf einen neuen „Kanton
Linth" aus den Landschaften vom Schloß Blatten im Rheinthal
aufwärts über Sargans bis nach Rapperschwyl hinab, mit
Glarus, der March und den Höfen; endlich, mit Beseitigung
eines „Kantons St. Gallen", der laut der Verfassung aus Stadt
und Landschaft St. Gallen mit dem ganzen Toggenburg hätte
errichtet werden sollen, einen „Kanton Sentis", bestehend aus

---

[1] Schlagende Beweise hiefür enthält die Biographie des Kanzlers
Markus Mousson, von Dr. A. v. Gonzenbach. Bern, 1864.

[2] So nennt Falk, in seiner „Darstellung der politischen Vorgänge im
Toggenburg", jene große Dorfstadt.

dem Rheinthal unterhalb Blatten, Appenzell beider Rhoden, Stadt St. Gallen, der alten Landschaft St. Gallen und dem größeren Theil von Toggenburg, mit dem Hauptort St. Gallen (1. Mai). Der Senat aber verwarf alle diese Entwürfe. Jetzt erhob sich der neue französische Heereskommissär, Rapinat, zog den Vorschlag des Großen Rathes zu Ehren, dekretirte aus eigener Machtvollkommenheit die beiden Kantone Linth und Sentis nach oben angegebener Begrenzung, gab jenem Glarus, diesem den Flecken Appenzell als Hauptort. Schauenburg machte den beiden Toggenburger Regierungen jenes Kommis-sariatsdekret bekannt, nachdem das Direktorium bereits drei Tage zuvor den reformirten Landammann Johann Kaspar Bost zum Statthalter des „Kantons St. Gallen" ernannt hatte. Durch solchen Zwiespalt in Verlegenheit gesetzt, sandten jene Toggen-burger Regierungen nach Aarau, um zu vernehmen, was denn wirklich gelte. Rapinat's Plan drang durch, der Kanton Sentis ging als Sieger aus den Widersprüchen hervor und das Toggen-burg wurde, einem Käse gleich, in zwei Stücke zerschnitten, das kleinere derselben, von Kappel aufwärts bis und mit Wildhaus, ohne alle Rücksicht auf die durch die Wasserscheide zwischen Rhein- und Thurgebiet scharf markirte natürliche Grenze, dem Kanton Linth einverleibt. Darüber große Bestürzung im Lande. Nochmals sandte die reformirte Regierung (die katholische Schwesterregierung wollte den vergeblichen Versuch nicht mit-machen) vier Abgeordnete zur Abwehr an den helvetischen Großen Rath, der ihnen die Ehre der Sitzung zuerkannte. [1] Hier trugen sie nun umständlich vor: Jahrhunderte lang schon durch gemein-same Verhältnisse verbunden, wünschen die Landleute von Toggen-burg in solchem Verbande zu verbleiben; bereitwillig seien sie in die Staatsveränderung eingegangen, hätten schon zwanzig Tage vorher die Konstitution angenommen; daß sie die Organisation des Kantons St. Gallen nicht hätten vornehmen können, daran

---

[1] Persönliche Aufnahme und Anhörung im Kreise der Versammlung, nach damaligem französischen Gebrauch.

seien nicht sie, sondern Andere Schuld (Landschaft und Stadt
St. Gallen, die länger mit der Annahme der Verfassung ge-
zaudert hatten); die Räthe wollen beherzigen, daß die Bergleute
im Toggenburg sich um die Revolution verdient gemacht, um
so mehr auf Berücksichtigung ihrer Wünsche Anspruch haben;
darüberhin sprächen Lokalursachen gegen die Trennung und sei
es für gesammte Bewohnerschaft von großem Interesse, ihre
höheren Amts- und Gerichtsstellen in St. Gallen zu finden;
endlich wäre die Zutheilung des oberen Landestheiles an den
Kanton Linth für diesen keine erhebliche Vergrößerung, da die
Bevölkerung nur ungefähr 6000 Seelen betrage (11. Mai).
Dem mündlichen Vortrag ließen die Abgeordneten am 16. noch
eine schriftliche Eingabe folgen. Vergeblich; es blieb bei der
Zerstückelung. Nachdem der Hader über diese Frage vorüber,
begann ein anderer Streit über den Hauptort. Der Konkur-
renten waren mehrere: Lichtensteig, Stadt St. Gallen, Appenzell
und Herisau. Reformirt Toggenburg verlangte Lichtensteig und
betrieb dieses Begehren bei dem General Schauenburg und dem
helvetischen Großen Rath. Die katholische Landesregierung,
klüger, wollte sich bei dieser Bewerbung nicht betheiligen; sie
blieb erfolglos schon wegen der nachherigen Bildung des Kantons Sentis und der Theilung des Toggenburgs unter Sentis
und Linth, durch welche Lichtensteig beinahe an die Grenze des
Kantons Sentis versetzt war. Repräsentant Merz von Herisau
verlangte im Großen Rath, daß um der Ruhe in diesen Gegenden
willen nicht das aristokratisch gesinnte St. Gallen, sondern das
demokratische Herisau als Hauptort bezeichnet werde, oder dann
Herisau abwechselnd mit Appenzell, wie es in der Verfassung
festgesetzt war, als noch der Kanton Appenzell in seinen alten
Grenzen anerkannt wurde. Erlacher, der helvetische Regierungskommissär, hatte inzwischen provisorisch die Stadt St. Gallen
als Hauptort bestimmt. Aber Abgeordnete von Appenzell an
die Räthe von Aarau brachten den Bericht zurück, daß es bei
Rapinat's Anordnung sein Bewenden haben solle. So war
nun der Kanton Sentis geschaffen und der Regierungssitz des

alten Standes Appenzell J. R. dessen Hauptort, zu hoher Un=
zufriedenheit der Bürger der Stadt St. Gallen. In Folge
Anordnung Erlacher's versammelten sich dort, in der Kirche der
Väter Kapuziner, die 329 Wahlmänner, wie sie aus den Ur=
versammlungen hervorgegangen: 27 von Appenzell J. R., 50
von Appenzell A. R. vor der Sitter, 36 von Appenzell A. R.
hinter der Sitter, 66 aus der Landschaft St. Gallen (unter
diesen die Häupter des Aufstandes gegen das Stift), 18 aus
der Stadt St. Gallen, 41 katholische und 36 reformirte Toggen=
burger, 55 aus dem Rheinthal. Sie wählten die vier Sena=
toren, und acht Mitglieder in den Großen Rath, unter Nicht=
theilnahme und Protestation der Wahlmänner von Appenzell A. R.
hinter der Sitter. Diese hatten nämlich schon zur Zeit, als
noch ein „Kanton St. Gallen" in den Entwürfen stand, sechs
Deputirte gewählt, welche, unter Protektion Rapinat's, den Ein=
tritt in die beiden Räthe nebst dem Bruderkuß erhielten (9. Mai),
obwohl inzwischen bereits der „Kanton St. Gallen" in den
„Kanton Sentis" erweitert worden war. Nun ging vom großen
Wahlkorps aus Appenzell eine Abordnung nach Aarau, um für
Gültigkeit der zwölf Wahlen einzukommen. Die Herisauer
aber, unterstützt durch ihren Freund Rapinat, verlangten Fest=
haltung der früheren sechs Wahlen von Appenzell A. R. hinter
der Sitter. Rapinat's Wort oder Befehl ging abermals durch:
gesammte in Appenzell getroffene zwölf Wahlen wurden nichtig
erklärt, und die Wahlversammlung, jedoch mit Ausschluß der
Hinterländer, aufgefordert, die noch fehlenden sechs Abgeordneten
zu wählen. Da nun die älteren in Herisau gewählten Repräsen=
tanten alle reformirt, so forderten die Katholiken, daß die neuen
sechs Abgeordneten ausschließlich aus Bürgern ihrer Konfession
gewählt werden, was auch geschah. So waren endlich die
Sentiser Abgeordneten in beiden Räthen vollzählig; jene der
zweiten Hälfte nahmen am 25. und 26. Juni in Aarau ihre
Sitze ein. Bekanntere Namen unter den St. Gallischen Mit=
gliedern sind: Peter Aloys Falk aus St. Peterszell, als Senator
gewählt; Pankraz Germann aus Lichtensteig, gewesener Kammer=

ſekretär des Fürſten, und Gallus Schlumpf, der frühere Landſchreiber der alten Landſchaft; beide als Mitglieder in den Großen
Rath abgeordnet. Falk gehörte einer der achtbarſten Familien
vom katholiſchen Toggenburg an, machte treffliche Studien zu-
nächſt in der Schweiz und in Augsburg, war dann Novize im
Benediktinerſtift St. Gallen, trat nachhin aus, um ſich dem
Studium der Rechte zuzuwenden, und kehrte nach längerem
Aufenthalt in Würzburg und Mainz, mit vielſeitiger wiſſenſchaftlicher Bildung und gründlichen juriſtiſchen Kenntniſſen aus-
geſtattet, in ſein Vaterland zurück. Hier wurde ihm die Stelle
eines fürſtlichen Hofkavaliers übertragen, die ihm Gelegenheit
zur Theilnahme an verſchiedenen Staatsgeſchäften bot; als Begleiter und Sekretär des fürſtlichen Geſandten an die Tagſatzungen fand er auch Gelegenheit, mit den eidgenöſſiſchen Angelegenheiten vertraut zu werden; ſpäter wurde er Lehenvogt
und Mitglied des Pfalzrathes und blieb in dieſer Stellung, bis
die Revolution ihn und alle übrigen fürſtlichen Beamteten außer
Thätigkeit ſetzte. Der einunddreißigjährige Senator Falk über-
ragte an Bildung und übrigen perſönlichen Eigenſchaften geſammte andere eilf Abgeordnete des Kantons Sentis. Die
Stadt St. Gallen war ohne Repräſentation.

Noch wurden dann vom ganzen Wahlkorps die Gerichts-
und Verwaltungskollegien beſtellt, was Alles nicht ohne Spannung zwiſchen den beiden Religionsparteien ablief; eine ſolche
beſtand auch wegen des Hauptortes, den man als unglücklich
gewählt anſah. Deßhalb wanderte eine außerordentliche Abordnung nach Aarau, St. Gallen als Hauptort empfehlend; der
Gegenſtand wurde zugleich mit der Eintheilung des Kantons
verhandelt. Repräſentant Gallus Schlumpf ſprach mit gemeinem
Witz für die Stadt St. Gallen. Dieſe blieb in beiden Räthen
Sieger und wurde nun Hauptort des Kantons Sentis. Die
Ortſchaften Rickenbach und Horn, obwohl ſie zweckmäßiger dem
Kanton Sentis einverleibt worden wären, blieben auf Verwendung
Anderwert's aus Münſterlingen dem Kanton Thurgau. Der

Kanton Sentis wurde in dreizehn Distrikte[1] eingetheilt: St. Gallen (Stadt), Goßau, Wyl, Lichtensteig, Flawyl, Mosnang, Hertsau, Teufen, Wald, Appenzell, Oberrheinthal, Unterrheinthal, Rorschach. In der neuen Hauptstadt trat das Wahlkollegium abermal zusammen und wählte noch die dreizehn Distriktsgerichte. Bolt wurde, wie schon früher als Statthalter bezeichnet, am 21. Juni durch den Kommissär Erlacher in sein Amt eingesetzt.[2] Es geschah dies unter zeitüblicher Feierlichkeit auf dem kleinen Brühl in St. Gallen. Ein protestantischer Geistlicher (Joh. Michael Fels) begrüßte den neuen Landesvater und sprach an die versammelte Menge von der „Bruderliebe". Erlacher übergab ihm die Regierung des Kantons mit Bruderkuß. Bolt versprach treue Pflichterfüllung und ermahnte die Bürger zu Gleichem, insbesondere „den Grundsätzen der Freiheit und Gleichheit" treu zu bleiben. Kanonendonner folgte; dann ein Lied, Tage des Glücks dem Volke weissagend:

> „Jahrhunderte getrennt — durch dunkle Nächte
> des frommen Wahns — des Unsinns Wunderkraft,
> vereint es sich durch gleiche Menschenrechte
> und wird vertragsam, tugendhaft."

Der größere Theil der Anwesenden verhielt sich theilnahmlos, die Katholiken zumal, welche mit schweren Besorgnissen in die Zukunft blickten.[3] Bolt begann seine Amtsführung mit Proklama vom 26. Juni, in dem er den „Bürgern" den ganzen Umfang seiner Amtsbefugnisse zur Kenntniß brachte, abermals treue Erfüllung seiner Pflichten verhieß, gleichzeitig die Bürger an die ihrigen mahnte und insbesondere den „Dienern der

---

[1] Es waren damals meist dem Lateinischen oder Französischen enthobene Amtsbezeichnungen üblich.

[2] Bolt war geboren am 16. März 1760. Anläßlich seiner Kopulation (22. Juni 1784) bezeichnete ihn das „Kirchenregister" von Krummenau als „S. Exzellenz Hrn. Johann Caspar Bolt, J. U. D., Landrath und allhiesiger Kirchenpfleger".

[3] Falk: „Kurze Darstellung der politischen Vorgänge in der St. Gallischen alten Landschaft."

Religion" ein zeitgemäßes Verhalten einschärfte; das Augenmerk des Publikums wie das seinige werde auf sie gerichtet sein. Die katholischen Priester konnten den Wink nicht mißverstehen, und daß sie die Zielscheibe aller revolutionären Geister seien, wußten sie ohnehin. Statthalter Bolt ernannte alsdann die Präsidenten der Verwaltungs- und Gerichtsbehörden aus deren Mitgliedern, dann die Unterstatthalter. Er verfuhr dabei theilweise mit großer Einseitigkeit, beförderte und belohnte vorzugsweise die, welche sich in den Zwisten mit den alten Regierungen und bei der Umwälzung besonders hervorgethan, in der Regel auf Erfahrung und sonstige Amtsbefähigung wenig achtend. So ernannte er zum Präsidenten der Verwaltungskammer, eine Stellung, welche die vielseitigste, selbst wissenschaftliche Bildung erheischte, den gewesenen Landammann Künzle, von Goßau, dem jene wesentlichen Eigenschaften fehlten; [1]) zum Präsidenten des Kantons- gerichts den Löwenwirth Grob aus Wattwyl, mit Uebergehung eines der ausgezeichnetsten Juristen des Landes, des ehemaligen Hofkanzlers Gschwend, welchen das Wahlkollegium zum ersten Mitglied des Kantonsgerichts bezeichnet hatte. [2]) Einen ab- trünnigen und zum Protestantismus übergetretenen Priester,

---

[1]) Die Verwaltungskammer hielt ihre Sitzungen „bei Hofe" (d. h. wohl in den fürstlichen Zimmern); ihre Mitglieder speiseten und logirten daselbst. Künzle gefiel sich, den Frauen aus der Landschaft die Gemächer des vertrie- benen Landesherrn zu zeigen (Diar. Sangallense, S. 254). Er war über- haupt zugreifender Natur, logirte sich später in der Wohnung des ehemali- gen Hofkanzlers ein (jetzt Gemeindehaus von Tablat), obwohl sie durch ordentlichen Kontrakt an den Klosterarzt vermiethet war. Das Stift habe kein Recht mehr gehabt, Miethkontrakte über Gebäude abzuschließen, da die Gebäude in der Abtretung der Souveränität mit inbegriffen gewesen (Diar. Sangall. S. 267 und 268). Als Künzle aus Goßau nach St. Fiden zog, gaben ihm 30 Reiter und Kanonenschüsse das Geleit. Diar. Sangall. S. 323.

[2]) Das Diar. Sangallense sagt darüber S. 259: „Gschwend fiel; Bolt drängte einen andern berüchtigten — an seine Stelle vor." Gschwend war Rheinthaler und Katholik: zwei Fehler in den Augen Bolt's. Seine Kom- bination behauptete sich übrigens nicht. Schon am 26. Juli ist das Dia- rium im Falle zu melden: Gschwend habe die Interimspräsidentenstelle im

Broger aus Gonten, ernannte Bolt zum öffentlichen Ankläger. [1])
Das Kantonsgericht konstituirte sich am 13. Juli, in öffentlicher
Sitzung und vor vielem Volk, im Saale des ehemaligen Pfalz-
rathes. In Rorschach und Rheineck wurden am 7. August die
alten Souveränetätszeichen, die Galgen, abgebrochen. In Alt-
stätten ernannte Bolt den schon erwähnten Toggenburger Ambühl
statt des beliebten Stadtammanns Ritter zum Unterstatthalter.
Und nochmals feierte man in St. Gallen den Statthalter Bolt,
als er nämlich (22. August), das Toggenburg verlassend, seinen
Einzug in St. Gallen hielt, um dort seinen Wohnsitz zu nehmen.
Behörden und Bürger wetteiferten in Ergebenheit; mit einem
Geleite von 26 Wagen und 160 Reitern, unter dem beinahe
einstündigen Geläute aller Glocken des Hauptortes, jene des
Stiftes inbegriffen, und Paradirung einer Truppe Fußvolks zog
er hier ein, hoch bejubelt an festlicher Mahlzeit und durch
Gelegenheitslied. [2]) Der Freiheitsbaum trug mit goldenen
Buchstaben die Inschrift: „Dem Vater des Vaterlandes." Hier
wie in Aarau und überall, wo die dreifarbig geschmückten
Beamteten auftraten, sollte äußerer Pomp ersetzen, was dem
Volk an innerer Zufriedenheit fehlte. G. L. Hartmann aus
St. Gallen hatte vorangehend (14. Juli) das „Wochenblatt des
Kantons Sentis" gegründet, um, wie er sagte, daß Lesebedürfniß
des Volkes zu befriedigen, das ehedem nur „sein Gebetbuch und
seinen Kalender" gelesen, aber bereits mit dem größten Eifer
nach Zeitungen frage. Während das Volk solche papierne
Nahrung erhielt, bezogen die zahlreichen Beamteten hohe Ge-
halte, der Statthalter 2750 Gulden nebst freier Wohnung.
    In der helvetischen Verfassung [3]) liest man unter Ziffer 4:

Kantonsgerichte eingenommen, „weil Grob, der Löwenwirth von Wattwyl,
noch nicht dazu abgerichtet ist". S. 315.
    [1]) „Apostat Broger, ein wegen Fornikation einst nach Zürich entlaufe-
ner Capellan aus Appenzell." Sagt das Diar. Sangall. S. 328.
    [2]) S. „Wochenblatt für den Kanton Sentis", vom 25. August 1798.
    [3]) „Dritte, nach der Proklamation des B. Lecarlier verbesserte Auflage."
Basel, 1798.

„Die zwei Grundlagen des öffentlichen Wohles sind die Sicherheit und die Aufklärung. Die Aufklärung ist dem Wohlstande
vorzuziehen." Daß die Klöster der „Aufklärung" zum Opfer
fallen würden, war vorauszusehen; die „Sicherheit" war nicht
für das aus frommen Stiftungen hervorgegangene Eigenthum
religiöser Genossenschaften proklamirt. Ohnehin war das schlimme
Beispiel massenhafter Beraubungen schon in anderen Staaten
vorangegangen. In den Kämpfen von Schwyz und seiner
Nachbarn gegen die Franzosen und ihre Aufklärung sahen die
Herrschlinge in Aarau eine neue Schuld der Priesterschaft und
der Klöster zumal; denn Priester und Ordensmänner [1] waren
in den Reihen der schweizerischen Krieger, diese begeisternd zu
mannhafter Gegenwehr, gesehen worden. Also geboten, vier
Tage nach der Kapitulation von Schwyz, die helvetischen Räthe
durch Gesetz vom 8. Mai: Das sämmtliche Vermögen aller
Klöster, Stifte und Abteien von Stund an mit Sequester zu
belegen, mit Verbot an die bisherigen Besitzer und Verwalter,
irgend etwas von demselben zu veräußern. Vorwand dieser
Maßnahme mußte auch sein, daß die Klöster durch Eintreibung
ihrer Guthaben und anderweitige Verwendung ihrer Gelder
(namentlich Versendung ins Ausland) die Unzufriedenheit des
Volkes hervorgerufen hätten. Der Hauptzweck war ein doppelter: zunächst den Einfluß der Klöster auf das Volk zu schwächen
oder vollends zu vernichten, sodann für die Nation einen ver-
fügbaren Fond zu gewinnen, [2] und daß es sich nicht bloß um
die staatliche Vermögensverwaltung der Klöster, sondern um ihre
wirkliche Aufhebung handle, hatte Pankraz Germann schon von
seiner Sendung aus Aarau zurückgebracht. [3] Das große Wort

---

[1] P. Paul Stieger, Kapuzinerordens, und der Pfarrer Marianus Herzog, von Einsiedeln.

[2] So äußerte sich Erlacher bei der Inventarisirung, mit dem Beifügen,
man werde die Klostergüter nicht verkaufen; „sie müßten der Nation für
eine Hypothek der allenfalls zu machenden Schulden dienen". Diarium Sangallense; S. 111.

[3] Um die Klöster in der Schweiz sei es geschehen, berichtete er nach
seiner Rückkehr. „Alle werden eingezogen, nicht von den Franzosen, sondern

führte bei diesem Anlaß ein Katholik, Ludwig Hartmann, aus Luzern; von ihm ging die Initiative zu diesem ersten Schritt der Vernichtung der Klöster aus; die Reformirten unterstützten ihn lebhaft. [1]) Von der Beschlagnahme wurden die in Helvetien gelegenen Güter und Gefälle der auswärtigen Klöster ausgenommen; doch durften auch sie weder verpfändet noch veräußert werden. Das Direktorium machte der damals noch in Funktion gestandenen provisorischen Regierung der Stadt St. Gallen schleunige Anzeige vom Gesetz, zwar mit Auftrag zu kräftigster Vollziehung desselben, doch mit der Einladung, dabei Aufsehen und Bestürzung möglich zu melden, die Betroffenen wegen ihrer künftigen Versorgung zu beruhigen (8. Mai). Die Stadtbehörde schritt inzwischen aus konfessionellen Rücksichten nicht selbst ein; das Inventarisiren schicke sich für Katholiken besser als für Reformirte, sagte sie. [2]) Rasch und mit roher Beflissenheit griff der Kommissär Erlacher die Aufgabe gegenüber dem Stift St. Gallen an. Gallus Schlumpf, der ehemalige Agitator im Toggenburg und Landschreiber der alten Landschaft, eröffnete zuerst und in verletzenden Formen den Kapitularen den Befehl

---

von dem Direktorio. Herr Germann hat mit vielen Gliedern des Directorii gesprochen, und aus allem bemerkte er unser endliches Schicksal." Diarium Sangall., vom 29. April. S. 46.

[1]) Als ein paar Monate später die Regierung einen Kommissär in die vornehmsten Klöster zur Berichterstattung über deren Zustand entsendete, drängte sich der nämliche Repräsentant zur Uebernahme dieser Sendung vor. In Folge seines Einschreitens trat hartes Verfahren gegen das Kloster Muri ein. Nun wurde aber Hartmann, nebst Begleitern und Helfern, der Unterschlagung von Klostereffekten beschuldigt. Gegen diese Anschuldigung trat er zuerst keck auf, erhielt aber von der Oberbehörde einen Wink, gelindere Saiten anzuziehen. Die Klage muß als begründet erfunden worden sein, denn im Sommer 1799 wurde Hartmann vom obersten Gerichtshof seiner Beamtung und seiner Stelle als Volksrepräsentant entsetzt, ein Gehülfe von ihm (Ronca aus Luzern) zu zweijähriger Zuchthausstrafe verurtheilt (S. Tillier: Geschichte der helvetischen Republik; Band I., S. 221 bis 223.). Die Ehre für die Protestanten, solchen Führern in der konfessionellen Politik zu folgen, ist nicht groß.

[2]) Diarium Sangallense; S. 109.

bald nach dem Einmarsch der Franzosen in St. Gallen. An ihm und an Landammann Künzle, der äußerlich weniger Ungestüm zeigte, hatte Erlacher treue Gehülfen. Im Vorgefühl dessen, was auf den von der helvetischen Regierung beschlossenen Anfang als Ende folgen werde, machte Erlacher bekannt: sämmtliche Klöster und Klostergüter seien als Nationaleigenthum anerkannt; in Folge der Sequestrirung werde man nun auf das Beste für Kirchen und Schulen sorgen, Religion und Tugend sichern und schützen; da die Geistlichkeit, die Lehrer der Religion, durch diese Erkanntniß ihrer bisherigen weltlichen Geschäfte enthoben seien, und die weltliche Regierung, die an den Pflug gewohnten Bürger, dieselben versehen werden, so könne nur Gutes aus der Verfügung hervorgehen. [1] Dieses Proklama soll das Produkt einer nächtlichen Berathung der drei oben genannten Bürger und des Landammanns Wetter von Herisau sein. [2] Ton und Inhalt desselben hatten offenbar den Zweck, ängstliche Gemüther über die Beschlagnahme zu beruhigen, bei Anderen die Begierlichkeit zu stacheln. Bei dem Erscheinen Erlacher's und des anderen Vollziehungspersonals war inzwischen Vieles nicht mehr vorhanden; zwischen Juli 1797 und Januar 1798 waren alle Kostbarkeiten des Stiftes, der Kirchenschatz, das Silbergeschirr, wichtige Urkunden, Kapitalbriefe, Urbarien und Rechnungsbücher samt dem werthvollsten Theile der Bibliothek und deren alte Handschriften, auf deutschen Boden geflüchtet; der Sicherung dieser beiden letzterwähnten Gegenstände hatten der Fürst Pancratius und sein treuer Bibliothekar, P. Johann Nep. Hauntinger, vorzugsweise ihre Aufmerksamkeit zugewendet. Um so rüstiger schritt Erlacher vor; er nahm den gesammten Finanzzustand des Stiftes auf; erstattete an das Direktorium einen Bericht, in welchem er mit den gemeinsten Ausdrücken diese und jene Ersparnisse empfahl, die nun gemacht werden könnten, da statt sechszig „schwarzer Herren" nun nur noch deren dreißig

---

[1] Bekanntmachung des Kommissärs Erlacher vom 12. Mai 1798.
[2] Falk: „Kurze Darstellung der politischen Vorgänge in Toggenburg."

anwesend. [1]) Er ließ die Keller versiegeln, normirte den Gebrauch
von Fleisch und Wein. Seine Maßnahmen dehnten sich auch
auf die Statthaltereien in Wyl und Rorschach und auf die
Frauenklöster aus. In Rotkerseck vollzog der Ammann Egger,
im Kloster St. Georgen Müller; ein Helfenberger [2]) in Rorschach
forderte dem Statthalter sogar den Schlüssel zum Tabernakel ab;
300 Eimer Wein wurden dort sofort in den Marktflecken hinab-
geführt. Nach der Inventarisirung wurde zum Verkauf der
Fahrhabe, dann zur Verpachtung jener Liegenschaften geschritten,
die nicht schon früher verpachtet gewesen. Dasselbe geschah in
der Statthalterei Neu-St. Johann, wo die reformirten Toggenburger, zu großem Aerger der Katholiken, sich sehr lüstern nach
den Klostergütern zeigten. Die Beraubung des Gotteshauses
(St. Gallen) geht immer fort, schrieb in dieser Zeit der Fürst
in sein Tagebuch (3. Juni); sogar die Presse der Buchdruckerei
wurde weggenommen. [3]) Mit solcher Wirthschaft ging rohe
Behandlung der Kapitularen Hand in Hand. [4]) Die Kapitularen
trugen das schwere Mißgeschick mit Geduld und Resignation.
Daß die Auswanderung einer Mehrheit derselben in den Absichten
des Fürsten gelegen, wie Weidmann behauptet, [5]) ist nicht belegt.
Die feierlichen und einläßlichen Instruktionen, welche Pancratius
vor seiner Abreise nach Wien gegeben, zeugen vom geraden
Gegentheil, denn er hatte Aemter und Verrichtungen an die
Religiosen vertheilt und Alle angewiesen, treu in denselben und
im Kloster auszuharren. Die Verlegenheit und die Noth der
bedrängten Kapitularen wuchs aber, als ihnen eröffnet ward,
daß dem Stift auch eine Kontribution von 200,000 fr. Livres

---

[1]) Akten im Kantonsarchiv. — Mit anderen Stylmustern Erlacher's
verschont der Verfasser die Leser.

[2]) Dieser wird später als Agent bezeichnet, der sich bei Ausräumung
der Kostbarkeiten im Kloster und in der Pfarrkirche zu Rorschach den Ruf
der Barbarei erwarb. (Diarium Sangallense vom 22. August.)

[3]) Tagebuch von diesem Tag.

[4]) Darüber klagt der Fürst in seinem Tagebuch vom 28. Mai, aus
Berichten des P. Aemilian Haffner.

[5]) Geschichte des ehemaligen Stiftes u. s. w., S. 114 und 115.

auferlegt worden. Diese Verfügung kam von Rapinat, welcher
sechs schweizerische Klöster (St. Gallen, Wettingen, Muri,
Hauterive, Engelberg und die Chartreuse in Wallis) zusammen
mit einer Kriegssteuer von 570,000 fr. L. belegt hatte, die
innert zwei Dekaden (20 Tagen) bezahlt werden sollte.[1] Da
Rapinat, obiger Forderung gegenüber, den Vermögenssequester
aufhob, kam solches dem Kommissär Erlacher sehr in die Quere,
weßhalb er durch zwei Kapitularen persönliche Vorstellungen bei
Rapinat in Zürich gegen den Einzug der Kontribution machen
ließ, in Folge dessen dieselbe gegen unverweilte Erlegung eines
Theiles gemildert[2] und der Termin zur Bezahlung des Restes
verlängert wurde. Den Sequester betreffend wurde derselbe durch
die gesetzgebenden Räthe aufrecht erhalten. Von Erlacher waren
die Kapitularen schon vorangehend gedrängt worden, die nach
Deutschland geflüchteten Dokumente und andere wichtige Schriften
nach St. Gallen zurückzuschaffen; der Kommissär war bei solchen
Anlässen unerschöpflich an Rohheiten gegen diese verfolgten
Priester; das k. k. Kreisamt in Bregenz gab dem Abgeordneten
den Rückbescheid, daß ohne ausdrückliche Bewilligung des Fürsten
(die nicht erhältlich war,) nicht das Geringste werde verabfolgt
werden, zumal das gesammte Vermögen des Stiftes unter dem
Schutze des Kaisers stehe;[3] von nun an blieb derjenige Theil

[1] Andere Klöster waren in der Kontribution von 15 Millionen fr.
Livres begriffen, welche schon früher Schauenburg den alten Regierungen
und einigen geistlichen Korporationen zu bezahlen befohlen hatte; Einsiedeln
war mit 500,000 Livr. betroffen.

[2] „Geschichte des ehemaligen Stiftes" u. s. w., von Weidmann. Aber
dieser gibt den nachgelassenen Betrag nicht an, und weitere Auskunft geben
die Alten in den Archiven nicht.

[3] Dieser Bescheid ist enthalten in einem Schreiben des Vorarlber-
gischen Kreishauptmanns v. Bicari an den Prälaten von Mehrerau, an
den sich der Beauftragte, P. Ildefons von Arr, nach Anordnung Erlacher's,
um Verabfolgung der im Kloster Mehrerau deponirten Papiere gewendet
hatte. Erwähnte Antwort gelangte dann durch Schreiben der P. P. Aemilian Haffner und Joh. Nep. Hauntinger, beide damals Mitglieder der fürstlichen „Finanzkommission" und in jenem Kloster sich aufhaltend, an den
Kommissär Erlacher nach St. Gallen. S. Diarium Sangallense, 22. Mai.

deſſelben, deſſen die helvetiſchen Behörden habhaft werden konnten, unter ſtaatlicher Verwaltung. Die Kapitularen waren der Willkür einer meiſt feindlich geſinnten Beamtenſchaft unterworfen und im ſtrengſten Sinne Bevogtete. Wollte der Dekan P. Cöleſtin Schleß, ein ſiebenzigjähriger Greis, um friſche Luft zu ſchöpfen, eine Spazierfahrt machen, mußte er bei dem rohen Erlacher um Erlaubniß anfragen. [1]) Auf den beiden Thürmen der Stifts-kirche hatte Erlacher die dreifarbige Fahne aufgepflanzt; auf ſeinen Befehl und in Vollziehung eines Direktorialbeſchluſſes, welchen der Franzoſe Rapinat hervorgerufen, wurden von den öffentlichen Gebäuden die Wappen des Stiftes und der ehemals ſouveränen Stadt St. Gallen abgenommen. Erlacher wollte aber auch noch Vandale ſein; zu großem Aerger der ohnehin gründlich und mit vollem Recht mißſtimmten Katholiken ließ er die beiden oberhalb des ſtiftiſchen Hofthores angebrachten Statuen der heil. Gallus und Othmar entfernen, deren Häupter ab-ſchlagen, die alſo verſtümmelten Bilder mehrere Stunden lang dem Hohngelächter des herbeigelaufenen proteſtantiſchen Pöbels preisgeben. [2]) Der in allen Rückſichten gemeine Menſch war ſelbſt im Begriff, das Kunſtwerk oberhalb des äußeren Bogens am St. Karlsthor, Chriſtus am Kreuze darſtellend, ebenfalls zu zerſtören, hätten ihn nicht zwei junge Kapitularen mit einigen Herren aus der Stadt von ſolcher neuen Bilderſtürmerei mit Erfolg abgemahnt. [3]) Das Volk hatte es nicht beſſer als die Kapitularen im Stift. Tyrannen ſind argwöhniſch; deßhalb erſchraken die neuen Behörden, wann und wo immer die Bürger nicht unzweideutige Unterwerfung kund gaben; Zeichen des

---

Ildefons entwickelte in dieſen Tagen große Thätigkeit für die Intereſſen des Stiftes. — Erwähntes Tagebuch iſt in Mehrerau geſchrieben und enthält die täglichen Berichte der dortigen Kapitularen an den Fürſten in Wien.

[1]) Diarium Sangallense, 26. Mai.

[2]) Weidmann: Geſchichte des ehemaligen Stifts u. ſ. w.; S. 124 und 125.

[3]) So erzählt Weidmann, S. 126. Nach dem Diarium Sangallense (S. 188) wollte Erlacher das Kunſtwerk ausheben, um es an Rapinat ab-zuliefern.

Gegentheils riefen Machtsprüche und Exekutionsandrohungen hervor. Das durch Gesetz vom 14. April befohlene Tragen der Nationalkokarde war Vielen mißbeliebt; man schied sich daher auch äußerlich in Parteien aus, neckte und bedrohte sich. In der alten Landschaft standen „Harte" und „Linde" im Gegensatze wieder auf, so daß Statthalter Bolt durch ernst gehaltenes Proklama vom 18. Juli von der Fortdauer solchen Parteiwesens abmahnen mußte. In einem Theile des Rheinthals erblickte man störrischen Geist; Erlacher widmete ihm deßhalb (8. Juni) eine Strafpredigt und Schauenburg drohte gleichzeitig mit Entwaffnung und militärischer Exekution, wenn nicht Beweise unbedingter Unterwerfung gegeben würden. Im Laufe Mai's wurde ein Bürger in Rorschach, der sich allzu freie Aeußerungen über die neue Ordnung der Dinge erlaubt hatte, mit Ausstellung am Pranger und Prügeln bestraft. Im Toggenburg waltete zwar seit Einführung der helvetischen Verfassung äußere Ruhe; aber ergeben der Verfassung waren besonders die Katholiken nicht, weil sie bei Besetzung der amtlichen Stellen beinahe allerorten hintangesetzt und nur da angestellt wurden, wo wenige oder keine Reformirte waren. Am kecksten sprach sich die Unzufrieden- heit in einzelnen Theilen der alten Landschaft aus; es kam ihnen theuer zu stehen. Die Gemeinden Zuzwyl und Lenggenwyl im alten Wyler-Amt, wo die Freiheitsbäume umgehauen worden, wurden zuerst mit 200 Mann helvetischer Milizen überzogen, dann von den Franzosen besetzt; des Frevels schuldige Bürger (sieben an Zahl) wurden vom Kantonsgericht zur Abbitte und zu einer Anzahl von Stockschlägen (60, 40, 25) verurtheilt (15. Juli). Auch der Pfarrer von Zuzwyl war in Untersuchung gezogen und nach Wyl geschleppt worden, dann aber als ganz unschuldig wieder entlassen. Die Wyler erhielten bei diesem Anlaß noch einen derben Verweis von General Lauer, daß ihre Stadtwappen noch nicht weggeschafft seien; sie gehorchten dem Franzosen. [1] Bürger Erlacher verließ das viel gequälte Land

---

[1] Falk: Kurze Darstellung der politischen Vorgänge im Toggenburg. Weidmann: Geschichte u. s. w.

in aristokratischem Viergespann, von getreuen Unterbeamteten bis nach Oberbüren begleitet (24. Juni), nachdem er kurz zuvor noch die schändlichsten Drohungen gegen „alle Pfaffen, die noch im Kloster sind", ausgestoßen und deren strengste Bewachung befohlen hatte. [1])

Schon in den ersten Tagen Aprils sprach der Fürstabt Pancratius bei den Staatsmännern der Kaiserstadt zu; er entwickelte hier eine seiner Lebensaufgabe entsprechende unverdrossene, an's Unglaubliche grenzende Thätigkeit; er, der Mann, der gleichzeitig in apostolischer Einfachheit lebte. Eine der ersten Standespersonen, die er sah, war der damalige kais. königl. Hofrath Johann v. Müller, [2]) der nämliche, mit welchem Müller v. Friedberg in lebhaftem Briefwechsel stand. Minister Thugut war zurückhaltend; doch glaubte der St. Gall'sche Flüchtling aus seinen Aeußerungen die Hoffnung schöpfen zu können, daß bei dem wieder ausbrechenden Krieg, ein Ereigniß, das schon als bevorstehend angesehen werden mochte, „für die Schweiz gesorgt werden" würde. [3]) Bester Empfang wurde dem Fürsten seitens des deutschen Kaisers Franz II., bei dem er vorläufig sein Anliegen für Wiedereinsetzung in seine Rechte als Fürstabt von St. Gallen anhängig machte. Mit Vertrauten verhandelte er später die Mittel, welche zu erwähntem Zwecke zur Sprache zu bringen wären. Der kais. königl. Hofagent Müller v. Müllegg [4])

---

[1]) Weidmann, a. a. O.; Seite 291.
[2]) Der Geschichtschreiber der Schweiz.
[3]) Eroberungen in der Schweiz wollte Oesterreich keine machen, sondern den Schweizern nur ihre Verfassung zurückgeben. Dagegen wünschte man von Pancratius in Wien zu erfahren, wie die Schweiz ihrerseits gestimmt sei und was Oesterreich von ihr erwarten könnte, falls es etwa durch einen künftigen Allianztraktat die Garantie der wieder hergestellten vorigen eidgenössischen Verfassung übernähme. Pancratius wurde in den Unterredungen mit den Staatsmännern Oesterreichs ersucht, darüber Bericht einzuziehen und für die Stärkung der guten Gesinnungen in den kleinen Kantonen zu wirken. — Aus Briefen des Fürsten Pancratius an den Fürstabt von Einsiedeln, vom 17. und 21. April 1798.
[4]) Nachmaliger vieljähriger schweizerischer Geschäftsträger in Wien.

gab den Rath, den Kaiser um militärische Besetzung des
St. Gallischen Gebietes zu bitten. Der Fürst aber trug großes
Bedenken, mit solchem Begehren auszurücken, und fragte deßhalb
zunächst den Staatsminister Thugut, ebenso den Hofrath Johann
v. Müller, um deren Meinung an; beide schenkten dem Ge-
danken Beifall. Alsbald überbrachte Pancratius dem Kaiser
ein Memorial, in welchem die Bitte ausgesprochen war: es
wolle Seine Majestät, den Unordnungen im St. Gallischen ein
Ende zu machen, Truppen in dasselbe einrücken lassen. Der
Kaiser erklärte mündlich: „Ich werde Ihnen helfen; es ist meine
Pflicht; ich bin Ihr Protektor ex officio; ich werde Sie in alle
Ihre Rechte wieder einsetzen, zu diesem Ende das Kontingent in
Ihr Land schicken, wie ich es neulich im Badischen gethan habe"
(30. April). [1]   Wenige Tage nachher erfolgte ein Minister-
wechsel; dem Friedensstifter von Campoformio, Grafen Ludwig
von Cobenzl, wurde das Ministerium der auswärtigen Angelegenheiten anvertraut. Dieser gab schriftlichen Bescheid auf des
Fürsten Pancratius Vorstellung, viel kühler, als dieser ihn erwartet haben mochte: „Seine Majestät beherzigen des Fürstabtes
und seines Gotteshauses Schicksal, werden auch bei allen Anlässen dessen Nutzen und Bestes zu wahren trachten; dermalen
aber könne er, der Kaiser, der Anstände wegen, die der Fürst
mit der Schweiz habe, ihm nicht helfen." [2]   In gleicher Zeit
war der Koadjutor Karl Theodor von Dalberg am Kaiserhof,
um die Intervention für verlorene weltliche Rechte des Bischofs
von Konstanz auf Arbon und Bischofszell nachzusuchen; eben so
erfolglos. Pancratius, obwohl vor der Hand vergeblich auf
Wiedereinsetzung hoffend, gab indessen seine Bestrebungen nicht
auf. Er setzte sie namentlich fort bei dem Kaiser, den er häufig
sah und zu dem er gewissermaßen in vertrautes Verhältniß zu
stehen kam; bei Johann v. Müller, den er ebenfalls sehr oft
sprach, und welcher sich stets entschieden für die Restauration
erklärte; er entwarf selbst umfassende Projekte zu Handen des

[1] Tagebuch des Fürsten.
[2] Tagebuch vom 6. Mai.

englischen Gesandten in Wien, wonach Oesterreich für den Kriegs-
fall den Schweizern Waffen, Munition und Lebensmittel zu
liefern, dafür von England zwei Millionen Gulden Vorschuß zu
beziehen hätte, welche hinwieder die Schweiz nach zehn Jahren
zinsfrei an England zurückbezahlen würde, Entwürfe, in die
auch der vertraute Johann v. Müller eingeweiht war. Inzwischen setzte der Fürst die Regierung über sein Stift gewissenhaft fort: er gab dem P. Aemilian Haffner neue Instruktionen
für geistliche und weltliche Verrichtungen (in letzterer Beziehung in
der Eigenschaft als Generaleinnehmer), ernannte den P. J. N.
Hauntinger zum Aufseher über die stiftischen Güter und Gefälle
und über das geflüchtete Eigenthum.   Der Fürst schritt im Weitern
ein gegen die von den helvetischen Behörden verfügte Beschlagnahme des Stiftsvermögens und gegen die eingeleiteten Veräuße-
rungen.   Mit besonderer Denkschrift sprach er zu diesem Zweck die
Dazwischenkunft des Kaisers an, dessen Regierung dann wirklich in
diesem Sinne Instruktionen an die kaiserliche Gesandtschaft am
Reichsfriedenskongreß zu Rastatt ertheilte und auch bei dem
helvetischen Direktorium ihre Verwendungen und Einsprachen zu
Gunsten des Stiftes eintreten ließ.   In eben so thätiger Weise
wirkte der Fürst für gesammte Benediktinerklöster der Schweiz,
indem er für deren Rechte und Erhaltung sich ebenfalls in
schriftlichen Eingaben an den Kaiser wendete.   Das Stift
St. Gallen betreffend, pflog er briefliche Rücksprache mit den
Kapitularen in Mehrerau über eine öffentlich zu erlassende Protestation gegen alles Geschehene.   Es war davon die Rede, eine
solche auch von Seite des Kapitels selbst herauszugeben.   Darüber schrieben seine Vertrauten an den Fürsten: „Die Protestation, wenn eine solche auch von Kapitels wegen nothwendig
wird, muß wohl von daher ausgehen, daß die ganze Landschaft
an unserem feierlich versicherten Eigenthum und andern vorbehaltenen Rechtsamen eidbrüchig geworden."   Es wurde beigesetzt:
„Euer fürstl. Gnaden haben als nicht consentirend darüber freie
Hand; das Kapitel hinwieder tritt ungeachtet des erzwungenen
sogenannten freiwilligen Consensus, des allenthalben verübten

Meineids halber, in seine Rechte zurück". [1]) In dieser inhalts-
schweren Erklärung spricht sich die Ueberzeugung der unzweifelhaft
weit überwiegenden Mehrheit des Kapitels aus, daß dasselbe,
als man seinen Gliedern die „Unabhängigkeit" abtrotzte, mißbraucht und betrogen worden sei, darum mit vollem Recht sich
der Protestation des Fürsten anschließen könnte, welcher hinwieder
solche um so freier von sich geben möge, als er bei allen und
jeden Verhandlungen jegliche Zustimmung zu den verlangten Abtretungen abgelehnt habe. Der Fürst erließ nun wirklich in
Verbindung mit seinen gegenüber dem Kaiser gethanen Schritten
eine feierlich und kräftig gehaltene Proklamation an das
St. Gallische Volk, die zugleich eine Verwahrung zu Handen
der helvetischen Regierung gegen alles Geschehene enthielt. Welt-
kundig sei es, so liest man in dieser Urkunde, daß das Stift
St. Gallen mit vier schweizerischen Kantonen, jedoch unter aus-
drücklichem Vorbehalt kaiserlicher Rechtsame, in Bündniß gestanden; da nun aber solches durch die schweizerische Umwälzung
aufgehoben worden, so bleibe hinwieder das fürstliche Stift
St. Gallen als exemter Reichsstand in seinen bisherigen Rechtsverhältnissen zum Reich, sei demnach seitens der Schweiz, bis
deren frühere Verfassung wieder hergestellt sein werde, als
Theil des Reiches anzusehen und zu behandeln; folgerecht dürfe
die Schweiz mit des Stifts Rechtsamen und Vermögen eben so
wenig nach Willkür verfahren, als mit den in der Schweiz gelegenen Gütern ausländischer Stifte. Anschließend an das
Protestationsschreiben vom 3. März erklärt der Fürst die mehrerwähnten Maßnahmen gegen das Stiftsvermögen als eben so
viele Eingriffe in die Rechtsame des Kaisers als obersten Lehensherrn; protestirt, in Erfüllung seiner Pflicht, gegen alle und
jede Jurisdiktionsausübung der helvetischen Regierung in seinen
Landen, so wie gegen alle und jede Verfügung über das Stiftsvermögen; behält sich alle gebührende Entschädigungsforderungen
vor; fordert Alle und Jede, die es angehen mag, auf, Kapi-

---

[1]) Diarium Sangallense, vom 26. Mai. S. 77.

tallen, Zinse und andere Gefälle nur an seine eigenen Einzieher und Beamteten zu entrichten, und verordnet schließlich Bekanntmachung dieses Aufrufes im ganzen Umfang seiner Lande. Diese fürstliche Verordnung und Proklamation ist datirt aus Wien 9. Juni. Sie wurde in Bregenz mit Wissen und Genehmigung des dortigen Kreisvorstandes gedruckt, dann durch zwei St. Gallische Klosterbrüder über Rorschach und Altstätten in das Land gebracht und den Vorgesetzten aller Gemeinden zugestellt. An einzelnen Orten wurde sie selbst öffentlich angeschlagen oder von den Kanzeln verlesen. Auch die Kapitularen im Stift erhielten eine Anzahl Exemplare derselben. Ihr Erscheinen wurde am 24. Juni bekannt. Nun Zorn und Schrecken der neuen Regenten und Inquisitionen seitens derselben namentlich gegen einzelne Mitglieder des Stiftes, um die Verbreiter der Schrift zu entdecken und zur Bestrafung bringen zu können. Das Stift wurde mehrere Tage lang militärisch bewacht und geschlossen, selbst die Ausgänge der Stadt bewacht, auf daß kein Schuldiger entwischen könne. Bolt erließ eine belehrende und warnende Proklamation gegen die Schrift (6. Juli). Uebel vertrug sich mit solchem polizeilichen Einschreiten die von den Freunden der Regierung verbreitete Sage, es sei die Schrift eine unterschobene. Auf einen ansehnlichen Theil des Volkes machte die fürstliche Bekanntmachung tiefen Eindruck, denn selbst von den früheren ehrlichen oder gut denkenden Anhängern der Staatsveränderung hatten Viele ihre Verblendung erkannt und waren zu entgegengesetzten Gesinnungen zurückgekehrt. Bleibenden Eindruck konnte sie indessen nicht machen; denn es war eben nur ein Stück Papier und es fehlte die materielle Macht, welche ihm Ansehen und wirkliche Geltung hätte verschaffen können. Im Toggenburg theilte man sich der Proklamation halber wie wegen anderer Dinge; die Reformirten, auf französische Waffengewalt vertrauend, bespöttelten sie; die Katholiken hinwieder fühlten sich in ihren Wünschen und Hoffnungen auf die Wiederkehr der alten Regierung gestärkt. Höherstehende allüberall, unter ihnen auch Glieder des Stiftes selbst, beklagten den Schritt des Fürsten, wollten sich zu seiner Unterstützung nicht hergeben und besorgten als Folge dessen nur neue Bedrückungen. Es waren dies jene Klugen, welche gewohnt sind, gegebene Zustände, und wären sie auch auf dem Wege tadelnswerther List oder Gewalt in das Dasein gerufen worden, als unantastbar anzusehen, und jene Beharrlichkeit nicht zu werthen wissen, die da vor Allem den Grundsätzen der ewigen Gerechtigkeit treu bleibt, für sie lebt und kämpft. Ein Fanatiker der Revolution rächte sich am muthigen Fürsten durch eine anonyme Schmähschrift, [1]) welche im Format der Proklamation und unter Parodirung von Styl, Inhalt und Eintheilung derselben die krassesten Lügen wagte und zugleich das Volk der alten Landschaft und des Toggenburg's warnte, sich nicht täuschenden Hoffnungen auf des Kaisers Dazwischenkunft für den Fürsten hinzugeben; das Letztere war wohl Hauptzweck des Pamphlets. Die Kapitularen in Mehrerau brachten es ihrem Fürstabte in Wien zur Kenntniß. Künzle, obwohl Amtsperson, hatte die Gemeinheit, es durch neue Auflagen zu verbreiten.

Wie gegenüber der Schweiz, so wirkte der Fürst für Geltendmachung seiner Rechte im Reich. Auf der kaiserlichen Staatskanzlei (Ministerium des Aeußern) wurde eine Rechtsschrift verfaßt, durch deren Eingabe an den Reichstag die Reichsstandschaft des Stiftes zur Anerkennung gebracht werden wollte. So sehr dieser Schritt den Wünschen des Fürsten entsprechen mochte, vielleicht selbst von ihm angeregt war, so gab er ihm doch bald

---

[1]) Ueber den Verfasser der Schmähschrift kamen verschiedene Muthmaßungen in Umlauf. Nach dem Diar. Sangall. (S. 288) wäre derselbe ein Bürger Stuber (aus der Stadt St. Gallen), der früher Hauslehrer bei den Herren Zellweger in Trogen gewesen, dann nach Zürich gewandert sei. Andere bezeichnen diesen Stuber als Bürger von Zürich. Wieder andere bringen die Autorschaft mit der Person eines ehemaligen Kapuziners jenes Namens, aus dem Kanton Luzern, in Verbindung, der sein Gelübde brach, heirathete, Protestant wurde, später im Thurgau als Anwalt praktizirte, endlich, halb irrsinnig geworden, in Verschollenheit starb. P. Marianus Herzog, von Einsiedeln, züchtigte die Parodie mit einer Contra-Parodie, deren Druck jedoch verständiger Weise unterblieben zu sein scheint.

nachher Anlaß zu lebhaften Besorgnissen. Am Kongreß in Rastatt waren nämlich nach unendlichen Mühen zwei Grundlagen des Friedens zwischen dem Reich und der französischen Republik angenommen worden: die Abtretung des linken Rheinufers an Frankreich und die Säkularisation geistlicher Stifte zur Entschädigung weltlicher Herrscher. Ueber den Umfang dieser Maßregel in ihrer Anwendung war man übrigens noch nicht übereingekommen. Dem scharfsichtigen Fürsten von St. Gallen entging das Gefährliche solcher Friedensgrundlagen nicht: das verhängnißvolle Loos, das den deutschen Stiften zugedacht war, so erachtete er, könnte auch das seinige treffen als Folge der unbedingten Anerkennung seines Rechtsverhältnisses zum Reich. „Ich muß auf der Hut sein, um nicht, da ich mich von den Gewaltthätigkeiten der Schweizer zu befreien suche, von dem Reich verschlungen zu werden, dem sehr willkommen sein möchte, wenn St. Gallen in die Indemnisationsmasse könnte geworfen werden." [1]) Der Fürst theilte seine Besorgniß dem Grafen Cobenzl mit, der solche mit einem diplomatischen Lächeln abfertigte; auch dem Kaiser, der sie hinwieder in seiner Redlichkeit gegründet fand und Zuwarten empfahl. Zweifelsohne war hierunter verstanden, mit der Eingabe der besprochenen Staatsschrift an den Reichsrath noch einzuhalten. In dieser ganzen Handlungsweise des Fürsten liegt der vollgültige Beweis, daß er, weit entfernt ein blinder Anhänger des Auslandes gegenüber der Schweiz zu sein, vielmehr gegen Jeden Front machte, von dem er Beeinträchtigung seiner und seines Stiftes Rechte besorgen mußte; daß die pflichtige Erhaltung des Letztern der ausschließliche Zweck seiner Bestrebungen war, nicht aber die Förderung ausländischer Interessen oder eigennützige Unterordnung unter dieselben, während die Häupter der schweizerischen Umwälzung Freiheit und Unabhängigkeit des Vaterlandes gewissenlos den Franzosen hinopferten und ein frisches gegnerisches Wort in den gesetzgebenden Räthen zu Aarau als etwas Verkehrtes oder Un-

[1]) Tagebuch vom 21. Juli 1798.

geheuerliches angesehen wurde. Der erwähnten Klemme zu
entgehen, kam der Fürst auf den Gedanken, die Rettung des
Stiftes durch einen besondern Traktat mit Oesterreich zu bewirken,
vermöge dessen er alle adelichen Lehen in Schwaben an Oesterreich überlassen, demselben auch einige dem Gotteshaus unschäd-
liche Rechte im Lande ¹) einräumen, Oesterreich dagegen das
Stift in alle seine Rechte und Besitzungen wieder einsetzen und
dieselben ihm für alle Zeiten garantiren würde. In St. Gallen
hatte inzwischen die Verwaltungskammer, welcher, wie dem
Direktorium, die Thätigkeit des Fürsten höchst ungelegen kam,
die von diesem eingenommene Rechtsstellung durch eine besondere
Untersuchung aufzuhellen gesucht. Sie wendete sich deßhalb an
den Subprior P. Beda Gallus um Berichterstattung; dieser beleuchtete in gedrängter Schrift, so weit es ohne längeres Studium
der Urkunden und geschichtlichen Thatsachen geschehen mochte, das
Rechtsverhältniß des Stiftes zum Reich; hob in derselben
namentlich auch aus, wie das Stift im entscheidenden Momente
der Friedensunterhandlungen zu Münster sich weder bei der
Wettstein'schen Gesandtschaft an diesem Kongreßort (1646) noch
bei der spätern Gesandtschaft nach Wien betheiligt habe, wo die
gänzliche Unabhängigkeit der XIII Kantone vom Reich betrieben
wurde. ²) Die Verwaltungskammer aber ließ sich durch diesen Befund nicht irre machen und sah mit selbstgefälliger Verachtung über
dessen Inhalt hinweg. Eben so ungnädig, als die Schrift von
P. Beda in St. Gallen, wurde ein Schreiben von Dekan und
Kapitel des Stiftes St. Gallen an das Direktorium in Aarau,
über den nämlichen Gegenstand, von jenem aufgenommen. Erwähnte Untersuchung war eine Folge der österreichischen Verwendung für das Stift bei dem Direktorium in Aarau. Durfte
der Fürst unter solchen Umständen, abgesehen von seinen Bedenken
wegen der berührten großen Säkularisationsmaßnahmen, Hoffnungen haben für das Stift, so blieben hingegen wichtige Wünsche
in Bezug auf seine Person unerfüllt. Obwohl schon mehr denn

¹) Wird wohl die Landschaft St. Gallen verstanden sein.
²) S. Weidmann: Geschichte u. s. w. S. 309 bis 312.

zwei Jahre seit seiner Wahl verstrichen, hatte er noch immer die päpstliche Bestätigung derselben nicht erhalten und es war demnach auch seine Abbatial-Benediktion noch im Rückstand. Er verwendete sich daher wiederholt bei dem Nuntius in Wien, insbesondere auch um Nachsicht der Taren, erhielt jedoch abschlägige Antwort aus Siena, wo Papst Pius VI., noch unglücklicher als der St. Gallische Abt, sich eben auf seiner Deportationsreise befand. Pancratius empfand über die Ablehnung tiefen Schmerz; er hatte gehofft, wegen der unglücklichen Lage des Stiftes mit Nachsicht behandelt zu werden, „allein ich fand keine Barmherzigkeit;"[1] in dieser traurigen Lage war er sogar genöthigt, Anträge zur Celebrirung feierlicher Hochämter unberücksichtigt zu lassen.

Während der Fürst in Wien die Wiederherstellung des Stiftes betrieb, waren die in Mehrerau befindlichen Kapitularen je nach empfangenen Befehlen und je nach ihrer Stellung für die Erhaltung seiner Rechte und seines Vermögens ebenfalls in ununterbrochener Thätigkeit. Sie setzten sich bestmöglichst in Verkehr mit anderen schweizerischen Ausgewanderten, so mit dem Schultheißen v. Steiger, von Bern. Ihrer drei, unter ihnen P. Heinrich Müller v. Friedberg, machten ihm Besuch zu Bregenz, wo der Greis eben weilte; sie waren ergriffen von den einläßlichen vaterländischen Reden des würdigen Magistraten, von seiner wahrhaft republikanischen Uneigennützigkeit, die kein Wort von sich selbst spricht, ihre Blicke ausschließlich dem Schicksal des allgemeinen Vaterlandes zuwendet; dem Schultheißen schien gewiß, daß die Schweiz das Theater des neu ausbrechenden Krieges sein werde, und eben so hielt er die neue Ordnung in der Schweiz als ganz unhaltbar; frühere Zustände wieder herbeizuführen, empfahl er jedoch Klugheit und Geduld und rieth von übereiltem Auftreten ab. Wenige Tage nachher gedachte der Schultheiß nach Wien zu reisen und dort den Fürsten zu treffen, mit dem er auch in Briefwechsel stand. Auch einen anderen

---

[1] Tagebuch vom 10. Juni.

berühmten Berner sahen die Kapitularen in Mehrerau, den Obersten Ferdinand v. Roverea, einen jener Männer aus dem Waadtland, die der alten Berner Regierung im Unglück wie im Glück treu geblieben. Roverea war ebenfalls auf der Reise nach Wien begriffen. Auch der betagte ehemalige Hofkanzler Gschwend kam vom Rheinthal her auf Besuch; er hatte schwierige Jahre durchgelebt; die neuesten Erfahrungen machten ihn schwankend; mit Bezug auf damalige Gerüchte von einer bevorstehenden Theilung der Schweiz äußerte er, daß er in solchem Fall „von Herzen kaiserlich zu werden wünschte". Entschieden altgesinnt waren in Mehrheit seine rheinthalischen Mitbürger, zumal dortige Katholiken, denn als Gschwend von Mehrerau her in Gesellschaft eines Geistlichen wieder in seiner Heimath Altstätten einfuhr, riefen sie in der Freude ihres Herzens: „der Hofkanzler bringe den Fürsten wieder mit; es war aber nur sein Hauspräzeptor." [1]

Der Kanton Linth war in gleicher Weise organisirt worden, wie Sentis. Er wurde in sieben Distrikte eingetheilt: Werdenberg (inbegriffen Rüthi und Lienz), Neu-St. Johann (der jetzige Bezirk Obertoggenburg), Mels (Landschaft Sargans), Schwanden (südlicher Theil des alten Kantons Glarus), Glarus (nördliche Hälfte desselben), Schänis und Rapperschwyl (an welche beiden Bezirke die Gemeinden der March vertheilt worden). Unter den von der Wahlversammlung nach Aarau entsendeten Senatoren finden wir den gewesenen Schiedsrichter im stiftischen Handel, Melchior Kubli aus Nettstal, und Xaver Fuchs von Rapperschwyl; von den Abgeordneten in den Großen Rath sind nennenswerth: Dominik Gmür aus Schänis und Markus Betsch von Werdenberg. Der erste Kantonsstatthalter war der gewesene Rathsherr Joachim Heer aus Glarus. In der Verwaltungskammer war Kassian Gallati, der gewesene Landschreiber von Sargans. Xaver Gmür von Schänis (Bruder des Dominik), Johann Peter Chlodera von Ragatz, Vinzenz Anselm Vettiger

---

[1] Diarium Sangallense, vom 28. und 31. Mai.

(gewesener Landschreiber von Utznach), Ulrich Gölbi von Sar
waren Kantonsrichter. Der Kantonsstatthalter Heer war alsbald besorgt, daß die Geistlichkeit seiner konstitutionellen Thätigkeit nicht in den Weg trete. Er erließ aus Glarus eine Mahnung an dieselbe zu diesem Zweck: „Der Staat schätzt Euch
als Lehrer des Sittengesetzes. Euere Bemühungen, Grundsätze
der Tugend und Humanität unter dem Volke zu verbreiten,
bessere Gefühle zu wecken u. s. w., verdienen den Dank aller
redlichen Herzen. Mächtig vermöget Ihr auf Verstand und
Gewissen der Menschen zu wirken. So erwünschlich es aber
ist, wenn Ihr von diesem euerem Einflusse zu guten Zwecken
Gebrauch macht, so gefährlich könnte ungerügter Mißbrauch desselben dem neu aufblühenden Staate werden. Predigten also,
in welchen die neue Verfassung angegriffen, verfängliche Prophe-
zeihungen den Einfältigen vorgetragen, und das Ansehen der
Staatsgewalten auf was immer für eine Weise angetastet wird,
sind als öffentliche Aeußerungen, aus denen Unruhen entstehen
könnten, anzusehen und unnachsichtlich zu ahnden.“ — — „Dem
sechsten Artikel der Konstitution gemäß wird hiermit jeder Geistliche, wer es auch sei, ernstlich ermahnt, aus seinem öffentlichen
Vortrage alle Anzüglichkeiten gegen neue politische Anstalten,
allen Tadel getroffener Staatsverfügungen und alle gehässigen
Anspielungen auf die jetzigen Zeitereignisse gänzlich zu ver-
bannen“ (3. Juli). [1] Während der Fürst bei dem Kaiser sein
eigener Sachwalter für das Stift St. Gallen war, trat sein
gewesener Landvogt, Müller v. Friedberg, nun im Privatstand
lebend, als Fürsprecher für das Damenstift Schänis auf. Er
verwendete sich für dasselbe durch eine Denkschrift bei dem Kaiser,
und empfahl die Angelegenheit seinem Freund und Korrespon-
denten Johann v. Müller in Wien. Müller v. Friedberg wurde
in der ganzen Bedeutung des Wortes Protektor der „Fürstin“
und der übrigen Damen von Schänis, nahm Wohnsitz im Stift.
Als die helvetische Verfolgung gegen die Klöster eine bestimmte

---

[1] S. „Monatliche und wöchentliche Nachrichten, schweizerischer Neuheiten.“ Zürich, 1798.

Gestalt annahm, ihre Bedrückung und Aufhebung durch die schon erwähnten Maßnahmen eingeleitet wurde, die Verwaltungs-kammer des Kantons Linth mit markirter Grobheit das Stift unter Verwaltung setzte, nachdem sie ihm die Hälfte der zur Haushaltung erforderlichen Baarschaft und das nichts weniger als reichliche Silbergeschirr weggenommen, suchte Müller v. Fried-berg auch der Schutzherr der Stiftsdamen zu werden in Aarau, um dem Vaterlande die Unehre zu ersparen, daß es heiße: es hätte kein einziger Schweizer sich dieser fremden Frauen an-genommen, die Jedermann nur Gutes gethan. Eine für das Stift Schänis verfaßte und eingegebene Denkschrift verlangte nicht weniger als die völlige Eremtion desselben von den hel-vetischen Gesetzen gegen die Klöster, gegründet auf achthundert-jährigen Besitz und die seitens des Hauses Oesterreich bei der Verpfändung der Landschaft Gaster an Schwyz zu Gunsten des Stiftes gemachten Vorbehalte. Diese Bemühung wurde durch den besten Erfolg gekrönt: Schänis wurde als „fremdes" Stift angesehen und behandelt, gleich als wäre es in Deutschland gelegen; es wurde von der Vermögensbeschlagnahme und allen damit verbundenen Verationen befreit. Von nun an hoffte Müller v. Friedberg das Eigenthum des Stiftes für bleibend zu retten. [1]

Das Kloster Pfäfers ließ sich alles gefallen, hatte daher keinen Beschützer nöthig. Auch dort wurde das Vermögen in-ventarisirt. Der hierüber aufgenommenen Schrift entnimmt sich: es habe das Kloster im Laufe dieses Jahrs (1798) dem Volk von Sargans an seine „Landesunkosten" eine Beisteuer von 13,805 Gulden gegeben. Es war also bei den früher ange-

---

[1] S. Briefe von Müller v. Friedberg an Joh. v. Müller, aus Nä-fels, 25. April; dann vom 9. Mai, 8. und 30. Juli, 24. Sept. und 24. Oktober aus Schänis. — Dieses Protektorat des gewesenen Landvogts für das Stift Schänis bestätiget das Diar. Sangallense unter'm 25. August, aus welchem im Weitern zu entnehmen, daß Müller v. Friedberg zu jener Zeit auch mit dem österreichischen Kreishauptmann v. Vicari in Briefwech-sel war.

führten 1600 Thalern nicht geblieben, und es schließt sich aus obiger Vormerkung bis zur Gewißheit, daß die provisorische Regierung, statt für ihre Verwaltungskosten, Amtsreisen und Militärausgaben den Beutel der Bürger in Anspruch zu nehmen, jenes Kloster allein in Kontribution gesetzt hat.[1] Nach der Inventarisirung nahm die Staatsbehörde den Betrag von 24,000 Gulden an Gold zu Handen, und ließ sich erst auf bittliches Ansuchen bewegen, 2000 Gl. davon gegen Hypothek zur Verwendung für die Badanstalt zurückzulassen.[2] Von den durch das Klostergesetz gewährten Freiheiten Gebrauch machend, ließ sich der Abt durch Abfindung mit dem Direktorium vom 17. November 1798 eine Aversalsumme von 8000 Liv. für sich persönlich verschreiben und überließ das Kloster seinem Schicksal. „Um diesen Preis hat der Abt sein Kloster verlassen."[3]

Die Klosterfrauen von Wurmsbach waren nicht so glücklich als die Stiftsdamen von Schänis. Im Kriegssturm hatten sie sich geflüchtet; die Stadt Rapperschwyl aber hatte sich zu jener Zeit, mit Bewilligung des Generals Schauenburg (wie ihre Vertheidiger sagten), der Einkünfte des Klosters bemächtiget und solche meist in eigenen Nutzen verwendet. Der Konvent stellte darum die Bitte an den helvetischen Großen Rath um Bewilligung zur Rückkehr und Rückerstattung der Klostereffekten. Dem wurde entsprochen und von nun an hatte Wurmsbach das Schicksal der übrigen Klöster zu tragen: das Vermögen des

[1] Inventar, im Kantonsarchiv. In demselben steht ausdrücklich: es sei jene Summe von 13,805 Gl. nicht als eine Aktivschuld zu betrachten. Ein Beweis, daß der Abt entweder keinen Schuldtitel seitens der Landschaft erhalten, oder ihr keinen abgefordert hat.

[2] Diarium Sangallense, vom 17. Juli. Hiermit dürfte in Verbindung stehen, was Dr. Kaiser erzählt: es sei der alte Fürstabt, nachdem er zuerst einige Gelder für den alten Bestand der Dinge verwendet, erschrocken zurückgetreten und habe der Verwaltungskammer des Kantons Linth in Glarus Silber und kostbare Geräthschaften überliefert. S. „Die Heilquelle von Pfäfers und Hof Ragatz." Dritte Auflage. 1843. S. 15.

[3] So schrieb Müller v. Friedberg am Rand der später gefertigten Auszahlungsrechnung. Akten im Kantonsarchiv.

Klosters kam aus den Händen Rapperschwyl's in helvetische
Verwaltung, von der die Frauen so knapp wie die Bewohner
anderer Stifte gehalten wurden.

Die helvetische Verfassung war reich an Plackereien des
Volkes; die Behörden führten sie darüberhin despotisch aus.
Jene verordnete die allgemeine Leistung des Bürgereides; die
Räthe befahlen die Ausführung durch Gesetz vom 12. Juli.
Wohlgemeinte Warnungen im Senat und im Großen Rath,
bei Abnahme des Eides die religiöse Anschauung des Volkes
von demselben zu schonen, wurden verlacht und beseitiget. Das
Volk war gewohnt, bei „Gott dem Allmächtigen" zu schwören.
Solches wollten die freimaurerischen Aufklärer nicht dulden, obwohl Senator Kubli ernstlich erinnert hatte, die religiöse Bedeutung des Eides durch Beibehaltung jener Worte zu ehren
und zu handhaben; die Bürger sollten die politische Formel
anhören, welche ihnen auferlegte, als gute und getreue Bürger
der Sache „der Freiheit und Gleichheit" zu dienen „und ihr
mit einem gerechten Hasse gegen Anarchie und Zügellosigkeit
anzuhängen"; dann, unter Aufhebung der rechten Hand (nicht
der drei Schwörfinger), die trockenen Worte nachsprechen: „das
schwören wir!" Ort der Eidesleistung bei dem Freiheitsbaum;
feierlicher Zug der Behörden dahin; kriegerische Musik; patrio-
tische Lieder; Vortrag der obligaten Rede, wie sie Stapfer, der
helvetische Minister, entworfen und vorgeschrieben; so lautete das
Programm für den Beginn des Festes; dann Eidesleistung,
wieder Gesänge und öffentlicher Tanz; damit sollte geschlossen
werden. Man denke sich die großen Augen unserer schweizerischen
Bauern über solche Staatsfarce, die derben Volkswitze, den
allgemeinen Unwillen. [1]) Die Strenge, mit welcher der Eid
gefordert wurde, mußte solchen Unwillen noch erhöhen; wer
dessen Leistung verweigern oder sie versäumen würde, war mit

[1]) C. L. v. Haller bemerkt, daß der Eid von der Konstitution kein
Wort sagt: „er war wie ein Sekten-Eid in einer vagen, jeder Ausdeutung
fähigen, allgemeinen Formel abgefaßt". Geschichte der Wirkungen und Folgen des österreichischen Feldzuges in der Schweiz. Weimar, 1801. S. 455.

Verlust der bürgerlichen Rechte, und, wenn er die gesetzliche Ordnung im Geringsten zu stören suchen würde, mit Landesverweisung
bedroht. Für die Kantone Sentis und Linth waren die Tage
vom 26. August bis 2. September zur Eidesleistung bestimmt.
Statthalter Bolt ordnete sie auf den 30. August an. Der abgeneigten Stimmung der Geistlichkeit zum Voraus bewußt,
forderte er durch Proklamation, die durch ihren Schwulst ein
hohes Maß von politischem Fanatismus kundgibt, insbesondere
„die Diener der Religion, Lehrer des Volkes", auf, durch Ablegung des Bürgereides dem Volke mit gutem Beispiel voranzugehen, denn den Grundsätzen der Religion streite er keineswegs
entgegen. Am Hauptort St. Gallen ging Alles nach Wunsch der
Regierung von statten; festlicher Zug der konstitutionellen Behörden
aus der Stadt auf den Brühl; mehr denn 90 mit National-
bändern geschmückte Mädchen im Lilienkleid voran; auf dem
Brühl die Bühne bei dem „schön gezierten" Freiheitsbaum; hier
sangen die Mädchen das Lavater'sche Lied ab: „Danket! Betet:
Vater wache u. s. w." Anrede des Statthalters Bolt zum
Ruhm der neuen Verfassung, denn „es gibt in Helvetien keine
Herren und keine Unterthanen mehr"; [1]) nun die Leistung des
Eides; gegenseitige Begrüßung des Kanonendonners aus Goßau
und dessen aus St. Gallen. Dann ein Lebehoch und ein neues
Lied vom Chor der Mädchen gesungen: „Traute Brüder! nun
geschworen u. s. w." Später ein Gastmahl von 1500 Gedecken
auf dem Schwörplatz auf dem Brühl. Tanz daselbst, Abends
Ball „im großen Saale des Klosters" und in drei Er-Zunft-
häusern (30. August). [2]) Was die „Aristokraten", deren es in
St. Gallen noch Viele hatte, zu dem Allem gesagt, verschwiegen

---

[1]) Bolt war nicht glücklich mit seiner Rede; „er wiederholte sich mehrmal und wollte sogar stecken bleiben". Dan. Girtanner's Tagebuch. Das
Fest verlief kalt, „ohne einen Funken von Enthusiasmus". Nach der gleichen Quelle.

[2]) Wochenblatt für den Kanton Sentis vom 5. Sept. Auf dem Brühl
wurden die 1500 Theilnehmer mit dem Lieblingsgericht der St. Galler (der
unvermeidlichen Bratwurst) regalirt.

die Hofblätter der Helvetik. Auf dem Lande war theilweise nicht gleiche Bereitwilligkeit zur Eidesleistung wie in der Stadt. Ganz besonders waren die Katholiken noch nicht abgeschliffen genug, um ihrem Gewissen Stillschweigen zu gebieten. Die französischen Prokonsuln hatten schon im Frühjahr mit Brutalitäten gegen die höhere Geistlichkeit begonnen. Mengaud erließ einen insolenten Brief an den Prälaten von Engelberg als Antwort auf dessen Verzicht auf hoheitliche Rechte daselbst; den Nuntius Gravina hatte er bald nachher durch Militärbefehl und unter Eskorte über die Schweizergrenze hinaus transportiren lassen.[1] In den gesetzgebenden Räthen hatte man gleiche Bahn betreten und hatten sich kirchenfeindliche Gesinnungen ungescheut breit gemacht. Sie maßten sich das Recht der Dispense von Ehehindernissen an und übten es in vorkommenden Fällen für Bürger bald dieses bald jenes Kantons, ohne Unterschied der Konfession. Als in einem gegebenen Fall, wo es sich um Dispense für ein paar Geschwisterkinder handelte, ein katholisches Mitglied im Senate auf das katholische Kirchengesetz aufmerksam machte, welches Ehen in diesem Verwandtschaftsverhältniß verbiete, erwiederte dessen Präsident von seinem Throne herab: „von Dem, was die katholische Religion diesfalls erlaubt oder nicht erlaubt, braucht man hier keine Notiz zu nehmen" (11. Juni). Desgleichen wurden alle Gesetze gegen gemischte Ehen aufgehoben. Beschlüsse des Direktoriums vom 28. Juni und 5. Juli weckten ebenfalls Besorgnisse für kirchliche Selbstständigkeit und kirchliche Rechte. Der erste derselben verfügte in verletzenden Ausdrücken, namentlich in einer Form, aus welcher man schließen mochte, daß sich das Direktorium alleinige Gewalt über die Geistlichkeit, ihre Ernennung und Amtsverrichtungen aneignen wolle: daß die Verwaltungskammern der Kantone bis zu gesetzlicher Verfügung seitens der obersten Räthe an die Stelle jener alten Behörden treten, welche früher der Kirchenpolizei vorgesetzt waren, eben so in Hinsicht der Wiederbesetzung vakanter Pfründen. Der zweite

---

[1] Beide Aktenstücke hat Falk in seiner „Darstellung der politischen Vorgänge im Toggenburg".

Beschluß vom 5. Juli verordnete, daß von nun an alle Berathungen von Kirchen- und akademischen Räthen nur unter Zuzug eines staatlichen Kommissärs, mit Stimmrecht desselben, statthaben dürfen, dessen Aufgabe sei zu wachen, daß jene Autoritäten „die Grenzen ihrer Aufträge nicht überschreiten, ihre Pflichten im Geiste der Konstitution beobachten, und über ihre Untergebenen keinen mit dem Rechte der Bürger unverträglichen scholastischen oder kirchlichen Despotismus üben“; er verfügte im Ferneren Installation der Pfarrer unter Beizug eines Unterstatthalters. Ein weiterer Beschluß verbot den Klöstern beiderlei Geschlechts, provisorisch und bis auf weitere Verfügung, die Aufnahme von Novizen und Professen. Wie es mit dem Bestand, den Rechten und der Anerkennung der katholischen Kirche gemeint sei, konnte von nun an keinem Zweifel mehr unterliegen, und der bekannte Artikel 6 der Verfassung hatte seinen verständlichen Kommentar schon erhalten. Gleichwohl benahmen sich die kirchlichen Behörden mit vieler Mäßigung. Das St. Gallische Offizium holte in Konstanz durch zwei Abgeordnete, einen Kapitularen und einen Weltgeistlichen (P. Heinrich Müller v. Friedberg und Pfarrer Johann Pfister von Sommeri), die Ansicht der Kurie in Konstanz ein. Diese gab den Bescheid: die Verweigerung des Bürgereides, welcher direkte die Religion nicht antaste, wäre, wie dies unglückliche Vorgänge in Frankreich bewiesen haben, gefährlich und vielleicht der nächste Anlaß, gute Pfarrer zu vertreiben und die Religion auszurotten; dies müsse man verhüten, so lange dem Wesentlichen der Religion kein Nachtheil geschehe. Das Schreiben fügt die Versicherung bei: es werde der Bischof nicht ermangeln, nach genommener Kenntniß von den die kirchlichen Angelegenheiten betreffenden helvetischen Gesetzen, je nach Umständen bei der Regierung in Aaran für Behauptung der Rechte der Kirche und der Religionsfreiheit geeignete Vorstellungen zu machen. [1] Inzwischen sah sich das

---

[1] Diarium Sangall. Das Schreiben ist vom 18. August, an welchem Tage die Abgeordneten auch Audienz bei dem Generalvikar hatten. Hier wurde mündlich bestätiget, daß die Eidesleistung „mit Vorbehalt der Reli-

Ordinariat in eine Lage gedrängt, welche es zu abweichenden Beschlüssen nöthigte. Künzle, der Präsident der Verwaltungs-kammer, schrieb, auf Grundlage der erwähnten Verordnung vom 28. Juni, den Dekanen: Die Verwaltungskammer werde von nun an die Pfründen selbst besetzen, indem das Ordinariat nicht mehr anerkannt werde. [1] Einer in Folge dieser Eröffnung ge-haltenen Rathsversammlung des Ordinariats drängten sich zwei Mitglieder der Kammer als Kommissäre auf, Künzle und Hautli (von Appenzell). Gleichwohl erließ „die Geistlichkeit des Stift

---

gion" durch das Kreisschreiben gestattet worden sei, welches jedoch in einem ziemlichen Theil der Schweiz zu spät angekommen. Der Verfasser hat ein der Audienz vorangehendes Kreisschreiben nicht gefunden, wohl aber ein späteres; dieses enthält jedoch den oben erwähnten Vorbehalt nicht wörtlich, sondern ist vielmehr auf die „feierliche Versicherung" der helvetischen Regie-rung begründet, „daß die Eidesleistung lediglich auf die bürgerlichen Ver-hältnisse sich beschränke und die Religion nicht im Mindesten berühre, als deren freie und ungestörte Ausübung in der helvetischen Konstitution garan-tirt seye und unbekränkt verbleiben solle". Dann folgt die Erklärung: „daß unsere heil. Religion und christkatholisches Glaubensbekenntniß durch den ab-gelegten Bürgereid nicht bekränkt werde, und daß alle diejenigen, welche den-selben geleistet oder hinkünftig ablegen werden, keiner derjenigen Pflichten und Glaubenslehren entsagen, zu welcher sie sich bishero im Schooße unserer heil. Mutter der Kirche bekannt haben". Am Schluß die Mahnung: „Leget alle Zweifel und Aengstlichkeit beiseits, die Euch etwa von Ablegung des Bürgereides abhalten könnten, und gebet dadurch den neuerlichen Beweis, daß der Gehorsam gegen die Obrigkeit in dem Geiste unserer heil. Religion tief begründet seie". So schrieb aus der Residenz Meersburg am 18. Sep-tember 1798 der Fürstbischof von Konstanz, Maximilian Christoph. Der in Konstanz weilende Kanzler der Nuntiatur war mit der Haltung der dortigen Kurie nicht zufrieden. P. Heinrich war es noch viel weniger.

[1] Wie entschlossen und keck der ehemalige Herisauer-Bote in diesen Din-gen war, zeigt eine Unterredung zwischen ihm und dem P. Beda (Subprior). Dieser wies auf die Folgen kirchenrechtswidriger Besetzung der Pfründen und sagte: „wer wird denn dem Gewählten die Jurisdiktion geben?" Künzle erwiderte trocken: Konstanz. „Aber auch Konstanz wird es nicht thun." So geht man zu Einem, der sie gibt (die Jurisdiktion); es gibt ohnehin ein allgemeines Bisthum in der Schweiz. Das war die Schlußantwort des neuen Regenten. (Diarium Sangallense; Brief des Subpriors vom 22. August).

St. Gallischen Ordinariates" ein umständliches Memorial an das helvetische Direktorium, welches den ausführlichen Nachweis enthielt, daß die bewußten beiden Beschlüsse dem Wesen der katholischen Kirchenordnung mehrfach widersprechen, indem sie den weltlichen Verwaltungsbehörden Befugnisse über Anstellung, Installation und seelsorgliche Wirksamkeit der Geistlichen, sowie eine Theilnahme an den Berathungen der Kirchenbehörden einräumen, welche das ganze Religionssystem der Katholiken nicht nur kränken, sondern vollends untergraben würden, weßhalb besagte Geistlichkeit sowohl um Zurücknahme jener Beschlüsse und Wiedereinführung der früheren Ordnung der Dinge in Kirchensachen ersucht, als auch um Enthebung von Leistung des geforderten Bürgereides, den sie mit ihren religiösen Pflichten und Gewissen nicht vereinbarlich halte (13. August).[1] Dieser Vorstellung Nachdruck zu geben, schlossen sich angesehene Laien den Bestrebungen der katholischen Geistlichkeit an. Bereits in Folge der Beschlagnahme des Stiftsvermögens hatten sich die ersten katholischen Amtspersonen aus dem Rheinthal, der alten Landschaft und Toggenburg zur Wahrung der bezüglichen Landesinteressen vereiniget.[2] Sie griffen nun auch die Frage der Eidesleistung auf, entsandten sechs Männer aus ihrer Mitte (Duble, Brägger, Müller von St. Georgen und Dr. Ritter von Altstätten nebst Anderen) nach Aarau, trotz aller Hindernisse, welche die höheren Behörden in St. Gallen ihrer Reise entgegensetzten. Ihre Sendung umfaßte die verschiedenen Klagen und

[1] Eines der vorhandenen Exemplare ist von der Hand des oben genannten P. Heinrich geschrieben. (In der Stiftsbibliothek.)

[2] Ihre erste Versammlung war am 25. Juni in Bruggen; anwesend sechzehn Männer: Hoffmann älter aus Rorschach; Ammann Egger von Eggersriet; Einer von Mörschwyl; zwei von Goßau; Müller aus St. Georgen; Reutti und Häfeli aus dem alten Wyler Amt; Obervogt Duble und Pfalzrath Falk aus St. Peterzell; Stadtammann Ritter und Statthalter Haselbach aus Altstätten; Ammann Thurnherr und Seckelmeister Wüst aus Oberriet; Altlandstatthalter Federer aus Berneck. So zählt das Diarium Sangall. (S. 240) die ihm bekannt gewordenen oder auch unbekannt gebliebenen Theilnehmer auf.

Begehren des St. Gallischen Ordinariates. Mit Bangen erwartete man ihre Rückkehr, da Statthalter Bolt jede weitere
Verschiebung der Eidesleistung abgelehnt hatte. Sie brachten
einen Beschluß des Direktoriums vom 27. August zurück, durch
welchen dasselbe zwar seine beiden Beschlüsse vom 28. Juni und
5. Juli über kirchliche Angelegenheiten bestätigte, doch unter
Beschwichtigung in den Erwägungsgründen: daß nämlich den
Verwaltungskammern in Sachen der Kirchendisziplin und des
Kollaturrechtes keine mehrere Gewalt gegeben werden wollte, als
jene war, welche die früheren Regierungen besessen; daß in die
hierarchische Ordnung nicht eingegriffen werde; daß der Artikel
über die Installirung „der Priester" nur die Reformirten betreffe,
und daß überhaupt die den Verwaltungskammern und ihren
Kommissären in den katholischen Kantonen eingeräumten Befugnisse keine anderen Zwecke haben, als zu verhindern, daß
revolutionär gesinnte (d. h. wohl dem kirchenfeindlichen Regierungssystem abgeneigte) Geistliche zu Pfründen gelangen, durch die
ihnen ein großer Einfluß auf die Stimmung des Volkes eingeräumt würde. Die Deputirten wollten oder mußten sich fügen
und mit den Beruhigungen vorlieb nehmen, welche sie empfangen
hatten. Dagegen war des Bürgereides wegen keinerlei Ver-
tröstung oder Milderung erhältlich gewesen.

Vorangehend (26. Juli) hatte der Offizial, P. Placidus
Stadelmann, der sich jenseits des Rheines aufhielt, aus Neu-
Ravensburg ein Kreisschreiben an die Geistlichkeit erlassen, sieben
Verhaltungsvorschriften enthaltend, von denen die erste lautete:
die Leistung des Bürgereides sei keinem Geistlichen erlaubt, ohne
daß vorher ein Verschub von wenigstens einem Monat verlangt
worden, und das fürstliche Ordinariat seine Einwilligung dazu
gegeben habe. In quälender Ungeduld harrten nun die Geistlichen, besonders die stiftischen Kapitularen, auf den Bescheid
des Fürsten. Dieser schrieb am 15. August nach Mehrerau:
als Landesherr könne er die Leistung jenes Bürgereides nicht
gestatten, als Ordinarius nicht erklären, daß man selben mit
gutem Gewissen ablegen dürfe; mit Bezug auf die Dazwischen-

kunft des Kaisers, da die St. Gallischen Lande Reichslehen, sollen die Kapitularen bei dem Direktorium Vorstellungen machen und um Verschub bis Austragung der Hauptfrage einkommen. In diesem Sinn gelangte der Fürst an das kaiserliche Ministerium, an die Reichskanzlei, sodann an das Direktorium in Aarau. [1] Die in Mehrerau versammelten Kapitularen hinwieder ersuchten einen kaiserlichen Delegirten, der in Basel seinen Sitz hatte, das Verschubsbegehren bei der helvetischen Behörde zu unterstützen. Dekan und Kapitel verwendeten sich zu gleichem Zweck unmittelbar bei dem Direktorium mit Schreiben vom 23. August; sie erinnerten darin wiederholt an die „enge Verbindung des St. Gallischen Stiftes und dortiger Lande mit dem Reichsoberhaupt als höchstem Lehensherrn all' seiner Gerichtsbarkeiten"; an die kaiserliche Verwendung und an die vom Direktorium verheißene Rücksichtnahme auf dieselbe; und begründet darauf, „daß ohne augenscheinliche Beleidigung Hochgedachten allerhöchsten Hofes so eine Eidesbeschwörung nicht geleistet, viel weniger gefördert werden könne", baten sie dringend: „mit der feierlichen Huldigungsakte und dem zu schwörenden Eide in den Stift St. Gallischen Landen so lange zurückzuhalten, bis die ganze Sache mit dem Kaiserhof ausgetragen sein wird". Das Direktorium ließ alle diese Vorstellungen unberücksichtigt. Hinwieder kam in der Nacht vom 29. auf den 30. August ein Eilbote aus Mehrerau im Stift St. Gallen an mit der fürstlichen Weisung: Die Kapitularen sollen in keinem Falle schwören, die Pfarrherren sich kein Bedenken machen, laut zu verkünden, daß ihnen die Eidleistung untersagt sei. Noch befanden sich zwei der einflußreichsten Abgeordneten nach Aarau in St. Gallen (einer derselben war Fridolin Brägger aus dem Hemberg); noch erfüllt von den in der helvetischen Hauptstadt empfangenen Eindrücken, machten sie den Kapitularen die dringendsten Vorstellungen zur Willfahr; im Falle der Eidverweigerung sei ihre Vertreibung aus der Schweiz unwiderruflich beschlossen. Die Kapi-

---

[1] Tagebuch des Fürsten vom 15. bis 22. August.

tularen fügten sich nun diesem Rath und schwuren gleiches Tages in die Hände des Unterstatthalters Halder, eines Mannes, der nicht bessere Gesinnung gegen das Kloster hegte als Erlacher, gleichwohl aber bei diesem Anlaß den provisorischen Klostervorstand, P. Beda Gallus, mit dem „Bruderkuß" beehrte. Einer machte Ausnahme von der Gefügigkeit; es war der P. Gerold Brandenberg; der ihm widerwärtigen Handlung sich zu entziehen, ergriff er, obwohl schon hochbetagt, in aller Frühe den Wanderstab und flüchtete sich auf Nebenwegen über Martinsbruck, Rorschach uud Altenrhein nach Mehrerau zu seinen dortigen Unglücksgenossen. Von der jenseitigen Anhöhe oberhalb Martinsbruck, warf er noch einen wehmüthigen Scheideblick zurück auf das liebe Stift, das er, wie er fürchtete, nimmer wieder sehen werde. [1]) Seine Betrachtungen über das Tagesereigniß schloß er mit der in seine Erlebnisse niedergelegten Aeußerung: er wolle sich über Jene seiner Genossen, die anders gehandelt als er und dem Drängen nachgegeben hatten, jeglichen lieblosen Urtheils enthalten. [2]) Noch waren mehrere der Konventualen als Pfarrer auf Erposituren; sie ergaben sich später in die unvermeidlich gewordene Eidesleistung. Einer derselben jedoch ist als Ausnahme zu bezeichnen: P. Heinrich Müller v. Friedberg. Er versah um diese Zeit das Pfarramt in Altstätten, verließ die Pfründe und wanderte aus, um sich der Eidesleistung zu entziehen. In einer später geschriebenen Denkschrift an den Unterstatthalter im Rheinthal unterwirft er den Wortlaut der Eidesformel, die Unbekanntschaft des Volkes mit dem Wesen der Verfassung und die aus derselben hervorgehende Beknechtung der Bürger, die Lügenhaftigkeit der helvetischen Behörden in ihren Manifesten über alle öffentlichen Verhältnisse, ihre Gewaltthätigkeiten in Religionssachen, die Unterdrückung und Verfolgung der katholischen Kirche,

---

[1]) Solches ward ihm doch gewährt; der Verfasser sah später Jahre lang den merkwürdigen Mann, einen stattlichen würdigen Greis, in den Räumen des Klosters zur Zeit, als dasselbe zum größeren Theil für die neue katholische Landesschule verwendet wurde.

[2]) Geroldi Brandenberg Adversaria; II. S. 80.

einer muthigen und schonungslosen Kritik. [1]) Der Fürst war über den Subprior P. Beda Gallus, der im Stift zur Nachgiebigkeit den Rath gegeben, sehr ungehalten. Die Toggenburgische Geist- lichkeit, vom Stift St. Gallen her nicht gehörig unterrichtet, was zu thun, setzte sich mit dem Kapitel Rapperschwyl in Briefwechsel, welches sie einfach auf die Erklärung der Curie von Konstanz verwies; ihr Inhalt bestimmte dann auch ihren Entschluß in einer Versammlung zu Bütschwyl vom 27. August.

In der alten Landschaft, im Toggenburg und im Rhein- thal ging die Eidesleistung seitens des Volkes, meist aus Furcht vor den Folgen einer Weigerung, im Ganzen ohne Schwierigkeit vorüber, doch hie und da unter mancherlei schwörfeindlichen Possen; eine Ausnahme zu Gunsten der neuen Ordnung machten die paritätischen Gemeinden im Toggenburg, wo wie in St. Gallen militärischer Pomp und Freudenspiel vorherrschte. Wirk- liche Widersetzlichkeit bethätigten umgekehrt Oberegg, Oberriet und Appenzell, wo die Freiheitsbäume umgehauen wurden; auch Gais und andere Orte, wo man die neuen Beamteten mißhan- delte und selbst bewaffneten Widerstand einleitete. Nun erhob sich der Statthalter Bolt. Mit breitester Proklamation mahnte er die Widerspännigen zur Unterordnung; trug ihnen mit vielem Andern vor, daß die neue Verfassung die „uneingeschränkteste Religionsfreiheit" zulasse, demnach dem Gewissen der Bürger nicht der mindeste Zwang angethan werde; tadelte ihren „ver- stockten" Sinn, nicht achtend der Thatsache, daß die Verstocktheit der regierenden helvetischen Sippschaft, d. h. ihre Verranntheit in unausführbare Staatseinrichtungen, eine noch viel größere war, als jene des braven Volkes; bedrohte endlich längere Widersetzlichkeit mit militärischer Exekution, nöthigenfalls selbst durch „fränkische" Truppen (3. September). Wirklich setzten sich schon am gleichen Tag die aus mehreren Distrikten, vor- nemlich Herisau, aufgebotenen Mannschaften in Bewegung, in zwei Kolonnen, die eine befehligt durch den gewesenen Landam-

---

[1]) Die Denkschrift ist einige Zeit nach dem Ueberfall von Nidwalden geschrieben, ihr Datum aber auf dem Konzepte nicht angegeben.

mann Wetter von Herisau, nach dem Rheinthal, in Rheineck durch dortige Milizen bis auf 800 Mann verstärkt; die andere unter Kommando Oberteufer's von St. Gallen, [1]) von gleicher Stärke ungefähr, in die Appenzeller Gemeinden. Die Wetter'sche Kolonne fand Widerstand in Oberegg und Oberriet; das „versteckte Volk" im letztern Ort zog die Sturmglocke, jagte die Helvetier nach Kriesern zurück, verzichtete aber in den folgenden Tagen auf längeren Widerstand, hatte noch einige Exzesse der Herisauer zu dulden und schwur endlich den verhaßten Eid. Die andere Truppenabtheilung rückte der Reihe nach über Speicher in die anderen Gemeinden von Appenzell Außer- und Innerrhoden vor, die sich alle ohne Ausnahme unterwarfen, Gais inbegriffen, wo die widersetzlichste Stimmung gewaltet hatte. Zeitungsberichte jener Tage sprachen, soweit es Appenzell, Gonten und Haslen betrifft, von aufwieglerischen Künsten der Kapuziner und riefen die Behörden zu kräftigem Einschreiten gegen „diese hosenlose Gleißnerbrut" auf. [2]) Die Expedition in das Rheinthal war am 10., jene in das Appenzellerland am 20. September beendigt. Wirkliche oder vermeinte Urheber des Aufstandes wurden nach St. Gallen abgeführt und in Untersuchung gezogen; sechs der Kapuziner von Appenzell ohne rechtlich erwiesene Schuld aus dem Kanton weggewiesen.

Die Stimmung im katholischen Theile des Kantons Linth war der Eidesleistung so abgeneigt, als jene in den anderen katholischen Gebieten der Schweiz. Der Bischof von Chur, wie jener von Konstanz, genöthigt sich auszusprechen und der Geistlichkeit zu Handen des Volkes Instruktionen zu geben, erklärte sich bedeutsam weniger günstig, als die Kurie in Konstanz und gab die Weisung, den Eid nur in soweit zu schwören, als die Religion in Zukunft nicht darunter leide; der bischöfliche Kanzler Baal beleuchtete in besonderem Schriftchen das Wesen der Eidesleistung gegenüber der neuen Ordnung. Die Aeußerungen der Geistlichkeit lauteten in Folge solcher Weisungen

---

[1]) Damals Befehlshaber der bewaffneten Macht des Kantons Sentis.
[2]) Wochenblatt für den Kanton Sentis, vom 6. Oktober 1798.

wesentlich abmahnend. Das Letztere wird besonders den Kapuzinern nachgeredet. Mels, Vilters, Rüthi weigerten sich anfänglich, erstere Gemeinde unter Tumult, für den sie durch Versetzung des Distriktshauptortes nach Sargans gezüchtiget wurde. Wie anderwärts mußten sich auch diese Gemeinden unterziehen. Das Kloster Pfäfers erhob keinerlei Anstände gegen die Eidesleistung. Die Härte der Behörden machte das Volk nicht gerade viel weicher und biegsamer; so erklären sich neue Mahndekrete der Zentralbehörden, von denen eines vor injuriösem Benehmen gegen die konstituirten Gewalten warnte (31. August), ein anderes das Einschreiten gegen die Unruhestifter verordnete (4. September), ein drittes neuerdings zum Tragen der Nationalkokarde aufforderte (14. September), ein viertes (vom November) ein allgemeines Anathema gegen die Störer der neuen Ordnung der Dinge schleuderte. Zur Mißstimmung gab es immer neuen Stoff. Stapfer, der Minister der Künste und Wissenschaften, verordnete zum erstenmal einen allgemeinen schweizerischen Bettag (Kreisschreiben vom 3. August). Der Bettag war bis dahin eine kirchliche Feier der Protestanten aus den Zeiten der Glaubensspaltung, in seiner Wesenheit ein Dankfest für bewirkte Trennung von der katholischen Kirche, jeweilen abgehalten am ersten Donnerstag im Herbstmonat. Den Katholiken war durch jene Anordnung ein neuer Feiertag, und zwar von weltlicher Behörde, aufgedrungen. Das bewirkte wieder Unzufriedenheit unter den Katholiken. Die früher erwähnte Deputation war beauftragt, gegen die gemeinsame Feier Einsprache in Aarau zu erheben. Wirklich wurde entsprochen und die Katholiken hielten den verordneten Bettag nicht. Aus dieser Unterlassung machte ein fanatischer Toggenburger reformirten Bekenntnisses ein Verschwörungsprojekt der Katholiken zurecht, das auf nichts Geringeres abgezielt habe, als auf Ermordung sämmtlicher Reformirten am 6. September, dem Bettag. Dummköpfe glaubten an die Verleumdung; große Aufregung folgte, mit allerlei Neckerei und Aberwillen gegen die Katholiken, so daß sich der Statthalter Bolt, auf Vorstellungen Angesehener aus ihrer

Mitte, veranlaßt sah, mit einer Proklamation gegen die schänd-
liche Ausstreuung aufzutreten und mit Bestrafung der Schuldigen zu drohen (10. Oktober). Diese erfolgte wirklich. Der
Urheber wurde laut distriktsgerichtlichem Urtheil von Lichtensteig durch Ausstellung am Pranger, „mit einem Bengel im
Maul", gestraft. Nach Eröffnung des Urtheils hatte er, höchst
befremdet über den ihm unerwarteten Spruch, gesagt: „So
möchte der T. Patriot sein!"

Die helvetische Regierung wollte Alles „gleich" machen;
in solcher Gleichheit wähnte sie dem Volke Glück, Ehre und
Wohlstand zu bringen. Sie hatte entdeckt, daß in einigen Gegenden der Schweiz noch der alte julianische Kalender bestehe,
während im ganzen übrigen Europa, Rußland ausgenommen,
schon seit einem Jahrhundert und länger der von Papst Gregor XIII. im Jahre 1582 verbesserte und nach ihm benannte
(gregorianische) Kalender eingeführt und im Gebrauch war.
Wirklich bestand der alte Kalender noch im alten Kantone
Glarus und in Appenzell A. R., welches den vor der Landestheilung bereits eingeführt gewesenen neuen Kalender nach derselben (1597) wieder abgeschafft und gegen den alten umge-
tauscht hatte. [1] Der helvetische Große Rath verordnete nun
die Einführung des neuen Kalenders allüberall, Herausgabe
eines von „abergläubigen" Zuthaten gesäuberten Kalenders und
die Hinzugabe der neuen französischen Zeitrechnung. Darüber
große Sensation in den betheiligten Gebieten von Sentis und
Linth, mit Gerüchten und Besorgniß, daß der Sonntag abgeschafft, dagegen der französische „Decadi" eingeführt werde. [2]

---

[1] In den katholischen Gebieten der Schweiz war der neue Kalender
schon 1584, in der Stadt St. Gallen aber erst im Jahr 1724 eingeführt
worden.

[2] Selbst Müller v. Friedberg glaubte daran und schrieb an Joh. v.
Müller, 8. Juli: „Si le funeste projet de nous donner le décadi avait
réussi, le peuple de plusieurs cantons se serait levé, et quel honnête
homme malgré le peu d'apparence de succès, aurait abandonné sa cause?"
S. 259 der Sammlung.

Die Sache wurde so ernst, daß der Statthalter von Linth, Joachim Heer, nachdrückliche Vorstellungen bei der helvetischen Regierung gegen ein allfälliges Vorhaben jener Art einlegte, dann die beruhigende Versicherung erhielt, daß es sich nur um Abschaffung der sogenannten „alten Zeit" handle, die Sonn- und Festtage unverändert bleiben werden. So wurden im Osten Reformirte und Katholiken, welch' letztere kränkende Auslassungen oder Zusätze besorgt hatten, beruhigt. [1]

Die helvetische Regierung wollte auch das Volk „aufklären"; sie war von dem irrigen Gedanken getrieben, daß vor ihrem Erscheinen die Schweiz in dichter Finsterniß gelebt. Daher verordneten die „Gesetzgeber" die Herausgabe eines helvetischen Volksblattes, „um das Volk in seinen wichtigsten Angelegenheiten durch einen faßlichen Unterricht zu belehren, Licht und Wahrheit, Vaterlandsliebe, [2] vernünftiges Vertrauen zu der Regierung und der Gesetzgebung zu verbreiten und den treulosen Eingebungen der Volksverführer und den Feinden der neuen Ordnung entgegenzuarbeiten"; letzteres war wohl die Hauptsache. Das Blatt wurde auf „Kosten der Nation" und amtlich ausgegeben. Durch Kreisschreiben vom 10. Oktober 1798 lud der Statthalter Bolt „die Bürger, Religionslehrer und Prediger beider Religionen" zur Betheiligung und Subskription ein. Auch die weltlichen Beamten mußten zur Verbreitung Hand bieten; sie erhielten zu diesem Zweck starke Lieferungen von jenem Volksblatt und von andern Zeitungen; daher Bernold bei einem solchen Anlaß scherzend den Statthalter von Linth fragte: ob man die Distriktsstatthalter noch zu Kleinhändlern machen wolle? [3] Preßfreiheit bestand in Wirklichkeit nicht; die Regierung forderte jedes erscheinende Zeitungsblatt zur Prüfung ein. [4] Zweck der

---

[1] Wochenblatt für den Kanton Sentis, 4. und 8. August 1798.

[2] Auf welche Zeitungen war seiner Zeit Held Arnold von Winkelried abonnirt?

[3] Schreiben von Bernold an den Statthalter von Linth, vom 1. Januar 1799.

[4] Bemerkungen von G. L. Hartmann, vom 6. Dez. 1798, als es sich

Presse war politische Volksdressur zum Glauben an die Dogmen der Revolution.

Es ist bereits jenes Kreisschreibens des Stiftischen Offizials P. Plazidus Stadelmann vom 26. Juli gedacht, welches der Geistlichkeit zunächst über die Leistung des Bürgereides Weisung gab. Dasselbe enthielt aber auch anderweitige Anleitung, wie sie sich gegenüber allfälligen andern Zumuthungen oder Verfügungen zu benehmen hätte, die den Rechten der St. Gallischen Geistlichkeit zuwiderlaufen würden, wie folgt: falls die weltliche Obrigkeit einen andern Ordinarius, Offizialen oder geistlichen Rath einsetzen oder aufdrängen wollte, soll ein Jeder Solche, wer sie immer sein möchten, für Eingedrungene und Usurpatoren halten, auch ihnen den Gehorsam versagen; allen Pfarrherren und Vikarien sei verboten, zu Vorenthaltung oder Schmälerung von Natural- oder andern geistlichen Einkünften, ohne vorgängigen Entscheid des Ordinariates, einzuwilligen oder darüber in Unterhandlung einzutreten; gegen Gewalt solle protestirt werden; würden sie vor weltliches Gericht als Schuldige geladen, sollen sie die Kompetenz ihres geistlichen Richters wahren, im Zwangsfalle protestiren; es solle kein Geistlicher von Wem immer, dem das Patronatrecht nicht zustehe, eine Pfründe annehmen; beabsichtigte Mischehen seien, nach vergeblicher Abmahnung, der Curie anzuzeigen, Entscheidungen oder Richtersprüche weltlicher Behörden in Ehesachen als ungültig anzusehen; deßgleichen sei zu unterlassen, hadernde Eheleute an einen weltlichen Richter zu weisen; schließlich noch allgemeine Räthe, wie sich in unvorhergesehenen Fällen zu verhalten sei. [1] Das Kreisschreiben spricht durch sich selbst; es zeigt, wie tief das einseitige, unbedachte und vorlaute Einschreiten der helvetischen Behörden schon nach der kurzen Regierungszeit von wenigen Wochen eingeschnitten hatte. Aber nicht weniger setzten sich die katholischen Laien zur Wehre gegen besorgte

---

um die Bedingungen handelte, unter welchen er die Redaktion des „Wochenblattes für den Kanton Sentis" fortsetzen würde. Akten im Kantonsarchiv.

[1] Das Kreisschreiben ist in lateinischer Sprache abgefaßt. Kopie als Beilage von Falk's: „Kurze Darstellung der Vorgänge im Toggenburg u. s. w."

Eingriffe der helvetischen Oberbehörden in die Rechte des Landes. Jener Versammlung von Katholiken des Rheinthals, der alten Landschaft und des Toggenburg's ist schon oben erwähnt; sie wurde den 25. Juni in Bruggen gehalten. Die tumultuarische Besitznahme vom Vermögen des Stiftes und dessen Erklärung als Nationalgut, in Verbindung mit allen übrigen Erscheinungen des Tages, hatten nemlich Männer verschiedener politischer Anschauung, solche, die für den Umsturz der alten Verfassung thätig gewesen, wie die Freunde der letztern, zur Erkenntniß gebracht, daß Grund vorliege, durch vereinigte Kräfte weiterer Unbill, Willkür und Ungerechtigkeit entgegenzutreten. Wer von ihnen dem Fortbestande des Stiftes nicht günstig, der wollte dem Lande wenigstens die Ansprüche wahren, welche ihm auf die Verlassenschaft desselben zustehen mochten. Aus der Versammlung ging eine Fünferkommission hervor (Dubli aus Schwarzenbach, Amtmann Franz Karl Falk aus St. Peterzell, Müller von St. Georgen, J. P. Reutti von Wyl, Stadtammann Dr. Ritter von Altstätten),[1] welche die zu treffenden Maßnahmen vorzuberathen hatte. Bei den Mitgliedern dieser Kommission und ihren Kommittenten gelangte die heilsame Wirksamkeit und Bedeutung des Stiftes wieder zu voller Anerkennung. Sie erachteten, daß die drei Landschaften den empfindlichsten Schaden in ökonomischer und religiöser Beziehung leiden würden, falls der Staat, wie es den Anschein hatte, über das Vermögen des Stiftes rücksichtslos und im alleinigen fiskalischen Interesse verfügen würde. Die versammelten „Deputirten der drei Landschaften" reichten daher der Verwaltungskammer des Kantons Sentis eine ausführliche Zuschrift ein, in welcher sie, mit besonderer Beziehung auf den geschehenen Aufruf zur Eingabe der Forderungen oder Schulden an das Stiftsvermögen, „ihre Privatforderungen" an dasselbe einreichten, d. h. an die neue Regierung das Verlangen stellten,

---

[1] Von diesem vorzugsweise war das Projekt einer Verwendung für Sicherung und Fundirung des Ordinariates u. s. w., wie es später folgen wird, ausgegangen. Die Häupter der Kapitularen konnten, von ihrem Standpunkt aus, mit solchen Bestrebungen nicht einverstanden sein.

daß ein genüglicher Fond aushingegeben werde zur Sicherung der Pfarrpfründen, Unterhaltung der Gebäude, Beibehaltung des Ordinariats mit den geistlichen Schulanstalten, wie überhaupt als Ersatz für alle bisher vom Lande bezogenen Zuflüsse für fromme und wohlthätige Zwecke jeder Art, im Ganzen die Summe von 985,456 Gulden (rund eine Million) betragend, nebst nöthigen Waldungen für die Bedürfnisse des Ordinariates, der höheren Schulanstalten und zur Erhaltung sämmtlicher Gebäude, Alles unter Vorbehalt der Ansprüche auf den Zehnten der inkorporirten Pfründen und mit dem Begehren um Bedachtnahme, daß vom Stift St. Gallen unmittelbar, dann von den Statthaltereien Wyl und Rorschach nach dreißigjährigem Durchschnitt jährlich 30,000 Gulden unter die Haus- und anderen Armen ausgetheilt worden. Die Denkschrift stellte obige Ansprache geradezu als „Schuldforderung" an das Stiftsvermögen, mit besonderm Bezug auf den berechtigten Fortbestand des Ordinariats und auf die vom Kloster unterhaltenen höhern und untern Schulen und einschlägige ganze oder theilweise Freiplätze an denselben, auf die vielen frommen Stiftungen und Vergabungen der Altvordern, die ihrem Zwecke nicht entfremdet werden dürfen.[1] Die Deputirten beriefen sich dabei auf die in der helvetischen Verfassung garantirte Sicherheit des Eigenthums und auf die ihrer Einführung vorangehend proklamirte ungeschmälerte Toleranz auch zu Gunsten der Katholiken, und setzten bei: würden den drei Landschaften die angesprochenen Zuflüsse für die Folge entzogen, so wären ihre Gemeinden genöthiget, dieselben auf dem Steuerwege zu ersetzen; ihre Kinder, die an den Schulen des Klosters für alle Stände vorbereitet werden konnten, mit großen Kosten in das Ausland zu schicken. In obiger Hauptsumme waren für das Ordinariat (nebst dem Unterhalt für mehrere junge Geistliche, Portherren) 13,825 Gulden, für das Professorenkollegium (Theologie, Philosophie, beide Rechte, Rhetorik und Poesie, nebst den Professoren

---

[1] In Falk's: „Darstellung der politischen Vorgänge im Toggenburg." Auch in Kopie als Beilage dieser Schrift vorhanden.

für die untern Schulen) 8700 Gulden ángesetzt; gewiß mäßige
Summen. Es darf beigefügt werden, daß eine Menge Toggenburger Gemeinden an Pfrund- und Schulgeldern, sowie an Unterstützungen für die Armen aus dem Kloster Neu-St. Johann bedeutende Summen bezogen hatten, die in obiger Forderungs-
rechnung nicht in Anschlag gebracht worden waren. Der Entwurf war zu Bruggen einer Versammlung von achtundzwanzig
Theilnehmern vorgelesen worden. In der Abfassung und Uebergabe jenes Memorials darf man bei den meisten ihrer Autoren
wohl auch die Absicht voraussetzen, durch die Geltendmachung
der Forderung die Herstellung des Klosters St. Gallen in günsti-
gerer Zeit zu ermöglichen. Die Gesandtschaft der drei Landschaften nach Aarau erhielt auf die in der Denkschrift enthaltenen
Forderungen daselbst vorläufig gute Worte und die Versicherung,
daß eine Kommission die näheren Vorberathungen über die Ansprache pflegen werde; eine Dotation der fraglichen Anstalten erfolgte nicht. Der Verlauf dieser Geschichte wird zeigen, welch
außerordentliche Mühe die Katholiken hatten, ihre Berechtigungen
bei den Staatsbehörden zur Anerkennung zu bringen.

Schon am 23. April erließen die helvetischen Räthe ein
Gesetz, welches das vormalige Staatsvermögen der Kantone und
der übrigen Bundesgebiete als Staatsgut der neuen Einheitsrepublik erklärte. Dieses Gesetz traf, wie andere ehedem souveräne Städte, auch die Stadt St. Gallen. Als Staats-, nun
Nationalvermögen, wurde all ihr Gemeinde-Eigenthum erklärt,
welches irgendwie mit dem Begriff von Staatszwecken in Ver-
wandtschaft gezogen werden konnte. Die auf solche Grundlage
durch die Verwaltungskammer gemachte Ausmittlung ergab einen
Vermögensstand von 252,406 Gl. an Kapitalien, 137,500 Gl.
an öffentlichen Gebäuden, 63,836 Gl. an Zeughausgeräthen und
Munition, zusammen 453,742 Gulden. „Vergebens leistete die
Gemeinde Ausweis, daß alles, auch den allgemeinen Zwecken
gewidmete, Staatsgut ausschließlich von den Bürgern der Gemeinde selbst seit Jahrhunderten herrühre und die hoheitlichen
Gefälle nicht einmal zur Deckung der ordentlichen jährlichen Kosten

hinreichten": es mußte die Vermögensabtretung nach dem erwähnten Etat erfolgen. [1] Doch gab die Verwaltungskammer
zugleich mit der Empfangsbescheinigung die tröstende Aussicht für
die Zukunft: „es werde die Gemeinde vor andern Ansprüchen
auf ihre Gemeinds- und Bürgergüter künftighin gesichert bleiben,
besonders da sie nicht als der Ertrag herrschaftlicher Vorrechte,
sondern als die Früchte ihres Kunstfleißes und ihrer Arbeitsam-
keit anzusehen seien." Im Toggenburg bestand ein sogenannter
allgemeiner „Landsäckel", aus dem die Landeskosten bestritten
wurden; dann hatten beide Religionstheile Sondervermögen,
welches für ihre eigenen Bedürfnisse verwendet wurde. Die ehemaligen Behörden traten nun auch hier zusammen, um für eigenen
Landesbedarf zu retten, was möglich. Durch Abfindung mit den
Protestanten bezogen die Katholiken aus dem allgemeinen Landsäckel einen kleinen Fond von 4423 Gl. Diesen Betrag, sowie
das Sondervermögen der Katholiken, anerkannte die Verwaltungskammer auf geschehene Memorialeingabe als Vermögen der katholischen Toggenburger Gemeinden; Gleiches geschah in Bezug auf
dasjenige der Staringen'schen Waisenstiftung; die Ansprüche für
Wahrung eines von weltlichen und geistlichen Räthen gestifteten
Stipendienfondes (der fürstliche-Räthe-Fond genannt) wurden
ebenfalls seitens der Toggenburger nicht versäumt.

Was bei Anlaß der Leistung des Bürgereides im Osten
der Schweiz vorgegangen, dann eine Reihe von Wahrnehmungen
anderer Art, waren der Zeugnisse genug für die helvetische Regierung, daß sie, die Verfassung und die Franzosen gleich verhaßt seien. Schauder erregende Vorgänge in Nidwalden machten
das Maß voll. Wie andere demokratische Völker der alten Eidgenossenschaft hatte jenes von Unterwalden nid dem Wald sich
nicht unbedingt der neuen Ordnung unterworfen. Es hatte an
der Landsgemeinde vom 13. Mai Bedingungen gemacht, die das
ihm Heiligste unter allen Umständen sichern sollten, und zwar:
daß es „seine heilige katholische Religion gänzlich, wie von Alters

---

[1] So erzählt klagend August Naef in seiner „   onik u. s. w.".

her, beibehalten könne," die Sicherheit geistlicher und weltlicher Personen wie jene des Eigenthums, gewahrt bleibe, nebst Mehrerem. Schauenburg, mit dem die Abgeordneten des Volkes unterhandelten, versprach alles Geforderte, theilweise aber in gewundener Sprache. „In Betreff der Religion," so schrieb er unter Anderm, „will die fränkische Republik das Gewissen nicht beengen, sondern läßt Jeden nach seiner Weise Gott verehren." Da das Volk von Nidwalden ein Mehreres nicht erhalten konnte, war es, wie die nächste Zeit schon lehrte, betrogen. Eine Masse von Plackereien belehrten dasselbe, daß kein Recht und kein Interesse in der helvetischen Republik weniger geachtet und weniger sicher sei, als das der Anerkennung und unangefeindeten Erhaltung der katholischen Kirche, daß vielmehr eine Zeit schwerer Verfolgung gegen dieselbe und ihre Bekenner eingetreten sei. [1] Diese Ueberzeugung gab dem Volk von Nidwalden den ernsten Willen ein, die Leistung des helvetischen Bürgereides wiederholt abzulehnen. Der Einmarsch eines französischen Heeres, gegen welches sich die tapfern Unterwaldner mit Löwenmuth vertheidigten, sollte ihnen zeigen, daß sie im Unrecht seien. Sie unterlagen im Kampf vom 9. September; aber die zahlreichen Todten und die Brandstätten allüberall gaben Zeugniß, daß eine Schandthat an jenem Volk verübt worden, für welche es keine Rechtfertigung gibt. Gleichwohl beschlossen die helvetischen Räthe: das französische Heer und dessen Führer, General Schauenburg, haben sich um die helvetische Republik verdient gemacht (20. September). Bolt und andere Statthalter, nebst dem von Waldstätten auch jene der Kantone Linth und Luzern, wo ebenfalls mancher Widerstand zu überwinden gewesen, erhielten Ehrenmeldung im Protokoll; gegen die Urheber der „Verschwörung" wurde ein peinlicher Prozeß angeordnet; es füllte sich die Festung

---

[1] Man vergleiche die Schrift: „Der Ueberfall in Nidwalden im Jahr 1798" von Franz Jos. Gut. Stans, 1862. Aehnlich klagen die damaligen Denkschriften der Katholiken in den St. Gallischen Landen über Wortbruch in Sachen der religiösen Duldung und Rechtsgleichheit.

Aarburg, die helvetische Bastille, [1] mit unglücklichen Gefangenen
• von überall her, besonders auch aus Nidwalden. Genau fünf
Wochen nach dem Nidwaldner Schreckenstag, Sonntags den
14. Oktober, vollzog ein Theil der helvetischen Volksrepräsen-
tanten unter Anführung des Großrathspräsidenten Suter aus
Zofingen, eine Wallfahrt zum Grütli, wo das Haupt der Versammlung, den Brunnentrog neben der Quelle als Tribüne be-
nutzend, den Begründern schweizerischer Freiheit schwülstige Lob-
reden in Prosa und in Versen hielt. [2]

Das Direktorium hatte in allem Vorangegangenen seine
eigenen Verstöße und Ungerechtigkeiten, seine gewaltsamen Eingriffe in das unveräußerliche Recht der Religionsfreiheit nicht
erkannt, sondern nur Verschwörung und Empörung allüberall
gewittert. In diesem Geist hatte es, jenem Dekret vorangehend,
über die Ereignisse an die Räthe Bericht erstattet. Seine
Botschaft vom 17. September ergoß sich in würdelosem Zorn
über die Geistlichkeit der östlichen Gebiete: „Der an der äußersten Grenze liegende, seit mehreren Jahrhunderten von abgesonderten Völkerschaften bewohnte Kanton Sentis gab den Feinden
unzählige Gelegenheit, die öffentliche Ruhe und Ordnung zu
stören; ein ausländischer Bischof [3] benutzte dieselbe geschwind,
um die Geistlichkeit des in Helvetien gelegenen Theils seiner
Diözese zu bewegen, sich der Ablegung des Bürgereides zu widersetzen und gebieterischer Weise eine Ausnahme zu begehren, deren
Gestattung die Regierung für immer erniedrigt hätte. Durch

[1] Das Leben der politischen Gefangenen auf der Festung Aarburg schil-
dert, in einem Brief an Joh. v. Müller, vom 14. Juli 1799, Müller v.
Friedberg, von seinem andern Freund Aloys v. Reding erzählend: „Ayant
été déporté à Aarbourg, il a été à même de voir et de me peindre avec
les couleurs les plus hideuses le sort de 350 de ses compatriotes entassés
dans une cave de ce fort où ils ont manqué de périr par l'infection de
leurs propres excréments et par la faim. La bastille n'a rien vu de pa-
reil." S. 286 der mehr angeführten Briefsammlung.
[2] Die Beschreibung dieses Festes ist im „neu helvetischen Almanach
für das Jahr 1799" zu lesen.
[3] Es ist nicht gesagt, wer unter diesem verstanden ist.

seine Agenten aufgehetzt, verbreiteten die Mönche diese alle Ordnung zerstörende Lehre unter den ehrlichen Bergleuten; keine aber zeigten sich so ränkevoll und verbrecherisch als die Mönche von St. Gallen." Hierauf kam die Botschaft ebenso heftig auf das oben angeführte lateinische Kreisschreiben des St. Gallischen Offizials P. Plazidus Stadelmann vom 26. Juli und auf das Schreiben von Dekan und Konvent des Stiftes St. Gallen vom 23. August zu sprechen. Der Unwille hatte selbst auf das Bisthum Konstanz gegriffen, denn in eben dieser Zeit verbreitete sich in Aarau die Sage: es walte Absicht, zu Befriedigung der neuen politischen Interessen die schweizerischen Theile von jenem Bisthum abzutrennen und in der östlichen Schweiz ein eigenes Bisthum zu errichten. Der Zorn der Machthaber entleerte sich in anderer Weise, zur Zeit ganz auf die Klöster. Im Großen Rathe hatte der Unterwalliser Rucs, im revolutionären Grimm, von den Klöstern Einsiedeln und St. Gallen als von Vipern-nestern gesprochen, die zerstört werden sollten, so daß kein Stein auf dem anderen bleibe.[1] Einer Reihe von Verfügungen gegen ihre korporativen Rechte folgte das Gesetz vom 17. September (das Datum zeigt, daß es gleichzeitig mit dem Bericht über die politischen Vorfälle und die Trauerereignisse von Nidwalden ent-worfen worden); ein Gesetz, welches, wie es Erlacher nur etwas verfrüht schon gemeldet hatte, alles Vermögen der Klöster als Nationaleigenthum erklärte und für bleibend unter weltliche Verwaltung setzte; nichts wurde ihren Eigenthümern gelassen oder zugesichert, als ein standesmäßiger Unterhalt, dessen Abreichung jedoch wieder von dem Willen jener Verwaltung abhing. Ganze Kloster-Korporationen oder einzelne Glieder derselben, gegen welche erweislich gemacht würde, daß sie Baarschaft oder andere Werthsachen außer die Schweiz geflüchtet hätten, wurden solange außer den Schutz des Gesetzes gestellt, bis sie alles Geflüchtete wieder zurückerstattet haben werden; bis dahin sollen sie auch „des Unterhalts beraubt sein". Im Weiteren hob das Gesetz

---

[1] Tillier, Geschichte der helvetischen Republik; Bd. I. Bern, 1843. S. 157.

diejenigen Mannsklöster auf, welche während der Revolutionszeit
von ihren Gliedern verlassen worden, „namentlich das Kloster
Einsiedeln"; ihr Vermögen erklärte es als unmittelbares Staats-
eigenthum. Das Verbot der Aufnahme neuer Novizen oder
Professen wurde bestätiget; zugleich öffnete das Gesetz den
Gelübbemüden die beiden Thorflügel jedes Klosters zu beliebigem
Austritt, mit Zusicherung einer Pension.[1] Theilweise ausgenommen von den beschwerenden Verfügungen blieb nur das
Hospiz auf dem großen St. Bernhardsberg. So war der große
Vernichtungsakt, zugleich eine Beraubung wichtiger religiöser
Anstalten der katholischen Kirche in der Schweiz, ausgesprochen
und formell ausgeführt. Die einen Klöster waren aufgehoben,
weil sie ihr Eigenthum vor den Griffen der Revolutionsbehörden
und der fremden Heere hatten in Sicherheit stellen wollen; die
anderen waren es thatsächlich auch, obgleich sie es nicht gethan
und jede Sorge für Rettung unterlassen hatten; die Häupter und
Glieder der scheinbar noch verschonten Klöster waren mundtodt
gemacht, in Bezug auf Nahrung und Kleidung und andere
Lebensbedürfnisse dem Uebermuth der Verwalter und ihres untergeordneten Trosses ausgesetzt; sie durften leben, aber als Sklaven;
nur sterben durften sie ohne Einmischung der revolutionären
Staatsgewalt; neue Mitglieder durften sie nicht mehr aufnehmen,
somit war auch der Fortbestand ihres Verbandes gesetzlich vernichtet. Sie waren geächtet; der allgemeine helvetische Bruderkuß wurde ihnen gegenüber zum Judaskuß. Den Akt der Despotie
hüllten jedoch die Behörden, wie oben gemeldet worden, in
freiheitliches Gewand. Das Direktorium ließ den Ordenspersonen jedes einzelnen Klosters, bei mündlicher Mittheilung des
Gesetzes, durch den Unterstatthalter noch besonders erklären: daß
sie frei seien; jedes Mittel, welches ihre Obern anwenden

---

[1] Um für den Austritt noch mehr Freunde zu gewinnen, verlieh ein
zweites Gesetz (vom 4. Mai 1799), statt der Jahrespension, den Austreten-
den je eine aversale Abfindungssumme, damit sie „bei ihrer Rückkehr in die
Welt" sich um so sicherer eine ergiebige Laufbahn durch Kunst- oder Ge-
werbfleiß gründen mögen.

würden, um sie in ihren Klöstern oder Orden zurückzuhalten, gesetzwidrig sei; Diejenigen, welche sich solcher Zwangsmittel bedienen würden, des Ungehorsams gegen die Gesetze schuldig wären; zu gleicher Zeit ließ das Direktorium den Befehl geben, alle in den Klöstern befindlichen jungen Leute, welche die Gelübde noch nicht abgelegt haben, austreten zu lassen und in ihre Familien zurückzuweisen. Im Gebiet der helvetischen Republik befanden sich damals 133 solcher Korporationen: 15 Kollegiatstifte, 52 Manns-, 51 Frauenklöster; Abteien oder regulirte Stifte 9 männliche, 6 weibliche. In gesammten Klöstern befanden sich 775 Mönche, 1093 Nonnen, Laienbrüder und Laienschwestern 454. Von den Mönchen und Nonnen traten nur 16 aus; aus den Klöstern des Kantons Sentis Niemand. Die helvetischen Regenten hatten vergeblich auf Immoralität und Pflichtvergessenheit spekulirt.[1] Auch die Beziehungen jener Korporationen zu der Armuth im Lande aufzuheben, wurden den Klöstern weitere Almosenspenden aus ihren Korporationseinkünften untersagt,[2] die Verabreichung allfälliger Unterstützungen von dem Ermessen der Verwaltungskammern abhängig gemacht. Von nun an war auch das Loos des Stiftes St. Gallen vorauszusehen, selbst wenn man frühere Anzeichen seiner Aufhebung unbeachtet gelassen hätte. Doch trösteten Manche sich damit: im Grunde habe es nur Einsiedeln gegolten, „welches allein ‚namentlich‘ aufgehoben worden sei“. Aber wie die Umstände damals lagen, war das Gesetz eine thatsächliche Vernichtung von St. Gallen wie von Einsiedeln. Daß überhaupt alle kirchlichen Rechte in

---

[1] Ueber die Stimmung im Stift St. Gallen sagt P. Gerold: „Sed nefarium munus ac facultatem sacrilegam uno ore omnes respuerunt et execrati sunt.“ Mit Freude hatten dagegen die protestantischen Bürger der Stadt St. Gallen die gegen die Klöster ergriffenen Maßnahmen vernommen, da, wie sie glaubten, nun ihr von Alters her gehegter Wunsch (die Aufhebung des Klosters) in Erfüllung gehen werde (Advers. II. S. 99).

[2] Was den Armen in St. Gallen sehr auffiel, während bekanntlich die Regenten des Tages es sich im Kloster wohl schmecken ließen. (Diarium Sangallense. S. 342 und 371.)

hohem Maße bloßgestellt waren, solches zeigte der weitere Verlauf der Ereignisse in St. Gallen. Die Verwaltungskammer
von Sentis achtete des mildernden Direktorialbeschlusses (vom
27. August) in Pfründeangelegenheiten nicht, mit der kahlen
Ausrede, es sei ihr derselbe nicht amtlich mitgetheilt worden;
eine vom Stiftischen Ordinariat getroffene Pfarrwahl für
Steinach wollte sie nicht anerkennen. Dem für Ordinariatsgeschäfte vom Fürstabt geordneten Stellvertreter P. Beda Gallus
hatte der Unterstatthalter schon im August jede amtliche Verrichtung untersagt. So war die rechtskräftig auf Konkordaten
ruhende Ordinariatsbefugniß thatsächlich aufgehoben, waren die
alten St. Gallischen Lande der kirchlichen Oberleitung beraubt.
Es war nun auch noch formelle Aufhebung des stiftischen
Ordinariates vorauszusehen; doch glaubte man annehmen zu
dürfen, daß der Bischof von Konstanz das Ordinariat bei
waltendem Widerspruch des Fürstabtes nicht übernehmen würde.
Weitere Verflechtungen lagen vor, namentlich wegen des Ver-
fahrens in Eheangelegenheiten. Die helvetische Verfassung
kannte in den Kantonsgebieten nur zwei Gerichtsbehörden,
Distriktsgerichte und das Kantonsgericht; daraus entstand die
Frage, wie es hinsichtlich der Gerichtsbarkeit in Ehesachen gehalten werden solle. Der Justizminister, Franz Bernhard Meyer
v. Schauensee aus Luzern, ließ durch Verordnung jene bürgerlichen Gerichte anfragen, ob sie auch über die Ehehändel ab-
sprechen wollen oder nicht. Die Reformirten im Toggenburg
antworteten mit ja; die Katholiken, nach Maßgabe der Gesetze
der katholischen Kirche über das Eheband, mit nein, dem Civil-
richter nur die aus Ehestreitigkeiten hervorgehenden bürgerlichen
Rechtsfragen vorbehaltend. Wirklich verweigerten die katholischen
Mitglieder des Kantonsgerichtes, dann die Mitglieder des
Distriktsgerichtes Lichtensteig gleicher Konfession, den Beisitz bei
Ehestreitigkeiten; so meist auch in anderen Distrikten des unteren
und oberen Toggenburgs. In Appenzell Außerrhoden wurde
sogar noch evangelisches Ehegericht gehalten; in Appenzell
Innerrhoden blieb man ebenfalls bei der alten kirchlichen Juris-

riktionsausübung in Ehestreitfällen. Dies gab Veranlassung zu
neuer Versammlung und zu neuen Berathungen jener früher
erwähnten Landesrepräsentanten über alte und neue Anstände,
inbegriffen besorgte Aufhebung des St. Gallischen Ordinariats
und die in der früheren Eingabe an das Direktorium enthaltenen
Begehren. In Folge dessen Abordnungen an den Ordinariats-
vikar P. Beda Gallus und an die Verwaltungskammer von
Sentis. P. Beda dankte freundlichst für bezeigte Theilnahme
an den gefährdeten kirchlichen und klösterlichen Interessen. Künzle
und Hautli, die katholischen Mitglieder der Verwaltungskammer,
versprachen in allgemeinen Ausdrücken das Mögliche zu thun;
zwei reformirte Mitglieder dagegen gewannen das volle Zutrauen
der Reklamanten, indem sie „aufrichtige Unterstützung“ zusagten
und darüberhin Mittheilungen machten, aus denen zu entnehmen
war, daß sie durch das Verhalten ihrer katholischen Kollegen
nicht am Besten erbaut worden; so vernahmen die Abgeordneten
von jenen Reformirten, wie sich katholische Geistliche von schlechtem
Rufe um Anstellung bei der Verwaltungskammer gemeldet,
Hautli einen Vikar in eine Pfarrei geschickt hätte, der ohne
kirchliche Autorisation die Beichte abnahm.

Nach diesen Verhandlungen in St. Gallen gingen aus den
oben bezeichneten Repräsentanten der drei Landschaften vier Mitglieder nach Luzern ab, wo die helvetische Regierung seit dem
4. Oktober ihren Sitz aufgeschlagen, überreichten dort im Namen
der katholischen Gemeinden von Alt-St. Gallen, Toggenburg und
Rheinthal eine neue Bittschrift, in welcher auf Grundlage des
Direktorialbeschlusses die Erwartung ausgesprochen wurde: 1) es
werde das uralte Ordinariat bei St. Gallen bleiben; eben so
ein Ehegericht inner den Schranken der geistlichen Gerichtsbarkeit und eine Schulanstalt für den Nachwuchs junger Religionsdiener, für welche besondere Fonde vorhanden; 2) es werde
wegen der Installirung der katholischen Geistlichen beim Alten
gelassen, da mehrerwähnte Verfügungen sich nur auf die
reformirten Bepfründeten beziehen; 3) das Kollaturrecht werde
ferner dem St. Gallischen Ordinariat zustehen, da es von der

fürstlichen Würde selbstständig bestand; sollte aber das Ordinariat
dem Abt oder seinem Stellvertreter abgenommen und einem
wirklichen Bischof übertragen werden wollen, so bitten sie um
Errichtung eines bischöflichen Kommissariats in St. Gallen;
4) im letzteren Falle sollte den Pfarrgemeinden ein dreifaches
Vorschlagsrecht zu Handen der Verwaltungskammer für die
Besetzung der Pfründen eingeräumt werden. Schließlich wurde
um amtliche Mittheilung des früher angeführten Beschlusses vom
27. August an die Verwaltungskammer ersucht, welche über
denselben „den Ignoranten spielt" (9. Dezember). Anknüpfend
an jenen Beschluß vom 27. August (und dessen zwei Vorgänger),
theilweise erläuternd oder ausführend, sprach das Direktorium:
erwähnter Beschluß sei neuerdings bestätiget; es werde den
Bischof von Konstanz einladen, die kirchliche Aufsicht über die
katholischen Gemeinden des Kantons Sentis zu übernehmen;
vakante Pfründen sollen ausgeschrieben, den Pfarrgenossen zu
Wiederbesetzung ein Dreier-Vorschlagsrecht eingeräumt sein; aus
den drei Kandidaten wähle die Verwaltungskammer den Pfarrer,
dem Recht der Bestätigung durch den Bischof unvorgegriffen;
dem Regierungsstatthalter steht jedoch das Recht zu, die Einsetzung des Gewählten in die Pfründe nach Ermessen zu suspen-
diren oder zu vollziehen, beides unter Bericht an das Direktorium [1]) (Beschluß vom 13. Dezember 1798). Die Abordnung
glaubte unter Umständen ihre Sendung mit Erfolg erfüllt zu
haben. In Wahrheit aber trat nun zu Tage, daß nicht nur
der Bestand des Klosters St. Gallen als solches, sondern auch
seine bisherigen Ordinariatsrechte zum Untergang verurtheilt
seien. Das Letztere durchzuführen erließ der Minister der Künste
und Wissenschaften die schriftliche Einladung an den Bischof von
Konstanz zur Uebernahme der geistlichen Gerichtsbarkeit in den
St. Gallischen Ordinariatslanden (ebenfalls noch am 13. Dezember). Nach vielen harten Ausdrücken gegen den Fürsten von
St. Gallen und dortige Kapitularen brach er über das Stift

---

[1]) Also hoheitliches Plazet bei Pfarrwahlen.

und das stiftische Ordinariat den Stab, urkundliches Recht nach „helvetischer“ Weise in Stücke zerreißend: „Ich habe die Aktenstücke gelesen,“ schrieb der Minister, „welche mich hinlänglich überzeugen, daß eine kühne Usurpation allmählich das Ordinariat von St. Gallen auf Unkosten Ihrer bischöflichen Rechte erhoben hat. Ich weiß es, daß eben diese Usurpation die Quelle der bedeutsamsten Streitigkeiten war, bei denen Ihre Vorfahren der List und der Bestechung der Aebte eine mildere Nachgiebigkeit entgegensetzten. Die Zeit ist gekommen, diese Anmaßung zu enden, und Sie erhalten wieder, was man in früheren Zeiten Ihnen entzogen hat. Die Sache leidet keinen Aufschub. Ich erwarte eine Antwort, welche meiner Regierung zeige, daß die geistlichen Bande, welche Sie an Helvetien binden, Ihnen heiliger sind, als Rücksichten der Gefälligkeit gegen einen Amtsgenossen, der seine Heerde treulos verließ und seine Mitbrüder in's Unglück stürzt. Sollten päpstliche Verfügungen von Ihrer Gewissenhaftigkeit verlangt werden, so werden Sie dieselben zu seiner Zeit leicht auswirken können. Vor jetzt werden Sie diesen Umstand nicht zu einem Grund des Aufschubes werden lassen.“

In Rastatt saßen noch immer die Mitglieder des Friedenskongresses, arbeitend an einer Unmöglichkeit. Die schon erwähnten Friedensgrundlagen wurden festgehalten; man schritt zu weiteren Kombinationen, schien beinahe über Alles einig zu sein oder einig zu werden und kam doch zu keinem Abschlusse. Denn Frankreich wollte erneuten Krieg mit dem Kaiser und mußte ihn angesichts seiner inneren Zustände für nöthig halten. Daß es ihn wirklich vorhabe, dafür kündigten sich bald der Anzeichen mehrere an. In der Schweiz war man weit entfernt, den Krieg zu fürchten; gegentheils war die Stimmung durch die bittersten Erfahrungen dermaßen abgekühlt, daß die große Mehrheit des Volkes nur vom Kriege Rettung hoffte. Das erste Zeichen seines Herannahens war die unerwartete Weisung des französischen Direktoriums an die französischen Generale und Kommissäre, die Schweiz schonender zu behandeln, als bis dahin geschehen. Die Forderungen der Truppen wurden weniger häufig

und weniger ungestüm, die Einquartierungen minder lästig; man
sprach von einer Finalabrechnung für die auferlegten Kontributionen, ließ sogar die Hoffnung verbreiten, als wollte man
die Gutscheine für die an das Heer gemachten Lieferungen bezahlen; der gebieterische Rapinat wurde zur Ruhe gewiesen. [1]
Weitere Vorbereitung zum Kriege war das der Schweiz von
Seite Frankreichs aufgedrängte Schutz- und Trutzbündniß, laut
welchem sich erstere bei dem Kriege der französischen Republik
auf Kosten dieser mit einem Hülfsheer betheiligen sollte
(19. August). Der Vertrag enthielt eine Menge vortheilhafter
Zugeständnisse für die Schweiz, sofern sie nämlich wären gehalten
worden, machte sie nun aber vollends zur französischen Provinz
und zum Mitschuldigen an der Knechtung der Völker; deßhalb
hatte Hans Konrad Escher aus Zürich bei der Berathung im
Großen Rathe freimüthig erklärt, daß er in der Sache der Franken
nicht mehr die Sache der Freiheit erblicke. [2] Zu weiterer Ausdehnung seiner Macht war Frankreich ferner bemüht, den alten
Freistaat der drei Bünde mit in sein Allianznetz hineinzuziehen;
falls es nicht unmittelbar geschehen könnte, so doch wenigstens
durch Vereinigung Graubündens mit der helvetischen Republik.
Guyot, der französische Resident in Chur, wurde nicht müde,
die Vereinigung mündlich und schriftlich, in amtlicher Stellung
wie in vertraulichem Umgange, als das einzige Rettungsmittel
für Graubünden darzustellen und auf das dringlichste zu empfehlen.
Aber eine große Mehrheit der souveränen Gemeinden lehnte in
verfassungsmäßiger Abstimmung selbst die bloße Anbahnung von
Unterhandlungen zu jenem Zwecke ab. Auch späteres Drängen
des französischen Gesandten zu gleichem Ziel war vergeblich.
Gegentheils warf sich Graubünden, durch die mittlerweile seinen
Grenzen näher gerückten französischen Truppen in seiner Freiheit
und Selbstständigkeit bedroht, zur Rettung beider durch Ueberein-

---

[1] S. Carl Ludwig v. Haller: Geschichte der Wirkungen und Folgen
des österreichischen Feldzuges in der Schweiz.

[2] S. „J. C. Vögelin: Geschichte der Eidgenossenschaft". Supple-
mentband. Zürich, 1838. S. 549.

kunft vom 17. Oktober der österreichischen Regierung und Macht
in die Arme. Oesterreich besetzte sofort mit einem ansehnlichen
Korps gesammte bündnerische Pässe, mit der durch jenen Vertrag
eingegangenen Verpflichtung, „die Freiheit, Unabhängigkeit und
alte Staatsverfassung der Bündner wider alle und jede Angriffe
zu schützen und zu schirmen." [1] Inzwischen hatte Schauenburg
von Schaffhausen bis an die Bündner Grenzen ein Heer von
30,000 Mann unter seinen Befehlen und erhielt noch täglich
Verstärkungen. In Paris traf das Direktorium nun die um-
fassendsten Anstalten zum Kriege, stellte seine Heere unter die
Leitung der berühmtesten Feldherren, die nicht für den Feldzug
in Egypten in Anspruch genommen waren. Das helvetische
Direktorium seinerseits war in großem Gedränge; das Volk
gab entschiedenen Widerwillen kund, mit den Franzosen gemeinsam
in den Krieg zu ziehen. Eine hohe Vermögenssteuer, welche
die Regierung ausschrieb und die man als Kriegssteuer ansehen
konnte, war nicht geeignet, jene Abneigung zu heben. Eine
allgemeine Zählung und Aufzeichnung der jungen Mannschaft
vom 20. bis 25. Jahre, Anfangs November, machte das Maß
voll. Nun Aufstände da und dort, weil das Volk Zwangs-
aushebungen besorgte; zahlreiche Auswanderung der Militär-
pflichtigen, unter Anderem nach dem Frickthal, wo bereits, auf
Anordnung schweizerischer Emigrirter, die Werbung gegen die
Franzosen begann. Das Direktorium fand nun gut, nachzugeben
und möglichst schön zu thun, und proklamirte, daß es sich nur
um Herstellung der ehemaligen Milizeinrichtung handle. Als
der Krieg herannahte, verkündete eine Proklamation des Statthalters Bolt den Bürgern des Kantons Sentis den näheren
Sachverhalt: bereits sei eine freiwillige Legion von 1500 Mann
errichtet, zur Vertheidigung der innern und äußern Sicherheit; [2]
das Vaterland stelle ferner eine Armee von 18,000 Mann auf

---

[1] S. „Die letzten Wirren des Freistaates der drei Bünde". Von
Vincenz v. Planta.

[2] Die „helvetische Legion" genannt, eigentlich zum Schutz der Regierung bestimmt.

zum gemeinsamen Kampf mit den unüberwindlichen Verbündeten, den Franken, für die Sache der Freiheit und Gleichheit;[1] endlich errichtete es auch die alten Landmilizen wieder, für Zwecke der öffentlichen Ruhe und der Unabhängigkeit. Der Belehrung folgte die feurigste Einladung zum freiwilligen Eintritt in jene „Achtzehntausend" (26. Februar 1799). Aber trotz einem Heer von Werbern wurde das Heer selbst in erwähnter Stärke nicht aufgebracht, sondern nur eine Schaar von 3000 Mann, die dann im folgenden Krieg zwischen die französischen Kompagnien oder Bataillone gesteckt wurden.[2] Die vom Gesandten Frankreichs verlangte Konskription wurde abgelehnt; dagegen schritt die Regierung im Laufe Frühjahrs zum Aufgebot zahlreicher Milizen, in welche nach neuer Verordnung nun gesammte Bürger vom 20. bis 45. Jahr eintreten sollten. Widersetzlichkeit war mit Todesstrafe bedroht; nach wenigen Tagen waren 12,000 Mann dieser „Eliten" (so lautete ihre Bezeichnung) an der Grenze, doch von geringer Wehrkraft; spätere Etats dieser Mannschaft im Mai wiesen mit Inbegriff der denselben einverleibten Abtheilungen der „helvetischen Legion", ungefähr 19,000 Mann auf, unter ihnen 2 Bataillone von Sentis, und 1 1/2 Bataillone von Linth.[3] Jenes Auszügerkorps vom Kanton Sentis hatte verlangt, daß es nur zur Bedeckung der vaterländischen Grenze bestimmt werde; das Direktorium willfahrte durch Beschluß vom 15. März; im Mai stand es in der Rheingegend oberhalb des Bodensee's.

Wie Frankreich, so sorgte auch Oesterreich für seine Bereitschaft zum Kriege. Mit Sehnsucht erwarteten ihn die schweizerischen Ausgewanderten in Deutschland, in Wien zumal.

[1] In Gemäßheit des Allianztraktats und in Folge späteren Vertrages mit Frankreich vom Ende Novembers, laut welchem diese Mannschaft durch Werbung aufgebracht und in sechs Regimenter (Halbbrigaden) eingetheilt werden sollte.

[2] C. L. v. Haller, a. a. O.

[3] S. die Aufzählung der einzelnen Korps in der biographischen Schrift: „Johann Konrad Hotz (General Hotze)"; Zürich, 1853. S. 282 bis 285. Ebendaselbst auch S. 251 und 252.

Unter diesen stand der Berner Schultheiß v. Steiger obenan, der in der Kaiserstadt mit Eifer eine heilsame Restauration der Eidgenossenschaft betrieb, und solche, bei glücklichem Erfolg, mit den als nothwendig erkannten Reformen durchzuführen beabsichtigte. Uebereinstimmend hiermit waren in Wien die Angelegenheiten der Schweiz der Gegenstand häufiger Verhandlungen unter den Vertrauten. Im Ministerium des Aeußern wurde dem Fürstabt von St. Gallen eröffnet: der Kaiser wünsche die Aufstellung einer Kommission, bestehend aus Steiger, dem Fürsten von St. Gallen und dem Hofrath Johann v. Müller, deren Aufgabe wäre, die Geschäfte der Schweiz zu leiten und nach Vertreibung der Franzosen ihr eine Verfassung zu geben. [1] Die Abreise des Fürsten an die Grenze wurde im genannten Ministerium verabredet; Thugut gab das Zeichen zu derselben. Am 27. Oktober beurlaubte der Fürst sich vom Kaiser, der ihm die Wiedereinsetzung in die fürstlichen Lande versprach, auch vom Erzherzog Karl, der bei diesem Anlaß mit freundlichem Händedruck die ermunternde Zusage machte: „In St. Gallen sehen wir uns wieder." Das Ansehen des Fürsten war im Laufe der Monate in Wien gestiegen und er war fortan im vertrautesten Verkehr mit den ersten Staatsmännern geblieben. Der Erzherzog, der Schultheiß v. Steiger und der Fürst von St. Gallen verließen Wien am gleichen Tage, 2. November, der erste, um sich sofort wieder an die Spitze des kaiserlichen Heeres zu stellen. Im Gefolge des Fürsten waren P. Innocenz, der Geheime Rath Ehrat und der Geheimschreiber des Fürsten, Müller aus dem Elsaß. Johann v. Müller blieb in Wien; [2] der Fürst setzte den brieflichen Verkehr mit ihm fort. In München wurde dem Fürsten guter Empfang seitens des Churfürsten von Baiern. In

---

[1] Aus dem Tagebuch des Fürsten, 6. Sept. 1798.

[2] Aus seinen Briefen an General Hotze entnimmt sich aber, daß er sich ununterbrochen mit der Wiederherstellung einer freien Eidgenossenschaft beschäftigte; namentlich hätte er sich gerne für die Regulirung der schweizerischen Angelegenheiten (unmittelbar) verwenden lassen. S. erwähnte Biographie Hotze's, S. 249.

Neu-Ravensburg traf er den Obersten v. Roverea, nun Haupt einer freiwilligen Schweizerlegion, die sich zur Befreiung der Schweiz vom Franzosenjoche gesammelt, und den kaiserlichen General Hotze. Der Fürst nahm Wohnsitz in Mehrerau, vernahm hier, wie „seine Religiosen" in St. Gallen vergeblich von ihren Gelübben entbunden und zum Heirathen verlockt werden wollten, dann Bericht von der guten Stimmung seiner Angehörigen, besonders der katholischen Toggenburger, die über seine Ankunft an der Grenze große Freude hatten; zwei Klosterfrauen von Rorschach und den helvetischen Verwalter der dortigen Statthalterei (Lindenmann) ließ er nicht vor: „Hier ist nicht der Ort mit den Klosterfrauen zu sprechen, sie gehören in die Klausur;" den Lindenmann wollte er schon wegen seiner mißfälligen Amtsstellung nicht sehen; eben so nahm er den Besuch des Altlandammanns Ludwig Weber von Schwyz nicht an. [1] Der Fürst wollte ohne Zweifel nicht an den politischen Prozeß mit der Landschaft vom J. 1797 erinnert werden; Weber war jetzt flüchtig wie der Fürst, und die schweizerischen Magistraten, welche seine Regierung untergraben geholfen, hatten bald nachher den Sturz der ihrigen erlebt. Das Ziel des Fürsten blieb unverrückt; auf seine Wiedereinsetzung zählte er unbedingt; Zweifel Anderer in solchen Erfolg waren ihm beinahe Beleidigung; [2] als am 14. Dezember zahlreiche Konferenz für die Reaktionsunternehmungen gehalten wurde, erklärte er sich, daß er nie aufgehört habe, Fürst von St. Gallen zu sein, die helvetische Konstitution nicht angenommen habe, somit wieder vollen Besitz von seinem Lande nehmen werde; also ohne Akkomodation oder Zugeständnisse. Anwesend: Schultheiß v. Steiger, der Fürstabt von St. Gallen, der Venner Kirchberger aus Bern, Oberst v. Roverea, General Hotze, und der Engländer Tindal. Es wurden Politik und Finanzen verhandelt, namentlich ein allgemeines Schweizer-Aufgebot bei Beginn des Krieges. [3] Für diesen Fall war Hotze als Ober-

---

[1] Tagebuch vom 8. bis 25. November.

[1] Advers. von P. Gerold Brandenberg, II. S. 101.

[1] Das Tagebuch des Fürsten nennt den Ort der Zusammenkunft nicht;

befehlshaber in der Schweiz bezeichnet. Auch in den folgenden
Monaten sahen sich der Fürst von St. Gallen und General
Hotze wiederholt, bald in Wangen, bald in Mehrerau. Selbstverständlich, daß der Fürst auch lebhaften Verkehr mit den
dießseits des Rheins zurückgebliebenen St. Gallischen Kapitularen pflog.

Diese Religiosen waren inzwischen die Zielscheibe der tyrannischen Gewalt, welche sich des Stiftes bemächtigt hatte. Die
Kantonsbehörden schritten zur Vollziehung des Klostergesetzes
vom September 1798 im folgenden Monat. Die Verwaltungskammer erließ eine schriftliche Aufforderung an die ausgewanderten Stiftskapitularen und Klosterfrauen, binnen vier Wochen
in ihre Klöster zurückzukehren und alle aus denselben geflüchteten
Effekten, Baarschaften u. s. w. zurückzubringen, widrigenfalls
die Verfügungen des Gesetzes sie treffen würden, das ihnen jede
Rückkehr verbiete (26. Oktober). [1] Der Subprior P. Beda
wurde gezwungen, diesen Befehl gesammten Ausgewanderten des
St. Galler Stiftes in Abschrift zu übermitteln. [2] Jede Art
Briefwechsels mit dem Fürsten dagegen wurde ihm und seinen
Schicksalsgenossen im Stift untersagt. Die Geladenen erschienen
nicht; ebenso wenig brachten sie die Effekten des Stiftes zurück;
die im Stift Gebliebenen konnten den Befehl nicht vollziehen.
Die Behörden setzten nun eine neue Frist an (3. Dezember),
so erfolglos wie das erstemal. Das Direktorium, über die

nach Hotze's Biographie war in der Mitte Dezembers Konferenz in Mindel-
heim, über deren Ergebniß Hotze an Joh. v. Müller berichtete. Auch C. L.
v. Haller gedenkt derselben in seiner „Geschichte des österreichischen Feldzuges". Diese Konferenz ist ohne allen Zweifel diejenige, von welcher der
Fürst in seinem Tagebuch Mittheilung macht. Seine diplomatischen Schritte
setzte er fort. Ende Januar 1799 hatte er eine Denkschrift „über das staats-
rechtliche Verhältniß zwischen dem Reich und dem Stift St. Gallen" in Bereitschaft, „zu seiner Zeit der Reichsdeputation zu übergeben". Diese Schrift
enthielt eine bündige Beweisführung für den Fortbestand der stiftischen
Reichsstandschaft bis in jene Zeiten herab und war, vom Rechtsstandpunkt
aus, maßgebend.

[1] S. Wochenblatt für den Kanton Sentis, vom 31. Oktober.
[2] Adversaria, von P. Gerold Brandenberg, Bd. II. S. 98.

Ausführungsweise angefragt, gab erläuternde Vorschrift an den
Statthalter: Vollziehung habe nur gegen jene Klostergeistlichen
einzutreten, welche bei der Veräußerung der Effekten betheiliget
seien; die übrigen mögen ruhig an ihren Standorten bleiben.
Beigesetzt war noch, „daß die Mönche im Kloster St. Gallen
wegen ihrer Aufführung in politischer Rücksicht alle ohne Ausnahme das Gebiet der Republik zu verlassen haben" (13. Dezember).[1] Das Schicksal der Kapitularen war leicht vorzu-
sehen. Am 2. Januar 1799 besetzte Halder mit 50 Eliten das
Stift, verlegte auch Mannschaft in das Innere desselben, ver-
schloß und obsignirte die Zimmer der beiden Obern. Militär-
wachen schritten selbst in der Kirche auf und nieder. Die Amtspersonen, rettenden Zuzug seitens des Landvolkes oder Verabredungen zu solchem besorgend, wollten durch jene Maßnahmen
jede Verbindung der Kapitularen mit dem Volk abschneiden.
Am 4. Morgens befahl der Statthalter, die Kapitularen zu
versammeln und ließ ihnen schriftlich die bevorstehende Deportation ankünden, mit dem Schlußsatze, daß die Kutschen hiezu
schon bereit stehen. Bald nachher erschien er selbst, begleitet von
den Mitgliedern der Verwaltungskammer und anderen Civil-
auch Militärpersonen, hielt den Kapitularen noch eine Strafrede
über geschehene Weigerung, die Effekten des Stiftes in dasselbe
zurückzubringen, über den Briefwechsel mit dem Abt und anderen
Feinden der Republik und wiederholte schließlich den Direktorial-
befehl. Die Kapitularen machten kräftige Vorstellungen, verlangten vor Allem über die ihnen zur Last gelegten Vergehen
gesetzlich einvernommen zu werden, appellirten wohl auch an die
gesetzgebenden Räthe; vergeblich. Sie erhielten die Antwort:
der Befehl des Direktoriums leide keinen Aufschub. Die Kapitularen wichen nun der Gewalt, mußten dulden, was selbst
gegen den gemeinsten Verbrecher nicht zulässig gewesen wäre:
Verurtheilung ohne Rechtsgang und Richterspruch, Verbannung
und Beraubung ihrer bürgerlichen Rechte. Die Deportation

---

[1] Akten im Kantonsarchiv.

21 *

ging mit revolutionärer Härte vor sich. Neunzehn Religiosen wurden unter Militärescorte nach St. Margarethen und von da bis auf die Mitte des gefrorenen Rheins geführt, wo Einer aus dem Reiterbegleit, Ammann Grüter aus Andwyl, Mitglied der gewesenen Landesausschüsse, jedem Pater 32, jedem Laienbruder 16 Franken Reisegeld gab [1]) und sie dann ihrem Schicksal überließ; sie wanderten erschöpft und angegriffen zu Fuß nach Mehrerau, von wo sie sich nach Anordnung des Fürstabtes in verschiedene Asyle zerstreuten. Neben einem Laienbruder und einem schwächlichen oder kranken Kapitularen durften nur die drei jüngsten derselben in St. Gallen zurückbleiben, diese zur Besorgung des katholischen Gottesdienstes und der Pfarrgeschäfte. Unter den Verbannten war P. Beda Gallus, der einstweilige Stiftsvorstand, ein durch seine Frömmigkeit, Einsicht, Klugheit und Verträglichkeit allgemein geschätzter Mann. Also hatte selbst die Leistung des Bürgereides nicht gerettet. Die Machthaber wollten das Geld, daneben kein Kloster mehr! Auch Ildefons von Arr war unter den Deportirten. So ungemein eifrig er für Wahrung der Rechte des Stiftes, besonders seiner wissenschaftlichen Schätze, gewesen, so zeigte er hinwieder wenig Ergebenheit gegen den Fürstabt; als dieser dem gelehrten Mönche ebenfalls einen andern Aufenthaltsort anwies, wollte er sich nicht zur Abreise fügen und erlaubte sich, jenem seinem Vorstande zu sagen, „daß, weil das Kloster aufgehoben sei, er nicht mehr schuldig wäre, zu gehorsamen". [2]) Sogleich nach dem Gewaltakt erschien seitens des Statthalters wieder eine Proklamation, [3]) welche die Behörden vor dem Publikum weiß waschen sollte und zugleich die gleißnerische Versicherung gab: es werde das (katholische) Volk nichts destoweniger in der freien Ausübung seiner

---

[1]) Gleich Gebrandmarkten sei man mit ihnen umgegangen, jammert P. Ger. Brandenberg im kräftigen Latein seiner „Adversaria". Den übereifrigen Zugführer, Heer aus St. Gallen, erreichte am folgenden Tag plötzlich der Tod; so erzählt er ebenfalls, Bd. II., S. 106.

[2]) Tagebuch des Fürsten, vom 5. Januar 1799.

[3]) Wochenblatt für den Kanton Sentis, vom 12. Januar 1799.

Religion und in dem vollen Genuß der Gewissensfreiheit unge-
stört und ungekränkt bleiben; denn die Entfernung dieser Mönche
sei bloß eine politische Maßregel, „eine gerechte Züchtigung der
Verrätherei und Treulosigkeit, mit welcher sich der Abt und das
Kloster an dem Nationaleigenthum [1]) und an der öffentlichen
Ruhe vergangen haben"; für die Bedienung des öffentlichen
Gottesdienstes werde bestens Anstalt getroffen werden. Der
Aufruf spendete zum Schluß dem Volke noch ein Stück „Bruderliebe", von der es aber nichts wollte; denn bei den Katholiken
überhaupt, vorzüglich aber bei jenen des Toggenburgs, weckte
die gewaltsame Wegführung der so allgemein verehrten Priester
Erbitterung und Abscheu zugleich. Das Direktorium belobte
durch Schreiben an den Statthalter die Klugheit, mit der er,
„bei der noch unsichern Stimmung des Volkes", bei dem Exeku-
tionsakt zu Werke gegangen; es sprach Billigung aus, daß
er die drei Mönche beibehalten habe, die schon im August (bei
der Eidesleistung) „von ihren guten Gesinnungen" deutliche Beweise gegeben hatten; die anderen zwei betreffend, deren Gesinnungen der Statthalter als „zweideutig" bezeichnet hatte, wünschte
das Direktorium, „daß sie wenigstens die Beichte nicht versehen";
übrigens trug es dem Statthalter auf, „auch diese nebst den
fünf Kranken sobald möglich über die Grenzen schaffen zu lassen"
(8. Januar). [2])

Auch in St. Gallen war seit der Besetzung Graubündens
durch die Oesterreicher wieder französisches Kriegsvolk unter General Xaintrailles. Er verordnete die Feier der Hinrichtung
Ludwig's XVI. Was bei den revolutionären Franzosen erklärlich, [3]) war hinwieder eine schmähliche Handlung seitens der hel-

---

[1]) P. Gerold Brandenberg sagt darüber: „nam gallico stylo, quid ad
nos proprietatis jure pertinebat, suum dicere raptores illi consueverunt".

[2]) Akten im Kantonsarchiv.

[3]) Denn sie wollten feiern „l'anniversaire de la juste punition du der-
nier roi des Français", mit dem Pomp und der Würde freier Männer,
„qui ont su briser les chaînes honteuses de l'esclavage, pour reconquérir
leurs droits naturels". So lautete die Einladung. Akten im Kantonsarchiv.

vetischen Kantonsbehörden, die zur Theilnahme eingeladen waren. Gesammte französische Truppen aus St. Gallen und der Nachbarschaft, nebst drei Kompagnien Stadt- und Landmilizen, zogen unter klingendem Spiel und mit fliegenden Fahnen vom Gemeindehaus in den Klosterhof, wo zwei Triumphbogen, vier Pyramiden und eine Bühne errichtet waren. Den Truppen folgte ein Triumphwagen, auf welchem in leichtfertigem Anzug [1] ein Weib, die Bürgerin Walser aus Herisau (ursprünglich eine Frankfurterin), als „Göttin der Freiheit" prunkte, mit zwölf festlich gekleideten Mädchen gleichsam als Nymphen. Nach ihnen der General, dann gesammte bürgerliche Behörden, auch jene der Themis nicht ausgenommen, mit den Statthaltern von Sentis und Linth. Alsbald führte der General die „Göttin" nebst dem weiblichen Gefolge auf den erhöhten Theil der Bühne; die Göttin Walser hielt programmgemäß die eine Hand auf die republikanischen Fasces; zu ihren Füßen war eine Malerei, die Vernichtung des „Despotismus", des „Aristokratismus" und des „Fanatismus" darstellend, in den Gestalten eines Kapuziners und zwei anderer zu Boden gestürzter sinnbildlichen Figuren; rings um sie her zerbrochene Kronen, Szepter, Ordenskreuze, bischöfliche Infuln und Stäbe. [2] Die Inschriften an den Triumphbogen und Pyramiden lauteten in Uebereinstimmung mit diesem Kunststück; unter Anderm diese: „Ja, von Priestern und Königen frei, werden im tiefesten Frieden alle Menschen an Rechten gleich, die einzigen Herren der Erde sein!" [3] Faintrailles gedachte in französischer Rede der „Auferstehung" Helvetiens; Bolt, nach ihm, in deutschem Vortrag der siegreichen Laufbahn der Freiheit vom Pfeilschusse Tell's und vom Tode

---

[1] „Halbnackt", erzählt G. L. Steinlin in seinem „historischen Vortrag u. s. w.". Der Triumphwagen, sonst zu Düngerfuhren verwendet, war mit dreifarbigen Tüchern belegt.

[2] Ein Seitenstück aus dem Jahr 1848 ist zu lesen in des Verfassers Schrift: „Die Schweiz in ihren Kämpfen und Umgestaltungen von 1830 bis 1850"; Band IV., Seite 171. Damals wurde der vierte Drache: der „Jesuitismus", erlegt.

[3] Wochenblatt für den Kanton Sentis, vom 26. Januar 1799.

des Tyrannen Geßler bis zum Sturz der Aristokraten und Oligarchen. Vivats erfolgten; die großen Feuerschlünde ließen ihre
Donnerstimme vernehmen. Dann sang, von ihrer erhabenen
Stätte herab, die Göttin der Freiheit ein begeisternd Lied, „indem sie die große Nation und ihre Verbündeten des Wohlge-
fallens und Schutzes des Himmels versicherte; ihre sanften
Kinder (die Nymphen) auf sie blickend, stimmten Hymnen an
und das ganze freudetrunkene Heer jauchzte darein". [1] Die
Dekorationen waren von einem Franken, die Inschriften franzö-
sisch, [2] die Witterung für Franzosen und Helvetier, die Göttin
in ihrem Tricotanzug nicht ausgenommen, empfindlich kalt; im
„Rothvestfstein" folgte ein Mittagsmahl für die Festtheilnehmer
beider Nationen; Abends gab der General einen Ball im großen Stiftssaale, ohne sich ängstlich um die Zeche zu bekümmern.
Später zankten sich das Direktorium in Luzern und die Behörden in St. Gallen über die Bezahlung der Kosten; endlich übernahm das erste die Auslagen für die äußere Feier, aber nicht
mehr (656½ Gulden). Zürich war von dem Guillotinefest frei
geblieben, obwohl dort der französische Obergeneral sein Hauptquartier hatte: St. Gallen sollte das odiose Privilegium dieser
Revolutionsposse haben; daß sie in der Nähe des herrlichen
Tempels, der alten Wohnungen der Frömmigkeit und der Wissenschaft aufgeführt wurde, verletzte das katholische Volk abermals.

Solche heidnische Umzüge waren also erlaubt; aber katholisch-
christliche Prozessionen waren den helvetischen Behörden mißfällig; erwägend, daß sie zwar aus religiösen Absichten gestiftet
worden, dann aber so sehr ausgeartet seien, daß sie „nun zu den
schändlichsten Ausschweifungen Anlaß geben; erwägend, daß die
Feinde der helvetischen Freiheit, begünstigt durch die anlangende
Volksmenge, welche diese Prozessionen und die dabei herrschenden
Ausschweifungen dahin ziehen, Anlaß finden könnten, die ehrlich

---

[1] Aus einer besonderen Festbeschreibung im Kantonsarchiv, von einem
helvetischen Unterbeamteten, dem Agenten Tobias Rietmann aus der Stadt
St. Gallen.

[2] Das „Wochenblatt" enthält nebenbei ihre deutsche Uebersetzung.

denkenden aber unerfahrenen Bürger zu verleiten, ihre Ruhe und die allgemeine Ordnung zu stören", verordnete das Direktorium: die Prozessionen seien auf die nächste Umgebung der Kirche zu beschränken; Priester und Mönche, welche die Prozessionen anführen, sind den Civilautoritäten für alle dabei vorkommenden Unordnungen verantwortlich; ohne Voranzeige an die weltliche Behörde darf überhaupt keine Prozession stattfinden (4. April).[1] Das Direktorium fürchtete das Volk wie die Kaiserlichen. Gnade fand nur die jährliche Prozession der Appenzeller zur Feier der Schlacht am Stoß, doch mit Beschränkung derselben bis zur dortigen Kapelle, ohne die Erlaubniß, die Prozession nach altem Gebrauch bis in das Rheinthal hinab zu verlängern.

Das oben erwähnte Milizaufgebot traf auf harten Widerstand seitens des Volkes in manchen Theilen der Schweiz; so in einigen katholischen Gemeinden von Toggenburg, in den Distrikten Moßnang und Flawyl (hier Jonschwyl). Jede Gemeinde hatte ihr Kontingent zu liefern, dessen Mannschaft durch das Loos ausgezogen wurde. Am 20. März sollten die Eliten jener Gemeinden zusammentreten, sich in Kompagnien eintheilen, darüberhin die Grenadiere aus der Gesammtmannschaft ausziehen lassen. Ein scharfes Mahnschreiben des Quartierkommandanten Serwert in Wyl ging voran, konnte aber wegen ausgestoßener Drohungen nicht zum Verlesen gelangen. Auf den festgesetzten Versammlungstag rotteten sich die ungefähr 1500 Aufgebotenen zusammen, verabredeten allerlei Meuterei, erschienen auf dem Sammelplatze ohne Kokarde, zwangen den Unterstatthalter und den Quartierkommandanten auch die ihrigen abzu-

---

[1] Von „Ausschweifungen" hätten die helvetischen Behörden am Klügsten geschwiegen. Als es sich im Sommer 1798 um Ausmittlung einer definitiven Hauptstadt handelte, von Bern oder Zürich, dann von einer Niederlage dieser letzten Stadt die Rede war, schrieb Müller v. Friedberg an Johann v. Müller: „Les hommes vertueux de cette ville (Zürich) ne s'en désolent pas; car on assure qu'Aaran est devenu un cloaque de corruption et de vices". Brief vom 30. Juli 1798.

nehmen und die Mannschaftsverzeichnisse auszuliefern, die sofort
in Stücke zerrissen wurden, erpreßten im Weitern die schriftliche
Erklärung seitens der genannten Beamteten, daß die Mannschaft
aller betheiligten Gemeinden vom Elitendienst frei sei, ebenso die
Versicherung, daß einige der Auswanderung beschuldigte und deßhalb vorgeladene Bürger sich nicht zu stellen hätten. Schließlich
verlangten sie, daß eine Abmehrung für Abschaffung der Konstitution vorgenommen werde, gaben sich aber auf geschehene
Einreden doch mit den erwähnten ersten Zusagen zufrieden. [1]
Sofort wurden aus den Quartieren St. Gallen und Herisau
ungefähr 1200 Mann Eliten und Reserve aufgeboten, mit der
Bestimmung, in die unruhigen Gemeinden aufzubrechen. Das
Direktorium aber verfügte selbst und eingreifender, und ließ dieselben durch den Generalinspektor von Zürich, Gaudenz v. Salis-
Seewis. [2] mit Kontingenten aus Zürich und anderen Gebieten
(zusammen 1100 Mann) militärisch besetzen. Gleichzeitig erschienen aus der Mitte des Großen Rathes drei helvetische Repräsentanten, Gallus Schlumpf, Joh. Baptist Graf aus Appenzell und Johann Herzig aus Effingen im Aargau, [3] zu Niederhaltung des Aufstandes und zur Einleitung der strafrechtlichen
Untersuchung. Sie nahmen in Wyl ihren ordentlichen Sitz und
erließen von dort aus in die aufgeregten Gemeinden das erforderliche Mahnschreiben. Halder, der Unterstatthalter von St.
Gallen, rief bei diesem Anlaß an öffentlicher Tafel zu Wyl:
„es werde keine Ruhe geben im Lande, bis die Abhängigkeit der
Katholiken vom römischen Stuhl aufhöre“. Mit gerechtem Unwillen hörten die Katholiken das leidenschaftliche und intolerante
Geschwätz. Unter den Exekutionstruppen waren auch Berner

---

[1] Wochenblatt für den Kanton Sentis, vom 30. März 1799.

[2] Der bekannte bündnerische Dichter, als „Patriot“ (Freund der Vereinigung Graubündens mit Helvetien) seit der Besetzung Graubündens durch
die Oesterreicher im Gebiete der helvetischen Republik lebend und wirkend.

[3] Ist der gleiche, der später seinen Namen in „Herzog“ umänderte und
sich von seinem Bürgerort „Herzog von Effingen“ schrieb. Er war in späteren Jahren eines der einflußreichsten Mitglieder der Regierung des Kantons Aargau und Bürgermeister desselben.

und Waadtländer; diese verblieben wochenlang in den als auf-
rührerisch erklärten Gemeinden, ärgerten durch ihr Betragen in
den Kirchen und durch Verstümmlung der an den Wegen auf-
gerichteten Kreuze die Katholiken.   Statt der beseitigten Freiheitsbäume wurden sie gezwungen neue zu errichten und um dieselben,
gleich Jahrmarkt-Bären an der Kette, zu tanzen; selbst Geistliche mußten dreimaligen Gang um das hölzerne Symbol machen.
In Folge der von den Repräsentanten und dem Unterstatthalter
Halder vorgenommenen Untersuchung wurden die Urheber der
Unruhen (siebenzehn an Zahl) gefänglich nach Wyl, dann unter
militärischer Bedeckung nach Zürich, endlich nach St. Gallen
abgeführt, wo über sie durch das Kantonsgericht abgeurtheilt
werden sollte; in Zürich hatten sie mildere Behandlung gefunden
als im Hauptort des eigenen Kantons.   Quartierhauptmann
Serwert gab eine Bittschrift für ihre Begnadigung e'won. Aber
weit mehr hatte das Direktorium mit der antirevolutionären
Gährung im Appenzellerland zu schaffen, die es mit dem gleichzeitigen Aufstand in den kleinen Kantonen und mit den aufständischen
Bewegungen in den Gebieten von Bern, Luzern und Solothurn
in Verbindung glaubte. [1])   Auch mehrere Theile des Kantons
Linth waren, namentlich in Folge der Militäraushebung, in
Gährung, so ein Theil des Distriktes Werdenberg, dann die
Gemeinden St. Gallenkappel und Kaltbrunn, besonders heftig
das Sarganserland, doch mit Ausnahme der Gemeinden Pfäfers
und Valens.   Mels, Murg und Terzen wurden entwaffnet.
Das ergrimmte Volk wollte sich um jeden Preis der Franzosen
und der helvetischen Beamteten zugleich entledigen; diese Ruhestörer wurden verhaftet und nach Glarus gebracht, eben so der
ehemalige Pannerherr Good von Mels.   Daß bei dieser aufgeregten Stimmung des Volkes die Wirksamkeit der helvetischen
Beamteten eine höchst unerquickliche war, kann nicht befremden;
die einen flohen, die anderen nahmen den Rücktritt.   Das erste
hatte der Statthalter Heußi von Glarus gethan, der vor seinen

---

[1]) Aus Falk's: „Darstellung der politischen Vorgänge in der alten
Landschaft".

Landsleuten nach Schänis fliehen mußte, dann durch Christoph Fuchs von Rapperschwyl ersetzt wurde. Bernold, der Unterstatthalter in Wallenstadt, enthusiastischer Freund des Einheitssystems, legte Anfangs Mai sein Amt nieder und an seine Stelle trat der politisch gleichgesinnte Johann Baptist Gallati von Sargans; Hilti in Werdenberg that das Gleiche und wurde durch Leonhard Gafafer aus Oberschan ersetzt.

In jener Zeit, als die lebhafte Verhandlung zwischen dem Kaiser und Graubünden wegen Besetzung des letztern Gebietes stattfand, hatten die Franzosen bereits eine kriegerische Initiative ergriffen: Masséna war Obergeneral geworden, ließ von seinem Hauptquartier Zürich aus Ende September und Anfangs Oktober 1798 mit beträchtlicher Mannschaft die Kantone Linth und Sentis besetzen, schob 4000 Mann bis St. Gallen vor, wo Schauenburg auch einige Tage weilte, weitere 1000 Mann bis Rorschach, während auf der Linthlinie General Rouvion Glarus und die übrigen Landschaften an der Linth und am Wallensee bis nach Ragatz hinauf in Besitz nahm, sein Hauptquartier, das während sechs Wochen in Schänis gewesen, nach Sargans verlegte. An diese kriegerische Vorkehrungen, die von Tag zu Tag an Ernst und Strenge wuchsen (französische Konskribirte langten gefesselt an), schlossen sich die bereits erzählten Maßnahmen des schweizerischen Direktoriums zu gleichen Zwecken an. Anfangs und im Laufe Winters verbreitete sich maßloses Elend über das schweizerische Volk, der Unwille der Einwohner stieg fast bis zur Verzweiflung; selbst am Zürichersee und im Kanton Basel waren bedenkliche Bewegungen wahrzunehmen. Das Direktorium wurde mit Klagen und Beschwerden bestürmt; es selbst war nun Zeuge all der Leiden, welche der revolutionäre Fanatismus seiner bedeutsamsten Mitglieder über die Schweiz gebracht hatte; es wollte Abhülfe schaffen durch wiederholte Vorstellungen an das französische Direktorium, richtete aber bei demselben nichts aus. Von den Militärlasten jener Zeit ist erwähnenswerth, daß die Verwaltungskammer von Sentis allein im März 1799 für Anwerbung in die „Achtzehntausend“, dann für den Unterhalt der

helvetischen Legion und für das Elitenkorps 25,580 Gulden Ausgaben hatte. Selbst Masséna schrieb vergeblich nach Paris.
Diese Lage beschleunigte den Anfang der Feindseligkeiten; am
23. Januar 1799 rekognoscirte er die ganze Vorpostenkette von
Rheineck aufwärts an die Bündner Grenze, ließ das grobe Geschütz aus dem Zeughaus von St. Gallen nach Altstätten bringen, die Truppen im Sarganserland verstärken, das Reußthal
und den Gotthardspaß besetzen.[1]) Zur Förderung der Friedens-
verhandlungen von Rastatt waren Frankreich und der Kaiser
schon bei dem Beginn des Kongresses übereingekommen, jenes
den Rhein, dieser den Lech bis auf Weiteres nicht zu überschreiten; die Verhandlungen selbst neigten sich zu erfolglosen
Schluß. Frankreich erließ peremtorische Aufforderungen an den
Kaiser zu Erklärungen über seine Allianzverhältnisse zu Rußland
und England und deren Zwecke; Aufforderungen auf welche keine
Antwort gegeben wurde. So war der Krieg thatsächlich erklärt. Jourdan überschritt den Rhein im Elsaß am 1. März,
Erzherzog Karl den Lech am 3. März. Von Bregenz hinauf
nach Maienfeld standen 26,000 Mann Oesterreicher unter General Hotze, weiter oben auf Graubündner Gebiet 6000 Mann
unter Auffenberg. Masséna, der seine Truppen von Schaffhausen
bis Ragatz aufgestellt und in den ersten Tagen des März neue
Verstärkungen an den Rhein hatte vorrücken lassen, gedachte
diesen gleichzeitig auf drei Punkten zu überschreiten, unweit Haag,
Bendern gegenüber, um Feldkirch zu erobern, dann bei Trübbach
und unterhalb Ragatz, Fläsch gegenüber, um von zwei Seiten
die Luziensteig anzugreifen. In Azmoos hielt er Hauptquartier.
Früh 4 Uhr am 6. März gab er das Zeichen zum Angriff;
erst längere Zeit nachher ließ er die Aufforderung an Auffenberg
ergehen, binnen zwei Stunden Graubünden zu räumen. Da begreiflich in dieser kurzen Frist weder Antwort erfolgte noch gegeben werden konnte, setzten die Franzosen bei Trübbach auf einer
Bockbrücke über den Rhein, erstürmten unter dem persönlichen

---

[1]) C. L. v. Haller: Geschichte des österreichischen Feldzugs in der
Schweiz.

Befehl Masséna's, theils durch direkten Angriff, theils durch Umgehung der Redoute mittelst glücklicher Uebersteigung der Guschener-Alpen, in blutigem Gefechte die Luzienstelg,[1] zwangen die Oesterreicher zum Rückzug auf Maienfeld und nahmen am folgenden Tag ihren General sammt zahlreicher Mannschaft bei Masans gefangen; der Krieg verbreitete sich alsbald über ganz Graubünden; die Franzosen blieben Sieger, setzten eine provisorische Regierung ein, hoben einundsechszig Graubündner, politische Gegner, als Geiseln aus, ließen sie zuerst nach Aarburg, dann nach Salins transportiren, endlich die Vereinigung des alten Freistaats mit dem neuen Helvetien einleiten; dieselbe erfolgte durch Dekret der helvetischen Regierung und Kommissäre setzten sie in Vollziehung (April und Mai); Graubünden entsagte seiner alten Unabhängigkeit und wurde der helvetische Kanton „Rhätien". Auch die Ueberschreitung des Rheins bei Bendern gelang den Franzosen; aber Hotze behauptete mit Erfolg die Position bei Feldkirch. Für die von dortigen Gefechten her verwundeten Franzosen wurde ein Militärlazareth im ehemaligen Kloster St. Katharina in der Stadt St. Gallen errichtet. Unten in Deutschland holten sich die Franzosen mehrere Niederlagen. Am 13. März war die formelle Kriegserklärung seitens des französischen Direktoriums an den Kaiser (nicht an das Reich) erfolgt. Erzherzog Karl schlug die Franzosen am 21. bei Ostrach, empfindlicher in der Schlacht bei Stockach am 25. März. Einen erneuerten Angriff Masséna's von Nendeln her gegen Feldkirch am 23. März schlug Jellachich siegreich zurück, so daß die Franzosen sich nach bedeutendem Verlust von hier theils über den Rhein, theils nach der Luzienstelg zurückzogen. Die Folge der Kriegsereignisse in Schwaben war der Rückzug des unter Jourdan gestandenen Heeres zuerst in der Richtung der Schweiz gegen

---

[1] Freudetrunken meldete dieses Ereigniß der Distriktstatthalter Bernold an den Statthalter von Linth, die historische Erinnerung beifügend, daß „am gleichen Tag (6. März 1446) und in der gleichen Gegend unsere Helvenväter, 1150 Mann stark, 6000 Oesterreicher besiegten und über den Rhein jagten". „Nun wird Rhätien mit Helvetien vereint!" setzte er noch bei.

Schaffhausen, dann bei Kehl über den Rhein. In diesen Tagen
verfielen einzelne Häupter der helvetischen Regierung in eine wahre
Tobsucht; so verlangte der Direktor Laharpe eine Kriegserklärung gegen Oesterreich, wie eine solche von Frankreich ausgegangen; die ganze Schweiz sollte in ein Heerlager umgewandelt
werden; zweimal schlug das Direktorium jene Kriegserklärung
vor, drang aber bei den gesetzgebenden Räthen nicht durch. Freund-
licher als die helvetischen Direktoren benahm sich der kaiserliche
Oberfeldherr, Erzherzog Karl. Er kündigte den Schweizern an:
er betrete ihren Boden nicht um mit ihnen Krieg zu führen,
sondern den gemeinschaftlichen Feind zu verfolgen, gegen dessen
Uebermacht sie selbst für ihre Freiheit und Unabhängigkeit, wenn
auch vergeblich, gefochten. Unwahr sei die Ausstreuung, als
beabsichtige die kaiserliche Regierung eine Vertheilung der Schweiz
oder ähnliche Eroberungszwecke; des Kaisers alleinige Absicht
sei, seinerseits beizutragen, daß „die Schweiz bei ihrer Unabhängigkeit, Integrität, Freiheiten, Gerechtsamen und Besitzungen
ohne allen Abbruch erhalten werde.“ Bedrückungen und Plün-
derungen seitens der kaiserlichen Armee haben die Schweizer nicht
zu besorgen; um so mehr werde dieselbe zu guter Aufnahme
empfohlen (Proklamation vom 30. März). Das Direktorium
suchte die Verbreitung dieses Aufrufes nach Kräften zu hindern;
eine prahlerische Parodie in gleichem Format [1]) sollte den Eindruck desselben schwächen. Darin hieß es unter Anderm: „Oesterreicher! seht auf unsere Grenzen! zwanzigtausend freiwillige
Vaterlandsvertheidiger haben sich an der Seite der Franken unter
den Waffen erhoben, und mehr denn hunderttausend Jünglinge
und Männer stehen noch bereit, — — eher zu sterben, als ihr
freies Vaterland Euern habsüchtigen Fürsten und Edelleuten zur
Beute zu lassen.“ Dieser Enthusiasmus war mindestens zweifelhaft; die große Mehrheit der Schweizer erwartete mit Sehnsucht
die Oesterreicher als ihre Retter. Beweis der heftige Aufruf
Masséna's aus St. Gallen an das helvetische Volk, worin er

---

[1]) In der Sammlung von Falk enthalten.

theils die an Franzosen verübten Thätlichkeiten, theils die in vielen Theilen der Schweiz ausgebrochenen „aufrührerischen" Bewegungen rügte, alle Gemeinden für die Folgen verantwortlich machte, die betreffenden Kantone mit Erekution durch französische Truppen, ja mit Vertilgung durch Feuer und Schwert bedrohte (14. Germinal, 3. April).[1] In den Reihen der Oesterreicher kämpfte die 800 Mann starke schweizerische Legion unter Roverea, die am 8. April zu Neu-Ravensburg in die Hand des greisen Schultheißen Steiger von Bern den Eid der Treue abgelegt hatte. Die ersten Unterstützungsgelder für diese Mannschaft hatte nicht das Ausland, sondern „ein eidgenössischer Stand, der Abt von St. Gallen" geliefert;[2] später folgten die englischen Subsidien für dieselbe. Ihrer Betheiligung bei dem Kriege und ihrem Einmarsch in die Schweiz ging eine vom Schultheißen v. Steiger unterzeichnete „Erklärung" voran, welche in ruhig gehaltener, überhaupt musterhaft abgefaßter, wahrheitgetreuer Darstellung die ganze Reihe der von Frankreich gegen die Eidgenossenschaft verübten Unbilden und Gewaltthätigkeiten in geschichtlicher Folge aufrollte, die vor Augen liegenden entsetzlichen Folgen derselben schilderte und den Zweck der Bewaffnung kund gab. „In der einzigen und reinen Absicht treten wir mit einem zwar kleinen, aber beherzten und entschlossenen Haufen — — bewaffnet wieder in unser Vaterland ein, um dasselbe von der schändlichen Knechtschaft, dem namenlosen Elend zu befreien, unter dem es seit Jahr und Tag geseufzet und geblutet hat." Dieser Aufruf fand ausgezeichnet gute Aufnahme; in St. Gallen wurde er in starken Auflagen nachgedruckt.[3] Groß war der Jubel der altgesinnten Schweizer über die Siege der Oesterreicher, weitgehend die Hoffnungen, die sie an selbe knüpften. In vielen Landesgegenden

---

[1] Tillier: Geschichte der helvetischen Republik; Band I. S. 259.

[2] S. Biographie von Hotze; S. 250.

[3] „Erklärung der zu Herstellung ihres Vaterlandes vereinigten Schweizer bei ihrem Wiedereintritt in die Schweiz. Gedruckt im fürstlichen Gotteshause St. Gallen, 1799". Datirt aus Neu-Ravensburg, 1. Mai. 12 Seiten; 4.

mochte das Volk die thatsächliche Befreiung kaum erwarten, griff
selbst ein und erhob sich in vereinzelten Aufständen, welche die
Opfer der schweren Unglückszeit nur vermehrten. Am 30. März
räumten die Franzosen die Stadt Schaffhausen, am 8. April der
französische General Oudinot das Rheinthal, um als Reserve
bei Frauenfeld sich aufzustellen. Masséna, der am 4. April wieder in St. Gallen eingetroffen war, dort sein Hauptquartier aufgeschlagen und die äußeren Wohnungen des Stiftsgebäudes bezogen hatte, entfernte sich alsbald nach Straßburg, um daselbst
die Verstärkung der ihm zum Kommando übergebenen, vereinigten französischen Heeresabtheilungen (genannt Schweizer- und
Donau-Armee) zu betreiben. Aber so rasch, wie die ungeduldigen
Schweizer gehofft hatten, erfolgte das Vorrücken des kaiserlichen
Heeres nicht; strategische Bedenklichkeiten führten längere Zögerungen
herbei, welche die Franzosen zur Verstärkung ihrer Stellungen
an der Reuß und an der Limmat benutzten. Endlich rückten die
Kaiserlichen in verschiedenen Richtungen vor. Einem ersten mißglückten Versuch zur Wiedereinnahme der Luziensteig am 1. Mai
folgte ein zweiter, der nach rühmlicher Anstrengung diesen Paß
wieder in den Besitz der Oesterreicher brachte (14. Mai). Hotze
zog am folgenden Tag in Chur ein; in Ragaz steckten die Franzosen auf ihrem Rückzug, „hier eine zwecklose Grausamkeit", [1]
die Taminabrücke in Brand, in Folge dessen beinahe das halbe
Dorf ebenfalls in Feuer aufging, und plünderten in Häusern
und Ställen, was nicht schon der Bedarf eines langen Winter-
quartiers verschlungen hatte. Die Oesterreicher schoben ihre Vorposten landab vor, gleichfalls landaufwärts, über Pfäfers und
Vättis, auf den Kunkelspaß. Am 18. Mai rückte Hotze über Ragaz
einwärts auf Schweizerboden, theils in der Richtung nach Azmoos,
theils in jener von Wallenstadt. Den Scholberg bewachte nebst
Franzosen ein Bataillon helvetischer Milizen vom Kanton Linth
(Glarus, Sargans, Gaster, Obertoggenburg), großentheils altgesinnt. Hier griffen die Oesterreicher früh morgens am 19.

---

[1] Biographie des Generals v. Hotze; S. 276.

an und zwangen die Gegner zum Rückzug. Jenes Bataillon
zerstob in voller Auflösung [1] in das Toggenburg. Bei Werdenberg standen mehrere helvetische Bataillone, davon eines aus dem
Kanton Sentis; sie hielten ebenfalls nicht Stand, eilten über
Wildhaus nach der Heimath; die zwei Thurgauer Bataillone in
forcirtem Marsch über den Kamor nach Appenzell. Als Ursache
des unrühmlichen Abzugs gaben diese Truppen an: sie hätten
im Oberland nichts mehr zu essen und „zu trinken" bekommen. [2]
Die wenigen bei der Kolonne gewesenen Franzosen wichen erst
nach tapferer und längerer Gegenwehr. Der Unterstatthalter
Gafafer floh noch gleichen Tages nach Neßlau, in seinem Berichte an den Statthalter von Linth klagend, daß nicht ernsterer
Widerstand geleistet worden. [3] Ebenfalls am Abend des 19. Mai
rückte dort auf ihrem Rückzug vom Rheingebiet her die französische Kavallerie ein. Im Sarganserland rückten die Oesterreicher
unter Oberst Gavassini abwärts an den Wallensee, bei ihnen
Oberst v. Roverea mit 600 Mann der Schweizerlegion; beide
gemeinsam schlugen sich mit namhaftem Verlust doch mit Erfolg gegen die mittlerweile von Kerenzen her neuerdings heran-
gerückten Franzosen. Das sehr ernsthafte Gefecht fand statt am
19. Mai an der Rhönscheibe, einem Engpaß zwischen Mols und
dem Schloß Greplang. [4] Im Sarganserland war auf Einladung Gavassini's der Landsturm aufgeboten, zu dem sich Mels,

---

[1] Die Berichte über das Gefecht am Scholberg lauten verschieden;
nach den Einen wäre der Scholbergpaß erstürmt worden; nach Andern wären
die Franzosen durch den Rheinübergang eines österreichischen Detachements
von Balzers her zur Räumung des Passes veranlaßt worden. Der Verfasser der Biographie Hotze's hält das letztere für wahrscheinlicher.

[2] S. Biographie Hotze's, S. 280.

[3] Sein Bericht gibt keinen bestimmten Aufschluß über den Kampf am
Scholberg.

[4] Der Verfasser der Biographie Hotze's hält für wahrscheinlich, daß
auch bei Flums geschlagen worden (S. 281), bezweifelt aber, wohl mit
Grund, daß an diesem Tage helvetische Eliten in den Reihen der Franzosen
gefochten. Wir verweisen diesfalls auf die Erzählung vom späteren Gefecht
bei Näfels.

Baumgartner. Kanton St. Gallen. I. 22

Flums und Wallenstadt mit Eifer herzudrängten. Zahlreich wollten
namentlich die Bauern von Mels, Jung und Alt, in die Schweizerlegion eintreten. Die Oesterreicher behaupteten nicht nur ihre
Stellung, aus welcher sie von den Franzosen mittelst Umgehung
hatten verdrängt werden wollen, sondern rückten vor an den
Kerenzerberg; die Franzosen wichen zurück, räumten am 20. Mai
den größern Theil des Glarnerlandes bis Bilten.[1]) Am 23. Mai
rückte Oberst Gavaffini bis Mollis vor. Das Glarner Volk
empfing sein kleines Heer als Befreier. Gegen 2000 Freiwillige
aus Glarus, Sargans, Gaster meldeten sich um die Aufnahme
in die Schweizerlegion Roverea, mußten aber abgewiesen werden,
weil eben um diese Zeit die englischen Agenten Schwierigkeiten
gegen die Bezahlung der erforderlichen Subsidien erhoben. Un-

---

[1]) Eifriger Rathgeber des österreichischen Kommandanten am 19. Mai
war der Pfarrer von Quarten, P. Georg Effinger, Kapitular von Pfäfers,
der jenen auf die von den Franzosen beabsichtigte Umgehung aufmerksam
machte und die vortheilhafte Stellung bezeichnete, durch deren Besetzung sie
verhindert werden könne. Effinger erhielt später eine von Gavaffini ausge-
stellte Belobungsurkunde, in welcher bezeugt ist, daß seiner Rathgebung die
Behauptung von Wallenstadt und die Besitznahme des Glarnerlandes zu
verdanken sei. Effinger wurde nachhin mit Hülfe dieser Urkunde ein angesehener Mann bei Hof in Wien, bei dem Volk dieser Hauptstadt aber ungewöhnlich beliebt als Kanzelredner. Kaiser Franz II. belohnte ihn mit
der goldenen Ehrenkette nebst Medaillon, die in der Folge dem Kloster Pfäfers anheimfielen. S. die Schrift von Ildefons Fuchs: „Georg von Effinger, eine Selbstbiographie". St. Gallen, 1814.

P Effinger war, laut dieser Schrift, ein eifriger Gegner der französischen Revolution und ihrer Nachäffung in der Schweiz. Er erzählt von sich
selbst: „Gegen die Staatsumwälzung, die vom Lande des Verderbnisses
— — drohend einherzog, ergriff ich das Schwert des Predigtamtes. Kein
Mittel blieb mir unversucht, meine Naturmenschen, die Quartner, vor An-
steckung zu sichern, sie auf die Ankunft der werbenden Dinge vorzubereiten."
Das machte ihn bei dem helvetischen Regierungspersonale verdächtig und
verhaßt; aber Effinger hatte gute Wache: „Meine nervosen Quartner, ein
Volk von grobem Gefühl, aber treu, waren mit allem Enthusiasmus für
ihren Hirten." Launig erzählt er auch, wie das Direktorium, die Minister,
besonders Stapfer, nebst den Unterbeamteten, ihn mit Zusendung von allerlei Schriften begrüßten, „mich und mein Volk zu belehren".

mittelbar nach der Eroberung der Luziensteig traf Hotze Anstalten
zum Einmarsch auch des Hauptkorps in die Schweiz, über die
Rheinbrücken, die bei Balzers und Meiningen geschlagen worden; diese Truppen, aus 18 Bataillonen und 13 Escadrons
bestehend, zogen in zwei Richtungen: über Wildhaus, dann über
Gais und Rorschach nach St. Gallen (22. Mai). Schon vorangehend hatte eine kleinere Schaar bei Rheineck über den Strom
gesetzt. Alles helvetische Geschütz (55 Stücke) auf der Rheinlinie
fiel den Oesterreichern in die Hände. Die Dörfer ausplündernd
verließen die Franzosen das St. Galler Gebiet. Geräuschlos
beseitigte man dort die dreifarbigen Fahnen und die Freiheitsbäume (21. Mai). Am 23. Mai rückte General Hotze in die
Stadt St. Gallen ein und ließ sein Heer auf dem Schwarzen-
bacherfeld ein Lager beziehen; 3000 Mann von demselben hatten
anfänglich in Schönenwegen Lager bezogen. Die Hauptarmee
des Erzherzogs Karl war in eben diesen Tagen über Konstanz,
Stein und Büsingen in die Schweiz eingezogen; er selbst hatte
am 23. Mai bei Kloster Paradies den Rhein überschritten. Bei
Winterthur sollte die Vereinigung des Hotze'schen Korps mit dem
kaiserlichen Hauptheer erfolgen.

Während diesen Vorgängen regierte in St. Gallen ein
helvetischer Armeekommissär, der Großrath Bernhard Friedrich
Kuhn, aus Bern, ein Mann, der die Achtung auch seiner politischen Gegner genoß. Ein Beschluß des Direktoriums vom
24. April stellte die Mitglieder der Verwaltungskammer des
Kantons Sentis in ihren Verrichtungen ein. Sie waren übler
Verwaltung beschuldigt: lässiger Vollziehung der Finanzgesetze;
der Dilapidation in Verwaltung der Klostergüter; Aufhebung
von Güterkäufen und Rückzahlung des Kaufschillings an Käufer,
ohne daß klar vorlag, daß diese zuvor wirklich bezahlt hatten;
eigener Benutzung der Klostergebäude statt deren nutzbringender
Verpachtung; großer Haushaltungskosten im Kloster, obwohl
nur noch sehr wenige Geistliche anwesend; persönlicher Zehrung
im Kloster ohne Entrichtung eines genüglichen Kostgeldes an die
Kasse und Aufhäufung großer Rückstände dieses Kostgeldes

22*

(1500 Gl.; 1600 Fr. für gelieferte Weine ungerechnet); eigener Benutzung der Klosterpferde u. dergl. mehr. Kuhn bestellte zwei Kommissäre zur Untersuchung, Joh. Baptist Fisch (ohne Zweifel aus Herisau) und Specker (aus St. Gallen). Schon früher (September 1798) hatte der Verwalter des Klosters die Aufhebung dortiger Tafel angetragen; aber das hatten die Mitglieder der Verwaltungskammer nicht gewollt; sie zogen vor, um ein Minimum von Kostgeld im Kloster zu speisen und den Betrag sich gelegentlich von dem Gehalt in Abzug bringen zu lassen.[1] So machten es damals die Regenten des Landes, die nämlichen Männer, deren Partei nicht müde geworden, über das Wohlleben der Mönche und den großen Lebensmittelverbrauch im Kloster zu klagen. Auch Künzle wurde abgehört. Das Verhörprotokoll nennt diese Amtshandlung eine „Unterredung mit dem Bürger Präsident Künzli". Die Verhöre mit ihm und mit Hautli waren höchst oberflächlich und zu einer gründlichen Ermittlung des Thatbestandes kam es nicht; den Verhören zufolge war unter den Klagpunkten auch der: daß mit 440 Gl. Gehalt ein zweiter Weibel bezahlt werde, der im Grund nur Künzle's Knecht sei, und den selbst Hautli als entbehrlich ansah, freilich mit dem beschwichtigenden Beisatze: „dennoch ist er zur Beförderung der Revolution brauchbar und thätig gewesen". Aus der Untersuchung ergab sich zum Mindesten Mangel an Ordnung und Verwaltungskontrole, ebenfalls Mangel an Ausscheidung zwischen persönlichem und Amtsverhältniß in Hinsicht auf ökonomische Berechtigungen und Genüsse; Veruntreuungen brachte sie nicht zu Tage. Die Kommissäre sprachen in ihrem Bericht ein ungünstiges Urtheil in Bezug auf Künzle hinsichtlich seiner Befähigung aus: er habe mehr übernommen, als er zu führen fähig; würde er am Amte bleiben, so sollte ihm mindestens ein „sachkundiger" Sekretär beigegeben werden; auch habe er im Innern des Klosters, sowie bei Verpachtung der Güter, sich zu viel herausgenommen und zu unumschränkt und eigenmächtig

---

[1] Obiges aus dem Schreiben Kuhn's an die Untersuchungskommissäre und aus anderen Akten im Kantonsarchiv.

gehandelt. Alles sehr erklärlich: denn Künzle hatte die erforderliche Schulbildung nicht, war in der Feder nicht genug bewandert,
persönlich einbilderisch, darüberhin durch seine Erfolge verwöhnt,
darum eigenmächtig; das hohe Amt eines Präsidenten der Verwaltungskammer sah er wesentlich als Fortsetzung seiner früheren
politischen Rolle an. Hautli wurde im Bericht als der
Fähigste bezeichnet; ein anderes Mitglied der Behörde, Würth
aus Lichtensteig, der einen Theil der Einkünfte und Gefälle zu
besorgen hatte, führte nur zwei kleine Handbüchlein. So war
die Verwaltung beschaffen. Die Untersuchungsakten gingen an
das Direktorium nach Luzern ab. Bei dem Herannahen der
Oesterreicher wanderte Künzle ebenfalls dahin, „wo er sich im
besten Wohlsein befand“.[1] An die Stelle der Verwaltungskammer, deren Haupt er gewesen, trat eine provisorische Behörde
mit gleichem Amtstitel, aus fünf Mitgliedern bestehend, insgesammt Bürger der Stadt St. Gallen, an ihrer Spitze Kaspar
Bernet; das fünfte Mitglied war Julius Hieronymus Zollkofer;
diese beiden werden wir später in noch höheren Amtsstellungen
sehen. Die neue Verwaltungsbehörde begann ihre Verrichtungen
mit dem 24. April 1799.

Zweiter Abschnitt.

Wiedereinzug des Fürsten Pancratius in seine Lande; Herstellung der stiftischen Regierung. Die Stadt Zürich durch das kaiserliche Heer besetzt.
Die Politik der kaiserlichen Regierung in Bezug auf die Schweizerfrage.
Restaurationsschritte des Fürsten von St. Gallen. Widerstand im Toggenburg; exekutorisches Einschreiten dagegen. Rückkehr zur alten Ordnung in
der Stadt St. Gallen und in den übrigen Theilen der aufgelösten Kantone
Sentis und Linth. Wiederaufnahme der Kriegsoperationen im August. Betheiligung der Russen. Schlacht bei Zürich. Russen und Oesterreicher räumen die Schweiz. General Hotze; sein Tod. Fürst Pancratius ergreift
abermal den Wanderstab. (Mai bis Ende September 1799.)

Während den entscheidenden Maitagen weilte Fürstabt
Pancratius in Mehrerau; von dort begab er sich an den Rhein

[1] Familiengeschichte. Dieselbe erzählt auch: „Künzli und die übrigen

nach St. Johann Höchst und hatte hier die Freude, kaiserliche
Vorposten über den Rhein fahren zu sehen (20. Mai). Folgenden Tages sendete er in seine gesammte Gebiete: alte Landschaft,
Toggenburg, Thurgau und Rheinthal, zwei Mandate, mit Befehl, solche unverweilt bekannt zu machen. Der Offizial, P. Blaz.
Stadelmann erließ zu diesem Ende ein bezügliches Rundschreiben
an die Pfarrer beider Konfessionen. Die zwei Proklamationen
waren im Namen des Fürsten durch P. Heinrich Müller
v. Friedberg als Sekretär unterzeichnet; ihre beiden Originalien
mit eigener Hand vom Fürsten von Mehrerau datirt. Das
erste Proklama hob also an: „Das Ende eurer Unterdrückung
ist gekommen. Mit väterlicher Theilnahme und empfindlicher
Freude machen Wir Euch diese frohe Nachricht zu wissen; —
denn auch bei Unserer nothgedrungenen Entfernung hörten Wir
niemal auf, Unsern theuren Pflichten gemäß, wie für das Beste
Unsrer Stift, so auch für das eurige zu sorgen und zu wachen.
Mit Wiederherstellung der alten gesetzlichen Ordnung und rechtmäßigen Regierung wird auch die wahrhaft freye Ausübung der
Heil. Religion, die Sicherheit eures Eigenthums und der Personen
wieder eintretten, welche bey der neuen gewaltsamen und gegen
alle Rechte eingeführten Ordnung der Dinge unerachtet aller
feyerlichen Zusicherungen so offenbar und verschieden gekränkt und
beynahe verdrängt wurden." Der Fürst machte durch diese Ansprache dem Volk im Weiteren bekannt: der Einmarsch der
kaiserlichen Truppen in seine Lande geschehe keineswegs mit
feindseligen, sondern vielmehr mit den wohlthätigsten Absichten;
es gelte, die so sehnlich gewünschte Ruhe und die seit mehreren
Jahrhunderten in ruhigem Besitzstand ausgeübten Rechtsame des
Stiftes wieder herzustellen; seitens Sr. kaiserlichen Majestät sei
die Unterstützung aller jener Maßregeln und Einrichtungen zugesagt, durch welche das Wohl von Stift und Land auf
dauerhafte Weise und für alle Zukunft gegründet und befestiget

---

Mitglieder seien unmittelbar vor erwähnter Untersuchung verhaftet, ihre
Schriften unter Siegel gelegt worden; die Haft habe vierzehn Tage gedauert. Die dem Verfasser zu Gesicht gekommenen Akten schweigen hierüber.

werden möge. Niemals habe der Fürst die Einwilligung gegeben zu Abtretung der uralt hergebrachten, ohne Konsens des
allerhöchsten Lehensherrn und ohne Erlaubniß Sr. päpstlichen
Heiligkeit unveräußerlichen Rechte des Stiftes; eben so wenig
habe die durch Volksaufläufe erzwungene Schmälerung jener
Rechte ohne lehensherrlichen Konsens rechtskräftig und geltend
werden können. Deßhalb gebiete der Fürst allen Einwohnern
der alten und neuen Landschaft, auch den respektiven Angehörigen
im Thurgau und Rheinthal, was folgt: 1) Solle sich Keiner
unterstehen, gegen die Truppen Sr. Majestät und Ihrer Alliirten
die Waffen zu ergreifen oder Dero Feinden Hülfe zu leisten;
die im Dienste der „usurpatorischen, unrechtmäßigen" helvetischen
Regierung oder ihrer Verbündeten stehenden Angehörigen sollen
solchen verlassen; Widerspännige würden sich des Hochverraths
und der Rebellion schuldig machen und hätten daherige Strafen
zu gewärtigen; 2) Jeder solle sich zum Eintritt in das schweizerische
Korps, das sich an die kaiserliche Armee anschließen werde, bereit
machen, zum Kampfe „für Rettung seiner Religion und des
Vaterlandes"; 3) Verboten sei Allen und Jeden, irgend welche
Gewalt gegen die Stiftsangehörigen zu üben, welcher Gesinnung
sie auch seien, oder Privatrache an ihnen zu nehmen; denn
solches sei schon durch die Grundsätze der heil. Religion und
jene der Gerechtigkeit und guten Ordnung untersagt; dieses
Verbot solle auch gelten zu Gunsten der Personen der bekannten
Volksverführer und Urheber der Empörung; wohl möge man
sich ihrer Personen zur Uebergabe an die rechtmäßigen Obrigkeiten bemächtigen, denen es sodann zustehen werde, nach Erforderniß der Gerechtigkeit und der allgemeinen Ruhe die
Schuldigen zur Strafe zu ziehen (20. Mai). So streng der
Regent in diesem Mandat sich aussprach, so war er doch einer
sehr ausgedehnten Amnestie nichts weniger als abgeneigt; er
sprach diese aus in der zweiten Bekanntmachung vom 21. Mai,
in deren Eingang zu lesen: „Gerne und von Herzen vergessen
und vergeben wir, doch mit Ausnahme der ersten Aufwiegler
und der strafbarsten Ruhestörer, alle die unseligen Auftritte, wo-

durch inner vier Jahren ein Haufe schlechter, religions- und pflichtvergessener Leute Unsrer Stift die durch bewährte Urkunden und graues Alterthum geheiligte Rechte stufenweise zu rauben und derselben Untergang zu bewirken, und auch dadurch das ganze Land in Verwirrung, Schaden und unabsehbares Elend zu stürzen suchten." Dann wird die Ueberzeugung ausgesprochen, daß Viele nur durch Verleumbungen getäuscht oder durch Gewalt hingerissen, Theil nahmen, der weit größere Theil dagegen den Aufruhr bedauerte und verabscheute und nichts so sehnlich wünsche, als die Rückkehr der öffentlichen Ruhe, Ordnung und Sicherheit und die Wiederherstellung des Stiftes in die Ausübung seiner Rechtsame. Im Weiteren forderte der Fürst „alle und jede Eidesfähige auf", sich auf dreimaliges Zeichen mit der Glocke „in ihrer Gerichtsgemeinde an dem gewöhnlichen Ort zu versammeln, wo sie dann Unserem Beamten, den Wir zu dem Ende nächster Tagen dahin bestimmen und senden werden, den schuldigen Eid der Treue zu Unseren und Unserer fürstlichen Stift Händen leisten und erneuern sollen u. s. w." — — „Bemeldeter Unser Beamte soll dann einsweilen und provisorisch in jede Gemeinde einen Vorgesetzten ernennen, damit gesetzliche Ruhe und Ordnung beybehalten werden. Ebenmäßig tragen wir ihm auf, einen fähigen, geschickten und treuen Mann in jede Gemeinde zu erwählen, dem es obliegen solle, das Militair in selber für alle benöthigte Fälle ohne Verschub in fertigen Stand zu setzen, um auf den ersten Befehl mit der übrigen Mannschaft sich vereinigen und zu einem Korps organisirt werden zu können." Sofort entsendete der Fürst die Kapitularen Aemilian Haffner, Heinrich Müller v. Friedberg, Theodor Wick und Innocenz Bernhardt nach St. Gallen, zu Uebernahme der Regierung und Besorgung alles weiter Nöthigen. Sie trafen am 23. am Ort ihrer Bestimmung ein und nahmen das Stift St. Gallen wieder in Besitz. Der Fürst selbst folgte am 26. Mai, über St. Margarethen, Staad, Rorschach; überall festlicher Empfang; von Rheineck hinweg begleit durch Reiterei von Rorschach und dortige Honoratioren; Einzug in Rorschach unter dem Geläut aller Glocken und unter Theilnahme der Geistlichkeit in Prozession mit Kreuz und Fahnen, und einem Zuge von Jünglingen und Jungfrauen; Tedeum in der Kirche zu Rorschach; von hier aufwärts wieder mit Reiterbegleit aus Goßau und Tablat; von St. Fiben hinweg abermals prozessionsweiser Zug durch die Stadt, wie in Rorschach, nach der Stiftskirche, in deren hochgewölbten Hallen ein feierliches „Herrgott, Dich loben wir" die erhebende Feier schloß. Aus war es mit den tollen, heidnischen Tänzen um die bunt bebänderten Fichten oder Tannen, und mit den Herisauer Göttinnen. Fürst und Volk gaben dem Allerhöchsten die Ehre. Tausende von Zuschauern hatten sich an die Wege gestellt, wo der Zug durchging; der Volksjubel war ein allgemeiner. Das kaiserliche Militär paradirte; Offiziere desselben von hohem Rang, eben so der Abt von Mehrerau, der den St. Gallischen Flüchtlingen monatelang Asyl und Unterstützung für ihre Zwecke gewährt hatte, nahmen Theil am Zuge. Der Fürst ergriff die Zügel der Regierung wieder, im Geiste seiner Bekanntmachung vom 20. Mai. Wenn ihm Einzelne vorwerfen, er habe eine gänzliche Reaktion, vollendete Rückkehr auf die Zustände v o r dem „gütlichen Vertrag" von 1795, beabsichtiget, so ist solches weder durch seine Handlungsweise noch durch die amtlichen Veröffentlichungen erwiesen. So urtheilt auch Weidmann, der dem Fürsten persönlich abgeneigte Geschichtschreiber, indem er ausdrücklich berichtet: „er habe (nach der Rückkehr) alle Rechte seines Stiftes nach den Verhältnissen von 1796 und den Erläuterungen von 1797 auszuüben angefangen".[1] Außer allem Zweifel liegt dagegen, daß der Fürst alle jene mehr oder weniger bedingte Abtretungen, sogenannte Unabhängigkeitserklärungen u. dergl., welche, ohne ausdrückliche Zustimmung des Fürsten, vom Kapitel ausgegangen waren, für nichtig erklärt haben

---

[1] Weidmann, a. a. O., S. 146. Abweichend von dem, was Weidmann berichtet, hat der Verfasser sogar den Vorwurf gefunden, der Fürst habe den „Fall" wieder einführen wollen und eine Reklamation in diesem Sinn gemacht. Belegt ist nichts; um so bekannter aber, daß der Fürst Gegenstand der vielseitigsten Anfeindung war.

wollte und in keiner Weise anzuerkennen oder zu berücksichtigen
gedachte. Solches ergibt sich aus zahlreichen eigenen amtlichen
und außeramtlichen Aeußerungen des Fürsten. Ungewiß mag
dabei bleiben, ob er die aus dem Schiedsspruch vom Juli 1797
hervorgegangene Volksrepräsentation und deren Wirksamkeit
ferner anerkannt hätte, falls ihm längere Regierung vergönnt
gewesen wäre, oder ob er solche bloß als tumultuarisch abge-
trotzte Interventionsergebnisse angesehen und unberücksichtiget
gelassen hätte. Der Geschichtschreiber hat bei dieser Frage nicht
zu verweilen und verweiset einfach auf die seitens des Fürsten
zu Gunsten jener politischen Einrichtung seiner Zeit ausgesprochene
Anerkennung. Das Tagebuch des Fürsten ist über diese seine
zweite Regierungsperiode höchst kurz gehalten und gewährt über
erwähnte Frage wie über seine Verrichtungen und Anordnungen
keinerlei erhebliche Aufschlüsse, was wohl dem außerordentlichen
Wogen der Zeit beizumessen ist. Von unverweilter Abnahme
der Eidesleistung stand der Fürst auf den Rath einsichtiger
Männer ab, ohne eine Frist für diesen Akt festzusetzen. Er
konnte übrigens der weitaus größeren Mehrheit des Volkes,
namentlich in der alten Landschaft, sicher sein; [1]) weniger im
Toggenburg, im Thurgau und im Rheinthal. Das Aufgebot
zum Zweck der Errichtung eines freiwilligen Hülfskorps und die
zu dessen Bildung angeordneten Waffenübungen waren eine
Folge der an den früheren Zusammenkünften mit Schultheß
v. Steiger, Roverea und Hotze gepflogenen Berathungen; aber
es fehlte zum Gelingen dieser Maßnahme die allgemeine oberste
Leitung und ein hinreichend weiter militärischer Wirkungskreis;
denn der Erzherzog Karl, wie wir nächstens sehen werden, ging
nur schrittweise voran und kam nicht weit vorwärts. Zu über-
sehen ist dabei nicht, wie erschöpft und abgehetzt das Volk sein
mußte, welches seit mehr denn vier Jahren von Bewegung zu
Bewegung, von Unruhe zu Unruhe getrieben worden war und

---

[1]) Solches bezeugt auch Weißmann a. a. O., S. 146.

unter dem Druck der gesteigerten Lasten bereits schwer gelitten hatte. [1])

Der Marsch des österreichischen Heeres nach Winterthur und gegen Zürich geschah in drei Kolonnen; die erste, vom Erzherzog Karl selbst angeführt, rückte von Schaffhausen und Stein über Andelfingen vor; die zweite, an Zahl sehr schwach und zum Corps des Oberbefehlshabers gehörend, von Konstanz über Frauenfeld; die dritte unter Hoße von St. Gallen her. Masséna war bedacht, deren Vereinigung in Winterthur zu hindern, zu diesem Zwecke einen bewaffneten Keil zwischen den Erzherzog und Hoße vorzuschieben. Hoße aber warf einen Theil seines Heeres unter General Petrasch von Bischofszell aus diesem Vorhaben entgegen. Petrasch kam zu guter Zeit, besetzte Frauenfeld und Umgegend noch vor dem Eintreffen Oudinot's. Das Gefecht zwischen beiden Heeresabtheilungen wurde ein hartnäckiges. Mitten in den Truppenabtheilungen der Franzosen (Division Oudinot) waren unter dem helvetischen General Augustin Keller, aus Solothurn, einem unfähigen Mann, der sich im Kommando nur Schmach holte, daher durch den wackeren Weber (aus dem Kanton Bern) ersetzt wurde, Abtheilungen der helvetischen Legion und der Milizen (Eliten) eingereiht, mehrere Tausend Mann an Zahl, unter Anderen Zürcher und Luzerner; sie alle kämpften mit Muth und retteten, besser als die Milizen in den früheren Stellungen und Gefechten am Rhein, die Ehre des Schweizernamens. Die Oesterreicher erlitten an diesem Tage schweren Verlust (25. Mai). Unvollständigen Erfolges wegen zog sich Masséna gleichwohl nach der Töß zurück; am 27. rückten die Hauptmassen der Oesterreicher gegen Winterthur vor und über die Töß. Die helvetische Legion und die helvetischen Milizen kamen abermals in den Kampf; erstere wurde beinahe aufgerieben; die anderen erlitten neue Verluste. Weiterer Rückzug der Franzosen und mehrere Gefechte vor Zürich folgten;

---

[1]) „Die Lasten wären unerträglich gewesen, wenn nicht glücklicher Weise Handel und Wandel florirt hätten," sagt G. L. Steinlin mit näherem Bezug auf die Stadt St. Gallen. S. dessen „historischen Vortrag".

bei jenem vom 4. Juni erlitten beide kriegführende Theile große Verluste, während die mehreren helvetischen Milizen, unbehindert durch die Franzosen, nach der Heimath marschirten.[1] Am 6. Juni räumte Massena die Stadt Zürich; alsobald wurde sie von den Oesterreichern besetzt. Erzherzog Karl nahm sein Hauptquartier in Kloten. Hotze, noch an einer Schußwunde krank liegend, meldete die Siegesberichte an den befreundeten Fürstabt in St. Gallen. In den rückliegenden Kantonen Luzern, Baden, Aargau war inzwischen das Volk beider Religionstheile in höchster Erbitterung wider die Franzosen und harrte mit Ungeduld der kaiserlichen Fahnen. Die Position der beiden Heere an der Linth haben wir oben schon angegeben. Am 25. Mai rückten die Franzosen mit ein paar helvetischen Milizbataillonen über Niederurnen zum Angriff gegen die Oesterreicher vor, mit denen die Schweizer-Legion Roverea und freiwillige Glarner kämpften. Nach einer ersten Niederlage bei Näfels siegten die Oesterreicher; die Franzosen zogen sich zurück; die Milizen aber (Lemaner und Züricher) kehrten zum größeren Theile nach Hause; namentlich das Züricher Bataillon lief gänzlich auseinander. Oberst Gavassini stellte nun seine Vorposten bei Bilten auf; Roverea wagte sich über den Pragel vor in das Muottathal, mußte aber dem Ungestüm Lecourbe's, des französischen Meisters im Gebirgskriege, weichen. Glarus blieb gleichwohl in dieser Zeit von den Franzosen frei und regierte sich wieder nach alter demokratischer Weise. Die Kantone Linth und Sentis waren als solche seit der zweiten Hälfte des Mai's nur noch auf dem Papier vorhanden. Doch vegetirten noch einzelne Distriktsstatthalter oder auch Verwaltungskollegien, weil es an Maßnahmen zu ihrer Ersetzung gebrach. Der Verband mit der helvetischen Regierung, die sich am 31. Mai von Luzern nach Bern zurückgezogen hatte, war nur noch ein höchst lockerer und unsicherer; denn zwischen ihr und der östlichen Schweiz standen die beiden Heere.

---

[1] Biographie von Hotze, S. 325.

Im Stift St. Gallen entwickelte der Fürst die ihm eigene eingreifende Thätigkeit. Das Klostergebäude war im Laufe des Winters von den Franzosen für Anlegung eines Militärkrankenhauses in Anspruch genommen worden; die Wände der Zellen der Kapitularen waren bei diesem Anlaß durchbrochen; diese selbst, so wenige ihrer noch waren, in die engsten Winkel gedrängt; selbst die St. Galluskapelle, seit alten Zeiten als Heiligthum angesehen, nicht verschont, sondern in eine Brodbäckerei umgeschaffen worden. [1] Ueberhaupt hatte Unordnung und Zerstörung seit mehr denn einem Jahr im Stiftsgebäude gewaltet. Der Fürst schritt daher zu dessen Restauration, verwendete 20,000 Gl. auf dieselbe, richtete alles wieder wohnlich her, und hatte die Absicht, auf das Fest des heil. Gallus die große Mehrzahl der Kapitelsglieder wieder um sich im Kloster zu vereinigen. Er that auch schon Schritte, um das Personale des Stifts für dessen Zwecke nach Bedarf zu vermehren. Durch den augenblicklichen Umstand, daß am Abende seines Einzuges (26. Mai) zahlreiche Verwundete von Frauenfeld her in St. Gallen eintrafen, hatte er sich nicht entmuthigen lassen. Durch den neu ernannten Offizial, P. Aemilian Haffner, hatte er bereits am 25. Mai an gesammte seiner geistlichen Gerichtsbarkeit unterstellte katholische Bevölkerung seiner Lande eine Bekanntmachung erlassen, durch welche auf den 1. und 2. Juni ein allgemeines Dank-, Buß- und Bittfest angeordnet wurde; in diesem Mandat ist unter anderem zu lesen: es werde das Volk nun aus eigener Erfahrung gelernt haben: „daß die neu geprebigte und mit Gewalt der Waffen aufgedrungene Freiheit nicht nur keine von jenen Früchten gebracht habe, welche man Euch betrügerischer Weise verheißen hat; sondern daß vielmehr auch die freie und ungehinderte Ausübung unserer heiligen Religion auf verschiedene Art gehemmt, und die wahre Kirche in ihren Rechtsamen bey jeder Gelegenheit gewaltsam gekränkt und gedrückt worden seye." Mit dieser Erinnerung an eine beklagenswerthe Wahrheit wurden

---

[1] Advers. von P. Ger. Brandenberg, 17. Februar 1799.

die Gläubigen ermahnt, für das Glück der kaiserlichen Waffen ihr Gebet zum Himmel zu erheben. Die verordneten Dank- und Bettage wurden besonders feierlich im katholischen Toggenburg gehalten, wo das Volk sich ungemein zahlreich in den Kirchen versammelt hatte. Die bei diesem Anlaß am 2. Juni in der Stiftskirche von P. Aemilian Haffner gehaltene Predigt bewahrten die Archive auf. Sie entwarf ein scharf gezeichnetes, aber wahres und treues Bild von den Gefahren und Früchten der Revolutionsschwindelei, von dem heidnischen Unwesen, das in ihrem Gefolge einher gehe, von dem Unglück, das sie bereits über das Volk gebracht. Aber „Trübsal gibt Verstand", rief der Prediger, und schloß dann die Erinnerung an: „Der krumme Stab, unter welchem ehemals so gut zu wohnen war, wurde mit einer eisernen Ruthe vertauscht, und Menschen, die Gott nicht gesetzt, rissen alle Gewalt an sich, und forderten nun Gehorsam, den sie zuvor selbst nicht leisten wollten." [1]) Eine schwierige Aufgabe für den Fürsten war die Bestellung der Aemter. Seinen Grundsätzen zufolge war er allen Personen abgeneigt, welche unter der helvetischen Ordnung ein Amt bekleidet hatten, obwohl nicht zu leugnen war, daß einzelne derselben zu seinen treuesten Anhängern gehörten. Dieser Umstand und die gebieterische Nothwendigkeit überwog, so daß Ausschließlichkeit in erwähntem Sinn nicht eintrat. Daß sich übrigens die Meisten wieder herzudrängten, war eine Erscheinung, die allen Zeiten eigen. Selbst Müller v. Friedberg war nicht gerade ungeneigt, alte Verhältnisse wieder anzuknüpfen. Huldigte doch auch er der weit verbreiteten Volksansicht: Oesterreich sei der

---

[1]) Einen solchen Dank- und Bußtag verordnete bald nachher auch der Große Rath von Appenzell Außerrhoden, „um Gott für die wieder erhaltene alte Verfassung und wahre Freiheit zu danken", nachdem die Landsgemeinde am 23. Juni, zahlreicher als je in Hundwyl versammelt, die entschiedensten Feinde der Revolution, unter ihnen den greisen Landammann Jakob Zellweger, der mit seinen Verwandten in naher Verbindung mit den flüchtigen St. Gallischen Kapitularen in Deutschland gestanden, wieder zu Landeshäuptern erwählt und dem Herisauer Franzosenschwindel ein Ende gemacht hatte.

Befreier der Schweiz, soferne es nemlich für die Reorganisation
der Eidgenossenschaft selbsthandelnd einschreite.[1] In diesem Geist
hatte er sich gleich bei dem ersten Erscheinen der österreichischen
Heere mit ihren Generalen in nächste Verbindung gesetzt, ja
selbst längere Zeit vorher schon sich so weit hervorgewagt, daß
er in Gefahr kam, sammt den Stiftsdamen von Schänis durch
den helvetischen Kommissär Clavel, einem Lemaner aus Lausanne,
deportirt zu werden.[2] Sogleich nach der Rückkehr des Fürsten
machte der gewesene Landvogt von Toggenburg einen Versuch,
mit seinem ehemaligen Herrn wieder in nähere Verbindung zu
treten; doch, ungewiß über dessen Gesinnung, Absichten und
Erfolge, schrieb er ihm einen bloßen Glückwunsch.[3] Der Fürst
antwortete äußerst höflich, aber ging nicht über die Höflichkeit
hinaus.[4] Müller v. Friedberg setzte den Briefwechsel fort,
holte in einem zweiten Brief die Befehle des Fürsten ein über
die bei dem allzufeierlichen Abzug aus dem Toggenburg in Verwahrung gebrachten fürstlichen Siegel und Archive, meldet jedoch
nichts weiter von einer Erwiederung des Fürsten. Dieser hatte
längst alles Zutrauen in jenen ehemaligen Staatsbeamteten aufgegeben, vermied jedoch von ihm zu schreiben oder zu reden.
Umgekehrt war der gewesene Landvogt auch in dieser Periode
unerschöpflich in herben Kritiken der Politik und der Person des
Fürsten, und es überging endlich deren Ton beinahe in Aeußerungen des Hasses. Die gegenseitige Mißstimmung wurde durch
die Forderung von Gehaltsrückständen, die der Landvogt für
Rechnung seines Vaters an das Stift gestellt, sobann selbst

---

[1] „L'Autriche est bien sûrement notre libératrice; mais, si elle
abandonne trop au hazard, l'anarchie actuelle sera bientôt pire que la
précédente." Brief von Müller v. Friedberg an Joh. v. Müller, aus
Schänis, 14. Juli 1799.

[2] Brief an Joh. v. Müller vom 12. Juni.

[3] „Une lettre de compliments fort simple, mais respectueuse et af-
fectionnée." S. gleichen Brief an Joh. v. Müller.

[4] „Il a répondu d'une politesse piquante à ma lettre de félicitation
respectueuse et décente, mais conçue en termes vagues." Brief an Joh.
v. Müller vom 14. Juli.

rechtlich anhängig gemacht hatte, [1]) noch gesteigert. Dem Fürsten war bekannt, daß der frühere Landshofmeister sammt Familie alle ihre politische und gesellschaftliche Stellung, nebst Wohlstand und Ansehen, dem Wohlwollen der St. Gallischen Regenten zu verdanken hatten. Die Abneigung indessen übertrug Fürst Pancratius nicht auf die Familie; gegentheils war in diesen wichtigsten Zeiten der jüngere Sohn des gewesenen Landshofmeisters, der oft genannte P. Heinrich, mit dem unbedingtesten Vertrauen des Fürsten umgeben und seine rechte Hand für die Staatsleitung geworden. Unter den wieder eingetretenen Beamteten des Fürsten ist der ehemalige Lehenvogt Falk, nun helvetischer Senator, nicht zu nennen; er blieb auf seinem wenig beneidenswerthen Posten. [2]) Ueber Gegenwart und Zukunft waren Volk und Beamtete nicht in völlig übereinstimmender Ansicht; jenes in rosiger Hoffnung für die Zukunft, diese die Lage genauer abwägend und dem Waffenglück der Oesterreicher, nach den seit 1792 gemachten Erfahrungen, nicht unbedingt vertrauend, daher mehr ängstlich und besorgt, und entfernt von jener Zuversicht in den Bestand der Dinge, die allein die nöthige Energie in Zeiten der Umwälzung gewährt. Der Fürst aber ließ sich durch diesen ungünstigen Umstand nicht irre machen; er ließ die Befreiungsurkunden, welche das Kapitel im März 1798 unbefugt, jedenfalls ohne Rechtskräftigkeit, an Thurgau und Rheinthal ausgehändiget hatte, zurückfordern; jene, die der alten Landschaft ertheilt worden, durch Ehrat, den ehemaligen Obervogt von Neu-Ravensburg, in Gossau amtlich erheben und nach

---

[1]) Das Diarium Sangallense bezeichnete sie als übertrieben; S. 153.

[2]) „Die Reise der helvetischen Regierung nach Bern glich einer Flucht und der dortige Empfang war bei den herrschenden Wirren und dem Kampfe der Parteien ein eiskalter." So erzählt Falk selbst, zuverlässig als Theilnehmer. S. dessen Biographie im St. Gallischen „Wahrheitsfreund", vom 5. September 1851. Uebrigens wäre das Desertiren aus den helvetischen Räthen keine leichte Sache gewesen; es wurde durch Dekret ausdrücklich verboten; Abwesende wurden einberufen; Ausbleibenden war angedroht, als Staatsverbrecher erklärt zu werden. S. Tillier, Geschichte der helv. Republik; I. S. 307.

dem Stift St. Gallen bringen. Den Gemeinden in der alten
Landschaft ließ der Fürst die angekündigten Vorsteher geben. Er
verordnete durch Proklama an gesammte Gebiete, daß alle dem
Stift, anderen Korporationen, Kirchen, Pfründen und Partikularen zustehenden Zehnten und Grundzinsgefälle wie ehedem
wieder entrichtet werden sollen; erließ jedoch, mit dem gleichen
Federzug, der ärmeren Klasse die Leistung der im Jahr 1798 zu
Gunsten des Stiftes verfallenen Zehnten gänzlich, und versprach,
bezüglich des gleichen Gegenstandes, von Seite der Vermög-
licheren mit billiger Abfindung für jene Rückstände sich zu begnügen (10. Juli). Stark wie immer war der Meinungs-
unterschied zwischen Katholiken und Reformirten; jene vorzüglich,
jedenfalls mehr und in größerer Zahl als diese, der Restauration
geneigt. Leicht war daher das Mißtrauen der Reformirten gegen
den Fürsten rege zu machen; er wurde der Absicht beschuldiget,
dieselben in ihren kirchlichen Rechten und Freiheiten zu schmälern
oder zu beeinträchtigen. Von solch intoleranter Gesinnung war
aber weder in seinem Karakter noch in seinen Schriften und
Handlungen irgend eine Spur zu finden. Mit Recht trat er
daher gegen jene Verleumbung öffentlich in einem Proklama an
die „lieben Angehörigen reformirter Religion“ von Toggenburg,
Rheinthal und Thurgau auf; er sprach zu ihnen: unwahr und
boshaft sei das Vorgeben, als wolle man ihre Religion kränken
oder vollends verdrängen, und die bisherige freie Ausübung
ihres Gottesdienstes hemmen oder stören; solche Beeinträchtigung
liege weder in den Gesinnungen des Kaisers noch in jenen des
Fürsten; so sehr er, der Fürst, „Irreligion und Freidenkerei“
hasse, um so lieber lasse er die Reformirten bei der bisherigen
freien Ausübung ihrer gottesdienstlichen Handlungen und sichere
ihnen Schutz und Unterstützung zu gegen jede gewaltthätige
Unternehmung, die sie in jenen Rechten stören würde (1. Juni).
Der Fürst hatte weise und richtig zwischen Protestantismus und
Irreligion unterschieden. Wirklich machte sein Wort beschwichtigenden Eindruck auf das Volk. Aber abweichende politische
Gesinnung der Reformirten, namentlich im Toggenburg, ver-

mochte dasselbe nicht zu hindern, eben so wenig die Abneigung
gegen die Katholiken überhaupt. „Nie war die Erbitterung und
der Unwille gegen die Katholiken im Toggenburg so allgemein
und heftig als nach dem Einzug der österreichischen Truppen;"[1]
am heftigsten zeigten sich Leidenschaft und böser Wille über die
eingetretene Wendung der Dinge in den Gemeinden Neu-St. Johann, Krummenau und Ebnat, so daß die muthwillige Jugend
in einer Nacht selbst wieder einen Freiheitsbaum errichtete.
Hinwieder suchten die Katholiken sich für die unter der helvetischen Regierung erlittene Bedrückung und Hintansetzung durch
allzulaute Freudenbezeugungen zu entschädigen. Der Fürst setzte
im Toggenburg eine provisorische Regierung ein; unter ihren
Mitgliedern waren Amtmann Würth, gewesenes Mitglied der
Verwaltungskammer, und der Obervogt Dubli aus Schwarzenbach, gewesenes Mitglied des Kantonsgerichtes von Sentis; dem
erstgenannten übertrug er die Landvogteiverwaltung in Lichtensteig. Im Toggenburg, wie in allen übrigen östlichen Landschaften, war für den Erfolg der Restauration oder einer wünsch-
baren Neugestaltung der öffentlichen Ordnung die Stellung
maßgebend, welche der Erzherzog, beziehungsweise die kaiserliche
Regierung, gegenüber der Schweiz einzunehmen gut fand. Aus
Paradies im unteren Thurgau hatte der Erzherzog, seinem
Marsch auf Zürich vorangehend, am 23. Mai eine abermalige
Proklamation „an die Schweizer" erlassen; zur Bestätigung seiner
bereits früher ausgesprochenen Gesinnungen und Absichten machte
er bekannt, daß er einen neuen Abdruck der ersten Proklamation
vom 30. März, da solche durch die helvetischen Machthaber
zurückgehalten worden, zur allgemeinen Kenntniß bringe; in
diesem neuen Aufruf wurden die Schweizer erinnert, daß die
Franzosen die Eidgenossenschaft treuloser Weise mit dem ersten
Krieg überfallen, dann auch den zweiten ihr zugezogen haben;
es gelte nun nur der Vertreibung dieses gemeinsamen Feindes.
Im Weiteren versprach der Feldherr gute Mannszucht seitens

---

[1] Falk: „Kurze Darstellung der politischen Vorgänge im Toggenburg"; S. 203.

seiner Truppen; nichts werde von ihnen gefordert werden, als die nöthige Einquartierung; für Fourage-Lieferungen Entschädigung nach billiger Uebereinkunft geleistet werden; hinwieder erwarte er, daß die Schweiz nichts Feindliches gegen die kaiserliche Armee unternehme, sondern vielmehr die Zwecke ihres Erscheinens fördern werde; Städte, Gemeinden oder Partikularen, welche dem Feinde beistehen oder vollends gegen die kaiserlichen Truppen streiten würden, hätten ihrerseits feindliche Behandlung zu gewärtigen. Als dann in einigen Orten der Schweiz „von übelgesinnten Menschen" aus den Häusern auf die kaiserlichen Truppen geschossen wurde, machte er für Erneuerung solcher Vorfälle die Gemeindevorsteher verantwortlich (ebenfalls aus Paradies den 27. Mai). Der Erzherzog hielt Wort in Bezug auf die Haltung des Heeres. Die Franzosen hatten sich durch Raubsucht, schlechte Aufführung, Kontributionen, Ausräumung von Staatskassen und Zeughäusern die Verachtung und den Haß aller verständigen und unbefangenen Leute zugezogen. Die kaiserliche Armee that das Gegentheil: hielt gute Mannszucht, bezahlte, ließ Staats-, Gemeinde- und Privateigenthum unangetastet, führte den Krieg mit eigenen Mitteln, nicht auf Kosten der unglücklichen Schweiz. So in militärischer Beziehung. [1]) In Sachen der Politik hatten die Franzosen als Herren und Gebieter, ja als Despoten gehandelt. Sie hatten der Schweiz eine verderbliche Verfassung aufgedrängt, welche sie weder wollte noch brauchen konnte; sie hatten regiert durch ihre Heereskommissäre und Generale, Behörden und Beamte ab- und eingesetzt, unbedingte Gewalt ausgeübt. Auch in dieser Rücksicht nun thaten die Oesterreicher wieder das Gegentheil. Sie überließen die Bevölkerungen der ehemaligen Kantone und übrigen Landschaften wesentlich sich selbst; die kaiserlichen Behörden setzten Regierungen weder ab noch ein, unterließen, sie so oder anders zu beeinflussen; selbst die Papiere des helvetischen Statthalters von

---

[1]) Ausführlich in C. L. v. Haller: Geschichte des österr. Feldzugs in der Schweiz u. s. w. S. 104 bis 106.

Zürich und anderer Männer gleicher Stellung blieben unangefochten. Die Erwartung, daß durch die Oesterreicher das Ende
der revolutionären und von den Franzosen aufgezwungenen Verfassung würde erklärt, die alte Ordnung hergestellt, oder doch
wenigstens in jedem Kanton oder jeder ehemals selbstständigen
Landschaft eine provisorische Regierung eingesetzt werden, dann
aus gesammten Regierungen eine Tagsatzung versammelt würde,
welche die Schweiz nach Innen organisirt, gegenüber den kaiserlichen Behörden und dem übrigen Ausland repräsentirt hätte:
diese und damit verwandte Erwartungen blieben alle unerfüllt.
Es erfolgte weder Einleitung, noch irgend eine Anregung zu
solchem Vorgehen, obwohl solche vom Volk mit Beifall würde
aufgenommen worden sein. Ob der Erzherzog aus Mangel an
Instruktionen so gehandelt, oder ob Oesterreich selbst den Schein
einer Verletzung der schweizerischen Unabhängigkeit und einer
Einmischung in ihre inneren Angelegenheiten vermeiden wollte,
darüber schweigen die zeitgenössischen Berichte. Ein näherer
Einblick in die Politik Oesterreich's spricht ihr zu Gunsten, daß
sie ihre Aufgabe erfüllt zu haben glaubte, wenn sie den Feind
aus schweizerischem Gebiet verdrängt und vertrieben, die Schweiz
ihr selbst zurückgegeben hätte. [1] Aus dieser Stellung Oesterreich's
erklären sich die Zögerungen, die Ungewißheiten, die Reibungen,
die Zersplitterungen in den Restaurationsbestrebungen der einzelnen
Landschaften und deren theilweise Erfolglosigkeit. Aus gleichem
Grund mußte das beabsichtigte allgemeine Aufgebot oder die
Rekrutirung für das schweizerische Hilfskorps ebenfalls ohne
großartigen Erfolg bleiben, weil es an einer schweizerischen
Centralbehörde oder an einem sie repräsentirenden Ausschuß gebrach, der die Aufgabe an Handen genommen und sie zur Ausführung gebracht hätte. [2] Wenn sich gleichwohl ansehnliche
Kontingentstheile, so in Glarus, Appenzell und Sargans, auch
in andern Kantonen und Landschaften, bildeten, so konnte solcher

---

[1] C. L. v. Haller, a. a. Ort. S. 106 bis 110.
[2] C. L. v. Haller, a. a. Ort. S. 126.

Beistand immerhin nicht von entscheidendem Gewicht sein, obgleich solche Kontingente und Landsturmmannschaft, inbegriffen die mit englischen Subsidien geworbenen Regimentsstämme, zusammen, ohne die Graubündner in Anschlag zu bringen, mehr als 8000 Mann betrugen; [1] wohl aber waren jene freiwilligen Aufgebote Zeugen der herrschenden Stimmung des Volkes und seiner Vertrauensmänner. Die Stellung der letztern, überhaupt der wirklichen oder provisorischen Einzelregierungen, welche da oder dort in Wirksamkeit traten, wurde erschwert durch längern Stillstand der Kriegsoperationen seitens der Oesterreicher. Erzherzog Karl gab aus militärischen Gründen der Stellung an der Limmat den Vorzug vor einer solchen an der Reuß, welche letztere zu gewinnen ihm ein leichtes gewesen wäre. Noch gewichtigere Erwägungen bestimmten ihn, eine auch über die Reuß hinaus fortgesetzte Offensive bis zur Ankunft russischer Hülfstruppen zu verschieben. Die Stellung der Oesterreicher am 14. Juni ist zugleich die äußerste Grenzbezeichnung der Fortschritte ihres Feldzuges in der Schweiz. Der rechte Flügel der österreichischen Armee von Italien hatte die italienische Schweiz und das Oberwallis bis nach Brieg hinab besetzt; der linke Flügel der österreichischen Armee von Deutschland unter Erzherzog Karl hatte die Linie vom St. Gotthard bis Flüelen inne, mit Fortsetzung über Brunnen, Seewen, Oberägeri und Hütten nach Richterschwyl. Der Haupttheil der Armee des Erzherzogs stand zwischen Regenstorf und Dettingen, indeß ein Kordon das rechte Ufer der Limmat und der Aar bis zu deren Einfluß in den Rhein besetzt hielt. Im Sihlfeld stand eine starke kaiserliche Vorhut unter Hotze. Masséna hatte Stellung auf dem Gebirgsrücken der Albiskette genommen. Er wartete Verstärkungen ab, bis er, Mitte Augusts, wieder angriffsweise vorgehen zu können glaubte. So waltete ein alle Hoffnungen und Befürchtungen in der Schwebe haltender Stillstand in den Kriegsoperationen während mehr denn zwei Monaten. Wir erzählen nun, was inzwischen in den St. Gallischen Landen vorgegangen.

[1] Tillier, Geschichte der helv. Republik, I. S. 376.

Der Fürstabt unterhielt lebhafte Verbindung mit den einflußreichsten Männern der Zeit. Bald nach der Einnahme von Zürich besuchte er den dort weilenden Berner Schultheißen v. Steiger, der von Zürich aus gesammte politische Restaurationsbestrebungen leitete, dann den Erzherzog Karl zu Kloten; er verwendete für diese Reise die Tage vom 13. bis 16. Juni. Sein Vorgehen in Regierungsangelegenheiten beweist, daß wenn der österreichische Feldherr in der Politik nicht selbst handelte, er hinwieder mit der Herstellung früherer politischer Zustände ganz einverstanden war. Daher tragen auch die fernern Regierungshandlungen des Fürsten das Gepräge der Entschiedenheit und Bestimmtheit. Der in Bezug auf religiöse Gerechtsame der Reformirten gänzlich beruhigenden Proklamation ungeachtet wollte ein Theil der reformirten Toggenburger sich nicht fügen; nicht die religiöse Frage war es, welche in Wirklichkeit sie bewegte; sie wollten die fürstliche Regierung nicht wieder und regten daher das der helvetischen Verfassung abgeneigt gewordene Volk nun gegen jene auf. Solche Beunruhigung aber wollte weder der Fürst noch der österreichische Kommandirende in St. Gallen dulden; der Kommandant Gröbler beschied deßhalb, durch das Mittel des Landvogtei-Verwalters in Lichtensteig, von den angesehensten Reformirten Toggenburgs auf den 8. Juni vor sich nach St. Gallen. Sie erschienen. Auf die Proklamationen des Erzherzogs verweisend, mahnte Gröbler zur Ruhe und zu gutem Betragen gegen die kaiserlichen Truppen; gegentheiliges Verhalten würde der strengsten militärischen Züchtigung verfallen. Der Religion wegen solle man sich vollkommen beruhigen, denn auch Oesterreich dulde in seinem Innern thatsächlich verschiedene Religionen. Sein Mißfallen und seine Drohungen hatten insbesondere Bezug auf erhaltene Spuren, daß man sich in den Berggegenden Toggenburgs mit Organisation eines Landsturms befasse. Auf Entschuldigungen des anwesenden (helvetischen) Distriktsstatthalters Hilpertshauser aus Wattwyl nannte Gröbler, der kaiserliche Kommandant, einen Wattwyler gleichen Namens wie der Statthalter, dem die Aufstachelung zum Landsturm zur

Last falle. Der Vorfall hatte übrigens keine weitere Folge. Aeußerungen Gröbler's über das österreichische System der Nichteinmischung beuteten die heimkehrenden Toggenburger, gewiß falsch, als Zusicherung aus, Toggenburg müsse nicht wieder unter die Regierung des Fürsten sich fügen. Am 12. Juni erließ der Fürst an seine gesammten Angehörigen, die Grafschaft Toggenburg inbegriffen, eine angelegene Aufforderung zur Einsammlung milder Beiträge für die verwundeten österreichischen Krieger. Die Gaben floßen reichlich; aus der alten Landschaft 4257, aus Toggenburg 2068, „aus dem fürstlich St. Gallischen Antheil im Rheinthal" 1008, aus der fürstlichen Herrschaft Roggwyl im Thurgau 107 Gl., zusammen 7492 Gulden, reiche Gaben an Hemden und Leinwand und Aehnlichem ungerechnet. Bezeichnend aber ist, daß nur die katholischen Gemeinden Erhebliches beitrugen, von den reformirten nur wenige, im Toggenburg Wildhaus und Ganterschwyl allein, mit Ausschluß aller andern. [1] Erzherzog Karl empfing Geld und Spitaleffekten aus der Hand des Fürsten, dankte in lebhaften Worten mit Schreiben an diesen aus dem Hauptquartier Kloten vom 11. Juli zu Handen „der alten St. Gallischen Landschaft, der Grafschaft Toggenburg, dann der fürstlichen Angehörigen im Rheinthal und im Thurgau," für die den verwundeten Kriegern geleistete edle Unterstützung und sprach dabei „das gerechte Vertrauen aus, daß diese Landschaften auch in Ansehung der verfassungsmäßigen Verhältnisse sich also benehmen werden, wie dies von redlich gesinnten und ruhigen Staatsbürgern erwartet werden darf." Der Fürst machte dieses Dankschreiben bekannt, zugleich mit einem Nachtragsverzeichniß von inzwischen neu hinzugekommenen Gaben. Der Vorwand für jene Theilnahmlosigkeit seitens der reformirten Gemeinden von Toggenburg war die ihnen mißfällige Vorschrift, daß sie den Betrag der Kollekte an den Fürsten übergeben sollten; ihr Wille sei, eine eigene Sammlung vorzunehmen und deren

---

[1] Gedruckte Tabelle der milden Beiträge bei Fall's: Darstellung der politischen Vorgänge in der alten Landschaft.

Ergebniß dem Erzherzog selbst zu überbringen. Das war schlimmer als ein Mißtrauensvotum gegenüber dem Fürsten. Eigentliche Absicht war zudem, überhaupt nichts zu geben. Solches stand ihnen frei. Aber die Widersetzlichkeiten in politischer Beziehung dauerten fort. Die Abneigung der Reformirten gegen den Wiedereintritt der fürstlichen Regierung war inzwischen je länger desto lauter geworden; diese ungünstige Stimmung zu heben, nahm der Fürst die Dazwischenkunft des kaiserlichen Rittmeisters Baron v. Kapaun, Platzkommandanten zu St. Gallen, in Anspruch; im Einverständniß mit dem Fürsten ließ dieser fünf reformirte Pfarrherren, und aus jeder Gemeinde weltliche Vorgesetzte beider Religionstheile, nach Goßau vorladen; jene waren die entschiedensten Gegner, die einberufenen Katholiken (unter ihnen der oft genannte Dubli und der Obervogt Würth zu Neu-St. Johann) die wärmsten Anhänger des Fürsten. Den reformirten Pfarrherren eröffnete der Platzkommandant, er habe im Auftrage des Fürsten ihnen anzuzeigen: daß dieser ihr rechtmäßiger Landesherr, die eingetretene Schmälerung seiner Rechte nur Folge der Revolution und eine abgedrungene sei, eine Abtretung derselben von seiner Seite durchaus nicht stattgefunden habe; er verlange daher die Anerkennung seiner landesherrlichen Stellung und Befolgung seiner Befehle und Verordnungen. Vom Kommandanten sodann aufgefordert, diese Erklärung des Fürsten dem Volke bekannt zu machen, erwiederten die reformirten Pfarrer: „für Religionsdiener zieme es sich nicht, sich in Staatssachen einzumischen". Kapaun erwiederte lakonisch: was er gesagt, sei der Befehl des Fürsten. Nachher beschied er die vorgeladenen Katholiken, und eröffnete ihnen mit Nachdruck die jenen Pfarrherren gegebene Erklärung. Dann lud er beide Theile zur Tafel. Die Reformirten schieden höchst unzufrieden von ihm, die Katholiken wenig erbaut (24. Juni). Mittlerweile betrieb Hotze aus seinem Hauptquartier Zürich die Bildung der oben besprochenen schweizerischen Hülfstruppen. Selbst Schweizer, wollte der General endlich seinen Lieblingswunsch erfüllt sehen und der Welt zeigen, daß mit Schweizer Milizen etwas auszurichten sei.

Ihm schmeichelte der Gedanke, seine braven Landsleute vor den Augen des kaiserlichen Heeres zur Erstürmung des Albis vorzuführen. [1]) In dieser Gesinnung wendete er sich auch an die Toggenburger, indem er eine eigenhändig unterzeichnete schriftliche Aufforderung „an die provisorische Obrigkeit des Distrikts Toggenburg" erließ: die bestimmte Erklärung im Namen ihrer Mitbürger zu geben, in wie fern sie entschlossen sei, zur vollkommenen Befreiung des Vaterlandes mit den Waffen in der Hand sich zu bethätigen. Er erinnert dabei an das Beispiel von Glarus, das bereits mit Stellung eines Kontingentes von 400 Mann vorangegangen sei, [2]) an die englischen Subsidien, aus welchen die Kosten bestritten würden, an gute Löhnung und an das Recht jeder Obrigkeit, die erforderliche Anzahl von Offizieren selbst zu bezeichnen (23. Juni). Es war dies dieselbe Aufforderung, welche auch an die andern von den Franzosen geräumten schweizerischen Gebietstheile erlassen worden. Trotz dem entsprechenden Beispiele auch des nahen Appenzell's, welches gleich Glarus mit dem namhaften Kontingent von 460 Mann in's Feld gerückt war, blieb die Einladung an die Toggenburger wirkungslos; die dortigen Katholiken erwarteten ihr Heil von den Kaiserlichen, die Reformirten wollten in ihnen nur das Werkzeug der Unterjochung sehen. Der innere Zwiespalt blieb in allen Dingen. Auch die militärischen Mahnungen der Kommandanten Grödler und Kapaun waren fruchtlos geblieben. Die Reformirten, ihren Bestrebungen bessere Folge zu geben, wendeten sich an Hotze selbst; von ihm, als Protestanten, dann von ihren Glaubensgenossen der Stadt Zürich als ihren gewogenen Mittlern bei dem General, hofften sie Erfüllung ihrer Wünsche. Sie entsendeten den Doktor Scherrer in Ebnat und den Altstadtammann Steger aus Lichtensteig an ihn ab; ihr Zweck und Absicht war, die Bewilligung zu erhalten, dem Toggenburg eine beliebige Regierungsform zu geben. Da Hotze

---

[1]) Wörtlich aus der Biographie Hotze's, S. 335.

[2]) Glarus verordnete später noch die allgemeine Landesbewaffnung, so daß das ganze Volk gegen die Franzosen stand. S. Tillier; I. S. 347.

krank lag, nahm der Adjutant Nestor ihren mündlichen Vortrag und ein Memorial zu dessen Handen ab. Hotze soll dann die Antwort gegeben haben: die Toggenburger mögen eine provisorische Regierung einsetzen; was weiter zu thun sei, werde die Zukunft zeigen. Sehr zufrieden kamen die Abgeordneten zurück.[1] Die Reformirten wollten nun auch noch ihre katholischen Landsleute gewinnen; Scherrer wendete sich zu diesem Behuf, unter den gefälligsten Anträgen, an den gewesenen Landammann Bürgi. Den Katholiken schien die Antwort Hotze's ganz unglaublich; sie verweigerten jedes Einlassen in die gegentheiligen Vorschläge. Darauf neue Versammlung der Reformirten (1. Juli) und wiederholte, verstärkte Ansinnen an die Katholiken zu gemeinschaftlichem Vorgehen für die Aufstellung einer (eigenen) Landesregierung. Diese gaben verschiedende Antwort und holten durch persönliche Abordnung den Willen des Fürsten ein. Der Fürst gab durch Kanzleireskript urkundlichen Bescheid wie folgt: „Auf die von mehreren katholischen Gemeinden im Toggenburg geschehene Anfrage, wie sie sich auf bewußte Einladung „wegen vorgeblich von Tit. dem Herrn F. M. L. von Hotze bewilligter Errichtung einer Landesregierung" zu betragen haben, wird den erwähnten Gemeinden die Weisung gegeben, daß sie sich in allweg still und ruhig betragen und an demjenigen, was von dem besagten Doktor Scherrer und Mithaften unternohmen werden wollte, keinen Antheil nehmen sollen". Dabei ließ es der Fürst nicht bewenden. Höchst erstaunt über die Vorgänge im Toggen-

---

[1] Müller v. Friedberg erzählt in den schweizerischen Annalen, Bd. III., S. 39: Hotze habe am 28. Juni, aus Auftrag des Erzherzogs, ein Mahnschreiben an den Fürsten zu mehrerer Behutsamkeit und Milde gegenüber den Toggenburgern erlassen; er habe solches persönlich in Kloten gesehen. Die dem Verfasser zugänglich gewesenen Akten schweigen hierüber. Doch ist ersichtlich, daß Hotze etwas an den Fürsten geschrieben, was diesem nicht gefiel. Diesen Wahrnehmungen gemäß und nach dem Datum jenes Mahnschreibens ist mit Sicherheit anzunehmen, es sei das Letztere als Folge der einseitigen Klageschrift der Toggenburger erlassen worden. Wie dann später Hotze die Toggenburger ihrerseits zurecht gewiesen, davon schweigen jene „Annalen".

burg, schritt er zu den ernstesten Maßnahmen und beauftragte
den Platzkommandanten v. Kapaun, dort Ordnung zu schaffen.
Der Rittmeister begab sich mit 40 Dragonern nach Lichtensteig
(4. Juli), berief die zwei reformirten Abgeordneten, die bei
Hoze gewesen, um die Bewilligung zu Aufstellung einer Interimsregierung zu erhalten, dann die drei Katholiken Bürgi, Brägger
und Advokat Neef von Mogelsberg, welche bei erwähnten Verhandlungen das Wort geführt, belobte das pflichttreue Verhalten
jener Katholiken, ertheilte dagegen den beiden Reformirten die
derbsten Verweise über den bei Hoze gethanenen Schritt, unterließ ihre Verhaftung nur, weil sie sich auf die Erlaubniß des
Hoze'schen Adjutanten beriefen, „Gemeinden zu halten", [1] befahl
ihnen aber, sich auf den 9. Juli nach St. Gallen zu ihm zu
begeben; dort würden sie vom Fürsten das Weitere vernehmen.
Sie gehorchten. Nachdem in St. Gallen ein genaues schrift-
liches Verhör mit ihnen aufgenommen worden, wurden sie mit
der Erklärung entlassen, daß sie nach weiterer Untersuchung der
Sache und auf erfolgende Vorladung wieder zu erscheinen hätten,
widrigenfalls sie mit Gewalt geholt würden. Weit entfernt,
eine bessere Lage der Dinge herbeizuführen, steigerten diese Vorfälle die Mißstimmung zwischen beiden Religionstheilen. Die
Reformirten setzten gegen die kaiserlichen Truppen ein verletzendes
Benehmen fort; ihre Häupter verharrten auf den Entwürfen
und Bewegungen gegen die fürstliche Regierung und regten die
eigenen Glaubensgenossen je mehr und mehr gegen dieselbe sowohl wie gegen die katholische Bevölkerung auf. Die Abgeordneten hatten bei Hoze Beschwerde geführt: der Fürst habe
im Toggenburg nur einige Beamtete ernannt, das Gemeinds-
und Gerichtswesen sei gar nicht geordnet. Diese Klage war
aber in soweit ungegründet, als der Fürst selbst hatte Abhülfe
schaffen wollen. Er ließ nemlich die ehemaligen toggenburgischen
Obervögte einen Plan zur Gerichtsorganisation entwerfen, nach
welchem die während der helvetischen Verfassung ernannten

---

[1] Tagebuch des Fürsten vom 4. Juli 1799.

Munizipalitäten die niedern, die Distriktsgerichte die höhern Instanzen vertreten sollten. Es wurde dieser Plan nicht annehmbar befunden, dagegen bestimmt, daß alle ehevorigen Tribunalien, nemlich die Niedergerichte und das Appelationsgericht verbleiben, beziehungsweise wieder eingeführt, die abgegangenen Mitglieder derselben aber einzig von dem Landvogtei-Verwalter ersetzt werden sollen. Diese Anordnung fand nun bei Niemanden Beifall, da die Gerichte früher nur zur Hälfte vom Fürsten besetzt wurden. Die ehemalige demokratische Verhandlungsweise wurde wieder aufgenommen: von den nach Lichtensteig berufenen Ammännern erklärten sich die einen für Annahme, die andern nicht; wieder andere entschuldigten sich mit Mangel an Vollmachten seitens ihrer Gemeinden.

Andere Stoffe der Aufregung kamen hinzu. Vermehrte Zufuhr für den Bedarf der kaiserlichen Armee aus Deutschland her veranlaßte die Requisition außerordentlicher Fuhrwerke in die Gegend von Schaffhausen. Daß dabei schwerer Druck geübt wurde, ist keineswegs anzunehmen, denn gerade in dieser Zeit war Erzherzog Karl ernstlich bemüht, jedem Mißbrauch seitens der Armee zu steuern; er ließ in den St. Gallischen Landen und Gemeinden eine offene Ordre bekannt machen, durch welche die Gemeindevorsteher angewiesen wurden: jedes zum Heer gehörige Individuum, das sich beigehen lassen würde, ohne Anweisung Vorspann, Fourage, Essen und Trinken oder sonst etwas, außer Quartier, unentgeltlich zu fordern, Gewaltthätigkeiten auszuüben, zu plündern, u. dgl., — zu verhaften und in das Hauptquartier abführen zu lassen (12. August). An jener Lieferung nun sollten auch die Gemeinden Toggenburg's Theil nehmen. Die Gemeinde Hemberg verweigerte die Leistung der Fuhren wie überhaupt jede weitere Berücksichtigung von Militär-Requisitionen. An einer deßhalb veranstalteten Zusammenkunft von Abgeordneten beider Religionstheile unterstützten der Ammann Mettler und Andere den Widerstand von Hemberg; andern Gemeinden wollte das gleiche widerspännige Verhalten empfohlen werden. Mettler wurde nun durch kaiserliche Dragoner verhaftet und nach

St. Fiden abgeführt, wo er vom Platzkommandanten einvernommen wurde, dann, mehrere Wochen lang bewacht, bis zu seiner Entlassung zu bleiben hatte. Aehnliches, doch weniger streng, geschah gegen Andere. Da die Familie Mettler's zahlreich, wohlhabend und von Einfluß, so steigerte der Vorfall die Erbitterung der Reformirten gegen den Fürsten. Aber auch mit der neuen Regierung von Appenzell A. R. kamen die Toggenburger in Konflikt. In ihren Grenzgemeinden weilten appenzellaußerrhodische Flüchtlinge (Freunde der Revolution); dortige Regierung verlangte Zurückweisung; zur Durchführung des Begehrens nahm kaiserliches und appenzellisches Militär Hausdurchsuchungen vor. In diese Zeit treffen die ersten Unfälle der österreichischen Armee, namentlich im Gebirge. Die der helvetischen Regierung geneigten Toggenburger schöpften nun Hoffnungen auf weiteres Vorrücken der Franzosen. Vermehrte Armeeforderungen aller Art, die Anlegung von Lagern in Wattwyl und bei Lichtensteig für das Depot des kaiserlichen Fuhrwesens; die Vermehrung der Ordonnanzen und Durchzüge; geforderte Holzlieferung für die in Rapperschwyl angelegten Backöfen, erhöhten die Lasten und steigerten den Unwillen. Eine Abordnung an Erzherzog Karl um Milderung der gemachten Forderungen richtete nichts aus. Alle diese Vorgänge wurden von den Gegnern des Fürsten, zugleich Freunde der helvetischen Regierung, für ihre Politik ausgebeutet; statt das Volk an das während der Anwesenheit der Franzosen erlittene, jedenfalls viel erheblichere Kriegsungemach zu erinnern und über die mit dem Kriegszustand überhaupt unvermeidlichen Lasten zu beruhigen, steigerten sie dessen Aufregung und widerspännige Gesinnung. Das Maß der Unbesonnenheit, die in Folge dessen stattgefunden, enthüllt die Proklamation Hotze's aus dem Hauptquartier Uznach (20. August); darin sprach er unter Hinweisung auf die von den Militärkommandanten im Toggenburg empfangenen Rapporte seinen Unwillen aus über die fortgesetzten „aufwieglerischen und revolutionären Absichten" der Einwohner Toggenburgs, machte sie aufmerksam, daß ein solches Verhalten gegen das kaiserliche Militär gänzliches Verderben für ihr Land nach sich ziehen müßte, und schloß mit der Erklärung: daß, wofern ihm noch eine Meldung ähnlicher Widerspännigkeit zukommen sollte, er „ohne weiters das ganze Land verheeren, die Dörfer in Schutthaufen verwandeln und alle jene, welche Antheil an den Erzessen gehabt und die schuldigen Fuhren zu stellen sich geweigert haben, massakriren lassen werde." Dieser Soldatensprache folgte die friedliche Zusicherung am Schlusse: „daß wenn die Einwohner von Toggenburg sich ruhig verhalten und das, was ihnen in gegenwärtigen Zeitumständen obliegt, willig und ohne Murren leisten, ich sie nicht allein in ihren Rechten und Freiheiten beschützen, sondern auch jedes Kriegsungemach von ihnen zu entfernen suchen werde." [1] Im Toggenburg steigerten sich nun die Zweifel an der Aechtheit der früher erwähnten Antwort Hotze's an die toggenburgischen Abgeordneten; auch zeigte sich, daß Hotze inzwischen über die Verhältnisse Toggenburg's eines Bessern belehrt worden, denn die Proklamation war, ganz anders als jene frühere Aufforderung zur Aufstellung von Milizkorps, „an die Grafschaft Toggenburg" adressirt. Durch die Mahnung Hotze's, der im Rücken seiner militärischen Aufstellung an der Linth keinen halb insurrektionellen Zustand dulden wollte, in Schrecken gejagt, zog sich die Partei der Revolution äußerlich zurück, doch ohne ihre Absichten aufzugeben. Alle Gemeinden des Toggenburgs erhielten Exekutionsmannschaft, am meisten Ganterschwyl (95 kaiserliche Dragoner).

Was politische „Bürgereide" für die Aufrechthaltung mißfälliger Verfassungen und Regierungen zu bedeuten haben, das bezeugen unter Anderm die Vorgänge in der Stadt St. Gallen. Hier war es, wo neun Monate vor dem Einzug der Oesterreicher jene Nationalfeier abgehalten worden, welche zum Schlusse hätte berechtigen sollen, daß man für „Freiheit und Gleichheit" d. h. für die helvetische Zentralverfassung und für die Grund-

---

[1] Die Proklamation ist in Abschrift vorhanden als Beilage von Falk's: Kurze Darstellung der politischen Vorgänge im Toggenburg.

fäße, Zwecke und Mittel der Revolution, welche deren Entstehung
herbeigeführt hatten, Leib und Leben einsetzen werde; von der
Stadt St. Gallen aus war jene Revolutionsorgie vom 21. Januar 1799 eingeleitet, unterstützt und mitgefeiert worden, welche
aller Menschlichkeit wie dem religiösen Gefühl Hohn sprach. Aber
wie die Milizen aus den St. Gallischen Gebieten zur Landesvertheidigung gegen die Oesterreicher kaum zu finden gewesen
und im entscheidenden Momente schnellst sich auflösten, so regte
sich auch von Seite der Behörden und der Bürgerschaft in der
Stadt, wo noch vor Kurzem den Kapitularen des Stiftes, ohne
die dreifarbige Kokarde am Hut, weder Einlaß noch Durchpaß
gestattet wurde, kein Fuß zu irgend einem Widerstand gegen das
österreichische Heer, mit dessen Einzug selbstverständlich die Wirksamkeit der aufgedrungenen Einheitsverfassung dahin fiel. Eine
Abordnung der Stadtbehörden machte dem General Hotze sogleich
nach seiner Ankunft ihre Aufwartung und empfing dessen beste
Schutzeszusicherungen für Stadt und Land; in den Protokollen
und übrigen amtlichen Akten wurden die angesehenen „Bürger"
wieder zu „Junkern"; Gemeinderath und Munizipalität übernahmen vereint die Verwaltung der öffentlichen Geschäfte; dagegen unterließen sie allernächst eine wirkliche politische Reorganisation der Stadt als souveränen Gemeinwesens oder Wiedereinführung der alten Verfassung. Der von höherer Stelle in-
struirte österreichische Befehlshaber enthielt sich, wie es gegen
andere schweizerische Gebiete geschah, einer materiellen Einmischung
in die Angelegenheiten der Stadt. Erzherzog Karl und General
Hotze erklärten sich einverstanden damit, daß bei waltender Zufriedenheit der Bevölkerung mit ihren (provisorischen) Behörden
jede Bewegung als unnöthig vermieden werde, zumal sie, die
österreichischen Heerführer, nicht beordert seien, eine Konstitution
aufzubringen.

Den Stadtbehörden gewissermaßen übergeordnet bestand inzwischen noch die kurze Zeit vorher an die Stelle Künzle's und
seiner Kollegen eingesetzte provisorische Verwaltungskammer des
Kantons Sentis; Kaspar Bernet, angesehener Bürger der Stadt

St. Gallen, war auch in dieser Zeit noch ihr Präsident. Sie
holte für ihr Verhalten Instruktionen bei Hotze ein; ohne Zweifel
in Folge dieser letztern lud die Verwaltungskammer die bei ihrer
Wirksamkeit Betheiligten zu gemeinsamer Verhandlung ein, zu
welcher Abgeordnete der beiden Kantonstheile von Appenzell,
Stift St. Gallen, Landschaft Toggenburg und Stadt St. Gallen
sich einfanden, das ebenfalls geladene Rheinthal aus dem einfachen Grunde nicht, weil bei dem Wahlgeschäft kein als Abgeordneter in Vorschlag gebrachter Bürger die Mehrheit erhalten
hatte (26. Juni). Verhandlungsgegenstände waren: die Liquidation der bisherigen provisorischen Verwaltungskammer, oder
allfällige fernere provisorische Verwaltung der gemeinsamen Angelegenheiten; der schon angeführte Aufruf Hotze's vom 23. Juni
zu Bildung der schweizerischen Hülfskorps, welcher Aufruf gleich
wie an Toggenburg, so auch an die übrigen Landschaften des
Kantons Sentis erlassen worden. Es war dieß eine Duodez-
tagsatzung; sie endete, wie manche Haupttagsatzung: die Be-
rathungsgegenstände wurden zu näherer Kenntniß genommen;
wegen Abgangs von Instruktionen seitens der Kommittenten erfolgten keine Abschlüsse. Einläßlicher und der neuen Stellung
gemäß waren die Verhandlungen einer zweiten Konferenz am
8. Juli, die im Stiftsgebäude gehalten wurde. Theilnehmer:
die beiden Appenzell, Stift und Stadt St. Gallen. Abgeordneter für das Stift war P. Heinrich Müller v. Friedberg; von
der Verwaltungskammer dagegen nahm Niemand Theil, denn
sie hatte nur abzuwarten, was die Betheiligten beschließen möchten. Die beiden Appenzell erklärten, sie seien schon konstituirt
und bedürfen daher einer provisorischen Regierung nicht; Stift
St. Gallen eben so, da der Fürst in dessen Namen bereits seine
Lande wieder in Besitz genommen habe. Damit war der Versuch irgend einer Vereinbarung gescheitert. In Folge dessen wurde
eine dritte Konferenz, welche am folgenden Tag (9. Juli) hätte
abgehalten werden und an der auch Toggenburg und Rheinthal
hätten Theil nehmen sollen, als überflüssig und unzulässig zugleich fallen gelassen und abbestellt. Bei dieser Lage der Sache

sendete die Verwaltungskammer an Hotze, gab ihre Entlassung
ein und verlangte, daß e r eine Zusammenkunft der sechs Landestheile zu dem Zwecke veranlassen solle, damit die Verwaltungskammer in Ordnung ihre Verrichtungen an dieselben abtreten
könne. Hotze lehnte weiteres Eintreten ab und verwies die Verwaltungskammer an die Anordnungen, welche vom Fürsten, von
der Stadt St. Gallen und von Appenzell Inner- und Außerrhoden ausgehen werden (12. Juli). Die Verwaltungskammer
schloß hierauf ihre Sitzungen (20. Juli).[1] Die Stadt ihrerseits trat in Folge der Konferenzverhandlungen aus ihrer Schüch-
ternheit heraus, entsendete eine Abordnung an Hotze, die demselben den Wunsch der Stadt vortrug, gleich dem Stift St.
Gallen und den Ständen Appenzell beider Rhoden, in ihre früheren Souveränetätsrechte zurückzutreten und in solcher die Anerkennung des österreichischen Befehlshabers zu erhalten; der
Verwaltungskammer, die inzwischen ohnehin unvollständig geworden, verweigerte sie weitere Anerkennung ihrer Autorität;
Erzherzog Karl, an dessen Entscheid die Angelegenheit gelangte,
gab die Antwort: die Fortexistenz einer höheren Autorität über
die in ihre ehevorigen Rechte zurückgekehrten schweizerischen Stände
sei mit deren Souveränetät unverträglich, demgemäß möge auch
die Stadt St. Gallen von sich aus zu Handhabung von Ruhe
und Ordnung diejenigen Vorkehrungen treffen, welche sie mit ihren
verfassungsmäßigen Verhältnissen als vereinbar erachte. So war
thatsächlich ihre alte Souveränetät wieder in's Leben gerufen,
ohne daß jedoch irgend wer sich in die ihr zu gebende Regierungsform eingemischt hätte. Die Stadtbehörden leiteten die
Erwählung einer Interimsregierung durch die Bürgerschaft ein,
„als den Souverän unseres in seine Rechte zurückkehrenden Freistaates"; die Generalversammlung der Bürger wählte dieselbe
am 28. Juli.

Im Rheinthal Rathlosigkeit wie anderwärts, daneben sehr
ungleiche Stimmung. Die Bürger theilten sich in drei Gruppen,

---

[1] Akten im Kantonsarchiv.

von denen die eine der Herstellung der alten Ordnung, insbesondere der Wiedereinsetzung des Fürsten von St. Gallen in
seine Gerechtsame geneigt war, eine andere der Behauptung der
während den ersten Monaten von 1798 errungenen demokratischen Selbstständigkeit, eine dritte endlich, zuverlässig die kleinste,
mit dem Fortbestande helvetischer Einheit sympathisirte. Da die
Rechte des Fürsten immerhin nur beschränkt, so war für Alle,
abgesehen von der politischen Meinung, die Nothwendigkeit eingetreten, sich irgend eine neue Obrigkeit zu geben. Doch blieb
das Rheinthal, seiner eigenthümlichen Verhältnisse wegen, längere
Zeit ohne Reorganisation und hatte nur ganz zweifelhafte Aussichten, irgendwie zu etwas Haltbarem zu gelangen. Der Fürst
hatte seine Mehrerauer Proklamationen auch in das Rheinthal
abgehen lassen. Ihr Inhalt weckte Gegnerschaft. Der Fürst
aber beharrte auf dem, was er, nach seiner Rechtsansicht, zu
fordern verpflichtet wie befugt war. In dieser Gesinnung verlangte er namentlich die Erklärung des Kapitels zurück, durch
welche dasselbe, soweit es von ihm abgehangen, zu Gunsten der
betreffenden Gebietstheile auf die oberherrlichen Rechte des Stiftes im Rheinthal Verzicht geleistet hatte; denn nie habe er, so
schrieb er in sein Tagebuch, in die Entlassung aus diesem Pflichtverhältniß eingewilligt. Er schritt zu diesem Zweck zuerst in
Güte, auf dem Wege verschiedener Vorstellungen, nachhin durch
militärische Gewalt ein, zu deren Anwendung er sich an Hotze
gewendet hatte; er erhielt die Urkunde jedoch erst am 7. September zurück. [1] Zwischenhinein wogten die Verhandlungen über
die Reconstituirung selbst. Das am nächsten Liegende war inzwischen die Wiederherstellung der demokratischen Verfassung und
Regierung, welche sich das Land vor dem gewaltsamen Aufdrängen der helvetischen Verfassung gegeben hatte. Das wollten
die Rheinthaler gegenüber dem Fürsten und zugleich gegenüber
den alten Kantonen, in wie weit diese auf abermalige Geltend-

---

[1] „Erhielt sie endlich mit vieler Mühe", sagt er im Tagebuch vom
7. Sept. 1799.

machung ihrer alten Herrscherrechte Anspruch gemacht hätten.
In diesem Sinn suchten sie, als in den übrigen Landschaften
wieder eigene Regierung eintrat, mittelst Denkschrift und persönlicher Abordnung, bei dem Erzherzog um die Bewilligung nach,
ein Gleiches für sich thun zu mögen. Mit diesem Begehren
wurden sie abgewiesen [1]) und auf anderweitigen Bescheid hatten
sie noch lange zu warten. Er lautete dahin: daß dem Rheinthal nur verstattet sei, eine provisorische Regierung auf Grundlage der alten Rechtsverhältnisse zu bestellen. In Uebereinstimmung hiemit erhielten sie seitens des Generals v. Hiller,
der im Stift St. Gallen sich aufhielt, schriftliche Weisung: einen
Landvogtei-Verwalter nebst Landschreiber zu ernennen, welchen
genau die Verrichtungen obliegen sollen, die früher dem Landvogt zukamen, immerhin die Rechte des Fürstabtes von St. Gallen
vorbehalten. So wurde also provisorisch und der Form nach
derjenige Rechtszustand hergestellt, welcher vor 1798 bestanden.
Das erwähnte im Auftrage des Erzherzogs erlassene Schreiben
enthielt überdies das Verbot, jene Wahlen durch eine Landsgemeinde vornehmen zu lassen, „da das Rheinthal nicht als
Kanton betrachtet werden könne"; solche, so hieß es weiter in
jenem Schreiben, dürften daher nur durch eine Konferenz (ohne
Zweifel von Gemeindeabgeordneten) vorgenommen werden, jedoch
„auf keine Subjekte fallen, welche sich während der Revolution
durch Handlungen oder Worte wider die rechtmäßigen Regierungen oder gar wider den Kaiser schuldig gemacht" (22. Juli).
Die vorgeschriebenen Wahlen wurden in einer Versammlung zu
Berneck vorgenommen, von welcher der Dr. Johann Florian
Ritter in Altstätten, ein gebildeter Mann von katholischer Gesinnung, zum Landvogtei-Verwalter, Johann Bösch in Rheineck
zum Landschreiber gewählt wurde. Auch wurden vier Beisitzer
des Landvogtei-Amtes aus beiden Religionen ernannt, ebenso
die unteren Amts- und Gerichtsstellen, wie auch die Stadt-
verwaltungen hergestellt. Ferner wurde durch den fürstlichen

---

[1]) Tagebuch des Fürsten vom 21. Juni.

24 *

Obervogt von Blatten am 24. Juli das Amts- und Gerichts-
personale wieder angestellt; am 31. gl. M. ist in allen St. Gallischen Gerichten die Eidesleistung zu Handen des Fürstabtes,
ohne mindeste Schwierigkeit, vor sich gegangen. [1]   Die getroffenen Anordnungen riefen große Freude bei den Anhängern
des Fürsten hervor; sie ermangelten nicht, ihm solche durch eine
besondere Abordnung zu bezeugen (27. Juli), mit der Versicherung, daß die Zahl Derer, welche den Neuerungen hold, gering
sei; sie nannten den ehemaligen Hofkanzler Gschwend, Heinrich
Custer und Meßmer in Rheineck, Lüchinger in Oberriet und Neff
in Altstätten. [2]   Das volle Verständniß der in Bezug auf die
Reorganisation des Rheinthals und der gesammten übrigen östlichen Landschaften von Erzherzog Karl oder seinen Beauftragten
theils schriftlich, theils mündlich gegebenen Weisungen gibt der
Berner C. L. v. Haller, welcher im Jahr 1799 der Herstellung
der Eidgenossenschaft nicht nur seine Aufmerksamkeit, sondern
selbst seine Thätigkeit gewidmet hat. „Da die souveränen Kantone," so schreibt er, [3] „noch nicht (wieder) existirten, so war
es nur darum zu thun, Partikularen und Publika wieder in
ihre ehemaligen Rechte einzusetzen, die innere Landesverfassung
herzustellen und an Platz des vormaligen Oberamts (Landvogtei-
Amtes), sowie der souveränen Stände eine provisorische Regierung anzuordnen, welche einstweilen die oberste Gewalt vorstellte
und auszuüben hatte. Nach diesen Grundsätzen wurde auch,
theils aus Einsicht, theils aus dem bloßen Gefühl ihrer Billigkeit, nach und nach überall gearbeitet." Die österreichische Regie-

---

[1] C. L. v. Haller: Geschichte u. s. w.; S. 183.- Haller saß an der
besten Quelle, alle Berichte aus den verschiedenen Landschaften kennen zu
lernen.

[2] Im Tagebuch vom gleichen Tag gibt der Fürst bei dieser Gelegenheit seinen Unmuth kund über Gschwend, den er den „gewesenen undank-
baren Hofkanzler" nennt. Statt eines „Heinrich" Custer dürfte eher Jakob
Laurenz Custer gemeint sein. Unter „Neff" ist der „Dr. Johannes Neff"
in Altstätten verstanden, der allerdings ein feuriger Förderer der Emanzipation war und zu deren Durchführung thätig mitgewirkt hat.

[3] Geschichte des österr. Feldzugs von 1799; S. 182.

rung wollte demnach in nichts vorgreifen, den endlichen Entscheid den künftigen Kantonsregierungen und ihren gemeinsamen Berathungen anheimstellen und ließ deßhalb überall, wo Rechte eines Dritten in Frage waren, nur Provisorien entstehen, immerhin die Lostrennung von der helvetischen Einheitsverfassung vorausgesetzt. Ehemals selbstständige Kantone dagegen, so beide Appenzell und Glarus, hatten sich vollständig auf alten Fuß wieder einrichten dürfen. Widerwärtig aber in Bezug auf wirkliche Kantone, wie vereinzelte Landschaften, war die nunmehrige Pilgerfahrt so vieler Abordnungen an den österreichischen Heerführer, wenn ihre Behandlung auch wohlwollend und ehrenhaft war, während die frühere Wanderung zu den französischen Kommissären nicht ohne ehrverletzende, gebieterische und häufig gewaltthätige Abfertigung hinauslief. Die ganze betrübende Lage enthüllt sich auch aus einem militärischen Kernspruch Hotze's: „Vor Allem muß man wissen, was aus den großen Nachbarn der Schweiz wird, bevor man wissen kann, was mit der Schweiz zu machen ist". [1)

In gleicher Weise wie im Rheinthal spann sich die provisorische Umgestaltung auch in den übrigen St. Gallischen Landschaften ab. In Folge einer Einladung seitens der provisorischen Gerichtskanzlei konstituirten sich die Gemeinden der Landschaft Werdenberg provisorisch zu einem eigenen Gemeindewesen (29. Juli) und hatten an diesem Tage auch die Frage der oft berührten Milizlieferung zu besprechen. Der Abordnung der Landschaft Sargans gab Erzherzog Karl aus dem Hauptquartier Kloten den schriftlichen Bescheid: er stelle dieser Landschaft frei, „zu Aufrechthaltung innerer Ruhe und Sicherheit, wie auch Handhabung der Gerechtigkeit provisorisch Anordnungen zu treffen, wodurch jedoch die verfassungsmäßigen Verhältnisse gegen auswärtige Landschaften nicht gestört werden". Von der Ab-

---

[1)] Hotze sprach nemlich zu Müller v. Friedberg: „Il faut savoir avant tout, ce que deviendront vos grands voisins, alors seulement on pourra calculer, ce que l'on peut faire de la Suisse". Brief von Müller v. Friedberg an Joh. v. Müller, vom 14. Juli.

ordnung war auch der englische Minister begrüßt worden. David Bertsch aus Flums, gewesener Agent daselbst, lud nun, Namens eines wieder erstandenen Landrathes und auf besonders ungestümes Drängen der Gemeinde Mels, zur Landsgemeinde nach Mels ein, an welcher sich die Bürgerschaft von dreizehn Gemeinden (nach damaligem Bestande) betheiligte, nur fünf (Sargans, Ragatz mit den drei obern Gemeinden Pfäfers, Valens und Vättis) nicht erschienen und gegen Abhaltung der Landsgemeinde Protestation einlegten. Diese wählte eine provisorische Regierung nach älterer Verfassung, stellte genannten Bertsch als Landammann an deren Spitze, mit Joseph Anton Oberly (früherem Distriktsgerichtspräsidenten) als Landesstatthalter, und beschloß, als Antwort auf den früher empfangenen Hotze'schen, auch vom englischen Beauftragten Robert Craufurd (Crawfurd) unterzeichneten Aufruf, zwei Kompagnien Freiwillige zum schweizerischen Hülfskorps zu stellen; den nicht erschienenen fünf Gemeinden wurde die Betheiligung zur Besetzung des Landrathes für den Fall vorbehalten, daß sie sich zuvor den Beschlüssen der Landsgemeinde unterziehen. Diese fünf Gemeinden blieben vereinzelt und regierten sich selbst auf altem Fuße; in Sargans trat der gewesene helvetische Unterstatthalter Gallati als Schultheiß in's Amt. Landammann Bertsch forderte diesem sämmtliche Landesschriften ab, namentlich die Freilassungsurkunde und die früheren Landrathsprotokolle; es ist nicht zu ermitteln, daß Gallati entsprochen habe, auch nicht wahrscheinlich; denn hatte dieser Mann einmal ein wichtiges Papier in der Hand, suchte er es eifersüchtig zu behaupten. An den Erzherzog in Kloten hatte selbst das Städtchen Sargans eine Abordnung entsendet. Die Abordnung der Landschaft hatte in Zürich auch bei C. L. v. Haller zugesprochen. Haller, der offiziöse Rathgeber aller Restaurationslustigen, schrieb in Folge dessen einen längeren Brief an die Landschaft, welcher den Rath enthielt, nicht unbedingt auf die Freilassungsurkunde von 1798 zu fußen, „da sie mit ein Theil der Revolution gewesen"; dann noch den Wunsch aussprach, daß die Landschaft Sargans, „ohne über die

Verhältnisse mit den (ehemals regierenden) Kantonen zu ent=
scheiden, die Sachen soweit möglich auf den alten Fuß einrichten
möchte"; die hohen Stände würden gewiß alle gewünschten
Verbesserungen, z. B. im Justizwesen, gern gewähren. In
diesem Sinne ist wirklich die erzählte Rückkehr zur alten Ord=
nung zu verstehen, übereinstimmend mit dem, was im Rheinthal
geschehen. Für die ausgesprochene Bereitwilligkeit zur Truppen=
lieferung empfing die provisorische Regierung der Landschaft
Sargans den Dank des Generals Bachmann aus Näfels, der
sich Generalinspektor der in Sr. k. großbritannischen Majestät
Sold stehenden Schweizertruppen nannte (10. Juli), mit dem
Beisatz, daß, falls ihr (der Landschaft) die Errichtung der ver=
heißenen zwei Kompagnien „beschwerlich fiele", er sie davon
dispensiren könne; „es soll dies an ihrer wohlverdienten Repu=
tation nicht den geringsten Abbruch thun". Hotze aber erklärte
gleichen Tages an die Deputirten der Landschaft: er nehme die
zwei Kompagnien in englischen Sold; die Offiziere zu denselben
möge die Grafschaft Sargans selbst wählen. Auch die Land=
schaft Gaster gab sich eine provisorische Regierung, mit Land=
ammann Zweifel an der Spitze.[1]) Die Landschaft Utznach
handelte in ähnlicher Weise und erhielt Anerkennung ihrer In=
terimsregierung durch Schreiben des österreichischen Generals
Jellachich aus Einsiedeln (14. Juli). Abgeordnete aus Rap=
perschwyl an den Erzherzog Karl waren der Altschultheiß Franz
Curti, Bonifaz Rickenmann, gewesener Statthalter, und der
Stadtschreiber Fuchs; auf dem Wege in's Hauptquartier holten
sie die guten Räthe des Berner Schultheißen v. Steiger und
des Generals Hotze in Zürich ein; sie erhielten die gewünschte
Bewilligung zur Aufstellung des Provisoriums nach vorgelegtem
Plan vom 18. Juli. Vier Tage nachher wurden Schultheiß
und Rath wieder gewählt. Die Verrichtungen dieser gesammten
Interimsregierungen, besonders jener auf der Wallensee= und

---

[1]) Nach C. L. v. Haller (S. 183) sind die Wahlen an einer Lands=
gemeinde vom 11. August vorgenommen worden.

Linthlinie, waren wesentlich die Sorge für die Unterbringung der Truppen und hinreichendes Fuhrwesen. An geregelte durchgreifende Verwaltung der Gemeinde- und Landesangelegenheiten konnte im Ernst nicht gedacht werden. Wir haben deßhalb keinerlei Leistungen aus diesem Bereiche zu melden.

Beschränkte sich die österreichische Regierung in Hinsicht der politischen Fragen auf das Unerläßlichste, so blieb doch der Berner Schultheiß v. Steiger nicht unthätig in Bezug auf die künftige Gestaltung der Schweiz. Die Meinung und die Schriften Derer, die ihm und seinen politischen Freunden keine andere Absicht zuerkennen wollten, als die einseitige und ausschließliche Herstellung der alten Eidgenossenschaft mit ihren vielen Bünden, und einer Zersplitterung, deren entsetzliche Folgen sich im Winter und Frühjahr 1798 entwickelt hatten, ist eine durchaus irrige Parteiauffassung. Allerdings wollte Steiger an die Stelle der einheitlichen Schweiz wieder eine Eidgenossenschaft, den Bund freier Staaten setzen; aber er wollte diesem Bunde ein leitendes und exekutorisches Gesammtorgan geben, was Jahrhunderte hindurch bis zum Unglücksjahre 1798 nicht bestand, gegen Ende des achtzehnten Jahrhunderts von einsichtigen Schweizern schwer vermißt worden war. Der ganze Plan ist ausgesprochen in einer von C. L. v. Haller im Einverständniß mit Steiger entworfenen Bundesverfassung, welche einen ständigen Bundesrath mit einem ebenfalls ständigen Präsidenten, erstern mit wichtigen zentralen Befugnissen und den nöthigen Finanzen ausgestattet aufstellt, im Uebrigen die Bundesglieder in Bezug auf ihre Selbstständigkeit unangefochten läßt, auch, um verderbliche Stabilität für die Zukunft fern zu halten, eine Revision dieser neuen Bundesordnung von 25 zu 25 Jahren vorschreibt. Nach diesem Plan sollten die dreizehn Kantone bleiben; nebst jedem derselben auch der Fürstabt und die Stadt St. Gallen, dann Wallis und Graubünden (welcher Freistaat zum Eintritt in den Schweizerbund eingeladen werden sollte) je ein Mitglied in die schweizerische Zentralbehörde ernennen; spätere Berücksichtigung auch von Genf, Biel und Neuenburg vorbehalten. Die bekannten

kleinen Unterthanenländer sollten nicht zwar ihre endliche Unabhängigkeit erlangen, wohl aber der Beherrschung ihrer alten
kantonalen Herren entrückt und unter die Verwaltung des
Bundesrathes gestellt werden. [1] Ganz gewiß würde solche tief-
eingreifende Staatsveränderung im Falle der Verdrängung der
Franzosen aus der Schweiz starken Widerstand namentlich seitens
der alten demokratischen Kantone gefunden haben; der Plan
verdient aber deßwegen Beachtung, weil er das rüstige Vorgehen
des Fürstabtes von St. Gallen erklärt und rechtfertigt, der wohl
wußte, daß bei günstigen Umständen der mächtigste und einflußreichste aller schweizerischen Staatsmänner sich an die Spitze
stellen und mit kräftiger Hand das Staatsruder der Eidgenossenschaft ergreifen würde, während die kleinlichen Gegner und Be-
krittler des Fürsten in dessen Rückkehr in seine Lande nichts als
übereilte und planlose Zuversicht hatten erkennen wollen, die von
der Zeitenuhr nicht das geringste verstehe.

Oesterreich focht glücklich in Italien. Eben so sein russischer Alliirter, dessen General Suwarow mit der ersten russischen Kolonne am 15. April in Verona eingezogen war. Es
fiel die Festung Mantua in die Gewalt Oesterreichs; die cisalpinische Republik wurde aufgelöst; Suwarow drang selbst nach
Piemont vor und machte eine Verbindung zwischen dem französischen Heere in Italien und jenem in der Schweiz zur Unmöglichkeit. Die Gegner der neuen Ordnung hofften nun auch
mit Zuversicht auf die Räumung der Schweiz seitens der französischen Heere, als Folge derselben auf die Vernichtung der helvetischen Republik; die Aufstands- und Umsturzplane hatten sie
nicht bloß über die östliche und mittlere, sondern auch über die
westliche Schweiz ausgedehnt. Selbst die helvetischen Direktoren
hatten ihre Sache für verloren angesehen und sich mit dem Gedanken vertraut gemacht, die Schweiz verlassen zu müssen. [2]

---

[1] S. den ganzen Entwurf in C. L. v. Haller's Geschichte des österr.
Feldzugs u. s. w.; von S. 553 bis 584.

[2] Tillier, Geschichte der helvet. Republik; S. 351 bis 353. Auch
Müller v. Friedberg in einem Brief an Joh. v. Müller, vom 10. September 1799.

Die Stadt Zürich feierte am 4. August Mantua's Fall so groß-
artig, daß sie dafür den verbindlichsten Dank des Erzherzogs
und des Generals Hoße erntete. Gleiche Feier im Stift St.
Gallen durch ein Tedeum, Kanonendonner aus sechs Feuer-
schlünden der Stadt auf dem Rosenberge, große Tafel (11.
August), am folgenden Tage Ball der österreichischen Offiziere
im gleichen Festsaale der neuen Pfalz, den vor ihnen zu gleichen
Zwecken die Franzosen benutzt hatten. Aber die großen kriegführenden Parteien waren ungleich an Willenskraft. Für das
revolutionäre Frankreich waren die Niederlagen ein Sporn zu
energischer Aufraffung; Oesterreich ging selbst im Siege den
Gang vorsichtiger Berechnung. Im gegebenen Falle setzte die
französische Regierung, in welche inzwischen neue energische Elemente eingetreten waren, Alles in Bewegung zu erfolgreicher
Verstärkung ihrer Heere; Oesterreich blieb bei der gewöhnlichen
Ergänzung seiner Regimenter, ohne Aufstellung neuer Streitkräfte,
baute im Uebrigen auf die Mitwirkung seines russischen Alliirten.
Anfangs August hatten beide Heere in der Schweiz die unge-
fähre Stärke von je 75,000 Mann. Ihre beiden Feldherren
harrten mit Ungeduld des Augenblicks, aus dem thatlosen Zuwarten zu neuen Schlachten überzugehen. Der Erzherzog rechnete hiefür auf das baldige Anrücken von 30,000 Russen unter
Korsakow. Masséna fürchtete diese Vereinigung und wollte
ihren Folgen zuvorkommen. Ohnehin hatte er von seiner Regierung den ausdrücklichen Befehl erhalten, die Verbindung der
dies- und jenseits der Hochalpen stehenden Austro-Russen durch
die Besetzung des Gebirgs und durch die Wiedereinnahme
Graubündens zu verhindern. Zu diesem Zwecke setzten sich gesammte Abtheilungen des rechten Flügels der französischen Armee von Oberwallis hinweg bis hinaus an den Zürichsee unter
den Befehlen Lecourbe's durch das Hochgebirge in Bewegung,
bemächtigten sich der Gebirgspässe, drangen vor bis in das
Reußthal zwischen Flüelen und Realp und nöthigten die Oesterreicher zum Rückzug sowohl nach Airolo als in das graubünd-
nerische Thal des Vorderrheins, ebenso zur Räumung des Kan-

tons Schwyz bis an den Zürichsee und an die Linth. Es war
dies das Werk dreier Tage, vom 14. bis 16. August. In der
folgenden Nacht versuchte Erzherzog Karl den Uebergang über
die Aare bei Groß- und Kleindettingen, ein Unternehmen, welches gänzlich scheiterte. Ein Gefecht auf dem Sihlfeld, gegenüber Zürich, blieb ohne wesentliches Ergebniß. Bei mehreren
Gefechten, die im Laufe dieser wichtigen Tage geschlagen wurden,
kämpften helvetische Truppen und solche von der Schweizerlegion Roverea im einen und im andern Heere mit Auszeichnung. Mittlerweile waren diplomatische Verhandlungen zwischen
Oesterreich und seinen Alliirten Rußland und England zur
Reife gediehen, welche, vereint mit den eben erzählten Siegen
der Franzosen, einen entscheidenden Einfluß auf das Schicksal
der Schweiz übten. Dieser Uebereinkunft zufolge sollte nemlich
die Fortsetzung der Kriegsoperationen in der Schweiz den ruf-
fischen Hülfsvölkern allein, in Verbindung mit den eigenen
Streitkräften der Schweiz, überlassen werden, der Erzherzog
Karl seinerseits die Schweiz räumen und mit dem Haupttheil
seiner Truppen an den Niederrhein hinabziehen, wo die Franzosen durch vereinte russisch-englische Streitkräfte angegriffen
werden sollten.[1] Inzwischen und bis zum Einmarsch der
Russen hatte sich Karl wesentlich auf der Defensive zu halten.
In der zweiten Hälfte Augusts rückten die ersten russischen
Schaaren unter Korsakow von Norden her in die Schweiz ein
und wurden zuerst nach Utznach und Schänis verlegt. In einem
am 27. August bei Zürich gehaltenen Kriegsrath wurden die
gegenseitigen Operationsverhältnisse zwischen Korsakow und dem
Erzherzog geregelt. In Folge dessen hatten 20,000 Oesterreicher
unter Hotze einstweilen in der Schweiz zurückzubleiben und es
stellte sich dieser von Männedorf aufwärts längs dem rechten
Ufer der Linth bis in den Kanton Glarus auf, mit Fortsetzung
seiner Verbindungslinie über Wallenstadt, Sargans und Wättis
bis Flims und Ilanz, und mit wechselndem Hauptquartier in

---

[1] Tillier, a. a. O. S. 360.

Glarus, Utznach und Kaltbrunn. Noch am nemlichen Tage
(27. August) begann der Rückmarsch der Oesterreicher über den
Rhein. Am folgenden Tag verließ Erzherzog Karl die Schweiz
und rückte Korsakow, seine an die Linth verlegten Truppen an
sich ziehend, in Zürich ein, wo er die nemliche Wohnung (damals „zur Krone" genannt), bezog, welche vor ihm Schauenburg, Masséna und Hotze eingenommen hatten. Suwarow trat
von Novara aus (wo er am 13. September stand) seinen
Marsch zur Wiedereroberung des Gotthardspasses und zur Verbindung mit Korsakow an. Zwischen dem russisch-österreichischen
und dem französischen Heere in der Schweiz sollte es am 26.
zur Schlacht kommen; so war es von beidseitigen Kriegsräthen,
in Bremgarten und in Zürich, beschlossen. Auf den 24. gedachte
Suwarow sich in den Besitz des Gotthardspasses zu setzen, [1])
in den folgenden drei Tagen Altdorf, Schwyz, Luzern zu erreichen,
und wirklich war er am 26. früh bis Amsteg vorgerückt. Aber
Masséna kam den Folgen des kühnen Marsches zuvor, griff die
russisch-österreichische Armee bei Zürich schon am 25. September
an. Er führte an diesem Tage auf der ganzen Linie von Bruck
bis hinauf an die Linth theils wirkliche, theils Scheinangriffe
aus, übersetzte die Limmat bei Dietikon und drang mit den Vorposten über Höngg bis Schwamendingen vor, während man sich
jenseits Zürich, auf den Anhöhen des linken See- und Limmat-
ufers, ebenfalls mit Erbitterung schlug. Die Schlacht erneuerte
sich am 26. September; die Russen räumten Zürich, ohne daß
es zu einer die Sicherheit der Stadt wahrenden Kapitulation
gekommen wäre, mußten mit Verlust von beinahe 100 Kanonen
den Rückzug nach dem Rhein antreten; die Trümmer ihres
Heeres erreichten bald, über Eglisau und Winterthur, das rechte
Ufer des Stromes, Schaffhausen; einige Abtheilungen schlugen
die Richtung nach Konstanz ein. Die Franzosen bemächtigten
sich am 26. September der Stadt Zürich.

Oben an der Linth hatte sich Hotze für die auf den

---

[1]) Biographie von Hotze, S. 373 und 375.

26. September beschlossene Offensive vorbereitet. Er zog bedeutende Heereskräfte von Graubünden her über das Gebirge
nach Glarus an sich; am 25. sollte Jellachich mit 6 Bataillonen
und 3 Escadrons von Wallenstadt über den Kerenzer Berg auf
Mollis und Glarus vorrücken; Suwarow hatte ihm noch am 24.
spät Abends seine Ankunft in Hospital gemeldet (eine Nachricht,
die den General Hotze jedoch nicht mehr erreichte). Das Hauptquartier hatte Hotze in Kaltbrunn; zu seiner unmittelbaren Verfügung lagen zwischen Wesen und Schmerikon 10 Bataillone
und 14 Escadrons; bei Schänis hatte ein Theil dieser Truppen
ein Lager bezogen; im Toggenburg und in der alten Landschaft
stand eine Kavalleriereserve von 12 Escadrons. Bei Rapperschwyl waren mehrere Bataillone Russen zur Verstärkung Hotze's
schon am 24. September angekommen. Soult kommandirte auf
dem linken Linthufer die Franzosen. Er kam seinem Gegner hier
zuvor, gleichwie es durch Masséna unterhalb Zürich geschehen.
Auf den 25. September befahl Soult den Uebergang über die
Linth auf der ganzen Linie vom Züricher- bis zum Wallensee,
vornämlich an der Schloßbrücke bei Grinau, bei Schänis, weiter
oben an der Ziegelbrücke, und von Mollis aus gegen den
Kerenzerberg. Verhängnißvoll gelang den Franzosen zunächst der
Uebergang gegenüber von Schänis. Sie führten ihn aus in
der Nacht vom 24. auf den 25. September, durch ausgezeichnet
gute Vorkehrungen in aller Stille und stundenlang unbemerkt
von den Oesterreichern, bei der St. Sebastianskapelle, in deren
Nähe damals die Linth in weitem Bogen dahinfloß. Sofort
besetzten die Franzosen die Häusergruppe „Im Mauer" oder
„Auf der Mauer" genannt, bemächtigten sich, durch Nebel be-
günstiget, der dortigen österreichischen Batterie, erstiegen den Ab-
hang des Berges und warfen sich in den Wald, wo sie Front
gegen Schänis machten. Vom Flußübergang der Franzosen in
Kenntniß gesetzt, erhob sich Hotze rüstig und in aller Frühe mit
kleinem Gefolg und unter Eskorte zur Rekognoszirung, wurde
jenseits Schänis von einer französischen Plänkerkette überrascht
und fiel, nebst seinem Generalstabschef, dem Obersten Maximilian

Grafen v. Plunquet, von Kugeln durchbohrt, ohne daß eine Gegenwehr hatte versucht oder vom Heerführer zuvor irgend ein Militärbefehl hatte ertheilt werden können. Hotze's Fall rief Schrecken und Verwirrung im österreichischen Heere hervor; der Oberbefehl überging an General Petrasch. An den anderen Uebergangspunkten waren die Franzosen abwechselnd Besiegte und Sieger; namentlich war ihr erster Versuch zum Vordringen von Grinau aus gänzlich mißglückt. Endlich nahmen sie, nach wiederhergestellter Brücke, des Vordringens russischer Bataillone von Rapperschwyl her ungeachtet, Utznach ein. Inzwischen hatten an der oberen Linth, gegenüber von Schänis, die Franzosen den Bau einer Brücke oberhalb des Biltener Fahres in's Werk gesetzt, drangen von dort aus massenhaft gegen Schänis vor und besetzten dasselbe, mehrmals von den Oesterreichern zurückgeworfen, stürmend um 10 Uhr Vormittags. Ihr General Soult folgte. Von Utznach her nahmen die Franzosen auch Kaltbrunn mittelst Bajonnetangriffes. Petrasch wurde nach Bildhaus zurückgedrängt. Sein Versuch zur Wiedereinnahme von Kaltbrunn mißlang; auch Wesen wurde von den Franzosen genommen. Nach zweitägigem Kampf, nach mehrmaligen vergeblichen Versuchen, die Franzosen über die Linth zurückzuwerfen, und in Folge der gleichzeitigen Niederlage Korsakow's bei Zürich trat das Hotze'sche Korps unter Petrasch Abends am 26. September und in der folgenden Nacht den Rückzug an über Lichtensteig, St. Peterzell, Herisau und St. Gallen, in großer Hast und nach schwerem Verlust an Gefangenen und Geschütz. Die durch den Rückzug hervorgerufene Verwirrung im Lande wurde noch vermehrt durch Schaaren von Flüchtlingen aus den kleinen Kantonen und den angrenzenden Gegenden. Die rückziehenden Truppen aber hielten im Ganzen doch gute Mannszucht, ohne Gewaltthätigkeit oder Plünderung. Der brave Platzkommandant von St. Gallen harrte aus, bis der letzte Mann vorbeimarschirt war. [1] Bereits am 28. September rückten französische Streif-

---

[1] Für diese Disziplin zeugt Falk, der in seiner „Darstellung der Vorgänge im Toggenburg" erzählt, daß man sich dort über keine Exzesse beklagt

pikete bis St. Gallen und Rorschach vor. Petrasch zog sich in die Stellung von Feldkirch zurück. Eben so verließ Jellachich den ihm angewiesenen Kampfplatz an der Linth und am Wallensee und zog am 28. September nach Ragatz, bald nachher über den Rhein zurück. Die am oberen Zürichsee aufgestellt gewesenen russischen Truppen nahmen den Rückzug über Toggenburg und Wyl in der Richtung nach Konstanz. Der Kampf auf den verschiedenen Operationslinien hatte fast ohne Unterbrechung vom 25. September bis 9. Oktober gedauert. Um die Mitte des letzteren Monats war die Schweiz von den Heeren der Alliirten geräumt. Der Rückzug Suwarow's über unwegsame Gebirgsthäler und Alpenpässe bis in das südliche Deutschland vollendete die Niederlage der Alliirten. „Die Heere, welche uns überziehen sollten, waren aus der Schweiz verjagt und nach Deutschland zurückgeworfen; die Koalition war aufgelöset; denn Suwarow, erbittert über die Oesterreicher, wollte nicht ferner mit ihnen dienen; man kann sagen, daß Frankreich gerettet war"; so schreibt Thiers, der französische Geschichtschreiber. [1] Das war die Bedeutung jener Ereignisse für Frankreich.

Als die Tage der Entscheidung nahten, hatte der Fürst von St. Gallen eine abermalige Reise in das Hauptquartier

habe, als über die in Lichtensteig geschehene Plünderung eines Waarenladens, welche aber der boshaften Aufstiftung eines schlechten, gegen den Eigenthümer feindlich gesinnten Menschen zugeschrieben wurde. Ferner G. L. Steinlin, der in seinem „historischen Vortrag" ausdrücklich meldet: „Zum Ruhme der Oesterreicher muß man sagen, daß sie sich nicht die minbeste Gewaltthätigkeit oder Plünderung erlaubten". Ebenso Dan. Girtanner im Tagebuch vom 6. Oktober 1799, wo er sagt: „Unsere guten Freunde, die Franzosen — — haben sich um ein gut Theil schlimmer und räuberischer betragen, als unsere Feinde". Und Naef (in seiner Chronik, S. 543) bestätiget: es sei dem klugen und energischen Benehmen des österreichischen Platzkommando's zu verdanken, daß die Katastrophe (des Rückzuges) für die Stadt ohne Schaden und mit Aufrechthaltung der öffentlichen Ordnung und Sicherheit vorübergangen. Hingegen fällt (nach Steinlin) den Oesterreichern zur Last, daß sie die requirirten Fuhrleute wochenlange jenseits des Rheines zurückhielten, wobei Manche Pferd und Wagen einbüßten.

[1] S. Histoire de la Révolution française. Tome II.; chap. XXXII.

des kaiserlichen Feldherrn zu Kloten gemacht, um persönlich nach
den waltenden militärischen Entwürfen und Hoffnungen sich zu
erkundigen. Er hatte den Erzherzog Karl zum Abmarsche bereit
angetroffen und war dann, seiner schönsten Hoffnungen baar,
nach St. Gallen zurückgekehrt. [1] Pancratius war also für neue
Unglücksfälle vorbereitet. Sie trafen schwer, ihn und seine Lande.
Am 25. September früh hörte man im Stift St. Gallen den
fernen Kanonendonner von der Linth her; Abends traf die
erschütternde Kunde vom Tode Hotze's ein. Versprengte kaiserliche Offiziere bestätigten diese und andere Schreckensnachrichten.
Am folgenden Tage setzte sich der Fürst zur schleunigen Flucht
in Bereitschaft, suchte in Sicherheit zu bringen, was möglich,
fragte jeden Religiosen, ob er zu Hause bleiben wollte oder
nicht, und traf für jene, welche sich flüchten wollten, ebenfalls
Anstalten zur Abreise. Am 27. September in aller Frühe eilte
er, begleitet von General Gruber, nach Mehrerau; mit ihm die
Patres Beat (Schumacher aus Luzern), Innozenz, Theodor und
Aemilian. Noch folgten viele Andere, fast alle Religiosen, viele
Pfarrherren, Weltpriester, Beamtete, überhaupt „eine Menge
Gutgesinnter". [2] Den wenigen Kapitularen, welche zurück-
blieben, sagte der Fürst bei der Abreise: er werde binnen drei
Wochen wieder in St. Gallen sein. [3] Schrecken und Kummer
herrschte auf Seite der fürstlichen Anhänger, Schadenfreude bei
den Gegnern; jene, besonders die fürstlichen Beamteten, zogen
mit den Oesterreichern über den Rhein. Auch viele Waffenfähige flohen aus Furcht, dem französischen Heere einverleibt zu
werden; junge Weibspersonen thaten das Gleiche aus Besorgniß
vor der Ausgelassenheit der Franzosen und der mit ihnen einher-
ziehenden Helvetier. Die Pfarrherren flohen, weil für die Folgen

---

[1] Nach Weidmann; S. 151. Dieser gibt jedoch die Tage der Reise
des Fürsten nach Kloten nicht an und im Tagebuch selbst ist nichts darüber
zu finden; die Reise fiel außer allem Zweifel in die zweite Hälfte Augusts.

[2] Tagebuch vom 27. September.

[3] Weidmann, S. 153.

ihres Eifers besorgt. Ruhig bei Hause konnten nur die Freunde
der Franzosen bleiben.

Am Schlusse dieses Abschnittes ziemt ein biographischer
Rückblick auf die Person des Generals Hoze, dessen Schicksal
so eng mit demjenigen der Schweiz und der St. Gallischen Lande
besonders sich verschlungen hat. Hoze war geboren in Richterschwyl im Jahr 1739 und Bürger daselbst, hieß ursprünglich Johann
Konrad Hoz. Von seinem Vater zum Beruf eines Wundarztes
bestimmt, machte er hiezu die vorbereitenden Studien. Allein
schon im zwanzigsten Altersjahr fand er Gelegenheit, seinen
Hang zum Kriegsdienst zu befriedigen. Ausgezeichnet durch
starken und imponirenden Körperbau standen ihm gleichfalls un-
gewöhnliche Geistesgaben zu Gebot. Er erhielt im Jahr 1758
den Eintritt in ein Kürassierregiment des Herzogs von Württem-
berg, machte Feldzüge im siebenjährigen Kriege mit, ward mit
zweiundzwanzig Jahren schon Rittmeister; verließ dann den
württembergischen Kriegsdienst, um in denjenigen irgend eines
mächtigen Staates einzutreten, machte zu diesem Ende die weite
Reise nach St. Petersburg, fand sowohl in seiner Eigenschaft
als Freimaurer wie wegen seiner einnehmenden Umgangsformen
manche Förderung und wurde endlich in russischen Kriegsdienst
aufgenommen (1768). Als russischer Offizier stand er einige
Jahre bei der Armee in Polen, dann noch länger (von 1771
bis 1774) im Heere der Russen gegen die Türken, focht mit
Auszeichnung, namentlich vor Schumla, machte schon in diesem
Verhältniß die Bekanntschaft mit Suwarow und überging end-
lich (1778) in österreichischen Dienst, seit welcher Zeit er den
Namen Friedrich von Hoze trug; er rückte hier allmälig vom
Major bis zum Feldmarschalllieutenant vor und wurde in den
Freiherrnstand erhoben; nahm mit Auszeichnung Antheil an den
Feldzügen von 1792 und 1793 am Rhein gegen die Franzosen
und wurde 1797 Kommandant eines Armeekorps, welches bei
längerer Fortdauer des Krieges in Italien von Tirol und
Kärnthen aus im Rücken des allezeit siegreichen Generals Bona-
parte hätte operiren sollen, dieser Aufgabe jedoch in Folge des

Friedens von Compoformio enthoben wurde. Da Hoße mit einzelnen Freunden in der Schweiz stets enge Verbindung gepflogen hatte, wendete er seine Blicke auch nach seinem von den Franzosen bedrängten Vaterland, setzte sich in nahe Berührung zum Berner Schultheißen v. Steiger, bot der Regierung von Zürich zu Handen der Eidgenossenschaft seine Dienste an, wurde von derselben mit Zusicherung eines lebenslänglichen Gehaltes von 4000 Gulden [1]) und im Einverständniß mit der Regierung von Bern wirklich in Dienst genommen (3. Februar 1798), nahm seine Entlassung aus kaiserlichem Dienst und traf am 4. März zur Uebernahme des Kommando's über die schweizerischen Streitkräfte gegen die Franzosen in Schaffhausen ein. Von Bern war inzwischen General v. Erlach nur unter dem Vorbehalt gewählt worden, daß er im Fall des wirklichen Dienstantrittes den Oberbefehl an Hoße abzutreten hätte. Die Regierung von Zürich wie Hoße hatte sich verspätet. In Zürich angekommen vernahm Hoße nur schlechte Berichte, die er jedoch mit dem Kriegerwort erwiderte: „so lange man einen Fuß breit Erde unter sich fühlt, müssen wir nicht verzagen". Nachdem er die inzwischen erfolgte Einnahme von Freiburg und Solothurn durch die Franzosen vernommen, wollte er doch noch mit eigenen Augen das Bernische Lager bei Gümmenen sehen und reiste in der Nacht auf den 6. März dorthin ab. Abermals zu spät, denn nun war auch Bern gefallen, und Zürich schickte sich ebenfalls zur Kapitulation an. Hoße, der „nicht Zeuge einer erniedrigenden Handlung sein" wollte, verließ sofort Zürich und wendete sich nach Augsburg. Minister Thugut bot ihm dann das Kommando des österreichischen Heeres an, welches gegen die Franzosen zu Gunsten Neapels operiren sollte. Er lehnte den Ruf gegen die Zusicherung ab, im Fall neuen Kriegsausbruches „das Kommando über die Schweizer und die zu

---

[1]) Diese Rente wurde durch ein Kapital von 100,000 Gulden versichert, welche das kaufmännische Direktorium von Zürich im Auftrage der damaligen dortigen provisorischen Regierung in die Wiener Bank deponirte.

ihrer Unterstützung bestimmten (kaiserlichen) Truppen" zu erhalten. In Folge dessen hatte sich Hoze an die Schweizergrenze zu begeben und lebte dort, von Frühjahr oder Mitte 1798 an, äußerlich als Privatmann, längere Zeit in Wangen, von wo aus in allen Richtungen die erforderlichen Einverständnisse gepflogen wurden, Hoze auch thätig war für die schon früher berichtete Vereinbarung mit Graubünden. Endlich, nach langem peinlichem Warten, konnte er, Anfangs Februar 1799, aus seiner Inkognitostellung aus- und wieder als Feldherr auftreten, indem ihm das Kommando der kaiserlichen Truppen in Vorarlberg und Graubünden anvertraut ward. Wenige Wochen nachher begann der Krieg wieder; General Hoze nahm an demselben eifrigen Antheil, ja war die Seele der kriegerischen Unternehmungen in der Schweiz. Die helvetischen Räthe erklärten ihn deßhalb des helvetischen Bürgerrechts verlustig und des Schweizernamens unwürdig. Ein großer Theil der Schweiz aber baute auf ihn, als ihren künftigen Retter. Die Vorsehung verfügte anders. Der Schweiz waren noch jahrelange schwere Prüfungen und Leiden vorbehalten. Hoze's irdische Reste ließen, alsbald nach seinem Tode, die herbeigeeilten Müller v. Friedberg [1]) und Statthalter Ignaz Gmür von der Straße hinweg, wo er gefallen, nach der Stiftskirche in Schänis tragen. Soult befahl ehrende Behandlung des Leichnams; dieser wurde nachhin in Bregenz zur Erde bestattet. Ignaz Gmür ließ dem Andenken des gefallenen Heerführers in die Mauerbrüstung erwähnter Straße einen prunklosen Denkstein setzen. Der treue Plunquet wurde in Lichtensteig beerdiget.

---

[1]) „J'ai quitté mon cher Schännis — — —; ce séjour m'était devenu sacré — — — et parce qu'enfin c'est dans ses champs ensanglantés que j'ai enlevé le cadavre chéri du général Hoze, qui m'avait traité en fils". Brief von Müller v. Friedberg an Joh. v. Müller; Bern, 15. Oktober 1800.

Dritter Abschnitt.

Wiedereinsetzung der helvetischen Behörden in der Ostschweiz. Ihre Wirthschaft im Klostergebäude zu St. Gallen. Die Verfolgung der Zwischenregierungen. Die allgemeine Noth in den Kantonen Sentis und Linth. Mass, sóna's Gelderpressungen. Sturz des helvetischen Direktoriums und seines Hauptes Laharpe (7. Januar 1800). Der Vollziehungsausschuß. Die Kriegsoperationen. Die schweizerische Verfassungsfrage. Auflösung der gesetzgebenden Räthe und Aufstellung des Vollziehungsrathes (7. August 1800). Der Fürst von St. Gallen im Exil. Der Erziehungsrath im Kanton Sentis. (Vom Oktober 1799 bis August 1800.)

Wenn der Fürst von St. Gallen bei seiner Flucht Hoffnung auf Wiederkehr aussprach, so ging dies in Uebereinstimmung mit militärischen Plänen, welche bald der Gegenstand ernstlicher Verhandlungen zwischen dem Erzherzog Karl, dann den russischen Generalen Korsakow und Suwarow wurden, auch dem französischen Direktorium zur Kenntniß kamen und dessen Unwillen hervorriefen. Die Russen hatten erst nach tapferer Gegenwehr und nach mehreren glücklichen Gefechten gegen die Franzosen zwischen Konstanz und Schaffhausen das linke Rheinufer geräumt. Erzherzog Karl hatte zwar, benachrichtiget von dem Ausgange der Schlacht bei Zürich, auf sein Vorhaben bei Mannheim auf das linke Rheinufer überzugehen und die Vereinigung mit der in Holland gelandeten englischen Armee zu suchen, verzichten müssen und sich in Eilmärschen nach Donaueschingen zurückgewendet, um Schwaben zu decken, die Fortsetzung des Krieges in der Schweiz aber, so wenig als die Russen, damals schon aufgegeben. Ihm bot Korsakow die Hand zwischen Petershausen und Dießenhofen. Er selbst gedachte ein starkes Korps Desterreicher erneuert unterhalb dem Bodensee in die Schweiz einrücken zu lassen, während Korsakow, durch einen Marsch über Stockach mit dem am 12. Oktober in Feldkirch eingetroffenen Suwarow vereiniget, oberhalb des Bodensees wieder in die Schweiz hätte einbrechen sollen. Das Letztere hatte Suwarow zuerst in Absicht gehabt, indem er dem Erzherzog selbst den Vorschlag gemacht hatte, am 17. Oktober bei Meiningen und Höchst den Rhein wieder zu überschreiten. Als dann aber erwähnte Gegenvorschläge des Erzherzogs eintrafen, Suwarow inzwischen nach Dornbirn und Lindau marschirt war, lehnte er die nächste aktive Mitwirkung, ja selbst eine Zusammenkunft mit dem Erzherzog ab. Der Unwille über die erlittenen Niederlagen gebar den Unfrieden, dieser die völlige Trennung zwischen den beiden Alliirten; Kaiser Paul zog die Reste seines Heeres in die russischen Staaten zurück. [1]) Von nun an war entschieden, daß, bis zu ganz anderer Wendung der Dinge, die Schweiz in der Gewalt der Franzosen bleiben werde.

General Soult hatte am 27. September sein Hauptquartier in Lichtensteig bezogen. Am 2. Oktober rückte eine Schwadron französischer Husaren in St. Gallen ein, am 7. Oktober General Soult mit 1600 Mann Infanterie, nebst beträchtlichen Korps an Kavallerie und reitender Artillerie; im Gefolge später einrückender Franzosen kamen auch viele russische und österreichische Kriegsgefangene an, welche von den Bewohnern St. Gallens menschenfreundliche Verpflegung erhielten. Von St. Gallen aus rückten die Franzosen vor über Rorschach und Gais in das Rheinthal, besetzten dieses und das ganze linke Rheinufer bis Ragatz und von dort aus den Kunkelspaß; mit ihnen stand im Rheinthal ein Bataillon neu organisirter Milizen aus dem Kanton Sentis unter dem Oberstlieutenant Jakob Laurenz Meßmer, von dem in diesem Geschichtbuche noch öfter die Rede sein wird. Am 11. November drangen starke österreichische Detaschemente bei Widnau und Oberriet über den Rhein, wurden aber von den französischen und helvetischen Truppen zurückgeworfen.

Mit den Franzosen traf (7. Oktober) ein neuer helvetischer Kommissär ein, der Züricher Kantonsrichter Johann Wegmann, ein im Alter bereits vorgerückter Bürger dortiger Hauptstadt. Er erließ sofort eine Proklamation, in welcher er im Namen der

---

[1]) Tiller, Geschichte der helvetischen Republik, Bd. I., S. 397 bis 402. Heller, a. a. O., S. 343 bis 345.

helvetischen Regierung alle konstituirten Behörden aufforderte, ihre Stellen wieder anzutreten, von den Behörden aus der Zeit der österreichischen Okkupation die Protokolle und Rechnung über eingezogene öffentliche Gelder sich aushändigen ließ, auch die Anordnung nöthiger neuer Urversammlungen verhieß, versöhnliche Gesinnungen empfahl, denn „Alle haben gelitten, alle haben gefehlt", dabei aber gleichwohl einen unbedachten Rückblick auf frühere Zustände gleiten ließ, in welchen er, den Thatsachen zuwider, die Angehörigen der fürstlichen Lande als „gedrückte Unterthanen eines unduldsamen Fürsten" bezeichnete und, was in diesen Zeiten nie fehlen durfte, die „Diener der Kirche" zu parteilosem Verhalten ermahnte. [1] Daß er auch gekommen war, von dem Stift St. Gallen, dessen Rechten und Vermögen im Namen der zentralen Behörden wieder Besitz zu ergreifen, versteht sich von selbst. Er erklärte wirklich dasselbe nebst Zubehörden feierlich als Staatsgut. Statthalter Bolt trat wieder in sein Amt, desgleichen das Kantonsgericht, an seiner Spitze der frühere Kantonsgerichtspräsident Gschwend. Die gewesene provisorische Verwaltungskammer unter Bernet trat ebenfalls in Funktion ein, wurde aber schon am 8. Oktober entlassen. An ihre Stelle trat die ältere, suspendirt gewesene Verwaltungskammer in drei ihrer Glieder, Künzle, Hautli und Walder, wieder in's Amt; dadurch waren diese thatsächlich wegen der früher gegen sie aufgeworfenen Klagen gerechtfertiget, gleichwie ein Direktorialbeschluß solches auch förmlich ausgesprochen hatte. [2] Die beiden anderen ehevorigen Mitglieder, Würth und Lindenmann, wurden nicht wieder in's Amt eingesetzt, jener, weil er vom Fürsten die Landvogteiverwaltung im Toggenburg, der andere, weil er vom Volke in Appenzell A. R. das Amt eines Landschreibers angenommen hatte. Der Verwaltungskammer eröffnete der Kommissär persönlich, daß er auch beauftragt sei, den Gang der Dinge während der österreichischen Okkupation

---

[1] „Wöchentliche Nachrichten schweizerischer Neuheiten". Zürich, 1799. S. 166 bis 168.

[2] Protokoll der Verwaltungskammer von Sentis, vom 17. Okt. 1799.

und das gleichzeitige Verhalten mehrerer Personen zu untersuchen. Den Obereinnehmer Zuber erklärte er als beauftragt, die Aufsicht über den ökonomischen Zustand der Klöster zu führen. Dieser Beamtete, ein reformirter Toggenburger, hatte ein Recht auf das vollste Vertrauen des helvetischen Direktoriums, denn schon vor der Schlacht bei Zürich hatte er demselben seine patriotischen Vorschläge für das Gemeinwohl des Kantons Sentis „bei dessen Wiederbefreiung von feindlichen Truppen" eingereicht. Das Direktorium dankte ihm dafür mit der Versicherung, es werde bei Gelegenheit den besten Gebrauch von seinen Räthen zu machen wissen; unterdessen beauftragte es ihn, Personalvorschläge für die Ernennung eines allfälligen Regierungs-Kommissärs zur Zeit der Wiedereroberung des Kantons Sentis zu machen (23. September). Dieser Mann hatte keine Ruhe, bis nicht von klösterlichem Leben in St. Gallen die letzte Spur vertilgt war. Am 16. Oktober 1798 hatte Künzle den jährlichen Netto-Ertrag des Stift St. Gallischen Eigenthums auf Gl. 70,237. 43 Kr. 4 Hl. angeschlagen. [1]) Aber auch mit diesem geringen Erträgniß wurde übel gewirthschaftet. Die Verwaltungskammer warf die Schuld auf die Franzosen, die zahlreiche Einquartierung ihrer Offiziere, Kommissäre und Büreau-Angestellten; nebst dem Lazareth waren die Feldbäckerei, die Metzge, die Getreide- und Heumagazine in die Klostergebäude verlegt, so daß selbst die Stiftsgeistlichen kein Obdach mehr in denselben fanden. Der Obergeneral Masséna hatte im Laufe Aprils (1799) zwei Stockwerke der Pfalz für sich in Anspruch genommen, so daß selbst die Verwaltungskammer in den Gebäuden kaum mehr den nöthigen Raum zu Besorgung ihrer Amtsgeschäfte fand; nie ließen sich die französischen Offiziere von der „Klostertafel" entfernen, so daß einem Befehl des Finanzministers vom 8. September 1798, nach beendigter Liquidation im Kloster Einsiedeln sogleich zu derjenigen von St. Gallen überzugehen und den Tafelaufwand daselbst einer Reform zu

---

[1]) Akten im Kantonsarchiv.

unterstellen, keine Vollziehung hatte gegeben werden können, vielmehr ein ungeheurer Verbrauch seitens des französischen General-
stabes eingetreten war;[1] dabei wird noch in Erinnerung gebracht,
daß in diesem einen Jahr 4000 Brode nebst anderen Lebensmitteln aus den Klostereinkünften an die Armen vertheilt worden
seien. Nach dem Eintreffen Kuhn's nahm dieser das Geschäft
zur Hand; er schilderte in Berichten an das Direktorium die
ungeheuren Kosten der eigenen Haushaltung im Kloster, die
offenbar keineswegs von den wenigen noch anwesenden Geistlichen, welche ohnehin durch die Lage der Dinge zu der größten
Bescheidenheit gewöhnt worden, sondern nur von den militärischen
und bürgerlichen Schmarozern herrührten und herrühren konnten; —
er trug in Folge dessen auf gänzliche Aufhebung der Küche an;
die ein oder zwei nöthigen Geistlichen könnten in einem anderen
„Nationalhaus" Wohnung finden; die übrigen sollte man in ein
anderes Benediktinerkloster abführen; nach Abzug der französischen
Generalität werde er jedenfalls die Tafel für das weltliche
Personal aufheben (Mai 1799). Der Rückkehr des Fürsten
wegen blieb es bei den Vorsätzen. Aber im Herbst sodann griff
Zuber ein, gerieth darüber in Fehde mit der Verwaltungskammer,
deren Oekonomieplan ihm nicht genug durchgreifend schien. Im
Kloster waren nach dem Wiedereinzug der Franzosen nur noch
drei bejahrte und drei junge Priester geblieben, nebst zwei Laien-
brüdern. Auch das war Zuber'n zuviel; zwei bis drei Geistliche
genügen, sagte er, die übrigen soll man in andere Klöster schicken;
„auf diese Weise wird das Kloster aufgehoben, sonst nicht."[2]
Die Oekonomie wurde dann wirklich aufgehoben. Auch die alte
stiftische Buchdruckerei sollte nach dem Willen Zuber's beseitiget
werden, weil sie, in Ermangelung von Arbeiten, nur eine Quelle
von Ausgaben sei; wirklich verfügte dann der Finanzminister in
diesem Sinn; nur das Dazwischentreten der Verwaltungskammer

---

[1] Bericht der Verwaltungskammer an den Finanzminister vom 8. April
1799, mit Detailangaben über den starken Weinkonsum seitens der Franzosen im Kloster.

[2] Zuber's Antrag an den Finanzminister, vom 1. November 1799.

konnte die Anstalt vor gänzlicher Erlöschung retten. Die beiden jungen Mönche Franz Weidmann und Dominik Schmid, beide damals ungefähr 25 Jahre alt, und schon früher als genehme Personen seitens der Regierung angesehen, besorgten den Gottesdienst an der Stiftskirche mit einer Pfarrei von damals 7000 Seelen. Da deßhalb noch ein dritter Geistlicher für diese Pastoration nothwendig schien, empfahl die Verwaltungskammer zu solcher den „Bürger Martin Gresser" (auch Konventualen von St. Gallen) besonders dringlich „wegen seiner aufgeklärten Denkungsart und seiner republikanischen Gesinnungen". ¹) Jeder dieser Geistlichen erhielt, Alles in Allem, einen firen Gehalt von Fr. 1200. ²) Weidmann und Schmid hatten bei dem Wiedereinmarsch der Franzosen das Ordensgewand abgelegt. ³) Abgesehen von Zuber hatten sich schon am ersten Tag nach der Abreise des Fürsten Beauftragte der provisorischen Verwaltungskammer (oft werden namentlich Julius Hieron. Zollikofer und Scheitlin genannt) in das Stiftsgebäude begeben, dort sofort die genaueste zweite Inventarisirung begonnen und durchgeführt; und eben so rasch wurde mit der Versteigerung von aller möglichen Fahrhabe, inbegriffen jene, welche der Fürst mit großem Aufwand zur neuen Ausstattung der Klostergebäude angeschafft hatte, begonnen, wobei besonders der Wein reißenden Abgang fand; bald holte dieser, bald jener Verwalter, oder eine andere helvetische Amtsperson, so und soviel Saum aus dem Keller hinweg. Diese täglichen Vorgänge sind eben so lehrreich als trocken in einem Tagebuch erzählt, das ein verständiger, mit der Oekonomie im Kloster, namentlich mit der Aufsicht über die Bauarbeiten beauftragt gewesener Laienbruder geführt hat. ⁴) Der Versteigerungseifer

---

¹) P Martin verdiente dieses Prädikat wirklich; denn in einem Brief aus Alt-St. Johann an den Kantonsstatthalter unterzeichnete er als „Bürger Martin Gresser, katholischer Pfarrer; Alt-St. Johann, den 9. Herbstmonat im ersten Jahr der einen und untheilbaren helvetischen Republik".

²) Akten im Kantonsarchiv.

³) S. Advers. von P. Gerold Brandenberg; II. S. 151 und 152.

⁴) Tagebuch des Laienbruders Paul Wucherer; im Stiftsarchiv.

der Mitglieder der Verwaltungskammer ging so weit, daß sie das Gantgeschäft selbst an gebotenen katholischen Feiertagen nicht aussetzen ließen und daß sie allerlei Holzwaaren, Bretter, Werkzeuge und Aehnliches, das man bei jeder größeren Oekonomie täglich nöthig hat, ebenfalls zur Versteigerung bringen wollten, bis ihnen der praktische Laienbruder ernstlich vorhielt und vorrechnete, daß sie all das sofort wieder mit zwei- und dreifachen Kosten würden ankaufen müssen. Zuber mischte sich dann auch in diese Dinge, schalt den Präsidenten der Verwaltungskammer, Künzle, unnachsichtlich vor jenem treuen Hauswächter aus und ordnete bessere Mannszucht in diesen Haussachen an. ¹) Die Mobilien wurden meist zu den niedrigsten Preisen losgeschlagen. Zur Ausgleichung ließ Hautli alle Lampen in der Stiftskirche, mit Ausnahme von zwei einzigen, mit dem Vorgeben auslöschen: es seien die Stiftungen aufgehoben. Die neue Verwaltungskammer ließ schon am 11. Oktober das Stiftsgebäude wieder zu einem Lazareth für die Franzosen herrichten. Bei den vielen Besuchen der Verwalter und ihrer Helfer im Stift lief es zuweilen nicht ohne muthwilliges Gespötte ab. Zuber, der so streng den Präsidenten Künzle überwachte, vergaß dabei sich selbst nicht, machte es mit einzelnen Mobiliarstücken wie jener mit dem Wein. Und da ihm die Wohnung in der Stadt aufgekündet wurde, begehrte er von der Verwaltungskammer eine solche im Stiftsgebäude, für die er „billigen" Zins bezahlen wolle, wie in der Stadt. Die Verwaltungskammer aber lehnte es ab, um die Kosten für den Neubau einer Küche zu vermeiden. Der Obereinnehmer Zuber baute diese nun auf eigene Faust, holte dann nachträglich von dem ihm gewogenen Finanzministerium die Bewilligung ein und erhielt solche ohne Mühe; in seinem Schreiben führte Zuber Klage, daß die Mitglieder der Ver-

---

¹) „Den 13. Nov. hat der Präsident Künzli 2 Saum Wein abgefaßt. Wurde auch Kuchel- und Zinngeschirr versteigert. Zuber lärmte mit Schimpfworten über den Künzli und befahl dem Kiefermeister, daß er Ihme oder seim Bedienten keinen Wein meer zumessen solle". Tagebuch des Bruders Paul vom genannten Tage; auch unter'm 18. Nov.

waltungskammer, das Büreau ungerechnet, dreizehn Zimmer
benutzen und sich aus „Nationalholz" heizen lassen. [1]) Aus dem
Zusammenhang aller einschlägigen Amtsschriften vom März 1799
bis Frühjahr 1800 ist mit hoher Wahrscheinlichkeit zu schließen,
daß der Kläger, welcher die Anfangs April 1799 ausgesprochene
Suspension der Verwaltungskammer von Sentis hervorgerufen
hat, kein Anderer war, als der eifrige Zuber. Dieser schaltete
von dann an gleich einem kleinen König im Klostergebäude, in
dessen Räumen er sich bequemen Sitz ausersehen. Was Alles
während diesen Zeiten in denselben vorgegangen, trägt die Kenn-
zeichen der Gemeinheit und schmutzigen Ausbeutung. Nie war
ein Wort von billiger Rücksicht und ehrender Rückerinnerung an
die früheren Verdienste des Stiftes zu vernehmen. Im Juni
1800 hausete sich in der Stiftskirche sogar eine Rotte deutscher
Kriegsgefangener ein, welche nur mit Zuziehung der Polizei-
gewalt aus ihr weggeschafft werden konnte. Im Kloster Neu-
St. Johann wurde wie in St. Gallen rasch zur Versteigerung
des Vorhandenen geschritten; die dort zurückgebliebenen drei
Benediktiner erhielten kaum die nöthige Nahrung. [2]) Die Frauenklöster wurden durch eben so lächerliche als knauserige Bevormundung gequält; den guten Frauen in Notkerseck und St. Georgen
waren die Butter und das Obst ausgegangen; Frage, wie das
Röthige wieder zu bekommen? Hautli bringt den Fall vor die
Verwaltungskammer, die dann einen Kredit von 20 Louisd'or
zu Handen des „Bürger Verwalters Ackermann" auf Rechnung
bewilliget.

In der ersten Zeit nach der Schlacht bei Zürich hemmte
die Besorgniß eines Wiedereinmarsches der Alliirten in die
Schweiz den Ausbruch wilder Parteirache. Doch mußten die
Befehle des Direktoriums zur Ausführung gebracht werden. Wie
Wegmann es angekündiget, wurde reaktionäre Untersuchung und
Verfolgung gegen die Mitglieder der alten Behörden und die

---

[1]) Akten im Kantonsarchiv. Mai 1800.
[2]) Advers. von P. G. Brandenberg; II. S. 172.

übel angeschriebenen Flüchtlinge organisirt. Von gesammten Ausgewanderten mußte ein Verzeichniß gefertiget werden. Wegmann erstattete alsbald Bericht über das Erhobene an das Direktorium. Mehr denn tausend Personen, durch finstere Gerüchte erschreckt, waren bei dem Rückzug der Verbündeten aus dem Kanton Sentis ausgewandert und wünschten jetzt zurückzukehren; Wegmann erhielt Vollmacht vom Direktorium, die Rückkehr nach Ermessen zu gestatten, „doch mit Ausschluß der Häupter der Partei der Gegenumwälzung und des Aufruhrs".[1] Gegen die Mitglieder der gewesenen Zwischenregierung selbst[2] erließ das Direktorium harte Befehle, deren Ausführung Wegmann, gegenüber der lebhaftesten Theilnahme des Volkes für dieselben, als unausführbar erachtete, weßhalb er selbst auf Milderung antrug. Von dem Landammann Jakob Zellweger hatte Wegmann vorangehend gemeldet, daß er seinen Fehler einsehe. Noch dauerte inzwischen, und so lange das helvetische Direktorium am Ruder blieb, die Verfolgung gegen diese ehemalige Zwischenregierung wie gegen jene von Zürich, Glarus und St. Gallen fort, da gegen diese alle, mit Inbegriff jener von Appenzell, ein Kriminalprozeß angehoben worden. Die Rückkehr der nicht zu diesen besonders Verfolgten zählenden Ausgewanderten erfolgte nur langsam, zumal solche anfänglich wegen der österreichischerseits verhängten Paßsperre nicht möglich war. Am 26. Oktober wurde auf Befehl des Generalinspektors der helvetischen Artillerie, des Bürgers Haas von Basel, das im Zeughause der Stadt St. Gallen vorhandene Kriegsmaterial, weil in Folge des Einheitsprinzipes Staatsgut, ausgehoben und in das helvetische Zeughaus nach Zürich gebracht.

In der Schweiz im Allgemeinen, wie insbesondere in den östlichen Gebieten derselben, waltete damals allgemein die trübste Stimmung. Der revolutionäre Taumel, der schon vor dem Jahre 1798, mehr noch im Verlaufe desselben, so manchen

---

[1] Tillier; I. S. 470.
[2] Nach Tillier; a. a. O. und S. 469. Es muß hier offenbar die Regierung von Appenzell A. R. gemeint sein.

Thorheiten, Ausgelassenheiten und Wagnissen gerufen, war vor=
über; das gesammte Schweizervolk, Theilnehmer wie Gegner,
diese letztern freilich in erhöhtem Maßstabe, mußten die entsetz=
lichen Folgen desselben nun tragen. Mit kräftiger Handhabung
der Neutralität hätte die Eidgenossenschaft frei und glücklich blei=
ben, Frankreichs Heere und Herrschaft fern halten können.
Es wäre die Schweiz nicht das Kriegstheater der großen An=
tagonisten des Westen und des Osten, nicht der Schauplatz un=
zählbarer Leiden geworden, welche der lange Aufenthalt zweier
feindlichen Heere von zusammen 150,000 Mann mit sich geführt
hat, und der Kriegsgräuel, welche im Gefolge der wirklichen
Kämpfe und Schlachten einhergehen. Die Schweizer hätten solch
namenloses Unglück von sich abwenden können, würden sie sich
in den Tagen der Prüfung und Heimsuchung Treue nicht bloß
gelobt, sondern auch gehalten haben, und wären sie stark und
weise genug gewesen, von der fremden Frucht der Revolution
nicht kosten zu wollen, sondern ihr Hauswesen nach eigener Art
und Weise fortzuführen, zu pflegen und zu verbessern. Den hel=
vetischen Behörden selbst war nun die traurige Aufgabe zuge=
fallen, allen Jammer aufzudecken und zur öffentlichen Kenntniß
zu bringen, auf daß dem unglücklichen Volke endlich Hülfe werde.
Die neuen Bedrückungen desselben, welche im Gefolge der aber=
maligen französischen Besetzung einhergingen, insbesondere maß=
lose Requisitionen seitens des französischen Generals Gazan,
gaben dazu den Anstoß. Die Verwaltungskammer des Kantons
Sentis erließ einen schriftlichen Hülferuf an die gesetzgebenden
Räthe und an das Direktorium zugleich (4. Dezember). [1]) Sie
schilderte darin die gänzliche Entblößung des Landes wie der
Behörden, von den nöthigen Existenzmitteln; brachte zunächst alte
Leiden in Erinnerung: wie das Volk im Winter und Frühjahr
von 1798 auf 1799, zur Zeit der längern französischen Be=
setzung, bereits seiner wenigen Vorräthe und Hülfsquellen be=
raubt worden, dann die scharfe Verkehrssperre von Seite Schwa=

---

[1]) Verfaßt vom Oberschreiber Joh. Jakob Zollikofer.

bens, allgemeine Stockung von Handel und Gewerbe, auch drü-
ckende Theurung der Lebensmittel gefolgt sei, welche der Kanton
aus jenem Nachbarlande her sich verschaffen müsse; die ungeheuren Requisitionen an Arbeitern, Fuhren und Holz seitens der
österreichischen Truppen; die Einquartierung raubsüchtigen Gesin-
dels, das zum Nachtrab der Armee gehörte; die Folgen des
Rückzugs selbst, während dessen von den Truppen an vielen
Orten gestohlen und geplündert, alle vorhandenen Schiffe am
Rhein und bei 400 Fuhrwerke mitgenommen und bis dahin
nicht wieder zurückgegeben worden seien. [1] Auf die Franzosen
übergehend, wird erzählt, wie der Hausvater von ihnen auf das
Neue belästigt worden, sein dürftiger Vorrath für den Winter
auf die unverantwortlichste Weise vergeudet und geraubt worden;
wie die französischen Requisitionen im Monat Oktober allein ange-
stiegen seien auf 154,235 Rationen Brod zu 2½ Pfund, 167,113
Rationen Fleisch, 6644 Maß Wein, 1518 Maß Branntwein,
1868½ Zentner Erdäpfel, 7035 Pfund Salz, 31,873 Rationen
Heu zu 18 Pfund, 45,035 Rationen Heu zu 15 Pfund, 27,400 Rationen Stroh zu 10 Pfund, 30,340 Rationen Haber, 2316 Klafter
Holz, 531 Pfund Lichter; Auslagen an Baar 207,610 Gulden,
6451 Fuhrwagen, 15,705 Pferde; wie dann auf den Monat
November die Requisitionen noch ungleich stärker gewesen als
oben aufgezählt; die unmittelbare Einquartierungslast noch un-
gerechnet. [2] Dazu allgemeiner Mißwachs, neue Sperre von
Seite Schwabens, Verschwinden des baaren Geldes, ungeheure
Lebensmitteltheuerung (das Pfund Brod kostete statt sonst einen
Batzen, jetzt vier, fünf, ja an einigen Orten acht Batzen);
Mangel an öffentlichen und Privatvorräthen; ferner ein Heer
von 14,000 Mann allein im Kanton Sentis; die Last des
Unterhaltes jener 700 Mann, die zum Schanzenbau in Zürich
requirirt worden. Als Nöthen des Tages zählt die Verwal-

---

[1] Daß und inwiefern diese Klagen über die Oesterreicher wenigstens
auf theilweiser Uebertreibung beruhten, ist vorangehend gezeigt worden.

[2] Haller gibt die Unkosten des Kantons Sentis auf 419,000 Gl. an.
S. 428.

tungskammer ferner auf: daß die Guthaben der Kantonsbürger
für Arbeit und Dienstleistungen aller Art seitens der Regierung
nicht bezahlt werden, die Ausstände für Arbeiten zu Handen der
Militärverwaltung allein 107,000 Franken erstiegen; daß die
öffentlichen Beamteten seit eilf Monaten unbezahlt geblieben,
ein Theil derselben „während der feindlichen Besetzung des Kantons eingekerkert, andere beschimpft, gequält und auf alle Weise
beschädigt worden, ohne bis jetzt einen Rappen Entschädigung
empfangen zu haben"; daß endlich die Geistlichen, die durch die
Aufhebung der Zehnten und Grundzinse so beträchtliche Verlüste
erlitten haben, nun darben müssen. „Dies der elende Zustand
einer der ehemals glücklichsten und beneidetsten Gegenden von
Helvetien." Hier schloß aber die Verwaltungskammer das
Jammergemälde noch nicht; sie enthüllte, wie das Finanzministerium der Verwaltungskammer die letzten Hülfsquellen entzogen habe, aus denen die dürftigen Bürger verdiente Löhne,
die Geistlichen die nöthige Unterstützung, die Beamteten den
längst verfallenen Gehalt hätten beziehen können. „Das Kloster
St. Gallen besaß einen beträchtlichen Wein- und Mobilienvorrath,
aus deren Erlös, so wie aus dem noch abzuzahlenden Staatsetat
der Gemeinde St. Gallen, wir unsere Mitbürger einigermaßen zu
befriedigen hofften"; aber „auch diese letzte Hülfsquelle wurde dem
Kanton entrissen, das Geld demselben entzogen und so dem Kantonsbürger für seine gerechten Forderungen nichts, als grausam ge-
täuschte Erwartungen zurückgelassen". Die Verwaltungskammer
fährt fort und klagt, daß der Kanton den Ausbrüchen der Verzweiflung entgegen gehe, daß keine Beruhigung mehr verfange,
„ja daß auch Ihr selbst, Bürger Gesetzgeber, Bürger Direktoren,
bald alles Zutrauen, allen Kredit, ja alle Achtung verloren
habet; daß die neue Regierungsform verachtet, gehöhnt, ja mit
dem bittersten Haß belegt wird". Folgt das Begehren um
Hülfe, um Anordnung namentlich, daß kein baar Geld mehr
aus dem Kanton gezogen, sondern die eingehenden öffentlichen
Gelder einzig für die geschilderten dringendsten Bedürfnisse des
Kantons selbst verwendet werden. Für den Fall vergeblicher

Bitte erklären die Mitglieder der Verwaltungskammer feierlich,
daß sie sämmtlich ihre Stellen niederlegen würden. Fünf Tage
vorher hatte die nemliche Behörde ein derbes Klageschreiben an
den französischen General Gazan über den gleichen Gegenstand
erlassen, mit der Erklärung, daß sie sich allen weitern Forderungen
widersetzen würde und daß sie nicht schuldig sei, für den Unterhalt der Armee zu sorgen; „die Agenten Ihrer Kriegsverwaltung,
Ihre Kriegskommissäre und der ganze Troß dabei Angestellter
hat diese Verpflichtung auf sich u. s. w." Unterzeichnet auf
beiden Schriftstücken ist als Präsident der nemliche Johannes
Künzle, der mit unter jenen Führern der alten Landschaft gewesen, von denen der französische General Lauer bezeugt hatte,
daß sie nicht geruht, bis er mit seinen Truppen in dieselbe eingezogen sei. Jene zahlreiche Partei aber, die den Franzosen
gerufen, von Laharpe und Ochs herab bis zu den Pygmäen der
Revolution, hat auch den spätern Einmarsch der Oesterreicher
und Russen und alles daherige Elend verschuldet. Im Großen
Rath unterstützte Repräsentant Schlumpf die Klageschrift mit
übereinstimmender Rede; es wurde eine Kommissionaluntersuchung
angeordnet; das Direktorium, auf die traurige Lage des g a n z e n
Landes und die klemme Stellung der Zentralregierung selbst verweisend, gab vorläufige Zusage möglicher Abhülfe (11. Dezember). Die Franzosen aber hatten es nicht verstanden, wie
die Verwaltungskammer von Sentis. Masséna, ohne Hülfsquellen von Paris her für sein Heer, suchte dieselben sogleich
nach dem Rückzuge der Alliirten bei den Helvetiern selbst. Unter
dem Titel von Zwangsanleihen brandschatzte er die Stadt Zürich
um 800,000 Fr., die Stadt Basel um eben soviel, die Stadt
St. Gallen um 400,000 Fr.,[1] eben so viel sollte Winterthur,

[1] Tillier; Bd. I. S. 406. Auch in dem Klagschreiben, welches in
den ersten Oktobertagen das helvetische Direktorium an jenes in Paris erlassen, wird das der Stadt St. Gallen auferlegte Zwangsanleihen zu Fr.
400,000 angegeben. Naef in seiner „Chronik" meldet nur von Fr. 200,000;
es wird auf Verwenden eine Reduktion eingetreten sein. In diesen ältern

Rorschach 75,000 Fr., Herisau die gleiche Summe erlegen. „Wo immer ein Ort den Ruf hatte, noch einiges Geld zu besitzen", wurden solche Kriegskontributionen auferlegt. [1] Das helvetische Direktorium verbot den Angeforderten die Bezahlung. Die Franzosen aber antworteten mit 4000 Mann, die dann sofort in die Stadt Bern einrückten, um jene Behörde Stillschweigen zu lehren. Die schriftliche Beschwerde bei dem französischen Direktorium wurde von diesem mit Spott abgefertigt; es erklärte: das, was als Anleihen von Masséna gefordert worden, hätte die helvetische Nation schon aus Dankbarkeit gegen die französische Armee anerbieten und erlegen sollen; und der französische Kriegsminister schrieb an Masséna, daß er ihn noch „allzu bescheiden, allzu geduldig" finde. [2] Der französische Gesandte in der Schweiz, Perrochel, welcher die Generale der eigenen Nation an die Allianzverpflichtungen erinnert hatte, fiel in Ungnade und wurde abberufen. Das war die Auslegung, welche Frankreich dem berüchtigten Allianzvertrage zu geben beliebte.

Größer als die Noth der Herren und der Städte war jene in den unteren Schichten des Volkes; dessen Entblößung trat besonders nach Verlauf einiger Wintermonate auf schauer-erregende Weise hervor; so in Appenzell, in den Landschaften Toggenburg, Utznach, Gaster, Rheinthal; in Glarus und in der March, im Kanton Linth überhaupt. Schaaren von Weibern, Kindern und Greisen, mit dem bittersten Elend ringend, verließen Haus und Hof oder ihre abgebrannten Wohnungen. Mit Februar und März 1800 begannen massenhafte Auswanderungen. Tausende von Kindern mußten in anderen Kantonen

---

Quellen ist nirgends die Angabe zu finden, ob französische Livres oder helvetische Franken gemeint seien; wir nehmen mit hoher Wahrscheinlichkeit das erstere an.

[1] C. L. v. Haller, Geschichte u. s. w. S. 425.
[2] S. die in Zürich erschienenen „wöchentlichen Nachrichten schweizerischer Neuheiten"; vom 25. November 1799; S. 191. In der Stadtbibliothek von St. Gallen.

untergebracht werden, von Zürich bis hinein in die Waadt. In größeren Berzeichnissen von damals finden wir solcher Kinder 197 aus Werdenberg, 124 aus dem Toggenburg (71 aus Wattwyl, 48 aus Lichtensteig), aus Uznach und Weis 100, Sennwald 56, Thal 66;[1] diese Zahlen lassen auf ähnliche Erscheinungen aus andern Gemeinden schließen, wenn auch die Aufzeichnungen fehlen. Bom 10. Januar bis 26. März 1800 kamen 1115 ausgewanderte Kinder, mit einigen Hunderten aus den benachbarten Landschaften und von Appenzell vermehrt, nach Zürich. Behörden und Hülfsvereine traten für das leidende Bolk dazwischen, nahmen sich, wie der Kleinen, so auch der Erwachsenen an; eine solche Hülfsgesellschaft wurde durch die Verwaltungskammer von Sentis geschaffen, die jedoch nur in der Stadt Anklang fand. Es wurden Vorkehrungen getroffen gegen Erneuerung der Noth, durch außerordentliche Herbeischaffung von Samenkartoffeln, wovon man im Kanton Sentis auf Anordnung des Ministeriums des Innern durch Vermittlung der Behörden in Zürich ein Quantum bezog.

Im Frühjahr 1800 hörte Künzle's Wirksamkeit als Präsident der Verwaltungskammer des Kantons Sentis auf; er war bei theilweiser Erneuerung des Senats in diese hohe Behörde gewählt worden; für die Verwaltungskammer selbst war ebenfalls eine Neuwahl eingetreten; in feierlicher Sitzung ernannte der Regierungsstatthalter Bolt aus deren Mitgliedern das erste Mitglied derselben, Unterstatthalter J. J. Meßmer aus Rheineck, zum Präsidenten der Kammer. Künzle gab diesem das Siegel der Behörde ab und verabschiedete sich von derselben. Neben Meßmer war Julius Hieronymus Zollikofer eines der hervorragendsten Mitglieder der Behörde.[2]

Im Kanton Linth vollzog der Regierungskommissär Theiler (aus Riespach bei Zürich) die Wiedereinführung der helvetischen Staatsordnung; die Landsgemeinde von Glarus mußte weichen;

---

[1] S. Haller, a. a. O. S. 444 bis 446.
[2] Protokoll der Verwaltungskammer von Sentis, vom 6. März 1800.

ebenso die demokratischen Regierungen der übrigen Landschaften dieses Kantons. Nikolaus Heer aus Glarus wurde Regierungsstatthalter. Des dortigen Elendes ist schon gedacht worden. Besondere Aktenstücke bekunden es; so ein Brief des früheren Unterstatthalters Bernold an den neuen Statthalter die traurigen Zustände des Sarganserlandes. Bernold wohnte damals auf dem Ribberge und brachte die betrübenden Erfahrungen eines Jahres zu Papier: die Noth in Folge der langen französischen Einquartierungen im früheren Winter, dann die Hin und Hermärsche der sich bekämpfenden Heere durch das Land mit all den schmerzlichen Erinnerungen, die sie zurückgelassen; er schilderte, wie das Land von allen Lebensmitteln für Menschen und Vieh gänzlich entblößt sei, die Franzosen aus Häusern und Ställen noch wegnahmen, was die Oesterreicher „gleichsam geschont hatten"; Hunger und Jammer seien Thatsache, nicht bloß Prophezeiung, besonders im schrecklichen denkbaren Falle neuer Winterquartiere. Und da er auch über die Stimmung berichten sollte, so sagte er, noch sei viel kontrarevolutionärer Stoff vorhanden, politischer „und noch mehr religiöser Fanatismus"; dieser Auslassung folgte scharfe Kritik über das oben erzählte Verhalten von Mels, im Gegensatze desjenigen von Sargans. Johann Baptist Gallati, der wirkliche Unterstatthalter des Distrikts Mels, sendete Bernold's Bericht an Theiler, bestätigte dessen Inhalt in Bezug auf Lage und Stimmung und setzte bei, daß letztere in Folge der fortwährenden Exzesse der Franzosen (unter Anderem hatten sie einen Flumser erschossen, der geraubte Schafe wieder holen wollte), nicht besser werde. Gallati übermittelte dem Kommissär Theiler auch das Personalverzeichniß über Betheiligung und Nichtbetheiligung bei den Restaurationsvorkehren im vorangegangenen Sommer. Wie das Land, so hatten auch die öffentlichen Verbindungsmittel gelitten; am 25. September 1799 war die im Jahre 1738 erbaute Ziegelbrücke abgebrannt, eben so die Grinauer Brücke zerstört worden. In Schänis waren nur noch drei der Stifsdamen geblieben. Ein Brandunglück verzehrte 210 Häuser im Dorfe Vilters (22. April 1800).

Von der „Freiheit und Gleichheit" wurde in den östlichen Gebieten nicht mehr so laut gesprochen als ehedem. Man wollte selbst die Gleichheit in Zweifel ziehen. Tabellen, die in öffentlichen Blättern erschienen (1800), wiesen nach, daß die Mehrzahl der Kantone weit mehr an Gehalten für ihre Zentral- und Bezirksbeamten bezogen, als die ordentliche Vermögenssteuer abgeworfen hatte. Die dreizehn Repräsentanten des Kantons Sentis im Senat, im Großen Rath und im Obergerichtshof hatten mit 35 durch fixe Gehalte bezahlten Kantonsbeamteten im J. 1798 eine Summe von Fr. 113,400 bezogen, während die Vermögenssteuer nur 67,000 Fr. abgeworfen hatte. Aehnliches Mißverhältniß im Kanton Linth. Im Kanton Zürich fand das Umgekehrte statt: weit höhere Steuer als der Betrag der Beamtengehalte. Die Gründe der politischen Unzufriedenheit aber saßen tiefer als in solchen nach den Summen nicht erheblichen Uebelständen. Die ganze öffentliche Ordnung war verhaßt und fand keine Lobredner mehr; selbst die politischen Anhänger und Beamteten des Direktoriums tadelten mit scharfem Wort den büreaukratischen Tand, der dem Volke Gesetze gibt, während es um Brod schreit; welcher unermüdlich bald Administrativ-Tabellen über Dieses und Jenes, bald Nominaletats für den Staatskalender einfordere, während das halbe Volk im Elend schmachte.[1] Nachdem die Gegner des Einheitssystems, nicht eines Bessern belehrt, aber zu Boden geworfen waren, brachen die Zerwürfnisse unter den Herrschern aus. Napoleon Bonaparte, einer der jüngern französischen Feldherren, kehrte nach einem glänzend eröffneten, doch nichts weniger als siegreich durchgeführten Feldzuge nach Egypten, im Herbste 1799 nach Frankreich zurück. Dieses republikanische Frankreich war in eine Lage gekommen, die ihm einen Herrn und Gebieter wünschbar machte; der Empfang Bonaparte's in Paris war dem gemäß. Den Umtrieben und der Verschwörung ließ er Gewalt folgen;

---

[1] S. Brief von Ambühl an den Statthalter von Sentis in des Ersteren Biographie. Vom 6. Dezember 1799.

mit den Bayonneten der Grenadiere der Republik vertrieb er die Repräsentanten des Volkes. Nun stand er an der Spitze des neugeschaffenen Konsulats (10. November 1799). Die Staatsveränderung war so glücklich gelungen, daß der Direktor Fr. Cäsar Laharpe den Plan faßte, sich auf ähnliche Weise der Gegner des helvetischen Direktoriums in den beiden Räthen zu entledigen. Mehrmonatliche Erfahrung hatte ihm bewiesen, daß das Direktorium ohnmächtig geworden; daß die bei Beginn der helvetischen Einheitsordnung herrschend gewesenen politischen Ansichten nur noch eine Minderheit für sich hatten; daß mit den Grundsätzen auch die sie vertretenden Personen in Mißachtung gekommen; daß die Gegenpartei sich je mehr und mehr verstärke. Das Direktorium, oder in Wirklichkeit die durch Laharpe geleitete Mehrheit desselben, hatte besonders durch leidenschaftliche Verfolgung der gewesenen Zwischenregierung von Zürich sich verhaßt gemacht und eine Reihe von Verlegenheiten zugezogen. Das Kantonsgericht von Zürich, obwohl durch Beschluß des Direktoriums vom 13. Oktober von reaktionären Bestandtheilen gesäubert und im Sinne der neuen Ordnung ergänzt, erklärte sich für die Beurtheilung der gegen die Mitglieder jener provisorischen Regierung erhobenen Anklage als betheiligt, daher unbefugt. Das Direktorium verlangte nun von den Räthen die Bezeichnung eines unparteiischen Gerichtshofes, wurde aber mit diesem Begehren von den gesetzgebenden Räthen abgewiesen, welche das Zürcher Kantonsgericht als kompetent, zugleich aber jenes Eingreifen des Direktoriums in den organischen Bestand desselben als verfassungswidrig erklärten. Den klugen Rath des Justizministers, die Mitglieder der Zwischenregierung in Freiheit zu setzen und durch solche und ähnliche Maßnahmen die allgemeine Aufregung zu beschwichtigen, verwarf das Direktorium. Laharpe sah in allen Gegnern nur „Oesterreicher" und „Oligarchen", obwohl der einflußreichste von ihnen der rein doktrinäre Republikaner Senator Usteri von Zürich war, im Verein mit seinem gleichgesinnten Freund Hans Konrad Escher. Die Tage des Direktoriums waren gezählt. In dieser Lage schritt Laharpe

zum Aeußersten: er faßte den Plan, der Räthe sich durch Vertagung zu entledigen, solche durch ergebene Ausschüsse aus denselben zu ersetzen, unterstützt durch diese die Regierung fortzuführen und allfälligen Widerstand im Lande durch bewaffnete
Dazwischenkunft Frankreichs zu brechen, welche zu diesem Ende
nach Maßgabe des Artikels 3 des Allianzvertrages angerufen
werden sollte. Daß dem Allem eine Verfassungsänderung,
wahrscheinlich selbst ein helvetisches Konsulat mit Laharpe an
der Spitze und mit unumschränkter Gewalt,[1]) zu folgen gehabt
hätte, darf aus dem Zusammenhang der Dinge angenommen
werden und ist wenige Wochen nachher jenem Führer des Direktoriums amtlich und außeramtlich offen vorgeworfen worden.
Mit Laharpe saßen im Direktorium zwei politisch Befreundete,
Secretan und Oberlin; dann zwei Gegner, Dolder aus Aargau,
und Savary aus Freiburg. Laharpe brachte seine Vorschläge
in voller Ausarbeitung, nebst dem projektirten Schreiben an die
französische Regierung, Proklamationen an die helvetischen Behörden und Volk, an die Berathung des Kollegiums (9. Dezember).
Die Dissonanz im Direktorium veranlaßte Verschiebung; diese
brachte das Vorhaben an die Oeffentlichkeit. Der Krieg zwischen
den konstituirten Gewalten und zwischen den beiden Parteien
wurde nun noch heftiger. Wie Laharpe sich der Opposition zu
entledigen gesucht hatte, so waren seit einiger Zeit dessen Gegner
in nähere Verbindung unter sich getreten. Sie trafen Anstalten
und Verabredungen zur Gründung und Einführung einer von
den krankhaften Elementen gereinigten Staatsordnung und
Staatsverwaltung. Usteri trat entschiedener denn je auf, warf
dem Direktorium vor, daß es in Allem, was es thue, revolutionär sei, eine andere Verfassung und eine aus andern
Personen zusammengesetzte Regierung nothwendig geworden.
Staatsstreiche Laharpe's waren vereitelt; aber auf dem bisherigen Fuß konnte nicht fortregiert werden. Die Opposition
überging aus den vertraulichen Berathungen zum offiziellen

---

[1]) C. L. v. Haller; S. 453.

Angriff. Dominik Gmür aus Schänis stellte im Großen Rath den Antrag auf Niedersetzung eines Ausschusses beider Räthe zur Berathung der Lage und zur Einbringung rettender Vorschläge. Der Antrag wurde Gesetz (31. Dezember); Gmür wurde eines der fünf Mitglieder des Ausschusses aus dem Großen Rathe, Mittelholzer aus Appenzell einer der fünf Zugezogenen aus dem Senat. Die Ausschußberichte ·an beide Behörden waren voll der Beweisführung, daß Laharpe mit seinen zwei Amtsgenossen den oben besprochenen Staatsstreich beabsichtigt habe und schloßen deßhalb mit dem Antrage zur Auflösung des Direktoriums (jedoch unter Behaftung seiner Mitglieder bei ihrer gesetzlichen Verantwortlichkeit) und zu provisorischer Uebergabe der Staatsleitung an dessen zwei Minderheitsmitglieder, bis neue Wahl stattgefunden haben werde (7. Januar 1800). Mittlerweile Solches in den Räthen behandelt wurde, organisirte Laharpe mit seinen zwei Genossen Maßnahmen der Gewalt gegen dieselben. Die Räthe aber schritten vor und gaben obigen Anträgen Beschlusseskraft. Das Direktorium war aufgelöset; die Spitze der Partei, welche die gewaltsame Einführung der helvetischen Konstitution verschuldet, gebrochen. Folgenden Tages verordneten beide Räthe als Gesetz: ein neues Direktorium nicht zu ernennen, sondern bis zu Erlassung einer neuen Verfassung an dessen Stelle einen Vollziehungsausschuß von sieben Mitgliedern zu setzen. So schlugen die Freunde der Freiheit die Tyrannen aus dem Feld; Sieger und Besiegte aber hatten auf verfassungswidrigen Wegen gewandelt, sie, welche sechszehn Monate vorher das unglückliche Nidwalden wegen Eidverweigerung dem Schwert der Franzosen überliefert hatten. Noch am gleichen 8. Januar wurde der Ausschuß aus Männern von wesentlich antirevolutionärer Gesinnung bestellt; von den sieben Mitgliedern gehörten fünf der deutschen Schweiz an; unter diesen waren zwei aus dem Osten, der gewesene fürstlich St. Gallische Hofkanzler Karl Heinrich Gschwend, und der frühere helvetische Finanzminister Finsler aus Zürich, welch letzterer in der jüngsten Zeit dem Direktorium aus Anlaß der Verhandlungen über die Züricher Zwischenregierung derbe Wahrheiten schriftlich vorgetragen hatte. Die Mitglieder des Ausschusses theilten sich nach Geschäftsdepartementen ab; Eschwend erhielt die Fächer der Justiz und Polizei. Von nun an war die doppelte Aufgabe der helvetischen Behörden: die Aufstellung einer neuen Verfassung, von deren beabsichtigter Entwerfung dem Volk Kunde gegeben wurde, und die innere Pazifikation; an diese wurde sogleich Hand angelegt. Die herbe Despotie, durch welche Laharpe und Genossen den Unwillen der großen Volksmehrheit auf sich geladen, wurde aufgegeben, statt deren ein System der Milde und Rücksichten in Anwendung ge= setzt. Die ehemaligen Mitglieder der Zwischenregierungen in den östlichen Kantonen wurden der Haft oder des Hausarrestes enthoben, die früher gegen sie angeordnete Kriminaluntersuchung vorläufig eingestellt. Ende Februar verkündete ein Gesetz eine allgemeine Amnestie für alle seit dem 1. Januar 1798 „gegen die Sicherheit des Staates und die öffentliche Ruhe" begangenen Vergehen, zwar mit verschiedenen Ausnahmen bezüglich der „Häupter der Verschwörungen gegen die Einheitsrepublik" und der Anführer der in fremdem Solde gestandenen Truppen, doch mit solchen Vollmachten für den Vollziehungsausschuß, daß weitere Strenge aus den Maßnahmen der Regierung verbannt schien. Es wurden die angehobenen Strafprozesse aufgeschoben, schon gefällte Urtheile in ihren Wirkungen vernichtet; es öffneten sich die Gefängnisse und viele Verfolgte erhielten die Freiheit wieder; mehr der Form als dem Wesen zulieb mußte jedoch von den Amnestirten oder Begnadigten den Gesetzen Treue und Ge= horsam geschworen werden. Flüchtlingen und Ausgewanderten wurde zur Rückkehr und zu gleicher Unterwerfung eine Frist von drei Monaten gesetzt. Die neue Regierung wollte an weiterem Kriege für die Franzosen sich nicht mehr betheiligen, verzichtete vielmehr, aus politischen und finanziellen Gründen, auf die kurz zuvor beschlossene Truppenaushebung aus den Kantonen Baden, Sentis, Linth und Thurgau und stellte Ende Mai alle Kriegs= übungen ein; sie suchte zur alten guten Hauspolitik der Eid-

genoffenſchaft zurückzukehren, indem ſie bemüht war, durch diplo-
matiſche Schritte ſeitens des Auslandes die Anerkennung der
ſchweizeriſchen Neutralität zu erhalten. Sie ſetzte helvetiſche
Beamte ab, deren Eifer für die Bevölkerung verletzend geweſen,
und nahm in den Kreis ihrer Amtsgehülfen ſelbſt Männer auf,
welche als Anhänger der alten Ordnung gelten mochten. Aber
an zwei Klippen ſcheiterte auch dieſe Regierung: an den Schwierigkeiten der Verfaſſungsfrage und an der großen Unzufriedenheit
des Volkes mit dem Fortbeſtand und der Permanenz der beiden
Räthe in Bern, die ſich ſchon lange Haß und Verachtung zugezogen hatten. Der Zehnerausſchuß der Räthe trat mit Ver-
faſſungsprojekten auf, die als unannehmbar und dem Volksgeiſt
widerſprechend angeſehen werden mußten; es kam in denſelben
ſogar die nominelle Aufhebung aller Kantone und die Eintheilung
der Schweiz in neunzig Diſtrikte zur Sprache, ohne Zweifel in
der Abſicht, die Wahlen ſodann unmittelbar durch größere Ver-
ſammlungen (eine Art Landsgemeinden) vornehmen zu laſſen.
An die Räthe ſelbſt gingen von Theoretikern 31 verſchiedene
Gutachten ein, von denen weitaus die mehreren dem unitariſchen
Syſtem huldigten. Aber eben damit konnte kein Glück gemacht
werden. Der Vollziehungsausſchuß wollte zwar auch noch eine
einheitliche Republik beibehalten, aber mit bedeutſamer Rückſicht
für kantonale Selbſtverwaltung, in wie weit ſolche mit dem
Beſtande des Ganzen vereinbarlich wäre. Was weiter ging,
tarirte er als revolutionär und warf ſelbſt mit „Jakobinismus“
um ſich, der zu bekämpfen ſei. Aus der ganzen Lage ſchien
dem Vollziehungsausſchuß das Bedürfniß hervorzugehen, die
Verfaſſungsfrage bis auf Weiteres ruhen zu laſſen und dem
gedrückten Volke inzwiſchen anderweitige dringendere Hülfe zuzuwenden. Den Doktrinären gegenüber, welche die Schweiz abermals mit einer unpraktiſchen Verfaſſung heimſuchen wollten, hatte
der Vollziehungsausſchuß auch die weſtſchweizeriſchen Anhänger
Laharpe's zu bekämpfen, welche im In- und im Ausland, in
Paris zumal, die Rückkehr deſſelben zur Regierung betrieben,
und angeſchuldigt wurden, ſelbſt die Vereinigung mit Frankreich

zu beabsichtigen. Immerhin war die Lage der schweizerischen
Interimsregierung (man kann ihr kaum einen andern Namen
geben als diesen) so mißlich, daß sie sich vergewissern zu sollen
glaubte, wessen sie sich von Seite der französischen Konsular-
regierung zu versehen hätte. Der neue französische Gesandte,
Reinhard, erklärte Frankreich's Zustimmung zu der theilweise
ausgeführten Staatsveränderung der Schweiz persönlich dem
in amtlicher Audienz ihn empfangenden Vollziehungsausschuß
(11. April). Aber die Bethätigung Frankreichs blieb bei dieser
Sympathie-Erklärung nicht stehen; der dortige neue Machthaber
hielt seinen allgemeinen politischen Zwecken angemessen, daß die
Schweiz in ihrem zeitweiligen Provisorium bleibe und sich für
einmal mit der Verfassungsarbeit nicht weiter abmühe. In
diesem Sinne erklärte sich Reinhard bei vertraulicher Zusammenkunft mit Mitgliedern des Vollziehungsausschusses und der beiden
Räthe. Von nun an hatten die Berathungen über eine neue Verfassung zur Zufriedenheit des Vollziehungsausschusses ein Ende.

Der europäische Krieg war noch immer nicht ausgefochten;
doch standen jetzt, nach dem Rücktritte Rußlands aus der Koalition, Oesterreich (mit einigen Reichstruppen) und England allein
gegen Frankreich; ein Theil der Heere des letzteren, ungefähr
72,000 Mann, hielten die Schweiz besetzt. Eine Division unter
Mortier, 7000 Mann stark, Hauptquartier Mels, stand zwischen
Rheineck und Pfäfers; eine andere Division von 4000 Mann
rückwärts unter Loison, der sein Hauptquartier in St. Gallen
hatte; von Wyl bis Pfeffikon waren unter Gazan 7000 Mann
aufgestellt, mit dem Hauptquartier Wyl. Die Lasten für die
Truppen blieben unerschwinglich; daher auch seitens des Vollziehungsausschusses neue Klagen bei dem französischen Gesandten
über fortdauernde Bedrückungen, mit Erinnerung, daß bereits
für mehr als 23 Millionen fr. Fr. an die Armee geliefert
worden sei, manche andere Opfer nicht gerechnet. Diese und
ähnliche Beschwerden änderten den Zustand der Dinge nicht.
Das Einzige, was man erhalten konnte, war die Einwilligung
zum Bezuge eines Quantums Frucht von Straßburg her, dessen

Ankauf der Repräsentant Herzog, während längerer Zeit helvetischer Kommissär bei dem Obergeneral Moreau, negozirt hatte.
Anfangs April begannen neue Truppenmärsche durch Basel in
die Schweiz herein. Die in Bern und Umgegend liegenden
Truppen brachen nach Zürich, Glarus und Ragaz auf; Lecourbe,
der Kommandirende in der Schweiz, verlegte sein Hauptquartier
von Zürich nach St. Gallen. Nach dem Kriegsplan der Verbündeten wäre die Schweiz neuerdings das Kriegstheater geworden. Der Verlauf des Krieges aber wurde ein ganz anderer;
die Franzosen unter Moreau drängten die Oesterreicher vom Rhein
und den Grenzen der Schweiz nach Schwaben zurück. Der erste
Konsul, Bonaparte, überstieg mit einem Heere den großen
St. Bernhardsberg, siegte in der Schlacht bei Marengo
(14. Juni), vertrieb die Oesterreicher aus den gemeinsam mit
den Russen im Jahr 1799 besetzten italienischen Gebieten und
stellte die cisalpinische Republik wieder her. Nach diesem kurzen,
aber entscheidenden Siegeszuge traf der Konsul am 2. Juli
wieder in Paris ein, dem General Masséna den Oberbefehl
über die französische Armee in Italien überlassend. Gleiches
Vorrücken der Franzosen durch Baiern hinab im Donau-Gebiete.
Zur Verbindung der französischen Armee in Deutschland mit
jener in Italien war eine besondere Expedition bestimmt, welche
das Vorarlberg und einen Theil von Graubünden wieder einnahm (11. bis 14. Juli). Diesem Ausgange der Operationen
vorangehend waren die schweizerischen Landschaften am Rhein,
namentlich Werdenberg und Sargans, der Schauplatz einzelner
Einbrüche österreichischer Truppenkorps; sie wurden aber im Werdenbergischen durch Franzosen zurückgetrieben, aus der Gegend von
Ragaz durch ihre eigenen Militäroberen über den Rhein zurück-
gerufen (21. und 22. Mai); einen ähnlichen Streifzug hatten
die Oesterreicher am 12. Juni über den Kunkelspaß bis Pfäfers
gemacht, von wo sie sich aber sogleich wieder zurückzogen. Die
erwähnte Einnahme Vorarlbergs durch die Franzosen und ein
am 15. Juli abgeschlossener Waffenstillstand zwischen beidseitigen

Heeren (ein solcher kam gleichzeitig auch in Italien zu Stande)
machte diesen Beunruhigungen ein Ende.

Aber nicht bloß über die Verfassungsfrage hatten sich die
helvetischen Behörden Vorschriften der französischen Regierung
gefallen lassen müssen. Mit besonderem Bezug auf die erwähnten Kriegsoperationen und unmittelbar nach dem Aufenthalt,
welchen Bonaparte auf seinem Zuge nach Italien in Lausanne
gemacht hatte, eröffnete der französische Gesandte im Namen
seiner Regierung den Wunsch und Willen, daß überhaupt allen
politischen Stürmen in der Schweiz ein Ende gemacht, oder,
falls das nöthige Einvernehmen zwischen den Oberbehörden nicht
hergestellt werden könnte, die gesetzgebenden Räthe vertagt werden
(Erklärung Reinhard's durch Verbalnote vom 21. Mai). Nach
so hohem Wort wurde das Parteigezänke einige Zeit nur in der
Stille fortgeführt; unterdessen bereitete sich eine neue Staatsveränderung, befördert durch das Geräusch der inzwischen geschehenen Verhaftung Laharpe's und dessen Entweichung nach
Frankreich.

Die sogenannte „republikanische" Partei fand nach einer
Erfahrung von sechs Monaten die Zustände der Schweiz so
unbefriedigend als vorher, ließ Ende Juni dem ersten Konsul
Bonaparte eine Denkschrift überreichen, in welcher die Schäden
Helvetiens ausführlich geschildert wurden; sie zeichnete in derselben die beiden Räthe als durchaus unfähig, eine dem Lande
ersprießliche Verfassung zu geben; vom Vollziehungsausschuß
könne eine solche aus anderen Gründen nicht erwartet werden;
die Räthe sollten aufgelöset, ein Ausschuß aus denselben zusammengesetzt, diesem die Entwerfung einer neuen Verfassung und die
Aufstellung einer neuen provisorischen Regierung anvertraut
werden. Die neue Verfassung hätte die Einheit der Republik
zu wahren, doch billige Rücksicht auf freies Sonderleben der
einzelnen Landschaften zu nehmen, insoweit es mit dem Wohle
der Gesammtheit verträglich wäre. Am Schluß die Insinuation
an die französische Regierung, ein solches Vorgehen vom hel-

vetischen Vollziehungsausschuß zu verlangen.[1]) Frankreich ließ
sich anfänglich über den Plan nicht vernehmen und blieb bei der
nach seinen Erklärungen vom Monat Mai eingenommenen
Stellung; bald aber trafen Nachrichten von der Regierung in
Paris ein, durch welche sie sich mit der vorhabenden Veränderung zufrieden erklärte. Also schritt man zum Werk, der Verfassung nicht achtend und ohne Rücksicht darauf, daß im September
die periodische Dritthellserneuerung des Großen Rathes hätte
stattfinden sollen. Vier von den sieben Mitgliedern des Vollziehungsausschusses waren Ende Juli Vertraute des Vorhabens,
ebenso der französische Gesandte und der Befehlshaber der französischen Truppen in Bern. Eine Botschaft des Vollziehungsausschusses begründete die Anträge durch die kläglichste Schilderung
der öffentlichen Zustände, der der Auflösung entgegengehenden
gesellschaftlichen Einrichtungen; sie verzeigte als Gebrechen: „eine
Verfassung, die weder auf unsere Bedürfnisse, noch auf unsere
Mittel berechnet ist, ohne Garantie für ihre eigene Erhaltung,
voll Lücken und Widersprüche; — — die Sicherheit der Personen
und des Eigenthums durch den Mangel schützender Formen der
Willkür preisgegeben; ein zahlloses Heer von Beamten, das
mißlungene Werk ungeübter Volkswahlen — ohne Kenntniß
ihrer Rechte und Pflichten; die ergiebigsten Hülfsquellen des
Staates in wirkliche Lasten verwandelt; ein in seinen Grundlagen fehlerhaftes Finanzsystem und keine Werkzeuge zur Ausführung; das Kapitalvermögen der Nation für laufende Ausgaben angegriffen, der öffentliche Kredit vernichtet — —; die
Zufluchtsörter der Armuth und Gebrechlichkeit ihrer nothwendigsten
Unterhaltung beraubt; eine zahlreiche Klasse von Religionslehrern
der Noth und dem Mangel bloßgegeben — —". Einen Theil
der Verschuldung solcher Zustände nahm der Vollziehungsausschuß
auf die eigenen Schultern, den größeren Theil derselben lud er
auf die gesetzgebenden Räthe ab. Der Große Rath nahm mit

---

[1]) Tillier, Geschichte der helvetischen Republik; II. S. 80 bis 82. Die
Autoren der Denkschrift sind hier aber nicht persönlich angegeben.

überwiegender Mehrheit die Vorschläge an. Der Senat zögerte, spaltete sich, gerieth dann in völlige Auflösung, indem 21 Mitglieder die schriftliche Zustimmung zum Großrathsbeschlusse gaben und zugleich ihre Senatorstelle niederlegten, 22 hingegen die Verwerfung desselben schriftlich beurkundeten. Das Votum dieser schwachen Mehrheit aber ward von den Lenkern der Umwälzung als ungültig erklärt, weil der Senat sich nicht mehr in gesetzlicher Zahl habe versammeln können. Man hielt republikanisch fromm an reglementarischen Formen, um desto ungehemmter die Verfassung niedertreten zu können. Der Senat starb nach längeren Zuckungen, die sich bis auf den 10. August verlängerten. Gegen ernsteren Widerstand oder Unruhen hatte der Ausschuß mit dem Kriegsminister und dem französischen General die nöthigen Maßnahmen getroffen. Das in solcher Weise erlassene Gesetz lautete im Wesentlichen: die gesetzgebenden Räthe werden vertagt; an ihrer Stelle wird ein Rath aus 43 Mitgliedern bestellt; 35 von diesen wählt der Vollziehungsausschuß aus dem Personale der beiden bisherigen Räthe; die 35 wählen frei noch acht andere Mitglieder aus der ganzen Nation; der eine Rath ernennt aus seiner eigenen Mitte einen Vollziehungsrath von sieben Mitgliedern; beide Behörden bleiben im Amt, bis eine neue Landesverfassung entworfen und von der helvetischen Nation angenommen sein wird. Das ist der sogenannte Staatsstreich vom 7. August 1800. Die vorgebliche Republik war ein Zerrbild; als Staat immer noch französische Provinz, von einem Trupp Klubbisten regiert; das Volk eine Null; sein Rücken der Fechtboden für theoretische Projektmacher, welche die praktische Staatsklugheit aus dem eitlen Grunde verachteten, daß sie zum verhaßten Alten zurückführen könnte. Falk und Künzle, ebenso Mittelholzer, gehörten zu den Einundzwanzig des Senats, welche die Zustimmung zum Großrathsbeschluß gegeben. Unter den 35 Auserwählten finden sich Gallus Schlumpf und Dominik Smür, dann Graf und Mittelholzer aus Appenzell; als hervorragende Männer anderer Kantone Usteri und Hans Konrad Escher; jene 35 wählten am 8. August noch die acht übrigen Mitglieder aus der ganzen Nation, mit Uebergehung der Bürger der Kantone Sentis und Linth; gleichen Tags wurde der neue Vollziehungsrath gewählt, unter ihnen wieder nur zwei Mitglieder aus der französischen Schweiz, Glayre und Savary, die nemlichen, welche dem aufgelösten Vollziehungsausschuß angehört hatten; Gschwend, Falk und Künzle hörten auf, Glieder der Zentralbehörden zu sein; Künzle's helvetische Laufbahn war wider seinen Willen geschlossen und die Stelle eines Senators hatte er kaum ein halbes Jahr lang bekleidet; Falk wurde im September zum Unterstatthalter des Kantons Luzern ernannt.

Wie man in St. Gallen die öffentlichen Zustände ansah, erhellt aus der Petition, welche 333 der angesehensten Stadtbürger im August 1800 für die „Vertagung" der gesetzgebenden Räthe an die obersten Behörden der Republik erließen. Aus Anlaß der über eine wichtige Eingabe aus dem Kanton Thurgau erkannten Tagesordnung schrieben jene St. Galler in einer von Unwillen und Beredtsamkeit zugleich erfüllten Sprache an die Räthe: „wir können uns mit solcher Tagesordnung nicht beruhigen; um Ihnen aber zu beweisen, daß wir uns dabei auch nicht beruhigen wollen, vereinigen wir unsere Erklärung mit denen so mancher achtungswürdigen Gemeinden und fordern die gesetzgebenden Räthe auf, daß sie nicht länger dem Eigensinn, noch minder dem Ehrgeiz oder der Habsucht fröhnen, sondern nach der Verbindlichkeit Ihrer geschworenen Eide sich zu demjenigen Ausweg bescheiden, der Ihnen durch die Souveränetät des Volkes, durch die natürlichen Bedinge jedes gesellschaftlichen Vertrags, durch das Heil des zerrütteten Vaterlandes gebieterisch vorgezeichnet ist. Die Konstitution von 1798 wurde uns aufgedrungen, und Sie, Bürger Gesetzgeber, wissen besser als wir, daß dies nicht bloß von Fremden, sondern daß es auch von Einheimischen, und von Beiden nicht unseres Vortheils wegen, geschehen; allein gerade deßwegen gebricht es derselben an dem ersten Bedinge der Gültigkeit für die Verfassung eines freien Volkes. Sie wurde nicht entworfen durch die Weisen und Guten unserer Nation; sie wurde nicht erwogen, nicht ge-

prüft durch die Mehrheit der Staatsbürger; sie wurde nicht
aus freiem Willen, nicht aus Ueberzeugung, sondern aus Furcht
angenommen und aus Schrecken eingeführt!" Unzweifelhaft
folge hieraus das Recht der Mehrheit der Schweizer, auf eine
neue, bessere Konstitution zu bringen. Die Zuschrift führt dann
in kräftigem Tone fort: „Sie selbst, Bürger Gesetzgeber, deren
Gewalt, Macht und Einfluß aus dieser aufgedrungenen Verfassung abfloß, Sie selbst haben, als solche kaum beschworen
war, durch Ihre Beschlüsse und Maßregeln sich mehrmal dagegen
aufgelehnt, dadurch aber den Vertrag mit der Nation entkräftet,
mithin aufgehoben. Das Gesetz, die Zehnten und Grundzinse
betreffend, hat zum fressenden Schaden des Staates heiliges
Eigenthum angegriffen, ohne gerechte Entschädigung dem ver-
jährten Besitzer entzogen und an unbefugte Bittsteller verschenkt.
Die dem Directorio inkonstitutionell ertheilte Macht wurde
öffentlich und beinahe ohne Widerrede zu gesetzwidrigen Verhaftungen, Deportationen, Einkerkerungen und Strafen mißbraucht, dadurch aber die persönliche Sicherheit, die Ruhe der
Familien, die freundschaftliche Gedankenmittheilung unverantwort-
lich gefährdet." Folgt eine scharfe Kritik des Offensiv- und
Defensivbündnisses mit Frankreich, welches die Schweiz allem
Elend des Krieges geöffnet habe. Dann weiter: „Sie
selbst, — — — aufgeschreckt aus unverzeihlicher Täuschung
durch das Geschrei des Jammers, der von allen Seiten und
von allen Klassen herzzerreißend erschallt, gehemmt und verwirrt
in Arbeiten, deren Erfolg Zerrüttung in Finanzen, Armuth in
den Familien, Geringschätzung der Religion, Schwächung der
Sittlichkeit, Abzehrung des Gemeingeistes, kalte Selbstsucht
erzeuget und ansteckend verbreitet, — Sie selbst sind mit dem
Geständniß aufgetreten, die uns aufgedrungene Konstitution tauge
nicht für Helvetien." Die Eingabe endet mit einer längeren
Schlußerklärung, durch welche die Unterzeichner, von der Grundansicht ausgehend, Verfassung, Gesetze und Behörden haben allen
rechtlichen Bestand verloren, die Räthe zur Vertagung auffordern,
mit dem Begehren, daß der Vollziehungsausschuß nur noch

provisorisch die Staatsverwaltung fortführe, und mit Vollmacht
an denselben, „aus den Staatsbürgern überhaupt ungefähr
zwanzig der aufgeklärtesten, ruhigsten, parteilosesten und auf
jede Ehrenstelle für immer Verzicht leistende Männer
aufzusuchen und sie im Namen des Vaterlandes mit dem Auftrag eines Konstitutionsentwurfes zu beladen." Gerne wollen
die Unterzeichner sich dann dem freien und frei erklärten, auch
rechtskräftig bekannt gemachten Willen der Mehrheit unterziehen. — Dem Inhalt zufolge ist diese St. Gallische Eingabe
den Ereignissen des 7. August unmittelbar vorangegangen. [1]
Eine Petition aus dem Gebiete von Appenzell hatte (schon am
2. Mai) die Auflösung der Räthe verlangt.

Traten, wie wir gesehen, einzelne aus den hervorragenden
Männern ab von der politischen Bühne, so sehen wir Andere
dieselbe besteigen. Es ist nicht ermittelt, welchen Einflüssen
Gschwend seine Berufung in den Vollziehungsausschuß zu danken
hatte; sehr wahrscheinlich dagegen, daß Gschwend den Eintritt
des gewesenen Toggenburger Landvogtes in die Ministerial-
bureaur der helvetischen Republik begünstigt hat. Müller
v. Friedberg hatte im Jahr 1799 noch ernster als früher seine
Blicke Oesterreich zugewendet; sein Verkehr mit Joh. v. Müller
bekundet, daß im Grunde die Bestrebungen dieser beiden Männer
demselben Ziele gewidmet waren. Die Wünsche nach einer
soliden Wirksamkeit in jenem Staate wurden erneuert und
zwischenhinein trug sich der St. Gallische Staatsmann wohl
auch mit dem Gedanken privativer Niederlassung im Ausland,
wenn das Erstere nicht gelänge. Zu der österreichischen Generalität trat er in möglichst nahe Verbindung; doch ist auch ersichtlich, daß er bei Gelegenheit nicht verschmähte, Anknüpfungs-
punkte mit der helvetischen Regierung zu gewinnen. In ihr
Fahrwasser ging er solang möglich nicht. Als dann die äußeren
Verhältnisse festeren Halt gewannen, Oesterreichs Einfluß in der

---

[1] S. die Kopie im Kantonsarchiv; das genaue Datum fehlt auf derselben.

Schweiz zerstört, die roh revolutionäre Herrschaft in ihren Räthen am 7. Januar 1800 gebrochen war, Joh. v. Müller die Freundeshand zeitweilig zurückzog: [1] da überschritt Müller v. Friedberg die Marken der alten Zeit und glitt diplomatisch gewandt hinüber in die neue. [2] Er wurde Chef der Division der Domänen bei dem Finanzministerium, erhielt also eine Amtsstelle, welche die Vermögensangelegenheiten der Klöster, die Aufsicht über die auswärtigen Besitzungen, die Ausscheidung des Nationalgutes aus dem Vermögen der ehemals souveränen Städte in seine Hände legte; daneben erhielt er seitens der Regierung Aufträge, welche in das Gebiet der diplomatischen Beziehungen zum Ausland gehörten; hieher ist eine Denkschrift über Neuenburg und Valangin zu rechnen. [3] Der 7. August ließ ihn unangefochten und er selbst war vor der Hand mit seinem Loos zufrieden. Auf die neue helvetische Regierung hielt er nicht viel, denn schon sechs Monate nachher schrieb er, neue Staatsveränderungen voraussehend: sie werde geschickteren Händen zu weichen haben; die nationale Unabhängigkeit aber werde man so lange vermissen, als die Zwietracht fortdauere. [4]

Auch der vertriebene Fürst von St. Gallen schickte sich allmälig an, neue Wege zu betreten, ohne jedoch seinen Grundsätzen und Anschauungen das Geringste zu vergeben. In den

[1] Solches geht aus dem Brief von Müller v. Friedberg an Joh. v. Müller vom 20. Januar 1800 hervor; jener war an diesem Tage noch im Stift Schänis.

[2] Schreiben an Joh. v. Müller aus Bern, 15. Oktober 1800. Er knüpfte wieder mit diesem an, die Politik unberührt lassend.

[3] Verfaßt zu Handen künftiger helvetischer Bevollmächtigten bei dem erwarteten europäischen Friedenskongreß. Die Regierung hatte löbliche Absichten auf etwelche Gebietserweiterung: warf unter anderem auch ein Auge auf die Erwerbung von Konstanz.

[4] „Le gouvernement tombera probablement en mains plus habituées à gouverner. — Quant à l'indépendance, elle sera un vain mot autant que nous ignorerons l'art d'être unis". Brief an Joh. v. Müller aus Bern, 25. Februar 1801. Auch Johann v. Müller hatte inzwischen Platz gewechselt, da er aus dem Ministerium des Auswärtigen an die Stelle eines Custos der kaiserlichen Bibliothek in Wien versetzt wurde (Oktober 1800).

Wintermonaten von 1799 auf 1800 wechselte er mehreremal Aufenthalt, je nachdem es augenblickliche Zwecke erheischten. Nach der Schlacht von Zürich weilte er längere Zeit in Feldkirch, dann wieder abwechselnd in Mehrerau und Ebringen, während welcher Zeit der ihm unentwegt treu gebliebene Obervogt Dudli von Schwarzenbach und der Obervogt Zweifel von Blatten zu vertraulichen Sendungen verwendet wurden. Längere Zeit dann weilte er in Augsburg, wo der baierische Hof sich aufhielt, auch in München. Empfindlich traf den Fürsten das durch geschwächte Gesundheit veranlaßte Abtreten des Erzherzogs Karl vom Kommando der kaiserlichen Armee in Deutschland (18. März). Der Lauf des Krieges führte den Fürsten nach Innsbruck (14. Mai). In dieser Zeit lagen das Archiv und die Bibliothek des Stiftes St. Gallen im Kloster Füßen; das Kostbarste aus denselben wurde am 30. Mai nach Imst abgeführt. In Innsbruck empfieng der Fürst vom heiligen Vater Pius VII., an den er sich, gleichwie an dessen Vorgänger, um seine Konfirmation und zugleich um Nachlaß bezüglicher Taren gewendet hatte, den erfreulichen Bescheid, daß ihm dieser Nachlaß für so lange gewährt sei, bis er in seine Stift St. Gallischen Güter wieder eingesetzt sein werde. [1] Bei dem Papst hatte der Fürst sich auch für das Loos der übrigen Schweizerklöster verwendet. Von dann an und als Einleitungen zum Frieden getroffen wurden, war der Fürst wieder unermüdlich mit diplomatischen Schritten in allen Richtungen zur Förderung der Wiederherstellung des Stiftes. Oesterreich war gelähmt und namentlich für Schweizerfragen ohnmächtig geworden. Der Fürst sah sich daher genöthiget, die Hülfe dort zu suchen, wo nun die Macht, d. h. bei Frankreich, hob seine Verwendungen bei dem ersten Konsul Bonaparte an, versicherte sich jedoch durch Unterredung mit dem ebenfalls in Innsbruck weilenden Erzherzog Johann, daß ein solcher Schritt seitens Oesterreich nicht übel gedeutet werde. Der junge Erz-

---

[1] Tagebuch vom 16 Mai 1800. Der Konfirmation selbst ist hier nicht gedacht.

herzog erklärte sich einverstanden. In der Handlungsweise des Fürsten ist nicht etwa Wankelmuth zu erblicken, sondern vielmehr wieder nur ein Beweis, daß er auch unter den ungünstigsten Umständen stets auf Erfüllung seiner Pflicht bedacht war. Dabei hatte er nicht bloß die Wiederherstellung seines Stiftes im Auge, sondern verharrte bei der Ansicht, daß für die Schweiz die ehevorige politische Ordnung wieder herzustellen sei. [1] Der Fürst entschloß sich um diese Zeit zur Abordnung seines Sekretärs Müller, eines ausgewanderten Elsäßers, [2] nach Paris, gab ihm die hiefür erforderlichen Instruktionen, ließ ihn aber vor Allem bei dem Obergeneral Moreau zusprechen (20. Oktober). Dieser Obergeneral hatte sich schon vorangehend dem Stift günstig erwiesen. Bei dem Vorrücken des französischen Heeres in Deutschland wollte nemlich die helvetische Regierung auch über die dortigen Güter des Stiftes St. Gallen für den helvetischen Fiskus verfügen. Kommissär Herzog wirkte in diesem Sinne. Aber Moreau achtete nicht auf dessen Einsprache, sondern ließ die schützende Verfügung des schwäbischen Kreiskomite's in Augsburg bezüglich jener Güter in Kraft, lehnte eigenes Einschreiten ab und brachte den Gegenstand an das französische Ministerium. Um diese Zeit waren auch die Aebte von

---

[1] Brief des Erzherzogs Johann an Joh. v. Müller; vom 17. September 1800. Band VI der Sammlung. Der Erzherzog erzählt hier seine Unterredung mit dem Fürsten: „j'ai eu une grande et longue dissertation politique avec lui, et j'ai trouvé toujours le même honnête et brave Suisse, mais entêté comme un cheval de carosse sur le rétablissement de l'ancienne constitution, prétendant que ce serait le seul moyen de sauver la Suisse". Diese Unterredung fand im Hauptquartier des Erzherzogs statt; jene, die oben erzählt ist, in Innsbruck, am 7. Oktober. An diesem Tage fragte der Fürst den Erzherzog an, ob es nicht thunlich und rathsam wäre, unter der Hand bei den Franzosen nachzusehen, ob mit Geld oder wie immer zum Besten des Stifts könnte unterhandelt werden. Tagebuch des Fürsten.

[2] Peter Plazid Müller, aus der Stadt Markolsheim, Departement Niederrhein.

Pfäfers und Einsiedeln in Innsbruck und sprachen den Erzherzog Johann. [1]

Der Vandalismus der Revolution, irreligiöser Muthwille, der Geist seichter Aufklärerei, demagogischer Hochmuth und protestantische Antipathien vereint hatten das Stift St. Gallen, mit ihm die Wiege der Wissenschaft und aller geistigen Kultur in den St. Gallischen Landen, auch deren unermüdliche Pflegerin daselbst, gewaltsam und frevelhaft zerstört. Man wollte nun von unten nach oben bauen und suchte das Heil zunächst in der Volksschule. Ein Direktorialbeschluß vom 24. Juni 1798 verordnete die Aufstellung eines Erziehungsrathes für jeden Kanton. Im November gl. J. folgte eine vollständige Verordnung über die Einrichtung der Bürgerschulen, vor der Hand übrigens nur in der Form eines Provisoriums. Ausführliche Ministerial-instruktionen machten die Erziehungsräthe mit dem Umfang ihrer Verpflichtungen vertraut. Später sollte hoch über den Prima- und den Mittelschulen, dann über den Gymnasien, ein „National-institut der Künste und Wissenschaften" (helvetische Hochschule) gegründet werden, als „das wirksamste Mittel zur gänzlichen Zerstörung des Föderalismus und zur reellen Einführung unserer Konstitution." [2] Im Kanton Sentis erlitt die Ausführung der Anordnungen über das Primarschulwesen, wohl meist der Kriegs-zeiten wegen, eine Verzögerung bis im Frühjahr 1800. Was Stapfer, der Minister der Wissenschaften, unter Anderem dabei bezweckte, war „die engeste Harmonie beider Glaubensverwandten und ein gleichförmiges Fortschreiten auf dem Wege der Auf-klärung." Nach heutigem Maßstab war die Schulbildung in den unteren Volksschichten zu jener Zeit sehr unzureichend und zwar fehlte es bei beiderseitigen Konfessionen; in den Archiven kann man höchst unorthographische Amtsbriefe von protestantischen wie von katholischen Unterbeamteten finden. Im Gegensatz dürfte die Behauptung nicht gewagt sein, daß die wissenschaftliche

---

[1] Den Letzteren nennt der Erzherzog „vraiment un homme bien respec-table". Brief an Johann v. Müller in erwähnter Sammlung.

[2] Botschaft des Direktoriums vom 18. November 1798.

Bildung der Männer der höheren Stände von damals die jetzige
an Gründlichkeit übertraf und gewiß standen in dieser Beziehung
die angesehenen Katholiken keineswegs zurück gegenüber den
Protestanten gleicher bürgerlicher Stellung. Uebel angebracht
wäre daher enthusiastische Rühmerei dessen, was im Fache der
Erziehung zur Zeit der helvetischen Republik vorging. Anerkennung verdient übrigens jedes wohlgemeinte Streben auf dem
Felde geistiger Bildung. In diesem Sinne wird der Verfasser
jederzeit berichten. Vom religiösen Standpunkt aus fand die
Aufstellung eines gemischten Erziehungsrathes Anstand. Der
überwiegend größere Theil der katholischen Geistlichkeit, wie die
einsichtvollsten und erfahrensten Laien, auch sehr viele Reformirte,
besonders in Appenzell Außerrhoden, wünschten das Erziehungs-
wesen von jedem Religionstheil eigens besorgt. Den Katholiken
insbesondere schien eine gemeinsame Leitung der Schulen auch
aus dem Grunde bedenklich, weil vorauszusehen war, daß Minister
Stapfer unverhältnißmäßig mehr Reformirte als Katholiken in
den Erziehungsrath, dem neben der Leitung der Schulen auch
die Bestimmung der Lehrbücher und die Ernennung der Schullehrer zustand, wählen würde, unter den wenigen Katholiken
sodann jedenfalls nur solche, welche offenkundig den neuen politischen wie religiösen Grundsätzen huldigten.[1] Die Regierung
aber wollte, nach ihren Anschauungen, nicht darauf eingehen, gab
jedoch wiederholt die Versicherung, es werde sich der Erziehungsrath keineswegs mit Religionssachen befassen, sondern sich auf
das Schulwesen beschränken; eine an sich werthlose Versicherung,
weil, nach den berechtigten Sonderbestrebungen der Konfessionen,
der Einfluß eines gemischten Erziehungsrathes sich in der Wirklichkeit ganz anders gestaltet. Am 3. März 1800 wurde der
aus Männern beider Konfessionen zusammengesetzte und schon
vor dem Einmarsch der kaiserlichen Truppen ernannte Erziehungsrath, bei dessen Ernennung die Katholiken wirklich verkürzt
worden, im großen Saale der neuen Pfalz feierlich in das Amt

[1] Falk: Kurze Darstellung der Vorgänge in der alten Landschaft u. s. w.

eingesetzt. Unter den hervorragenden Katholiken ist Pfarrer J. A. Blattmann in Wittenbach (ein Zuger) zu nennen, unter den Reformirten der Kammerer Scherrer in St. Gallen, Rudolph Steinmüller, Gregor Grob von Lichtensteig, G. L. Hartmann (Geschichtschreiber der Stadt St. Gallen), der Toggenburger Ambühl, damals Distriktstatthalter in Altstätten. Ambühl starb schon am 22. April nachhin. Grob gehörte der rationalistischen Richtung an. [1]) Steinmüller war eine energische, zugleich gemüthlich heitere Persönlichkeit, heimathlich Glarner, an Geist und Körper gleich reich ausgestattet, in Tübingen und Basel wissenschaftlich gebildet, schon im achtzehnten Altersjahr Prediger; in Mühlehorn und Kerenzen war er Prediger und Schullehrer zugleich; seit 1799 Pfarrer in Gais. Steinmüller nahm eine hervorragende Stellung, auch im Erziehungsrath, ein. [2])

In diese Zeit fällt die Ausscheidung des Nationalvermögens aus dem Stadtgute von St. Gallen. Während den daherigen Unterhandlungen in Bern wurde die Stadt durch den Vollziehungsausschuß mit 400 Mann Erekutionsmannschaft bedroht, weil die Bezahlung verschiedener Abgaben im Rückstand war (8. Mai); auf Verwendung der in Bern weilenden Abgeordneten der Gemeinde St. Gallen wurde Verschub bis zum 20. bewilliget, was die Munizipalität bekannt machte, damit die Bürgerschaft sich nicht durch längere Widersetzlichkeit noch in größeren Nachtheil versetze. Hier wie anderwärts war Unzufriedenheit, daß die Abgaben nicht gleichzeitig auch von anderen Orten erhoben werden, und daß man mit „patriotischen" Gemeinden nachsichtiger umgehe als mit solchen, denen man diese Eigenschaft nicht beilegte, die Ursache der verzögerten Bezahlung gewesen. Bald nachher kam die Vermögensausscheidung zur Unterzeichnung. Die Gemeinde St. Gallen erhielt als Ausstattung eine solche Fülle von Fonden, öffentlichen Gebäuden und

---

[1]) Solches hat der Verfasser aus sehr zuverläßiger Quelle vernommen.

[2]) Mit Benutzung einer handschriftlichen Biographie Steinmüller's geschrieben und nach den Eindrücken, welche dem Verfasser aus dem persönlichen Umgang mit demselben geblieben.

öffentlichen Anstalten aller Gattung und Zwecke, daß mit Grund angenommen werden kann, es sei an ihrem Stadtvermögen nichts von Belang entdeckt worden, das von Souveränetätswegen der Nation hätte zugeschieden werden sollen. Es wird dieses überaus günstige Unterhandlungsergebniß von einem städtischen Geschichtschreiber als eine „durch Entrichtung hoher Summen theuer erkaufte Anerkennung" des „wohlerworbenen" früheren Eigenthums der Stadt bezeichnet.[1] Es geschah dies zu gleicher Zeit, da alles Vermögen des Stiftes St. Gallen, obwohl Ergebniß frommer Stiftungen und auch im Uebrigen auf durchgehends rechtlichen Titeln beruhend, als Nationaleigenthum dem Fiskus einverleibt und von demselben theilweise verschlungen und vergeudet wurde. Die städtische Sönderungsurkunde ist vom 2. Juni 1800, ratifizirt von beiden Theilen im folgenden Monat und durch nachträgliche Dotation vom 21. Oktober gl. J. ergänzt. Geschichtliche Erwähnung verdient, daß die Stadt von dann an Jahrzehnte lang die gesammte Ausstattung als Eigenthum der örtlichen Bürgerschaft, nicht als dasjenige des durch Eröffnung der freien Niederlassung entstandenen erweiterten städtischen Gemeinwesens ansah, nutzte und behauptete.

In Altstätten im Rheinthal starb am 26. Juni 1800 der Baumeister Johann Jakob Haltiner, ein Mann, der ohne alle Schul- und wissenschaftliche Bildung eine weit verbreitete Berühmtheit sich erworben hatte; die Schreibekunst hatte ihn seine zweite Gattin, eine Toggenburgerin, gelehrt. Haltiner war der Erbauer mehrerer prächtiger Kirchen, namentlich jener in seiner Vaterstadt Altstätten, dann der Kirchen in Horgen und Kloten. Sein Sohn Johann Ulrich Haltiner war auch der Nachfolger in seiner rühmlichen Kunst.

[1] S. Naef, Chronik u. s. w. S. 392.

Vierter Abschnitt.

Das St. Gallische Ordinariat dem Fürstabten von St. Gallen entzogen und vom Bischof von Konstanz übernommen. Des Fürsten Stellung, Plane und Bestrebungen nach dem Lunéviller Frieden; seine Protestation gegen die Güterverkäufe; Sendungen nach Bern und Paris, diese unterstützt durch den Papst; des fürstlichen Agenten Aufnahme seitens der französischen Regierung. Das Stiftsgebäude von St. Gallen in eine Baumwollspinnerei umgewandelt. Fortgesetzte Härte der Regierung gegen die St. Gallischen Religiosen. Kloster und Bad Pfäfers. Neue helvetische Verfassungsversuche. Allgemeine Tagsatzung in Bern. Der Fürst von St. Gallen fordert von ihr seine Lande und Rechtsame zurück. Raths- und Staatsstreich vom 28. Oktober 1801 und neues Verfassungsprovisorium.
(Vom September 1800 bis Ende Oktober 1801.)

Die Leitung der geistlichen Angelegenheiten in den fürstlichen Landen war auch seit der Deportation der Kapitularen ununterbrochen Gegenstand der Vorsorge des Fürstabtes. Da durch jenen Gewaltakt auch der mit jener Leitung betraut gewesene P. Beda Gallus betroffen worden, übertrug der Fürst die Ordinariatsgeschäfte für die alte Landschaft und das Rheinthal dem Fiskal Jakob Germann, jene für das Toggenburg dem Dekan und Pfarrer Joh. Nepomuk Brägger in Kirchberg. Das fürstliche Vollmachtschreiben an Brägger fiel dem Statthalter Bolt in die Hände, der es dem Direktorium übermachte, dann von diesem den Auftrag erhielt, den Kommissär Brägger genau im Auge zu behalten, „weil in den vom Abt an ihn gerichteten Instruktionen verschiedene Dinge vorkommen, die sich mit den Gesetzen der Republik durchaus nicht vertragen" (22. Jänner 1799). [1] Trotz des Unwillens, den der Fund in Bern hervorgerufen, drangen die Mitglieder der ehemaligen katholischen Toggenburger Regierung in Brägger, den an ihn ergangenen oberhirtlichen Ruf anzunehmen; Brägger versammelte die katholische Geistlichkeit in Bazenheid, welche hinwieder den Fürsten von der schwierigen Sachlage durch ein Mitglied aus ihrer

---

[1] Schreiben im Kantonsarchiv.

Mitte unterrichten ließ. Der Fürst aber beharrte auf dem dem Pfarrer Brägger übertragenen Kommissariat; dieser lehnte seinerseits ab, weil inzwischen die bischöfliche Behörde von Konstanz, dem Ansinnen des Ministers Stapfer Folge gebend, den Pfarrer Tschudi in Arbon als bischöflichen Kommissär für die alte Landschaft bestellt hatte, der übrigens ebenfalls ablehnte. Unter diesen Umständen übertrug der Fürst die Besorgung der Ordinariatsgewalt für alle seine Lande, alte Landschaft, Toggenburg und Rheinthal, dem Fiskal Jakob Germann, den die Verwaltungskammer anzuerkennen sich bequemte. Dieser Zustand dauerte fort auch nach dem Rückzug der kaiserlichen Armee und der zweiten Auswanderung des Fürsten (Herbst 1799). Im folgenden Jahr nahm die Angelegenheit eine bestimmtere Wendung. Nach dem Hinschiede des Bischofs Maximilian Christoph Freiherrn v. Roth (er war am 17. Januar 1800 gestorben) überging die bischöfliche Würde an dessen Koadjutor Karl Theodor Freiherrn v. Dalberg, was am 5. Februar 1800 im ganzen Konstanzer Sprengel bekannt gemacht wurde. [1]) Die helvetische Regierung kam nun auf ihr früheres Begehren zurück und ersuchte die bischöfliche Behörde von Konstanz erneuert um die Uebernahme des St. Gallischen Ordinariats. Bischof Karl Theodor sagte sie in provisorischer Weise zu und ersuchte die Regierung um Anordnung, daß von nun an die Präsentation auf geistliche Pfründen bei der Kurie in Konstanz geschehe (Schreiben vom 22. September 1800). Dieser gab er übereinstimmende Aufträge. Sofort verordnete nun der helvetische Vollziehungsrath, „erwägend, daß die Abtei St. Gallen mit allen ihren Gütern und Rechten Staatseigenthum geworden ist und daß seitdem für Helvetien kein Fürstabt, also auch kein Ordinarius für St. Gallen mehr existirt"; daß im Ferneren die „zwischen dem Bisthum Konstanz und der Abtei mit päpstlicher Bestätigung geschlossenen

---

[1]) Lateinisches Kreisschreiben des bischöflichen Offizials Reuttemann. Dalberg war bischöflich konstanzischer Koadjutor seit 1788, seit dem Jahr 1787 auch Koadjutor des Kurfürsten-Erzbischofs von Mainz und des Bischofs von Worms.

Konkordate durch die gänzliche Aufhebung des Stifts von selbst ihre Endschaft erreicht haben": es sei dem Fiskal Germann von nun an alle Ausübung der Ordinariatsgewalt im Namen des gewesenen Fürstabtes von St. Gallen in Helvetien gemessenst untersagt (24. September). Der katholischen Geistlichkeit und dem Volk wurde der Inhalt von Staatswegen bekannt gemacht. Um diese Zeit wurde auch mehreren Kapitularen des Klosters St. Gallen der fernere dortige Aufenthalt verweigert und selbe weggeschickt. Die Kurie in Konstanz gab obigem Befehl des Fürstbischofs Folge durch Schreiben an die Verwaltungskammer, mit dem Ersuchen, sich in erwähnten Jurisdiktionssachen von nun an an sie (die Kurie in Konstanz) zu wenden. Auch der Bischof gab der Geistlichkeit „und übrigen Inwohnern der St. Gallischen Landen" amtliche Kunde von seinem Entschluß, den er unter Anderem mit den Worten begründet: „daß der Herr Fürstabt von St. Gallen dermalen weder selbst, noch durch seine Kommissarien von der vertragsmäßigen Autorität in geist- lichen Sachen Gebrauch machen kann", und „daß die katholischen Einwohner erwähnter Landen der geistlichen Hilfe nicht ent- behren, noch die dortige Geistlichkeit ohne Leitung und Aufsicht belassen werden können", wobei übrigens ausdrücklich gesagt ist, daß die Uebernahme der Jurisdiktion nur eine „provisorische" sei; Alles mit den nöthigen Anleitungen und Mahnungen an die katholische Geistlichkeit rücksichtlich des neuen Verhältnisses (Bekanntmachung vom 24. Oktober 1800). Aber der größere Theil der Geistlichkeit (Karl Theodor selbst hatte bei einem in früheren Jahren dem Fürsten Beda in St. Gallen gemachten Besuche die St. Gallische Geistlichkeit als den kostbarsten Stein in der bischöflich Konstanzischen Inful erklärt) sah jenen Schritt des Bischofs für unbefugt an, blieb der bisherigen geistlichen Regierung treu und hielt sich nach wie vor in aller Stille an den mehr genannten kanonisch Bevollmächtigten des rechtmäßigen Ordinarius, des Fürstabtes von St. Gallen, während die konstanzische Kurie alle öffentlichen Akte der Jurisdiktion aus- übte. Diese Handlungsweise des Klerus geht in Ueberein-

ſtimmung mit den gleichzeitigen Erklärungen des Fürſten Pancratius. Auch er hatte vom Fürſtbiſchof von Konſtanz Anzeige
von deſſen Schritte erhalten, wurde mit Unwillen erfüllt, daß
dieſer die geiſtliche Jurisdiktion über St. Gallen „uſurpirt" habe
und ſchrieb deßhalb eine proteſtirende Antwort an Dalberg. Im
Weiteren äußerte er ſich, ſein Kommiſſarius hätte ungehindert
die ihm übertragenen geiſtlichen Amtsgeſchäfte fortſetzen können,
„wenn nicht Konſtanz den Anträgen der helvetiſchen Regierung
ſogleich beigeſtimmt und meine Jurisdiktionen an ſich gezogen
hätte; auch ſogar Geiſtliche helfen mit, uns den Herzſtoß zu
geben". [1] Wirklich war nun die geiſtliche Stellung des Fürſten,
wenigſtens offiziell und äußerlich, wie die politiſche, gebrochen.
Der Biſchof von Konſtanz ſeinerſeits hatte die pflichtige Stellung
zum Papſt dadurch zu behaupten geſucht, daß er deſſen Einwilligung zur beſprochenen Ordinariatsübernahme einholte und
vom heil. Stuhl den Beſcheid erwirkte: es möge der Biſchof
von Konſtanz, unter Vorbehalt des Fortbeſtandes des St. Galliſchen Ordinariates und ohne deſſen Nachtheil, bis der Ordinarius
ſelbſt wieder eintrete, die geiſtliche Jurisdiktion ausüben. [2]
Uebrigens war für jeden geiſtlichen Oberhirten die Stellung zur
Regierung ſchon längſt eine ſchwierige. Abgeſehen von den
widerwärtigen Erörterungen, zu welchen die erſten Jahre der
helvetiſchen Republik Veranlaſſung gegeben, wurde die ſtaatliche
Bevormundung in Syſtem gebracht. Der aus der Staatsveränderung vom 7. Januar 1800 hervorgegangene Vollziehungsausſchuß hatte am 5. Februar nachhin geſammte Erlaſſe der
katholiſchen kirchlichen Oberbehörden der Kontrole und Prüfung
unterſtellt, mit Berufung darauf, daß auch die alten Regierungen
ein ſolches Prüfungsrecht ausgeübt haben. Demzufolge war
vorgeſchrieben, daß die Hirtenbriefe und Anderes je nach Um-
ſtänden entweder den betreffenden Kantonsſtatthaltern oder dem
Miniſterium des öffentlichen Unterrichtes vor der Veröffentlichung

---

[1] Tagebuch des Fürſten vom 18. und 22. Oktober 1800.
[2] Falk: „Beitrag zur Geſchichte der Auflöſung des Kloſters St.
Gallen".

vorzulegen seien; jene hatten in Fällen von Einsprache die Gegen-
gründe der geistlichen Behörde einzuholen und an das Ministerium zu bringen.

Nach den Waffenstillständen vom Juli 1800 nahm der
Krieg bald eine entscheidende Wendung. Die Franzosen drangen weiter durch Bayern vor; Moreau erfocht am 3. Dezember
bei Hohenlinden einen vollständigen Sieg über die Oesterreicher,
rückte bis über die Enns hinab; in Italien errangen die Franzosen gleiche Erfolge und wichen die Oesterreicher Ende Dezember bis über die Brenta und Plave zurück. Es wurden neue
Waffenstillstände vermittelt, denen der Friede von Lunéville
zwischen der französischen Republik einerseits, dann Oesterreich
und dem Deutschen Reich andrerseits, folgte. Die wichtigsten
Bestimmungen für die Schweiz waren: die Bestätigung der
Abtretung des Frickthales an Frankreich, die Anerkennung der
helvetischen Republik seitens der kontrahirenden Theile und die
für die Schweiz ausgesprochene Befugniß, sich eine beliebige
Verfassung zu geben. Wichtig für das Stift St. Gallen insbesondere war ein anderer Friedensartikel, welcher Frankreich das
linke Rheinufer überließ und das Reich verpflichtete, die ehemaligen Inhaber desselben durch Besitzungen auf dem rechten
Ufer zu entschädigen. Dieser Gang der europäischen Angelegenheiten hatte vorangehend schon den Fürsten von St. Gallen zu
neuer diplomatischer Thätigkeit angespornt. Er wollte seinen
Sekretär Peter v. Müller, den er bald nachher mit dem Titel
eines fürstlichen Hofrathes ausstattete, zur Zeit der Unterhandlungen, statt nach Paris, nun nach Lunéville schicken, entwarf
nöthige Instruktionen zur Wahrung der stiftischen Interessen,
ließ jenen Beauftragten zu mündlicher Verhandlung zu sich nach
Innsbruck kommen und sprach endlich gemeinsam mit diesem bei
Moreau in Salzburg zu (Jänner und Februar 1801). Am
10. Februar vernahm er den Friedensabschluß und bald sah er
ein, daß die Klöster in Deutschland preisgegeben, das Schicksal
derjenigen in der Schweiz im Ungewissen geblieben sei. Uebrigens
hatte er schon in seinem Rückblick auf die Ereignisse des Jahres

1800, am Schluß des letztern, die Wiederherstellung seines
Stiftes als eine beinahe hoffnungslose Aufgabe angesehen. [1])
Den Briefen seines Agenten Müller in Wien (nicht zu ver-
wechseln mit jenem „Hofrath“) konnte er je länger je mehr
entnehmen, daß bei Oesterreich keine Hülfe mehr zu finden; um
so ernstlicher wendete er nun seine Blicke nach Paris, schrieb an
den ersten Konsul Napoleon Bonaparte und an dessen Bruder
Joseph, gewesenen französischen Bevollmächtigten bei dem Friedenskongreß, an den Konsul wiederholt, begab sich inzwischen
von seinem bisherigen regelmäßigen Aufenthaltsort Innsbruck
nach Regensburg, suchte durch Schreiben von hier aus die
Dazwischenkunft des Papstes und des Karbinalstaatssekretärs
Consalvi zu dem Zwecke nach, daß seine (des Fürsten) Schritte
für die Schweizerklöster überhaupt wie für das Stift St. Gallen
bei der französischen Regierung kräftig unterstützt werden, erhielt
die günstige Zusage, daß der heilige Vater seinem Legaten
Spina in Paris entsprechende Instruktionen in jenem Sinne,
namentlich für die Angelegenheit des Stifs St. Gallen, ertheilt
habe und leitete nun die endliche Reise eines eigenen Agenten
in der Person seines Hofrathes Müller, zunächst nach Bern, je
nach Umständen auch nach Paris ein.

Vorangehend ist ein Zwischenfall zu berichten. Die Verwaltungskammer von Sentis, an deren Spitze seit dem Aus-
tritte Künzle's Joh. Jakob Meßmer aus Rheineck stand, hatte
im Frühjahr 1801 eine neue Versteigerung von Stift St. Gallischen Liegenschaften im Rorschacher-, Wyler-, Goßauer- und
Landshofmeisteramt, dann auch im Toggenburg, ausgeschrieben.
Der Fürst, im Widerstand verharrend, gedachte durch seine
Kapitularen eine Protestation gegen die Güterversteigerung zu
erlassen; aus Besorgniß persönlichen Nachtheiles, und schlimmerer
Folgen noch, machten sie jedoch Einwendung gegen diese Zumuthung. Der Fürst stand nun selbst in den Riß und erließ
die Protestation von sich aus (Regensburg, 20. Mai 1801).

---

[1]) Tagebuch vom 31. Dezember 1800.

Diese Urkunde schließt sich an jene vom 9. Juni 1798 an, wie=
derholt frühere Rechtsgründe gegen jeden Eingriff in das
Stiftische Eigenthum und stützt sich am Schluß noch besonders
darauf, daß die Verfassung der Schweiz noch nicht festgesetzt,
ihre Grenzen noch nicht bestimmt seien, auch billig erwartet
werden dürfe, daß die jetzige weise und gerechte Regierung
Frankreichs sowohl als die nächst kommende Regierung Helve=
tiens die gerechten Ansprüche zu Wiedereinsetzung des Fürsten
nicht mißkennen werde. Die Protestation machte Behörden und
allfällige Käufer haftbar für die Folgen und wurde in den
Zeitungen öffentlich bekannt gemacht; Meßmer war angegangen,
sie auch der Oberbehörde in Bern zur Kenntniß zu bringen.
Diese aber war weit entfernt, die Einsprache des Fürsten zu
berücksichtigen.

Der Plan des Fürsten zu Rettung des Stiftes und seiner
gesammten Rechtsame beruhte auf folgenden politischen Er=
wägungen: die helvetische Staatsordnung, Ergebniß der Revo=
lution von 1798, sei durch den Art. 11 des Lunévillerfriedens
rechtlich aufgehoben; denn derselbe berechtigte die Schweiz zu
freier Annahme einer beliebigen Verfassung und war auch wirklich
von allem Volk als mittelbare Anerkennung zur Beseitigung der
helvetischen Staatsordnung betrachtet. Auf solcher Grundlage
sei er befugt, sowohl bei den schweizerischen Behörden als bei
der leitenden Macht im Ausland seine Souveränetätsrechte auf
gesammte Stiftsgebiete wieder geltend zu machen. Zu diesem
Zwecke zu gelangen, gedachte er vor Allem, für einmal und bis
auf Weiteres jegliche Zulassung von Repräsentanten aus den
Gebieten des Stiftes bei den helvetischen Behörden zu ver=
hindern, damit die Gebietsfrage intakt bleibe; dann gleichzeitig
die Rückgabe der geistlichen Jurisdiktion und der Güter und
Gefälle, nebst Annullirung der geschehenen Verkäufe zu betreiben;
würde er einmal mit diesen Forderungen festen Fuß gewonnen
haben, so wollte er dann in dritter Linie für die Rückgabe seiner
Lande selbst sich verwenden, für welchen Fall er vorläufig eine
Verfassung entworfen hatte. Dabei war der Fürst auch bedacht,

seinen Bevollmächtigten in den Stand zu setzen, der Gunst der
französischen Behörden sich durch jenes Mittel zu versichern,
welches damals in dortigen Kreisen vielseitig in Anwendung
gesetzt wurde und beinahe als ordentlicher diplomatischer Usus galt.
Der Fürst wollte sich nemlich der französischen Republik selbst
durch große Geldopfer dankbar erzeigen und gleichzeitig auch
nicht versäumen, Denjenigen persönlich erkenntlich zu sein, welchen
das Hauptverdienst bei der Unterhandlung zukäme; Alles übrigens
in der Voraussetzung, daß Frankreich den Fürsten thatsächlich in
den Stand setze, seine Anerbietungen auch wirklich erfüllen zu
können; und da es galt, gleichzeitig auch das Loos der übrigen
schweizerischen Klöster günstig zu wenden, so sprach er bei einzelnen Vorständen derselben mit dem Wunsche um gemeinschaftliche pekuniäre Betheiligung zu. Nach diesem Plane faßte der
Fürst die Instruktionen für seinen Bevollmächtigten ab, deßgleichen
ein Schreiben an den ersten Konsul Bonaparte (vom 24. Mai
1801), welches mit der Versicherung schloß: falls durch die
großmüthige „Dazwischenkunft der französischen Regierung die
schweizerischen Abteien in ihre ehevorigen Besitzungen und Rechte
wieder eingesetzt würden, hoffe er dieselben zu sehr beträchtlichen
Opfern zu Gunsten Frankreichs bestimmen zu können. In
ähnlichem Sinne schrieb der Fürst an den Senator Barthélemy
am folgenden Tag. Der Hofrath Müller wurde zugleich bei der
helvetischen Regierung urkundlich mit der Vollmacht beglaubiget:
„die Gerichtsbarkeiten, Güter, Gefälle, Besitzungen, Lehen u. s. w.
des Stiftes St. Gallen in bester Form zu reklamiren". Am
13. Juli reiste er aus Regensburg nach Bern ab, wurde daselbst von dem französischen Gesandten Reinhard mit Einsylbigkeit
aufgenommen. Durch Zufall hatte Müller v. Friedberg, als
Chef der Division der Domänen stets in Bern weilend, die
Anwesenheit des fürstlichen Agenten vernommen; von diesem
Augenblick an war an einen auch nur leidlichen Ausgang der
Sendung nicht zu denken. Bei Reinhard war Müller zudem
als französischer Emigrant angeschwärzt. Seine Stellung
war daher doppelt schwierig. Gleichwohl glaubte er seinen

Instruktionen Genüge thun zu sollen, ohne Rücksicht darauf, daß
ein Scheitern seiner Schritte in Bern der späteren Wirksamkeit in
Paris nachtheilig sein möchte. Er reichte nemlich dem Voll-
ziehungrathe eine vom 27. Juli datirte Denkschrift zur Geltend-
machung des fürstlichen Anliegens ein. Dessen zeitweiliger
Präsident, Schmidt, ehemaliger Regierungsstatthalter des Kantons
Basel, erklärte ihm: „wir kennen in der Schweiz keinen geistlichen Souverän mehr; — wegen der Güter könnte es sein, daß
man vielleicht hier und da Rücksichten nehmen dürfte." Den
Totaleindruck der Audienz bezeichnet Müller mit den Worten:
„Indessen hatte ich aus Allem gesehen, daß die Regierung die
St. Gallischen Stiftsgüter als eine gute Beute (National-
Eigenthum) ansehe." Am folgenden Tag sprach der Vollziehungsrath über die Denkschrift verneinend ab; als Zugabe
erhielt Müller seitens des Justizministers, Bernhard Meyer
v. Schauensee, den Befehl, binnen 24 Stunden die Stadt,
innert drei Tagen das Gebiet der Republik zu räumen. Am
29. Juli verließ er Bern und traf am 8. August in Paris ein.
Die schweizerische Presse posaunte inzwischen das Geschehene mit
vollen Backen in die Welt hinaus; sie meldete: der Abgeordnete
des Abtes sei wegen Protestation gegen den Güterverkauf ausgewiesen worden; französische Blätter aber berichteten: Müller
sei seitens der helvetischen Regierung als politisch Verdächtiger
erklärt worden, eine Maßregel, die als ungerechtfertigt erscheine.
Staatsmänner, wie Barthélemy, fielen über Meyer v. Schauensee
her, nannten ihn „Erzjakobiner und Revolutionär", und gaben
dadurch ihr Mißfallen über das Geschehene kund, was in Verbindung mit dem, was früher von Moreau zu Gunsten der
St. Gallischen Stiftsgüter gethan worden, zu beweisen scheint,
daß man in Paris die Angelegenheit des Stifts St. Gallen
damals noch als eine offene Frage ansah. Der Fürst, zu dieser
Zeit in Ebringen, schrieb die Ausweisung des Agenten Müller
seinem unmittelbaren Auftreten gegenüber der helvetischen Regierung zu, und meinte, ohne dasselbe wäre jene ausgeblieben.

Doch machte er sich wenig aus dem Unfall und war auch weit entfernt, seinem Hofrath irgend welche Rüge zu geben. [1])

Müller war von großer Emsigkeit, unzweifelhafter Treue und Bescheidenheit gegen den Fürsten, einfach in seinem Leben, uneigennützig und haushälterisch ganz nach dessen eigener Art; insoweit also für die Sendung gut geeignet. Ebenso wußte er sich Zutritt allüberall, auch bei hohen Damen des Hofes und der Bonaparte'schen Familie, zu verschaffen und deren Sympathien für den Gegenstand seiner Sendung zu gewinnen. Als Diplomat jedoch gegenüber den leitenden französischen Herrschern und Staatsmännern ist er wohl zu schwach gewesen; wenigstens lassen seine unsäglich weitschichtigen und in überflüssige Details verschwimmenden Berichte an den Fürsten die kernhafte Auffassung und Beherrschung der ihm gewordenen Aufgabe vermissen. Ueberhin war die Wiederherstellung einer religiösen Korporation und vollends die Wiedereinsetzung einer solchen in landesherrliche Rechte eben zu einer Zeit, als von den Verhandlungen des Rastatter Kongresses her die Einleitungen zu den großen Säkularisationen in Deutschland getroffen worden, ein Ziel, dessen Erreichung die Kräfte auch des gewandtesten Unterhändlers überstieg. Ohnehin waren die Ausflüchte und wirkliche Hindernisse zunächst bei der Hand. Moritz Talleyrand, der Minister des Auswärtigen, gab nur kurze Audienzen, betonte, daß der Graf v. Kobenzl, der gewesene österreichische Unterhändler des Lunéviller Friedens, sich sehr für den Fürstabten interessire, und darüberhin, daß dieser während des Kriegs immer für Oesterreich gewesen, erklärte jedenfalls, daß eine so wichtige Sache Ueberlegung heische (24. August und 5. September). Der gefährlichste Gegner der fürstlichen Absichten war Stapfer, der gewesene helvetische Minister der Wissenschaften, seit Dezember 1800 Gesandter der helvetischen Republik bei der französischen Regierung. Stapfer war bemüht, Müller'n zu verdrängen, konnte

---

[1]) Aus dem Tagebuch des Fürsten vom Jahre 1801, den eigenhändigen Instruktionsentwürfen desselben, den Berichten Müller's an den Fürsten und aus des letzteren Briefen an seinen Agenten. Ebenso das weiter Folgende.

aber mit seinen Bestrebungen nicht durchdringen. Müller's freie Wirksamkeit in Paris war namentlich auch dadurch gesichert, daß Talleyrand ihm eine Sicherheitskarte gegen allfälliges polizeiliches Einschreiten verlieh. Gegen den Fürsten selbst war Stapfer leidenschaftlich eingenommen; er nannte jenen den größten Feind der helvetischen Freiheit.[1]) Besser als bei Talleyrand fand Müller Aufnahme bei Joseph Bonaparte, zumal der päpstliche Nuntius Spina sein eifriges Wort und seinen ganzen Einfluß für den Fürsten einsetzte und aus einer Audienz bei dem ersten Konsul selbst wenigstens die Beruhigung hinwegtrug, daß Frankreich der Wiederherstellung des Stiftes St. Gallen nicht entgegen sei. Der Fürst nahm inzwischen Bedacht auf nöthige pekuniäre Bereitschaft, unvermeidliche Ansprüche dienstbarer Mittelspersonen befriedigen zu können, war aber diesfalls bei seinen Schicksalsgenossen in der Schweiz nicht glücklich.

Während der Fürst in Paris sein Stift wieder aufrichten wollte, wurden dessen Hauptgebäude vollends profaner Hand überantwortet. Obereinnehmer Zuber bewohnte die fürstlichen Gemächer. Auf die übrigen Räume warf der Industrialismus sein Späherauge. Es hatte sich in der Stadt St. Gallen eine Gesellschaft für Einführung der Baumwollspinnerei für Mousselingewebe gebildet; Interessenten derselben hatten sich bereits im Klostergebäude eingehauset. Nachdem die ersten Versuche befriedigend ausgefallen, räumte der helvetische Vollziehungsrath[2]) der Gesellschaft unentgeltlich und auf die Dauer von sieben Jahren ein „Nationalgebäude" zum Gebrauch ein, mit Bewilligung, von Stund an zu erwähntem Zweck über den Museumsaal und das Erdgeschoß im Stiftsgebäude zu verfügen (25. August 1800). Den Geschäftsleitern wurde zugleich die Beibehaltung der bereits in Besitz genommenen Zimmer gegen Verzinsung bewilligt. Da

---

[1]) Des Fürsten Bruder war nemlich ebenfalls in Paris. Stapfer sagte von ihm: „c'est le frère du plus grand ennemi de la liberté helvétique".

[2]) „Convaincu des avantages essentiels que le commerce helvétique doit retirer de l'entreprise formée". Erwägungsgrund des Beschlusses.

28*

die zuerst angewiesenen Räumlichkeiten für die gedeihende Unternehmung nicht genügten, erhielt die Konzession bedeutende Erweiterung durch einen nachfolgenden Regierungsbeschluß, welcher der Gesellschaft der englischen Baumwollspinnerei, genannt „Mule Twist", alle drei Flügel des Klostergebäudes, den Museumsflügel, den nördlichen Flügel und den Bibliothekflügel,[1] mit Inbegriff des Gartens zwischen diesen Gebäudetheilen und der Kirche, abermals auf sieben Jahre und unentgeltlich, gegen die bloße Verpflichtung des Gebäudeunterhaltes, überließ (15. Mai 1801). Ein Dankschreiben der Gesellschaft unterzeichnete ihr „einsweiliger Präsident" Joh. Jak. Kelly (8. Juni). Unterhandlung und Beschlußfassung lagen in der Hand des Chefs der Direktion der Domänen, Müller v. Friedberg, welcher zur Schonung des Bibliotheksaales die Weisung gab, daß dessen saubere Wände und Gestelle durch Aufstellung einer Bretterwand gegen Verderbniß geschützt werden.[2] Die Unternehmung erhielt überhin Befreiung von verschiedenen Abgaben. Die Verwaltungskammer, mehr auf Geld als auf Gunstbezeugungen für Industrielle bedacht, klagte derb über die Gratisüberlassung und bejammerte den Verlust der ausfallenden Zinse, die für mehrere kleine Einzelvermiethungen an reformirte Stadtbürger im Betrage von zusammen 225 Fr. 5 Baß. bis dahin erhoben worden waren und bei etwas veränderter Einrichtung auf das Sechsfache gesteigert werden könnten (30. Mai). In gleicher Zeit drängten sich auch die Handelsleute und Fabrikanten aus Appenzell Außerrhoden mit Begehren um Einräumung von Lokalitäten im Klostergebäude zu Anlegung von Waarenmagazinen (sog. „Sthaltern") daselbst herbei, da sie durch solche

---

[1] „Dont l'Etat n'aura pas besoin pour loger le peu de livres qui s'y trouvent"; sagte der Geschäftsagent im Schreiben an den Finanzminister, unter Beifügung, daß diese Gebäude ihm bereits privatim zugesagt worden. Akten im Kantonsarchiv.

[2] Aus einem nachfolgenden Schreiben der Verwaltungskammer an den Finanzminister kann geschlossen werden, daß der Bibliotheksaal von der Benutzung durch die Spinnerei ausgenommen blieb.

Verlegung ihres Marktes den lästigen städtischen Gewerbsabgaben entgehen wollten. Der große Saal (jetziger Sitzungssaal des Großen Rathes) wurde von Zeit zu Zeit, wie früher, einem französischen Truppenkommandanten für Ballzwecke überlassen. Als aber ein guter Stadtbürger ihn anläßlich seiner Hochzeit ebenfalls benutzen wollte, verweigerte solches die Verwaltungs= kammer aus Respekt für die steuerpflichtigen Wirthe, „die sich über solche Bewilligung beklagen könnten." Im stiftischen Ge= bäude zu Mariaberg wurden zwei Stockwerke des rechten Flügels für 30 Louisd'or Miethzins einer Handelssozietät übergeben, die sich mit dem Geschäft befaßte, der Mousseline den englischen Appret zu geben. Eine Regierung und eine Zeit, die fähig sind, sich über alle Stiftungszwecke religiöser und milder An= stalten hinwegzusetzen, haben sich selbst gerichtet. Unterdessen fanden auch solche katholische Geistliche, die politisch der neuen Ordnung nichts weniger als gram waren und zugleich ihrem Pastoralberufe sich widmeten, nur knauserige Behandlung. P. Franz Weidmann, der die Pfarrei Berg übernommen, mit deren Einkünften er nicht bestehen konnte, bat wehmüthig um unerläßliche Zulage, wurde jedoch vom Finanzminister abgewiesen: da er eine Pfründe verlangt und angenommen habe, auf der ein Weltgeistlicher gewesen, könne er nicht mehr unter die Religiosen zählen. Diese Priester waren von Klippen umgeben; zeigten sie sich ergeben und willig, ließ man sie darben; wollten sie streng gewissenhaft ihren alten Pflichten treu bleiben, waren sie Gegenstand der Verfolgung. Daneben standen alle unter dem Drucke eines argwöhnischen Spionirsystems. Es wurde von Amtswegen gründlich nachgeforscht, ob Weidmann etwa den Geschäftsversammlungen beiwohne, welche die deportirten oder flüchtigen Kapitularen von St. Gallen hielten. P. Innocenz Bernhardt, der in die Heimath zurückgekommen war, „broblos" da saß,[1] und als ausgezeichneter und bei Jedermann beliebter Priester durch die Verwaltungskammer zur Anstellung an der

---

[1] Schreiben der Verwaltungskammer an den Vollziehungsrath.

Stiftskirche empfohlen wurde, fand bei der Regierung kein Gehör. Er mußte ferner darben; das Amnestiegesetz sei auf diese Mönche nicht anwendbar; Nachsicht zu Gunsten des Einen geübt, müßte dann auch allen Uebrigen zu statten kommen; die Folge wäre Rückkehr aller dieser Religiosen, Beschwerung des Volkes, [1] die Gefahr ungerechnet, welche die Beziehungen zwischen denselben und ihren Oberen nach sich ziehen würden; so lang die aus dem Land geschleppten Klostereffekten nicht zurückgestellt seien, solle daher keinem der St. Gallischen Religiosen die Rückkehr erlaubt werden (Beschluß des Vollziehungsrathes vom 31. Januar 1801). Ueberhaupt hatte die Regierung für Alles Geld, nur nicht für die Geistlichen beider Konfessionen, am wenigsten für die mißfälligen Ordenspersonen. Als unter dem früheren Vollziehungsausschuß die Ausführung des Amnestiegesetzes auch in Bezug auf Mönche und Nonnen zur Sprache kam, wurden die Bedingungen der Rückkehr ängstlich gehandhabt, „um nicht nach und nach eine Menge überflüssiger Zehrer in's Land schleichen zu lassen und sich mit ihrem Unterhalte zu beladen". [2]

Im traurigsten Zustand war das Kloster Pfäfers; anderthalb Jahre lang (vom Herbst 1798 bis Frühjahr 1800) hatte es durch ununterbrochene Einquartierung schwer gelitten, selbst in muthwilliger Weise von „befreundetem" Militär. Verwalter Peter befand sich ganz außer Stand, den wenigen noch gebliebenen Religiosen den nöthigen Unterhalt zu verschaffen; „die Weinberge müssen zu Grunde gehen, die Wiesen wüstliegen, die Gebäude zusammenfaulen, wenn nicht Hülfe geleistet wird". [3] Das Pfäferser Bad war ebenfalls im größten Zerfall, das Gebäude in seinem Inneren durch das französische Kriegsvolk während den Winterquartieren gänzlich zerstört. Die Verwaltungskammer

---

[1] „La surcharge du peuple".

[2] Schreiben des Finanzministers an den Minister der Künste und Wissenschaften, vom 18. August 1800.

[3] Peter's Bericht an die Verwaltungskammer, und der Bericht der letzteren an den Finanzminister, vom 25. Mai 1800.

ließ deßhalb ben Zustand des Bades durch ihr eigenes Mitglied, Borler aus Uznach, welcher siebenzehn Jahre lang Baddirektor gewesen, untersuchen. Das Bad wurde sobann für das Jahr 1800 ohne Ueberbindung eines Miethzinses an einen Bürger von Pfäfers verpachtet, mit einziger Obliegenheit des Pächters, das ganze Gebäude in untadelhaften Stand herzustellen; die Quelle war in diesem Jahr so gesunken, daß am 31. Juli nur zwei Bäder verfügbar waren. Die Angelegenheiten des Klosters selbst wurden in Folge jenes Berichtes der Verwaltungskammer Gegenstand einläßlicher Prüfung bei dem Finanzministerium. Geschichtlich bedeutungsvoll ist der Befund des Domänenchefs Müller v. Friebberg: „Das Kloster Pfäfers ist durch die härtesten Mißgeschicke, das stillste und beste Betragen und das gebuldigste Ausharren unter allen Klöstern der Republik ausgezeichnet; — — in den ersten Zeiten der Revolution erlitt es die demüthigendsten Begegnungen und die gänzliche Beraubung von den aufgeklärten Autoritäten des Staates selbst. Dann war es von seinem Abt gekränkt, der von den Gaukeleien eines exaltirten Patriotismus so zu der anderen Extremität ausschweifte, daß er billig emigriren mußte." [1] Folgt die Schilderung des zweijährigen Militärdrucks, der daherigen Erschöpfung, des Elends und der Entblößung der Religiosen, ihres gebuldigen Ausharrens, ohne sich irgend welcher reaktionären Bewegung hinzugeben. Ihre Klage gehe nicht gegen den Verwalter, wohl aber gegen die Verwaltungskammer in Glarus, welche den Religiosen selbst die vier Monate zuvor ihnen bewilligte Unterstützung vorenthalten habe. [2] In Folge dieses Berichtes wurde durch den Vollziehungsrath die Verwaltung des Klosters unter die unmittelbare Aufsicht des Finanzministers gestellt, der sofort eine Reihe von Verfügungen zur Hebung der Uebelstände erließ, auch die Herstellung des Bades

---

[1] Bei Ausbruch der Revolution stand Fürstabt Benedikt Borler im einundsiebenzigsten Lebensjahr, also bereits im Greisenalter. Es ist kaum anzunehmen, daß er feuriger Anhänger der Revolution war; aber Schwäche mag ihm zur Last fallen.

[2] Bericht des Domänenchefs, vom 1. Oktober 1800.

als Gegenstand besonderer Aufmerksamkeit der Verwaltung mit
Zuzug jenes oben genannten älteren Baudirektors bezeichnete
(Oktober 1800). Bemängelung der Rechnungen des Kloster-
verwalters Peter hatte später die Absendung eines besonderen
Revisors zur Folge. Die Inventarisirung, welche Peter auch
in der Statthalterei Eschen vornehmen wollte, verbot die fürstlich
Liechtensteinische Regierung; „auf dem Reichsterritorium werden
Befehle von Bern nicht respektirt", hieß es da, und Peter
wurde unverrichteter Dinge weggeschickt. Vor der Revolution
und bis zum August 1799 waren im Kloster Pfäfers achtzehn
Religiosen, am 28. Februar 1801 noch dreizehn anwesend. [1] Der
Abt, Benedikt Boxler aus Utznach, hatte, der mit dem Direktorium vereinbarten Abfindung zuwider, nach dem siegreichen
Einmarsch der Oesterreicher im Frühjahr 1799, neuerdings von
dem Kloster Besitz genommen; die zur Deckung der Abfindungssumme von 8000 Gulden [2] angewiesenen Kapitalien wurden
vom Finanzministerium mit Sequester belegt; es kam dann die
Fortdauer jener Konvention in Frage; der Vollziehungsrath bestätigte die Beschlagnahme; der Entscheid über jene Hauptfrage
aber wurde verschoben, bis genannter Abt, der inzwischen nach
Tirol ausgewandert war, dann Aufenthalt in Feldkirch, später
in der Statthalterei in Eschen nahm, sich in der Republik wieder
gestellt haben werde; die Rechtfertigung des Abtes durch einen
Bürger von Utznach, der weitläufig behauptete, daß jene Summe
Eigenthum des Abtes geworden, der Vertrag von ihm durch
bloßen Aufenthalt in Pfäfers nicht verletzt worden sei, fand
keinen Anklang, und der unglückliche Abt hatte ein doppeltes
Ungemach zu tragen: das Bewußtsein unerfüllter Ordenspflicht
und die Entblößung von Unterhaltsmitteln. Seinem Gesuch
aber um Bewilligung zur Rückkehr in die Heimath wurde später
entsprochen, mit Zusage freien Aufenthaltes, den „Distrikt Mels",
dem Pfäfers angehörte, ausgeschlossen. Dem Dekan P. Joseph

---

[1] Tabelle des Verwalters von diesem Tage.

[2] Die Akten im Kantonsarchiv sprechen das einemal von so vielen
Gulden, das anderemal von eben so vielen Franken.

Arnold dagegen, einem Urner aus Spiringen, wurde die Rückkehr in das Stift bewilliget, doch ohne in demselben ein Amt
beskleiden zu dürfen (März 1801). Von diesen Verfügungen
erhielt P. Georg Effinger Kunde in Wien; sogleich verwendete
er sich bei dem Kaiser und dieser ordnete diplomatische Schritte
bei dem ersten Konsul in Paris an. Darauf folgte der Beschluß
der helvetischen Regierung vom 24. September 1801: der Abt
möge in den Distrikt Mels und in das Kloster Pfäfers zurückkehren und, wie vorhin, dessen geistliche Leitung besorgen (Geld
und Gut hatte die Regierung in eigener Hand); dabei aber
solle er weder Reaktion noch Parteiwesen zulassen. Fürstabt
Boxler wurde unter dem Donner des Geschützes und unter
Paradirung des Landmilitärs abgeholt und wieder in sein Stift
eingeführt. [1])

Die aus der Staatsveränderung vom 7. und 8. August
1800 hervorgegangene Regierung der Republik nahm vermöge
ihrer Zusammensetzung und der unglücklichen Erfahrungen ihrer
Vorgänger eine mehr aristokratische Richtung an, hoffte Rettung
in Unterdrückung oder doch Mäßigung der freien demokratischen
Bewegung im Volke; sie hob die Oeffentlichkeit der Berathungen des gesetzgebenden Rathes auf; durch Gesetz vom 12.
September 1800 verbot sie die Fortdauer oder Bildung von
„politischen Gesellschaften", weil sie, selbst bei gutgemeinter
Absicht der Mitglieder, „der Zwietracht und dem Parteigeist
Nahrung" geben, und bedrohte Widerhandelnde, nach vergeblicher Aufforderung zum Auseinandergehen, mit Auflösung durch
amtliche Gewalt. Der Vollziehungsrath errang sich ein Uebergewicht über den gesetzgebenden Rath, was „der Ruhe und
Ordnung", die vorzüglich angestrebt wurden, auch wieder zuträglich war. Aber die Hauptgebrechen des Staatslebens hatten
nicht in diesen untergeordneten Beziehungen ihren Sitz; die
Republik stack, nach wie vor, in finanziellem Elend, hatte trotz
ansehnlicher Verminderung des Repräsentanten= und Beamten-

---

[1]) S. Ild. Fuchs: Biographie von P. Effinger.

heeres und nahmhafter Beschränkung in eigenen Militärbedürf-
nissen große finanzielle Noth, konnte selbst mit starkem Druck
die erforderlichen Geldmittel nicht erschwingen. Der Bezug der
Abgaben aber war schwierig; theilweise Aufstände da und dort,
aus verschiedener Veranlassung, zeigten, daß nur Gewalt den
Gehorsam erzwingen möge, da wo er beharrlich versagt wurde;
und weil die Truppen der Republik mehr verlacht als gefürchtet
wurden, sah sich die Regierung genöthigt, die freien Schweizer
durch französisches Kriegsvolk zur Ruhe zu bringen. Abgesehen
von den Finanzen, war es die Staatsform selbst, welche das
Grundübel aller Unzufriedenheit und aller Erbärmlichkeit war:
man hatte sich in das Einheitssystem verrannt und die leitenden
Geister wollten es nicht aufgeben, obwohl es den Volksgesin-
nungen ganz zuwider war und weder die Anhänger der alten
regierenden Korporationen noch die Bewohner der seit 1798
angeblich frei gewordenen Landschaften befriedigen konnte. Das
Schwergewicht der Lage befand sich daher wesentlich auf Seite
der Verfassungsfrage. Sie wurde abermals an Hauden genommen, aber wieder nicht mit Glück. Die verschiedenen Völkerschaften und Parteigruppen nahmen als bekannt an, daß nach
dem eilften Artikel des Friedensvertrages von Lunéville sie selbst
zur neuen Konstituirung mitzuwirken hätten, sei es an Land-
gemeinden oder durch das Mittel einer konstituirenden Versammlung. [1] Zu den in diesem Sinne Aufgeregten zählten die
Appenzeller beider Rhoden; ihr Sinnen und Trachten ging, wie
jenes der Urkantone, der Graubündner und Anderer, auf Herstellung alter Souveränetät. Pfarrer Knus in Trogen schrieb

---

[1] Der Art. XI jenes Friedensvertrages lautet wörtlich: „Le présent
traité de paix, notamment les articles VIII, IX et XV ci-après, est dé-
claré commun aux Républiques Batave, Helvétique, Cisalpine et Ligu-
rienne. Les parties contractantes se garantissent mutuellement l'indépendance des dites républiques, et la faculté aux peuples qui les habitent,
d'adopter telle forme de gouvernement qu'ils jugeront convenable". Die
angeführten Artikel 8, 9 und 15 betrafen die Uebernahme der Schulden in
neu acquirirten Gebieten, die Aufhebung von Vermögenssequestern und die
Freigebung der Gefangenen und Geiseln.

öffentlich zu diesem Zwecke. Die Gährung brach in helle Flammen aus und machte sich in zahlreichen Versammlungen Luft, so zu Hundwyl am 22. April, auch in Appenzell selbst, von wo aus das Begehren um Landsgemeindebefugniß schriftlich an den Vollziehungsrath gesendet wurde. Der Einmarsch von Exekutionstruppen, zuerst helvetischen, dann französischen Kriegsvolkes, zusammen 1500 Mann, machte den Tumulten ein Ende, nicht aber den Wünschen nach dem Alten und nach der Befreiung von unaufhörlichen Steuerplackereien, gegen welche gleichzeitig auch aus dem Kanton Linth Beschwerde geführt wurde. Verhaftungen und Untersuchungnn folgten, selbst ein Verhaftbefehl gegen Pfarrer Knus, der jedoch wieder zurückgenommen wurde. Zum Schluß ihres Einschreitens mußte sich die Regierung zur Ertheilung einer Amnestie bequemen. Den für Selbstkonstituirung eingenommenen Völkerschaften gegenüber wähnten die helvetischen Machthaber, daß sie vorzugsweise von der Vorsehung bestimmt seien, die Wohlfahrt der künftigen Geschlechter zu begründen; die in der Schweiz tongebende französische Regierung war bedacht, die errungene Vormundschaft über dieselbe zu behaupten und zu eigener Gebietserweiterung bestens auszubeuten; die Verfassungsformen waren ihr Nebensache, höchstens Mittel zum Zweck. Der erste Konsul hielt, wie er selbst sagte, nicht viel auf Verfassungen; und die Schweiz anlangend, sah er eine sklavische Nachahmung französischer Einheitsformen seitens der Schweiz als eine Lächerlichkeit an; ein Mittelding zwischen repräsentativer Einheitsordnung und der ehemaligen aristokratischen Sonderherrschaft schien ihm das Zuträglichste. Die helvetischen Behörden aber hatten nicht in diesem Sinne gearbeitet. Der aus den gemeinsamen Berathungen eines Ausschusses des gesetzgebenden Rathes und des Vollziehungsrathes hervorgegangene Entwurf einer neuen Verfassung huldigte dem Grundsatze eines vollkommenen Einheitssystems. Der gesetzgebende Rath selbst erklärte sich damit einverstanden. Die schweizerischen Föderalisten aber waren, wie immer, solchem Plan ungeneigt. Neben Stapfer fand sich in Paris als außerordentlicher Gesandter ein Mitglied des Vollziehungsrathes selbst, Glayre aus Waadt; dann Rengger, der Minister des Innern, der jenen Verfassungsentwurf nach Paris brachte. Durch die Vermittlung dieser schweizerischen Abgeordneten gelangte der Entwurf zur Kenntniß des ersten Konsuls. Am 30. April 1801 gab dieser den helvetischen Bevollmächtigten seine Ansichten über die Angelegenheit zu vernehmen. Sie bestand in dem, was bereits oben gesagt ist. Im Besitze auch noch anderer Verfassungsentwürfe für die Schweiz, stellte Napoleon Bonaparte jenen Gesandten einen aus diesem seltsamen Magazin mit der Aeußerung zu: dieser scheine ihm der angemessenste Entwurf zu sein. Und siehe, der Verfassungsausschuß des gesetzgebenden Rathes und der Vollziehungsrath vereinigten sich konferenzweise, der Schweiz eine auf dem Entwurfe von „Malmaison"[1]) beruhende Verfassung mit halb föderalistischen Grundlagen zu geben. Der gesetzgebende Rath endlich beschloß, diesen Entwurf einer allgemeinen helvetischen Tagsatzung „zur Annahme" vorzulegen. Dieser Entwurf theilte die Schweiz in siebenzehn Kantone ein, stellte die Urkantone wieder her, löste die Kantone Sentis und Linth auf, gründete einen neuen „Kanton Appenzell", bestehend aus dem alten Appenzell mit Landschaft und Stadt St. Gallen, Toggenburg und Rheinthal, dann einen neuen „Kanton Glarus", gebildet aus Alt-Glarus mit Sar, Werdenberg, Sargans, Gaster, Utznach und Rapperschwyl. Wallis erschien nicht mehr als Kanton, denn der französische Machthaber hatte dieses Land bis hinauf nach Brieg für Frankreich verlangt; der Rest des Oberwalliserlandes bis an die Furka sollte einem benachbarten Kanton einverleibt werden. Die Kantone selbst sollten eigene Organisationen mit einzelnen Verwaltungsbefugnissen erhalten, die sich namentlich auf das Kirchliche und die bloß kantonalen oder lokalen Unterrichtsanstalten bezogen. Reich zugemessen waren die Hoheitsrechte der einen Republik selbst; an ihre Spitze sollte eine

---

[1]) Also genannt, weil Bonaparte die helvetischen Gesandten auf dem Landsitz empfing, der jenen Namen trägt.

Tagſatzung von 79 Kantonsrepräſentanten treten, davon ſechs aus dem neuen Appenzell, fünf aus dem neuen Glarus; als Zwiſchenbehörde wurde ein Senat aufgeſtellt, mit der Verpflichtung, die von ihm ausgehenden Geſetzesvorſchläge den Kantonen zur Annahme vorzulegen; — als vollziehende Behörde ein aus der Mitte des Senats gewählter Kleiner Rath mit einem Landammann als Haupt. Kantons-Tagſatzungen ſollten die kantonale Organiſation beſtimmen und die Repräſentanten an die allgemeine Tagſatzung ernennen; am 22. September 1801 ſollte dieſe in Bern ſich verſammeln. Die beliebte künſtliche Wahlmaſchine wurde nun neuerdings in Bewegung geſetzt; die Munizipalitäten wählten auf 100 Aktivbürger einen Wahlmann; die Wahlmänner verſammelten ſich bezirksweiſe und wählten in ſolcher Vereinigung die Abgeordneten zu den Kantonstagſatzungen, für Neu-Appenzell 37, für Neu-Glarus 27. Dieſe Kantonstagſatzungen, durch Anleitungen über die Ausübung ihrer Verrichtungen ſeitens der Centralbehörde in kleinlichſter Weiſe gemaßregelt und durch eine die Freiheit der Meinungen ſehr beſchränkende Eidesformel mißſtimmt, [1]) verſammelten ſich am 1. Auguſt, ernannten die Abgeordneten zur allgemeinen helvetiſchen Tagſatzung und entwarfen die Organiſationen oder Verfaſſungen der einzelnen Kantone. Die Kantonstagſatzung von Appenzell wählte zu Abgeordneten an die allgemeine Tagſatzung in Bern: den Regierungsſtatthalter J. K. Bolt, den Kantonsgerichtspräſidenten Joachim Pankraz Reutti aus Wyl, den nachherigen Landammann Jakob Zellweger, von Trogen, [2]) den Alt-Diſtriktſtatthalter Joh. Konrad Tobler, aus Heiden, den Diſtriktſtatthalter Joſ. Anton Krüſi, von Appenzell, und den Alt-Bürgermeiſter Kaspar Girtanner, von St. Gallen. Die Kantonstagſatzung von Glarus wählte in gleicher Eigenſchaft: zwei Mitglieder des geſetzgebenden Rathes, Dominik Gmür aus Schänis und Thomas Legler, von Schwanden, den helvetiſchen Finanzrath Karl

---

[1]) S. Tillier, Geſchichte u. ſ. w. II. S. 230 und 231.

[2]) Es war dieſer der Neffe des oben erwähnten Landammanns Jakob Zellweger.

Müller-Friedberg, von Näfels, und die gewesenen Repräsentanten Joseph Bleß, von Flums, und Markus Betsch, von Grabs. Laut erwähnten Organisationen sollte in Glarus ein Kantonsrath von 13 und ein Kleiner Rath von 5, im Kanton Appenzell ein Kantonsrath von 29 und ein Verwaltungsrath von 7 Mitgliedern regieren. Die Organisation für Appenzell trägt den Titel: „Verfassung für den Kanton Appenzell",[1] theilt den Kanton in vierzehn Bezirke (die dreizehn des Kantons Sentis, nebst „St. Johann") ein, bezeichnet die Stadt St. Gallen als den Hauptort des Kantons, schließt die Geistlichen oder „Religionsdiener" von gleichzeitiger Bekleidung eines weltlichen Amtes aus, ertheilt den neu eingezogenen Bürgern das Stimmrecht in den Gemeinden erst nach einer Niederlassungsdauer von einem Jahr, schreibt für alle politischen Aemter einen gewissen Vermögensbesitz vor, führt wenigstens für eine Amtsdauer den Amtszwang ein, läßt die Wahlen für höhere Aemter durch Wahlmänner vornehmen, bestimmt die Amtsdauer des Kantonsrathes (der obersten Kantonsbehörde) auf drei Jahre, weiset diesem (in Uebereinstimmung mit der helvetischen Verfassung) das Recht zu, die Gesetzesvorschläge des helvetischen Senats anzunehmen oder zu verwerfen, eine wichtige Funktion, durch welche das bisherige starre Einheitssystem, wenn nicht gebrochen, doch wenigstens gemildert werden sollte. Diese Verfassung gab dem Kantonsrath im Weitern das Recht, im Namen des Kantons auf eine außerordentliche Einberufung der allgemeinen Tagsatzung anzutragen. Dem Verwaltungsrath waren die eigentlichen Regierungs= (Verwaltungs= und Vollziehungs=) Geschäfte übertragen. Auch ein Erziehungsrath, aus geistlichen und weltlichen Mitgliedern beider Religionsbekenntnisse gewählt, sollte bestellt werden. Neben dieser einheitlichen Leitung des Erziehungswesens wurde die Stadt St. Gallen für Beibehaltung ihrer höheren Schulanstalten und die eigene Wahl der Lehrer an die-

---

[1] Angenommen von der Kantonstagsatzung zu Appenzell am 25. August 1801.

selben privilegirt, stets im Gegensatze zu der für die Katholiken so verderblichen Aufhebung ihrer höheren Schulen. Der Geistlichkeit beider Konfessionen wurde die Abhaltung von Kapitels- oder Synodalversammlungen gestattet, doch unter Aufsicht des Kantonsrathes. Für das leibliche Wohl der Bürger stellt die Kantonsverfassung einen Sanitätsrath auf. Das Volk, hier und anderswo war wenig befriedigt mit diesen neuen Machenschaften, obwohl die Abgeordneten zu den Kantonaltagsatzungen unentgeltlich hatten arbeiten müssen. Zu den weniger Befriedigten gehörten auch die mehr erwähnten ehemaligen katholischen Landesbeamteten von Toggenburg; namentlich fanden sie die dargebotene Garantie für die Erhaltung wohl berechtigter religiöser Selbstständigkeit nicht genügend; doch schien ihnen, nach reifer Erwägung der Umstände, die Absendung einer besondern Abordnung nach Bern, Behufs günstiger Abänderung der einschlägigen Verfassungsbestimmungen, nicht geeignet zu diesem Zwecke; sie beschränkten sich daher darauf, einem der Abgeordneten zur Tagsatzung, dem Wyler Bürger J. P. Reutti, jene Angelegenheit im Namen der katholischen Toggenburger zu nachdrucksamster Verwendung zu empfehlen. Von Schwyz aus gingen Rundschreiben in die Kantone Glarus und Appenzell, welche das Volk für Wiederherstellung der XIII Kantone und der mit solcher verbundenen ehevorigen Staatsordnung gewinnen sollten. In den Urkantonen loderte der altdemokratische Föderalgeist wieder hoch auf und selbst die Sendung Müller's v. Friedberg, der im Auftrage des Vollziehungsrathes sich in den Kanton Waldstätten begab, wo die Mitglieder der Kantonaltagsatzungen meist aus religiösen Bedenklichkeiten [1] die Leistung erwähnten Eides verweigerten, blieb fruchtlos. Die Tagsatzung, unter deren Mitgliedern für Linth oder Glarus sich Müller v. Friedberg befand, versammelte sich am 7. September 1801, eröffnet durch Vinzenz Rüttimann, Mitglied des Vollziehungsrathes. Sie konstituirte sich nach vielen Mühen und Vorberathungen, und bequemte

---

[1] S. Zillier, a. a. O.; II. S. 281.

sich zur Aufnahme der zwei Abgeordneten von Uri und Schwyz, Alt-Landammann Müller und Aloys Reding, obwohl sie als Mitglieder ihrer Kantonaltagsatzungen unter den Eidweigernden gewesen. Die helvetische Tagsatzung trat über das Wesen des Entwurfes selbst ein und beschränkte sich nicht auf eine bloße Abstimmung über Annahme oder Verwerfung desselben; sie handelte und wirkte als konstituirende Versammlung; Reutti wurde Mitglied einer Vorberathungskommission.

Seiner Stellung gemäß konnte und wollte der Fürst von St. Gallen die Versammlung der allgemeinen Tagsatzung nicht vorübergehen lassen, ohne seine und des Stiftes Rechte zu wahren. Er richtete aus seiner Herrschaft Ebringen, wohin er sich von Regensburg begeben, ein ausführliches Schreiben an die Tagsatzung, des wesentlichen Inhalts: er beglückwünsche sie zu dem ehrenvollen Ruf, dem lieben Vaterland eine befriedigende Staatsverfassung zu geben und wolle nicht zweifeln, es werde die Tagsatzung ihrem Werke die Gerechtigkeit zum Grunde legen und hiemit dann auch den bisher an dem Stift St. Gallen verübten Gewaltthätigkeiten und Ungerechtigkeiten ein Ende machen, ihm seine Lande und Gerichtsbarkeiten, nebst allen Zubehörden zurückerstatten. Helvetien als solches habe kein Recht auf die Stiftslande. Laut Bundesbrief vom Jahr 1451 haben vielmehr die vier Schirmkantone sich verpflichtet, Abt, Konvent und Gotteshaus von St. Gallen bei allen ihren Rechten zu schützen; wollten nun diese Kantone das Stift und dessen Haupt seiner Rechte berauben, so wäre solches nicht nur ein Unrecht, sondern überhaupt mit dem biedern Schweizerkarakter nicht vereinbar. Sind die Kantone berechtigt, sich eine „ihnen selbst gefällige" Verfassung zu geben, was er nicht bestreite: so könne ihnen hinwieder das Recht nicht zustehen, einem unabhängigen Reichsfürsten seine Rechtsame und Lande vorzuenthalten und in denselben eine ganz andere Verfassung einzuführen; Fürstabt und Stift tragen alle ihre Rechtsame vom deutschen Reiche zu Lehen, seien daher auch dessen Angehörige; jenes Bündniß vom Jahr 1451 sei nur mit Vorbehalt der kaiserlichen Rechte abgeschlossen

worden, was der Bundesbrief ausdrücklich sage. Der Münster'sche
Friede habe an diesen Rechtsverhältnissen nichts geändert. Daher
haben auch seither die St. Gallischen Fürstäbte jeweilen ihre
Regalien und Weltlichkeiten sammt der Grafschaft Toggenburg
vom Kaiser und Reiche zu Lehen empfangen, bis auf jetzige
Zeiten herab. Zahlreiche kaiserliche Briefe haben vom Jahr 1656
bis zum Jahr 1798, inbegriffen das letztere, die Gerechtsame
des Stifts feierlich in Schutz genommen. Der Lunéviller Friede
räume Helvetien kein Recht auf die St. Gallischen Lande ein,
denn in der Sprache der europäischen Diplomatie seien bis dahin unter der Schweiz die dreizehn Kantone verstanden gewesen;
jene Friedensurkunde aber habe nichts Abweichendes verfügt.
Hierauf gestützt verlange der Fürst die Restitution in alle seine
Rechte, sowie, daß allfälligen Abgeordneten aus den Stiftslanden
keine Theilnahme bei der Berathung einer schweizerischen Verfassung gestattet werde. Mit dem Anliegen des Fürsten gehe
der weitaus größere Theil des treuen St. Gallischen Volkes
einig. Endlich spreche er den Wunsch aus, nach fester Konstituirung der helvetischen Republik neuerdings ein Bündniß mit
derselben abzuschließen. Für den Fall weiterer Vorenthaltung
der stiftischen Rechte wurde Verwahrung ausgesprochen (7. September 1801). Mit einem eben so landesväterlich ernst gehaltenen,
als rührend abgefaßten Schreiben an Bolt und Reutti, Abgeordnete an die Tagsatzung, warnte er diese Männer vor Betheiligung an dem Werke der Konstituirung und ersuchte sie
vielmehr, „als rechtschaffene und pflichttreue Männer" die Rechte
ihres Landesherrn in Schutz zu nehmen. Der Fürst ermangelte
nicht zu erinnern, wie das Stift die Kosten der Landesregierung
aus eigenen Mitteln bestritten habe, das Volk von Staatsab-
gaben gänzlich frei geblieben sei; beklagte auch die vielen Frevel,
die seit Jahren gegen das Stift verübt worden, dessen Beraubung
an allem Eigenthum, die Deportation der einen Konventsglieder,
als ob sie Uebelthäter gewesen, die Behandlung der andern
gleich „Taglöhnern". Die Eingabe des Fürsten an die Tagsatzung wurde als befremdlich angesehen; befremdlich in den

Augen der Leiter und Ausbeuter einer Staatsumwälzung ist alles, was ihren Erfolgen in die Quere kommt oder ihre Genüsse stört. Ja sie waren erbittert, namentlich darüber, daß der Fürst gewagt hatte, seine Lande als ein von der Schweiz ganz unabhängiges Gebiet zu bezeichnen und von diesem Standpunkt aus zurückzuverlangen. Aber der Fürst hatte, dem Wesen nach, doch nichts anderes gethan, als was wenige Monate zuvor die Gemeindekammer von Bern, welche im Juni 1801 dem gesetzgebenden Rath eine Verwahrung gegen die Abtrennung von Waadt und Aargau und gegen den Verkauf der Güter der Stadt Bern übergeben hatte; auch nichts anderes, als was in dieser Zeit Aloys Reding und Genossen im Sinne der Befreiung ihrer Kantone vom helvetischen Joche gethan hatten; den nämlichen Aloys Reding aber werden wir nächstens an der Spitze der Schweiz stehen sehen. Ja der Fürst steht tadelloser da, als manche Andere während der helvetischen Umwälzung: er reklamirte; Andere griffen vor und nach dieser Zeit auf dem Wege der Gewalt ein und machten die sogenannten Staatsstreiche. Die Forderung des Fürsten konnte in den Augen unbetheiligter Drittleute als eine durch das positive Recht begründete erscheinen: das St. Gallische Fürstenthum war mit der Schweiz (oder einzelnen Theilen derselben) nur durch den Vertrag von 1451 verbunden; hielt man ihn nicht, so trat es in seine frühere Stellung zurück, und das war die nie aufgehobene oder aufgegebene Stellung zum Reich; war die helvetische Republik in den Besitz der fürstlichen Lande gekommen, so war solches nur auf dem Wege der Gewalt und französischer Eroberung geschehen, die dem positiven Recht keinen Eintrag thun konnten; die dazwischengetretenen sogenannten Unabhängigkeitserklärungen aber waren, aus mehrfach angegebenen Gründen, nach der Anschauung des Fürsten null und nichtig. Die politischen Freunde des Fürsten in den St. Gallischen Landen waren gleichwohl in Folge seiner Schritte zuerst betroffen und entmuthiget; sie hatten nemlich in dem Gebahren der helvetischen Regierung seit einiger Zeit das Eintreten mehrerer Milde gegenüber den schweizerischen

Klöstern wahrzunehmen geglaubt, daher Restaurationshoffnungen auch für das Stift St. Gallen genährt, deren Erfüllung sie nun erschwert sahen. Anderseits hatten sie die Herstellung stiftischer Souverädnetät überhaupt als unmöglich angesehen, der Masse reformirter Umgebungen wegen, dann weil ein großer Theil der Stiftsangehörigen, selbst reformirt, der geistlichen Regierung entschieden abgeneigt, viele Katholiken hinwieder derselben nur darum zugethan waren, weil sie unter derselben des zeitigen Abgabendruckes los zu werden hofften, und da endlich die helvetische Regierung zwar gründlich verhaßt, aber bei den Meisten das Streben überwiegend war, die durch die Staatsumwälzung von 1798 aufgehobene Unterthaneuschaft nicht wieder zurückkehren zu lassen. Dieser Anschauungen ungeachtet waren jene Freunde des Fürsten weit entfernt, seiner Handlungsweise grundsätzlich entgegen zu stehen; einer der Zeitgenossen selbst führt als Erklärung und Rechtfertigung derselben zur Beachtung an: „daß der Fürst, dessen hohe Religiosität und Selbstgenügsamkeit von seinen Feinden selbst bewundert wurde, diese Ansprache (auf Wiedereinsetzung in seine landesherrlichen Rechte) keineswegs aus persönlicher Herrschsucht machte, sondern nur aus innerstem Pflichtgefühl und aus den oft von ihm geäußerten Gründen: weil das Stift St. Gallen, der Landesherrlichkeit beraubt, zum Unterthan jeweiliger Regierung werde, von deren Grundsätzen, Stimmung oder Veränderung es dann abhängen werde, unter welchen beengenden Vorschriften es noch fortbestehen oder gar aufgelöset werden soll". [1] Die nachfolgende Geschichte der schweizerischen Klöster bis zur Aufhebung des Klosters Rheinau im Jahr 1862 gibt den Kommentar zu den Anschauungen des Fürsten Pancratius von St. Gallen. Und gerade in jener Zeit, der Versammlung der allgemeinen Tagsatzung von 1801 unmittelbar vorangehend, war eine der giftigsten Schmähschriften gegen die Klöster veröffentlicht worden, welche deren allgemeine

---

[1] S. Falk: „Beitrag zur Geschichte der Auflösung des Klosters St. Gallen". Wörtlich ausgezogen.

Aufhebung verlangte.¹) Die Tagsatzung schritt am 30. September über das Begehren des Fürsten zur Tagesordnung und beauftragte den Vollziehungsrath, gegen die Emissarien des Abtes, die seine Verwahrungen im Lande verbreiteten, polizeilich einzuschreiten. In Folge dessen erging gegen den Bruder des Fürsten, Karl Vorster, Offizier in k. sizilianischen Diensten, der früher in Paris, nun in Bern, die Ansprüche des Fürsten zu empfehlen bemüht war und der Unterstützung der dortigen spanischen Gesandtschaft sich freute, ein gleicher Ausweisungsbeschluß, wie vorangehend gegen den fürstlichen Agenten Müller (Oktober 1801). Solche Machtentfaltung war ein Leichtes; aber wie verhält sich dagegen die unterthänige Kriecherei der Lenker der neuen Republik gegen die französischen Machthaber und ihre Generale, welch letztern sie, zur Schande der ganzen Schweiz, Jahre lang sogar die Schlüssel der Hauptstadt „Helvetiens" in den Händen gelassen haben?!

Das Ergebniß der Berathungen der allgemeinen Tagsatzung über die neue helvetische Staatsverfassung war wesentlich unitarisch. Sechszehn Abgeordnete, zuerst die drei der Urkantone, unter ihnen Aloys Reding, dann dreizehn andere (unter diesen Zellweger aus Appenzell A. R.) schieden deßhalb, und nachdem die verlangte Rückkehr zum föderalen System abgelehnt worden, mit offiziellem Geräusch aus (9. und 17. Oktober).²) Die

¹) „Was waren die Mönche Helvetiens vor und während der Revolution; und was soll jetzt aus ihnen werden? 1801". Ganz anonym; selbst ohne Angabe des Druckortes.

²) Von dieser Tagsatzung ist in einem dem Verfasser gefälligst mitgetheilten Tagebuch jener Staatsmänner, welche im Winter von 1802 auf 1803 auf der Festung Aarburg gefangen gehalten wurden, Folgendes zu lesen: „Dieselbe war meistens aus dem Revolutionstroß besetzt, der mit einer Halsstarrigkeit am Einheitssystem hing, daß keine Modifikationen angenommen werden wollten. Von Seite der Föderalisten hätte man sich damals manches Opfer gefallen lassen, zu dem man jetzt nicht mehr geneigt ist. Aber da hieß es: die Kantone müssen vom Centrum ausgehen, nicht das Centrum von den Kantonen". — Müller v. Friedberg, als Unitarier wirkend, wollte diese seine Haltung durch die von seinem Kanton (Glarus) empfangenen

Mehrheit der Uebrigen schritt gleichwohl zum Finalabschluß, sprach durch diesen die Genehmigung des Geworbenen aus und machte einen Anfang von Vollziehung, durch Wahl der dreißig Mitglieder des Senats. Unter dessen Mitgliedern finden wir Müller v. Friedberg für Glarus, Julius Hieronymus Zollikofer aus St. Gallen und Graf aus Appenzell für den neuen Kanton Appenzell, sämmtlich aus jener Mehrheit gezogen, welche bei der Festsetzung der Verfassung den Ausschlag gegeben. Die neue Verfassung, unter dem Datum des 23. Oktober 1801 veröffentlichet, gab den Kantonen nur einen Schatten von Selbstständigkeit, setzte selbst den Bestand ihres Gebietsumfanges der Abänderung durch die Gesetzgebung aus. Eine der Hauptforderungen der Gegner der helvetischen Ordnung, der Fortbestand der Zehnten, war abschlägig beantwortet; und nicht nur dieses: die Verfassung schrieb selbst den Loskauf vor, und zwar, wie ihre Tadler erachteten, zu höchst niedrigem Anschlag. Sie zentralisirte den höheren Unterricht; die beiden christlichen Religionsbekenntnisse erhielten zwar Garantien für den freien Kultus und das Kirchengut, welche sich in den frühern Verfassungen nicht fanden; aber daneben sprach sie eine allgemeine Religionsfreiheit aus, die Manchem wieder nicht genehm war. Föderalisten und Geistlichkeit blieben daher unbefriedigt. Der wichtigste Beweggrund für Geltendmachung dieser Unzufriedenheit mochte aber in dem Umstande liegen, daß der Senat bloß aus Einheitsfreunden bestellt worden. Die Mißstimmung der Geistlichkeit rührte theilweise von ihrer in Folge der frühern Aufhebung des Zehnten eingetretenen ökonomischen Entblößung her. Neben der Tagsatzung saßen in Bern die frühern Zentralbehörden: der Vollziehungsrath und der gesetzgebende Rath; eine Minderheit des letztern, nebst zwei Vollziehungsräthen, Dolder und Savary, im Einverständniß mit dem französischen Gesandten und unterstützt durch den in Bern Hauptquartier haltenden Befehlshaber

---

Instruktionen rechtfertigen; aber die Glarner wollten hievon nichts wissen und stellten die Instruktionsertheilung ganz und gar in Abrede.

der französischen Truppen, vereinigten sich zum Sturz der neuen
Verfassung, der Tagsatzung und des neu gewählten Senats
zugleich, und bedienten sich hiezu französischer und helvetischer
Truppen, welch letztere unter die Befehle des Generals Andermatt aus Zug gestellt waren. Mißfällige Mitglieder waren
von der Theilnahme an der Berathung ausgeschlossen worden.
Die formelle Fassung erhielt der Beschluß durch Genehmigung
von siebenzehn Mitgliedern gegen sechs; unter den letztern war
Repräsentant Schlumpf, der mit weitläufiger, doch naturwüchsig
gehaltener Erklärung seine Opposition schriftlich begründete. Der
Gewaltstreich war unter der besondern Leitung der genannten zwei
Vollziehungsräthe in der Nacht vom 27. auf den 28. Oktober
und an letzterm Tage durchgeführt worden. Unter den von der
Berathung ausgeschlossenen Mitgliedern des gesetzgebenden Rathes
fanden sich Dominik Gmür und Graf, die deßhalb nebst ihren
in gleicher Weise mißhandelten Kollegen gegen das Geschehene
öffentliche Verwahrung aussprachen. Vorwand des Staats-
streiches war: die Tagsatzung habe eine andere Befugniß nicht
gehabt, als entweder Annahme oder Verwerfung des Ver-
fassungsentwurfes vom 29. Mai 1801 auszusprechen; statt sich
auf diese Verrichtung zu beschränken, habe sie sich eigenmächtig
zur konstituirenden Versammlung aufgeworfen. Aber auch abgesehen hievon sei sie seit dem Austritt der Sechszehn aus ihrer
Mitte überhaupt nicht mehr in der Stellung gewesen, Namens
des helvetischen Volkes als allgemeine Tagsatzung zu sprechen.
Die zersprengten Gegner aber erwiederten: es sei durch nach-
trägliches Gesetz vom 2. September 1801 der ursprüngliche
Auftrag der Tagsatzung in solcher Weise erweitert worden, daß
sie nach Gutfinden in eine Abänderung des Entwurfes habe
eintreten mögen und daß das Ergebniß solcher Berathung als
rechtskräftig angesehen werden mußte. Viele Männer in höheren
Stellungen legten nun ihre Aemter nieder, unter ihnen Bolt,
der bisherige Statthalter von Sentis; Gschwend, der zur gewaltsamen Staatsveränderung mitgeholfen, wurde dessen Nachfolger. Von nun an regierte, unter Leitung Dolder's, ein neuer,

von den Siegern bestellter Interimsjenat, der sich am 2. November
konstituirte. Auch dieser hatte wieder die Aufgabe erhalten und
übernommen, für die Schweiz eine neue Verfassung zu entwerfen;
bis dahin wurde der Entwurf vom 29. Mai 1801 als Verfassung der Republik verkündet. Die aus der Staatsveränderung
vom 7. August 1800 hervorgegangenen Behörden, wie die im
Sommer 1801 ernannte allgemeine Tagsatzung, verschwanden;
dreiundvierzig Mitglieder der letztern hatten zuvor die geschehene
Auflösung als widerrechtlich erklärt, mit Beifügen, daß sie nur
der Gewalt gewichen seien. Gschwend trat in St. Gallen sein
Statthalteramt mit einer Proklamation an, welche die Ereignisse von Bern als „glückliche" pries. Zollkofer wurde an
Meßmer's Stelle Präsident der Verwaltungskammer, und Gallus
Schlumpf, aus seiner politischen Stellung verdrängt, trat in
den Privatstand zurück. Lokales Unglück kehrte auch in diesen
Zeiten ein; ein großer Brand in der Nähe der neuen Kirche
verzehrte in Altstätten 47 Firsten (21. August 1801).

In stetem Zerwürfniß über die Verfassungsfrage, ohnmächtig, was bisher als Verfassung galt, ohne die gehässigsten
Gewaltmittel handhaben und vollziehen zu können, dem In- und
dem Ausland das traurige Bild der Zwietracht darstellend, wenn
es sich um Abänderung oder Verbesserung der Verfassung handelte, die politischen Heilsvorschriften aus der Hand eines
fremden Machthabers empfangend, eben so kraftlos in Vollziehung der Gesetze, wie weit sie mit den ehevorigen Zuständen
in Widerspruch traten, konnte doch die helvetische Regierung von
ihrem Hang zu übereilten Reformen und unpraktischen Neuerungen
nicht lassen. Während die Kantonaltagsatzungen die Organisationen oder Verfassungen für die einzelnen Kantone entwarfen
und die Wahlen für die allgemeine Tagsatzung trafen, erließ
unter Vorsitz des Repräsentanten Dominik Gmür, von Schänis,
der gesetzgebende Rath ein Gesetz für Einführung gleichen Maßes
und Gewichtes (4. August 1801) und war dabei noch unglücklicher als in den meisten anderen Schöpfungen der helvetischen

Periode. Dieses Gesetz nimmt den vierhundertmillionsten Theil des Meridianumfanges der Erde unter dem Namen „Hand" als Einheit für das Längenmaß an; aus diesem ergab sich für das Flächenmaß die „Quadrathand", für das körperliche Maß die „Kubikhand". Das Gewicht des in der „Kubikhand" enthaltenen „Wassers von der größten Dichtigkeit" ergab das „Pfund" als Gewichteinheit. Die Abtheilungen aller Maße und Gewichte hatten dem Dezimalsystem zu folgen, so daß jedes Maß und Gewicht, das einen besonderen Namen führt, jeweilen das Zehnfache des vorangehenden kleineren betragen mußte. So entstand nachstehende Reihenfolge der Längenmaße: „Linie, Zoll, Hand, Stab, Kette, Schnur, Strecke, Meile". Die Flächenmaße, als Quadrate der Längenmaße, erhielten die gleichen Bezeichnungen mit dem Vorwort „Quadrat"; die „Quadratschnur" konnte auch „Morgen" genannt werden. Die Abtheilungen der körperlichen Maße hießen: „Kubikzehntel, Kubikhand, Kubikzehner, Kubikhunderter, Kubikstab". Die Maße für flüßige Materien hießen: „Glas, Kanne, Eimer, Saum, Faß"; für trockene Materien: „Löffel, Becher, Scheffel, Sack, Malter". Die Namen der Gewichte waren: „As, Gran, Skrupel, Drachme, Loth, Unze, Pfund, Stein, Zentner". Der vollziehenden Gewalt ward anheimgestellt, für jeden Kanton oder Bezirk die Zeit der Einführung zu bestimmen. Die St. Gallischen Lande blieben frei von dieser Neuerung. Die Einführung unterblieb auch in den übrigen Theilen der helvetischen Republik.

Fünfter Abschnitt.

Die Föderalisten mit Aloys Reding an der Spitze. Reding's Verhandlungen mit dem Konsul Bonaparte in Paris für Wiederherstellung schweizerischer Selbständigkeit. Verstärkung des helvetischen Regierungspersonals zu Gunsten des Einheitssystems. Stimmung und Bestrebungen im St. Gallischen. Neue helvetische Verfassung vom 26. Februar 1802; durch dieselbe ein Kanton St. Gallen nach seitherigem Gebietsumfang projektirt. Sie kommt nicht zur Ausführung. Neuer Staatsstreich vom 17. April; Reding wird verdrängt. Die Notabelnversammlung. Ihr Verfassungsentwurf, mit Wiederaufhebung des Kantons St. Gallen. Momentane Räumung der Schweiz durch die Franzosen. Des Fürsten von St. Gallen Restaurationsmühen in Paris. (November 1801 bis August 1802.)

Dem helvetischen Volk wurde die Einsetzung des Senats durch übliche Proklamation angezeigt (6. November). Diese Mittheilung gedachte der traurigen Lage des Landes; des verheerenden Krieges, der alle Hülfsmittel erschöpft habe; der ungeheuren durch Mangel an Sparsamkeit und irrige Finanzsysteme aufgehäuften Schuldenlast; der nothwendigen Verbesserung der allgemeinen Verfassung sowohl als der einzelnen Kantonsverfassungsentwürfe; der Wünschbarkeit endlicher Niederhaltung des Parteigeistes. Die Bürger wurden zur Mäßigung in ihren Erwartungen und Forderungen ermahnt, besonders dazu, nicht mehr die Befriedigung des Eigennutzes in unrechtmäßiger Abschaffung schuldiger Beschwerden zu suchen, mit denen sie ihre Güter erkauft hätten. Dagegen versprach die Regierung Sparsamkeit in allen Finanzzweigen, besonders auch Abschaffung unnöthiger Beamtungen, Handhabung der öffentlichen Ruhe und Ordnung, entschlossenes Einschreiten gegen Ruhestörer und sorgfältige Wahrung guten Wohlvernehmens mit dem mächtigen Beherrscher Frankreichs. Für Erreichung der Zwecke innerer Beruhigung wurden abwechselnd Maßnahmen der Milde und der Strenge ergriffen. An die Stelle des früheren beschränkten Amnestiegesetzes ließ die Regierung eine allgemeine Amnestie treten für alle politischen und Militärvergehen seit Anfangs 1798. Allen und Jeden, die aus diesen oder anderen Gründen seit jener Zeit die Schweiz verlassen, wurde die freie Rückkehr bewilliget, gegen die einzige Bedingung, durch Handgelübde den Unterstatthalter des Gehorsams gegen die bestehenden Gesetze und der Treue gegen die Regierung zu versichern (18. November). Gegen die Klöster trat schonendere Behandlung ein, in Folge dessen der größere Theil der Benediktiner von Einsiedeln, obwohl früher die förmliche Aufhebung des dortigen Klosters ausgesprochen worden, auch der Fürstabt selbst, in dasselbe zurückkehren konnten, wogegen Dieser und Jene nichts anderes zu leisten hatten, als das eben erwähnte, durch das Amnestie-Dekret verlangte Versprechen.[1]) Der Prälat wurde bei seiner Rückkehr in das bereits zum Theil wiederhergestellte Kloster mit vielen Freudenbezeugungen aufgenommen (12. Januar 1802). Die Regierung schritt anderseits mit strengen Maßnahmen gegen die Presse ein und unterbrückte das ihr gefährlichste gegnerische Blatt, welches unter Leitung und vorzüglicher Mitwirkung Usteri's erschien; ja auch Zschokke, der damalige Statthalter in Basel und selbst einer der thätigsten Schriftsteller und Publizisten, stellte sich unter die geschäftigen Helfer der neuen Regierung und schritt gegen den Druck und die Verbreitung mißfälliger Blätter oder Flugschriften ein, indem er einem Buchhändler in Basel mit Versiegelung seiner Presse drohte, falls er nicht sofort alle bei ihm liegenden oder bei ihm gedruckten Blätter gegen die Oktober-Ereignisse an die Polizei ausliefern würde. Dem „Volksfreund für den Kanton Sentis" und anderen Blättern wurde die amtliche Geldunterstützung entzogen. Auch wurden manche Aenderungen in der Beamtenschaft vorgenommen, damit die Regierung mit ergebenen Organen arbeiten könne. Die

---

[1]) Frühere Geschichtschreiber sprechen von einer bei diesem Anlaß gegebenen Verzichtleistung des Abtes von Einsiedeln auf politisches Herrscherrecht, aber ohne Beurkundung dieser Angabe. Wesentlich wurde diese gemacht, um das Verhalten des Abtes von Einsiedeln in vortheilhaften Gegensatz zu demjenigen des Abtes von St. Gallen zu stellen. Aber in St. Gallen waren keine Reding, dort die Verhältnisse überhaupt ganz anders gestaltet als im Kanton Schwyz.

Stelle eines Statthalters von Waldstätten wurde vollends auf-
gehoben; es wurden die Distriktsstatthalter in den Urkantonen
und Zug als selbstständige Statthalter bezeichnet, was dem
Unabhängigkeitssinn dortiger Bevölkerungen nur willkommen sein
konnte. Nach nothwendig gewordener Ergänzung des Senats
schritt derselbe zur Einsetzung der Vollziehungsbehörde nach
Vorschrift der mehr erwähnten Verfassung vom 29. Mai 1801;
Aloys Reding wurde zum ersten, der Berner Frischling von
Rümlingen zum zweiten Landammann ernannt; an vier andere
Senatoren wurden die Departemente des Innern, der Justiz,
der Finanzen und des Kriegswesens vergeben (21. November).
So stand demnach der gefeierteste Mann der Urkantone, der
persönliche Repräsentant der alten Demokratie und des Föderα-
lismus, an der Spitze jenes Einen Staates, den die Verfassung
noch immer die „helvetische Republik" nannte, ihm zur Seite
ein Mann aus jener Städtepartei, welche der Volksherrschaft
wie dem Unitarismus gleich ungünstig war. Diese beiden
Männer bildeten mit den vier beigegebenen Departements-
vorständen, unter welchen auch der unvermeidliche Dolder aus
Aargau sich wieder fand, den Kleinen Rath. Reding war nicht
bloß Präsident, sondern das Haupt des Staates, mit wichtigen
Kompetenzen ausgestattet; so ernannte er selbst den Staatssekretär, dem unter spezieller Leitung des Landammanns die
Besorgung der auswärtigen Angelegenheiten zufiel, und zwar
aus dem Berner Patriziat. Die Erhebung Reding's zum höchsten
Staatsamte wurde in den Urkantonen, in Schwyz zumal, festlich
gefeiert; in der Stadt Bern durch öffentliche Beleuchtung. Aber
die Aufgabe der Zeit überstieg auch den Muth, die geistige
Frische und die politische Unverdrossenheit jenes Staatsmannes.
Er und die Regierung sollten zwei sich schroff gegenüberstehende
Parteien befriedigen: jene, welche ihr Heil nur vom Föderalismus erwarten wollte, dann jene andere, welche noch immer für
die Ideale der Einheit schwärmte, obwohl alle Versuche sie
durchzuführen mißglückt waren. Darüberhin sollte sie sich mit
dem damaligen Ordner der Weltgeschicke nicht bloß vertragen,

sondern wo möglich in freundliches Verhältniß setzen. Der Landammann Reding begab sich zu diesem Ende, unter Billigung des Senats, selbst nach Paris; diese Mission war um so nöthiger, als dem zuvor durch den Landammann für dieselbe bezeichneten Bernhard v. Dießbach aus Bern von der französischen Gesandtschaft die Pässe verweigert worden waren. Reding wurde vom Konsul Bonaparte auf die schmeichelhafteste Weise empfangen. In langer Audienz behandelte dieser mit dem helvetischen Landammann alle Hauptanliegen, deren Befriedigung diesem im Interesse der Schweiz von überwiegender Wichtigkeit schien; hieher gehörten: die Anerkennung der aus der jüngsten Veränderung hervorgegangenen helvetischen Regierung, die Räumung der Schweiz von französischen Truppen auf Begehren des ersten Landammanns der Schweiz, die Herstellung der alten Schweizergrenze (Vereinigung von Biel, Neuenstadt, Tessenberg, Erguel und Münsterthal mit der Schweiz), endlich die Gewährung der alten Neutralität. Ueber diese Punkte schien Reding die gewünschte Vereinbarung gewonnen zu haben. Ebenfalls versprach der erste Konsul seine Dazwischenkunft bei den übrigen Mächten Europa's für die Anerkennung der Unabhängigkeit und Neutralität der helvetischen Republik; manch Anderes mehr, was ökonomische Interessen beschlug, so die Annahme eines Theils der für die schweizerischen Lieferungen an die französischen Armeen ausgestellten Gutscheine an Zahlungsstatt für das an die Schweiz zu verkaufende französische Salz. Aber Bonaparte war nicht gewohnt, ohne Gegenwerth zu geben. Die Partei, welche eben am Ruder saß, war ihm nicht unbedingt genehm; er wollte ihr ein Gegengewicht aus den Einheitsfreunden aufstellen und machte daher zu den angeführten wichtigen Zugeständnissen die Bedingung, daß sechs neue Mitglieder in den Senat aufgenommen und diese sogleich in den auf eilf Mitglieder zu vermehrenden Kleinen Rath gezogen werden. Reding fügte sich in diesem Punkt und die Bezeichnung der Zuzüger geschah in Paris, nicht ohne seine eigene Mitwirkung. Aber Reding brachte seinerseits auch Fragen auf das Tapet, welche dem Konsul mißfällig sein mußten, so die Wiedervereinigung von Waadt mit Bern, die aus jenem Land in diesen Tagen mit 17,596 Unterschriften verlangt wurde, ein Vorhaben, welches der neue Cäsar mit der ihm eigenen schneidenden Härte zurückwies. Mußte in Folge dessen und konnte Reding von dieser Anregung hinweggehen, da sie von seiner Hauptaufgabe, der neu zu gründenden Selbstständigkeit der Schweiz, unabhängig war und wesentlich nur das Machtinteresse Bern's beschlug, so wollte und durfte er hinwieder bezüglich eines anderen Gegenstandes keine Nachgiebigkeit zeigen. Im Laufe der fortgesetzten Unterhandlung, die nach jener Audienz mit dem Ministerium des Auswärtigen gepflogen wurde, kam auch die Angelegenheit von Wallis zur Sprache. Napoleon Bonaparte hatte nemlich sein scharfes Auge auf Wallis geworfen und ließ erklären: daß es mit der durch den Allianzvertrag vom J. 1798 zugesicherten Militärstraße sein Bewenden nicht haben könne, da eine solche in einem neutralen Lande nicht angehe, und daß er deßhalb zu Gunsten Frankreichs die Abtretung des linken Rhoneufers von Brieg bis an den Genfersee hinab verlangen müsse (eine Forderung, die mit der Abtretung des ganzen Wallis gleichbedeutend war). Reding, der sich kräftig für Erhaltung des Wallis als schweizerischen Gebietstheils verwendete, erregte durch diesen patriotischen Widerstand, welcher allein schon und abgesehen von den früheren Verdiensten Reding's um die Landesvertheidigung, gegenüber den schmachvollen Kriechereien anderer helvetischer Zeitgenossen vor den jeweiligen Machthabern Frankreich's, einen Ehrenkranz werth war, eine so tiefgehende Abneigung des ersten Konsuls gegen den Abgeordneten, daß sie entscheidend auf die künftigen Geschicke der Schweiz einwirkte. Daß dann Reding zuletzt seinen Widerstand in die mildere Form eines Vorschlags hüllte, die Lösung der Trennungsfrage den Wallisern selbst zu überlassen, konnte die nun getrübten gegenseitigen Beziehungen nicht besser machen, denn Bonaparte wußte eben so gut als Reding, daß die Walliser, viel schweizerischer gesinnt als die damaligen Waadtländer, der Ablösung von der Schweiz mit Herz und Hand entgegen waren. Die Verhandlungen schlossen mit einem stolzen Brief, den der Herrscher an der Seine am 6. Januar 1802 an den helvetischen Landammann erließ, und in welchem unter vielen phrasenhaften Räthen für das Wohl der Schweiz dasselbe ganz vernehmlich von der Schutz-herrschaft Frankreich's abhängig erklärt wurde, endlich mit einer Abschiedsaudienz vom gleichen Tag, in welcher zu Gunsten der Schweiz die früheren Zusicherungen über die mancherlei Ver-handlungspunkte wiederholt wurden. Reding traf am 17. Januar wieder in Bern ein und wurde dort unter dem Geläute aller Glocken jubelnd empfangen.

Urkundlich Abgeschlossenes hatte Reding nichts mitgebracht; aber die Schweizer glaubten den wiederholten Versicherungen Bonaparte's trauen zu dürfen, zumal sie noch durch diplomatische Erklärungen an den ordentlichen Gesandten Stapfer bestätigt worden waren. Also schritten sie, um die wirkliche Erfüllung der französischen Zusagen zu erhalten, zu einer neuen Regierungs-veränderung: der Kleine Rath wurde auf eilf Mitglieder ver-mehrt mit zwei Landammännern und zwei Statthaltern an ihrer Spitze. So kamen ausgezeichnete Unitarier wieder in die Re-gierung: die Rengger, Rüttimann, Kuhn, Schmidt, Escher, Füßli. Zum Landammann für 1802 wurde Reding, zu einem solchen für 1803 der Senator Rengger ernannt, Rüttimann und Hirzel zu Statthaltern. Die Regierung Frankreichs war nun befriedigt; jene der Schweiz aber konnte es noch nicht sein. Reding ver-langte in einem Schreiben vom 11. Februar an den ersten Kon-sul die Erfüllung der ihm zu Handen der helvetischen Regierung gemachten Zusagen, indem er dieselben der Reihe nach in Erin-nerung brachte. Auf diese wichtige Zuschrift konnte Reding keine Antwort erhalten; unter den in derselben aufgeführten Begehren war jenes um endliche Zurückziehung der französischen Truppen aus der Schweiz enthalten. Willfahr in letzter Hinsicht konnte um so mehr gefordert werden, als schon in Folge des Lune-viller Friedens und der durch selben anerkannten selbstständigen völkerrechtlichen Stellung der helvetischen Republik, dann der seitherigen weitern Friedensverträge unter den europäischen Staa-

ten, England inbegriffen, mit dem eben die Unterhandlung ob-
schwebte, die Räumung der Schweiz von den französischen Truppen sich als selbstverständlich herausstellte.

Mittlerweile waren in Bern die Verfassungsarbeiten neuerdings aufgenommen worden und hatte sich ein Senatsausschuß
damit beschäftigt. Im Volk aber regte es sich inzwischen auch.
Die gewaltsame Staatsveränderung vom 28. Oktober 1801
hatte auf die Kantone zurückgewirkt; veränderte kantonale Eintheilung und kantonale Organisationen wurden betrieben. Im
Gegensatz zu dem nach der Verfassung vom 29. Mai 1801
gestalteten „Kanton Appenzell" wünschte die Stadt St. Gallen
einfach mit der alten Landschaft und Toggenburg verbunden,
dann des also gebildeten neuen Kantons Hauptort zu werden.
Siebenzehn Munizipalbeamtete des Distriktes Wyl dagegen, vom
Unterstatthalter nach Wyl berufen, erklärten sich einmüthig gegen
den Stadt St. Gallischen Antrag und für weiteres Abwarten
einer endlichen Lösung der allgemeinen schweizerischen Verfassungsfrage, jedenfalls wünschend, den Kanton lieber vergrößert als
verkleinert zu sehen. Mit diesen beiden Strebungen im Widerspruch wünschten die angesehensten und einflußreichsten Männer
der ganz katholischen alten Landschaft und besonders des katholischen Toggenburgs, daß die mit eigenen Hülfsmitteln wohl
ausgestattete und ganz reformirte Stadt St. Gallen wieder, wie
ehevor, in selbstständiger Stellung einen gesonderten Theil der
Schweiz bilden sollte; auch hielten sie, für Befestigung der
Ruhe und Ordnung in den paritätischen Kantonen, wegen Un-
gleichheit der Ansichten und Bestrebungen, für nothwendig, Katholiken und Reformirte, wie es bis 1798 in den Kantonen
Glarus und Appenzell gewesen, auch in Sachen der politischen
Regierung zu trennen und jeden Theil von dem andern unabhängig zu machen. Weiter lag auch in den Wünschen jener
Männer, daß die St. Gallischen Ordinariatslande nicht mit
andern Gebieten möchten zusammengestoßen werden, auf daß
jene nicht in die Lage kämen, in den vom Klostervermögen herrührenden Nutzungen beeinträchtiget zu werden; gleiches Anliegen

in Bezug auf allfällig herzustellende Klosterschulen; sie wollten sie für ihre eigenen Gebiete allein, nicht mit andern gemeinsam. Ja die gleichen Notabeln gingen noch weiter: sie sahen es als eine Sache der Gerechtigkeit an, daß das Stift St. Gallen wieder hergestellt werde und daß im Fernern, für Sicherung des Fortbestandes des Klosters und des für die Führung der Ordinariatsgeschäfte nöthigen Ansehens, dem jeweiligen Abt einiger Antheil selbst an der Regierung eingeräumt werde, wobei sie auf die politischen Berechtigungen des Bischofs von Sitten hinwiesen, wie solche vor der helvetischen Staatsumwälzung in Wallis bestanden. Nachdem Reding den helvetischen Landammanns-Stuhl bestiegen, wollten jene Männer, voller Hoffnung auf die Gesinnungen und den Einfluß dieses Magistraten, ihm ihre Wünsche, vornehmlich der Kantonaleintheilung halber, durch einen eigenen Abgeordneten vortragen lassen. [1] Allein in Bern war inzwischen die Sache schon zum Abschlusse reif geworden und wirklich abgeschlossen worden. Eine schwache Mehrheit des Senats beschloß und erließ eine neue Verfassung für die helvetische Republik (26. Februar 1802), und zwar wieder auf Grundlage des Einheitssystems. Durch diesen Entwurf wurden zum zweitenmal die Kantone Linth und Sentis, und zwar gründlicher als im Entwurf vom Jahre 1801, beseitiget, dann Glarus und Appenzell in ihren alten Grenzen hergestellt, weil von beiden Seiten her die Trennung von andern Gebieten emsig betrieben worden, und endlich aus allen östlichen Landestheilen, welche durch diese Ablösung verfügbar geworden, jener „Kanton St. Gallen" gebildet, wie er nun seit mehr denn einem halben Jahrhundert besteht. Er trat mit jenem Verfassungsstatut, wenn auch vorläufig nur vorübergehend, auf die Weltbühne. Im Entwurf ist der „Kanton St. Gallen" als der vierzehnte von einundzwanzig Kantonen, aus denen ganz Helvetien bestehen sollte, bezeichnet wie folgt: „St. Gallen, Stadt und Landschaft, vergrößert durch das Toggenburg und das

---

[1] Fäsi: Kurze Darstellung der politischen Vorgänge im Toggenburg.

Rheinthal, nebst Sar, Gams, Werdenberg, Sargans, Gaster, Uznach und Rapperschwyl". Wallis, obwohl thatsächlich bereits eine Beute des französischen Verbündeten, ist in dem Entwurf ebenfalls als Kanton bezeichnet. Ja noch mehr. Den von Reding in Paris gepflogenen Vereinbarungen zufolge wurde ausdrücklich die Aufnahme noch anderer Gebiete in die helvetische Republik vorbehalten, was sich auf Biel und andere westliche Landschaften bezog. Nach der Gebietseintheilung folgte zunächst der inhaltschwere Abschnitt über „Religion und Kirchenwesen", welcher mit dem revolutionären, religionslosen Staat, wie ihn die erste helvetische Verfassung im Auge hatte und durchführen wollte, in der Wesenheit brach, beide christliche Religionsbekenntnisse garantirte und unter den besondern Schutz des Staates stellte, den Kirchen beider Bekenntnisse, sowie den geistlichen Korporationen ihr Eigenthum zusicherte, allfällige Reformen in Ansehung der geistlichen Ordensgesellschaften nur im Einverständniß zwischen der höhern geistlichen Autorität und der helvetischen Regierung als zulässig erklärte. Doch waren auch diesmal wieder Klauseln in den einzelnen Hauptbestimmungen zu finden, welche dem Mißbrauch seitens der Staatsgewalt, namentlich gegenüber der katholischen Kirche, die Thüre öffneten, falls erstere dieser Kirche sich argwöhnisch und ungeneigt gegenüberstellen wollte. Der übrige Inhalt dieser neuen Verfassung schloß sich wesentlich an jene vom 29. Mai 1801 an, räumte den Kantonen wieder manch köstliches Verwaltungsrecht ein, ja selbst die Theilnahme an dem Gesetzgebungsrecht, indem alle vom Senat ausgehenden Gesetzesvorschläge vorläufig ihnen zur Annahme oder Verwerfung vorgelegt werden mußten, doch mit dem Vorbehalt des endlichen Entscheides durch die Tagsatzung, falls nicht zwei Drittheile der Kantone einem Vorschlag beigestimmt hätten, der Senat aber auf seinem Vorschlage bestehen würde. Die Kantone hatten 1 bis 6 Abgeordnete in die Tagsatzung zu wählen, je nach der Volkszahl; der neue Kanton St. Gallen war in Folge dessen mit vier Abgeordneten bedacht. Zugleich mit diesem neuen Verfassungsentwurf wurde ein weitläufiges Senatsdekret veröffent-

lichet, welches, mit Hintansetzung des Volkes, dem wieder nichts
gewährt wurde als die Wahl von Wahlmännern, die Vorschriften
für die Wahlen und die Wirksamkeit der Kantonstagsatzungen
enthielt, dabei dem Senate selbst wichtige Befugnisse in Bezug
sowohl auf die definitive Wahl der Tagsatzungsmitglieder als
auf die Abfassung der Kantonal-Organisationen einräumte, und
zwar in so künstlicher Weise, daß das Verständniß dieser ganzen
Wahl- und Konstituirungsmaschine nicht ohne angestrengte Aufmerksamkeit errungen werden kann, in keinem Falle dem schlichten
Mann aus dem Volke faßlich und gefällig gemacht werden
konnte. Das ganze Gebäude stellte eine neumodische Oligarchie,
das Bild einer Beamtenherrschaft dar, die sich in allen Richtungen gegen unbequeme Volksmeinungen verschanzte. Ueber die
Annahme dieser helvetischen Staatsverfassung hatten die Kantonstagsatzungen, nicht das Volk zu entscheiden. Der Entwurf mißfiel den beiden Hauptparteien, den Föderalisten, weil er die
Staatseinheit beibehielt, die alte Souveränetät der Kantone nicht
wieder herstellte; den Einheitsfreunden, weil er ihre Allgewalt
brach, wichtige Staatsfunktionen in die Hände der einundzwanzig
kantonalen Tagsatzungskollegien legte, überhaupt ihren politischen
Theorien in Grundsätzen und Praxis widersprach. Diese Einheitsfreunde schalten den Entwurf das Grab der Volksfreiheit,
obwohl ihre Projekte dem Volke von jeher noch weniger Betheiligung an der Staatsregierung angewiesen hatten, als der
neueste Entwurf; sie sahen in ihm die Wiederbelebung der
„Familienherrschaft", weil er die kantonalen und lokalen Kräfte
zur theilweisen Mitregierung berief. Unter den Tadlern war auch
Müller v. Friedberg, der, zu den Einheitsfreunden zählend, die
Verfassung für allzu schwach ansah und sie daher ein abermaliges
„Kartenhaus" nannte. [1] Es folgte, wie mehrmals schon, ein

---

[1] Er schrieb darüber an Joh. v. Müller am 13. März 1802: „Ce
contract est calculé sur l'esprit public de nos ancêtres, mais nous cher-
chons en vain à nous faire illusion; nous sommes un peuple très-démoralisé
— et aveuglé par les passions les plus contrastantes." Aber die schlimmsten
Leidenschaften waren doch wohl die, welche ohne alle Rücksicht auf Geschichte

verworrenes Parteibrausen durch die ganze Schweiz. Die Einen
nahmen an, die Andern verwarfen; unter diesen die aus sechszehn Katholiken und vierzehn Reformirten bestehende, in
St. Gallen versammelte Tagsatzung des Kantons St. Gallen
am 13. April, mit 18 von 30 Stimmen. Präsident dieser
Kantonaltagsatzung war der Regierungsstatthalter Gschwend,
Bolt ihr Sekretär. Sie verwarf unter anderem, weil sie in
der Verfassung der Ausgabenlust der Zentralregierung kein Gegengewicht aufgestellt fand, die allgemeine Tagsatzung „in herab-
würdigender Weise" unter die Leitung von vier beisitzenden Mitgliedern des Senates gestellt, die Trennung der richterlichen und
der administrativen Gewalt nur dem Namen nach festgesetzt, in
Wirklichkeit aber nicht gesichert sei; weil im Fernern die politischen Rechte der Bürger keineswegs durch die Verfassung selbst
gesichert, sondern der Willkür kommender Gesetze anheimgestellt
seien; weil die Lebenslänglichkeit der Stellen im obersten Gerichtshof sich völlig der ehevorigen Aristokratie nähere; weil jede Bestimmung in der Verfassung für deren künftig nothwendige Revision fehle; weil endlich die vorgezeichnete Wahlart für die
Bestellung der Kantonstagsatzungen und der Kantonalverfassungs-
kommissionen die Volkssouveränetät ganz zum Schattenbilde
mache, überhaupt dem Senat allzu bedenklichen Einfluß auf die
Entwerfung der Kantonalorganisationen einräume. Statthalter
Gschwend, der über dieses Ergebniß an die Regierung berichtete,
wollte beschwichtigend die wesentlichen Gründe der Verwerfung
nicht in Obigem, sondern in der im Beschlusse der Kantonaltagsatzung ebenfalls erwähnten zweideutigen Abfassung einiger
andern Bestimmungen der Verfassung gefunden haben und setzte
bei, daß er hoffen dürfe, es würde bei eintretender Abhülfe in
letzterer Beziehung im Kanton St. Gallen endlich doch die Annahme erfolgen. Allein in höheren Regionen konnte und wollte
man weder auf diese noch auf die von andern Kantonen her

und Volksgeist die so verschiedenen Schweizerköpfe schlechterdings unter den
unitarischen Hut stecken wollten. Auch Kulturtyrannei ist Tyrannei. (Be-
merkung des Verfassers.)

30*

luur gewordenen Einwendungen oder Wünsche Rücksicht nehmen. Das schweizerische Gemeinwesen stand wieder einmal in der beklagenswerthesten Blöße da. Frankreich schürte, wie schon oft, das allerwärts glimmende Feuer, mißvergnügt über den fortgesetzten Widerstand der Reding'schen Partei gegen Lostrennung von Wallis, über die gewiß berechtigten Unterhandlungen der helvetischen Regierung mit andern, namentlich den östlichen Mächten für Wiederanknüpfung der alten völkerrechtlichen Verhältnisse zur Schweiz, insbesondere darüber, daß jene Regierung durch einen der aristokratischen Partei angehörigen Staatsmann, den schon früher genannten Bernhard v. Dießbach, in Wien sichernde Stellung zu nehmen suchte. Was die französische Regierung nicht selbst that, ergänzte die Bosheit des dem Landammann Reding abgeneigten Gesandten Verninac. Dieser rieth zu neuem Staatsstreich, und von Seite der Einheitsfreunde in den Kantonen wollte man einen solchen ebenfalls haben. Er wurde wirklich durch das Mittel gemeinster Hinterlist ausgeführt. Wenn irgendwann und mit Recht die Geschäfte dieser Welt ruhen und die Herzen Zeit finden sollten, sich zu Höherem zu erheben, so ist dies der Fall während den Tagen des jährlichen Osterfestes. Das sollte aber in Bern nicht mehr gelten. Reding und andere katholische Mitglieder der Regierung verließen die Hauptstadt, um im stillen Kreise der Ihrigen und an den Stufen des heimischen Altars ihre christlichen Pflichten zu erfüllen. [1] Diese Abwesenheit benutzten die Feinde der Reding'schen Politik zur Reaktion gegen föderalistischen Einfluß und dessen Träger. Was in dunkler Nacht bei dem französischen Gesandten ausgeheckt worden, wurde am folgenden Tag (17. April) in offizielle Form gebracht; Kuhn, der Führer der Einheitspartei, erstattete der Regierung offiziellen Bericht über die Lage des Landes, erklärte darin die Einführung der neuen Staatsverfassung für Unmöglichkeit, die Anwendung eines neuen Mittels für die endliche Konstituirung der Schweiz als unerläßlich. Also wurde,

---

[1] S. Tillier, Geschichte der helvetischen Republik. Band III. S. 8.

mit der nächtlichen Abrede übereinstimmend, beschlossen: die Maßregeln für Einführung der Verfassung und der besondern Kantonalorganisationen einzustellen, den Senat zu vertagen (d. h.
aufzulösen und nach Hause zu schicken), dagegen eine Notabeln-
versammlung von 47 Mitgliedern zur Uebernahme des Verfassungswerkes einzuberufen, wobei abermal der ominöse Entwurf
vom 29. Mai 1801 Grundlage sein solle. Mittlerweile habe
der Kleine Rath in Gesammtheit die Regierung fortzuführen.
Die anwesende Minderheit des Kleinen Rathes, unter ihr der
biedere Hans Konrad Escher von Zürich, protestirte, dieser, nachdem er vergebens seine der unitarischen Partei angehörenden
Freunde „vor der Tollheit ihres Unternehmens gewarnt" hatte. [1]
Reding, eilig von Schwyz zurückkehrend, sagte seinen Kollegen
verdiente Wahrheiten über geschehene Verletzung aller schuldigen
Rücksichten gegen das Staatsoberhaupt in's Gesicht, nannte
darüberhin die gefaßten Beschlüsse gesetzwidrig, willkürlich und
gewaltthätig, legte schriftliche Verwahrung ein gegen das Geschehene und verlangte dessen Zurücknahme. Sein Schreiben
wurde von der Mehrheit als Rücktritt erklärt und Rüttimann
bis auf Weiteres mit dem Präsidium betraut. Also verdrängt
und entsetzt, verließen Reding und die Senatoren die helvetische
Hauptstadt (25. April). Thormann, der Staatssekretär für das
Auswärtige, mußte ebenfalls weichen; die Verrichtungen dieses
Staatssekretariats und die Unterschrift für dasselbe wurden
provisorisch dem Divisionschef im Finanzministerium, Müller v.
Friedberg, übertragen. Es war dieses, die Apriltage von 1798
ungerechnet, die vierte Staatsveränderung während der trüben
Zeiten der helvetischen Republik; das Gemeinwesen war noch
immer das Spielwerk ausländischer Tücke und innerer Partei-
gewalt. Das neueste Ereigniß wurde als ein durchgreifender
Sieg der helvetischen Einheit gegenüber dem wiedererstandenen
Föderalsystem angesehen.

Die Notabeln traten alsbald in Bern zusammen, doch un-

[1] S. Hottinger, Biographie von H. C. Escher.

vollständig. [1]) Aus dem Kanton Sentis waren als Notable vom Kleinen Rath einberufen: J. P. Reutti, zur Zeit Kantonsgerichtspräsident; J. L. Meßmer von Rheineck, und Manser, Altbauherr von Appenzell; aus dem Kanton Linth: Müller-Friedberg, gewesener Finanzchef; Schindler, gewesener Präsident der Verwaltungskammer, und Bernold, gewesener Unterstatthalter von Wallenstadt. Der Landesstatthalter Rüttimann, als Vorstand des Kleinen Rathes, eröffnete die Versammlung mit schwülstiger Rede; in diesem Tone zu sprechen lag in seiner Art. Nach seinem Abtreten wurde ein anderer Luzerner, der Chorherr Mohr, welcher nach Abgang Stapfer's einige Zeit lang Minister der Wissenschaften und Künste gewesen, zum wirklichen Präsidenten der Versammlung gewählt, dann zur Vorberathung des Verfassungswerkes ein Ausschuß bestellt, an dessen Spitze wir Müller-Friedberg sehen. Schon vorangehend hatte der Hoch-Patriot Rengger die würdelose Aufgabe übernommen, den mehrerwähnten Verfassungsentwurf vom 29. Mai 1801 mit dem französischen Gesandten durchzugehen und die an demselben vorzunehmenden Abänderungen festzusetzen. So ward der neue Verfassungsentwurf wesentlich das Werk jenes fremden Gesandten. Rengger selbst erzählt: „So ward denn die Verfassung, mit der sie (die Notabeln) sich beschäftigen sollten, nicht bloß unter der Leitung, sondern mit einer so thätigen Theilnahme des französischen Ministers entworfen, daß sie, selbst die Einkleidung nicht ausgenommen, als sein eigenes Werk anzusehen ist, für das er sich anheischig machte, die ausdrückliche Zustimmung und Anerkennung seiner Regierung zu erhalten. Es wurde darin dem Einheitssystem so viel eingeräumt, als nach den Grundlagen des ursprünglich französischen Entwurfes, der immer das Vorbild blieb, geschehen konnte." [2]) Dieses auswärtige Machwerk war bald zur Vollendung gebracht. Der vorberathende Ausschuß, wie seine

---

[1]) Vögelin erzählt, es seien deren nur dreißig erschienen. S. Geschichte der Eidgenossenschaft; IV. S. 608.

[2]) S. Dr. Albrecht Rengger's kleine Schriften. Herausgegeben von Kortüm. Bern, 1838. S. 76.

Auftraggeber, hatten dabei nur die beschränktesten Verrichtungen
zu üben. Am 19. Mai 1802 wurde der Entwurf von der
Notabelnversammlung gutgeheißen. Er war erheblich verschieden
von der Verfassung vom 26. Februar gl. J., bestimmte die Zahl
der Kantone auf achtzehn, stellte zwar die drei Urkantone wieder
her, nicht aber Glarus und Appenzell in ihren alten Grenzen.
Der neue Entwurf gab vielmehr dem Kanton Glarus wieder
Sax, Werdenberg, Sargans, Gaster, Uznach und Rapperschwyl,
dem Kanton „Appenzell" das Rheinthal, die Landschaft und die
Stadt St. Gallen nebst dem ganzen Toggenburg, was somit
dem bisherigen Kanton Sentis mit Zugabe des Obertoggenburgs
gleichkam. Er schloß Wallis vom Verband aus. Den Kantonen
räumte er nichts ein als die gutfindende eigene Besteuerung zur
Leistung der an die Ausgaben der Gesammtheit erforderlichen
Beiträge; eigenes Gerichtswesen, doch unter erheblichen Beschränkungen zu Gunsten der Zentralgewalt; die Besorgung der niedern
Polizei; die Verwaltung der kantonalen Liegenschaften, sowie
der kantonalen Unterrichts- und Unterstützungsanstalten; der Verfassungsentwurf ließ die Kantone mit dem Unterhalt der Straßen
zweiten Ranges beladen, während das Straßenwesen in seiner
allgemeinen Beziehung der Zentralbehörde überlassen blieb. Für
die Ausübung dieser Funktionen mochte jeder Kanton seine eigene
Organisation sich geben. In allem Uebrigen war das Einheitssystem wieder vollkommen zu Ehren gezogen, wie denn die Verfassung selbst im Art. 2 die helvetische Republik abermals ausdrücklich Einen Staat nannte. Die, wenn auch beschränkte, Betheiligung der Kantone an der Gesetzgebung nach der Februar-
verfassung wurde ihnen nicht mehr gewährt. An die Spitze
des Einheitsstaates wurde eine im Verhältniß der Volkszahl
zu wählende Tagsatzung gestellt; Kandidatenlisten und Wahlkorps
erschienen wieder als nothwendige Räder der Maschine; das
Volk hatte nur die erstern zu liefern; der Wahlkorps wurden
zwei vorgeschrieben, von denen das Eine die Vorschläge für die
zu machenden Wahlen aus der Kandidatenliste zu entwerfen,
das andere aus jenen Vorschlägen die wirklichen Wahlen in die

Tagsatzung vorzunehmen hatte. Darüberhin wurden die Mitglieder der Wahlkorps als lebenslänglich erklärt. Neben der
Tagsatzung wurde wieder ein Senat aufgestellt, welcher der erstern
die Gesetze vorschlug, dann ein Vollziehungsrath, aus den drei
obersten Staatsbeamteten bestehend, mit fünf Staatssekretären
(Ministern). Die Artikel über die religiösen Verhältnisse gewährten weniger Garantien als die Verfassung vom 26. Februar;
der ausdrückliche Staatsschutz für das katholische und das evan-
gelisch-reformirte Bekenntniß wurde mit Stillschweigen übergangen;
ebenso wurde die Garantie des kirchlichen Eigenthums sowie jene
des Eigenthums der geistlichen Korporationen weggelassen, was
einer Aufhebung (oder Nicht-Wiederherstellung) der Klöster gleichkam, und von dem Vorbehalt eines Einverständnisses mit der
Kirche für allfällige im Klosterwesen vorzunehmende Abänderungen
(„Reformen") war ebenfalls keine Rede mehr. Eben so unklug
und verwerflich als diese Schwächung oder Verweigerung von
Garantien, welche in einem Staate, in dem beide christlichen
Hauptbekenntnisse in starker Zahl neben einander wohnen, zur
Beruhigung und zur Wahrung der Rechte der Angehörigen beider
Bekenntnisse erforderlich sind, war die am Schlusse der Verfassung
wieder vorkommende Usurpation der wichtigsten Wahlrechte im
Gegensatze zu den grundsätzlichen Vorschriften der Verfassung
selbst. Während diese die Wahl des Senates ausdrücklich der
Tagsatzung überlassen, bezeichnet der Verfassungsentwurf ausnahmsweise für das erstemal die Mitglieder des Senates selbst,
und da für die Folge jedes Jahr nur ein Fünftheil des Senates
in Austritt kam, war durch diesen Kniff das System in Grundsätzen und Personen thatsächlich verewigt; und damit auch das
Tollste nicht fehle, wurde die erste Ernennung der beiden Wahlkorps, aus denen die Tagsatzung hervorgehen sollte, dem in oben
erwähnter Weise zum Voraus bestellten Senat überlassen; für
die Folge nur sollten sich die Wahlkorps aus den vom Volke
gelieferten Verzeichnissen ergänzen. In so handgreiflicher Weise
maßte sich die damalige helvetische Einheitsoligarchie die Alleinherrschaft über die Schweiz an, obwohl an der Stirne aller

ihrer Aktenstücke noch immer die Worte „Freiheit, Gleichheit" als Aushängeschild prangten. In der Proklamation vom 26. Mai nennt die Regierung den Entwurf einen „Friedensvertrag zwischen den verschiedenen politischen Meinungen, Interessen und Lokal= verhältnissen." Dem Volke wurde die Verfassung zwar zur Annahme oder Verwerfung vorgelegt; für die eine oder die an= dere wurden Register eröffnet, in welche der einzelne Bürger sich einschreiben sollte; wer versäumen würde, sich einzuschreiben oder einschreiben zu lassen, der wurde zum Voraus als stillschweigend Annehmender erklärt. Das Volk sprach seine Unzufriedenheit in der Abstimmung aus: 92,423 Bürger hatten sich nicht gescheut, mit ausdrücklicher Einschreibung zu verwerfen, nur 72,453 für Annahme gestimmt. Da die Regierung aber 167,172 „still= schweigend" Annehmende hinzurechnete, so brachte sie eine Mehr= heit von 239,625 für sich heraus. Im Kanton Sentis (nach ursprünglicher Begränzung) hatten 12,607 gegen 3318, im Kanton Linth (inbegriffen Obertoggenburg) [1] 4894 gegen 2484 ausdrücklich verworfen; dort wurden 15,702, hier 9485 still= schweigend Zufriedene für die Annahme mitgezählt. Besonders stark trat die Zahl der Verwerfenden gegenüber den Annehmenden in den beiden appenzellischen Distrikten hervor. Der amtliche Bericht über das Abstimmungsergebniß zählt die Hauptgründe der Verwerfenden auf: das Stillschweigen der Verfassung über die Loskaufstare bezüglich der Zehntgefälle und das daherige Mißtrauen der Bauern in einigen Kantonen, ob es mit der erklärten Loskäuflichkeit der Zehnten und Grundzinse der Regie= rung wirklich Ernst sei; religiöse Besorgnisse von Katholiken und Protestanten wegen Mangels kirchlicher Garantien; die demo= kratische Abneigung des Volkes in den Urkantonen, in Glarus und Appenzell (hier besonders der Protestanten) gegen Zentra= listrung, und deren unbezwingliche Vorliebe zu ihrer alten Selbst=

---

[1] Wo nur sehr Wenige zur Einschreibung sich stellten. Der „Distrikt Neu=St. Johann" war in dieser Zeit sehr schwierig und zog sich wegen Steuerverweigerung Exekutionstruppen zu. S. Tillier, III. S. 52.

ständigkeit. [1]) Dem Bericht ist im Weitern zu entnehmen, daß es in Priestern und Volk ein katholisches Bewußtsein gibt, welches selbst dem Rathe der Bischöfe nicht immer zugänglich ist. Der Fürstbischof von Konstanz hatte die Seelsorger ausdrücklich gemahnt, die Zustimmung des Volkes zum Verfassungsentwurf nicht zu behindern, „da durch denselben Religion und Sittlichkeit vielmehr gesichert als in Gefahr gesetzt würden, und sie wohl eher der göttlichen Fürsehung für die diesfälligen Beschlüsse der Regierung zu danken hätten." [2]) Durch Beschluß vom 2. Juli erklärte die Regierung den Verfassungsentwurf als „von der großen Mehrheit der stimmfähigen Bürger angenommen", und schritt zur Einführung. Der willkürlich erwählte Senat wurde einberufen; in demselben saßen für den „Kanton Appenzell" Jakob Laurenz Meßmer, Quartierkommandant von Rheineck, und Mittelholzer aus Appenzell, gewesenes Mitglied der Gesetzgebung; für den „Kanton Glarus" Müller v. Friedberg, „von Glarus", [3]) Divisionschef im Finanzdepartement. Der Senat konstituirte sich am 3. Juli, traf einige durch Ablehnungen erforderlich gewordene Ergänzungswahlen in sein eigenes Kollegium, ernannte den vom französischen Gesandten stets gehätschelten und empfohlenen Dolder zum Landammann, Rüttimann zum ersten, Füßli von Zürich zum zweiten Landesstatthalter (5. Juli). Diese drei Männer bildeten von nun an den „Vollziehungsrath". Der Senat bestellte auch die fünf Staatssekretäre, unter diesen den Bürger Jakob Laurenz Custer von Altstätten als Finanzminister. Bald nachher verordnete der Senat die Abfassung von Organisationen für die einzelnen Kantone und verfuhr dabei abermals in einer Weise,

---

[1]) S. Bericht des Departements der inneren Angelegenheiten über die Annahme der helvetischen Verfassung, vom Vorstand des Innern, Füßli. Bern, 1802.

[2]) Im gleichen Bericht; S. 4.

[3]) So bezeichnet ihn die amtliche Ausgabe der Verfassung und bezüglicher Dekrete. Der Art. 31 der Verfassung hatte vorgeschrieben: „Aus jedem Kanton soll Ein Mitglied des Senats, aus keinem können mehr als Drei Mitglieder genommen werden."

welche die Selbstthätigkeit ihrer Bevölkerung mit Füßen trat.
Es erwählte der Senat für jeden Kanton die mit der Abfassung
des Organisationsentwurfes zu beauftragende Kommission selbst,
auf einen Doppelvorschlag des Vollziehungsrathes; diese Organisationen sollten auf Grundlage der einschlägigen Entwürfe vom
Jahr 1801 abgefaßt werden, dem Volke war nur die endliche
Abstimmung über die Organisation mittelst der bekannten Einschreibung in die Register zugestanden.

Während diesen Schweizer-Ereignissen war die Macht des
französischen Herrschers abermal gewachsen; am 26. Januar
1802 hatte sich Napoleon Bonaparte von den in Lyon versammelten Abgeordneten der italienischen (früher cisalpinischen) Republik zu deren Präsidenten ernennen lassen; am 27. März war
zwischen Großbritannien und Frankreich der Friede von Amiens
zum wirklichen Abschluß gekommen; der große Gegner der französischen Republik und ihrer Eroberungslust, Pitt mit seinen
Freunden, hatte das politische Feld geräumt. Nach unsäglicher
Bedrückung des unglücklichen Wallis trennte ein Machtspruch
Frankreichs dieses von Alters her mit der Eidgenossenschaft verbündete Land von der helvetischen Republik, nicht eingedenk der
Gewaltthätigkeiten, durch die man wenige Jahre zuvor die
Walliser zum Eintritt in dieselbe gezwungen hatte. Wallis
wurde durch französisches Defret als „unabhängige Republik"
erklärt, nachdem seine Bewohner und Abgeordneten vergeblich bei
den helvetischen Behörden um Schutz gegen die Ablösung gefleht
hatten, die sie mit Recht als Vorbote der endlichen Einverleibung
ihres Landes in den französischen Staatsfoloß ansehen mochten;
dies der Grund, warum in der neuen helvetischen Verfassung
ein Kanton Wallis nicht zu finden. Der Schweiz war nun
das traurige Geschäft übrig geblieben, die neuen Verhältnisse
von Wallis nach Innen und Außen gemeinsam mit dem französischen General Turreau zu ordnen. Ende Juli gaben vierte-
halb Millionen französischer Bürger gegen eine winzige Minderheit das Volksvotum ab: Napoleon Bonaparte soll erster Konsul
auf Lebenszeit sein und ein Senatsbeschluß vom 2. August pro-

klamirte diesen Nationalwillen; ohne viel Scharfsicht war der künftige Imperator bereits zu entdecken. Als Bonaparte jener Erhöhung bereits nahe gekommen, sann er auf den gänzlichen Rückzug der französischen Truppen aus Helvetien und verordnete solchen im Laufe des Juli. Im Gegensatze zu Reding, welcher, auf die Zuneigung des Volkes bauend, während seiner kurzen Regierungszeit sich ernstlich verwendet hatte, das Land von fremden Truppen zu befreien, war die neue Regierung, erschrocken über die höchst wahrscheinlichen Folgen des angeordneten Rückzuges der Franzosen, bemüht, in die Ausführung dieser Maßnahmen wenigstens eine Zögerung zu bringen, und ließ daher die französische Regierung um einsweilige Verschiebung ersuchen. Als jedoch der Senat sich in Mehrheit für die Räumung aussprach und weitere Erklärungen Frankreichs einlangten, nach welchen sie als unwiderruflich anzusehen war, fügte sich der Vollziehungsrath in das Unvermeidliche und verordnete was ihm möglich, um den drohenden innern Reaktionen zuvorzukommen oder doch wirksam zu begegnen. Am 8. August war die Räumung vollzogen. Dem scheidenden französischen General Montrichard hatte der Vollziehungsrath kurz vorher ein Nationalgeschenk von 16,000 Fr. gemacht, ein Geschenk, das jedoch erst sieben Monate später, als die helvetische Regierung auf dem Punkte war, ihre Gewalt an die mediationsmäßige Bundesbehörde abzutreten, im Protokoll vorgemerkt wurde. Am 7. August 1802 überließ Frankreich das Frickthal an die helvetische Republik zur Einverleibung mit derselben; die Franzosen verließen auch dieses Ländchen. Alsbald nach dem Abzug der Franzosen aus der Schweiz und als die helvetische Regierung auf die freiwillige Unterwerfung des Volkes unter Verfassung und Gesetze, statt auf den Schutz der französischen Bayonnete angewiesen war, erhoben sich die schweizerischen Völkerschaften beinahe mit Einmüthigkeit für alte Selbstständigkeit und Freiheit und zerrissen die helvetische Zwangsjacke.

Während der erzählten Verfassungswehen in der Schweiz setzte Fürst Pancratius in Paris, wo sein Agent, Hofrath Müller,

ununterbrochen weilte, seine Restaurationsbemühungen mit
der ihm eigenen Unverdrossenheit fort. Seine Aufträge und
Kombinationen hatten nicht nur die volle Wiedereinsetzung des
Stiftes in seine Rechte zum Zwecke, sondern auch die Uebernahme wenigstens eines Theils der Schulden desselben durch
die helvetische Regierung, wesentlich als Ersatz für die durch ihre
widerrechtliche Besitznahme des Vermögens und regellose Verwaltung desselben dem Stift zugefügten schweren Verlurste. So
hochgehend alle diese Forderungen waren und so ungünstig die
Zeitverhältnisse, unter welchen sie gestellt wurden, fanden sie doch
immer noch ihre Vertreter; man hoffte selbst auf die Verwendung des damals allvermögenden Luzian Bonaparte, ältern Bruders
des ersten Konsuls, und Anfangs Juni glaubte der Unterhändler
der Zustimmung des letztern zur Wiedereinsetzung des Stiftes
sicher zu sein. Bald aber klärten sich die Dinge in ihrer wahren Gestalt auf und die diplomatischen Vernehmlassungen des
Ministers Talleyrand lauteten: auf „hoheitliche" Herstellung
könne sich St. Gallen wenig Rechnung machen; bei den Verhandlungen mit Landammann Reding über die Abtretung des Wallis an Frankreich sei anerkannt worden, daß das Frickthal keine
hinreichende Entschädigung für Wallis böte; daß deßhalb die
St. Gallischen Lande der helvetischen Republik gleichsam ent-
schädigungsweise überlassen bleiben sollen; solches hindere übrigens nicht, daß das Stift St. Gallen, gleich den übrigen Klöstern in der Schweiz, wieder Bestand haben könne; nur von
einem Reichsfürsten wolle man nichts mehr wissen. [1] Hiemit
theilweise in Uebereinstimmung gehen die Verfügungen der helvetischen Regierung selbst. Die St. Gallischen Katholiken hatten
nicht ganz Unrecht, wenn sie von den Einflüssen Reding's Günstiges erwarteten. Als nämlich Reding die Schweiz auch bei
der kaiserlichen Regierung wieder repräsentiren ließ, um von dieser

---

[1] Brief des Hofraths Müller an den Fürsten, vom 10. Januar 1802.
Von solchen Ausgleichungen oder Entschädigungen ist auch in der Note
Talleyrand's an Stapfer vom 25. März 1802 die Rede, doch ohne daß
St. Gallen ausdrücklich bezeichnet worden. S. Tillier, II. S. 433.

die Wiederherstellung der alten wohlwollenden Verhältnisse zur
Schweiz und die Anerkennung ihrer Neutralität zu erhalten, gab
er dem Gesandten v. Dießbach auch Instruktion wegen des
Stiftes St. Gallen: würde von kaiserlicher Seite die Wiedereinsetzung des Fürstabtes in seine vormaligen landesherrlichen
Rechte begehrt werden, so sei die Unvereinbarkeit dieses Begehrens mit der gegenwärtigen Verfassung darzustellen; dagegen
möge die Rückgabe der liegenden Güter, Häuser, Gefälle, Zehnten
und Grundzinse angeboten werden, insoweit sie als eigentliches
Stiftsgut und nicht als Staatsgut anzusehen seien; dabei habe
der Gesandte die Gesinnungen des Kaisers über die in der
Schweiz befindlichen Reichslehen zu erforschen, da hierüber weder
der Friedensvertrag von Campoformio noch jener von Lunéville
etwas enthalte. [1] Diese Instruktion zeigt übrigens, wie weit
der Fürst und selbst die schweizerischen Gönner des Stifts noch
immer auseinander waren, und daß im günstigsten Fall, sobald
man im Stiftsgut auch Staatsgut finden wollte, das Stift jedenfalls gänzlich der Willkür der Regierung verfallen gewesen wäre;
daß demnach die Tadler des Fürsten höchst einseitig handelten,
wenn sie ihn allein als stete Ursache der Nichtwiederherstellung
des Stifts verurtheilten, die staatliche Habgier dagegen als sich
von selbst verstehend ungerügt durchschlüpfen ließen. Nachdem
Reding aus der Regierung verdrängt war, Dießbach's Sendung
ein Ende nahm (26. Mai) [2] und durch den Einfluß Müller's
v. Friedberg einer seiner eigenen Vertrauten in Wien, der dortige
kaiserliche Hofagent Baron Ferdinand Müller v. Müllegg zum
ständigen Geschäftsträger der Schweiz in Wien bestellt worden
(9. Juli), [3] war auch von dem Wenigen nicht mehr die Rede,

[1] Instruktion für Bernhard Gottlieb v. Dießbach, außerordentlichen
Botschafter bei Sr. k. k. Majestät, als Haupt des deutschen Reiches und
als König von Ungarn und Böhmen. S. Tillier, Geschichte der helv. Republik; Bd. II. S. 414 und 415.

[2] Die Abberufung geschah durch Schreiben Müller's v. Friedberg,
als interimistischen Staatssekretär für das Auswärtige, an Dießbach.

[3] Mit diesem Baron Müller stand Müller v. Friedberg in thätigem
Briefwechsel für alle möglichen Familien-, Geld- und andere Interessen, die

was dem Fürsten hatte angeboten werden wollen. Der Fürst selbst war höchst betroffen über die neue diplomatische Anordnung, namentlich über die Annahme der Wahl seitens jenes Hofagenten Müller, der bis dahin auch sein eigener Geschäftsagent bei den österreichischen Behörden gewesen, von nun an aber als der Bevollmächtigte Derjenigen zu handeln hatte, die er, der Fürst, als seine Gegner anzusehen berechtigt war.[1] Vollends eine für das Stift St. Gallen ungünstige Wendung trat ein, als zu dem großen Länderschacher geschritten wurde, welcher die auf dem linken Rheinufer ihres Eigenthums verlurstig gewordenen Fürsten durch Besitzungen auf dem rechten Ufer entschädigte; eine große Zahl von Stiften und Klöstern, unter ihnen viele solche, deren ruhmwürdiges Wirken für Wissenschaft und Kunst die Geschichte aufbewahrt hat, vernichtete und ihr Gut weltlicher Habgier überlieferte; in den Reichskollegien protestantisches Uebergewicht hervorrief; mit wenigen Ausnahmen die freien deutschen Reichsstädte an kleine und große Monarchen überlieferte; thatsächlich die ganze bisherige Reichsordnung auf den Kopf und die wirkliche Zertrümmerung des deutschen Reiches in nächste Aussicht stellte, Alles durch auswärtige Gewalt und Vereinbarungen zwischen Frankreich und Rußland unter Mitwirkung von Preußen, das auf Kosten Oesterreichs begünstigt wurde, endlich mit Hintansetzung jeglicher Einflüsse des kaiserlichen Hauses. Solches erfuhr der fürstlich St. Gallische Bevollmächtigte in Paris zunächst durch den dortigen kaiserlichen Botschafter; das Stift St. Gallen, so äußerte sich dieser, werde nun entweder als ein „Reichsstand" oder als ein „Schweizerstand" angesehen werden; im ersten Falle würde es den deutschen Säkularisationsmaßnahmen unterliegen; im zweiten Falle gebieten die Schweizer; der Reichsverband werde sich im Allgemeinen auflösen. Der Fürst nahm diese Trauerbotschaft mit exemplarischem Gleichmuth auf,

---

Politik noch ungerechnet, schon von länger her, und bevor Johann v. Müller aus Schaffhausen in österreichischen Staatsdienst getreten war. S. die Briefe an Joh. v. Müller.

[1] Tagebuch des Fürsten vom 23. August.

wankte aber auch von dann an nicht in seiner Treue zu Kaiser und Reich. Das ganze Machwerk wurde durch einen offiziellen Bericht Talleyrand's, der am 22. August 1802 im Moniteur erschien, als tadelloser Friedensschluß zwischen Recht und Politik der Welt bekannt gemacht und angerühmt. Die St. Gallische Herrschaft Neu-Ravensburg wurde durch den großen Spoliations-akt dem Fürsten v. Dietrichstein überliefert; Baiern nahm für denselben schleunigst Besitz von diesem Stück aus der großen Revolutionsbeute. Selbstverständlich konnte in diesen Zeiten der fürstliche Abgeordnete in Paris kein Gehör mehr für die Re-staurationsprojekte des Fürsten erhalten.

Sechster Abschnitt.

Die Volkserhebung in den demokratischen Kantonen für Wiederherstellung der Eidgenossenschaft. Anschluß von Städten und Landschaften der Schweiz zu gleichem Zwecke. Einnahme Bern's. Flucht der helvetischen Regierung. Eidgenössische Tagsatzung in Schwyz. Ihr Bundesentwurf. Die St. Gal-lischen Gebiete wieder selbstständige Freistaaten; vergeblicher Versuch zu ihrer Vereinigung in einen „Kanton St. Gallen". Wiederherstellung des Stifts St. Gallen ohne weltliche Herrschaft. Der Feldzug der Eidgenossen gegen die helvetische Regierung; der französische Herrscher rettet diese vom Sturz. Sogenannte Vermittlung in Paris. Rückkehr der St. Gallischen Gebiete unter die helvetische Herrschaft. (Von August bis Ende Oktober 1802.)

Die Gegner der helvetischen Regierung strebten nach Wie-derherstellung der Eidgenossenschaft, doch mit wesentlichen Ver-änderungen und mit Rücksichten auf vollendete Thatsachen. Schon am 24. Juli versammelten sich in Gersau die angesehensten Männer der Urkantone, pflogen Vorberathung und beschlossen Trennung vom helvetischen Nationalverband. Es folgten zu diesem Zwecke die Landsgemeinden, die Herstellung der demo-kratischen Regierungen; in Schwyz wurde Aloys Reding an die Spitze des Gemeinwesens gestellt (1. August); er regierte nicht bloß hier, sondern leitete auch die ganze Bewegung. Als die helvetische Regierung wahrnahm, daß dieselbe einen ihre Stellung gefährdenden Gang und Aufschwung nehme, beschloß sie, den

allerseits drohenden, oder auch schon vollzogenen Aufstand durch
Waffengewalt zu unterdrücken; sie sammelte an Truppen, so viele
ihr zur Verfügung standen, stellte dieselben unter die Befehle
des Senators und Generals Andermatt, der von Luzern aus
die helvetische Ordnung in den Urkantonen wieder herstellen sollte;
der Vollziehungsrath verhängte zudem eine theilweise Lebensmittelsperre gegen dieselben; er rief selbst bereits bewaffnete Unterstützung Frankreichs an, indem er dortige Regierung um Ueberlassung einer der Hilfsbrigaden in Italien ersuchte (Beschlüsse
und Schreiben vom 10. bis 14. August). Ihrerseits knüpften
die Demokraten der Urkantone Verbindungen mit den Gleichgesinnten in den übrigen Demokratien an, insbesondere in Glarus
und Appenzell, wo der Trieb nach Wiedererwerbung verlorner
Selbstständigkeit nicht weniger warm glühte, als in den Männern der Urschweiz. Am 14. August erließen sie darüberhin
einen Aufruf an das gesammte „biedere Schweizervolk", brachten
in diesem die ganze Trauergeschichte ihrer Kämpfe und Leiden
seit 1798, dann die Unannehmbarkeit der im Frühjahr 1802
dargebotenen Verfassung in Erinnerung; kündigten ihren festen
Entschluß an, sich den bisherigen Bedrückungen zu entwinden,
dabei aber auch ihre volle Geneigtheit, sich jeder allgemeinen
Bundes-Regierung anzuschließen, falls sie ihnen nur ihre politische Selbstständigkeit gewährleiste und ihre Religion gegen jeden
Eingriff sicher stelle; sie wiesen als ganz unbegründet den Vorwurf zurück, daß sie auf volle Wiederherstellung der alten Ordnung hinzielen, sondern gaben vielmehr die feierliche Versicherung,
daß sie Gleichheit der Rechte aller Angehörigen anerkennen, auch
die Frei-Erklärungen der ehemaligen Mediatherrschaften unangefochten lassen werden, und schlossen endlich mit der feierlichen
Bitte an die schweizerischen Mitbrüder, jede Gewaltanwendung
gegen sie zu melden.[1] Die Drohungen und Waffnungen der
helvetischen Regierung schreckten nicht; Glarus folgte den Ur-

---

[1] „Aufruf der Bewohner der Kantone Uri, Schwyz und Unterwalden
an das sämmtliche biedere Schweizervolk." 12 Seiten; 8. Datirt aus
Schwyz vom 14. August und unterzeichnet: „Die Deputirten u. s. w."

kantonen auf dem Fuße nach und demokratisirte sich wieder an zahlreich besuchter Landsgemeinde am 20. August. Die beiden Landestheile von Appenzell thaten ein Gleiches am 30. August in Appenzell und Trogen und bestätigten, wie es schon Glarus gethan, ausdrücklich die früher besprochene Befreiung der ehemaligen Unterthanenlande. Die Landsgemeinde von Appenzell a. R. wählte den erst zweiunddreißigjährigen, geistes- und willenskräftigen Jakob Zellweger, Sohn des Landesfähnrichs Johannes Zellweger, von Trogen, zum Landammann. Mit diesen Verfügungen waren thatsächlich die Kantone Sentis und Linth aufgelöset; die Verwaltungskammer des letztern zog sich nach Rapperschwyl zurück. Senator Mittelholzer, von der helvetischen Regierung in beide Kantone zur Niederhaltung der Bewegung abgeordnet, hatte nichts ausrichten können. Der Gang der Dinge wurde mittlerweile ernster; die Unterwaldner vertrieben die helvetischen Truppen vom Renggpaß, behauptend, daß derselbe zum Gebiete von Unterwalden gehöre (28. August); die Regierung, eingeschüchtert und verlegen, entschloß sich nun, etwas gelindere Saiten aufzuziehen, gab Befehl an die Truppen, sich auf die Defensive zu beschränken, und rief die Vermittlung Frankreichs an; wegwerfende Aeußerungen Talleyrand's waren die Antwort auf das Ansinnen der helvetischen Regierung; doch wurde die Stellung der Hilfsbrigaden zugesagt. Andermatt schloß mit den Urkantonen Waffenstillstand (7. September). Senator Meßmer von Rheineck wurde Truppenkommandant in der Hauptstadt.

In diesen Tagen stand der helvetischen Verfassung die weit überwiegende Mehrheit der Eidgenossen feindlich gegenüber; [1]) gleichzeitig mit den Demokratien traten Städte und einzelne

---

[1]) „Ich sehe, daß ¹²/₁₃ von Helvetien die alte Verfassung, mit verschiedenen Modifikationen, zurückwünscht, daß aber ¹/₁₃ aus frechen Menschen besteht, die Alles auf das Spiel setzen und sich auf Frankreichs heimliche und öffentliche Unterstützung verlassen.“ Daniel Girtanner in seinem Tagebuch vom 7. September 1802. Und Girtanner war nichts weniger als „Aristokrat“, sondern ein Mann von allgemeiner moderner Weltbildung, ohne ausgeprägten politischen Charakter.

Landschaften gegen die helvetische Regierung auf. In Bern bestand ein „Wiederherstellungs-Verein", der sich nach Solothurn
und Freiburg verzweigte, auch mit den Zürchern in Verbindung
stand. Beide Theile, die „Aristokraten" und jene Demokraten,
hatten sich gegenseitig nöthig, wenn sie auch nicht vollkommen
einig in Gesinnung und politischen Zwecken waren. Konnte bei
den Männern der Urkantone und der übrigen Demokratien die
Anerkennung voller Gleichheit der Rechte als ausgemachte Sache
angesehen werden, so war sie hinwieder in den Augen der Staatsmänner aus den Städten noch eine so oder anders zu lösende
Frage. Indessen zwang die Noth zu gemeinsamem Vorgehen.
Die Aufstände wurden auch in den ehemaligen Städtekantonen
organisirt. Der Kanton Zürich war in sich gespalten; die Landschaft theilweise für die Absichten der Städter gewonnen, theilweise ihr leidenschaftlicher Gegner wie früher. Die Wirksamkeit
des Regierungsstatthalters war gebrochen. Die Munizipalität
der Stadt ergriff die Zügel der öffentlichen Geschäfte, mit Zuzug
von altgesinnten Notabeln. Inzwischen hatte Andermatt, sogleich nach Abschluß des erwähnten Waffenstillstandes, einen
Theil seiner Truppen zum Garnisonsdienst in die Stadt Zürich
befehliget; diese aber wollte eine Besatzung nur unter Bedingungen aufnehmen, welche ihrem Befehlshaber als unzulässig erschienen. Andermatt ergriff dann Maßnahmen, um die Aufnahme der Truppen mit Gewalt durchzusetzen und beschoß zweimal die Stadt, zuerst am 10. September vom „Bürgli" her in
der „Enge", dann wieder in der Nacht vom 12. auf den 13.
September, diesmal vom Zürichberge herab bei dem „Schlößli".
Die Stadt beharrte auf ihrem Widerstand; ein Theil des Land-
volks hatte sich zu ihren Gunsten bewaffnet. Andermatt durfte
einen Sturm nicht wagen, nachdem ihn ein inzwischen von Bern
herbeigeeilter Regierungskommissär auf die allgemein schwierige
Stellung der Regierung aufmerksam gemacht hatte. Also fand
ein Abfinden statt (15. September). Zum Ueberfluß langte noch
ein Befehl der Regierung aus Bern an zur Einstellung aller
Feindseligkeiten. Andermatt zog am folgenden Tag in der Rich-

·31·

tung nach Baden ab, der in den letzten Zügen liegenden helvetischen Regierung zu Hilfe zu kommen. Von Bern her waren unterdessen die Aufständischen vom Rathschlag zur That übergegangen; ihr Führer, Altschultheiß v. Erlach, eilte nach Baden, organisirte den Aufstand (13. September), befreite den Kanton gleichen Namens vom helvetischen Druck, nahm das übrige Land und die Städte in der Richtung nach Bern ein, so Aarau, dann am 17. September Solothurn, und schickte sich an, nach Bern selbst vorzurücken. Strategische Rücksichten geboten augenblicklichen Stillstand, um nicht von Andermatt überrascht zu werden, der sich inzwischen freien Marsch nach Bern gesichert hatte. Unterdessen war der gleichzeitige Aufstand im Berner Oberland beschleuniget worden und bedrohte, unter Führung von Emanuel v. Wattenwyl, die helvetische Regierung ebenfalls. Die Aufständischen standen vor Bern selbst. Es folgte hier eine kurze Kanonade von kaum einer halben Stunde Dauer, dann Waffenstillstand und endlich die Kapitulation, welche der Regierung freien Rückzug bis an die Grenzen der Kantone Freiburg und Waadt sicherte und dem General Andermatt gestattete, derselben zu folgen (18. September). Am 19. reiste das Regierungspersonale, Senatoren, Vollziehungsräthe, Minister und andere Beamtete, nach Lausanne ab, wo die Regierung ihren Sitz aufschlug. Custer, der Finanzminister, gieng nicht mit, sondern zog sich in seine Heimath zurück; nach ihm nahm sich der Senator Stockar aus Schaffhausen der verwaiseten Finanzverwaltung an. Der französische Gesandte Verninac, Beschützer und Rathgeber der entflohenen Regierung, versetzte seine Residenz und seine Umtriebe nun ebenfalls nach Lausanne. Am gleichen Tag, an welchem die helvetische Regierung, oder ihre Ueberbleibsel, unter Kanonenschüssen im Hauptort des Waadtlandes empfangen wurden, zogen die Aufständischen, die Einwohner Bern's mit dem alten Bernermarsch und den alten Bernerfarben erfreuend, in diese Hauptstadt ein. Die Eidgenossenschaft war thatsächlich hergestellt; sie erwartete nur noch die Formen des unerläßlich gewordenen neuen Bundes.

Nach schweren Mißgeschicken diesen neuen Bund zu gründen, waren in Schwyz die Urkantone jetzt nicht mehr in vereinzelter Versammlung. Ihnen hatten sich schon die Kantone Glarus und Appenzell beider Rhoden angeschlossen. Die Abgeordneten dieser fünf demokratischen Kantone tageten in Schwyz in hoffnungsvoller Eintracht. Sie nahmen vor Allem Bedacht auf gemeinsame Wehrmittel, schrieben den fünften Mann der männlichen Bevölkerung aus, verordneten die vollständige Organisation und Bewaffnung der sich hienach aus ihren eigenen Gebieten ergebenden Mannschaftzahl (6340 Mann), bestimmten für den erwarteten Fall des Beitrittes von Graubünden dessen Kontingent zu 3000 Mann.[1]) Sie bestellten einen gemeinsamen Kriegsrath, zu dem jeder Kanton ein Mitglied zu geben hatte, mit der nähern Bestimmung, daß er so lange versammelt bleiben solle, bis die Streitigkeiten der fünf Stände mit der helvetischen Regierung ganz ausgeglichen seien. Diesem Kriegsrath wurden 40,000 Gl. R. W. zur Bestreitung der nächsten Ausgaben angewiesen; das grobe Geschütz aller fünf Kantone wurde an seine Verfügung gestellt, General Bachmann um Uebernahme des Kommando's ersucht. Zug wurde ermuntert, sich gänzlich von der helvetischen Regierung loszumachen (13. September). Dieser fünförtige Kongreß der demokratischen Kantone erklärte, nach Auflösung der helvetischen Zentralregierung keine andere anzuerkennen als eine solche, deren Mitglieder unmittelbar aus den Kantonen gewählt sein würden. Zu diesem Ende erließ er eine allgemeine Einladung an die Kantone und an die übrigen Landschaften zu der Tagsatzung nach Schwyz, völlige Rechtsgleichheit der Landbezirke gegenüber den Städten, der ehemals unterthänigen Lande gegenüber den ehemals herrschenden Kantonen, verkündend (15. September). Dieser kräftige Ruf erging zur Berathung der gemeinsamen Angelegenheiten des Vaterlandes und zur Festsetzung der Befugnisse und Schranken der Bundes-

---

[1]) Dieses und alles auf die Verhandlungen in Schwyz Bezügliche aus den im Staatsarchiv von Schwyz liegenden Originalakten.

regierung. Vorläufig wurde nun die Bildung eines Gesammtheeres von 20,200 Mann festgesetzt und die Kontingente der einzelnen Kantone nach diesem Maßstabe bestimmt. Stadt und Land St. Gallen nebst den übrigen von Sentis und Linth abgelösten Gebieten wurden zusammen mit der Lieferung von 1200 Mann bedacht. Diese Gebietstheile wurden sämmtlich eingeladen, ihre Wünsche und Bedürfnisse durch die Abgeordneten von Stadt und Land St. Gallen bei dem Kongreß eröffnen zu lassen. Für St. Gallen erging die Einladung an den gewesenen Bürgermeister Kaspar Steinlin, einen Mann von uraltem Schrot und Korn, „wie seine Erziehung".[1] Sein Vater war Feilträger gewesen. Der Sohn wurde zuerst Knecht, Garnsieder, bei dem Bürgermeister Steinmann, arbeitete allmälig sich empor, gründete eigenen Hausstand, trat, nachdem er mehrere Jahre in stiller Häuslichkeit gelebt hatte, in die Stadtämter ein, und wurde endlich, er, früher des Bürgermeisters Knecht, der für sechs Batzen Taglohn Garn gesotten hatte, dessen Nachfolger. Das war freilich kein Mann für die helvetischen Theoretiker und wenn wir ihn im Jahr 1802 an der Spitze des Stadt St. Gallischen Gemeinwesens sehen, so geschah dies, weil er von ähnlichen Gesinnungen belebt war, wie manche Vorsteher und Bürger anderer Schweizerstädte von damals, die den revolutionären Bewegungen wesentlich fremd geblieben waren.

Zur Zeit, als sich die beiden Appenzell und Glarus vom helvetischen Joche losmachten, rafften sich auch jene kleinen östlichen Gebiete auf, die früher den Kanton St. Gallen hatten bilden sollen. Nach dem Empfang jener Einladung aus Schwyz zum Wiedereintritt in den früheren Bund der Eidgenossen veranlaßte die Gemeindebehörde der Stadt St. Gallen eine außerordentliche Bürgerversammlung (26. September); es erwählte diese eine Interimsregierung von 21 Mitgliedern und gab ihr alle Voll-

---

[1] S. „Ein Wort der Erinnerung an Kaspar Steinlin". Von P. Scheitlin. St. Gallen. 1814.

macht, welche die Wichtigkeit der Zeit erheischte. ¹) Die neue
Regierung trat unverweilt in Verbindung mit Bern, das sich
inzwischen auch eine provisorische Regierung gegeben hatte, und
mit den fünf demokratischen Ständen, und schritt zu neuer Organisation der kleinen Stadtrepublik. Wie früher von Appenzell
A. R. her die alte Landschaft von St. Gallen zum Aufstand
gegen die fürstliche Regierung gestachelt worden, so wirkte jetzt
das vom gleichen Kanton gegebene Beispiel der Demokratisirung
zurück auf die alte Landschaft zur Befreiung von der verhaßten
helvetischen Zentralherrschaft. Die Gesinnungen hier und dort
waren ohnehin schon länger her die gleichen gewesen. Es fanden
einleitende Versammlungen statt in Herisau (hier von Fürsten-
ländern, Toggenburgern und Rheinthalern), in Oberbüren von
Abgeordneten aller Gemeinden des ehemaligen Wyler Amtes
(8. September). Es brannten die Hochwachtfeuer. Dann folgte,
wie in früheren Zeiten, die Wahl von Ausschüssen, Goßau
wieder voran; am 16. September eine Konferenz von Abgeordneten der meisten Gemeinden der alten Landschaft in Bruggen.
Ein sehr geachteter Bürger, Joseph Schaffhauser aus Andwyl,
führte den Vorsitz. Ein hier gebildeter Ausschuß von dreizehn
Mitgliedern leitete das weitere entscheidende Vorgehen ein. Es
bestand dies in einer neuen Versammlung zu Oberbüren, an
welcher sich Abgeordnete sämmtlicher Gemeinden der Landschaft
betheiligten, doch ohne Wyl und ohne die thurgauischen Gemeinden, welche ehemals zu derselben gehört hatten (25. September),
abermals unter Vorsitz Schaffhauser's. Den Wünschen des Volkes
entsprechend beschloß diese Versammlung „für die zukünftigen

¹) Dan. Girtanner beschreibt diesen Tag wie folgt: „Heute Sonntag,
Morgens 8 Uhr, hatten wir seit 1799 zum erstenmal wieder eine feierliche
Bürgergemeinde. Man erschien in bürgerlicher Kleidung, ohne Mantel und
Seitengewehr. Kein Revolutionär that den Mund auf" — — „Stille
(durch Ungewißheit noch verhaltene) Freude war das herrschende Gefühl der
weitaus größeren Mehrheit. David Gonzenbach am Berg, gewesener Unterstatthalter, wurde diesmal, gleichsam zum Spott, als der 21ste genannt
und mit großem Hohngelächter verworfen!" Tagebuch vom 28. Sept.

Zeiten" die Aufstellung einer rein demokratischen Regierungsform, traf die hiezu erforderlichen Einleitungen, forderte Wyl zum Beitritt auf und ernannte eine Fünfzehner-Kommission als provisorische Regierung; Zweifel von Rorschach und Schaffhauser wurden als deren erste Mitglieder bezeichnet; als Sitzungsort wurde Oberbüren (Gast- und Zollhaus zur neuen Brücke) bestimmt. In den Vorversammlungen blieben die Freunde des Fürsten, in wie weit es sich um Wiederherstellung seiner weltlichen Regierung handelte, in Minderheit. [1] Laut Protokoll der Versammlung vom 25. September hatte die Landschaft vorangehend an die Stadt St. Gallen die Aufforderung erlassen, sich zu erklären, ob sie sich mit der Landschaft vereinigen wolle oder nicht. Am 30. September versammelte sich das Volk auf Einladung jener Regierung zur Landsgemeinde in Schönenwegen bei Bruggen. Karl Häfeli von Oberbüren eröffnete sie mit der Mahnung zu Ablegung alles Grolles und Hasses; er leitete die Versammlung mit Anstand und Geschicklichkeit. [2] Die Landsgemeinde beschloß Einführung des „Amtszwanges" (die pflichtige Annahme der Landesämter), erhielt Bericht über die schon vorangehend mit der Ständekonferenz in Schwyz gepflogenen Verhandlungen, dann über die Erklärung der Stadt Wyl, welche dahin lautete, daß sie nur unter jenen Bedingungen, unter welchen sie im Jahr 1798 der Landsgemeinde beigewohnt, sich wieder an die Landschaft anschließen wolle. Sie beschloß ferner, in Genehmigung eines schon an der Vorversammlung verhandelten Gutachtens, folgende Grundsätze für Ausübung der Regierungsgewalt und zu Festsetzung der dießfälligen Rechtsverhältnisse zum Stift St. Gallen: das Volk der alten Landschaft übernimmt alle mit der Regierung verbundenen Gerechtsame, Regalien und was immer von denselben abhängt, mit Nutzen und Beschwerden, was Alles durch eine Konvention zwischen dem Stift und dem Lande geregelt werden solle; das Stift soll, zu Sicherstellung

---

[1] S. die unten folgenden Mittheilungen aus dem Tagebuch des Fürsten.
[2] Dan. Girtanner im Tagebuch vom 30. September.

seiner geistlichen Rechte, gleich jedem Landmann angesehen und
dergestalten gehalten sein, daß es durch einen Landmann „Stimme
und Hand" geben könne; es solle deßhalben auch in den Besitz
alles seines Eigenthums, wie es sich zur Zeit noch vorfinde,
eingesetzt werden und dasselbe unter dem Schutz der Regierung
benutzen mögen, wie solches bereits an der Landsgemeinde vom
14. Februar 1798 dem Stift eidlich zugesagt worden. Dieser
Zusage gegenüber habe das Stift gleich jedem Landmann an
örtlichen und allgemeinen Steuern mit beizutragen. Ueber die
rechtmäßigen Zehnten, Bodenbeschwerden und andere Gefälle
gleichen Namens soll eine billige Auslösung eintreten. Gleiche
Bewandtniß soll es haben rücksichtlich jeder Art Eigenthums
der übrigen Klöster. Eben so einstimmig wie dieser Beschluß
wurde ein anderer gefaßt: sich in Allem an die fünf demokratischen Stände anzuschließen und mit ihnen für alle Bundesange-
legenheiten, Militär und aufzustellende Bundesregierung, gemeinsame Sache zu machen. Das Land wurde in vor und hinter
der Sitter getheilt; nach kurzem Gebet dann die Landesregierung
mit genauer Beachtung jener Eintheilung bestellt. Schaffhauser
wurde aus zehn Vorgeschlagenen (unter denen Reutti) zum regierenden Landammann ernannt, zum (zweiten) Landammann
und Pannerherr Jos. Anton Hedinger von Steinach, der nämliche, der ehedem so entschlossen gegen Künzle aufgetreten war.
Die übrigen Landesbeamtungen wurden bestellt wie folgt: als
Landesstatthalter Marzell v. Hoffmann aus Rorschach und Karl
Häfeli von Oberbüren; als Landssäckelmeister: der ehemalige
Reichsvogt Johann Nep. Wirz à Rudenz in Wyl und Joseph
v. Bayer in Rorschach; als Landeshauptleute: Karl Anton v.
Sartory in Rorschach und Math. Jos. Müller in Wyl; als
Landsfähnriche: Pankraz Sailer von Wyl und Ammann Jak.
Anton Egger von Tablat. Hedinger war der Einzige aus der
Zahl Jener, welche die frühere Landsgemeinde am 14. Februar
1798 als Landesbeamtete gewählt hatte. Für alle dringenden
Angelegenheiten: Landesbewaffnung, Sendung einer Abordnung
an den Kongreß in Schwyz, Ausmittlung der nöthigen Quellen

zur Bestreitung der Ausgaben, erhielt die Regierung Vollmacht.
Zum Schluß leistete der Landammann dem Volke, dieses dem
Landammann und „gesammtem Vaterland" den Pflichteid.
„Tiefe Stille herrschte (bei dieser Handlung); ein heiliger
Schauer ergriff die Gemüther und erfüllte alle Anwesenden mit
Ehrfurcht. So endigte sich dieser große, dem St. Gallischen
Volk unvergeßliche Tag, der Tag, an dem es sich würdig des
eidgenössischen Bundes, würdig seiner Selbstständigkeit zeigte." [1]
An dieser Landsgemeinde hatten 14 bis 15,000 Bürger Theil
genommen, die Zuschauer nicht gerechnet. Die Regierung ernannte den Joseph Anton Grüter von Andwyl zum Landschreiber, und schrieb zu Bestreitung der dringendsten Bedürfnisse, namentlich der unausweichlichen Kriegskosten, eine Vermögenssteuer von 3 Gulden auf 1000 aus, denn andere Einkünfte standen ihr nicht zu Gebot. Das Stift wurde zur
Leistung eines Steuerbeitrages auf Rechnung eingeladen, da
dessen Vermögen zur Zeit weder bekannt noch verfügbar war.
Die Wiederherstellung des Stiftes in seine weltlichen Rechte
war an der Landsgemeinde nicht zur Sprache gekommen. In
gedruckter Kundmachung vom 7. Oktober sprach die Regierung
anläßlich jenes Steuerbezuges zum Volk: „Unvergeßlich und
unsterblich muß in Euern Gemüthern jener herrliche Tag sein,[2]
da Ihr durch Gottes wunderbare, segen- und heilvolle Vorsicht
das geworden seid, was Euere Voreltern über zwölf Jahrhunderte hindurch, so lang das Land seine Inwohner hatte, nie
waren, da Ihr im eigentlichen wahren Verstand ein selbst-
ständiges freies Volk geworden seid. Ihr standet da, eine
große, angesehene Volksmasse, Alle ein Herz und eine Seele,
wie Brüder in einem Kreise zusammengedrängt; Friede und
Einigkeit war der Geist der Versammlung." Das Volk fühlte
sich frei von früherer Herrschaft; aber es war auch frei geworden vom früheren Geist der Auflehnung und Unbotmäßigkeit,

---

[1] Protokoll und übrige Akten im Kantonsarchiv.
[2] Der Landsgemeindetag vom 30. September 1802.

vom revolutionären Uebermuth, welcher, der Einführung der
helvetischen Einheit vorangehend, herrschend gewesen war.
Zur Tagsatzung eingeladen, gab die Regierung den Abgeordneten die Instruktion: dort die Anerkennung der Landschaft als
freien, eigenen und von andern abgesonderten Standes und die
Aufnahme in den eidgenössischen Bund zu verlangen, dann die
Bereitheit zu erklären, mit den andern gleichgesinnten Ständen
sich unter eine Zentralregierung zu stellen; der Tagsatzung zu
melden, daß die Landschaft willig zu Leistung ihres Beitrages
an die Kriegsbedürfnisse sei und ebenso sich mit der Organisation
der Kontingentstruppen beschäftige; endlich solle sie die Zutheilung
der ehemals thurgauischen Gemeinden an die alte Landschaft
ansprechen. Schafshauser und Wirz wurden zu Gesandten gewählt (8. Oktober). Die Verwaltungskammer von Sentis hatte
ihren Sitz im Klostergebäude von St. Gallen gehabt. Dort
machte die neue Regierung der Landschaft gemeinsam mit dem
Präsidenten der helvetischen Behörde einen Kassasturz. Es
fanden sich bei dem Obereinnehmer 15 Gl. 57 Kr. 3 Hl.; bei
den Untereinnehmern, so hieß es, werde glaublich gar keine
Baarschaft zu finden sein; bei der Verwaltungskammer unmittelbar lagen 38 Gl. 39 Kr. Ebenso wurden die Bureau-Mobilien,
die Militäreffekten in der Stadt St. Gallen und Aehnliches
inventarisirt.

Gleiches Streben nach Selbstständigkeit und demokratischer
Landesordnung, wie in der alten Landschaft, waltete im Toggenburg. Die Aufregung war namentlich in der ersten Hälfte
Septembers ganz außerordentlich. Ein Kurier, der im Auftrage des Kantonsstatthalters Gschwend durch das Toggenburg
reiten sollte, mußte seine Eigenschaft dadurch decken, daß er von
Flawyl an sachte nur Schritt ritt; in solcher Bescheidenheit kam
er unangefochten durch Lichtensteig, wo der unruhigste Markttag
gewesen. Auf dem Rathhaus zu Lichtensteig versammelten sich
die Ausschüße der toggenburgischen Gemeinden zu nöthigen Einleitungen, bestellten eine Dreizehner Kommission, von welcher
der Präsident nebst sechs Mitgliedern der reformirten, die übrigen

der katholischen Konfeſſion angehörten; des Friedens halber
wurden die Wahlen in alternativer Folge nach beiden Kon-
feſſionen vorgenommen (27. Sept.). Ammann Walliſer von
Moßnang und Pfleger Zuber von Wattwyl wurden in Folge
des Schwyzer Aufrufes an die Tagſatzung abgeſendet, fanden
dort gute Aufnahme und weitere Anleitung. Am 2. Oktober
trafen ſie wieder im Toggenburg ein, erſtatteten Bericht, in
Folge deſſen am 6. Oktober eine gemeinſame Landsgemeinde
auf der Pfrundwieſe bei Wattwyl abgehalten wurde. Von
beidſeitigen Religionsgenoſſen ſehr zahlreich beſucht, verlief
ſie auch mit Ruhe und Anſtand. Erfreuliche Einmüthigkeit
waltete vor. Die demokratiſche Organiſation wurde auch hier
beſchloſſen und eingeführt; es wurden die vierzehn Landes-
vorgeſetzten genau nach den Regeln der Parität gewählt,
jeweilen zuerſt ein Reformirter, dann ein Katholiſcher. Landammänner wurden: Kantonsrichter Johann Heinrich Steger von
Lichtenſteig und Diſtriktsſtatthalter Grob in Gonzenbach; Landes-
ſtatthalter: Johann Jakob Stadler in Flawyl und der Alt-
obervogt Dubli in Schwarzenbach; Pannerherren: der Pfleger
Zuber und der Altlandammann Bürgi in Lichtenſteig. Die von
der Landsgemeinde gewählten Beamteten bildeten den Kleinen
Rath, die von den Gemeinden gewählten Ausſchüſſe den Großen
Rath. Die Landsgemeinde wählte mit Beachtung der Parität
zwei Landſchreiber, der Große Rath in gleicher Weiſe zwei
Landläufer. Der Große Rath ernannte ferner am 15. Oktober
aus ſeiner Mitte und ebenfalls in Parität zehn Beiſitzer in das
Kriminalgericht und ſechs Beiſitzer in den Kriegsrath; in genannte beide Behörden gehörten die Mitglieder des Kleinen
Rathes zum Voraus und von Amtswegen. Am 8. Oktober
ſchrieben „Landammann und Rath der Landſchaft Toggenburg"
(ſo nannte ſich die neue Regierung) in Folge Aufrufes der eidgenöſſiſchen Tagſatzung in Schwyz zur Beſtreitung der unausweichlichen Ausgaben auf jede Gemeinde einen Steuerbeitrag
von 66 Gulden aus, hinweiſend auf den Umſtand, daß das
Land von öffentlichem Vermögen ganz entblößt ſei. Desgleichen

rief die neue Regierung die waffenfähige Mannschaft zu freiwilligem Dienst für „Rettung des gesammten schweizerischen
Vaterlandes" auf, die Hoffnung aussprechend, sie werde sich
freudig zur Einschreibung in die geöffneten Listen melden, statt
auf das sonst in Anwendung kommende Loos abzustellen. Und
da aller Vorrath an Waffen bei den Behörden mangelte, so
wurde jeder Bürger aufgefordert, was immer er an Waffen
jeder Art besitze, „zu Handen des Vaterlandes" verfügbar zu
machen. [1]

Im Rheinthal suchte Unterstatthalter Johann Kaspar
Ritter in Altstätten, auf Grundlage schriftlicher Mahnung des
Kantonsstatthalters Gschwend in St. Gallen, die helvetische
Ordnung so gut wie möglich aufrecht zu erhalten. Ritter
schrieb an die Munizipalitäten, namentlich an jene von Altstätten, mahnte diese, für den Fall, daß unruhige Bürger aus
irgend einer Gemeinde außerordentliche Versammlungen oder
Konferenzen veranstalten würden, jede Mitwirkung zu solchem
Behuf zu versagen, denn Niemand wäre zu solchen Berufungen
befugt und die Regierung sei entschlossen, gegen die Urheber
derselben ernste Maßnahmen zu ergreifen. Die Munizipalität
von Altstätten zeigte sich willfährig und machte die übrigen
Vorsteher der Gemeinde mit der empfangenen amtlichen Warnung bekannt (7. September). [2] Es waren dieß fruchtlose
Bemühungen. In einem großen Theile des Rheinthales saß
der demokratische Geist fest in den Köpfen des Volkes; Boten
aus Glarus und Appenzell mahnten darüberhin zum Aufraffen.
Männer von Ober- und Unterrheinthal drangen in Folge dessen
auf eine Zusammenkunft von Ausschüssen aus allen Gemeinden
in Berneck; im Namen des dreifachen Rathes von Altstätten
lud der Gemeindspräsident Johann Michael Eichmüller daselbst
gesammte Munizipalitäten zur Veranstaltung jener Vorversammlung ein. An Statthalter Gschwend in St. Gallen meldete

---

[1] Falk: Kurze Darstellung der politischen Vorgänge im Toggenburg.
[2] Akten im Stadtarchiv von Altstätten.

gleichzeitig J. J. Meßmer in Rheineck (Bruder des in Bern
weilenden Senators): bereits herrsche allgemeine Auflösung, und
Niemand wage mehr, für die Handhabung der öffentlichen
Ordnung einzustehen; er verband hiemit die Bitte an Gschwend
(der Katholik war): „da die Einberufung einer Landsgemeinde
von katholischer Seite betrieben werde," sich mit seinem ganzen
persönlichen Gewicht in das Mittel zu legen; vielleicht könne
er noch durch seine Vorstellung „etwas Gutes" wirken. [1]
Munizipalität und Gemeindekammer von Rheineck lehnten die
Theilnahme an der beabsichtigten Konferenz in Berneck unter
sehr ernsthaften Einwendungen ab, doch ohne sich irgendwie
tadelnd über die Urkantone und ihr Streben auszusprechen.
Die Konferenz fand (am 10. September) gleichwohl statt in
Anwesenheit von Abgeordneten aus Altstätten, Rebstein, Balgach,
Widnau und Au; Eichmüller war ihr Haupt. Unterstatthalter
Ritter behandelte die Abgeordneten in seinen amtlichen Berichten
mehr als unhöflich und bezeichnete sie in einem derselben mit
dem derben Namen „Kerls". Eben so mißfällig sprach sich die
Munizipalität von Altstätten über das Vorgehen der Demo-
kraten aus, welche sie „gedungenen Pöbel" nannte. [2]   Die
Ausschüsse aber ließen sich nicht abwendig machen und richteten
an das Volk des obern und untern Rheinthals eine gedruckte
Ansprache; diese enthielt eine Menge Klagen über die Verfassung, die von der Mehrheit eigentlich verworfen worden sei,
Klagen insbesondere über Gewährung von blos mittelbaren
Wahlen und über Abgabendruck; sie wies hin auf das Beispiel
der fünf demokratischen Kantone, von denen das Rheinthal
neuerdings als unabhängig und frei anerkannt und erklärt
worden; das Rheinthal solle deßhalb in die Fußstapfen jener
Kantone treten und sich vor Allem eine entsprechende Landesverfassung geben, sodann wie die übrigen Verbündeten „an

---

[1] Schreiben Meßmer's an Gschwend, vom 7. September; im Kantonsarchiv.

[2] Protokoll der Munizipalität.

eine Centralregierung" sich anschließen (10. September). [1] Eichmüller versuchte weitere Konferenzen; aber Rheineck lehnte fest
und wiederholt ab, sich auf die in Bern weilenden Bürger
Finanzminister Custer und Senator Meßmer berufend; so lange
diese auf ihren Posten verharren, bleibe Rheineck der Regierung
treu, welche jene Männer berufen hat. [2] Endlich wurde die
Angelegenheit an einer neuen Konferenz oder Vorversammlung
in Au reif (20. September), und es erging ein Mandat im
Namen derselben an alle Bürger, die sechszehn Jahre alt und
darüber, mit Seitengewehr, "der wahren Zierde freier Schweizer",
am 23. September zur Landsgemeinde auf der Breite in Altstätten sich einzufinden. Dabei wurde alles Spielen, Tanzen
"und derlei wilde Ergötzungen, die mit der Feierlichkeit der
vorzunehmenden Landsgemeinde nicht bestehen können", verboten. [3] Die Landsgemeinde wurde richtig am genannten Tage
gehalten; sie beschloß die Einführung einer demokratischen Verfassung, nach Weise der Urkantone, und bestellte die Regierung.
Ritter, als treuer Helvetier, hielt sich fern, mit Entschuldigung,
"daß er von seinem Amt nicht entlassen sei". Eichmüller
wurde zum Landammann gewählt. Die Landsgemeinde "war
sehr zahlreich und ruhig; sie wurde nach der Art, wie in Appenzell, gehalten". [4] Die Stadt Altstätten, von der Munizipalität
nicht weiter gehemmt, bestellte "Stadtammann, Richter und
Räthe" nach alter Ordnung (26. September). Am 4. Oktober
schrieb die neue Regierung des Rheinthals, ganz aus gleicher
Veranlassung wie jene von Toggenburg, eine Vermögenssteuer

---

[1] Diese Proklamation ist vollständig eingerückt in der Schrift: "Erlebnisse auf dem Felde der Politik"; von Baumgartner; Schaffhausen, 1844.
S. 263 bis 265.

[2] Schreiben der Munizipalität, der Gemeindekammer und des Bürgerausschusses von Rheineck an "Bürger Gemeindspräsident Eichmüller" in Altstätten.

[3] Mandat vom 21. September 1802; dessen Text ist ebenfalls vollständig in oben erwähnter Schrift des Verfassers zu lesen, S. 265 bis 267.

[4] Brief des Erzherzogs Johann an Johann v. Müller. Band VI
der Sammlung.

von 2 Gl. vom Tausend aus, nebst einer Haushaltungssteuer
von 45 Kr., alles zu bezahlen an den „Landssäckelmeister"
Joseph Sonderegger in Altstätten. Ermunternd meldete sie dem
Volk in diesem Mandat: in Schwyz sei der Grund zu einer
neuen Eidgenossenschaft gelegt; „unsere Landschaft ist organisirt;
Gericht und Rath in den Gemeinden sind besetzt"; auch für
das Militär sind die nöthigen Maßnahmen getroffen, um erforderlichen Falls „uns werkthätig zu erzeigen". Auch Rüthi,
weil vielleicht saumselig, wurde zwei Wochen später zu Entrichtung der Steuer aufgefordert.

Der Distrikt Werdenberg löste sich in mehrere Theile auf.
Die alte Herrschaft Sax hielt sich in voller Abgeschlossenheit,
konstituirte und organisirte sich selbst, „bis wieder eine gesetzliche
Ordnung der Dinge werde eingeführt sein". Ulrich Gölby,
sonst helvetischer Kantonsrichter, war das Haupt dieser kleinen
Interimsrepublik. Nachdem ihre kurze Lebensdauer abgelaufen
war, berichtete er dem Unterstatthalter von Werdenberg: „An
die Insurrektionsbehörde in Schwyz habend wir uns weder
schriftlich noch mündlich, noch auftragsweise durch andere, gewendet;" die von dorther empfangene Aufforderung zur Leistung
eines Geldbeitrages ließen wir unerwiedert. [1] In Zürich hatte
man sich mit der Wiedergewinnung der Herrschaft Sax ge-
schmeichelt; die provisorische Regierung von Zürich schrieb nemlich an die Tagsatzung: daß sich verschiedene früher zu Zürich
gehörige Landschaften wieder mit diesem Kanton zu vereinigen
wünschen, und es nannte dieser Brief auch die Herrschaft Sax. [2]
Im alten Werdenberg setzte sich der Gemeindepräsident Georg
Hagmann, von Refis, an die Spitze des Aufstandes, nachdem
er mit Oberly in Mels zu diesem Zweck in Verbindung getreten. Hagmann's Zumuthung an den Unterstatthalter Gafäser,
selbst voranzugehen, lehnte dieser ab. Von Mels her wurde
am 25. September der Aufruf der fünf demokratischen Kantone

---

[1] Schreiben Gölby's an den Unterstatthalter Gafaser, vom 13. November 1802.
[2] Protokoll der Tagsatzung von Schwyz. vom 6. Oktober.

im Lande verbreitet. Folgenden Tages wählten die Gemeinden ihre Ausschüsse, diese den Heinrich Schäpper von Grabs und Johann Seifert von Oberschan als Abgeordnete nach St. Gallen, wo gemeinsame Verhandlung gepflogen werden sollte. Nach ihrer Rückkehr löste sich das ganze dortige Gebiet in seine alten Theile auf. Wie Sar, konstituirte sich Wartau eigens, unter Jakob Sulser von Azmos; ebenso Gams, unter dem gewesenen Distriktsrichter Markus Anton Lehnherr. Die drei Werdenberger Gemeinden, Grabs, Buchs und Sevelen, hielten am 14. Oktober unter dem Vorstand des Georg Hagmann in der Nähe von Werdenberg eine Landsgemeinde, welcher eine Predigt des Pfarrers Tanner von Buchs voranging, „der die helvetische Regierung beschimpfte und das Betragen der Insurgenten pries;"[1]) alsdann bestellte die Landsgemeinde die neue Obrigkeit. Georg Hagmann wurde Landammann; Johann Jakob Senn von Grabs Landseckelmeister; darüberhin wurden sieben Richter bestellt und die vorgeschlagene einfache Landesverfassung angenommen. Rüthi, vom Rheinthal her ermuntert, trennte sich ebenfalls vom Distrikt Werdenberg und stellte seine eigene neue Behörde auf. Vom Ursprung der Insurrektion sprechend, berichtete der Unterstatthalter: es seien die Finanzgesetze über Salz, Handänderungs- und Patentgebühren, dann der kostspielige Rechtsgang als Mittel zur Ausführung des vorgehabten Zweckes bei dem Volke angewendet worden; das habe gewirkt. Die neue Regierung von Werdenberg sendete den Landseckelmeister Senn nach Schwyz ab, der von dort mit befriedigenden Berichten nach Hause zurückkehrte.

Im Sarganserland war Franz Anton Oberly, einer derjenigen, die sich vier Jahre früher eifrig für die Freierklärung dieser Landschaft verwendet hatten, die Seele des Aufstandes; wie tausend Andern war ihm während der unglücklichen Periode der helvetischen Republik klar geworden, daß in solcher Staats-

---

[1]) Wörtlich aus dem Bericht des Unterstatthalters Gafafer an den Statthalter des Kantons Linth, vom 15. November 1802.

ordnung das Heil des Volkes nicht zu finden sei. Er stand
schon vor dem Aufstand mit Aloys Reding in Verbindung,
unterhielt gute Bekanntschaft mit den Brüdern Gmür in Schänis, wirkte auch in das Ländchen Werdenberg hinüber und bis
in's Rheinthal hinab, durch Altlandsfähnrich Kolb von Mels.
Nach den entscheidenden Ereignissen von Zürich trat er in Korrespondenz mit Freunden des Aufstandes in Zürich, Graubünden
und Glarus. Am 16. September verlangte er von dem Unterstatthalter Gallati die schleunige Einberufung eines Landraths.
Auf Gallati's Ablehnung brach Oberly selbst das Eis. In der
eigenen Gemeinde Mels legte er das Fundament zum Aufstand.
Von dort aus erging überall hin die Einladung zur Wahl von
Gemeindeausschüssen, die sich am 21. auf dem Rathhaus zu
Mels versammelten und als Landrath konstituirten. [1] Diese
Form der Konstituirung zog er der Einberufung der Landsgemeinde vor, weil er einer Mehrheit im Landrath ganz sicher
sein konnte, das Volk an der Landsgemeinde schwieriger zu
führen, an dieses Institut noch nicht genugsam gewöhnt, un-
schlüssig und unter sich uneins war. [2] Der Landrath konstituirte
sich, ernannte einen Landrathspräsidenten, in der Person Oberly's,
beschloß die Entfernung aller helvetischen Beamteten, den Erlaß
eines Gratulationsschreibens an Zürich über die glückliche Befreiung von den helvetischen Truppen, Nöthiges über die Verlegung der bündnerischen Hülfsvölker bei ihrem Durchmarsch
durch das Sarganserland Behufs Verbindung mit den Truppen
der Schwyzer Tagsatzung; bestellte eine engere Kommission aus
seiner Mitte; er ernannte am 23. September in Folge des
Aufrufes der fünf demokratischen Stände zwei Abgeordnete nach
St. Gallen; sandte später schriftlich die Wünsche des Landes an

---

[1] Wir entnehmen dieses und Folgendes aus dem Bericht, welchen
Gallati am 23. November 1802 an den Statthalter von Linth erstattete.
Gallati war damals beharrlicher Helvetier und der neuen Ordnung ganz zugethan, zugleich also Gegner der eidgenössischen Bestrebungen Reding's und
seiner Anhänger allüberall.

[2] So beurtheilt Gallati das Vorgehen Oberly's.

die Tagsatzung nach Schwyz und beschloß, 100 Mann Hülfstruppen „für die vaterländische Armee" auszuheben. Der Landrath bestand aus 23 Männern, unter ihnen hervorragend, neben
Oberly, Johann Peter Chiodera von Ragaz, der in vertrautesten Verhältnissen zu Oberly stand; dann Franz Perret und
Franz Anton Good, beide von Mels; Jos. Fr. Bernold von
Wallenstadt, der jedoch ablehnte; Distriktsgerichtspräsident Johann
Brober von Sargans. Oberly war, nach Meinung Gallati's,
„der Mittelpunkt, um welchen sich alle Widersächer der helvetischen Regierung und alle Freunde der Demagogie und des
Föderalismus wetteifernd herumdrehten; während der ganzen
Insurrektionszeit trug er den Namen des ersten Biedermannes
und sein Ruhm wiederhallte zu Schwyz und in den übrigen
Orten" (demokratischen Ständen). Perret war Oberly's „rechter", Good sein „linker Arm"; des letztern Beruf als Arzt gab
ihm beste Gelegenheit, nach Oberly's Wunsch auf das Volk
einzuwirken. Auch Gallati's Bruder war Mitglied des Landrathes, aber als Anhänger der helvetischen Regierung in demselben nicht gerne gesehen, vom Präsidenten Oberly spöttisch
als „Bürger" angeredet. [1] Justus Franz Huber von Wallenstadt war zwar nicht Mitglied des Landrathes, hatte aber zu
Gunsten des Aufstandes in Wallenstadt gewirkt, von dem, wie
wir gesehen, sein Mitbürger Bernold sich gänzlich fern hielt.
Freudig eilte die Mannschaft zum Kontingentsdienst, zumal jene
von Mels. Die Stimmung in Flums war jener von Mels
gleich, „denn Flums und Mels harmoniren in dergleichen Fällen
immer mit einander". Während der Zeit dieses demokratischen
Lebens im Sarganserland waren die Kapitularen des Klosters
Pfäfers in zwei Parteien gespalten, „in die jungen und die
alten Herren". Unter den letztern standen Abt und Dekan
voran; ungeduldig harrten sie auf den glücklichen Fortgang der
Waffen „der Orte". Schon vorher hatten sie der weltlichen

[1] „Obwohl er doch früher „„Schultheiß"" von Sargans gewesen",
sagt Joh. B. Gallati in seinem Bericht.

Administration in etwas vorgegriffen und bereits stand ein
Kapitel in Aussicht, um alle vormaligen Offizialen wieder ein-
zusetzen; sie erkannten einen Beitrag an die Ausstattung der
Sarganser Hülfs- oder Kontingentstruppen. Vom helvetischen
Klosterverwalter Peter forderte Oberly die Rechnung ab zu
Handen des Landrathes. Die jüngeren Kapitularen waren
Freunde der neuen Ordnung und hatten als solche von den
ältern „Patres" viel auszustehen, so daß, wenn die Umstände
sich nicht bald geändert hätten, eine Trennung bevorstand. Das
Verhalten der Weltgeistlichkeit bezeichnet Gallati als meist gut.
„Hingegen haben sich die Väter Kapuziner zu Mels nicht ent-
halten können, ihre Missionen zu Berg und Thal auf die politischen Angelegenheiten zum Favor der Insurrektion fleißig zu
appliziren; man konnte aber auch von ihnen fast nichts Anderes
erwarten, wenn man die Natur ihres Ordens in Anschlag
nimmt."[1] Was Gallati über die Stimmung im Kloster
Pfäfers schrieb, bestätigt ein Bericht des Klosterverwalters
Peter über die damaligen Vorgänge: Kaum hatten die Mönche
Kunde erhalten von den Ereignissen in den Urkantonen, „witterten diese Herren schon die Rückkehr ihrer alten Oberherrlichkeit"; der „Bürger Dekan" Joseph Arnold, als letztjähriger
Baudirektor, weigerte sich, dem Verwalter eine rückständige Einnahme von 300 Louisd'or auszuhändigen, und ergriff selbst die
Zügel der Klosterverwaltung, so daß Peter auf die Berichtigung
seiner Bücher beschränkt war und als entlassen erschien.

Gaster und Utznach handelten gemeinsam. Am 8. September war Bürgergemeinde in Schänis; sie beschloß die Einberufung einer Landeskommission, aus je zwei Abgeordneten
jeder Gemeinde bestehend, beauftragt, alle zweckmäßigen Mittel

---

[1] Zur Zeit der helvetischen Revolution mußten stets die Kapuziner es
verschuldet haben, wenn das Volk gegenüber den Staatslenkern nach seinem
eigenen Kopf handelte. Die Kapuziner waren die Zielscheibe ihrer Klagen,
wie vier und fünf Jahrzehnte später die Jesuiten. Jetzt läßt man die Kapuziner in Ruhe, obwohl „die Natur ihres Ordens" ganz unverändert geblieben ist.

für Förderung und Befestigung der Wohlfahrt der Landeseinwohner in Anwendung zu bringen. Die Landeskommission konstituirte sich alsbald, stellte den gewesenen helvetischen Abgeordneten („Gesetzgeber") Dominik Gmür an ihre Spitze und setzte sich unverweilt mit Utznach in vertrauteste Verbindung. Dominik Gmür und seine jüngeren Brüder Xaver und Ignaz hatten in guten Treuen sich der helvetischen Republik angeschlossen und unter derselben verschiedene Aemter bekleidet. Gleich vielen ihrer Zeitgenossen kamen auch sie von ihrer früheren der neuen Ordnung günstigen Stimmung zurück, als sie die in allen Beziehungen erbärmliche Willkür- und Gewaltherrschaft in ihren Früchten vor Augen sahen;[1] sie führten deßhalb das Ländchen, in dem sie schon länger her überwiegenden Einfluß übten, in die Arme der Demokratie zurück. In der Landschaft Utznach wurde eine ähnliche Landeskommission unter Dr. Keller von Schmerikon gebildet, dem W. A. Vettiger als Landschreiber zur Seite stand. In Kaltbrunn tagten dann beide Kommissionen zusammen, um gemeinsames Vorgehen für Gründung ersprießlicher Zukunft einzuleiten. Präsident Dominik Gmür ging in Folge dessen nach dem Toggenburg ab zum Zwecke, eine Verständigung einzuleiten, daß wenn möglich der früher projektirte „Kanton St. Gallen" laut Entwurf vom 26. Februar 1802 wirklich in das Leben gerufen werde. An die Tagsatzung nach Schwyz aber beschloß man Abgeordnete mit der Instruktion abzusenden, Ein- und Nachfrage zu halten, ob und wie allfällig die Landschaften Utznach, Gaster und Sargans mit Schwyz in durchaus gleichen Rechten Einen und denselben Kanton bilden könnten, den Fall von wirklichen Abänderungen der Kantonsgebiete vorausgesetzt. Eine Vereinigung mit Schwyz war übrigens so verstanden, daß der also vergrößerte Kanton Schwyz in zwei Theile ausgeschieden würde, ähnlich wie Unterwalden ob und nid dem Wald. Aus Obigem darf geschlossen werden, daß

---

[1] Anläßlich dieser Gesinnungsänderung sagte Gallati in seinem erwähnten Bericht über die Verbindungen Oberly's mit den Brüdern Gmür: „man weiß, wie diese ausgefallen sind".

wenigstens einzelne Häupter der Landschaften an der Linth die
ursprüngliche Absicht hatten, den erwähnten „Kanton St. Gallen“
in's Leben zu führen. Wenn dann zwischen Gaster und Utznach
Instruktionen für die Deputirten nach Schwyz verabredet wurden,
welche die Vereinigung mit dem Kanton Schwyz zum Zwecke
hatten, so dürfte dieses dem Umstande beizumessen sein, daß
Dominik Gmür im Toggenburg mit dem erstern Plan auf
Widerstand gestoßen ist, da man dort sich mit dem Gedanken
trug, ein eigener Kanton zu werden. Nach der Rückkehr der
Deputirten aus dem Toggenburg und da das Volk Landsgemeinden verlangte, wurden solche in Utznach und in Schänis
gehalten (21. September). Die Bürger fanden sich an beiden
Orten äußerst zahlreich ein; es herrschte Ruhe und feierliche
Stille dabei. In Gaster wurde Dominik Gmür zum Land-
ammann erhoben; es wurden weiter Aloys Küng von Benken
zum Landstatthalter, Fridolin Hager von Kaltbrunn zum Landseckelmeister, Xaver Gmür zum Landeshauptmann ernannt; Ignaz
Gmür, der jüngste der drei Brüder, erhielt eine Stelle unter
den neuen Landräthen. In Utznach wurde eine demokratische
Verfassung in zwölf Artikeln beschlossen; oberste Behörden: die
Landsgemeinde und der Landrath, dieser bestehend aus sechs
Landesvorstehern und sieben Rathsherren, einer aus jeder Gemeinde, so daß der Landrath im Ganzen dreizehn Mitglieder
erhielt; gesammte Mannschaft vom 18. bis 50. Jahr solle eingeschrieben werden; der Landrath wurde mit der nöthigen Unterhandlung für allfälligen Anschluß an andere Gebiete beauftragt,
dem Entscheid der Landsgemeinde unvorgreiflich. Keller wurde
zum Landammann, Vinzenz Anselm Vettiger zum Landstatthalter
erhoben, Suter von St. Gallenkappel zum Landseckelmeister.
Beide neuen Freistaaten organisirten Truppen und bereiteten sich
zur Bezahlung des Geldkontingentes nach Schwyz vor. Dominik Gmür und Vettiger wurden zu den nöthigen Vereinbarungen
nach St. Gallen geschickt. An die Konferenz nach Schwyz sandte
Utznach den Landammann Keller und den Rathsherrn Wißmann
von St. Gallenkappel, mit dem schon erwähnten Auftrag, wegen

Vereinigung mit dem Kanton Schwyz sich dort näher umzusehen. [1]) Der Bescheid der Konferenz lautete: das Dringendste sei jetzt die Befreiung der Schweiz; in Gebietsfragen könne man sich für einmal nicht einlassen; die Wünsche Uznach's werden übrigens der Tagsatzung vorgelegt werden. [2])

Wesen, von Gaster zur Vereinbarung mit diesem Ländchen eingeladen, lehnte es ab, blieb allein und wählte den Altuntervogt Beeler zum ersten Gemeindevorsteher. Spottend meldete deßhalb später der helvetische Unterstatthalter Borler an die Oberbehörde: Wesen sei von seinen Bewohnern als ein eigener Freistaat erklärt worden. [3]) Was im Sarganserlande dem Einfluß der Kapuziner zugeschrieben wurde, das setzte Borler in Bezug auf das Volk an der Linth auf Rechnung „zahlreicher Prozessionen" nach Einsiedeln; Viele kamen, nach seiner Meinung, „fanatisirt, in vollem Landsgemeindegeist" (von dorther) zurück.

Die Aufrufe von Schwyz her, die Vorgänge dort und in Glarus, Landsgemeinden „in den Höfen" und in der March, steigerten die Lust zur Rückkehr in ältere Zustände auch in Rapperschwyl; nach den Ereignissen von Zürich verlangte der größere Theil der Bürgerschaft die Wiedereinsetzung von Schultheiß und Rath, was am 19. September geschah. Auf gleichem Abend rückten, da Glarus inzwischen nach den Vereinbarungen von Schwyz gewaffnet hatte, 2 Kompagnien Glarner in Rapperschwyl ein; die Stadt schmückte sich mit ihrer alten weißen und rothen Fahne, gab der dreifarbigen den Abschied; der ehemalige Amtsschultheiß wurde in die Sitzung abgeholt. Den Umschwung hatte Ferdinand Reifli geleitet. [4]) Den drei Hofgemeinden, die

---

[1]) Diese Vereinigung sollte sich nicht bloß auf Uznach, Gaster, Sargans, sondern auch auf einige Gemeinden des Hofes Rapperschwyl und auf die March erstrecken. Sax und Werdenberg, so meinten die Uznacher Abgeordneten, würden sich an Appenzell anschließen; Rapperschwyl wollten sie sich selbst überlassen. (Akten im Kantonsarchiv Schwyz.)

[2]) Protokoll der siebenörtigen Konferenz in Schwyz, vom 25. Sept.

[3]) Bericht Borler's an den Kantonsstatthalter, vom 19. November.

[4]) Akten im Kantonsarchiv.

mit der Stadt vereiniget fein wollten, erklärte die Interimsregierung: fie werde allernächst den Gang der Ereignisse abwarten, und ihnen dann jene Rechte einräumen, die andere
ehemalige Angehörige auch erhalten würden. [1] Zu dieser Zeit
war die Stadt Rapperschwyl der Gegenstand schwerer Klage
feitens des Klosters Wurmsbach. Es wendete sich an Landammann Reding in Schwyz, klagte über die traurige Lage, in
welcher sich das Kloster bisher befunden, „über die räuberische
Gewalt", welche „unsere ehemaligen Schutzherren von Rapperich-
wyl über uns sich angemaßet". „Dieses Joches müde", bat
das Kloster „den Retter wahrer Freiheit und des Vaterlandes"
um Hülfe für die Zukunft; es verlange nur ruhigen Genuß des
Seinigen, „was es unter dem betrübten Schutze Rapperschwyl's"
nie hoffen dürfe. [2]

Als der Fürstabt von St. Gallen die Berichte von dem
Volksaufstand gegen die helvetische Regierung vernahm, schwellten
auch seine Hoffnungen neuerdings auf; namentlich hoffte er
immer noch, Frankreich werde die endliche Wiederherstellung des
Stiftes, wie Pankrazius fie auffaßte, befürworten, und nicht
mehr, wie bei Anlaß einer früheren Verwendung geschehen, auf
den Widerstand der Schweizer abstellen. [3] Der Fürst gedachte
auch mit eigener Proklamation an seine „Angehörigen der alten
Landschaft, des Toggenburgs, im Rheinthal und im Thurgau",
aufzutreten. Er schilderte darin die erlebten Drangsale, die der
gütigen Vorsehung zu verdankende glückliche Wendung der Dinge,
die den Angehörigen nun erlaube, dem Stifte wieder die pflicht-
mäßige Treue und Anhänglichkeit zu beweisen und sich dadurch
wieder in den Genuß ehevoriger väterlicher Regierungsweise zu
setzen; dann, wie trostreich es dem Fürsten wäre, durch die
eigene Stimme des Volkes zur Wiederbefitznahme fürstlicher

[1] Rickenmann, Geschichte der Stadt Rapperschwyl, S. 253.
[2] Konferenzprotokoll von Schwyz, vom 23. September.
[3] Brief des Fürsten an seinen Agenten Müller, vom 18. September;
worin wörtlich: er hoffe, der erste Konsul werde nicht mehr sagen: „Les
Suisses s'opposeront fortement."

Rechtsame gerufen zu werden, wie betrübend hinwieder für ihn, wenn er sich in die Nothwendigkeit gesetzt sähe, sie durch fremden Einfluß behaupten zu müssen; die Proklamation gab dabei die Versicherung, daß die ehevorigen wohlhergebrachten Freiheiten der Angehörigen sollen ungekränkt bleiben, das in letzteren Zeiten an das Stift Abgelöste abgelöst bleiben solle; weiter werde der Fürst zum Besten des Landes Alles bewilligen und einrichten, was mit der Würde des Landesherrn und den Rechtsamen des Kaisers als Lehensherrn vereinbarlich sein möge; auf seine, des Fürsten, und des Stiftes Rechtsame habe er nie verzichtet. Diese Proklamation hat keine Veröffentlichung erhalten; doch wurde ihr Vorhandensein bekannt; der Inhalt erbitterte seine Gegner und schwächte den Muth und den Einfluß seiner Freunde. [1] Der Fürstabt schrieb auch an Reding, der ihm hinwieder die Bekanntmachung der fünf Kantone übermittelte, welche die Freierklärung der ehemaligen Unterthanen bestätigte, und beisetzte: danach möge er nun nach Gutdünken bezüglich der Vereinigung zwischen seinem Konvent und den gemeldeten Landschaften zuträglich erachtete Maßnahmen treffen. Die Stellung Reding's zum Stift war dadurch sehr faßbar gezeichnet: die Selbstständigkeit der ehemaligen Unterthanen des Stiftes beschränken die Urkantone wenigstens nicht von sich aus; es sei

---

[1] Falk: Kurze Darstellung der politischen Vorgänge im Toggenburg und in der alten Landschaft; er erzählt, die Proklamation sei unter den Papieren eines der vertrauten Religiosen des Fürsten gefunden worden. Der Verfasser dieses Buches hält Indiskretion eines Einzelnen für viel wahrscheinlicher. Ganz falsch sagt bei diesem Anlaß Weidmann (Geschichte des ehemaligen Stiftes u. s. w. S. 183): die Angehörigen seien durch den Aufruf des Fürsten „mit auswärtiger Gewalt bedroht worden"; der Fürst sagte ausdrücklich nur: er würde bedauren, seine Rechte „durch fremden Einfluß" behaupten zu müssen. So lautet der gedruckte Entwurf der Proklamation aus Ebringen, im Uebrigen ohne Datum. Er befindet sich in den hinterlassenen Papieren des Fürsten. Unter „fremdem" Einfluß war übrigens der angerufene Schutz der Schweizerstände nicht weniger als allenfalls jener von Frankreich zu verstehen. Immerhin hatte der Fürst sich über seine Bestrebungen im Ausland nicht zu schämen, da namentlich die helvetische Partei in der Schweiz vor einem ausländischen Machthaber kroch.

nun die Sache des Stiftes, sich mit ihnen abzufinden. Als man dann in Schwyz die Reorganisation der Eidgenossenschaft in Handen nahm, begab sich der Fürst selbst in die Rähe, pflog in Rorschach Besprechung mit Vertrauten über einzuleitende Unterhandlungen (25. September); kurz nachher ernannte der Fürst einen Abgeordneten nach Schwyz in der Person des P. Joh. Nep. Hauntinger, mit Vollmacht noch einen weltlichen Beamten zur Sendung beizuziehen; die Instruktion an die Abgeordneten lautete: es sei für Wiederherstellung des Stiftes und die Aufnahme in den neuen Bundesverband zu wirken, unter Zusage, daß vom gütlichen Vertrag das Mögliche werde aufrecht erhalten werden; die Souveränetät aber müsse das Stift wieder haben (27. September). Hauntinger erhob Einwendung gegen die Instruktion: laut Rathschlag unter Mehreren wäre die ganze Existenz aller Stiftsglieder ohne Nutzen für das Stift selbst gefährdet, falls man die Unterhandlung auf jene Grundlage eröffnen wollte; auf solche Weise würde alles geistliche Eigenthum verloren gehen. Von einer zu Bruggen abgehaltenen Versammlung von 58 Landesausschüssen vernahm der Fürst, daß 37 wider, 21 für Wiedereinsetzung der fürstlichen Regierung gestimmt haben, das Land in zwei Parteien getheilt sei, die Toggenburger sich zu demokratisiren gedenken, doch Viele unter ihnen geneigt seien, dem Fürsten die Mitherrschaft („condominium") einzuräumen. [1] Unterdessen waren Ende Septembers und zu Anfang Oktobers eine Anzahl der Kapitularen nach St. Gallen zurückgekehrt; allsogleich nach der Landsgemeinde von Schönenwegen verlangte P. Aemilian Haffner Namens der Stiftskommission die Uebergabe des Klosters und die Räumung desselben, ferner die nöthigen Anordnungen zu dem Zwecke, daß das Stift wieder in sein Vermögen eingesetzt werde. Mit Haffner war auch der Subprior P. Beda Gallus und P. Theodor Wick wieder anwesend. Im Stiftsgebäude aber sah es zur Zeit nichts weniger als klösterlich aus; dasselbe war, mit Ausnahme eines

---

[1] Brief des Fürsten an Hofrath Müller in Paris, vom 29. Sept.

einzigen Saales, ganz von den Spinnmaschinen okkupirt, an denen 120 Personen beider Konfessionen, Weiber und Kinder, arbeiteten. Die neue Regierung der Landschaft, den Beschlüssen der Landsgemeinde Vollzug gebend, verordnete die Räumung, doch gab sie hiezu, zu Vermeidung von Schaden, der Spinnerei= gesellschaft eine Frist von einem Monat, mit beigefügtem Befehl, von nun an an Feiertagen nicht mehr im Kloster arbeiten zu lassen. Zur Zeit fanden die Kapitularen keine zwanzig Zimmer für eigenen Bedarf, da alle bewohnbaren Räumlichkeiten ver= miethet oder von den Staatsbeamteten in Beschlag genommen waren. Daß man in den vorangegangenen Jahren die Baum= wollspinnerei auch anderswo hätte anlegen können, als im Kloster, wenn man damals besseren Willen gehabt hätte, zeigten spätere Berichte an den Fürsten; in der Stadt traf man nämlich, in Folge erwähnten Befehls, sofort Anstalten, die Maschinen in ein anderes Gebäude zu verlegen, ja selbst ein neues Gebäude zu diesem Ende aufzuführen, woraus zu schließen, daß ernstlich an den Fortbestand des Stiftes, überhaupt an eine gegenhelvetische neue Ordnung der Dinge geglaubt wurde; das Letztere geht auch aus dem Umstande hervor, daß die Spinnereigesellschaft selbst, schon vor Konstituirung der neuen Regierung, um An= zeige der Frist ersucht hatte, binnen welcher das Kloster von ihren Maschinen zu räumen sein werde. Die Arbeiterinnen an der Fabrik wurden sogleich aus dem Kloster weggeschafft. [1]) Die Regierung der Landschaft, dem Stifte gegenüber ganz anders und besser gesinnt, als jene vom Frühjahr 1798, gab der er= wähnten Kommission auch beste Versicherungen wegen Rückgabe des gesammten stiftischen Eigenthums, vorbehaltlich der mit der Landeshoheit verbundenen Rechtsame; in letzterer Beziehung ver= wies sie auf die abzuschließende Konvention; für den Regierungs= gebrauch nahm sie zwar das Amt= und das Zollhaus in Goßau zu Handen, wohin sie ihren Sitz verlegte; es geschah jedoch unter Zusage, daß sie wegen Gebrauchs dieser Gebäude mit

[1]) Brief des P. Aemilian Haffner an den Fürsten, vom 25. Oktober.

dem Stift bei Abschluß erwähnter Konvention ein Abkommen treffen werde. [1] Abgesehen von der nicht wieder eingeräumten weltlichen Herrschaft nahmen daher die Angelegenheiten des Stifts eine ganz freundliche Wendung. Solche noch mehr zu verbessern, bat P. Theodor Wick den Fürsten dringend, seinen Wohnsitz in die Nähe zu verlegen. [2]

In Schwyz tagte noch immer die Konferenz der demo-kratischen Kantone. An sie schloß sich Graubünden an, dessen Abgeordnete wirksamen Antheil an den Berathungen nahmen; ihm folgte die provisorische Regierung von Zürich unter Vorstand des nachmaligen Bürgermeisters Hans v. Reinhard, [3] beste Unterstützung verheißend und den Schutz der Vorsehung „für das so glücklich begonnene Werk der Befreiung und Wieder-geburt unseres Vaterlandes" erflehend. Unmittelbar nachhin schloß die Konferenz durch ihre Abgeordneten, Zellweger von Appenzell A. R. und v. Salis-Sils von Graubünden, eine Konvention mit der nach der Einnahme Berns aufgestellten dortigen Standes-kommission; Hauptbestimmungen der Vereinbarung waren, daß jeder andere Kanton ebenfalls in die neue Verbündung auf-genommen werde und jeder sich nach eigenem Befund konstituiren möge; Zweck der Konvention: „die helvetische Regierung in Lausanne bis zu ihrer gänzlichen Auflösung oder Vertreibung aus der Schweiz mit bewaffneter Hand zu verfolgen." Die bisherigen einleitenden Konferenzen wurden nun geschlossen. An ihrer Stelle konstituirte sich, zum erstenmal wieder nach leiden-reichen fünftehalb Jahren, die eidgenössische Tagsatzung. Ihre Eröffnung fand statt auf dem Platz vor dem Rathhaus in Schwyz, bei Paradirung eines Bataillons Truppen, unter denen 50 der schönsten Männer aus dem Kanton Schwyz in alter

---

[1] Akten im Kantonsarchiv.
[2] Brief des P. Theodor an den Fürsten, vom 11. Oktober.
[3] Sekretär war der spätere Staatsschreiber J. J. Lavater, von dem eine reiche Vergabung an Büchern an die Stadtbibliothek in St. Gallen herrührt.

Schweizertracht mit Morgensternen und Hellbarden bewaffnet. [1]) Redling gedachte in schwungvoller Rede der Wiederauferstehung der Eidgenossenschaft, der bisherigen Kämpfe und ihrer günstigen Erfolge, beisetzend: „diese feierliche Versammlung wird der tödtende Stoß auf die helvetischen Machthaber sein“; denn „sie stellt die Schweizernation vor und macht feierlichen und rechtlichen Gebrauch von der im Lunéviller Frieden i h r, und nicht ihren tyrannischen Usurpatoren zugestandenen Unabhängigkeit und Vollmacht, sich selbst nach Belieben und Gutachten eine Verfassung zu geben.“ Der Redner empfahl „Gerechtigkeit und Großmuth“ als Grundlage alles Wirkens der Tagsatzung: „setzen wir den Grundsatz der Gleichheit der Rechte zur Basis der Kantonsverfassungen, und wir werden das Schweizervolk beruhigt und für die gute Sache gewonnen haben, das Volk wird die Rechte des Vaterlandes als die seinigen betrachten und vertheidigen, sobald ihm das Vaterland eine beruhigende Existenz gibt und versichert.“ Nach dieser „nervosen Rede“ sprach Seckelmeister Hirzel, der Gesandte von Zürich, mit hinreißender Beredtsamkeit; ihm folgten die übrigen Ehrengesandten nach der Rangordnung der Stände zur „Ablegung des eidgenössischen Grußes“. General Bachmann, der dem früher an ihn ergangenen Rufe gefolgt war, und die Kriegsräthe aus den V demokratischen Kantonen betheiligten sich bei der Feier. [2]) An dieser Tagsatzung haben Theil genommen die Stände Zürich, Bern, Luzern, Uri, Schwyz, Unterwalden, Zug, Glarus, Basel, Freiburg, Solothurn, Schaffhausen, Appenzell Inner- und Außerrhoden; dann „Gemeine III Bünde“, Stadt St. Gallen (als ihr Gesandter Alt-Bürgermeister Kaspar Steinlin), Landschaft St. Gallen (für sie Landammann Schaffhauser und Joh. Nep. Wirz à Rudenz); Rheinthal (für dasselbe der Landammann Joh. Mich. Eichmüller und J. J. Schüeber

---

[1]) Als Ehrenwache. Schwyz schrieb an Lachen (19. September): es solle dazu zehn „korpulente, große, schöne Männer“ schicken, „die dann auf bemelte Zeit mit Knütteln (Morgensternen) paradiren müssen“.

[2]) S. „Das Allerneueste aus der Schweiz“. Flugschrift vom 27. Sept., die Rede Redling's und Anderes enthaltend.

von Rheineck), endlich auch Thurgau und Baden.[1] Die Tagsatzung pflog allumfassenden Rathschlag über die Nachrichten,
die ihr aus den meisten Theilen der wiedererstandenen Eidgenossenschaft zukamen, ernannte und brevetirte als eidgenössische Obersten
die Korpskommandanten Aufdermaur von Schwyz, Hauser von
Glarus und Baron Heinrich v. Salis aus Graubünden. In
Kenntniß gesetzt, daß Parteiführer in Lugano das Volk für die
Vereinigung mit der italienischen Republik zu gewinnen suchten,
that sie nöthige Schritte, solche Schmälerung des Schweizer-
gebietes zu verhindern, und lud die Kantone Lugano und Bellenz
zu gutfindender neuer Konstituirung und zum Anschluß an die
Tagsatzung ein. Sie erließ eine öffentliche Erklärung, in welcher
Grund und Ziel ihrer Wirksamkeit mit Hinweisung auf die
neuesten Ereignisse angegeben und der Berechtigung der Eidgenossenschaft zu freier Konstituirung noch besonders gedacht
wird.[2] Sie bat die Wohlhabenden, Partikularen, Stifte und
andere Korporationen um Geldbeiträge zur Bestreitung der Ausgaben für das Werk der Befreiung. Sie wollte die Rechtsgleichheit zu einer Wahrheit machen und erließ deßhalb an
Schaffhausen die Mahnung, „den Landleuten eine förmliche
Urkunde unter dem Siegel des Standes für völlige Freiheit und
Gleichheit zwischen Stadt und Land auszustellen, wenn auch an
sich die gegebene ausdrückliche Bestätigung der im Jahr 1798
erlassenen Proklamation genügen möchte".[3] Am 5. Oktober
rückte eine Gesandtschaft des „Kantons Baden" ein, dann jene
des Kantons Solothurn, nachdem sich Stadt und Landschaft
glücklich geeinigt hatten; für letztere erschien Konrad Munzinger

---

[1] Aus dem Originalabschied der eidg. Tagsatzung vom 27. Sept. bis
26. Oktober 1802; im Staatsarchiv von Schwyz. Einige Gesandtschaften
rückten inzwischen erst allmälig ein; der Stellung der St. Gallischen Landschaften wird noch besonders gedacht werden.

[2] „Erklärung der Gemein-eidgenössischen Tagsatzung in Schwyz." 4.
Vier Seiten.

[3] Gleichwohl wird Reding von befangenen Geschichtschreibern ein
„Oligarch" genannt; so von Thiers, in dessen Histoire du Consulat et de
l'Empire; Bd. IV. S. 172.

aus Olten; die Stadt war bereits durch Altrathsherrn Glutz
vertreten. Die Tagsatzung empfing am gleichen Tage von General Bachmann Bericht über den ganz günstigen Gang des Feldzugs des ihm anvertrauten eidgenössischen Heeres, traf dann
neue Anordnungen für Vermehrung der Truppen, besonders für
die Aufstellung eines entsprechenden Kavallerieforps, und für
Anschaffung von Lebensmitteln zur Verproviantirung des Heeres.
Am 8. Oktober wurden auch die Abgeordneten von Thurgau, das
sich an die Tagsatzung angeschlossen, in deren Kreis aufgenommen; es waren Joseph Anderwerth (früher helvetischer „Gesetzgeber") und Junker Gonzenbach, von Hauptwyl. An eben diesem Tage gingen Berichte von Lugano ein, daß dieser Kanton
sich wirklich konstituirt habe und den Anschluß an die Eidgenossenschaft vorbereite. So schien sich Alles zu vollständigem Gelingen des großen Befreiungskampfes anzuschicken. In Folge
früheren Aufrufes wurden auch milde Gaben auf den Altar des
Vaterlandes gelegt: Priorin und Konvent des Klosters St.
Katharinathal im Thurgau sandten mit den besten Segenswün-
schen für das Heil des Vaterlandes 500 Gl. an die Tagsatzung;
fünf argauische Klöster boten 1330 Louisd'or als freiwilliges
Opfer für die Wiederherstellung der Eidgenossenschaft dar;
Rheinau zu gleichem Zwecke 1000 Loth Silber; die Tagsatzung
ihrerseits versicherte rückantwortlich die Klöster bei glücklichem
Ausgang „der gegenwärtigen bedenklichen Lage" ihrer Geneigtheit, dieselben für Wiedererlangung ihrer Rechte bestens zu
unterstützen. Am 14. Oktober erschien auch ein Abgeordneter
von Freiburg in der Tagsatzung und versprach allgemeine Mitwirkung für die Zwecke derselben. Die Tagsatzung berieth nicht
nur den Gang der täglichen Ereignisse und die in Folge derselben nothwendig erachteten Anordnungen; sie war auch bedacht
auf Entwerfung und Einführung eines allgemeinen neuen Schwei-
zerbundes im Gegensatz zu den vielen losen Bünden, welche den
Ruin der alten Eidgenossenschaft im Jahr 1798 nicht aufzuhal-
ten vermocht hatten. Von einem besondern Ausschuß wurde
der Entwurf eines Bundesvertrages verfaßt und eingebracht.

Grundlage desselben sollte, laut Bericht und Gutachten des Ausschusses, der Föderalismus sein, deßhalb solle jedem Kanton
freistehen, „sich seine Verfassung und seine Magistraten selbst zu
wählen, sowie auch seine ökonomische Verwaltung, die kirchlichen
Angelegenheiten und die Rechtspflege ganz unabhängig von einer
allfälligen gemeinschaftlichen Behörde zu besorgen. Dann sei
aber, nach gemachten Erfahrungen, eine bleibende gemeinschaftliche Behörde erforderlich; ferner gemeinschaftliche und gleichför-
mige Einrichtung des Militärwesens; die Nothwendigkeit einer
solchen habe man schon früher eingesehen; aber alle Bemühungen zu deren Einführung seien vergeblich gewesen, setzte das
Gutachten bei. Drittens sei Vorsorge nöthig, daß die Verhandlungen mit dem Ausland, besonders auch für Wahrung der
Neutralität, nicht durch das Veto jedes einzelnen Kantons gelähmt und unterbrochen werden dürfen, „wie dies ehemals der
Fall war“. Daher der Antrag zur Aufstellung „eines eidgenössischen Rathes“; er solle bestehen aus je einem Mitglied aus
jedem Kanton, von ihm selbst gewählt; den Präsidenten wähle
die Versammlung. Jener Rath solle sich regelmäßig zu bestimmten Zeiten versammeln; ein engerer Ausschuß von acht Mitgliedern unter dem Präsidenten des „eidgenössischen Rathes“ würde
in der Zwischenzeit den Bundesgeschäften vorstehen. Ueber
dem „eidgenössischen Rath“ habe eine Tagsatzung, vorzüglich zur
Rechnungsabnahme, zu bestehen; kein Mitglied des ersten solle
wählbar sein in diese. Der eidgenössische Rath wäre demnach
Vollziehungsbehörde gewesen, für ihn in der Zwischenzeit der
engere Ausschuß. Die Kompetenzen des eidgenössischen Rathes
wurden noch näher durch besondere Aufzählung derselben bestimmt.
Dabei war das Militärwesen gut bedacht; es sollte eine ständige Militärkommission aufgestellt werden; die allgemeine Militärorganisation, durch $2/3$ der Kantonsstimmen genehmiget, ver-
bindlich für die ganze Eidgenossenschaft sein. Auch auf einen
eidgenössischen Richter wurde Bedacht genommen: der eidgenössische Rath sollte Vermittler sein, die Tagsatzung im Abstand der
Stände, welche Partei sind, wenn nöthig, den Entscheid sprechen.

Für den Präsidenten, die Mitglieder des eidgenössischen Rathes und des engeren Ausschusses wurden fixe Gehalte angewiesen; zur Deckung dieser und anderer, namentlich der diplomatischen und der Militärausgaben, wurden verschiedene Regalien als regelmäßige Einnahmsquellen angewiesen, so das Münzwesen (mit Festsetzung eines allgemeinen Münzfußes), der Pulverhandel, die Bergwerke, das Postwesen, der Salzhandel; endlich noch gewisse Einkünfte aus den in den Befreiungsurkunden der ehemaligen gemeinen Herrschaften vorbehaltenen Domanialbesitzungen und dortige eigenthümliche Gefälle. Der Entwurf[1]) sollte der Tagsatzung vorgelegt und die Kantone ersucht werden, hinlängliche Vollmacht zum Abschluß zu geben. Der gleichen Tagsatzung blieb vorbehalten, über die Territorialbegehren (Ablösung oder Vereinigung einzelner Gebiete) zu verfügen. Die Schwyzer Tagsatzung von 1802 also, weit entfernt, uns das Bild starrer, reaktionärer Aristokratenschaft darzubieten, nahm hier eine schöpferische Stellung ein, welche in hoher Weisheit die richtige Mitte zwischen verderblicher Einheit und einem losen Staatenbund zu finden bemüht war. Der Entwurf war von der sogenannten „diplomatischen Kommission" ausgearbeitet worden, an deren Spitze Hirzel von Zürich, neben ihm Abgeordnete von Uri, Schwyz, Glarus, Appenzell A. R., dann auch von Bern, Basel und Graubünden saßen; er leistete den Beweis, daß die Eidgenossenschaft von sich aus zur Rekonstituirung fähig gewesen wäre, hätte sich nicht ausländische Gewalt der Aufgabe bemächtiget. Der folgenden traurigen Ereignisse wegen konnte eine Berathung des Entwurfes seitens der Schwyzer Tagsatzung nicht erfolgen.

Die Geistlichkeit ließ sich auch zu dieser Zeit in eigenthümlicher Weise vernehmen; in überwiegender Mehrheit stand die reformirte Geistlichkeit auf Seite der Reaktion gegen die revolutionären helvetischen Zustände, lebhaft eingenommen für die Bestrebungen der neuen kantonalen Regierungen und jene der

---

[1]) Er steht vollständig im Abschied der Tagsatzung von 1802.

Tagſatzung. Am vernehmlichſten ließ ſich Wilhelm Veith, Pfarrer zu Andelfingen, in einer kleinen Schrift vernehmen; nachdem
er in derſelben die Thorheiten der Revolution und ihre traurigen Folgen, insbeſondere auch die „empörende" Beſchießung
der Stadt Zürich geſchildert, ſprach er: „Wie wenn der heilige
Greis aus Unterwalden auf's Neue ſich auf ſeinen Knieen zur
Rettung ſeines Landes vor den Thron der Gottheit niedergeworfen, und unſere frommen würdigen Väter mit ihren männlichen Thränen und ihrem herzlichen Vertrauen ſich neben ihm
gelagert und die Rettung des Vaterlandes von dem Herrn er-
fleht hätten: ſiehe, ſo ward beſchloſſen unſere Rettung! Edle,
weiſe, gute, Friedens- und Vaterlandsfreunde, an ihrer Spitze
der edle, männliche Reding, ſtunden auf wie vom Herrn ge-
weckt, brachten Ordnung in die dunkle Nacht der ſteigenden
Anarchie, hatten Mitleiden mit dem Volk, das ohne Führung
im wilden Taumel herum irrte; die Neigung nach einem beſſern,
unſerer Lage angemeſſeneren Zuſtand erwachte überall. Die
Stimme für Recht, ächte Freiheit und Ruhe unter dem Schutz
von Geſetzen nach den wahren Bedürfniſſen des Volkes tönte
immer lauter; das Gefühl, ſein Opfer, und wenn es auch das
koſtbarſte des Lebens forderte, dem Vaterlande willig zu bringen, breitete ſich in den Herzen aus, und griff mächtig um ſich.
Kühnere Freunde des Vaterlandes zerbrachen die in ihren Augen
unwürdigen Ketten; es war von keinem Vorzug des Städters
vor dem Landmann wieder die Rede; die wahre Freiheit des
Landmanns und die Zuverſicht, daß der Mann von Verdienſten
aus ſeiner Mitte wie aus den Mauern der Stadt geſchätzt
werden ſoll, garantirten die Städter in ihrem Herzen, und
werden es dem Landmann freudig beſiegeln." Der muthige
Mann beſprach aber nicht bloß das Aeußere und die Fragen
des Rechtes und der politiſchen Ordnung; er griff hinab in
den Grund des revolutionären Verderbniſſes, indem er ſchrieb:
„Wenn uns geholfen werden ſoll, wenn wir uns aus dem
Koth unſerer unglücklichen Staatsumwälzung wieder erholen
ſollen, ſo werden wir uns nicht bloß obenhin, ſondern von

Grund aus verbessern und von den tausend Thorheiten heilen lassen müssen, die unser Verderben zur unausbleiblichen Folge hatten und weiter haben werden. Wir werden zurückkehren müssen zur alten herzlichen Gottesverehrung, zur ächten reinen ungeheuchelten Herzensreligiosität, die weder in frommen Worten noch Mienen, sondern in dem aufrichtigen Sinn und Wandel vor Gott besteht. Wir werden die Religion, weise geprüft, nicht bloß als Sache des Kopfes, sondern als höchste und wichtigste Angelegenheit des Herzens erkennen, empfinden, erfahren und durch sie uns leiten lassen, — und ihrer Leitung in Sturm und Unglück und noch in der Stunde der Trennung froh werden. Denn es ist unverzeihlicher Schandfleck, der wahrhaft brandmarkt, und entweder die äußersten Grenzen der Dummheit und Bornirtheit oder ein erzschlechtes Herz verräth, wenn Einzelne im Volk, oder sogar Glieder der Regierung, welche Stelle sie auch bekleiden, und in welchem Kreise sie so aller Weisheit, aller Würde und aller Mäßigung vergessen; wenn sie mit plumperem oder feinerem Witz und verbissener Wuth über Religion und Christenthum herfahren, wie jener armselige Volksrepräsentant S., und diese unschätzbaren Stützen des häuslichen und bürgerlichen Glücks als bloße Pfaffenphantasien umzustoßen und zertrümmern zu wollen albern genug sind. Getödtet ist da der moralische Sinn, gelähmt jede Kraft zum Guten, preisgegeben allem Schändlichen und der Wuth jeder Leidenschaft jeder Kreis, wo diese Sprache herrscht, diese Sprache Lieblingssprache ist. — Sollte der den Werth einer vernünftigen Freiheit kennen, der Haß gegen die Religion in seinem Herzen nährt, seinen armseligen Witz daran übt, und seinen Stachel gegen diese Pyramide wetzt, die hoch und herrlich da steht, ihr Haupt in die Wolken hebt — zwar von den Fliegen beschmissen, von den Hunden angebellt, von den Raben bekrächzt, von den Knaben mit Ruthen gepeitscht wird, aber dennoch dasteht in ihrer Herrlichkeit, den Jahrhunderten trotzt, und von dem an sie gespritzten Unrath von dem ersten Regen rein gewaschen wird".

So schrieb Veith unter Angabe seines Namens. [1]) Er sendete die Schrift auch der Tagsatzung; diese dankte dem Prediger und Vaterlandsfreund mit Schreiben vom 25. Oktober; der Zuruf mache seinem Stand und seinen vaterländischen Gesinnungen gleich viel Ehre. Einer sehr abweichenden Auffassung der Zeit begegnen wir in einem neuen Hirtenbrief des Bischofs von Konstanz. Wie dieser Bischof, so oft die helvetischen Behörden irgend eine neue Verfassung zu Tage brachten, der das Volk, vor Allem die Katholiken, aus religiösen Gründen nicht trauen konnten und wollten, ihr jeweilen durch irgend ein Rundschreiben das Zeugniß der Ungefährlichkeit und Tadellosigkeit ausstellte, so trat derselbe auch jetzt wieder beschwichtigend in die Schranken. Er ermahnte, als es bereits mit der helvetischen Regierung auf dem Aeußersten stand, die schweizerische Geistlichkeit seiner Diö-zese in eigenem Schreiben, den Allmächtigen anzuflehen, daß er den Leiden des Vaterlandes ein Ziel setzen möchte, sich von aller Einmischung in politische Gegenstände, welche ganz außer dem Kreise ihres Berufes lägen, zu enthalten und allen katho-lischen Mitchristen nach dem Geiste des Evangeliums christliche Liebe, Mäßigung und Versöhnung einzuflößen (5. Oktober). [2])

[1]) „Zuruf an mein Vaterland, vorzüglich den beiden Kantonen Zürich und Schaffhausen zugeeignet von Wilhelm Veith, Pfarrer zu Andelfingen. 1802."

[2]) Tillier, Geschichte. Bd. III. S. 403. Die regelmäßige Befürwor-tung jeweiliger neuer helvetischer Verfassung durch den Bischofen von Kon-stanz führte den Verfasser zu der Ueberzeugung, daß jeweilen am Sitze der helvetischen Regierung ein einflußreicher Mann war, der solche Dazwischen-kunft des Bischofs in die politischen Angelegenheiten des Landes vermittelte. Näheres Forschen lüftete den Schleier. Müller-Friedberg übte solche Ver-mittelung. Als es sich um Einführung der sogenannten Notabelnverfassung handelte, sendete dieser (12. Juni 1802) an den Statthalter von Sentis zur Einrückung in die öffentlichen Blätter einen Artikel, des wesentlichen Inhaltes: es habe der Fürstbischof von Konstanz aus Anlaß der Einführung jener Verfassung der helvetischen Regierung durch seinen Gesandten, Frei-herrn v. Wessenberg, nicht nur seinen Beifall und seine Glückwünsche dar-gebracht, sondern darüberhin denselben als bischöflichen Generalvikar beauf-tragt, den sämmtlichen Seelsorgern „reine Vaterlandsliebe, aufrichtige Ver-

Vielseitig war, zuerst der fünfortige Kongreß, dann die Tagsatzung mit Ordnung der Angelegenheiten der isolirten Gebietstheile beschäftiget. Absicht der ausgezeichnetsten in Schwyz versammelten Magistraten war, die östlichen Gebiete, ehemalige Theile der nun aufgelösten Kantone Sentis und Linth, womöglich in einen einzigen Staat vereinigt zu sehen. Daher die früher erwähnte Einladung an Alle vom 15. September. Sie dachten sich dabei gemeinsames Wirken von „Stadt und Landschaft St. Gallen", etwa wie in Zürich oder Schaffhausen, wo solche Verständigung zwischen Stadt und Landvolk bereits eingetreten war. Aber die Elemente waren in den St. Gallischen Gebieten ganz andere; Jahrhunderte lang getrennt, war ihnen die Vereinigung zu einem freien Staat keine sich von selbst verstehende Aufgabe. Die Stadt war an behagliches Sonderleben gewöhnt, an welches sie noch ganz frische Erinnerungen knüpfen mochten. Sie zauderte daher und erwiderte jene Einladung mit der Eröffnung an die Konferenz: sie sei wegen der eingeschränkten geographischen Lage ihres Ortes verhindert, einen entscheidenden Schritt zu thun, bevor die benachbarten Landschaften ihre Partie genommen haben; sie werde jedoch bewußte Einladung zur Kenntniß dieser Landschaften bringen. In Oberbüren an der Brücke war um diese Zeit die Landeskommission der alten Landschaft versammelt; sie gab in ihrer Erwiderung an die Schwyzer-Konferenz große Abneigung kund,

ehrung für die Obrigkeit und Entsagung auf jede unedle und leidenschaftliche Absicht" zu empfehlen und ihnen darzustellen, „daß sie der göttlichen Fürsehung für die weisen Beschlüsse der Regierung danken sollen, welche eine zweckmäßige Verfassung eingeleitet habe, in welcher die Erhaltung der Religion und Sittlichkeit bezielt und die gemeinnützige Beförderung derselben durch Versicherung geistlicher Güter gegen alle Anfälle der Habsucht gewährleistet werde." So wurde auf Anordnung Dalberg's und Wessenberg's die katholische Geistlichkeit der Schweiz bald zu politischem Stillschweigen, bald zur politischen Propaganda gemahnt, je nach dem Nothbedarf der helvetischen Regierung. Diese hatte an der Kurie von Konstanz den treuesten Anhänger; wir wüßten kaum einen Unterschied zu finden zwischen ihrer Auffassung der neuen Zustände und deren Begründung und Befürwortung durch den früheren Minister Stapfer. Veith dachte anders.

mit der Stadt St. Gallen gemeinschaftliche Sache zu machen, stellte sogar die Unmöglichkeit vor, für einmal dem „eidgenössischen Defensionale" beizutreten. Die Tagsatzung antwortete mit einer dringenden Mahnung an die Landschaft, ihren Beitritt zum eidgenössischen Verein nicht länger zu verzögern; gemeinsame Sache mit der Stadt St. Gallen für Beschickung der Konferenz sowohl als wegen des Defensionals sei schlechterdings erforderlich; voreilige Losreißung würde allgemeine Anarchie herbeiführen; Bethätigung für jene beiden Zwecke solle den Wünschen der Landschaft für die Zukunft nicht den geringsten Eintrag thun. [1] Der Interimsregierung der Stadt St. Gallen, welche inzwischen sich konstituirt und solches der Tagsatzung angezeigt hatte, empfahl diese nicht nur mit aller Beförderung einen Gesandten in jene Versammlung abzusenden, sondern Angesichts der Weigerung der Landschaft, sich mit der Stadt zu vereinigen, Ausschüsse der verschiedenen Landschaften um sich zu versammeln, damit sie ihrerseits ebenfalls, gleich der Stadt, einen Abgeordneten an die Tagsatzung entsenden. Aber die Vereinzelung blieb fortbestehen. Schafhauser, Landammann der St. Gallischen alten Landschaft, berichtete der Tagsatzung die an der Landsgemeinde in Schönenwegen erfolgte Konstituirung nach dem rein demokratischen System; ferner, daß zwei Abgeordnete der Landschaft nach Schwyz abgehen werden; und da eben damals die zwei Deputirten des Rheinthales dort ankamen, so überzeugte sich die Tagsatzung von dem unglücklichen Umstand, daß eine Vereinigung dieser Landschaften wenigstens von ihnen aus nicht stattfinden werde, und wollte zum Zwecke derselben mittelbar Hand anlegen durch Unterredungen mit den Abgeordneten derselben, nachdem sie allesammt in Schwyz angekommen sein würden. [2] Sie selbst also, die Tagsatzung mit Reding an der Spitze, wollte den neuen Kanton St. Gallen schaffen und zwar außer allem Zweifel auf Grundlage der Rechtsgleichheit, da die Landschaften selbst zu

[1] Protokoll der Tagsatzung, vom 27. September.
[2] Protokoll der Tagsatzung vom 6. Oktober.

solcher Konstituirung den Faden nicht zu finden wußten, eben zu
der Zeit, als bereits Bonaparte die rauhe Hand der Gewalt
gegen die neue Eidgenossenschaft ausstreckte. Am folgenden Tage
erhielten Stadt St. Gallen und Rheinthal, dem Beschlusse der
Tagsatzung über vorbehaltene und beabsichtigte Vereinigung unvorgreiflich, die Ehre des Beisitzes an der Tagsatzung und der
Mitberathung an den hochwichtigen und schwierigen Verhandlungen, welche der Behörde von nun an oblagen (7. Oktober).
Schieber von Rheineck wurde später durch den Landstatthalter
Joh. Valentin Rüst aus Thal, als zweiter Abgeordnete des
Rheinthals, ersetzt. Die Stadt St. Gallen meldete der Tagsatzung den Entschluß, „eine stabile Regierung nach den Grundsätzen ihrer vormaligen Verfassung anzuordnen", und gab dabei
die bündigste Versicherung, ihren eidgenössischen Pflichten in Bezug auf Stellung des Mannschafts- und Geldkontingentes volles
Genüge zu leisten.[1] Um so rückhaltvoller und stets zaudernd
blieb die alte Landschaft; statt ihre Abordnung abgehen zu lassen,
schrieb die Regierung aus Wyl anfragend nach Schwyz, ob bei
der „dermaligen" Lage der Dinge das persönliche Erscheinen
der Deputatschaft in Schwyz nöthig, zweckmäßig und nützlich
sein werde (10. Oktober). Die Tagsatzung aber erwiederte mit
Berufung auf frühere Beschlüsse, fast unmuthig: es bleibe der
Landschaft frei nach Belieben zu handeln (12. Oktober). Die
Verlegenheiten der landschaftlichen Regierung waren durch diesen
Bescheid nicht gehoben; sie stellte, mit Rücksicht auf die inzwischen von Westen her eingetroffenen Nachrichten, die Abreise
der Gesandtschaft nach Schwyz noch länger ein, um den Verlauf der Dinge abzuwarten, ebenso den Bezug der Vermögenssteuer, hatte sich übrigens in Verfassung gesetzt, die Landesver-
waltung rüstig an Handen zu nehmen und Goßau als künftigen
Versammlungsort für den Kleinen Rath bezeichnet (14. Oktober).
Endlich reisten die beiden Gesandten ab und trafen am 22.

---

[1] Schreiben der Interimsregierung von St. Gallen, vom 8. Oktober;
Protokoll der Tagsatzung vom 11. Oktober.

Oktober in Schwyz ein, hielten sogleich mit dem Stadt St.
Gallischen Gesandten vertrauliche Besprechung, wurden dann vom
Präsidenten der Tagsatzung, Aloys Reding, empfangen, welcher
noch auf Besserung der Lage, namentlich Erfolg der an den
ersten Konsul erlassenen Vorstellung hoffte. Schaffhauser schrieb
bei diesem Anlaß eigenhändig an seine Regierung: in den Gliedern der Tagsatzung walte ein Gemeingeist und eine Entschlossenheit, welche die allgemeine Bewunderung verdiene. Am folgenden
Tag wurden Schaffhauser und Wirz in den Kreis der Tagsatzung mit dem Vorbehalt aufgenommen, daß aus dieser Aufnahme der Landschaft St. Gallen eine besondere Berechtigung
für die Repräsentation „des Kantons" St. Gallen nicht zu folgern sei,[1] mit andern Worten, daß, falls die Bildung eines
solchen Kantons doch noch statt fände, die Repräsentation in der
Tagsatzung diesem selbst zustehen würde.

Während die Landschaft in erzählter Weise ihre Betheiligung
an den Verhandlungen in Schwyz verzögert hatte, war inzwischen
daselbst der Fürst für Wiedereinsetzung in seine hoheitlichen Rechte
thätig gewesen. Ein fürstlicher Abgeordneter erschien wirklich in
Schwyz.[2] Landammann Müller von Uri und Statthalter
Pfister, Gesandter von Schaffhausen, wurden von der Tagsatzung
zu mündlicher Verhandlung mit demselben beauftragt (6. Oktober).
Der fürstliche Abgeordnete legte einen umfassenden Plan für die
künftige Ordnung der staatlichen Verhältnisse des Stifts und
seiner Lande vor; auf vernommenen Bericht ihrer Delegirten
beschloß die Tagsatzung, für einmal „in die Erörterung der
sämmtlichen Punkte nicht einzutreten"; dagegen trug sie kein
Bedenken, da auch die Abgeordneten des Rheinthals sich einverstanden erklärten, „das Stift St. Gallen in den Genuß seiner

---

[1] Protokoll der Tagsatzung von Schwyz, vom 23. Oktober.
[2] Das Protokoll der Tagsatzung und andere Akten geben dessen
Namen nicht an; es war aber wahrscheinlich P. Joh. Nep. Hauntinger, der
vom Fürsten schon früher mit der Sendung nach Schwyz betraute, da des
Fürsten Tagebuch der Sendung eines Andern nicht erwähnt.

Dominialbesitzungen in der Schweiz eintreten zu lassen", [1] eine Erklärung, die durch nachfolgende Beschlüsse bestätiget wurde. Durch diese Eröffnungen liegt als entschieden vor, daß die Tagsatzung sowohl mit der Wiedereinsetzung des Stiftes als klösterlicher Korporation als mit dessen Wiederbesitznahme seines Eigenthums und dessen freier Benutzung ganz einig ging, die verlangte Wiedereinsetzung in landesherrliche Rechte dagegen, übereinstimmend mit ihrem Bestreben für Bildung eines eigenen östlichen Kantons St. Gallen, auf sich beruhen ließ. Von diesfälligen Aeußerungen zu Handen des fürstlichen Abgeordneten liegen jedoch keine schriftlichen Aufzeichnungen vor.

Die Toggenburger hatten diesmal sich gehütet, sich zwei Regierungen zu geben, aber wollten doch wenigstens allein ein Kanton sein oder werden, waren also in dieser Rücksicht so eifersüchtig auf ihre Selbstständigkeit als die Landschaft und die Stadt St. Gallen. Die früher angeführten Abgeordneten Toggenburgs an die Tagsatzung hatten von deren Präsidenten Bescheid und Mahnung erhalten, Abgeordnete nach St. Gallen zu senden, um dort gemeinsam mit den Stellvertretern der übrigen „zum Kanton St. Gallen gehörigen Theile desselben" sich zu konstituiren und zur Abordnung einer Allen gemeinschaftlichen Deputation mitzuwirken, wodurch jedoch „ihrem Wunsch einen eigenen Kanton zu bilden" für die Zukunft keineswegs Gewalt angethan werden wolle. [2] Eine solche Gemeinschaftlichkeit kam aber nicht zu Stande; Toggenburg konstituirte sich, wie bereits erzählt worden, selbstständig und blieb unthätig für die Vereinigung; die wohlwollenden Absichten der Tagsatzung und ihres Präsidenten, Aloys Reding, konnten also, auch abgesehen von den äußeren Hindernissen, nicht in Erfüllung gehen. Inzwischen waren von der Tagsatzung, welche für ihre Kriegsoperationen gegen die helvetische Regierung Geld nöthig hatte, die östlichen Landschaften auch für ihr Geldkontingent in Anspruch genommen

---

[1] Protokoll der Tagsatzung vom 9. Oktober. Ihr Schreiben vom 11. an Statthalter und Rath des Rheinthals.

[2] Protokoll der Tagsatzung vom 1. Oktober.

worden. Auf 500 Köpfe männlicher Bevölkerung (vom zwan-
zigsten Altersjahr an gerechnet) wurden 630 Gl. 35 Kr. R. W.
Geldkontingent angesetzt; und da die Bevölkerung gesammter
St. Gallischer Landschaften nach jenem Maßstabe zu 28,500 Köpfen
berechnet wurde, so ergab sich eine Geldkontingentssumme von
35,962 Gl. 15 Kr., auf deren Einzug die Tagsatzung nun
Bedacht nahm. Sie wendete sich hiefür an die provisorische
Regierung der Stadt St. Gallen, die sie als Quasi-Vorort der
St. Gallischen Landschaften ansah, ersuchte jene einerseits um
Vorausbezahlung der ausgeschriebenen Raten, sodann um Besorgung des Einzugs bei den übrigen Landschaften. Die Vorausbezahlung lehnte die Stadt, nachdem ihr Abgeordneter bereits
mündliche Vorstellungen in der Tagsatzung dagegen angebracht
hatte, später auch brieflich ab, da sie sich außer Stand befinde,
Geldvorschüsse an die Kriegskasse zu machen; dagegen war sie
bereit, die übrigen landschaftlichen Regierungen zu gemeinsamer
Repartition der ganzen Summe auf die einzelnen Gebietstheile
einzuladen, und schrieb zu diesem Behuf auch wirklich wiederholt
Konferenzen aus. Eine solche Versammlung, an welcher, neben
der Stadt und der alten Landschaft, Toggenburg, Rheinthal,
auch Sar und Sargans, Utznach und Gaster sich einfanden,
fand am 21. Oktober statt; die Abordnungen stritten sich über
den Maßstab der Repartition, ob als solcher nemlich das Vermögen oder die Bevölkerung anzunehmen sei. Die Regierung
der alten Landschaft namentlich verlangte, daß das Geldkontingent
nach dem Vermögen, nicht nach der Kopfzahl bestimmt werde.
Solches war aber der Stadt St. Gallen nicht genehm und sie
sträubte sich beharrlich gegen einen proportionellen Ansatz nach
dem Vermögen. Eine volle Verständigung ergab sich daher
nicht; doch kamen die Konferenzmitglieder, der endlichen Festsetzung unvorgegriffen, vorläufig überein, für Lieferung des halben
Kontingents die Betheiligten in folgender Weise zu belegen:
St. Gallen mit 500, alte Landschaft mit 300, Toggenburg
ebenfalls mit 300 Louisd'or; Rheinthal mit 3000 Gl.; die
ehemaligen Gebiete des Kantons Linth, Werdenberg, Sargans,

Utznach u. s. w. mit 200 Louisb'or. Für gänzliche Hebung des
Anstandes ersuchten sie die Tagsatzung treuherzig, von sich aus
zu bestimmen, welcher von beiden Faktoren, das Vermögen oder
die Bevölkerung, „das richtige Fundament sei".[1]) Da die
Tagsatzung übrigens in Folge ihres Briefwechsels hatte zweifeln
müssen, ob in St. Gallen überhaupt eine Konferenz wirklich
gehalten werde, ließ sie inzwischen an sämmtliche vom Kanton
Linth getrennte Landschaften: Sar, Werdenberg, Gams, Sargans,
Gaster, Wesen, Utznach, Rapperschwyl mit den Höfen, die
Einladung ergehen, auf den 18. Oktober Abgeordnete nach
Schwyz zu senden, damit sie sich dort über die Repartition des
Geldkontingents unter sich verständigen mögen. Solche Abgeordnete trafen wirklich in Schwyz ein, unter anderen zwei aus
Rapperschwyl; Andere waren erwartet. Es wurde daher von
der Tagsatzung eine Kommission zu nöthiger Vereinbarung
zwischen diesen Abordnungen bestellt, unter deren Mitgliedern
Zellweger aus Appenzell A. R. war.[2]) Zum Bezahlen waren
die Einen willig; ausweichend antworteten die Anderen. Wesen
entschuldigte sich mit Hinweisung auf seine dürftige Lage und
die schweren Bedrängnisse, welche es seit vier Jahren erlitten,
und ersuchte daher um Nachlaß. Der ehemalige Distrikt Werdenberg war zu 1338 Gl. 57 Kr. angelegt; für ihn verwendeten
sich die in Schwyz angekommenen Werdenberger Abgeordneten;
sie erklärten die ökonomischen Kräfte der Einwohner dortiger
Gegenden als so gering, daß es ihnen unmöglich wäre, jene
Summe zusammenzubringen, weßhalb sie um Ermäßigung baten.
Die Tagsatzung behielt sich weitere Erwägung vor und gab den
betheiligten Landschaften zugleich die landesväterliche Weisung,
für einmal wenigstens und bis auf weitere Anordnung „soviel
Geld zusammenzubringen, als ihre Kräfte erlauben". Patriotischer handelten, in theilweiser oder gänzlicher Erfüllung der an
der St. Galler Konferenz übernommenen Verpflichtungen, die

---

[1]) Akten im Kantonsarchiv. Protokoll der Tagsatzung vom 26. Okt.
[2]) Protokoll der Tagsatzung vom 19. Oktober.

alte Landschaft St. Gallen, welche dem Generalzahlmeister der Tagsatzung, Castell, 200 Louisd'or abgeben ließ; die Interims= regierung der Stadt St. Gallen, welche 2000 Neuthaler an die eidgenössische Kriegskasse nach Schwyz abschickte; die Regie= rung des Rheinthals, welche der Tagsatzung Beifall über deren Verhalten spendete und dem neuen Abgeordneten Rüst ihre 3000 Gl. zu Handen eben jener Kasse nach Schwyz mitgab. [1] Die Stadt St. Gallen hatte unter der Interimsregierung 200 Mann Zuzüger zum eidgenössischen Heer in Bereitschaft gesetzt; sie sollten eben abmarschiren, als nachfolgende wichtigere Ereignisse Stillstand veranlaßten; ein gleiches Kontingent von 200 Mann hatte das Rheinthal gestellt. Die Tagsatzung ver= säumte auch nicht, für den Eingang der mittelbaren Einkünfte in den ehemals unterthänigen Gebieten zu sorgen, und wurde diesfalls von einzelnen Landschaften unterstützt. Die Rheinthaler Regierung verwaltete treu, was an Wein von eigenthümlichen Reben der ehemals regierenden neun Orte und an Zehntwein sich ergab, und ertheilte darüber Bericht an die Tagsatzung; dem Stift St. Gallen wurde in gleicher Beziehung freie Ver= fügung über seine gleichnamigen Einkünfte gelassen, womit die Tagsatzung sich einverstanden erklärte.

Während die Tagsatzung und die einzelnen Glieder der wieder erwachten Eidgenossenschaft sich in erzählter Weise be= thätigten, wuchs ihnen fremde Gewalt über den Kopf. Nach der Flucht der helvetischen Regierung oder ihrer Ueberreste aus Bern hatte sie nur noch die Kantone Freiburg und Leman in ihrem Besitz. Sie war machtlos; sie klagte ihr Elend dem französischen Machthaber in Paris und verlangte dessen be= waffnete Dazwischenkunft, auf den Allianzvertrag fußend. Was sie hier selbst that, dessen hatte sie lügenhaft die Tagsatzung in Schwyz bei Bonaparte beschuldiget: daß diese nemlich alle

---

[1] Schreiben von Statthalter und zweifachem Landrath des Rheinthals aus Altstätten, 22. Oktober. Protokoll der Tagsatzung vom 26. Oktober. Ueber Toggenburg und die anderen Gebietstheile schweigen die Akten; sie haben also höchst wahrscheinlich ihr Geld behalten.

europäischen Mächte um ihre Hilfe angerufen habe und daß die
militärischen Bewegungen in der Schweiz in offenem Einverständniß mit Oesterreich stattgefunden. [1] Das Begehren der
helvetischen Regierung war eingehüllt in die Forderung: es wolle
die französische Regierung die an der Grenze kommandirenden
Generale bemächtigen, soviel Truppen in die Schweiz ein-
marschiren zu lassen, als die helvetische Regierung von ihnen
begehren würde (22. September). [2] Folgenden Tages erließen
der Senat und der Vollziehungsrath vereint eine von Leidenschaft und Irrthümern strotzende Proklamation, in welcher sie
sagten, es seien die „Bürger Helvetiens einer Handvoll ränke-
süchtiger Menschen" anheimgefallen, diese „dem Abscheu und der
Verachtung von ganz Europa" überlieferten, ihnen vorwarfen,
daß sie den „Bürgerkrieg entzündet haben", nur „um ihre
Rachsucht zu sättigen"; sie Anhänger der Aristokratie schalten,
„die kein Vaterland kennen wollen, wo sie nicht ausschließlich
gebieten"; Andere „Demagogen, eben so ehrgeizig als die
Oligarchen, und deren ganze Staatskunst darin besteht, die
Anarchie in ein System zu bringen". Zum Schluß riefen jene
Behörden in ihrer Verzweiflung den Rest ihrer Anhänger, besonders die Bürger des Waadtlandes, zu treuer Handhabung
der Verfassung auf. Aber selbst in Waadt sann eine Partei
auf Umwälzung und Befreiung vom helvetischen Joch, bereit,
jenes westliche Gebiet als Freistaat zu den übrigen schon be-
freiten Kantonen in eine Eidgenossenschaft eintreten zu lassen. [3]
Unterdessen waren die Truppen der demokratischen Kantone unter
Aufdermaur von Schwyz über den Brünig in das Berner
Oberland, von dort nach Bern gezogen und vereinigten sich mit
den aufständischen Bernern. Wattenwyl rückte vor und verlegte
sein Hauptquartier nach Güminen (27. September). Um eben

---

[1] S. die Schrift: „Hans von Reinhard, Bürgermeister des Standes
Zürich und Landammann der Schweiz". Von C. von Muralt. Zürich,
1839. S. 73.
[2] Tillier; III. S. 232 und 233.
[3] Tillier; III. S. 243.

diese Zeit traf General Bachmann in Bern ein, übernahm den Oberbefehl über gesammte „eidgenössische" Truppen, 8000 Mann stark, die zwischen Bern und Murten lagen. An dieses kleine Heer sprach er einige Worte der Ermunterung und der Zuversicht: „wir werden wiederum Schweizer werden und unsere zertretene Nationalehre vor der unpartethschen Nachwelt retten." [1] In Folge eines glücklichen Gefechtes bei Pfauen (3. Oktober) besetzten die Eidgenossen Peterlingen und rückten am 4. bis Milden vor. Die helvetischen Truppen flohen, von panischem Schrecken getrieben, in voller Auflösung davon. In Lausanne packten Regierende und Regierte zur Flucht ein; seewärts begann bereits die Auswanderung. Aller Wahrscheinlichkeit zufolge wäre die helvetische Regierung nach Verlauf von wenigen Stunden gänzlich verschwunden. Da sprengte sechsspännig, von Westen her, der französische General Rapp, Adjutant des Ersten Konsuls, heran und verkündete den Sterbenden Rettung. Er brachte einen Brief Bonaparte's an die „Bewohner Helvetiens", des wesentlichen Inhaltes: der Reihe nach bemächtigten sich entgegengesetzte Faktionen der Gewalt; die französische Regierung wollte Euere Unabhängigkeit ehren; aber neue Zwietracht folgte; Ihr habt Euch drei Jahre gezankt, ohne Euch zu verstehen; überläßt man Euch noch länger Euch selbsten, so werdet Ihr Euch noch drei Jahre lang morden. Euere Geschichte beweiset, daß Euere inneren Kriege nie anders als durch die wirksame Dazwischenkunft von Frankreich endigen konnten. Ich hatte zwar den Entschluß gefaßt, mich nicht mehr in Eure Angelegenheiten zu mischen. „Allein ich kann, ich darf nicht unempfindlich bleiben bei dem Unglück, dessen Beute Ihr seid." Ich will Euer Vermittler sein, und meine Vermittlung wird wirksam sein. Der Senat soll sich wieder in Bern versammeln; alle neuen Behörden sollen sich auflösen; die neu gebildeten Truppen, ebenso zwei helvetische Halbbrigaden, werden Bern besetzen. Der Senat soll drei Ab-

---

[1] Proklama des Obergenerals Bachmann, „an seine Waffenbrüder der schweizerischen Eidgenossenschaft". Datirt aus Bern, 30. Sept. 1802.

geordnete nach Paris schicken; das Gleiche kann jeder Kanton
thun; eben so können sich alle helvetischen Bürger, welche seit
drei Jahren Senatoren oder Mitglieder der Zentralregierung
gewesen, nach Paris begeben. Zwischen Allen werde ich die
Vermittlung übernehmen und diese Vermittlung wird für Euch
die Wohlthat der Vorsehung sein. Ich habe das Recht zu erwarten, daß den bekannt gegebenen Anordnungen sich Niemand
widersetzen werde.

So lautete der Befehl des Diktators, vom 30. September
datirt. Der Zweck der helvetischen Regierung war für den
Augenblick erreicht. Sie dankte. Rapp eilte noch am 4. Oktober
nach Bern. In Milden standen die Vorposten der Eidgenossen;
ihr Hauptquartier war in Peterlingen. Dort theilte Rapp dem
eidgenössischen Oberbefehlshaber Bachmann den Befehl Bonaparte's mit und forderte ihn, unter Bedrohung mit dem Einmarsch eines französischen Heeres von 40,000 Mann, zu Einstellung der Feindseligkeiten auf. Bachmann, auf seine Pflicht
verweisend, lehnte ab. In Bern angekommen, setzte Rapp seine
Vorstellungen bei der provisorischen Regierung und bei dem
eidgenössischen Kriegsrath fort; dieser willigte ein, daß das
weitere Vorrücken des eidgenössischen Heeres eingestellt werde.
Am 6. Abends erfolgte ein in Lausanne abgeschlossener Waffenstillstand. Am 5. Abends war Freiburg, nun fruchtlos für die
Tagsatzung, durch Kapitulation an ihre Truppen übergegangen.

Die Tagsatzung in Schwyz empfing die amtlichen Berichte
Bachmann's vom Rückzug der helvetischen Truppen an den
Genfersee, von der Einnahme Freiburgs und von der Auf-
forderung Bonaparte's gleichzeitig. Sie fand die von diesem
vorgeschlagenen „Präliminar-Artikel" (d. h. die Wanderung nach
Paris, um unter dem Diktat eines fremden Herrschers eine
Verfassung sich zu geben oder anzunehmen) als mit der Pflicht
und Ehre der Nation unvereinbarlich. Sie beschloß daher, solche
Vermittlung abzulehnen, ertheilte dem General Bachmann neue
Instruktionen, stets zu dem Zweck, „das noch in jenem Theil
der Schweiz befindliche helvetische Regierungspersonal entweder

gänzlich aufzulösen oder wenigstens soviel möglich unschädlich zu machen", deßhalb sobald thunlich das Hauptquartier nach Lausanne zu verlegen (der Waffenstillstand war nur auf bedingte Frist abgeschlossen worden), und wollte durch erläuternden Brief an den Ersten Konsul Bonaparte Irrthümliches in seiner Auffassung der schweizerischen Zustände berichtigen. Sie erließ ein würdiges Schreiben an ihn: die stattgefundenen Bewegungen in der Schweiz seien nicht das Ergebniß des Parteigeistes; die schweizerische Nation beabsichtige nichts Anderes als die Ausübung des ihr zustehenden Rechtes, eine solche zentrale und kantonale Organisation sich zu geben, die ihrer Lage und ihren Bedürfnissen entspreche, ein Recht, das ihr durch den Ersten Konsul selbst, im Lunéviller Frieden, zugesichert worden sei; die Schweiz wäre ruhig seit Langem, wenn die Mitglieder der helvetischen Regierung dem wirklichen Stand der Dinge Rechnung getragen hätten, statt eigensinnig auf unpraktischen Verfassungsversuchen zu verharren.[1] Die von Bern in Schwyz eingetroffenen Kriegsräthe sollten dieses Schreiben an Rapp übergeben; es wurde auch dessen Druck beschlossen. In vertraulicher Mission sollte sich Graf Ludwig d'Affry aus Freiburg nach Paris begeben, um die schriftlichen Vorstellungen bei dem Ersten Konsul bestens noch mündlich zu unterstützen, eine Sendung, die jedoch unterblieben ist;[2] Ursache hievon konnte nur die rasche Entwickelung der Ereignisse gewesen sein. Einem Wunsche des Generals Bachmann Folge zu geben, sandte die Tagsatzung, in der Person des Standesgesandten Säckelmeister Pfister von Schaffhausen, einen Civilkommissär zum eidgenössischen Heere ab, „zur Führung der politischen und diplomatischen Korrespondenz". Von allen Beschlüssen setzte die Tagsatzung die Standesregierungen

---

[1] Protokoll der Tagsatzung vom 6. bis 8. Oktober. Ihr Brief vom 8. Oktober an Bonaparte, worin zu lesen: „La Suisse serait calmée depuis longtems si les membres du gouvernement helvétique, ces métaphyciens obscurs, avaient consulté l'état réel des choses au lieu de s'obstiner à des essais théorétiques aussi erronés que dispendieux."

[2] So sagt das Protokoll der Tagsatzung vom 8. Oktober.

in Kenntniß, ruhigen und gemessenen Blick in die Zukunft empfehlend. Sie handelte in schönster Eintracht. In Bezug auf die Stellung zu Frankreich mied sie verwegene Beschlüsse; sie hielt sich fern von der Absicht, die wenigen Bundestruppen gegen ein allfällig einrückendes französisches Heer zu führen, wollte dagegen den nationalen Widerstand gegen die Fortdauer der helvetischen Regierung durch alle anderweitigen Mittel beharrlich fortsetzen. In diesem Sinn lauteten ihre Instruktionen an den Kriegsrath; ebenso die Erklärungen, welche der eidgenössische Repräsentant Pfister an die französischen Civil- und Militärbehörden abzugeben hatte: der französischen Uebermacht weichend, bleibe es doch fester Wille der Schweizer-Nation, ihr Selbstkonstituirungsrecht geltend zu machen; die Tagsatzung verwahre dasselbe und würde jedenfalls „die aus den gerechtesten Gründen verhaßte helvetische Regierung nie anderst denn als aufgedrungen ansehen können" (9. Oktober).[1] Bald folgten energische Drohungen seitens des Generals Rapp; über Basel, Biel, Genf und Italien würde er die 40,000 M. in die Schweiz einrücken lassen. Bis auf den 14. Oktober wurde dann der Waffenstillstand verlängert; nachhin lautete Rapp's Erklärung: würde die Tagsatzung sich bis dahin dem Willen des Ersten Konsuls nicht unterziehen, so würden in der folgenden Nacht sich die französischen Truppen zum Einrücken in Marsch setzen. Aber die Tagsatzung fügte sich jenem „Willen" nicht; nur beschloß sie den allmäligen Rückzug ihrer Truppen diesseits Bern, in die Gegenden von Burgdorf, Herzogenbuchsee und St. Urban; Unterwerfung unter Frankreich behufs Vermittlung lehnte sie beharrlich ab; so noch am 13. Oktober durch Mittheilung an Pfister zu Handen Rapp's. Dabei traf sie Vorbereitung zu ihrer Auflösung und beschloß, durch sämmtliche Standesgesandtschaften deren Kommittenten mit der Lage der Dinge bekannt zu machen und sie besonders auf die mit einer Abordnung nach Paris verbundene Gefahr für das Recht der Selbstkonstituirung aufmerk-

---

[1] Abschied der Tagsatzung von 1802. Korrespondenzbeilage.

sam zu machen. Ein besonderes Kreisschreiben in diesem Sinne an gesammte Stände folgte nach, mit der Einladung an jeden Kanton, die Rechte der Selbstständigkeit in ähnlicher Weise zu verwahren, wie es die Tagsatzung selbst gethan (14. Oktober). [1] Am 19. ließ sie die Truppen in die Linie von Luzern bis Bremgarten zurückziehen und verlegte den Sitz des Kriegsrathes von Bern nach Schwyz zurück. Endlich setzte Rapp der Tagsatzung die Pistole auf die Brust. Er kündete seine persönliche Reise nach Schwyz an; fände er die Tagsatzung alsdann noch versammelt, würde er sofort die 40,000 Mann einrücken lassen. Rapp kam zwar nicht nach Schwyz; dagegen rückten französische Truppen wirklich in Basel und Bern ein (21. und 23. Oktober). General Ney war unterdessen, an die Stelle Verninac's, zum bevollmächtigten Minister bei der Schweiz und zum Vollstrecker der Konsularbeschlüsse ernannt; er traf zugleich mit den Truppen in Bern ein (23. Oktober). Ney schickte seinen Adjutanten Béchet nach Schwyz, forderte Auflösung der Tagsatzung und Unterwerfung unter die Befehle Bonaparte's. In diesem Augenblick des äußersten Dranges beschloß endlich die Tagsatzung sich aufzulösen und ihre Vollmachten in die Hände ihrer Kommittenten zurückzulegen. Hirzel, Zwicki und Zellweger erhielten den traurigen Auftrag, von diesem Beschluß den Abgeordneten Ney's persönlich in Kenntniß zu setzen. An Ney erging ein würdiges, die Rechte des Schweizervolkes auf Selbstkonstituirung verwahrendes Schreiben der Tagsatzung, von Reding unterzeichnet. Ebenso wurden der Lage angemessene Mittheilungen an Oesterreich, Preußen, Rußland, England und Spanien beschlossen. Die Abordnung der Stadt St. Gallen, welche Verhaltungsregeln für die nächste Zukunft begehrte, wurde auf die früher schon ergangene allgemeine Erklärung der Tagsatzung verwiesen. Mit diesen Verrichtungen schloß die Tagsatzung ihre kurze, vaterländische Laufbahn, in Wirklichkeit „mit der Beruhigung, bei

---

[1] Hiemit steht in Verbindung die vorangegangene gedruckte Relation vom 12. Oktober.

allen ihren Verhandlungen nur das wahre Wohl des Vaterlandes, seine Unabhängigkeit und Selbstständigkeit von Außen,
Ruhe, Ordnung und Sicherheit im Innern im Auge gehabt zu
haben" (26. Oktober).[1] Unterlag sie und mußte sie weichen,
so war sie doch nur einer Uebermacht und einem Willen gewichen, die damals gebietend über Europa schwebten. Wenige
Wochen vorher hatte Bonaparte ganz Piemont, Parma und
Piacenza und die Insel Elba ohne Einrede anderer Mächte mit
dem großen Franzosenreich vereiniget; er war Beherrscher nicht
bloß von Frankreich, sondern auch von Italien. Die italienische
Republik war schon von früher her durch Personalunion mit Frankreich vereiniget. Gegen einen Herrscher, vor dem die halbe
Welt sich beugte, trat, durch das Bewußtsein der Ohnmacht bewogen, auch die Tagsatzung zurück. Was er in Wirklichkeit
vorhabe mit der Schweiz, darüber schwankten die Meinungen
und Besorgnisse.

Am 18. Oktober war inzwischen, unter dem Schutze der
französischen Gebieter, die helvetische Regierung wieder in Bern
eingerückt,[2] wo der Vollziehungsrath, in Abgang aller Vorbe-
reitungen, seine erste Sitzung nach der unfreiwilligen Herbstreise
im Gasthof zum Falken halten mußte; er gab dem ganzen Lande
Kenntniß hievon, mahnte zur Unterwerfung unter die Befehle
des Ersten Konsuls; dieser würde, schrieb er, wenn auch nur
ein einziger Kanton widerstehen sollte, denselben mit Truppen
besetzen lassen; ja die einzige Weigerung einer verfassungswidrigen
Behörde, sich aufzulösen, würde solches Unglück dem Lande zu-

---

[1] Schlußprotokoll der Tagsatzung.
[2] Ueber dieses Ereigniß schrieb Dan. Girtanner einen Monat später:
„Die helvetische Regierung ist wieder am Brett, Franzosen im Land, und
Bonaparte beherrscht uns unumschränkt. Ganz Europa läßt ihn machen
und erwacht noch nicht. Schweizer werden entwaffnet und Franzosen dürfen
sich rühmen, zu unserem Glück in's Land gefallen zu sein. „„Vous marchez
contre l'armée des brigands"," sagte man den Soldaten an den Grenzen.
Und ihre Journalisten liefern einen boshaften Artikel über den andern; jedes
Wort ist Entstellung, Verleumdung, Lästerung. Geduld! Es wird Alles zu
seiner Zeit an den Tag kommen!" Tagebuch vom 18. November.

34 *

ziehen. Die Regierungsstatthalter wies er gleichzeitig an, die früheren Behörden wieder herzustellen, die Geschäfte auf den verfassungsmäßigen Gang zurückzuführen, dabei aber auf Versöhnung in den Gemüthern zu wirken (20. Oktober). Der Senat aber lud gesammte Regierungsstatthalter der achtzehn Kantone ein, alle ehemaligen Mitglieder der Kantonstagsatzungen vom 1. August 1801 und vom 2. April 1802 einzuberufen, damit sie Nöthiges für die Wahl von Abgeordneten nach Paris, jeweilen auf Kosten des betreffenden Kantons, verfügen; das gleiche Recht räumte er auch einzelnen Gemeinden ein. Bis zum 15. November sollten diese Abgeordneten insgesammt in Paris eintreffen.

Im Kanton Sentis trat nun Gschwend wieder an das Ruder und schritt zur Vollziehung der empfangenen Befehle. An die Regierungen der einzelnen Landschaften erließ er die Einladung, der Konsular-Proklamation Folge zu leisten. Er wolle übrigens auf deren Inhalt nicht eintreten, nur als Bürger sprechen. Er setzte weitläufig auseinander, daß jeder Widerstand fruchtlos wäre. „Haben wir vergessen," so sprach der bereits ergraute Statthalter, „was uns die Franzosen kosteten, als sie zu uns als unsere sogenannte Freunde kamen? was werden sie uns kosten, wenn sie als Erekutionstruppen zu uns kommen? Wird nicht Aussaugung unseres Vaterlandes und glaublich die Aufhörung unserer republikanischen Existenz das Ende dieses traurigen Aktes sein? Ist Euch das Schicksal Polens, das Loos der ältesten aller Republiken, Venedigs, und die bedenkliche Lage, so wie die Leiden des Walliser Landes aus dem Gedächtniß entfallen?" Und weiter: „Hat es nicht zu allen Zeiten eiserne Nothwendigkeiten gegeben, und gibt es deren nicht noch heut zu Tage, denen man nachgeben muß? Ich weiß zwar, daß ich bei Vielen verkannt bin; allein dessen ungeachtet habe ich es als meine Pflicht gehalten, als Euer Mitbürger so zu Euch zu reden." Dieser Brief vom 24. Oktober schloß mit der Einladung zu freiwilligem Rücktritt; binnen vier Tagen müsse bestimmter Bescheid erfolgen. Der Große Rath der alten Landschaft, in

Bruggen versammelt, beschloß nach Weisung und Rath der Tagsatzung zu handeln, d. h. unter Protestation der Gewalt zu
weichen. Für den noch abwesenden Landammann schrieb daher
der Pannerherr an den helvetischen Statthalter: daß die Regierung im Hinblick auf die gewaltsame Wiedereinführung der
ehevorigen Zustände ihre Verrichtungen einstelle, der von der
Tagsatzung ausgesprochenen Verwahrung in allen Theilen bei-
pflichte, folglich die Wiedereinsetzung der helvetischen Regierung
nur als ein Werk des Zwanges ansehe und der Landschaft das
Recht, sich selber zu konstituiren, für die Zeitfolge feierlich vorbehalte. Auch eine Proklamation setzte der Große Rath in Bereitschaft; in derselben verkündete er dem Volke der alten Landschaft „mit beklemmtem und blutendem Herzen" den waltenden
Druck und die daherige Nothwendigkeit, die neu gewählte Verfassung des Vaterlandes wieder aufzugeben. Das sei der un-
widerstehliche Befehl eines Mannes, der an der Spitze einer
Nation steht, „vor welcher der. Erdboden jetzt zittern muß!"
Wahl sei keine andere, als. duldsam zu gehorchen, wolle man
nicht das Vaterland augenblicklich von 40,000 fränkischen
Kriegern überschwemmt sehen und dasselbe durch einen unver-
antwortlichen Widerstand in das namenlose Elend des Kriegs,
des Hungers und äußerster Armuth stürzen. Die Tagsatzung
habe sich aufgelöst; es bleibe nichts übrig, als ein Gleiches zu
thun und der Gewalt zu weichen, doch unter Verwahrung aller
vaterländischen Rechte, vorzüglich des Rechtes der Selbstkonstituirung (28. Oktober). Das war alles Wahrheit; aber die
Behörde glaubte sie nicht mehr sagen zu dürfen. Aus Furcht,
den Zorn der anrückenden Franzosen zu reizen, wurde die Proklamation unterdrückt, und nicht veröffentlicht. [1]) Die Interimsregierung der Stadt St. Gallen trat am 30. Oktober ab; ihre
bezügliche Bekanntmachung sprach keinerlei Verwahrung gegen
Zwang oder Rechtsvorbehalte für die Zukunft aus; Steinlin

---

[1]) Notiz des P. Aemilian Haffner auf einem Exemplar der Proklama-
mation, das an den Fürsten ging, in des Letzteren Papieren.

war bereits von der Tagsatzung in Schwyz zurückgekommen. Die Stadt Rheineck beeilte sich, der helvetischen Regierung ihre Ergebenheit und Hochachtung zu bezeugen (26. Oktober).[1] Zäher war das demokratische Rheinthal; dessen zweifacher Landrath versammelte sich in Berneck, handelte im Geist der alten Landschaft (28. Oktober), beschloß zugleich über die erlaufenen Ausgaben Rechnung zu halten, die Kosten sodann auf die Gemeinden zu verlegen. Die Gemeinden zeigten sich wenig geneigt, der Einladung zum Aufgeben der neuen demokratischen Ordnung Folge zu geben. J. J. Meßmer aus Rheineck machte daher eine Rundreise und forderte zur Unterwerfung auf; es war auf „katholischer Seite" das Gerücht verbreitet, die Franzosen würden nicht mehr in die Schweiz einrücken, ja selbst jene, die schon angekommen, solche wieder verlassen. Das Aufsehen, welches durch dieses Gerücht veranlaßt worden, schien Meßmer'n wichtig genug, um darüber an Gschwend zu berichten und von ihm selbst sichere Meldung zu verlangen, wie es sich mit den Franzosen verhalte (31. Oktober). Die angeordnete Rechnungsstellung ergab 2309 Gl. 43 Kr. Landeskosten von der Landesgemeinde zu Altstätten bis zur Auflösung der demokratischen Regierung. Während dieser Zeit hatte die Regierung (die Landeshäupter) sechs, der einfache, aus sechszehn Mitgliedern bestehende Landrath eine, der doppelte Landrath drei Sitzungen gehalten;[2] der letztere bestand aus 32 Personen. Jedem Mitglied dieses gesammten Regierungspersonals wurde ein Taggeld von 2 Gl. 24 Kr. entrichtet; übrige Kosten waren wesentlich durch den Besuch der Tagsatzung veranlaßt; Taggeld der Gesandten wie oben, daneben Vergütung der Auslagen.[3] Wie

---

[1] Tillier, Geschichte. III. S. 308.

[2] Nicht 96 Sitzungen, wie anderswo ganz irrig steht. Es wurden 96 Taggelder bezahlt, weil 32 Mitglieder waren und 3 × 32 = 96 ist.

[3] Die Berichtigung dieser Rechnung seitens der Gemeinden erlitt noch Anstände, die erst im folgenden Jahr 1803 unter der Regierung des neuen Kantons St. Gallen gehoben wurden; dieselbe ordnete eine Konferenz aller Gemeinden an und machte aufmerksam, daß bei der Wahl der Abgeordneten

die andern Landschaften, so forderte Gschwend auch das Toggenburg auf, sich der helvetischen Ordnung wieder zu unterziehen.
Als man dort erfahren hatte, welche Stellung die Tagsatzung
gegenüber der Forderung Frankreichs einnehme, hatte die Regierung von Toggenburg am 14. Oktober zwei Mitglieder des
Kleinen Rathes, am 21. gl. M. beide Landammänner und zwei
Mitglieder des Großen Rathes nach St. Gallen abgesendet,
theils um sich dort Angesichts der neuen Sachlage Raths zu
erholen, theils auch um an den besprochenen Kontingentsbe-
rathungen Theil zu nehmen. Eben so wurden zwei Abgeordnete nach Schwyz entsendet, um dort noch Bestimmteres zu
vernehmen; letztere begegneten in Rothenthurm den von der
Tagsatzung zurückkehrenden Gesandten von Zürich, Stadt und
Landschaft St. Gallen. Sie wußten nun genug. Kleiner Rath
und Landrath von Toggenburg traten durch Bekanntmachung
vom 29. Oktober von ihren Stellen ab, unter Anführung mancher
Beweggründe, von denen der wichtigste, „daß Widerstand gegen
die fränkische Macht Unsinn verrathen und die traurigsten Folgen
für unser Vaterland haben müßte“.[1] In den während den
nächsten Tagen abgehaltenen Gemeindeversammlungen wurde
dieser Beschluß bestätigt.[2] Eben am 29. Oktober war General
Soras mit 4000 Franzosen in Zürich eingerückt. Im Kanton
Linth wurde in ähnlicher Weise verfahren wie im Kanton Sentis.
Die helvetische Regierung gestattete dem Statthalter Büeler
seine Verwaltung von Rapperschwyl aus fortzusetzen, statt vom
Hauptort Glarus aus; vor der Abdankung machte der Landrath
von Glarus noch Schwierigkeiten; am 2. November rückten
zwei Kompagnien in den alten Kanton ein. St. Gallen und
Umgebungen wurden mit vier Kompagnien besetzt (5. November);
im gleichen Verhältniß auch die andern Gemeinden. Herisau
wurde ebenfalls mit Truppen bedacht. Da allgemeine Entwaff-

diejenigen, die noch persönliche Forderungen haben, bei der Abstimmung abtreten müssen.

[1] Abtretungsdekret vom genannten Tag.
[2] Falk: Kurze Darstellung der Vorgänge im Toggenburg.

nung der Schweiz angeordnet worden und mit äußerster Strenge vollzogen ward, so traf dies auch die östlichen Landschaften mit Inbegriff der Stadt St. Gallen; die abgenommenen Waffen jeder Art, Kanonen und Anderes, wanderten nach der Waadt.[1] Auch die Urkantone und Graubünden wurden besetzt. Die unglückliche Schweiz trug wieder die Last eines fremden Heeres, welches die Einen gerufen, die Andern gegenüber der französischen Uebermacht nicht zu bekämpfen gewagt hatten. Die französische Regierung übernahm nur die Besoldung ihrer Truppen; die Verpflegung und aller weitere Bedarf fiel der Schweiz anheim. Diese war an der Schwelle einer neuen Wandelung angelangt; ihre Abgeordneten schickten sich an, vor den Richterstuhl Bonaparte's zu treten, vor welchen sie peremtorisch geladen waren.

Siebenter Abschnitt.

Verfolgung der Föderalisten. Die Abordnungen zur Konsulta nach Paris. Das Stift St. Gallen abermals aus seiner Selbstständigkeit verdrängt und mit dem Ruin bedroht; die Bestrebungen der St. Gallischen Katholiken für seine Wiederherstellung. Die Verhandlungen der Konsulta; Bonaparte föderalisirt die Schweiz. Kleine Konsulta auch in St. Gallen. Erörterungen in Paris über die Bildung eines weiteren oder engeren Kantons St. Gallen. Des Fürsten Pancratius neue erfolglose Verwendungen in Paris für sein Stift; Aussichten für Wiederherstellung desselben als klösterliche Korporation. Das Ende der helvetischen Republik; Auflösung ihrer Behörden. (Vom November 1802 bis Mitte März 1803.)

Mit dem Wiedereintritt der helvetischen Behörden in ihre Amtsverrichtungen blieben auch die Verfolgungen nicht aus. Die untergeordneten Beamteten rückten mit Klagen gegen die gewesenen demokratischen Häupter hervor; so der Unterstatthalter Keller in Goßau, Schwager Reutti's, der gegen den Landammann Schaffhauser beschwerend an den Statthalter von Sentis einberichtete: Schaffhauser habe am Sonntag vor der Landsgemeinde der alten Landschaft an einer gesetzwidrigen Gemeinde-

---

[1] Tillier, Geschichte; Bd. III. S. 321.

verſammlung öffentlich vorgetragen: es ſei bei der ehevorigen
helvetiſchen Regierung kein ehrlicher Mann geweſen; es habe
dieſelbe nur aus Männern beſtanden, die keine Religion gehabt.
Noch mißfälliger war der geweſene Landammann des Rheinthals,
Eichmüller, angeſehen. Von polizeilichem oder gerichtlichem Ein-
ſchreiten gegen dieſe Demokraten und ihre Genoſſen ſchweigen
die Akten. Mehr in's Gewicht fielen Verfolgungen gegen die
erſten Staatsmänner der Schweiz; Franzoſen und Helvetier
witterten wieder, auf Grund von Spionenangaben, allſeitige
Verſchwörung; ſolche zu erdrücken, ließ der franzöſiſche Geſandte
und Prokonſul Ney die geweſenen Häupter der eidgenöſſiſchen
Tagſatzung, Aloys Reding von Schwyz und Alt-Säckelmeiſter
Hirzel von Zürich, nebſt acht andern Föderaliſten, unter ihnen
auch den Landammann Jakob Zellweger, von Trogen, verhaften
und auf die Feſtung Aarburg abführen; [1]) dort wurden die
meiſten aus ihnen vier bis fünf lange Wintermonate in der
Gefangenſchaft zurückgehalten. Reding hätte ſeine Freiheit ſicher
ſtellen können, denn er war mit einem Reiſepaß verſehen; er
wies ſolchen dem Offizier, welcher im Auftrage Ney's ihn verhaften ließ, mit den Worten vor: „Sie ſehen, ich hätte, wenn
ich gewollt, meine Freiheit retten können; aber da ich die Freiheit meines Volkes nicht zu retten vermocht, liegt mir an der
meinigen nur wenig"; in dieſer Geſinnung ließ er ſich in die
Gefangenſchaft abführen. [2]) General Ney beſuchte ſpäter (11.
Januar 1803) die ſchweizeriſchen Gefangenen, zu ihrem großen
Erſtaunen, auf Aarburg und ſuchte die Haft mit der Erklärung
zu rechtfertigen, daß das Volk einzig durch die Verhaftung der
Inſurrektionshäupter zum Stillſchweigen habe gebracht werden

[1]) A. Reding, Hirzel und General Aufdermaur wurden am 11.,
J. Zellweger am 16. November in Aarburg eingeführt. Nachherige Zei-
tungsgerüchte, daß dieſe Gefangenen nach Schloß Chillon würden abgeführt
werden, erwahrten ſich nicht. Zellweger traf im März 1803 wieder in ſeiner Heimath ein.

[2]) Biographie Reding's, in der Schwyzerzeitung, vom 8. März 1865.

können.[1] Die helvetische Regierung erntete als Folge jener
Gewaltthat und anderer Verationen den ungetheilten Haß des
Schweizervolkes.[2] Der Senat erhob zur Bestreitung der Kosten
für Verpflegung der französischen Truppen in der Schweiz eine
Kriegssteuer von 622,000 Fr., wovon auf den Kanton Sentis
66,000 Fr. verlegt wurden. Die französischen Generale wiederholten ihre unverschämte Gier nach außerordentlichen Geschenken
an Wagen und Pferden und nach reichen Zahlungen für luxu-
riöse Tafelfreuden.[3]

Die schönen Hoffnungen für das Stift St. Gallen waren
wieder zu Wasser geworden. Schon am 28. Oktober schrieb
P. Aemilian an den Fürsten wörtlich: „Die sogenannte Interimsregierung hat anno 1799 vier Monate gebaaert; unsere der-
malige Selbstverwaltung wird vier Wochen dauern, und ich
fürchte nicht ohne Grund, wir werden auf diese Art nach und
nach ganz ausgeisten." Wirklich hörte am 1. November 1802
die Selbstverwaltung des Klosters wieder auf; der Obereinnehmer Zuber bezog abermals, mit Frau und Kindern, die
fürstlichen Gemächer, in denen er früher gewohnt,[4] und von
nun an waren die Kapitularen, welche das Pflichtgefühl in den
Klostergebäuden zurückhielt, wieder nur geduldete Fremdlinge in
denselben. Sie hatten, wie Andere, nun zu erwarten, was die
Verhandlungen in Paris bringen werden. Wie gering ihre
Hoffnungen, das enthüllte P. Aemilian's Klagebrief. Ein
Inventar über den Vermögensbestand des Klosters aus dem
Jahr 1802 gibt die damaligen Passiven zu 1,036,507 Gl. 9 Kr.
an; am Schluß des Inventars ist bemerkt, daß die (auswärtigen)
Herrschaften Neu-Ravensburg, Ebringen und Norsingen mit einer
Anzahl anderweitiger Ortschaften soviel an Einkünften ertrügen,
daß daraus ein Kloster mit dreißig Mönchen gut unterhalten
werden könnte. In der Zeit, aus welcher dieses Inventar

[1] Aus dem Tagebuch der Gefangenen auf Aarburg.
[2] Tiller, Geschichte ꝛc. Bd. III. S. 325 und 381.
[3] S. Muralt, Biographie des Landammanns v. Reinhard. S. 88.
[4] P. Aemilian Haffner an den Fürsten: 1. November.

stammt, war die Buchdruckerei verpachtet, da Zuber den katholischen Buchdrucker Falk nicht länger hatte dulden wollen. [1]

Der helvetische Senat, dem Gebote des französischen
Herrschers Folge gebend, entsendete für sich drei Abgeordnete
nach Paris: den Landstatthalter Rüttimann und die Senatoren
Pidou (aus Leman) und Müller-Friedberg. Er zählte auf sie
als bewährte Vertheidiger des Einheitssystems. Am 3. November reisten diese Abgeordneten in die französische Hauptstadt ab,
wohin gesammte schweizerische Deputirte auf den 15. gl. M.
beschieden waren. Neben jenen drei Magistraten war Stapfer,
der helvetische Gesandte in Paris, von Amtswegen ebenfalls
Stellvertreter seiner Regierung bei den bevorstehenden konstituirenden Verhandlungen. Ein Dekret des Senats vom
25. Oktober berief die Wahlkommissionen der Kantone zu ihrem
Wahlgeschäft ein. Von den Mitgliedern der Kantonaltagsatzungen
des Kantons Sentis (abwechselnd auch Kanton Appenzell genannt) aus den Jahren 1801 und 1802 erschienen 44, wogegen
22 ausblieben und sich eben so wenig bethätigten. Namentlich
fanden sich die berechtigten Wahlmänner aus Appenzell A. R.
nicht ein; denn dort, so schrieb man aus diesem Kanton herüber
nach St. Gallen, wollte man jeden Anlaß benutzen, seine alte
wohlbegründete Liebe zu dessen alten Grenzen zu zeigen. [2] Die
Versammelten beschlossen: zwei Abgeordnete, von jeder Konfession
einen, zu wählen, denselben ohne besondere Instruktionertheilung
für ihre Verrichtungen freie Hand zu lassen, unter ganz allgemeiner Empfehlung, für das Wohl des Vaterlandes überhaupt
und des Kantons insbesondere nach bestem Ermessen zu wirken;
als Entschädigung wurde jedem Abgeordneten ein Taggeld von
zwei Laubthalern, nebst Vergütung der Zehrungs- und Reise-
kosten, zugesichert. Zum ersten Abgeordneten wurde der gewesene
Finanzminister, Jakob Laurenz Custer, gewählt, zum zweiten der

---

[1] Erwähntes Inventar ist ohne Zweifel schon vor der kurzen Restau-
rationszeit vom Herbst 1802 geschrieben.

[2] Akten im Kantonsarchiv.

Dr. Joseph Blum aus Rorschach, ein Mann, dem das Volks-
vertrauen fehlte. [1] Custer hat während eines langen Amts-
lebens eine so bedeutsame Stelle in den St. Gallischen Landen
eingenommen, daß nähere Angaben über seine Persönlichkeit
gerechtfertiget sind. Custer, Bürger von Altstätten und daselbst
geboren am 16. März 1755, erhielt seine Erziehung im sogenannten Philanthropin zu Haldenstein neben mehreren anderen
berühmt gewordenen Schweizern (wir nennen von ihnen Friedrich
Cäsar Laharpe und Hans von Reinhard), widmete sich dann
der Handelschaft, weilte zu diesem Zweck längere Jahre in Genf
und in Marseille, siedelte sich nachhin in Rheineck an, wurde
dort in Folge einer glücklichen Heirath Besitzer des Löwenhofs
und der uralten Handlung Johann Heer in Verona, machte als
solcher von dann an alljährliche Reisen nach Italien, gewann
nöthige allgemeine Weltbildung und trat unter solch günstigen
Verhältnissen in die Zeiten der Revolution ein. Ehrgeiz war
ihm fremd; daher suchte er amtlichen Aufträgen und wirklichen
Aemtern auszuweichen. Aber der Revolutionsstrudel riß auch
ihn gewaltsam hin; so hat er in zurückgelassenen Lebensnotizen
wörtlich selbst eingestanden. [2] Er betheiligte sich bei der
Emanzipation des Rheinthals und war einer der Vorsteher dieser
neuen Republik im J. 1798, [3] trat nach deren baldigen Auflösung in den Privatstand zurück, leistete dann der Gemeinde
Rheineck während den Kriegszügen von 1799, die alle Thätigkeit der Vorsteher für die Verpflegung der Truppen in Anspruch
nahmen, große Dienste als Präsident der Munizipalität (des
Gemeinderathes), ließ sich später durch Gschwend, Senator
Meßmer, und den ehemaligen Studiengenossen Er-Direktor
Laharpe zur Uebernahme des helvetischen Finanzministeriums
bereden, welches er jedoch im Ganzen nur während neun bis

---

[1] „Dr. Blum ist nicht der Liebling des Volkes," schrieb P. Aemilian
an den Fürsten, 12. Januar.

[2] S. die Schrift: „Zum Andenken an Jak. Laurenz Custer. Von
J. R. Steinmüller." Als Handschrift gedruckt. 1828.

[3] Vergl. oben S. 221.

zehn Wochen bekleidet hat, und betrat endlich, in den letzten
Monaten von 1802, den politischen Schauplatz in Paris selbst.
Eine während dieser Zeit ihm zugedachte Stelle der später aufgestellten schweizerischen Liquidationskommission lehnte er ab.
Custer war kein überwiegender Geist; aber er hatte vielen
Lebenstakt, war liebenswürdig und bescheiden im Umgang und
im Amt, Freund des Volkes und seinem Wohle aufrichtig
zugethan, uneigennützig, und durch seinen Reichthum selbst in
der glücklichen Lage, in allen seinen Beziehungen als unabhängig
angesehen zu werden. Politisch war er zur Zeit Unitarier;
Freund der katholischen Demokraten im Rheinthal war er damals
so wenig als die Meßmer und Ritter; aber er, Protestant, hatte
doch das volle Verständniß konfessioneller Gesinnung und war,
namentlich in späterer Zeit, so entschieden konfessionell gesinnt,
als es jene Katholiken je gewesen. Custer's Kollege Blum war
ursprünglich von Fußach, hatte vom Fürstabt das Gotteshaus-
mannsrecht erhalten, dann im Aufstande gegen diesen im
Jahr 1795 eine Hauptrolle gespielt[1]) und war in Paris Mitglied des helvetischen Klubbs gewesen,[2]) welcher dort die
Revolution in der Schweiz vorbereitete. Eine bleibende Wirksamkeit oder Anerkennung im Lande hat er sich nicht erhalten.
Nach den vorliegenden Papieren schien Blum in Paris bemüht,
unter den beiden Abgeordneten des Sentis die hervorragende
Rolle zu spielen; bei einzelnen größeren Versammlungen führte
er das Wort; in den amtlichen Berichten an die heimathliche
Behörde stellte er seinen Namen über denjenigen seines Kollegen
Custer, obwohl dieser aktengemäß der erste aus der Wahl hervorgegangen. Einige Gemeinden wählten den Obereinnehmer Zuber
als Abgeordneten nach Paris.[3]) Es liegt nicht bestimmt vor,
daß er wirklich die Wanderung dorthin gemacht; doch erscheint
er im Gesammtverzeichniß der Abgeordneten.[4]) Custer und Blum

[1]) Tagebuch des Fürsten, vom 24. November 1802.
[2]) Falk: „Kurze Darstellung der Vorgänge in der alten Landschaft".
[3]) Tillier, Geschichte; III. S. 309.
[4]) S. Muralt, Biographie des Landammanns v. Reinhard; S. 91.

trafen am 21. November in Paris ein, machten ihren ersten
Besuch bei dem helvetischen Gesandten Stapfer und wurden durch
diesen dem Minister Talleyrand vorgestellt, eine diplomatische
Zeremonie, die in wenigen Augenblicken abgethan war. Stapfer
hatte bei der französischen Regierung zu dieser Zeit eine Doppel-
stellung, da er neben seinen gesandtschaftlichen Funktionen auch
diejenigen eines Bevollmächtigten des Kantons Thurgau bekleidete, dessen Häupter auf eine persönliche Abordnung verzichteten. Hatten Custer und Blum unmittelbar von ihren
Wählern keine Instruktionen erhalten, so blieben dagegen die
Wünsche nicht aus, welche einzelne Klassen von Bürgern ihnen
zur Berücksichtigung empfahlen. In Bruggen waren am 15. November die katholischen Häupter der Landschaften Toggenburg,
St. Gallen und Rheinthal versammelt. Sie beschlossen vereint
die Erlassung einer Denkschrift an die Kantonsabgeordneten, in
welcher sie unter Voraussetzung unbedingter und ungeschmälerter
Wiederherstellung des Stiftes auch die Wiedereinsetzung des
Abtes in die geistliche Gerichtsbarkeit, im Weiteren die Berücksichtigung der Parität in Besetzung der öffentlichen Aemter und
gehörigen Einfluß der Katholiken auf die Erziehungsangelegen-
heiten verlangten; Unterzeichner waren, für Toggenburg: Jos.
Anton Grob, von Gonzenbach, Altkantonsrichter Dubli; für die
alte Landschaft: Häfeli und Jos. Anton Müller, beide Kantonsrichter, Wetzler, Distriktsgerichtspräsident, Franz Jos. Zweifel,
Munizipalitätspräsident von Rorschach; für das Rheinthal:
Bettenmann, Altdistriktsrichter von Altstätten, und Hammerer,
Altstatthalter, von Rebstein. Urheber der Versammlung und der
Petition waren Dubli und Zweifel; ihre Absicht war anfänglich,
in selbstständiger Stellung ebenfalls Abgeordnete nach Paris zu
schicken.[1] Die Unterzeichner der Denkschrift und ihre zahlreichen

---

[1] Aus dem Tagebuch des Fürsten vom 24. November und aus anderen von ihm hinterlassenen Papieren. — Neben dem genannten Franz Joseph Zweifel wohnte in Rorschach auch Joseph Ignaz Zweifel; sie waren
beide entschiedene Anhänger des Fürsten und brachten diesem auf die heiligen Christtage ihre Glückwünsche dar.

Freunde waren zuverlässig die Organe der weit überwiegenden
Mehrheit gesammter Katholiken jener Landschaften; haben die=
selben auch insbesondere auf die Parität in Besetzung der
politischen Aemter abgestellt, so waren sie hiezu durch wider=
wärtige Erfahrungen der unmittelbar vorangegangenen Jahre
bewogen und berechtiget; während nemlich im unteren Toggen=
burg,. wo die Katholiken die Mehrheit hatten, in erwähnter
Beziehung Billigkeit waltete, hatten dagegen im oberen Toggen=
burg, wo die Reformirten in Mehrheit standen, dieselben nament=
lich bei Besetzung der Gemeindeämter ein die Katholiken ver=
letzendes Uebergewicht ausgeübt; solcher Hintansetzung sollte,
das war ihr Wunsch, durch jene Eingabe an die Abgeordneten
vorgebeugt werden.

Die Zahl der Schweizer Abgeordneten in Paris wird im
Maximum zu 63 angegeben; 45 derselben wurden als Einheits=
freunde, die übrigen 18 als Föderalisten angesehen; die spätere
Vermittlungsurkunde gibt eine Gesammtzahl von 56 Abgeordneten
an, welche als solche wirklich anerkannt waren. Für Glarus
war Heer Abgeordneter; andere Repräsentanten aus den übrigen
Gebietstheilen des Kantons Linth nennt das Verzeichniß der
Abgeordneten nicht. Es hat die Versammlung gesammter
Schweizer Abgeordneten den Namen „schweizerische Consulta“
erhalten. Bonaparte übertrug die Verhandlung mit derselben
den französischen Senatoren Barthélemy (als früherer Gesandter
in der Schweiz mit Personen und Sachen bekannt), Röderer,
Fouché und Démeunier. Am 10. Dezember war General=
versammlung der Schweizer, an welcher sich siebenundvierzig der
Abgeordneten persönlich betheiligten; die französischen Kommissäre
legten ihnen ein Schreiben des Ersten Konsuls vor, in welchem,
statt der angeblichen Vermittlung zwischen den zwei in Frage
stehenden Regierungssystemen und ihren Anhängern, die Grund=
züge einer bereits gemachten Staatsordnung für die Schweiz
vor den Blicken der erstaunten Anwesenden entrollt wurden
(Schreiben Bonaparte's von jenem Tage). Wesentlicher Inhalt:
die Schweiz sei nicht wie irgend ein anderes Land; die Natur

selbst habe sie zum föderativen Staate geschaffen; dieser, nicht ein Einheitsstaat, solle wieder hergestellt werden. Was die Schweiz brauche, was das Glück ihres Volkes und seine Existenz sichern werde, sei: Neutralität, Gedeihen des Handels und eine einfache haushälterische Verwaltung (une administration de famille), nicht aber eine Zentralgewalt mit stehenden Truppen und zentralen Finanzen, welche letztere namentlich für die Schweiz eine Unmöglichkeit wären. In der kantonalen Ordnung sodann sei jedoch fern zu halten, was die veränderten Zeitumstände bereits als unzulässig haben erscheinen lassen: die Unterthanschaft einzelner Völkerschaften und die Wiedereinführung von Familienherrschaften. Nach diesen Grundsätzen seien die kantonalen Organisationen (Verfassungen) zu entwerfen; aus diesen werde sich dann, was Zentrales zu schaffen sei, von selbst geben. Wie übrigens die Rechtsgleichheit in jedem einzelnen Kanton, so solle Gleichheit der Rechte auch unter den Kantonen walten. War hiedurch das Ideal der revolutionären Partei, welchem die Schweiz das namenlose Elend von fünf Jahren beizumessen hatte, in den Schatten gestellt, so erklärte hinwieder der Gebieter: die französische und die italienische Republik (Bonaparte war Herr beider) würden nie die Aufstellung einer Verfassung in der Schweiz gestatten, welche mittelbar oder unmittelbar den Interessen Frankreichs zuwider wäre; mit diesem warf er einen unwilligen Seitenblick auf die „Insurgenten", die er als Feinde Frankreichs ansah, weil sie unabhängig in allen Richtungen hatten sein wollen und deßhalb auch mit den übrigen Mächten, nicht bloß mit Frankreich, in amtlichen Verkehr getreten waren. Diese Konsular-Mittheilung rief „allgemeine Bestürzung" hervor; „und wirklich neigten sich auch alle Häupter zur Erde nieder;"[1] ein Jeder fand sich in seiner Erwartung mehr oder weniger getäuscht.[2] Am meisten waren die Einheitsfreunde betroffen, die auf solche Entwickelung des großen Schauspieles nicht gefaßt

---

[1] Muralt: Biographie des Landammanns v. Reinhard; S. 102.

[2] Bericht der Abgeordneten Custer und Blum an den Regierungsstatthalter Gschwend in St. Gallen, vom 12. Dezember.

waren, obwohl ihnen nicht fremd geblieben, daß Bonaparte und sein Kabinet nur mit Geringschätzung auf die helvetische Regierung herabgesehen. Mündlich setzte sich der erste Konsul zunächst bloß mit einem Ausschuß in Verbindung, welchen Stapfer aus Rüttimann, Müller-Friedberg, d'Affry, Reinhard und Kuhn bestellte. Den Aufwartenden gegenüber entwickelte der Gebieter in halbstündiger Rede seine An- und Absichten noch näher. Sein Vortrag war zwar in scheinbar freundlichem Tone gehalten, aber voll scharfer Hiebe über eine Schweiz als Zentralstaat, den er mit witzigen und ernsten Schilderungen eigentlich in's Lächerliche zog. Die große Rolle der Schweiz unter den Staaten Europa's sei vorüber, seitdem an die Stelle kleiner vereinzelten und weniger mächtigen Herrschaften ringsum große Staaten mit zahlreichen stehenden Heeren entstanden seien. Unter solchen Umständen verschwinde die Schweiz (als Macht) und es bleibe ihr nur übrig, ihre inneren Interessen wohl zu besorgen; wollte sie aber Antheil an den Großthaten dieser Zeit nehmen, so könnte es nur geschehen in der Vereinigung mit Frankreich. Neuerdings schilderte er alle Gebrechen einer Zentralregierung für die Schweiz, betonte wiederholt die Nothwendigkeit, die Verfassungen der einzelnen Kantone je nach ihren eigenen Bedürfnissen und inneren Verhältnissen einzurichten, immerhin mit voller Beachtung jener allseitigen Rechtsgleichheit, die er bereits im schriftlichen Programm als nothwendig dargestellt hatte. Dabei verlangte er insbesondere, daß die ehemaligen italienischen Vogteien, ebenso Waadt, zu selbstständigen Kantonen geschaffen werden; daß Waadt an Bern zurückgehe, wie solches von den Bernern verlangt worden, würde er nicht zugeben. Schon in dieser Stunde und später sah Bonaparte die in Paris anwesenden Föderalisten mit günstigerem Auge an als ihre Gegner, die Einheitsfreunde; mußten auch alle Parteien und Gruppen, auch die einzelnen Führer, sich allerlei beißende Kritik gefallen lassen, so waren doch von nun an jene Männer, welche in Bezug auf die konstitutionelle Frage aus selbstständiger Gesinnung mit den Diktaten des Konsuls übereinstimmten, in höherer Gunst als ihre Gegner.

Diesen grollte er zwar keineswegs, aber er wollte nicht, daß sie über eine einheitliche Schweiz regieren, sondern sich vielmehr sammt den Föderalisten bescheiden in die kantonalen Regierungs-gehäuse zurückziehen. Durch solche Gruppirung der Personen und Vertheilung der Rollen hielt sich der französische Herrscher für gewiß, daß die neue föderale Schweiz keinem ihm mißfälli-gen Einfluß anderer Mächte zugänglich sein werde.

Die Abgeordneten von Sentis sahen sich in hoher Verlegen-heit. Mit der Meinung nach Paris gekommen, es werde dort sich um nichts anderes handeln, als um Entwerfung einer neuen Zentralverfassung nach Art der mehrmaligen Versuche, welche man fruchtlos in der Schweiz gemacht hatte, waren sie nicht im Geringsten auf die ganz andere Aufgabe gefaßt, eine kantonale Verfassung zu entwerfen, beziehungsweise einen Vorschlag dafür einzureichen. Blum hatte auf diesen Umstand schon in der all-gemeinen Konferenz vom 10. Dezember aufmerksam gemacht und den französischen Kommissarien bemerkt: „zur Aufstellung von Kantonalorganisationen weder vorbereitet noch bevollmächtigt, müssen wir uns vorbehalten, dießfällige Rücksprache mit unsern Kommittenten zu nehmen". Darauf ward aber keine Rücksicht genommen; die St. Gallischen Abgeordneten erhielten vielmehr den Bescheid: immerhin einen Vorschlag einzureichen, wie sie es selbst für gut finden mögen, und allenfalls die Punkte zu be-zeichnen, für welche sie sich nicht als ermächtiget ansähen. Später bei den Kommissarien Fouché und Démeunier, von denen der letztere vorzüglich die Aufgabe erhalten hatte, sich bei der Orga-nisation der „neuen" Kantone zu bethätigen, noch besonders zu-sprechend, kamen sie auf ihre Bedenken und Einwendungen zurück, erhielten jedoch die wiederholte Einladung, sich mit dem Gegenstande in schon erwähnter Weise zu befassen. Nach allem dem schrieb Custer in unzufriedener Stimmung an Statthalter Gschwend: „Sie sehen, daß jeder Kanton befugt ist, seine Ein-richtungen nach Belieben zu ordnen, ja sogar sich wieder Souve-ränetätsrechte zuzueignen", indem der „allgemeine Verein" nur ein „lockeres Band" sein soll. In St. Gallen war mittlerweile eine kantonale Kommiſſion, ohne Zweifel für Verfaſſungszwecke, einberufen worden. Cuſter und Blum verlangten nun aus Anlaß der Verhandlungen in Paris vom Statthalter, er ſolle dafür ſorgen, daß entweder jene Kommiſſion ſo ſchnell als möglich den Entwurf einer Kantonalorganiſation abfaſſe und den Abgeord= neten nach Paris zum Gebrauch übermittle, oder daß eigene Abgeordnete der verſchiedenen Landſchaften ſelbſt ſich in die fran= zöſiſche Hauptſtadt begeben. Dabei dachten ſie ſich unter dem nach dem Grundſatze kantonaler Selbſtſtändigkeit neu zu organi= ſirenden Kanton keinen andern als den Kanton Sentis nach ſeinem bekannten Gebietsumfang; würden wider Erwarten ein= zelne Theile ſich trennen wollen, ſo müßten daherige Wünſche zugleich mit der Organiſation für den Geſammtkanton ihnen nach Paris überſchickt werden. [1]) In St. Gallen aber gingen die Sachen nicht ſo ſchnell, ſo daß die Abgeordneten ſich ge= nöthigt ſahen, von ſich aus und nach eigener Anſchauung den franzöſiſchen Kommiſſarien einen Kantonalverfaſſungsentwurf ein= zugeben. Der Entwurf war für den bisherigen Kanton Sentis berechnet, dem ſie zu beliebiger Auswahl auch den Namen „Kanton Appenzell" beilegten. Er ſollte beide Appenzell, Land= ſchaft und Stadt St. Gallen, Toggenburg mit Inbegriff des (oberſten) Bezirkes St. Johann, und das Rheinthal umfaſſen. Mit einer ſolchen Territorialumſchreibung hatte es aber ſeine Schwierigkeit. Die Abgeordneten bemerkten in ihrer Eingabe, daß wenn den verſchiedenen Landſchaften die Befugniß eingeräumt würde, ſich ſelber konſtituiren zu können, d. h. eigene Gemein= weſen zu bilden, beide Appenzell und die Stadt St. Gallen wieder ihre alte Verfaſſung annehmen würden. In dieſem Fall würden auch die drei anderen Landſchaften, Toggenburg, Rhein= thal und alte Landſchaft, ſich eigens konſtituiren. Die Verei= nigung aller dieſer Gebiete ſei aber ſehr wünſchbar aus Gründen der geographiſchen Lage, der Gleichheit in Sitten und Gebräuchen

---

[1]) Aus dem Briefe der Deputirten, vom 14. Dezember, mit Zuſätzen von Cuſter allein.

und des täglichen Verkehrs. Einen solchen vereinigten Kanton Sentis (oder Appenzell) nun vorausgesetzt, gaben sie seiner Verfassung folgende Grundlagen: Repräsentation bei der Zentralbehörde oder Tagsatzung nach der Volkszahl; die Souveränetät soll bei der Gesammtheit der Bürger ruhen; dagegen solle keine Korporation, sie sei weltlich oder geistlich, ohne gesetzliche Anerkennung seitens des Volkes irgend eine Berechtigung gegenüber diesem ausüben dürfen (durch diesen Satz verwarfen die Abgeordneten offenbar die allfällige Wiederherstellung einer weltlichen Herrschaft seitens des Stifts); Uebergang aller Einkünfte der früheren Staatshoheiten an die Gesammtheit des Volkes des neuen Staates, Behufs Bestreitung der Kosten der allgemeinen Verwaltung und jener der Schulen und Pfründen (durch diesen weitern Satz war selbst die Wiederherstellung des Stifts als geistlicher Korporation zweifelhaft gemacht); Rechtsgleichheit aller Bürger zu Stadt und Land und deren Wählbarkeit zu allen Aemtern, jedoch mit Ausschluß der Geistlichen beider Religionen von den weltlichen Aemtern; freie Niederlassung; billige Repartition der Aemter nach der Parität, wie es auch vorher üblich gewesen, „da sich der Kanton in zwei Religionen theilt"; Aufstellung eines Kleinen Rathes aus vierzehn Senatoren, so daß aus jedem Bezirk einer zu nehmen wäre (solches in der Meinung, daß diese Regierung, außer dem Landammann und Landstatthalter, nicht permanent in der Hauptstadt sitze, sondern sich nur von Zeit zu Zeit versammle); dann Ernennung eines Landrathes von 56 Mitgliedern, aus den vierzehn Bezirken nach der Volkszahl zu wählen. Als Wunsch wurde neben Anderem freier Bezug des Salzes aus Baiern beigefügt. Diesem Entwurf waren noch zwei besondere auf die konfessionellen Verhältnisse bezügliche Noten angeschlossen, die eine für die „Evangelischen" ein eigenes Ehegericht, die Uebergabe des Kollaturrechtes zu freier Ausübung an ihre Gemeinden und das Recht der Oberaufsicht über den öffentlichen Unterricht durch eine eigene Kommission beanspruchend (mit andern Worten die konfessionelle Trennung im Kirchen-, Schul- und Matrimonialwesen, wie spä-

tere St. Gallische Kantonsverfassungen sie wirklich festgesetzt
haben); — die andere Note für die Katholischen Wunsch und
Absicht aussprechend, „daß wenn durch das zwischen dem heil.
Stuhl und der katholischen Schweiz bevorstehende Konkordat oder
durch sonstige Veränderungen Neuerungen vorgingen, den Rechten
des Volkes und der römisch-katholischen Religion kein Nachtheil
geschehe". Die Unklarheit des Schlußziels dieser zweiten Note
zeigt im Vergleiche mit derjenigen, welche die Rechte und Interessen der Reformirten betrifft, daß letztere in der Person Custer's
weit besser, als die Katholiken durch Blum repräsentirt waren,
dem diese die oben erwähnte Bruggener Denkschrift besonders
empfohlen hatten. Den Häuptern der Katholiken war nur das
fruchtlose Wünschen übrig geblieben; von der Wirksamkeit bei
Organisation des neuen Staates waren sie wie ausgeschlossen,
nachdem sie unkluger Weise auf eine eigene Abordnung nach
Paris verzichtet hatten. Die Abgeordneten des Sentis legten
übrigens ihrem ganzen Entwurf nicht viel Gewicht und Einfluß
bei, denn sie meldeten dem Statthalter Gschwend: es seien die
kantonalen Verfassungsentwürfe den schweizerischen Deputirten
von den französischen Kommissarien nur in der Absicht abgefordert worden, „mit den verschiedenen Lokalinteressen und Wünschen
bekannt zu werden; keiner darf sich schmeicheln, daß seine Arbeit
zur Richtschnur diene, sondern die Vollendung übernimmt eine
Meisterhand, der nichts zu entgegnen ist." [1]

Während der weltberühmten Konsulta in Paris versammelte
sich eine kleine Konsulta in St. Gallen. Gschwend veranstaltete,
in Folge der gemeldeten Begehren der Abgeordneten eine Versammlung von Notabeln zur Berathung der Verfassungsfrage
(24. Dezember). Das Protokoll nennt als Anwesende: Steinlin,
Zollikofer (J. H.), Müller, Reutti, Bolt, Grob in Gonzenbach,
Meßmer (Distriktsstatthalter) von Rheineck, Ritter von Altstätten,
Wille von Herisau, Spleß (Kantonsrichter) in Teufen, Krüsi
(Distriktsstatthalter) in Appenzell, und Herrschi, Altlandammann

---

[1] Bericht der Abgeordneten an Gschwend, vom 21. Dezember 1802.

eben daselbst. J. J. Zollikofer war Protokollführer. Das berühmte Schreiben Bonaparte's und die Berichte der Abgeordneten wurden verlesen. Gegenstand der Berathung war, ob hierselbst das gewünschte Verfassungsprojekt zu entwerfen oder doch Instruktionen zur Entwerfung eines solchen gegeben werden sollen, oder ob endlich Abgeordnete aus den einzelnen Landschaften selbst nach Paris abzusenden seien. Nach längerer Berathung kamen die Versammelten überein, zu erwiedern: sie sähen sich nicht als bevollmächtigt an, über die Ansinnen der Abgeordneten sich einläßlich zu erklären; die Kantonalorganisationen von 1801 und 1802 seien jedenfalls einer Umänderung „nach dem dermaligen (will sagen neuen) System" bedürftig; bei offenbar beschränkter Zeit wäre es übrigens unmöglich, einen Entwurf im eben bemerkten Sinn abzufassen, zumal bei mangelndem Entscheid über die Vor- und Hauptfrage, ob der Kanton in seinem jetzigen Gebietsumfange zu bleiben habe, oder ob nicht jeder Landschaft freistehe, sich abzusondern und einen eigenen Kanton zu bilden: wäre das Letztere statthaft, so stünde zu erwarten, daß mehrere Theile des Kantons ihre Selbstständigkeit ansprechen würden. [1] Im Grunde waren also die politischen Anschauungen und Bestrebungen noch ungeschwächt, welche zur Zeit der Schwyzer Tagsatzung dieser die Vereinigung bewußter Landschaften zu einem Kanton unmöglich gemacht hatten; auf diesen Umstand hatten Custer und Blum in ihrem Bericht an die französischen Kommissarien bereits aufmerksam gemacht. Wenige Tage nach obiger Verhandlung gab Büeler, Regierungsstatthalter des Kantons Linth, den fünf nicht-glarnerischen Distrikten jenes Kantons Veranlassung, sich über die Verfassungsfrage ebenfalls auszusprechen. Da eben Werdenbergisches Gericht gehalten wurde, berieth Unterstatthalter Gasaser das Gerichtspersonal über jene Frage; die Versammelten sprachen den Wunsch zur Vereinigung mit St. Gallen aus (Ende Dezember). Inmitten solcher Besprechungen da und dort setzten Custer und Blum ihre Besuche und Verwendungen

---

[1] Protokoll der Versammlung, im Kantonsarchiv.

bei den französischen Kommissarien fort. Den Hauptknoten löste
endlich Démeunier; er eröffnete ihnen: die Eintheilung des fraglichen Kantons habe ihn seit einigen Tagen sehr beschäftigt;
Appenzell und Glarus wollen sich in ihre alten Grenzen ein-
engen, und so bleibe für die übrigen Theile beider Kantone
nichts Anderes und Besseres übrig, als sich zur Bildung eines
eigenen Kantons zu vereinigen; so kämen alle ehemals unterthänigen Landschaften zusammen; die Stadt St. Gallen solle ihr
Hauptort sein. Das war also eben jener „Kanton St. Gallen",
den bereits die Reding'sche Konstitution vom 26. Februar 1802
aufgestellt hatte. Die Sentis-Abgeordneten stellten dem Franzosen vor: wie sehr sie mit Befremden jene Absicht von Appenzell vernehmen, denn zehn Gemeinden von Appenzell A. R. [1]
hätten sich im Widerspruch zum Trennungsvorhaben für das
Verbleiben bei Sentis ausgesprochen; sollte aber auch Appenzell
vom Kanton Sentis getrennt werden, so wären die übrigen
Theile desselben, Toggenburg, Stadt und Landschaft St. Gallen
nebst dem Rheinthal, immerhin noch beträchtlich genug, um einen
eigenen Kanton zu bilden; die Zugabe der von Glarus abgesonderten Theile des Kantons Linth wäre eine sehr ungeschickte Erweiterung des Kantons St. Gallen oder Sentis, wenn gerade
aus dessen Mitte ein wichtiger Theil (Appenzell) ausgehoben
würde; zudem wäre es für jene Landschaften kostspielig und
überhaupt nachtheilig, einen Hauptort in so weiter Entfernung
zu haben, wie es für sie die Stadt St. Gallen wäre; weit zu-
träglicher wäre es für dieselben, einen eigenen Kanton zu bilden.
Die Vorstellungen der Abgeordneten fanden aber keinen Eingang
und sie sahen als wahrscheinlich voraus, daß jene „Zusammen-
flickung" kaum zu hintertreiben sein werde. [2] Inzwischen hatte
auch die Stadt St. Gallen Abgeordnete nach Paris geschickt;
dessen freuten sich die Kantonsdeputirten mit dem Wunsche, daß

---

[1] Sie nannten: Heiden, Wolfhalden, Lutzenberg, Walzenhausen, Reuti,
Oberegg, Herisau, Teufen, Schwellbrunn und Waldstatt.

[2] Schreiben der Abgeordneten Custer und Blum an den Statthalter
Gschwend in St. Gallen, vom 29. Dezember.

Appenzell nachträglich ein Gleiches thun möchte. Das Letztere geschah, indem der Landesfähnrich Johannes Zellweger von Trogen, Fisch von Herisau und Herrschi aus Appenzell als Abgeordnete nach Paris bestellt wurden. Sie zauderten mit ihrer Reise, um vor Allem zuerst in Bern Erkundigung einzuziehen, ob sie nicht verspätet in der französischen Hauptstadt anlangen würden; da diese Frage bejaht wurde, unterblieb ihre Sendung; aber Custer und Blum vernahmen von jenen Deputirten durch Brief vom 12. Januar 1803, daß Appenzell einen eigenen Kanton bilden wolle. [1]

Der berichteten Notabeln-Versammlung in St. Gallen folgte eine andere landschaftliche Berathung im Rheinthal. Unterstatthalter Ritter in Altstätten hatte gesammten Munizipalitäten seines Bezirkes den Brief Bonaparte's vom 10. Dezember mitgetheilt; dessen Erscheinen erregte lautes Frohlocken „bei einer gewissen Partei", d. h. bei den Demokraten und Föderalisten. Es versammelten sich, nach vorher erhaltener Erlaubniß seitens des Statthalters Gschwend, eine Anzahl der ehemaligen Landräthe des Rheinthals in Rebstein und vereinigten sich zum Beschlusse, den Rößliwirth Johann Graf von Rebstein mit einer Abresse an die Abgeordneten in Paris abzusenden, deren Zweck kein anderer war, als die landschaftliche Selbstständigkeit des Rheinthals wieder zu erhalten; die „rechtlichen Bürger" entschlossen sich hierauf, an Custer und Blum eine Gegenadresse abzusenden. [2] Unter den „rechtlichen Bürgern" verstand Ritter jene, die seiner Meinung, namentlich Freunde der helvetischen Einheit, oder doch Gegner der rheinthalischen Demokraten waren.

Diesen kantonalen und örtlichen Verhältnissen gegenüber war mittlerweile in der französischen Hauptstadt eine Personalfrage von der höchsten Tragweite in vielfache Besprechung gekommen. Die Unterwürfigkeit gegenüber von Frankreich hatte

---

[1] Akten im Kantonsarchiv, vom 29. Dezember. — Generalbericht der Abgeordneten Custer und Blum.

[2] Briefe Ritter's an Statthalter Gschwend, vom 30. Dezember 1802; 3. und 6. Januar 1803.

einen erschreckenden Grab erreicht. Bonaparte war bereits der
Gebieter zweier Republiken; sollte er nicht auch noch Präsident
einer dritten, der schweizerischen Republik werden, wie er solches
schon gegenüber der italienischen war? Gleich nach Eintreffen
der schweizerischen Abgeordneten in Paris und namentlich noch
bevor ihnen die Rückkehr zum Föderalismus geboten war, wurde
jene Frage, kaum mit besonderem Rückhalt, unter ihnen besprochen; die Meinungen seien sehr getheilt hierüber, schrieben die
Sentis-Abgeordneten nach St. Gallen: „mehrere deuten auf Den,
der schon mehreren Republiken vorsteht; Andere wollten einen
bedeutenden Mann bei uns (Schweizern) selbst finden, in der
Person des (französischen) Generals Reynier, eines Lemaners,
bezüglich dessen aber Zweifel entstehen, ob er den höchsten Behörden (Frankreichs) gefällig wäre; überhaupt fühlte man lebhaft den Mangel an geeigneten Männern für jenen wichtigen
Posten". [1] Gesammte Staatsmänner der deutschen Schweiz,
des Kerns der Eidgenossenschaft während allen Jahrhunderten
ihres Daseins, waren also nach den Begriffen der französischen
Konsularzeit unfähig, das Staatsruder der Schweiz zu führen,
und es hatten sich die überschwänglichen helvetischen Republikaner
bis zur schmiegsamen Unterwerfung selbst unter ein fremdes
Haupt verstiegen! Der Gedanke blieb nicht ohne Anklang. Auch
Statthalter Gschwend gieng in denselben ein; man solle Bonaparte dadurch zu gewinnen suchen, daß man ihm die Präsidentenstelle antrage, so schrieb jener an die Sentis-Abgeordneten in
Paris. [2] Diese antworteten wörtlich: „Ihr Gedanke, den Ersten
Konsul durch den Antrag der Präsidentenstelle zu gewinnen, lag
in den Gesinnungen Mancher; man erkundigte sich gleich anfänglich, ob Er so etwas annehmen würde. Es wurde durchaus

---

[1] Schreiben von Custer und Blum an Statthalter Gschwend, vom
21. Nov. 1802.

[2] Die Briefe Gschwend's an die Abgeordneten in Paris hat der Verfasser zwar nicht zu Gesicht bekommen; aber die Thatsache geht mit Bestimmtheit aus dem Schreiben der Abgeordneten vom 29. Dezember 1802
aus Paris an Gschwend hervor.

abgelehnt; und da nun seitdem sein Bescheid bekannt ist, daß wir wieder zur Konföderation zurückgeschleudert sind, auch zur Stunde noch ungewiß ist, ob wir nur eine Zentralregierung haben werden, diese aber, wenn sie noch durchdringt, zu einem bloßen Schattenbild herabgewürdiget werden wird: wie läßt sich vermuthen, daß Er (Bonaparte) die Krücke einer solch gelähmten Regierung annehmen werde? Diese Vermuthung findet gar nicht mehr statt. Frankreich glaubt durchaus nur in unserer Schwäche seine Sicherheit zu finden und zuverlässiger auf uns wirken zu können als beim Einheitssystem; alle Vorstellungen dawider sind fruchtlos; und solange es bei dieser Meinung bleibt und seine Fittige über uns schlägt, solange wird unser Interesse dem seinigen untergeordnet bleiben müssen." [1] Hat Bonaparte auch „abgelehnt", so ist doch nicht zu zweifeln, daß sich sein lebhafter Geist auch mit der schweizerischen Präsidentenstelle beschäftigt hat. In seiner Rede an den Fünfer-Ausschuß hatte er, der Schwierigkeiten einer schweizerischen Zentralregierung gedenkend, das merkwürdige Wort fallen lassen: „Glückliche Ereignisse haben mich an die Spitze der französischen Nation berufen, und doch würde ich mich für unfähig halten, die Schweizer zu regieren." Aber wie wenig Ernst es ihm hiermit war, geht aus einem spätern Vortrag an die Schweizer hervor, als er sagte: „England hat nichts mit der Schweiz zu thun; hätte es (aber) die Besorgniß ausgesprochen, daß ich euer Landammann werden wollte, so wäre ich es geworden". [2] Solcher Schmach sind die Schweizer sehr nahe gestanden.

[1] Wörtlich aus obigem Brief vom 29. Dezember.
[2] Tillier, Geschichte u. s. w. Bd. III. S. 337 und 349.
Thiers erzählt: „Le Premier Consul était de l'avis de ses amis: il voulait agir vite, et ne pas imiter à Paris la Consulte de Lyon, c'est-à-dire, ne pas se faire le président de la République helvétique." S. dessen „Histoire du Consulat et de l'Empire. Tome IV. Leipzig. 1845. Obige Stelle, in's Deutsche übersetzt, will sagen, Bonaparte habe verschiedene Warnungen der übrigen Großmächte empfangen, die Unabhängigkeit der Schweiz zu schonen. Darauf nahm nun Bonaparte Rücksicht, mehr der Form als der Sache nach.

Die Territorialfrage war noch immer nicht endgültig entschieden; an den Ersten Konsul ging darüber ein einläßlicher
Bericht, der die beiden Kantone Sentis und Linth umfaßte; in
Frage war nämlich, ob Appenzell und Glarus wirklich allein
gelassen werden sollen; ob im letztern Fall die übrigen Theile
von Sentis und Linth zusammen einen eigenen Kanton, oder ob
die Reste eines jeden einen besondern Kanton bilden sollen. Am
14. Januar meldete Démeunier den Abgeordneten den Entscheid
für Gründung eines Kantons St. Gallen in seinem jetzigen
Umfang. Ebenso überflüssig als vergeblich reichten sie ihm eine
Woche später noch die inzwischen eingegangenen Eingaben aus
dem Rheinthal, aus der alten Landschaft und dem Toggenburg
ein, welche drei Gebiete ebenso viele eigene Kantone sein wollten;
Démeunier erklärte, daß dies Alles nicht berücksichtigt werden
könne. Gleiches Schicksal hatte der von den vier Gemeinden
des Thurgau's, Wuppenau, Welfensperg, Rickenbach und Heiligkreuz eingereichte Wunsch um Vereinigung mit dem Kanton
Sentis (St. Gallen); Stapfer lehnte im Sinn seiner thurgau-
schen Kommittenten mit der Erklärung ab, daß man die Grenzen
Thurgau's nicht beeinträchtigen lasse. So unterblieben selbst sehr
zweckmäßige und durch die Lokalität gebotene Berichtigungen.

Gleichwie während der Tagsatzung in Schwyz, so widmete
auch später der Fürst Pancratius der Wiederherstellung des
Stiftes seine angestrengte Aufmerksamkeit; sein Bevollmächtigter
war seit August 1801 ununterbrochen in Paris. Zur Zeit der
überraschenden Expedition des Generals Rapp in die Schweiz
standen die Aussichten für das Stift so übel, daß nach dem
Rathe Befreundeter alle Schritte bei Talleyrand unterlassen
wurden. Als die Eröffnung der Konsulta nahte, ertheilte der
Fürst seinem Bevollmächtigten neue Instruktionen; er nahm
schon frühzeitig an, daß Müller-Friedberg unter den Abgeordneten sein würde; er wünschte, durfte aber kaum hoffen, daß
derselbe „das Vergangene mit guten Diensten gegen St. Gallen
ersetzen werde". [1] Müller-Friedberg hinwieder unterhielt seinen

---

[1] Brief des Fürsten an Hofrath v. Müller, 23. Oktober 1802.

schriftlichen Verkehr mit P. Aemilian Haffner und schrieb diesem aus Bern noch vor dem Abgang nach Paris: „Die Erwartungen sind verworren, so lange von Verfassung in Helvetien und von Indemnitäten in Deutschland die Rede ist. Bleiben Sie und machen Sie Ihren Geist allgemein unter Ihren Brüdern; das muß immer das Beste sein. Gegen die Person und Wirkung des Fürsten herrscht das größeste Vorurtheil." Folgen Klagen über „unverdiente Verfolgungen", dann die räthselhafte Aeußerung: „Mein ehemaliges Kompliment an Sie kann noch wahr werden". Man kann, wenn man will, unter diesem Kompliment die Beförderung jenes Kapitularen zum Bischof oder zum Abt, an die Stelle des Fürsten Pancratius, sich denken, dessen absolute Fernhaltung von den Stiftslanden durch alle mündlichen und schriftlichen Verhandlungen hindurch (namentlich nach dem Zeugniß der letzteren) das feste Ziel des ehemaligen toggenburgischen Landvogtes gewesen. P. Aemilian war weich und lenksam, trug sich mit mancherlei Projekten, deren Ausführung dem Stifte Heil bringen sollte, so unter Anderem mit der Gründung eines Priesterseminars; darüber erklärte der Fürst: „der Gedanke des P. Aemilian gefällt mir nicht; durch Aufstellung eines Seminars würden einige Individuen zwar versorget; aber das Stift von St. Gallen wäre auf immer verloren".[1] Es ist dies abermal ein Zeugniß für die Beharrlichkeit des Fürsten in Verfolgung seines großen Zieles. Er gab Müller'n Vollmacht, sich erneuert unmittelbar an die französische Regierung zu wenden, da es besser sei, „mit den Schweizern nichts zu thun zu haben"; was er für die St. Gall'schen Stiftslande zu Rettung des Stiftes und dessen voller Selbstständigkeit wünschte und anstrebte, war die Konstituirung in gesönderter Stellung, etwa wie Wallis und Neuenburg es waren; der „nexus cum imperio" (der Verband mit dem Reich) werde wohl von selbst aufhören; er werde übrigens entbehrlich sein, falls Frankreich sich des Stiftes annähme. Der Fürst schrieb auch selbst wieder,

---

[1] Brief des Fürsten an Hofrath v. Müller, vom 10. November.

und zwar wiederholt, an Talleyrand und an den Konsul Bonaparte; Müller gab die Briefe am 18. Dezember ab. Aehnliche
Eingaben an Talleyrand und Démeunier folgten im Januar;
sie hatten die Bildung einer vom Fürsten und von einem Landrath gemeinsam ausgehenden Regierung zum Zwecke, eine Kombination, in welche auch Toggenburg aufgenommen war; dieser
kleine Staat wäre dann gleichmäßig zur Schweiz und zu Frankreich in Allianz getreten. Von Seite des Agenten Müller war
es ein Fehler, daß er mit solchen Einzelnheiten auftrat, statt
sich auf grundsätzliche Begehren zu beschränken. Schriftliche Er-
widerungen waren nicht zu erhalten. Was durch mündliche
Mittheilung an den Bevollmächtigten gelangte, lautete schon
deßhalb ungünstig, weil sich die französische Regierung und
ihre Bevollmächtigten ernstlich mit der Gründung des Kantons
St. Gallen befaßten. Ob sich Bonaparte und sein Kabinet
über einzelne der Denkschriften des fürstlichen Abgeordneten in
jener wegwerfenden Weise ausgesprochen, welche Müller-Friedberg
in seiner späteren geschichtlichen Darstellung mit einer gewissen
unedlen Schadenfreude erzählt, bleibe dahingestellt; [1] in keinem
Fall wären deren Worte herber gewesen, als jene Personal-
kritiken, die sich Müller-Friedberg und andere schweizerische
Staatsmänner unmittelbar aus dem Munde des französischen
Herrschers mußten gefallen lassen. [2] Auch ist Thatsache, daß
Hofrath Müller bei hochstehenden Persönlichkeiten, so bei General
Rapp und bei dem Senator Démeunier, sehr bereitwillig und
in längeren Audienzen Zutritt fand. Rapp, obwohl Fremdling
in St. Gallen, äußerte bei einem solchen Anlaß sein Befremden,
daß Müller-Friedberg, der doch im Dienste St. Gallens gewesen,
sich nicht für das dortige Stift verwendet habe. [3] Démeunier

[1] S. Schweizerische Annalen; von E. Müller v. Friedberg. Bd. III.
Zürich, 1835. S. 96.

[2] Muralt, Biographie des Landammanns v. Reinhard, S. 112.
Tillier, Geschichte u. s. w. Bd. III. S. 340.

[3] Schreiben Müller's an den Fürsten vom 4. Februar 1803. Hätte
Rapp erst gewußt, wie angelegentlich Müller v. Friedberg ein paar Jahre
früher sich für das Stift Schänis verwendet hatte!

machte ihm zu Handen des Fürsten ausführlich klar, warum, nach dem Standpunkte der französischen Regierung, jenem nicht entsprochen werden könne: für den ersten Konsul sei der Statusquo, wie ihn die Revolution (von 1798) geschaffen, der Ausgangspunkt bei der „Mediation" gewesen; wo also, damals schon, neue Zustände gegründet worden, da habe ein Rückgehen auf die alten nicht eintreten können. ¹) Weniger höflich äußerten sich Andere: die Konsuln wollen nun einmal von „Lehen, Reichsverband, geistlichen Fürsten" und dergleichen nichts mehr wissen. Bei solcher Sachlage und vorherrschenden Stimmung ist die Fruchtlosigkeit der Bestrebungen des Fürsten nichts weniger als auffallend. Abweichend von früheren Instruktionen gab der Fürst im Laufe der Verhandlungen Vollmacht, seine Rechte durch Eingaben an die schweizerische Konsulta zu vertheidigen; Müller kam in dieser Zeit auch mit dem größten Gegner des Stiftes, dem Senator Müller-Friedberg zusammen, ohne daß die Besprechung günstige Ergebnisse herbeigeführt hätte. ²) Als der Fürst das neue Scheitern seiner Pläne wahrnahm, gedachte er einen Augenblick (vielleicht war es das erstemal während des langen Kampfes) an sich selbst, indem er Müller'n beauftragte, bei den Gesandten von Großbritannien und Spanien sich umzusehen, ob nicht eine Pension für ihn, den Fürsten, erhältlich wäre; aber kaum war dieser Gedanke der Feder entflossen,

¹) Senator Démeunier war's, der sich vorzüglich mit der St. Gallischen Verfassung und mit den St. Gallischen Angelegenheiten befaßt hatte. Zu diesem nemlichen Staatsmann aber stand Müller-Friedberg in sehr günstigen und vertrauten Verhältnissen, denn sie beide kannten sich von der Hochschule Besançon her, wo Müller-Friedberg studirt hatte und Démeunier sein Mentor gewesen. (S. St. Gallisches Neujahrsblatt auf das Jahr 1837; S. 3).

²) Müller v. Friedberg behauptet in einem Brief an P. Aemilian, vom 3. Februar 1803, er habe Müller'n eine Eingabe an die Konsulta zu erlassen angerathen, in welcher einfach der Bestand des Klosters in religiöser und ökonomischer Beziehung begehrt worden wäre; Müller sei damit einverstanden gewesen, habe sich aber an die Besprechung nicht gehalten, sondern eine Schrift eingereicht, in welcher kaiserliche und fürstliche Rechtsame abermals vorbehalten gewesen seien. Wir setzen bei: für die Konsulta hätte kein Hinderniß bestanden, den Vorbehalt als bloße Formel zu ignoriren.

schrieb er seinem Beauftragten ausdrücklich: daß er nicht Willens sei, nur für das Wohl seiner (des Fürsten) Person zu sorgen und dadurch, durch eine expressam oder tacitam renunciationem, [1] das Stift aufzuopfern. Immerhin also sollte, nach seiner Absicht, die Frage der Wiederherstellung des Stiftes eine offene und unpräjudizirte bleiben. [2] Pancratius machte sich dabei auch mit der Eventualität vertraut, daß das Stift nur noch als Kloster, und ohne alle weltliche Herrschaft oder „Vorzug“, könnte erhalten werden, oder daß dessen Glieder vollends in Pensionsstand würden versetzt werden, und gab Instruktionen für solche verschiedene Fälle. Nach der bischöflichen Würde aber wollte er nicht streben, noch weniger solche durch „munera“ [3] erhalten; und als endlich die Nachricht von der Vollendung der Konstituirungsarbeiten in Paris und zugleich jene von der unzweifelhaften Aufhebung der früheren Landesherrlichkeit des Stiftes an ihn gelangte, schrieb er gottergeben in sein Tagebuch: „sit nomen Domini benedictum in saeculum saeculi“ (der Name des Herrn sei gepriesen in alle Ewigkeit)! [4] Während nemlich in Paris die Verhandlungen über die schweizerischen Staatseinrichtungen gepflogen wurden, erreichte in Deutschland der große Säkularisationsprozeß, der schon seit den Rastatter Kongreßverhandlungen geführt worden, sein Ende. Die in Folge desselben sich für die Schweiz ergebenden Veränderungen wurden durch den unter Vermittlung von Frankreich und Rußland am 25. Februar 1803 zu Regensburg abgeschlossenen Hauptrezeß der außerordentlichen Reichsdeputation festgesetzt. Durch diese weltgreifende Staatshandlung, welche durch das Reich am 24. März, durch den Kaiser am 27. April 1803 ratifizirt worden, und die hinwieder, so weit der Rezeß die Schweiz betrifft, durch Frankreich als vermittelnde Macht sich garantirt befindet, wurden

---

[1] Durch ausdrückliche oder stillschweigende Verzichtleistung.

[2] Briefe des Fürsten an Hofrath Müller, vom 26. Januar und 19. Februar 1803.

[3] Geschenke.

[4] Tagebuch vom 23. und vom 28. Februar 1803

eine Maſſe von Rechten, welche ſchweizeriſche Anſtalten im
Reich, hinwieder Kaiſer und Reich in der Schweiz ſeit Jahrhunderten beſaßen, gegenſeitig aufgehoben. Alle Lehenherrlichkeit
des Kaiſers, jegliche Gerichtsbarkeit der Fürſten, Stände und
Mitglieder des deutſchen Reiches, auch jede bloße Ehren-
berechtigung, auf ſchweizeriſchem Gebiete hörten auf; das Gleiche
trat ein in Anſehung der ſchweizeriſchen, im Umfange des
deutſchen Reiches liegenden Beſitzungen. Hieburch fiel das
Fundament, auf welches bisher der Fürſt von St. Gallen,
namentlich bei dem deutſchen Kaiſer, theilweiſe auch noch zur
Zeit der Konſulta in Paris, ſeine Anſprüche gegründet hatte,
und er war von dann an zu weſentlicher Aenderung ſeiner
Reſtaurationsbeſtrebungen veranlaßt. Durch jene Urkunde erlitt
das Stift St. Gallen auch ökonomiſche und anderweitige Ver-
lürſte; der Art. 11 derſelben ſchied die St. Galliſche Herrſchaft
Neu-Ravensburg definitiv dem Fürſten von Dietrichſtein zu; es
verlor auch alle ſeine Lehenrechte auf deutſchem Gebiet und
das Kollaturrecht zu Löffingen im Fürſtenbergiſchen. Darüberhin enthielt der Art. 29 des erwähnten Hauptrezeſſes den auch
für bloße klöſterliche Forteriſtenz des Stiftes St. Gallen drohenden Ausſpruch: „Jene Säkulariſationen, welche beſagte (helvetiſche) Republik innerhalb ihrer Grenzen vornehmen dürfte,
gehen ohne Verluſt und Nachtheil der im deutſchen Reiche
gelegenen Zugehörden ihrer geiſtlichen Stiftungen vor ſich, aus-
ſchließlich deſſen, worüber anders verfügt worden iſt.“ Dieſe
Vorſchrift rettete auswärts gelegenes Eigenthum der ſchweizeriſchen Stifte und Klöſter, aber weniger zu Gunſten derſelben,
als im Intereſſe allfälliger Säkulariſationsluſt der ſchweizeriſchen
weltlichen Regierungen. [1]) Müller v. Friedberg berichtete alle
dieſe wichtigen Ereigniſſe durch ein beſonderes Schreiben an den
Regierungsſtatthalter und die Verwaltungskammer des Kantons
Sentis in folgenden Worten: „Alle Lehenbarkeit und Gerichtsbarkeit

---

[1]) S. Repertorium der Abſchiede der eidgenöſſiſchen Tagſatzungen von
1803 bis 1813; Bern, 1842. S. 36 bis 40; und: Urkunden zu dieſem Repertorium. Bern, 1843. S. 110 und 111.

des Reiches und der Reichsstände wird von nun an als erloschen anerkannt. Wir verdanken diese Wohlthat ganz den mächtigen Verwendungen der fränkischen Republik. Dieses für die ganze Schweiz glückliche Ereigniß muß aber besonders bei dem St. Gallischen und Toggenburgischen Volk die lebhafteste Freude erregen, das endlich vor aller fremden Ansprache und Einmischung für immer gesichert in den vollständigen und unverkümmerten Genuß der helvetischen Unabhängigkeit eintritt. Ich beeile mich, Ihnen, als den obersten Gewalten in diesen Landschaften, diese frohe Nachricht mitzutheilen und stelle anheim, wie Sie dieselbe an die Theilnahme Ihrer Mitbürger gelangen lassen wollen." [1]

In Paris waren in der zweiten Hälfte Januars die Verfassungsentwürfe insgesammt zur Vollendung gediehen; man konnte das „Vermittlungswerk" als geschlossen ansehen. Doch wollte der Erste Konsul vor der amtlichen Mittheilung der Urkunde noch eine Besprechung mit den Schweizern vornehmen; er ließ zu diesem Ende durch diese selbst einen Doppelausschuß von zehn Mitgliedern, je fünf von jeder der beiden Parteien, ernennen und setzte sich mit diesen zehn Männern, in Gegenwart der vier französischen Kommissäre, in feierliche Verbindung (29. Januar 1803). Der erste Konsul verbreitete sich auch bei diesem Anlaß in langer Rede über das von ihm für die Schweiz vorgezogene Regierungssystem, brach dabei in Lob aus zu Ehren der unbedingten Demokratie, weniger in Bezug auf die innere Güte dieser Staatsordnung als auf das Verwachsensein des Volkes in den kleinen Kantonen mit derselben; warf tadelnde Seitenblicke auf „die neue Erfindung des Repräsentativsystems, welches die eigentlichen Grundlagen der republikanischen Formen zerstört"; sprach dann herbe Worte über die „Aristokraten", denen er leidenschaftliche Ausbeutung ihrer kurzen Parteisiege vorwarf; auch über die helvetische Regierung, von der

---

[1] Schreiben vom 25. Februar, aus Paris: im Kantonsarchiv. Müller-Friedberg bezeichnet sich darin als: „der Deputirte des Senats und außerordentliche Bevollmächtigte bei dem Fränkischen Ministerio".

er sagte: ihre Ehre hätte verlangt, daß sie zu Bern geblieben
wäre, und dort zu sterben gewußt hätte, statt auf feige Weise
vor Wattenwyl und seinen etlichen hundert Mann die Flucht
zu ergreifen; — tadelte Aloys Reding wegen seines „Eigen-
sinns", der Schweiz Wallis erhalten, Waadt an Bern zurückgeben zu wollen; spendete eine gleiche Dosis des Mißfallens
an Sprecher v. Bernegg zu Handen der Graubündner, welche
über den Verlurst des Veltlin's zu zürnen wagten: „die
Bündner haben verdient, es zu verlieren, und ich würde Euch
nur täuschen, wenn ich Euch irgend eine Hoffnung ließe, es
wieder zu erhalten." Und nochmals griff er das Einheitssystem
an, welches man Jahre lang bevorzugt hatte und das er nun
mit dem Ausspruch niederwarf: „Eine Regierungsart, die nicht
das Ergebniß einer langen Reihe von Begebenheiten, Unglücks-
fällen, Anstrengungen und Unternehmungen eines Volkes ist,
wird nie Wurzel fassen." Und endlich sprach der Kriegsheld
über diesen Stoff: „Weit eher als eine Centralregierung zu
haben, würde die Vereinigung mit Frankreich in Euerem Vortheile liegen." In der Bundesakte war die Frage der Repräsentation dadurch gelöset worden, daß man weder dem strengen
System des Föderalismus (der gleiches Stimmrecht für große
und kleine Kantone verlangte), noch jenem der Einheitsfreunde
folgte, welche mehr oder weniger ausschließlich der Stellvertretung nach dem Maßstabe der Volkszahl huldigten, sondern
den Ausweg ergriff, jedem Kanton, welcher mehr denn 100,000
Einwohner zähle, zwei Stimmen, jedem der übrigen Kantone
nur eine Stimme an der Tagsatzung einzuräumen; so erhielt
der neue Kanton St. Gallen im Schooße dieser obersten Behörde zwei Stimmen. Aber auch noch eine andere Rücksicht
wurde für die neuen Kantone verlangt; Stapfer, Mitglied des
Zehnerausschusses, führte vor dem „Vermittler" Beschwerde, daß
als Direktorialkantone abwechselnd die sechs alten Städtekantone
Zürich, Bern, Luzern, Freiburg, Solothurn und Basel, mit
Ausschluß der neuen Kantone, erkoren worden; unter den letztern, so sagte Stapfer, befänden sich vier der größten Kantone,

welche also je zwei Stimmen auf der Tagsatzung führen werden; jene Ausschließung sei verletzend für sie und sie wüßten
nicht, durch was sie eine solche Zurücksetzung verschuldet hätten;
sie besäßen zur Bekleidung der Würde eines Landammanns der
Schweiz eben so fähige Männer als jene sechs alten Kantone,
und würden auch eben so aufgeklärte Regierungen zur Unterstützung dieses obersten Magistraten aufstellen. Bonaparte antwortete: das nöthige Ansehen und die erforderlichen Hülfsmittel
für die Präsidentenwürde der Schweiz finde sich mehr bei jenen
alten als bei den neuen Kantonen; jene werden mit Rücksicht
auf die Stabilität wählen, während die neuen Kantone bei der
Entwerfung ihrer Verfassungen selbst verlangt haben, daß der
Vorsitz in ihren Regierungen monatlich abwechsle; schon dadurch
sei ihre Aufnahme in die Direktorialkantone unmöglich geworden;
übrigens hätten die demokratischen Kantone Ursache zu gerechten
Klagen gehabt, wenn keiner der ihrigen, wohl aber einer der neuen
Kantone, unter die Direktorialkantone aufgenommen worden wäre.
Sieben Stunden lang, mit kurzer Unterbrechung, hatte diese denk-
würdige Verhandlung gedauert; Bonaparte war ihr während
dieser ganzen Zeit, soweit er diese nicht selbst für seine allumfassenden Vorträge und Gegenreden in Anspruch genommen
hatte, mit ungetheilter Aufmerksamkeit gefolgt.

Die Auflösung der helvetischen Regierung und die Wiedereinsetzung der Kantone, deren Zahl sich nun auf neunzehn stellte,
in die Souveränetät, erheischte Vorsorge für die Zahlung der
helvetischen Staatsschuld und Verfügung über das, was die
helvetischen Gesetze „Nationalgüter" genannt hatten. Unter letzteren war das gesammte Vermögen der Klöster begriffen gewesen.
Ein Anhang zur Vermittlungsakte verfügte hierüber wörtlich:
„Les biens ci-devant appartenant aux convens leur seront
restitués, soit que ces biens soient situés dans le même cantons ou dans un autre"; in offizieller Uebersetzung: „Die Güter,
welche ehemals Klöstern zugehörten, werden denselben zurückerstattet, sie mögen im nämlichen Kanton oder in einem andern
gelegen sein". Durch diese auf die eigenen Worte Bonaparte's

sich stützende Vorschrift [1]) war die ganze revolutionäre Gesetz=
gebung und Praxis der helvetischen Republik gestürzt. Die
Rückgabe des Vermögens an die Klöster setzte die Wiederher=
stellung der Klöster und ihren unangefochtenen Fortbestand voraus.
Irgend eine onerose Ausnahme zum Nachtheil des Stiftes St.
Gallen ist aus den Verhandlungen nicht zu entnehmen, so daß
aus dem allgemeinen Ausspruch der Vermittlungsakte bundes=
rechtlich zu folgern ist: es gelte für das Kloster St. Gallen alles
das, was zu Gunsten aller übrigen vorgeschrieben wurde, nicht
mehr aber auch nicht weniger. [2]) Den Fortbestand oder (wie
man es nennen will) die Wiederherstellung der Klöster nahm
auch Senator Müller=Friedberg in dieser Zeit, und zwar mit
besonderem Bezug auf das Kloster St. Gallen, freilich in vagen
Ausdrücken, als bevorstehend an; denn er schrieb an P. Aemilian
Haffner: „Die Konstitution berührt nun die Klöster nicht. Die
Kantone sind souverän, und jeder wird sich, wenn er einmal
organisirt sein wird, mit den seinigen in's Reine zu bringen
suchen. Ich hoffe, es sollte auch in St. Gallen wohl möglich
sein, wenn man auf dem Punkt des Möglichen stehen bleibt
und nicht ungefällige Personen voranstellt. Die Vorurtheile gegen
den Fürsten haben während der Konsulta eher zu= als abge=

---

[1]) In der Biographie des Landammanns v. Reinhard, von Muralt,
S. 138, heißt es wörtlich: „Die Abgeordneten der Städte Zürich und
Winterthur stützten sich auf die eigenen Worte des Vermittlers, daß jedem
Kanton, jeder ehemaligen Hauptstadt, jedem Kloster und jeder Korporation
ihr Eigenthum zurückgestellt werden soll."

[2]) Generalbericht der Abgeordneten Custer und Blum, vom 7. März
1803. Sie erzählen: am 31. Januar 1803 „wurden bei einer abermaligen
Zusammenkunft beim Senator Röderer die zwei Hauptpunkte der noch uner=
örterten Gegenstände in nähere Berathung gezogen, nemlich die Tilgung der
Nationalschuld und die Bestimmung der Klostergüter; wegen diesen vereinigte
man sich dahin, daß alles Gut, so einem Kloster gehört, es liege, wo
es wolle, demselben verbleiben soll und die Geistlichen daraus verköstiget
werden." Dieser Bericht erwähnt mit keiner Sylbe, daß das Kloster St.
Gallen von solcher Wiedereinsetzung in sein Vermögen etwa ausgenommen
sei. Im Gegentheil ist er so abgefaßt, daß implicite der Fortbestand der
Klöster überhaupt sich aus demselben ergibt.

nommen".[1] So seltsam es klingt, unmittelbar nach dem Erlassen des feierlichen Ausspruches über das Klostervermögen eine so ganz subjektive Deutung aller dadurch betroffenen Verhältnisse in dem Briefe eines Mithandelnden zu lesen, so liegt in demselben doch das Zugeständniß: „das Kloster St. Gallen können wir zugeben, aber den Fürstabt Pancratius als seinen Vorstand wollen wir nicht mehr." Wichtig ist auch die Erklärung Démeunier's an den fürstlichen Abgeordneten bei schon erwähnter Audienz: „man überlasse nun die Klöster den Kantonen; St. Gallen werde als Kloster in der Schweiz bestehen können, sowie die übrigen Klöster; allein dies komme auf den Willen des Landes oder Kantons an; aber etwas Besonderes konnte man für St. Gallen nicht machen; denn dann wären auch Einsiedeln und Engelberg gekommen, die auch Landesherrlichkeiten gehabt haben." In der ganzen Unterredung war übrigens Démeunier so wenig klosterfreundlich, als es sich von einem französischen Staatsmann damaliger Zeit erwarten ließ. Aus seiner Erklärung geht indessen auf das unzweideutigste hervor, daß er, weit entfernt, in den Vorgängen der helvetischen Zeit ein Hinderniß der Wiederherstellung des Klosters St. Gallen zu erblicken, selbe vielmehr als ganz zulässig bezeichnete, wenn er auch in dem Abgeschlossenen nicht die wirkliche Garantie einer solchen Herstellung der Klöster sehen wollte. Der Fürst machte sich alsbald mit der neuen Wendung der Dinge vertraut und nahm sich vor, für die Restauration des Stiftes „mit den Gewalten des Kantons St. Gallen" in Unterhandlung einzutreten.[2] Die Briefe des Senators Müller v. Friedberg aus Paris, schmeichelnden, mahnenden und drohenden Inhalts zugleich, darüberhin höchst geschraubten Tones, blieben nicht ohne Eindruck auf den Vertrauten des Fürsten, P. Aemilian. Es besprach sich derselbe mit den übrigen in St. Gallen wohnenden Kapitularen; sie vereinigten sich zur Bitte „an S. Fürstlichen Gnaden, von der Prätension der Lan-

---

[1] Brief von Müller-Friedberg an P. Aemilian, vom 3. Februar 1803, aus Paris; in den hinterlassenen Papieren des Fürsten.

[2] Brief des Fürsten an Hofrath v. Müller, vom 16. Februar.

desherrlichkeit abzustehen und sich in die Zeiten schicken zu
wollen, indem in Folge fortgesetzter Protestationen manche
Individuen ganz brodlos und äußerst elend werden dürften",
zu jenem Ende entweder mit der Tagsatzung oder dem neuen
Kanton in Unterhandlung zu treten. ¹) Im gleichen Sinne
hatte P. Theodor dem würdigen Vorstande des Stiftes mündliche
Vorstellungen gemacht. An diese und an die Empfehlungen des
P. Aemilian schloß sich ein anderer Getreuer, P. Konrad Scherrer,
mit der „flehentlichen Bitte um Nachgiebigkeit" an, dem Fürsten
„als eine Gewissenssache" an's Herz legend, „doch endlich
den nothbringenden Zeitumständen mit Edelmuth zu weichen",
und durch nachgebende Maßregeln der Trennung des Hauptes
vom Körper vorzubeugen. Diese Trennung ist so nahe als
etwas, und schrecklicher als alle bisher aufgestoßene Unfälle; —
sie ist's, welche unserm Stifte den letzten Herzstoß versetzen wird,
— und wem wird die Schuld der gänzlichen Auflösung vor
Gott und der Welt zugemessen werden, als Dem, der durch
zeitiges Nachgeben und klug-christliches Temporisiren selbe von
sich ablehnen konnte?" ²) Wir treten nun in den erfreulichen
Zeitpunkt, in welchem wir das Haupt und die Glieder, vielleicht
zum ersten mal seit der Katastrophe von 1798, in voller Einigkeit wirken sehen. Der Fürst machte sich je mehr und mehr
vertraut mit dem Entschluß, sich mit dem Bestande des Stiftes
als solchem zu begnügen, theilte dem Bevollmächtigten in Paris
den diesfälligen Plan mit, ernannte zur Einleitung der mit der
neuen St. Gallischen Staatsregierung anzuknüpfenden Unterhandlungen mehrere Kommissarien und verhieß seine persönliche
Mitwirkung, für den Fall, daß „eine sichere und dauerhafte
Existenz des Stiftes zu erzielen" sein werde. Dabei verhehlte
er sich die Schwierigkeiten seiner eigenen persönlichen Stellung
nicht, denn er schrieb an Hofrath Müller aus Anlaß des oben
erwähnten Briefes von Müller-Friedberg an P. Aemilian:

¹) P. Aemilian an den Fürsten; Brief vom 21. Februar.
²) Schreiben des P. Konrad Scherrer an den Fürsten Pancratius, vom
22. Februar.

„dieser M. Fr. wird in allen Fällen suchen mich zu entfernen, und sollte ich es wagen, die Abtei zu übernehmen, so wird Er zweifelsohne mir und dem Stift allen tort anthun; indessen werde ich ihm gleichwohl schreiben, aber vor ihm nicht kriechen". [1] In dem Erzählten liegt der urkundliche Beweis, daß der Fürst von nun an, und nachdem die Gründung des neuen souveränen Kantons St. Gallen, neben welchem auch nach seiner eigenen Anschauung ein anderer Souverän in gleichen Landen nicht bestehen konnte, unter thatsächlicher Verzichtleistung auf des Stiftes bisherige Regierungsrechte völlig resignirt und entschlossen war, mit der Regierung des werdenden neuen Staates für die Wiederherstellung des Stiftes in seiner bloßen Eigenschaft als religiöser Anstalt, in aufrichtige Unterhandlung zu treten, aber unter Bedingung solcher Aufrichtigkeit auch von staatlicher Seite, auf daß nicht arge Täuschung folge, sein und des Stiftes Entgegenkommen zu dessen thatsächlicher Vernichtung mißbraucht werden könne. Der Verlauf dieser Geschichte wird die weitern Beweise liefern, daß die Behauptungen der Gegner des Fürsten, als sei er stets auf Beibehaltung der weltlichen Herrschaft bestanden und wäre deßhalb ein freundliches und ersprießliches Abfinden mit ihm und dem Stift für dessen Wiederherstellung als bloßer klösterlicher Korporation nicht möglich gewesen, auf irrthümlicher Voraussetzung beruhten und wesentlich dazu dienen mußten, eigene Widersacherei gegen solche Widerherstellung zu verkleistern. Die Sprache des Fürsten liegt offen vor; die seiner Gegner war mit Rauch umhüllt.

In Paris war die Thätigkeit des Senators Müller v. Friedberg, dem Wesen seiner ganzen Persönlichkeit entsprechend, eine vielseitige, obwohl er, gleich andern Einheitsmännern, gegenüber dem ersten Konsul eine weniger genehme Person war, als mehrere der hervorragenden Staatsmänner föderaler Gesinnung. Daß des Senators Aufmerksamkeit vorzugsweise auf St. Gallische

---

[1] Briefe des Fürsten an Müller in Paris, vom 23. Februar und 2. März 1803. Tagebuch vom 4. März.

Zustände sich richtete, ging aus persönlichen Verhältnissen hervor. Eine diplomatische Wirksamkeit in Wien zu erreichen, war ihm mißlungen; in dem kleinen Glarus, als dessen Repräsentant er in den Senat gekommen, konnte und wollte er das Feld für seine Thätigkeit nicht suchen; das Verbleiben oder Vorrücken in hohen helvetischen Aemtern war in Folge des durch Bonaparte über den schweizerischen Einheitsstaat ausgesprochenen Todes-urtheils zur Unmöglichkeit gemacht. So wurde des Senators umfassender Geist auf eine neue Stellung hingewiesen, die sich in dem neu zu gründenden Kanton St. Gallen öffnete, und er-klärt sich seine Bethätigung zur Bekämpfung aller Schritte, welche sein unglücklicher Gegner, der Fürst, für unerreichbare Ziele in Paris machte. Wirkte für diesen, im Auftrage des Papstes, der päpstliche Nuntius Caprara, so nahm Müller-Friedberg hinwieder den Einfluß Stapfer's in Anspruch, dem die Aufhebung geistlicher Korporationen und geistlicher Herrschaft längst Systemsache war; Talleyrand mußte nicht erst für dessen Ansicht gewonnen werden; denn eine Unterstützung stiftisch St. Gallischer Ansprüche hätte diesen Diplomaten, nach seiner dama-ligen Stellung, nur lächerlich machen können; Talleyrand aber war mehr bemüht, den Spott auf die Häupter Anderer zu gießen, als solchem sich selbst auszusetzen.[1] So fielen die Begehren des Fürsten außer Beachtung; die materiellen Gründe dafür sind oben schon angegeben worden. Für Müller-Friedberg war gerade die Stiftsfrage in Paris eine Gunst der Zeit; nichts konnte ihn bei Bonaparte und bei Talleyrand mehr empfehlen, als die erwähnte Opposition; denn namentlich der erste Konsul war Allen und Jeden, welche in unmittelbar vorangegangenen Tagen zu den Großmächten der ehemaligen antifranzösischen Koalitionen in irgend welcher Beziehung gestanden, spinnefeind; Fürst Pancratius aber, und das blieb Bonaparte nicht unbe-kannt, hatte Jahre lang das Heil für sein Stift und seine

---

[1] Vergl. „Schweizerische Annalen", von Müller v. Friedberg. Bd. III., S. 95 bis 97.

Lande bei dem Kaiser als seinem Lehensherrn gesucht und war selbst noch in den letzten Monaten des Jahres 1802 bemüht gewesen, diese pflichtige wie berechtigte Stellung aufrecht zu erhalten.

Laut Anzeige der französischen Kommissarien an den schweizerischen Zehner-Ausschuß vom 14. Februar hatte an diesem Tage der erste Konsul gesammte Verfassungsentwürfe in letzter Redaktion genehmigt. Es handelte sich noch um Vorschriften und Maßnahmen zu ihrer Einführung; zu diesem Behuf wurden gewissermaßen die künftigen Regierungen der neunzehn Kantone schon zum Voraus in Paris, ohne alles Zuthun des schweizerischen Volkes, bestellt; Bonaparte verordnete, daß für jeden Kanton, zur Einführung der neuen Verfassung in demselben, eine aus sieben Mitgliedern bestehende Regierungskommission aufgestellt werde; die Ernennung von sechs ihrer Mitglieder überließ er den vereinten zwei Abtheilungen des Zehner-Ausschusses, sich selbst behielt er die Berufung des ersten Mitgliedes oder Präsidenten jeder kantonalen Kommission vor. Der Zehner-Ausschuß handelte dabei eigenmächtig, indem er die ihm übertragene Wahl „ohne mindeste Mitberathung" gesammter übrigen Schweizer-Deputirten, ja ohne alle Voranzeige an dieselben, von sich aus vornahm; „nach einiger Veränderung" eines anfänglich eingegebenen Personalvorschlages wurde die Regierungskommission für den Kanton St. Gallen zusammengesetzt, wie folgt: Müller-Friedberg als Präsident; Senator Meßmer; Jul. Hieronymus Zollikofer, Präsident der Verwaltungskammer; Bolt, gewesener Regierungsstatthalter; Joachim Pankraz Reutti, Kantonsgerichtspräsident; Büeler (von Rapperschwyl), letzter Regierungsstatthalter des Kantons Linth; und Altbürgermeister Steinlin von St. Gallen. [1]) Es fanden sich in dieser provisorischen oder Uebergangs-Regierung, nach der damaligen Parteisprache, sechs Unitarier und nur ein Föderalist. Und wie die in früher erwähnter Denkschrift vorgetragenen Wünsche der katholischen

---

[1]) Generalbericht der Abgeordneten Custer und Blum, vom 7. März 1803.

Honoratioren aus dem Toggenburg, der alten Landschaft und dem Rheinthal in Bezug auf völlig gesicherte Wiederherstellung des Stiftes St. Gallen unerfüllt geblieben: so waren es auch ihre wohlbegründeten Ansinnen in Hinsicht einer entsprechenden Beachtung der Parität; ihre sehr zahlreiche Partei, mit den durch sie repräsentirten Rechten und Interessen der Katholiken, war in der Regierungskommission nicht vertreten. Als das große Personalgeschäft vorüber, benützte Müller v. Friedberg die ihm als Präsidenten der Organisationskommission des Kantons St. Gallen gewährte Privataudienz bei dem Ersten Konsul, „um demselben das hohe Bedürfniß ungestörter Ruhe in dem aus so vielen heterogenen Atomen geschaffenen neuen Kanton lebhaft darzustellen"; [1] d. h. in's Klare übersetzt, dem Konsul darzustellen, wie nothwendig es sei, in dem Erklusivverfahren gegen die stiftische Existenz zu beharren.

Am 19. Februar war eine letzte Sitzung der Schweizer Abgeordneten in Paris; an derselben wurden, nebst der Bundesverfassung, drei der kantonalen Verfassungen verlesen: jene für Appenzell, Aargau und Basel, d. h. die Verfassung eines demokratischen, dann jene eines neuen und jene eines alt-städtischen Kantons; man sah sie gleichsam als Muster von Verfassungen an, nach welchen die der übrigen Kantone ebenfalls geformt waren. Eben in dieser Stunde erhoben sich Anstände bezüglich des Eigenthums der ehemaligen alten Kantone in den Gebieten der neuen. In dem schon erwähnten Anhang zur Vermittlungsakte über die Nationalgüter und die Schuldenliquidation war ein Artikel enthalten, welcher das Verwaltungsrecht über das ehemals kantonale Eigenthum jenen Kantonen zugesprochen, denen es früher gehört hatte. Eine Ausnahme aber war gemacht für jene Domänen, welche, ehemals Bern gehörend, in den neuen Kantonen Waadt und Aargau lagen. Bei erwähnter Verhandlung vom 19. Februar hatte auch die Verlesung dieses Abschnittes der Vermittlungsakte stattgefunden. Im neuen Kanton

[1] Müller v. Friedberg, Annalen; Bd. III., S. 96 und 97.

St. Gallen, theilweise aus ehemaligen Unterthanenländern der
alten Kantone zusammengesetzt, befanden sich viele solcher Besitzungen und Gefälle. Die Abgeordneten dieses Kantons ge-
riethen nun in die Besorgniß, daß die ehemals regierenden
Kantone das Eigenthum jener Besitzungen zurückfordern würden.
Sie machten deßhalb Vorstellungen bei dem ersten Konsul und
bei den französischen Kommissären. Röderer erklärte, daß die
Sache nicht mehr geändert werden könne, weil die Mediationsakte bereits allen übrigen Mächten Europa's mitgetheilt worden;
doch könnte man durch einen schriftlichen Zusatz helfen, dahin
lautend, daß die neuen Kantone alle, in Bezug auf die Domänen-
frage, gleich Waadt und Aargau behandelt werden sollen; diesen
Zusatz fügte er schriftlich seinem gedruckten Exemplare bei, mit
der Zusicherung, denselben durch spätere Mittheilung an die
Kantonalbehörden gelangen zu lassen. Die St. Galler be-
gnügten sich damit. Zwei Tage nachher, am 21. Februar,
gewährte der Konsul Bonaparte gesammten Schweizer Deputirten die Abschiedsaudienz, während welcher derselbe beinahe mit
Jedem sprach und „außerordentliche Herablassung" bewies.
Abends folgte großes Gastmahl bei Barthélemy, an welchem
man sich allgemeiner Fröhlichkeit hingab. Nach aufgehobener
Tafel rückte Röderer mit seiner Redaktionsabänderung oder seinem
Zusatze heraus und holte dafür die Unterschriften der Mitglieder
des Zehnerausschusses ein. In dem Umstand, daß alle Gäste
mehr oder weniger durch die vielen aufgetragenen Weine erhitzt
waren, fand der stets auf die Zürcher Interessen wachsame
Reinhard, erstes Mitglied des Ausschusses für die Föderalisten,
Stoff zur Einrede: er sei nicht in Verfassung, Redaktionen zu
prüfen; nach einem solchen Mahle zieme es sich nicht irgend
etwas Ernsthaftes vorzunehmen; heute unterzeichne er nicht mehr.
Hierauf erhob sich ernster Streit. Die St. Galler selbst fanden
die neue Redaktion unklar und so abgefaßt, daß sie die Sache
mehr zu verwirren als aufzuklären scheine. Die „Aristokraten"
ihrerseits erklärten sich zur Beruhigung der Gegner dahin: die
alten Kantone werden niemals wirklich hoheitliches Gut rekla-

miren, sondern nur solches, welches, nun in anderen Kantonen liegend, von ihnen ehedem erkauft worden sei. Dagegen hatten die Abgeordneten der neuen Kantone nichts einzuwenden, nur verlangten sie, daß man die also beschränkte Auslegung des Artikels in Schrift verfassen möchte. Begreiflich blieb auch diese Anregung erfolglos. Erbittert und mißtrauisch, wie man war, ging man unverrichteter Dinge auseinander, [1] und es blieb die ursprüngliche Redaktion der einschlägigen Bestimmung unverändert. Aus deren Text ist übrigens nicht zu ersehen, daß die Vermittlungsakte zwischen hoheitlichem und Privat-Eigenthum der ehemaligen alten Kantone in dem Gebiete der neuen einen Unterschied gemacht hätte. Die Abgeordneten von Sentis ersuchten am Tage vor ihrer Abreise den Präsidenten der Organisationskommission für den Kanton St. Gallen, Müller-Friedberg, um weiteres Einwirken bei einem der französischen Kommissäre, auf daß der wirkliche Wille des ersten Konsuls über den Gegenstand schriftlich ausgesprochen werde. Ein Ergebniß ist nicht bekannt. Diese Anstände fanden ihre Beilegung durch die späteren Liquidationsverhandlungen.

Die Schweiz hatte in Folge der Pariser Verhandlungen abermal eine neue Verfassung, die den Namen der Vermittlungsakte erhielt und mit dem Datum des 19. Februar 1803 promulgirt wurde. Diese bestand aus den neunzehn an die Spitze gestellten Kantonsverfassungen, dann der besonderen Bundesakte („acte fédéral"), einem Abschnitt Uebergangsverfügungen und dem mehr erwähnten Anhang über die ehemaligen Nationalgüter und die Tilgung der helvetischen Schuld. Der Abschnitt, welcher den Uebergang von der helvetischen Ordnung in die neue Föderalorganisation regelt, machte Freiburg für den Rest des Jahres 1803 zum Direktorialkanton; zum Landammann der Schweiz für die gleiche Zeit ernannte Bonaparte den „Bürger Ludwig

---

[1] Generalbericht der Abgeordneten Custer und Blum, vom 7. März. Biographie Reinhard's, von E. v. Muralt.

d'Affry", die höchste Notabilität älterer Zeiten von Freiburg; [1] er ertheilte ihm zugleich bis zur Versammlung der Tagsatzung außerordentliche Vollmachten. Als die Abgeordneten aus der Hand der französischen Bevollmächtigten die Vermittlungsakte empfangen hatten, brachten die meisten Abgeordneten dem neuen Haupte der Schweiz ihre Glückwünsche dar. Der Agent des Fürsten Pancratius folgte ihrem Beispiele und vernahm von d'Affry die bestätigende Aeußerung, daß unter den damaligen Umständen für das Stift St. Gallen nichts zu machen gewesen sei; auf die Zukunft eröffnete er einige Hoffnung für dasselbe, mit Beigabe bester Versprechungen seinerseits. [2] Hofrath Müller sah seine Sendung indessen noch nicht als beendigt an, und weilte noch länger in Paris. Die beiden Abgeordneten von Sentis verließen diese Hauptstadt am 23. Februar und trafen am 4. März wieder in ihrer St. Gallischen Heimath ein. Unverschoben versammelte der Statthalter Gschwend ihre Vollmachtgeber; geladen waren im Ganzen 29 Vorgesetzte; unter den siebenzehn Erschienenen finden sich die bedeutsamsten Namen jener Zeit, helvetische Beamtete neben den gewesenen Vorständen der St. Gallischen Demokratien; auch einige Männer aus Appenzell beider Rhoden. Zwölf von den Geladenen waren ausgeblieben, unter ihnen Reutti, Joh. Jak. Meßmer, Steger und Stabler. Die beiden Abgeordneten erstatteten mündlichen und schriftlichen Bericht über ihre Verrichtungen, so befriedigend, „daß der Versammlung nichts verborgen blieb, was der würdigen Deputirten Bemühungen" betraf. Custer legte über die Kosten der wichtigen Sendung Rechnung ab, die mit Inbegriff der persönlichen Taggelder, Alles in Allem, sich auf die mäßige Summe von 3431 Gl. 29 Kr. belief. Die Versammlung beschloß: „daß sich die Deputirten Custer und Blum um das Vaterland und ganz besonders um den Kanton verdient gemacht und den Dank und

---

[1] So nennt ihn Muralt in der Biographie von H. v. Reinhard, Seite 90.

[2] Brief Müller's an den Fürsten, vom 22. Februar.

die Achtung jedes rechtschaffenen Bürgers sich erworben haben." [1]
Die helvetische Regierung löste sich, nach Erlassung eines Dank-
dekretes an den Ersten Konsul Bonaparte für die Vermittlungsakte, vorschriftsgemäß am 10. März auf. Der Landammann
d'Affry trat mit diesem Tage in sein hohes Amt ein, erließ eine
versöhnliche Proklamation an die Schweizer, wies auf die wichtige Stellung der neuen Kantonsregierungen und mahnte zu
guten Wahlen. Gschwend, der Regierungsstatthalter des Kantons
Sentis, legte seine Gewalt in die Hände der zu Paris bestellten
Regierungskommission nieder, mit Berichtgabe über den Stand
der wichtigsten noch anhängigen Geschäfte; unter diesen gedachte
er des Salzpreises. Es war der Verkaufspreis des baierischen
Salzes durch Regierungsdekret vom 16. Februar 1803 auf
4 Kreuzer per Pfund Markgewicht herabgesetzt worden. Da
der Statthalter jedoch diese Herabsetzung für die Verhinderung
des Schmuggels noch nicht genügend fand „und dieser Gegenstand den meisten Stoff zu Mißvergnügen gegen die aufgelöste
Regierung" lieferte, so empfahl er denselben zu fernerer Aufmerksamkeit den neu eintretenden Kantonsbehörden (15. März
1803). Die helvetische Republik nebst ihren Unterabtheilungen
in den St. Gallischen Landen hatte nun ihr Ende erreicht. Die
schweizerische Revolution war in ihrer eigenen Wiege zu Paris,
von wo sie ausgegangen, erstickt worden; was sie Böses getrieben und geschaffen, bleibt lehrreich für alle Zeiten. Es war
nun Aufgabe ihrer Nachfolger, die bleibenden Entscheide, welche
aus ihrer Thätigkeit hervorgegangen, für Land und Volk zum
Guten zu wenden.

[1] Protokoll der Versammlung vom 7. März; im Kantonsarchiv.

Berichtigungen.

Seite 24, Zeile 34 unten; statt „Lamm" lies: das Lamm.
  „   34,   „   3; statt „von jenen" lies: von jenem.
  „   89,   „   13; statt „23. Juni 1856" lies: 23. Januar 1856.
  „   146,   „   6; statt „Behauptung" lies: Besieglung.
  „   196,   „   18 und 19; statt „der Landrath", lies: den Landrath.
  „   373,   „   23; statt „Gemeindewesen", lies: Gemeinwesen.
  „   300,   „   8; statt „in welchen", lies: in welchem.

———————